2014—2015年
中国工业和信息化发展
系列蓝皮书

2014-2015年中国工业发展蓝皮书

The Blue Book on the Development of Industry in China（2014-2015）

中国电子信息产业发展研究院　编著

主　编／罗　文
副主编／宋显珠　王　鹏

人民出版社

责任编辑：邵永忠

封面设计：佳艺堂

责任校对：吕　飞

图书在版编目（CIP）数据

2014～2015年中国工业发展蓝皮书/罗文 主编；

中国电子信息产业发展研究院 编著 .—北京：人民出版社，2015.7

ISBN 978-7-01-014994-3

Ⅰ.①2… Ⅱ.①罗…②中… Ⅲ.①工业发展—白皮书—中国—

2014～2015 Ⅳ.① F424

中国版本图书馆 CIP 数据核字（2015）第 141315 号

2014-2015年中国工业发展蓝皮书

2014-2015NIAN ZHONGGUO GONGYE FAZHAN LANPISHU

中国电子信息产业发展研究院　编著

罗　文　主编

人民出版社 出版发行

（100706　北京市东城区隆福寺街99号）

北京艺辉印刷有限公司印刷　新华书店经销

2015年7月第1版　2015年7月北京第1次印刷

开本：710毫米×1000毫米　1/16　印张：38.25

字数：641千字

ISBN 978-7-01-014994-3　定价：178.00元

邮购地址　100706　北京市东城区隆福寺街99号

人民东方图书销售中心　电话（010）65250042　65289539

代 序

大力实施中国制造2025　加快向制造强国迈进
——写在《中国工业和信息化发展系列蓝皮书》出版之际

制造业是国民经济的主体，是立国之本、兴国之器、强国之基。打造具有国际竞争力的制造业，是我国提升综合国力、保障国家安全、建设世界强国的必由之路。新中国成立特别是改革开放以来，我国制造业发展取得了长足进步，总体规模位居世界前列，自主创新能力显著增强，结构调整取得积极进展，综合实力和国际地位大幅提升，行业发展已站到新的历史起点上。但也要看到，我国制造业与世界先进水平相比还存在明显差距，提质增效升级的任务紧迫而艰巨。

当前，全球新一轮科技革命和产业变革酝酿新突破，世界制造业发展出现新动向，我国经济发展进入新常态，制造业发展的内在动力、比较优势和外部环境都在发生深刻变化，制造业已经到了由大变强的紧要关口。今后一段时期，必须抓住和用好难得的历史机遇，主动适应经济发展新常态，加快推进制造强国建设，为实现中华民族伟大复兴的中国梦提供坚实基础和强大动力。

2015年3月，国务院审议通过了《中国制造2025》。这是党中央、国务院着眼国际国内形势变化，立足我国制造业发展实际，做出的一项重大战略部署，其核心是加快推进制造业转型升级、提质增效，实现从制造大国向制造强国转变。我们要认真学习领会，切实抓好贯彻实施工作，在推动制造强国建设的历史进程中做出应有贡献。

一是实施创新驱动，提高国家制造业创新能力。把增强创新能力摆在制造强国建设的核心位置，提高关键环节和重点领域的创新能力，走创新驱动发展道路。加强关键核心技术研发，着力攻克一批对产业竞争力整体提升具有全局性影响、

1

带动性强的关键共性技术。提高创新设计能力，在重点领域开展创新设计示范，推广以绿色、智能、协同为特征的先进设计技术。推进科技成果产业化，不断健全以技术交易市场为核心的技术转移和产业化服务体系，完善科技成果转化协同推进机制。完善国家制造业创新体系，加快建立以创新中心为核心载体、以公共服务平台和工程数据中心为重要支撑的制造业创新网络。

　　二是发展智能制造，推进数字化网络化智能化。把智能制造作为制造强国建设的主攻方向，深化信息网络技术应用，推动制造业生产方式、发展模式的深刻变革，走智能融合的发展道路。制定智能制造发展战略，进一步明确推进智能制造的目标、任务和重点。发展智能制造装备和产品，研发高档数控机床等智能制造装备和生产线，突破新型传感器等智能核心装置。推进制造过程智能化，建设重点领域智能工厂、数字化车间，实现智能管控。推动互联网在制造业领域的深化应用，加快工业互联网建设，发展基于互联网的新型制造模式，开展物联网技术研发和应用示范。

　　三是实施强基工程，夯实制造业基础能力。把强化基础作为制造强国建设的关键环节，着力解决一批重大关键技术和产品缺失问题，推动工业基础迈上新台阶。统筹推进"四基"发展，完善重点行业"四基"发展方向和实施路线图，制定工业强基专项规划和"四基"发展指导目录。加强"四基"创新能力建设，建立国家工业基础数据库，引导产业投资基金和创业投资基金投向"四基"领域重点项目。推动整机企业和"四基"企业协同发展，重点在数控机床、轨道交通装备、发电设备等领域，引导整机企业和"四基"企业、高校、科研院所产需对接，形成以市场促产业的新模式。

　　四是坚持以质取胜，推动质量品牌全面升级。把质量作为制造强国建设的生命线，全面夯实产品质量基础，提升企业品牌价值和"中国制造"整体形象，走以质取胜的发展道路。实施工业产品质量提升行动计划，支持企业以加强可靠性设计、试验及验证技术开发与应用，提升产品质量。推进制造业品牌建设，引导企业增强以质量和信誉为核心的品牌意识，树立品牌消费理念，提升品牌附加值和软实力，加大中国品牌宣传推广力度，树立中国制造品牌良好形象。

　　五是推行绿色制造，促进制造业低碳循环发展。把可持续发展作为制造强国建设的重要着力点，全面推行绿色发展、循环发展、低碳发展，走生态文明的发展道路。加快制造业绿色改造升级，全面推进钢铁、有色、化工等传统制造业绿色化改造，促进新材料、新能源、高端装备、生物产业绿色低碳发展。推进资源高效循环利用，提高绿色低碳能源使用比率，全面推行循环生产方式，提高大宗工业固体废弃物等的综合利用率。构建绿色制造体系，支持企业开发绿色产品，大力发展绿色工厂、绿色园区，积极打造绿色供应链，努力构建高效、清洁、低碳、循环的绿色制造体系。

六是着力结构调整，调整存量做优增量并举。 把结构调整作为制造强国建设的突出重点，走提质增效的发展道路。推动优势和战略产业快速发展，重点发展新一代信息技术产业、高档数控机床和机器人、航空航天装备、海洋工程装备及高技术船舶、先进轨道交通装备、节能与新能源汽车、电力装备、新材料、生物医药及高性能医疗器械、农业机械装备等产业。促进大中小企业协调发展，支持企业间战略合作，培育一批竞争力强的企业集团，建设一批高水平中小企业集群。优化制造业发展布局，引导产业集聚发展，促进产业有序转移，调整优化重大生产力布局。积极发展服务型制造和生产性服务业，推动制造企业商业模式创新和业态创新。

七是扩大对外开放，提高制造业国际化发展水平。 把提升开放发展水平作为制造强国建设的重要任务，积极参与和推动国际产业分工与合作，走开放发展的道路。提高利用外资和合作水平，进一步放开一般制造业，引导外资投向高端制造领域。提升跨国经营能力，支持优势企业通过全球资源利用、业务流程再造、产业链整合、资本市场运作等方式，加快提升国际竞争力。加快企业"走出去"，积极参与和推动国际产业合作与产业分工，落实丝绸之路经济带和21世纪海上丝绸之路等重大战略，鼓励高端装备、先进技术、优势产能向境外转移。

建设制造强国是一个光荣的历史使命，也是一项艰巨的战略任务，必须动员全社会力量、整合各方面资源，齐心协力，砥砺前行。同时，也要坚持有所为、有所不为，从国情出发，分步实施、重点突破、务求实效，让中国制造"十年磨一剑"，十年上一个新台阶！

工业和信息化部部长 苗圩

2015 年 6 月

前 言

工业是国民经济的主导，是经济结构调整、提质增效的主战场，也是实施创新驱动发展战略的主要领域。当前，我国已经成为名副其实的工业大国。在我国经济发展进入"新常态"的背景下，为积极应对新一轮科技革命和产业变革，实现从工业大国迈向工业强国，应按照党的十八大、十八届三中、四中全会精神以及2015年李克强总理在全国两会所做政府工作报告的要求，立足发展实际，聚焦创新驱动、智能转型、强化基础、绿色发展，坚持走中国特色新型工业化道路，促进工业转型升级和持续健康发展，打造"双引擎"，实现保持经济中高速增长和产业迈向中高端水平"双目标"。

一

改革开放以来，我国工业发展取得了举世瞩目的辉煌成绩，我国制造业总体规模跃居世界第一位，综合实力显著增强，为确立我国经济大国地位、增强国家综合实力和国际竞争力提供了有力支撑。当今世界格局处于深度调整的重要时期，国际国内宏观经济形势、环境条件发生较大变化，我国工业发展既迎来难得的历史机遇，也面临严峻的挑战。

从国际看，全球经济复苏艰难曲折，增长动力依然不足，在新一轮科技革命和产业变革的推动下，国际产业分工和竞争格局面临调整和重塑。

一是新一轮科技革命和产业变革正在兴起。当前，全球已进入新一轮技术创新浪潮，新一代信息技术、新能源、新材料、生物等领域的集群式技术创新和突破，正在催生出一批新产业新业态。以信息技术和制造技术深度融合为主线，正在推动着制造业向数字化、网络化、智能化方向发展。各国纷纷加大投入，加快建设制造业协同创新网络，加强在机器人、人工智能、3D打印、新一代信息技术、新能源、新材料、生物等新兴领域的战略布局，力图抢占未来国际竞争的战略制高点。

二是"互联网+"加速推动传统生产模式变革。由大规模批量生产向大规模个性化定制生产转变，"互联网+"扩展到工业研发设计、生产和服务领域，催生了众包设计、个性化定制等新模式，促进了生产者与消费者实时互动，企业生产出来的产品更加个性化；由集中生产向网络化异地协同生产转变，信息网络技术使不同环节的企业间实现信息共享，能够在全球范围调整合作对象，整合企业间的优势资源，在研发、制造、物流等各产业链环节实现全球分散化生产；由传统制造企业向跨界融合企业转变，互联网企业加速向制造领域布局，企业边界日益模糊；由生产型制造企业向服务型制造企业转变，企业从以传统的产品制造为核心转向提供具有丰富内涵的产品和服务，乃至整体解决方案。

三是国际贸易投资规则与体系正在重塑。以跨太平洋伙伴关系协定（TPP）、跨大西洋贸易与投资伙伴关系协定（TTIP）、服务贸易协定（TISA）为代表的新一轮贸易新规则制定与谈判模式加速推进。TPP、TTIP、FTAAP等处于谈判协商阶段，将对经济全球化的走向产生深远影响。如，美国大力推动TPP和TTIP谈判，以强化其在全球的主导权，这些协议一旦达成，不但将削弱我国对亚洲经济的影响，而且将重塑全球的贸易规则和产业标准，尤其是新兴国家之间的贸易准则。

四是制造业重新成为全球竞争的战略焦点。国际金融危机后，许多发达国家的经济陷入低迷，重新认识到发展实体经济的重要，纷纷确立了"再工业化"战略，以期重塑本国竞争优势。如美国提出重振制造业的战略构想，出台了《重振美国制造业框架》《清洁能源与安全法案》《2010制造业促进法案》《先进制造业伙伴计划》《先进制造业国家战略计划》等政策措施，将先进制造业作为发展重点，旨在重夺全球制造业优势。德国提出"工业4.0"战略，以期未来能继续引领全球制造业的发展。发达国家的再工业化战略促进了部分中高端制造业的回流，对我国吸引高端制造业投资构成较大压力。

从国内看，我国经济发展进入新常态，已经进入经济增速换挡、产业结构调整、比较优势重塑、增长动力转换的关键时期。随着我国资源环境约束日益趋紧，以及劳动力等要素成本不断上升，困难和机遇相互交织。

一是工业经济运行面临下行压力。总体上来看，工业经济运行基本平稳。2014年，我国规模以上工业增加值按可比价格计算比上年增长8.3%，其中制造业增加值增长9.4%，装备制造业增加值增长10.5%。当前我国正处在"三期"叠加的关键阶段，国内生产要素价格不断上涨，劳动力和资源环境的低成本优势正在消失，新的增长动力虽然在孕育之中，但力量薄弱，经济增长仍存在较大下行压力。

二是改革红利继续释放，对工业发展的推动作用不断显现。近年来，我国推出一系列改革措施，如大力推动行政审批制度改革，减少政府对市场的干预，2014 年，国务院各部门全年取消和下放行政审批事项 246 项，取消了非行政审批事项 205 项；减少投资项目的核准范围，2013 和 2014 年两次对政府核准投资项目目录进行修订，使得中央层面核准的项目数量共减少 76%。未来，随着改革走向深入，对经济增长的制度红利将逐步显现出来。

三是"一带一路"等战略的实施为工业发展提供广阔空间。"丝绸之路经济带"和"21 世纪海上丝绸之路"是新时期我国全面深化改革和对外开放的重大战略。党的十八届三中全会将"一带一路"上升为国家战略。"一带一路"辐射范围涵盖东盟、南亚、西亚、中亚、北非和欧洲，涉及 60 多个国家。这将打破原有点状、块状的区域发展模式，推动我国与其他国家的产能合作，提高对外开放水平，倒逼我国产品出口升级和工业转型升级。

二

2015 年是"十二五"收官之年，也是"十三五"的布局之年，即将到来的"十三五"是我国工业转型升级和建设制造强国的关键时期。我们必须紧紧抓住新一轮新技革命和产业变革的历史机遇，紧紧围绕改造提升传统产业、加快发展先进制造业和战略性新兴产业、大力发展生产性服务业，瞄准重点领域和方向，集中力量尽快取得实质性突破，促进全产业链整体升级。具体而言，应把握好以下几个重大问题。

第一，实施创新驱动战略，增强创新发展能力。建立健全以企业为主导的产业创新体系，健全和完善制造业协同创新网络，积极引导和支持创新要素向企业集聚。发挥大企业的创新引领作用，激活中小企业创新活力，全面提升企业创新能力。加强核心关键技术和共性技术的研发。针对我国产业创新的薄弱环节，在高端装备制造、节能环保、新材料等领域实现重大突破。支持"众创空间"等创新创业公共服务平台建设，带动大众创业和万众创新。支持和推动商业模式创新，以需求引领市场主体的创新。

第二，调整优化产业结构，推动产业迈向中高端。加快改造提升传统产业，加大力度发展高端制造业和战略性新兴产业，促进新一代信息技术、高档数控机床和机器人、航空航天装备、海洋工程装备及高技术船舶、先进轨道交通装备、节能与新能源汽车、电力装备、新材料、生物医药及高性能医疗器械、农业机械装备等重点领域发展。积极推动制造业由生产型制造向服务型制造转型。大力发展研发设计、现在物流、节能环保、管理咨询等生产性服务业，充分发挥其对制造业研发设计、流程优化、市场营销、物流配送、节能降耗等方面的带动作用，提高产业链整体运作效率和附加值。

第三，推动信息化和工业化深度融合，推进中国制造向"中国智造"转型。大力推动智能制造的发展，深化互联网的应用，加强工业云服务平台建设和大数据技术应用，鼓励发展基于互联网的众包设计、柔性制造、个性化定制等新型制造模式，推动制造模式向数字化、网络化、智能化、服务化转变，实现两个IT融合发展。支持网络基础设施建设，深入实施"宽带中国"战略，扩大网络的覆盖范围，加快4G的发展步伐，加强布局5G研发。

第四，健全绿色工业体系，走可持续发展之路。提高能源和资源的使用效率，推进能源资源的综合利用，严格控制产能过剩行业盲目扩张，加快淘汰落后产能，实施节能重点工程，加强工业节能管理。推进新能源发展，大力发展循环经济，推进再制造产业规模化、规范化发展。推进节能降耗技术的创新，加强节能减排共性关键技术和装备的开发、示范与推广应用。引导和支持企业采用新技术、新工艺、新设备、新材料对现有设施和工艺条件进行改造提升，提高绿色低碳发展水平。

第五，推进质量品牌建设，培育知名品牌。提升先进质量技术和管理方法，可以借鉴国外质量管理先进经验，加强质量管理，促进企业采用并行工程、敏捷制造、在线质量检测控制等具有两化融合特征的管理技术和方法。不断提高产品质量，加强产品生产过程的质量控制，鼓励企业加强对新材料、新工艺、新技术的应用。创新品牌培育模式，打造一批具有国际影响力的中国制造知名品牌。

第六，深化体制机制改革，营造良好发展环境。进一步转变政府职能，加大力度简政放权，落实企业投资主体地位，简化企业投资项目审核流程。健全工业转型升级的法律法规体系，加强事中事后监管。完善支持制造业发展的金融、财税等政策，发挥产业投资基金支持新兴产业发展和重点产业结构调整的积极作用。进一步深化一般制造业的对外开放，对外商投资实行国民待遇和负面清单管理模式，创造透明稳定的投资环境。

三

基于对上述工业中长期发展中重大问题的研究思考，赛迪智库研究编撰了《2014—2015年中国工业发展蓝皮书》。本书从保持经济中高速增长和产业迈向中高端角度，系统分析了我国工业发展取得的成就及存在的问题，结合当前工业发展面临的内外部环境与形势，深入探讨我国工业转型升级的路径与措施。全书正文分为综合篇、行业篇、企业篇、产业篇和国际篇五个部分。

综合篇，对工业经济运行、工业发展质量、产业结构调整、工业技术创新、两化融合、工业节能减排等领域进行专题分析，研究探讨了这些领域2014年取得的进展与成就，并对2015年面临的形势及发展趋势进行展望。

行业篇，对装备工业、原材料工业、消费品工业、电子信息制造业、软件产业和安全产业等行业进行专题分析，研究探讨了各个领域2014年整体发展状况、重点政策、重点行业发展状况、区域发展情况、重点企业发展情况，以及2015年面临的发展环境及趋势。

企业篇，从中小企业角度，探讨分析了2014年取得的进展与成就、重点政策，以及2015年面临的形势和未来发展趋势。

产业篇，从战略性新兴产业的角度，探讨分析了2014年取得的进展与成就、重点政策，以及2015年面临的形势和发展趋势。

国际篇，从全球的角度，分析了世界制造业的发展、主要发达经济体工业发展动态、主要新兴经济体的制造业发展动态、重点行业发展动态，以及对世界制造业发展趋势进行展望。

当前，我国工业发展正处于爬坡过坎、由大变强的重要关口，《中国制造2025》规划纲要已经国务院常务会议审议并发布。正如李克强总理在2015年政府工作报告中所说，制造业是我们的优势产业，要实施《中国制造2025》，坚持创新驱动、智能转型、强化基础、绿色发展，加快从制造大国转向制造强国。我们坚信，在《中国制造2025》的科学引领下，进一步全面深化改革开放，落实各项重点任务和保障措施，一定能够打造工业经济的"升级版"，中华民族百年以来不懈追求的工业强国梦一定能够早日实现！

目 录

代 序（苗圩）
前 言

综 合 篇

企 业 篇

产　业　篇

国　际　篇

综 合 篇

第一章　工业经济运行

第一节　2014年工业经济运行情况分析

一、工业生产平稳增长

2014年，我国全部工业增加值为22.8万亿元，同比增长7.0%，增速比2013年回落0.6个百分点。全年规模以上工业增加值同比增长8.3%，比2013年回落1.4个百分点；其中，采矿业增加值同比增长4.5%，制造业增长9.4%，电力、热力、燃气及水生产和供应业增长3.2%。从月度走势看，上半年工业增速稳中有升，总体保持了8.8%的较快增长，下半年增速在波动中有所回落，第四季度增速降至7.6%。总体看，全年工业实现了较快增长，增速保持在合理运行区间。

二、企业效益明显下滑

2014年，规模以上工业企业完成主营业务收入109.5万亿元，同比增长7.0%，增速比上年回落4.2个百分点；实现利润64715亿元，增长3.3%，比2013年回落8.9个百分点，其中制造业利润53733亿元，增长6.5%。利润总额中，主营活动利润60472亿元，同比增长1.6%。全年规模以上工业企业主营业务收入利润率为5.91%，比上年回落0.2个百分点。从月度走势看，上半年企业盈利能力较好，各月利润均保持了较快增长，下半年利润增幅同比下降，出现较明显收缩趋势。

三、产品出口增速加快

2014年，规模以上工业企业实现出口交货值12.1万亿元，同比增长6.4%，增速比上年加快1.4个百分点。各月出口均保持了一定增速，虽然总体仍较平缓，但较 2013 年有一定程度回升。从海关出口看，全年出口额 23423 亿美元，同比增长 6.0%，其中机电产品出口 13109 亿元，同比增长 3.7%。装备成为出口的重要增长点，铁路机车、通信设备出口增速均超过 10%，七大类劳动密集型产品出口 4851 亿美元，同比增长 5.0%。

四、行业走势出现分化

在全年工业生产、效益继续回落的趋势下，行业走势出现分化趋势，高端装备和日用消费行业总体增长较好，产能过剩较严重的行业、工业投资品行业、消费受限的行业增速回落明显。从增加值看，文教工美体育和娱乐用品制造业增加值同比增长 13.6%，为各大类行业中增幅高，铁路船舶航空航天和其他运输设备制造业增长 12.7%，增速比前两年大幅提高；有色、医药、电子制造、汽车、金属制品、化工、印刷等行业也保持了 10% 以上的快速增长；石油加工、黑色金属冶炼、皮革、造纸、农副食品价格等行业增速较低，酒饮料茶行业增速大幅回落。从利润情况看，铁路、船舶、航空航天和其他运输设备制造业利润同比增长 20.5%，利润增速明显加快，汽车制造业、计算机通信和其他电子设备制造业利润也保持了较高速增速；石油加工炼焦及核燃料加工业受原油持续回落影响全年利润同比大幅下降 79.2%，酒饮料茶、黑色金属冶炼及压延、造纸、专用设备、农副食品加工行业利润也呈现下降趋势。

五、多数地区增幅回落

2014 年，东、中、西部工业增加值同比分别增长 7.6%、8.4% 和 10.6%，同比分别回落 1.3 个、2.3 个和 0.4 个百分点。31 个省（区、市）中，除海南外，其他地区增速同比均有所放缓。资源型以及产业结构偏重省份下行压力较大，山西、西藏、云南、河北、辽宁、宁夏、黑龙江等地工业增速同比回落超过 4 个百分点。

六、投资增速继续放缓

2014 年，工业企业完成投资 20.5 万亿元，同比增长 12.9%，增速比 2013 年回落 5 个百分点；其中，采矿业投资 14681 亿元，增长 0.7%；制造业投资 16.69 万亿元，增长 13.5%，比上年回落 5 个百分点；电力、热力、燃气及水生产和供应业投资 22916 亿元，增长 17.1%。制造业中，消费品类行业投资保持快速增长，多数大类均保持了 20% 以上的增长，装备制造类行业投资增幅平稳，增速保持在 10% 以上，产能过剩较严重的原材料类行业投资大幅放缓，黑色金属冶炼和压延加工业投资同比下降。

七、工业品价格持续下降

2014 年，工业生产者出厂价格（PPI）同比下降 1.9%，工业生产者购进价格（PPIRM）同比下降 2.2%，连续三年持续下滑。从月度情况看，全年各月出厂价格均呈下降趋势，下半年价格跌势有所加快。从产品类型看，生产资料价格降幅较大，同比下降 2.5%，其中采掘业、原材料行业产品价格降幅分别达到 6.5% 和 3.0%；生活资料价格总体与 2013 年持平，食品、衣着、日用品价格比 2013 年略有提高。

第二节 2015 年工业经济运行趋势展望

一、外需拉动有限，消费支撑放缓，投资需求继续收缩，工业增速仍将下调

（一）全球经济复苏脆弱，进出口贡献持续低迷

2014 年，全球经济体总体保持了较温和增长，美国总体复苏势头较好，欧元区债务危机阴影并未完全散去，增长较为低迷，日本 2014 年国内消费萎缩、出口停滞，经济呈现下行趋势，而受国际大宗产品价格大幅下跌和地缘政治因素影响，新兴经济体发展也不乐观。展望 2015 年，除美国可以保持较平稳增长外，其他地区增长均有一定不确定性，全球依然会延续较低速度增长态势。此外，由于国内人力成本增长影响，目前加工贸易已出现外移迹象，而由于欧元、日元贬值，新兴经济体增长放缓，人民币有效汇率一直处在快速升值状态，也极大削弱了劳动密集型出口企业竞争优势。预计 2015 年外需市场对我国工业出口的拉动依然处在低位，不会出现较明显提高。

（二）投资需求仍将放缓，支撑力度进一步减弱

2014 年，全国固定资产投资 50.2 万亿元，同比增长 15.7%，比 2013 年回落 3.9 个百分点，投资增速进一步回落。基础设施建设、制造业、房地产开发三大领域投资同比分别增长 20.3%、13.5% 和 10.5%，基础设施建设投资继续保持高速增长，而制造业投资和房地产开发投资比 2013 年同期分别回落 5 个和 9.3 个百分点，

制造业过剩产能调整和房地产库存调整是固定资产投资增幅回落的主要因素，投资增幅回落较大，社会有效需求不足，是导致 2014 年工业产出增长持续放缓的主要原因。制造业投资下降主要来自产能过剩行业，但过剩产能收缩需要较长的周期，虽然新兴产业、新兴产品投资增速出现一定增长势头，但总体占比依然较低，无法快速拉动制造业投资回升。而房地产投资下行面临来自社会存量库存压力，2014 第四季度股票市场开始持续上涨吸引了较多社会资金，进一步挤占了房地产市场投资需求，加之目前房地产企业资金面也比较紧张，短期内房地产投资下滑局面依然较难改观。最大的基础设施建设近年保持了高速增长，从在建和规划的项目看，预期仍可保持较高投资规模，可以托底投资需求的增长，但目前基建投资增幅已经相对较高，拉动投资需求回升的难度较大。展望 2015 年，社会投资增长仍有一定回落空间，对工业增长的支撑将会继续减弱，2015 年上半年工业增长不容乐观。

（三）社会消费基本稳定，可维持工业一定增速

社会消费基本稳定，可维持工业保持一定增速。从消费来看，2014 年，社会消费品零售总额 26.2 万亿元，同比名义增长 12%，扣除价格因素实际增长 10.9%，名义增长和实际增长比 2013 年均略有放缓，总体保持了较稳定的快速增长。社会消费的平稳增长为工业生产保持一定增速提供稳定的支撑，从行业数据也能看出，在出口总体低迷的情况下，消费品类行业生产、效益仍保持了较平稳增长，各种促民生促消费政策的作用正在显现。目前互联网经济快速发展，在经济总体下行的情况下，网络销售模式的蓬勃发展节省了巨大的交易成本，也进一步刺激了消费需求扩大，在目前社会收入水平稳定增长的形势下，消费是维持工业平稳增长的主要力量。

（四）稳定政策不断加码，中长期预期依然向好

2015 年，中国政府机制改革不断深入，同时稳定经济增长政策相继出台，为工业经济转型平稳过渡提供了有利保障，工业中长期增长预期依然向好。金融政策适度宽松保证经济发展信贷需求，从 2014 年四季度到 2005 年一季度，央行已经两次下调存贷款基准利率，4 月份又下调了存款准备金率，同时对房地产贷款政策也进行了调整，货币政策调整空间依然较大，可满足维持经济稳定增长的需要。财政政策积极发力，包括取消、停征和免征合计 54 项行政事业性收费，

全面清理省级设立的行政事业性收费项目，扩大享受减半征收企业所得税优惠政策的小微企业范围，降低失业保险费率等，这些政策的出台切实减轻了企业负担，激发了企业活力。重大战略部署相继落地，"一带一路"、京津冀协同发展、长江经济带，津、粤、闽自贸区，"中国制造2025"等一系列国家级战略规划接续或即将出台，为扩大社会需求、促进工业转型、拉动制造业产品和产能走出去、增强优势产业部门国际竞争力提供了广阔空间。总体看，促进经济增长的政策持续加码，工业中长期增长预期继续向好。

综合来看，我国工业经济中长期向好的基本面没有改变，但短期内仍然面临较大压力，同时考虑到稳增长经济政策的作用，预计2015年工业经济运行区间仍将有一定下调，上半年工业增速继续回落，下半年有望企稳，2015年全年规模以上工业增速将在6.5%左右。

二、过剩产能收缩，结构调整深入，行业分化加剧，产业发展逐步优化

（一）基础原料产能继续收缩，制成品生产增长迅速

2014年，原材料行业受固定资产投资特别是房地产投资增速放缓，以及国家加大化解产能过剩矛盾力度等主动调控因素影响，生产增速明显回落。其中，钢铁行业供需矛盾突出价格持续下行，生产利润下滑明显。有色行业主要受产能过剩的电解铝行业拖累增速有所下滑，但精加工、深加工材类产品增长较快，效益、投资都保持高速增长。建材行业总体增长保持平稳，水泥、平板玻璃等过程产品产量低速增长，而混凝土、水泥制品、石膏板等建材制品行业保持高速增长，此外传统砖瓦产品规模化生产也成为行业发展的趋势。化工行业化肥、无机酸碱、电石、PVC等产能过剩严重行业已出现较明显产能退出趋势，石油炼化行业因国际油价的大幅下跌效益出现较大回落。展望2015年，在固定资产投资持续下行、供需矛盾突出的情况下，原材料行业仍在过剩产能收缩和结构调整的周期中，各行业增速仍将有进一步下调。钢铁行业可能下滑幅度较大，而有色、建材行业的新增长点接替传统主力产品能保持平稳较快增长。石化、化工行业在社会需求不足的情况下仍将继续缩减产能，增幅将有一定程度下滑。

（二）生产领域装备增长缓慢，生活领域机械增长较好

2014年，装备制造行业保持了较平稳的增长水平，产品出口也有一定恢复

性回升。面向工业和房地产领域的工程机械、机床、矿山机械、冶金石化设备、电力设备等产品和企业增长低迷，而汽车、环保、基础件、仪表等利于民生和提高全行业技术水平的产品增长较好，铁路机车、船舶行业受高铁和航运设备更新需求保持了高速增长。展望 2015 年，制造业产能调整仍将逐步深入，房地产依然处在库存调整周期，对机械装备的需求拉动可能进一步减弱，面向工业和工程的产品增长仍将继续放缓，而铁路、船舶行业的需求带动依然较为强劲。此外 2014 年下半年回落明显的乘用车消费增长 2015 年仍将继续收缩，考虑到 2014 年上半年汽车行业基数较高，2015 年上半年汽车行业预计增幅回落会较为明显，汽车行业对装备行业的带动作用将明显减弱。总体看，预计装备工业 2015 年上半年增长水平仍将继续下调，下半年将逐步趋稳。

（三）消费品企业分化更加明显，竞争水平有望提高

2014 年，全球经济温和复苏和国内的消费需求基本平稳支撑了消费品工业的较快增长。多数消费类行业增长平稳，但部分产品需求下降，部分行业产能外移，也使消费品行业增速出现了一定程度放缓。食品饮料行业因高端消费需求的下降增长出现一定程度回落，家具、家电等耐用消费品行业也因楼市低迷增速放缓。纺织行业因国内劳动力、原料等成本提升，生产出口继续放缓。展望 2015 年，消费品行业在刚性消费需求的支撑下仍将保持较快增长，但在需求总体放缓的趋势下，产业内部竞争加剧，企业分化情况更加明显，产品竞争力弱、效益差的企业退出步伐有望进一步加快，产品适销对路、实力较强、经营良好的企业市场份额将继续扩大，行业竞争水平、产品结构有望继续提高。

（四）设备与电子终端同步发展，产业链条进一步完善

2014 年，在国内 4G 通讯实施、移动互联网快速发展的带动下，电子制造业继续保持快速增长，设备制造和消费电子重点领域重点产品不断取得新的突破，产业链条进一步完善，市场空间进一步拓展。展望 2015 年，随着信息消费规模的继续扩大，电子制造业仍将保持快速增长。

总体看，2015 年，在总体需求继续放缓的形势下，多数工业行业增长仍将有一定程度下调，过剩产能进一步收缩，行业企业分化加剧，结构调整逐步深入，新的增长动力正在形成，产业升级继续加快。

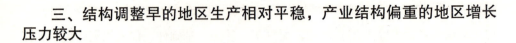

三、结构调整早的地区生产相对平稳，产业结构偏重的地区增长压力较大

（一）结构调整早和承接产业转移的地区增长逐步稳定

东部沿海地区，近年受劳动人口结构变动、人民币汇率持续上涨以及国际市场复苏缓慢等因素影响，工业发展面临较大下行压力，倒逼工业企业加速产业升级和结构调整，腾笼换鸟、机器换人、优化产业结构、提升产品质量行动持续进行，行业接续换挡开展得早，新的增长点已开始显现。而近年来承接产业转移的部分中部省份，也已形成比较优势和产业竞争力，随着自贸区规划、一带一路以及长江经济带规划的实施，与东沿海地区联系更加紧密。预计2015年，这部分省份增长形势较好，虽然总体增速仍有放缓，但增长动力较为充足。

（二）能源型资源型和工业结构偏重地区下行压力依然较大

部分中西部和东北部地区产业结构总体偏重，支柱产业以重化工、能源、资源型行业为主，产业结构转型难度较大，在社会需求总体放缓、资源价格大幅下降、制造业投资持续收缩的形势下，能源、资源型地区受影响最为显著，重型装备行业较多的地区增长预期也会有较大回调，短期增长形势不容乐观，预计2015年，这类省份和地区增长可能会有较大回调。但随着一带一路和长江经济带等战略的实施，将带动沿线地区相关产业的快速发展，中长期看依然有较大增长潜力。

第二章　工业发展质量

第一节　工业发展质量基本理论

一、研究背景和文献综述

改革开放 30 多年来，我国经济发展取得了显著成绩。2014 年 GDP 达到 63.6 万亿元，稳居世界第二经济大国。[1] 在经济高速增长的过程中，工业对经济增长的贡献率长期处于较高水平，20 世纪 90 年代，始终保持在 60% 左右，21 世纪以来虽有所降低，但仍保持在 40% 以上，2012 年达到 40.6%。近两年，我国工业虽然增速放缓，但从全球角度来看增速依然处于高位，2014 年全部工业增加值达到 22.8 万亿元，比上年增长 7.0%，对经济增长的贡献率为 35.4%，规模以上工业比 2013 年增长 8.3%。

当前，我国经济发展正逐步迈入新常态，新常态是 2014 年 5 月由习近平总书记在河南考察时首次提出，同年 11 月，习总书记在亚太经合组织（APEC）工商领导人峰会上从速度、结构和动力方面阐述了宏观经济新常态的三大特征。12 月，中央又对新常态进行了全面、深刻、系统的界定，认为我国经济发展进入新常态，经济增速转向中高速增长，经济发展方式转向质量效率型集约增长，经济结构转向调整存量、做优增量并存的深度调整，经济发展动力转向新的增长点。工业作为国民经济的支柱以及发展实体经济的主战场，是稳增长、转方式、调结构的主心骨，必然在新常态下呈现新的特征，并在宏观大背景下面临新的机遇和挑战。工业新常态是指当经济规模发展到一定阶段后，随着外部环境发生重大变

---

[1]　根据世界银行统计数据，2010年中国GDP超越日本成为全球第二大经济体，2013年美国、中国和日本GDP分别为16.77万亿、9.24万亿和4.92万亿美元，中国GDP总量继续保持全球第二。

化和内部要素结构出现重大调整，工业经济步入速度更加稳健、结构更加合理、动力更加多元、路径更加生态的符合新形势下我国经济发展内在需求的一种状态。这种状态并不是处于持续上升或下降的变化趋势，而是一种中长期相对稳定的状态，即在相对合理的区间内呈现周期性波动。从机遇看，一是各项改革逐步深化，不断激发市场活力，包括财税改革拓宽工业增长领域、金融改革加速工业结构调整、企业改革激发国企内在活力、价格改革推动资源集约型发展；二是创新体系逐步完善，加速结构优化升级，包括产业创新加速工业国际化进程、企业创新增强工业核心竞争力、市场创新开辟更广阔的发展空间；三是经济增长动力显著提升工业发展成效，包括高铁出口助推装备及相关产业发展、城市消费成为扩大内需主要动力、智能装备投资显著提升工业化水平。从挑战看，一是经济减速大背景下各种隐性矛盾将逐渐显露，包括，金融领域发生风险概率加大、产能过剩风险进一步加剧、国家经济新常态和地区诉求间的矛盾日益凸显；二是长期提质增效目标下短期内产业将面临阵痛，包括传统产业就业压力将持续增强、主要依靠传统资源类产业的地区将经历转型阵痛、创新能力不足成为工业发展"软肋"，三是供需双趋紧约束下企业经营压力将不断加剧。

工业化是伴随经济发展的一般过程，其进程的快慢和程度决定了经济发展阶段和水平。关于工业化进程，中国社会科学院《中国工业化进程报告》指出，2005年中国已经进入工业化中期阶段，从一个农业经济大国转变为工业经济大国，但还称不上是工业经济强国。为加快走中国特色新型工业化道路的步伐，进一步调整和优化经济结构、促进工业转型升级，实现我国工业由大到强，2011年12月30日，国务院印发了《工业转型升级规划（2011—2015年）》，这是改革开放以来由国务院发布实施的第一个针对整个工业的中长期规划。党的十八届三中全会进一步明确提出，要完善发展成果考核评价体系，纠正单纯以经济增长速度评定政绩的偏向，加大资源消耗、环境损害、生态效益、产能过剩、科技创新、安全生产、新增债务等指标的权重，更加重视劳动就业、居民收入、社会保障、人民健康状况。2014年12月的中央经济工作会议指出，经济发展进入新常态，要更加注重满足人民群众需要，更加注重市场和消费心理分析，更加注重引导社会预期，更加注重加强产权和知识产权保护，更加注重发挥企业家才能，更加注重加强教育和提升人力资本素质，更加注重建设生态文明，更加注重科技进步和全面创新。为进一步加快从制造大国转向制造强国，工业和信息化部组织编写《中国制造 2025》规划，该规划为中国制造业未来 10 年设计顶层规划和路线图，通过努力实现中国制造向中国创造、中国速度向中国质量、中国产品向中国品牌三大转变，推动中国到 2025 年迈入制造强国行列。

我们认为，工业是发展实体经济的主战场，提高工业经济发展质量和效益，对于中国宏观经济的持续稳定增长具有重要作用。面对近几年持续不断的雾霾天气，工业的绿色可持续发展再次引起广泛关注。

从国际来看，工业的绿色可持续发展始终受到很多工业化先行国家的重视，20 世纪 90 年代，英、美等国家提出的绿色 GDP、绿色经济等，其最终目的都是为了规范经济发展路径，保障经济的可持续发展。联合国工业发展组织定期发布《工业发展报告》和《全球制造业增长报告》，旨在通过形势分析和竞争力评估，引导全球工业持续增长。

从国内来看，我国学者和研究机构针对经济可持续发展也进行了大量研究，如王永瑜和郭立平（2010）将经济体系与资源环境置于同一个系统之内，对"绿色经济"模型的构建理论、模拟方法等若干理论与方法问题进行了深入研究。中国社会科学院工业经济研究所课题组（2011）从剖析工业绿色转型升级面临的体制机制障碍入手，绘制了中国工业绿色转型升级的路线图，通过详细分析工业绿色转型的成本收益，提出了促进工业绿色转型升级的机制创新和政策支撑体系的相关对策建议。此外，向书坚和郑瑞坤（2013）、王军和耿建（2014）、钱争鸣和刘晓晨（2014）等学者针对绿色经济发展指数、绿色经济效率等问题进行了研究。

近几年，官方发布的分析报告明显增多，特别是关于综合发展、创新发展、循环发展等方面的研究成果不断问世。

为了引导各地转变长期以来以 GDP 高增长为目标的发展模式，2011 年国家统计局统计科学研究所发布了《2010 年地区综合发展指数报告》，该报告从经济发展、民生改善、社会发展、生态建设和科技创新五个方面对 2000—2010 年各地区综合发展指数（CDI）进行了测算，不仅给出了各地区的综合排名，也指出了其优势和不足。测算结果表明，2000—2010 年我国各地区的综合发展指数呈稳步提升态势，东部地区的综合发展指数明显高于其他地区，而西部地区综合发展指数的增长速度最快，2010 年各地区综合发展指数比上年均有所提高。为了更加符合我国实际，2013 年国家统计局科研所又更新了统计体系，从经济发展、民生改善、社会发展、生态建设、科技创新和公众评价（暂未开展）六大方面构建了发展与民生指数评价指标体系，连续发布了 2012 年和 2013 年我国地区发展与民生指数（DLI）统计监测结果。其最新监测结果显示，2013 年我国东、中、西部及东北地区发展与民生指数分别为 73.17%、62.35%、60.08% 和 63.53%，均比 2012 年稳步提升。

为落实党的十八大报告提出的"实施创新驱动发展战略"精神，客观反映我国建设创新型国家过程中的创新能力，2013 年国家统计局社科文司发布了《中国创新指数（CII）研究》报告，构建了评价创新能力的指标体系，并结合实际数据对 2005—2011 年中国创新指数（China Innovation Index，CII）及 4 个分指数（创新环境指数、创新投入指数、创新产出指数和创新成效指数）进行了初步测算。2015 年 3 月，最新一期监测结果显示，2013 年中国创新指数为 152.8（以2005 年为 100），比 2012 年增长 3.1%。分领域看，创新环境指数、创新投入指数、创新产出指数和创新成效指数分别为 150.1、154.1、168.4 和 138.4，分别比 2012 年增长 4.2%、1.3%、2.6% 和 4.6%。表明我国创新环境持续优化，创新投入力度继续加大，创新产出能力不断提高，创新成效显著增强。

2013 年 9 月，国家统计局经济景气监测中心联合北京师范大学、西南财经大学等研究机构的专家学者，发布《2013 中国绿色发展指数报告——区域比较》。报告构建了由经济增长绿化度、资源环境承载潜力和政府支持力度三部分构成的绿色发展指数，测算结果表明，参与测算的 30 个省（区、市）中有 17 个绿色发展水平在全国平均线以下，分地区看，东部 10 省、市中有 7 排在全国前 10 位，绿色发展优势较明显；西部 11 个省（区、市）中有 3 个排在全国前 10 位，3 个位居后 10 位，资源环境表现较为突出；中部 6 省、市中有 4 个排在 20 位之后，表现最好的江西也仅排在全国第 16 位，相对缺乏优势；东北三省排名均在 20 位之后，绿色发展水平有待改善。

为贯彻落实十八届三中全会加快生态文明制度建设、完善发展成果考核评价体系的有关要求，2015 年 3 月，国家统计局研究建立了循环经济综合评价指标体系，并据此对我国循环经济发展状况进行了测算。测算结果表明，以 2005 年为基期计算，2013 年我国循环经济发展指数达到 137.6，平均每年提高 4 个点，循环经济发展成效明显。其中，资源消耗减量化稳步推进、废物排放减量化效果明显、污染物处置水平大幅提高、废物回用进展较慢。

综合来看，当前以及未来相当长的一段时期内，关注以质量和效益为核心的综合发展水平更加重要。从我国经济发展所面临的形势看，当前亟需构建一套科学合理的评价体系，来客观反映和评价中国工业发展质量，引导并推动工业结构优化升级，实现发展方式的根本性转变。

二、工业发展质量的概念及研究意义

1. 概念及内涵

与绿色经济相比，工业发展质量的内涵更为丰富。工业发展质量不仅仅关注经济发展的生态效益，还要关注结构、创新、民生等多个方面。赛迪智库认为，综合来看，工业发展质量是指一定时期内一个国家或地区工业发展的优劣状态；具体来看，工业发展质量是在保持合理增长速度的前提下，更加重视增长的效益，不仅包括规模扩张，还包括结构优化、技术创新、资源节约、环境改善、两化融合、惠及民生等诸多方面。现阶段其内涵主要体现在以下六个方面。

第一，速度和效益有机统一。工业发展要以一定的增长速度为基础，这对于尚处在工业化加速发展阶段的国家尤为重要。然而，片面追求增长速度，将导致资源难以支撑、环境难以承载、产业结构失衡等一系列严重问题，甚至影响到工业乃至国民经济整体的可持续发展。效益是工业实现良性循环和健康发展的关键。因此，实现速度和效益的有机统一，是提升工业发展质量的着力点和关键点。

第二，结构持续调整和优化。工业结构反映了生产要素在行业、企业、地区之间的配置状况和工业的总体发展水平。工业结构的优化升级是工业发展质量提升的重要体现。提高工业发展质量，必须要统筹处理好劳动密集型产业和资本技术密集型产业、重化工业与轻工业、大企业大集团与中小企业、东部地区与中西部地区、国有经济与非国有经济等重要关系。

第三，技术创新能力不断提高。工业发展质量的一个重要方面是产业技术创新能力不断提高。提高产业技术创新能力是走内涵式发展道路和推动工业转型升级的根本要求。当前，技术创新能力不强已成为制约我国工业发展的重要瓶颈。提高工业发展质量，要求加大科研投入、加快技术进步、加强科技成果产业化，不断提高产业技术创新能力。

第四，资源节约和环境友好。实现工业经济与资源环境的和谐发展，是缓解资源约束矛盾的根本出路，是减轻环境污染的有效途径，是提高经济效益的重要措施。提升工业发展质量，必须提高资源的集约和综合利用水平，有效控制污染物排放，在资源节约、环境友好的基础上，增强工业可持续发展能力。

第五，两化融合不断深化。以信息化带动工业化，以工业化促进信息化，是走新型工业化道路的内在要求。信息技术、信息产品、信息资源、信息化标准等信息化要素，在工业技术、工业产品、工业装备、工业管理、工业基础设施、市场环境等各个层面的渗透与融合，可以大大提升企业的生产、经营和管理水平，从而提升工业的效益和发展质量，加快推进工业经济发展方式转变。

第六，人力资源结构优化和待遇提升。我国是一个人口大国，拥有丰富的高素质人才和劳动力资源。经济增长从主要依靠物质资源投入向主要依靠充分利用人力资源优势转变是走中国特色新型工业化道路的应有之义。提高工业发展的质量，既要充分依托我国在人才和劳动力资源方面的巨大优势，同时，还要着眼于解决广大人民群众的就业问题，并不断提高我国工业从业人员的工资报酬水平，使企业职工能够分享工业发展的成果。

2. 发展质量的评价意义

党的十八大明确提出了关于全面深化改革的战略部署，为认真贯彻落实这一战略，十八届中央委员会第三次全体会议通过了《中共中央关于全面深化改革若干重大问题的决定》（以下简称《决定》）。《决定》明确提出要完善发展成果考核评价体系，纠正单纯以经济增长速度评定政绩的偏向，加大资源消耗、环境损害、生态效益、产能过剩、科技创新、安全生产、新增债务等指标的权重，更加重视劳动就业、居民收入、社会保障、人民健康状况。结合实际情况来看，我们认为，未来我国工业发展不能也不应追求过高的增速，而应将重点放在优化产业结构，着力提高发展的质量和效益上。加强对工业发展质量的评价和研究，是推进工业转型升级的重要基础性工作之一，也是深入贯彻落实十八届三中全会相关精神、实现《中国制造2025》发展目标的重要实践性工作之一，对经济新常态下我国工业实现健康平稳增长具有重要意义。

第一，研究和评价工业发展质量是科学衡量工业转型升级效果的迫切需要。加快工业转型升级已成为推进我国经济结构调整和发展方式转变的重大举措。工业转型升级主要体现在自主创新、结构优化、两化深度融合、绿色低碳等诸多方面，其核心目标就是要实现工业发展质量的不断提升。然而，单一的指标难以准确、客观衡量转型升级的效果，当前亟需构建一套能够全面准确衡量工业发展质量和效益的指标体系，引导各地政府和企业走内生增长、集约高效的发展道路。

第二，研究和评价工业发展质量是正确引导地方工业实现科学发展的有效手段。长期以来，规模、速度等指标多被用来考核某一行业或地区工业发展效果，不仅形成了普遍重视产值和增速的情况，还造成了资源浪费、环境污染、竞争力不强等深层次问题。加强对工业发展质量和效益的评价，有利于引导各级政府通过加大创新投入、优化产业结构、推进节能减排等措施，下更大工夫优化产业结构，改善工业整体素质，提高可持续发展能力，引导地方将工作重心转移到发展方式转变上来。

第三，研究和评价工业发展质量是准确把握工业经济运行规律的内在要求。加强对工业发展质量的评价，有利于我们全面分析工业经济运行的中长期特点、趋势和影响因素，有利于深刻剖析工业经济发展中的深层次问题和矛盾，准确把握工业经济运行的客观规律，进而研究提出各地工业发展的定位和目标任务，充分发挥政府的调控、规制、监管、服务职能，强化规划、标准、政策的引导作用，更加积极主动地开展工作，提高决策的科学性与合理性。

三、研究思路

党的十八届三中全会指出，要完善发展成果考核评价体系，纠正单纯以经济增长速度评定政绩的偏向，加大资源消耗、环境损害、生态效益、产能过剩、科技创新、安全生产、新增债务等指标的权重。《国民经济和社会发展第十二个五年规划纲要》明确提出，要"弱化对经济增长速度的评价考核，强化对结构优化、民生改善、资源节约、环境保护、基本公共服务和社会管理等目标任务完成情况的综合评价考核"。为深入贯彻落实这些国家宏观经济发展要求，更好地满足《工业转型升级规划（2011—2015年）》提出的"坚持把提高发展的质量和效益作为转型升级的中心任务"等基本要求，必须全面落实《中国制造2025》发展规划的战略目标，以构建工业发展质量评价指标体系为途径，以科学监测我国工业经济的发展质量，准确分析工业经济运行实力与潜力为目标，实现工业发展方式转变，工业结构整体优化提升。

评价体系的构建需要认真研究、不断尝试和逐步完善，必须在明确工业发展质量内涵的基础上，选取能够反映现阶段我国工业发展水平和能力的指标，对数据进行处理，并对初步测算结果进行分析与验证，然后根据验证结果再对指标体系进行必要的修改和调整，确立适合我国国情和工业化发展阶段的评价指标体系，最终用于全国及地方省市的工业发展质量评价。

指标选取。首先应根据工业发展质量的基本内涵，确定评价指标体系的基本框架和主要内容，并按内在逻辑要求选择重要而有代表性的指标组成初步的指标框架体系。在确立指标框架体系的基础上，按照系统性、可比性、可测度、可扩展的原则，选取具体指标。为保证评价结果的准确性和客观性，数据全部来源于国家统计局等权威机构发布的统计年鉴和研究报告。

权重确定。采用主客观综合赋权法，主观赋权法选用德尔菲法，客观赋权法选用变异系数法，这样不仅能够充分挖掘数据本身的统计意义，也能够充分利用数据指标的经济意义。主客观综合赋权法，能够客观、公正、科学地反映各指标所占权重，具有较高的可信度。为便于逐年之间的比较，采用2005—2013年主客观权重的平均值作为统一权重。

数据处理。首先计算无法直接获取的二级指标，如R&D经费投入强度、主要污染物排放强度等。对于截面指数，将所有指标进行无量纲化处理，利用无量纲化数据和确定的权重，得到地方省（区、市）的工业发展质量截面指数；对于时序指数，将所有指标换算为以2005年为基期的增长率指标，然后进行加权，得到全国及地方省（区、市）工业发展质量时序指数。

验证与调整。指标体系确定后，对全国及地方省（区、市）的工业发展质量进行试评。利用试评结果对工业发展质量进行纵向时序分析和横向截面比较，并结合全国及地方省市的实际情况，发现指标体系存在的问题，对指标体系进行修改和调试，直至形成科学、全面、准确的评价指标体系。

指数应用。利用调整后的指标体系，对全国及地方省（区、市）的工业发展质量进行评价。通过分析评价结果，发现我国及各省（区、市）工业发展过程中存在的问题，并据此提出促进工业发展质量提升的对策建议。针对行业的实际情况，对部分不适合指标和不可获得指标进行剔除，得到适用于行业之间比较的评价指标体系，并利用实际数据评价行业发展质量。

四、基本原则

1. 研究的指导原则

以科学发展为主题，以加快转变经济发展方式为主线，坚定不移地走好中国特色新型工业化道路。紧紧围绕新型工业化道路和"工业新常态"的内涵，聚焦《工业转型升级规划（2011—2015 年）》和《中国制造 2025》规划的主要目标，在保证一定增长速度的前提下，工业应实现更具效益的增长，结构不断调整和优化，技术创新能力不断提升，资源环境不断改善，信息化与工业化融合不断加深，人力资源优势得到更充分发挥。

2. 指标的选取原则

指标的选择，首先应根据工业发展质量的基本内涵，确定评价指标体系的基本框架和主要内容，并按内在逻辑要求选择具有代表性的指标。同时，以指标数据的可获得性为前提并保证评价结果的客观性，指标数据应全部来源于统计年鉴或权威机构发布的研究报告。

3. 体系的构建原则

构建评价指标体系是开展工业发展质量评价工作的关键环节。针对工业发展质量的内涵和特征，在构建评价指标体系的过程中，要遵循以下四个原则。

第一，系统性原则。工业发展质量涉及经济、社会、生态等诸多方面，但评价指标体系不可能无所不包，只有那些真正能够直接反映工业发展质量内在要求的要素才能被纳入到指标体系之中。同时，评价指标体系不应是一些指标和数据的简单堆砌与组合，而应当是一个安排科学、结构合理、逻辑严谨的有机整体。

第二，可比性原则。指标的选择必须充分考虑不同地区在产业结构、自然条件等方面的差异，尽可能选取具有共性的综合指标，并且代表不同经济涵义、不同量纲的指标，在经过无量纲化处理后，可以相互比较。考虑到总量指标不具备可比性，指标选择尽量采用均量指标，兼顾采用总量指标；尽量采用普适性指标，兼顾采用特殊指标。

第三，可测度原则。要求所选择的指标应充分考虑数据的可获得性和指标量化的难易程度，定量与定性相结合，既能全面反映工业发展质量的各种内涵，又能最大限度地利用统计资料和有关规范标准，采取各种直接的或间接的计算方法能够加以量化，否则就会失去指标本身的含义和使用价值。

第四，可扩展原则。指标的选取要突出现阶段工业发展的战略导向，构建出符合工业转型升级、两化深度融合等新形势新要求的指标体系。同时，由于受统计指标、数据来源等多种因素制约，建立评价指标体系不宜过分强调它的完备性。对于暂时无法纳入本评价体系的指标，要根据实际需要和可能，逐渐补充和完善。

五、评价体系

1. 概念

工业发展质量评价指标，是指能够反映工业经济发展质量和效益等多方面的各项具体数据。这些数据按照一定的目的和方式进行组织而形成的指标集合，构成了工业发展质量评价指标体系，它能够比较科学、全面、客观地向人们提供工业发展质量的相关信息。

2. 作用

工业发展质量评价体系，能够反映我国工业经济与社会发展的健康程度，能够指导我国走好新型工业化道路，有利于我国国民经济的持续稳定增长。

工业发展质量评价体系具有三大作用：

第一，具有描述与评价的功能，可以将工业经济的发展质量利用相关的指标进行具体描述，使工业经济可持续发展的现状一目了然。

第二，具有监测和预警的功能，可以监测战略目标的完成情况和政策实施的效果，为防止经济、社会和资源环境危害的产生，提供预警信息。

第三，具有引导和约束的功能，对于各地区的工业发展具有一定的导向作用，可以与周边类似省份互设标杆进行比较。

总之，工业发展质量评价体系提供了评价工业经济与社会、资源、环境等之间关系的量化工具。为了实现工业经济可持续发展的目标，我国有必要利用好这一工具，对工业发展的过程进行监测和评价、指导和监督、规范和约束。当然，工业发展阶段和水平是动态变化的，其评判标准并非一成不变，工业发展质量评价体系的内容也将与时俱进。

3. 框架设计

评价指标体系的框架设计，必须建立在准确理解和把握工业发展质量内涵的基础上。根据对工业发展质量内涵的理解和指标选取的基本原则，我们建立了由速度效益、结构调整、技术创新、资源环境、两化融合、人力资源共 6 大类、22

项具体指标组成的评价指标体系（见表2-1）。

表2-1　中国工业发展质量评价指标体系

总指标	一级指标	二级指标
工业发展质量	速度效益	工业增加值增速
		工业总资产贡献率
		工业成本费用利润率
		工业主营业务收入利润率
	结构调整	高技术产业占比
		500强企业占比
		规模以上工业小企业主营业务收入增速
		工业制成品出口占比
	技术创新	工业R&D经费投入强度
		工业R&D人员投入强度
		单位工业R&D经费支出发明专利数
		工业新产品占比
	资源环境	单位工业增加值能耗
		工业主要污染物排放强度
		工业固体废物综合利用率
		工业污染治理投资强度
	两化融合	工业应用信息化水平
		电子信息产业占比
		互联网普及率
	人力资源	工业职工平均工资增速
		第二产业全员劳动生产率
		就业人员平均受教育年限

　　需要说明的是，由于工业发展质量的内涵十分丰富，涉及领域较多，并且关于工业发展质量的研究尚处在探索阶段，目前社会各界对如何评价工业发展质量也还没有形成统一的认识。因此，构建评价指标体系是一项需要不断探索和长期实践，且极富挑战性的工作。与上一版蓝皮书相比，受数据来源所限和发展条件变化等因素影响，我们对部分指标做了调整，由原来的20项指标调整为22项指标。原20项具体指标请参见《2013—2014年中国工业发展质量蓝皮书》。

六、评价方法

1. 指数构建方法

统计指数是综合反映由多种因素组成的经济现象在不同时间和空间条件下平均变动的相对数（徐国祥，2005）。从不同的角度，可以对统计指数进行不同的分类：按照所反映现象的特征不同，可以分为质量指标指数和数量指标指数；按照所反映现象的范围不同，可分为个体指数和总指数；按照所反映对象的对比性质不同，可分为动态指数和静态指数。

我们通过构建工业发展质量时序指数来反映全国及地方省份工业发展质量历年的时序变化情况，旨在进行自我评价；通过构建工业发展质量截面指数来反映地方省份工业发展质量在某一时点上的截面比较情况，旨在进行对比评价。在评价各行业时，我们拟采用截面指数来衡量各产业的发展质量，待数据库补充完整之后再构建时序指数。按照统计指数的分类，工业发展质量时序指数即为动态指数中的定基指数，工业发展质量截面指数即为静态指数，并在上述过程中计算了速度效益、结构调整等六个方面的分类指数，即个体指数。

（1）时序指数的构建

首先，计算2005—2013年30个省（区、市）各项指标的增速（已经是增速的指标不再计算）；然后，将增速调整为以2005年为基期；最后，加权求和得到各地区工业发展质量时序指数及分类指数。

（2）截面指数的构建

首先，按照公式（1）将2005—2013年30个省（区、市）的原始指标进行无量纲化处理；然后，按照公式（2）和（3）进行加权求和，分别得到各地区工业发展质量截面指数和分类指数。

$$X_{ijt}^{'} = \frac{X_{ijt} - \min\{X_{jt}\}}{\max\{X_{jt}\} - \min\{X_{jt}\}} \quad t = 2005, 2006, \cdots, 2013 \quad （1）$$

$$IDQI_{it} = \frac{\sum\limits_{j=1}^{22} X_{ijt}^{'} W_j}{\sum\limits_{j=1}^{22} W_j} \quad t = 2005, 2006, \cdots, 2013 \quad （2）$$

$$I_{it} = \frac{\sum X_{ijt}^{'} W_j}{\sum W_j} \quad t = 2005, 2006, \cdots, 2013 \quad （3）$$

公式（1）至（3）中，i 代表 30 个省（区、市），$i=1,2,\cdots,30$，j 代表 22 项三级指标，$j=1,2,\cdots,22$，X_{ijt} 代表 t 年 i 省 j 指标，$\max\{X_{jt}\}$ 和 $\min\{X_{jt}\}$ 分别代表 t 年 j 指标的最大值和最小值，X'_{ijt} 代表 t 年 i 省 j 指标的无量纲化指标值，I_{it} 代表 t 年 i 省的分类指数，$IDQI_{it}$ 代表 t 年 i 省的工业发展质量截面指数，W_j 代表 j 指标的权重。

需要说明的是，因为全国工业发展质量无需做截面比较，因此全国工业发展质量指数是时序指数。

2. 权重确定方法

在指标体系的评价过程中，权重的确定是一项十分重要的内容，因为权重直接关系评价结果的准确性与可靠性。从统计学上来看，权重确定一般分为主观赋权法和客观赋权法，前者一般包括德尔菲法（Delphi Method）、层次分析法（The Analytic Hierarchy Process，简称 AHP）等，后者一般包括主成分分析法、变异系数法、离差及均方差法等。主观赋权法的优点在于能够充分利用专家对于各指标的内涵及其相互之间关系的经验判断，并且简便易行，但存在因评价主体偏好不同有时会有较大差异这一缺陷；客观赋权法的优点在于不受人的主观因素的影响，能够充分挖掘指标数据本身所蕴含的信息，但存在有时会弱化指标的内涵及其现实意义这一缺陷。为避免主观赋权法的经验性较强以及客观赋权法的数据依赖性较强，我们利用德尔菲法和变异系数法进行主客观综合赋权的方法。选择变异系数法的原因在于，从评价体系中的各项指标来看，差异越大的指标越重要，因为它更能反映各地区工业发展质量的差异，如果全国各省份的某个指标没有多大差别，则没有必要再将其作为一项衡量的指标，所以对差异越大的指标要赋予更大的权重（曾五一和庄赟，2003）。

权重的测算过程如下，首先按照公式（4）计算各项指标的变异系数，然后按照公式（5）和（6）计算各项指标的客观权重，最后利用由德尔菲法得到的主观权重和由变异系数法得到的客观权重进行平均，得到各项指标的最终权重。

$$V_{jt}=\frac{6_{jt}}{\bar{X}_{jt}} \quad t=2005,2006,\cdots,2013 \quad （4）$$

$$W_{jt}=\frac{V_{jt}}{\sum_{j=1}^{22}V_{jt}} \quad t=2005,2006,\cdots,2013 \quad （5）$$

$$W_j = \sum_{t=2005}^{2013} W_{jt} \Big/ 6 \quad t = 2005, 2006, \cdots, 2013 \quad （6）$$

V_{jt} 代表 t 年 j 指标的变异系数，σ_{jt} 代表 t 年 j 指标的标准差，$\overline{X}_{jt}$ 代表 t 年 j 指标的均值，W_{jt} 代表 t 年 j 指标的权重，W_j 代表 j 指标的最终权重。

七、数据来源

1. 数据来源

所需数据全部来源于国家统计局发布的历年《中国统计年鉴》、《中国科技统计年鉴》、《中国高技术产业统计年鉴》、《中国工业统计年鉴》（2013 年以前为《中国工业经济统计年鉴》）、《工业企业科技活动统计年鉴》（2012 年以前为《工业企业科技活动统计资料》）、《中国劳动统计年鉴》《中国环境年鉴》、地方省（区、市）统计年鉴以及工信部发布的《中国电子信息产业统计年鉴》、《1949—2009 中国电子信息产业统计》、工信部赛迪研究院发布的《2014 年中国信息化与工业化融合发展水平评估报告》和中国互联网络信息中心（CNNIC）定期发布的《中国互联网络发展状况调查统计报告》。

2. 数据说明

（1）研究对象

由于西藏部分指标缺失，故未参与评价，本研究也不含港澳台地区，最终研究对象为全国及 30 个省（区、市）。

（2）指标说明

由于统计年鉴中没有公布 2010—2013 年的单位工业增加值能耗数据，为保证工业发展质量时序指数在历年之间具有可比性，我们利用各地历年统计年鉴中的工业增加值指数、工业增加值和工业能耗数据，计算得到 2005—2013 年 30 个省（区、市）以 2005 年为不变价的单位工业增加值能耗。

为保证时序指数能够真实反映走势情况，在第二产业全员劳动生产率和工业主要污染物排放强度 2 项指标计算过程中涉及的增加值均调整为 2005 年不变价；单位工业 R&D 经费支出利用王玲和 Szirmai（2008）提出的 R&D 价格指数进行平减，该指数由固定资产投资价格指数和消费者价格指数进行合成，权重各取 0.5；500 强企业占比这一指标，在衡量全国工业发展质量时是指世界 500 强企业中的中国企业数量所占比重，在衡量地方省份工业发展质量时是指中国企业联合会和中国企业家协会联合发布的历年中国制造业企业 500 强各省数量所占比重。

此外,由于单位工业增加值能耗和工业主要污染物排放强度均为逆向指标,我们取其倒数以便于统一分析,如单位工业增加值能耗表示每万元工业产出所消耗的能源量,取倒数后代表单位能耗的产出水平,即转为正向指标。

第二节　我国工业发展质量指数走势分析

一、全国工业发展质量指数走势分析

利用所构建的评价体系,根据主客观综合赋权法,按照时序指数计算方法,得到 2005—2013 年全国工业发展质量指数及分类指数,结果见表 2-2。根据表 2-2 中最后一行绘制全国工业发展质量指数走势图,结果见图 2-1。需要说明的是,由于全国工业发展质量无需作截面比较,因此该指数即为时序指数。

结合表 2-2 和图 2-1,2005—2013 年,全国工业发展质量指数呈上升趋势,从 2005 年的 100.0 上升至 2013 年的 203.7,年均增速为 9.3%,表明自 2005 年以来,我国工业发展质量有较明显的提升。

从走势看,自 2005 年以来,我国工业生产虽有一定起伏,但总体保持较快增长。2006 年和 2007 年规模以上工业延续了前几年的高速增长态势,随后,受国际金融危机的巨大冲击,2008 年规模以上工业增加值增速明显下滑。党中央、国务院通过采取保增长、扩内需和调结构等一系列卓有成效的宏观经济政策,使工业经济增长速度停止下滑,2009 年 6 月份规模以上工业重回两位数增长,当年升至 11%,2010 年进一步提升至 15.7%。2011 年,我国规模以上工业继续保持较快增长,同比增长 13.9%,近几年工业增速虽然持续下滑,但从全球范围来看,世界经济复苏略显乏力,我国规模以上工业仍然保持了较高增长,2012—2014 年增速分别为 7.9%、7.6% 和 7.0%,整体看增速依然领跑全球。

从规模看,2014 年,我国全部工业实现增加值 22.8 万亿元,年均增速高达 10.2%,远高于全球主要发达经济体和新兴经济体国家。部分行业中,通用设备制造业增长 9.1%,汽车制造业增长 11.8%,计算机、通信和其他电子设备制造业增长 12.2%,电气机械和器材制造业增长 9.4%,增速超过全部工业增速。特别是高技术制造业增加值比 2013 年增长 12.3%,占规模以上工业增加值的比重为 10.6%;装备制造业增加值增长 10.5%,占规模以上工业增加值的比重为 30.4%。

从国际看，经过"十一五"时期的大发展，我国工业国际竞争力显著增强。2010 年，我国制造业实现增加值达到 1.955 万亿美元，占全球制造业增加值的比重高达 19.8%，超过美国成为世界第一制造业大国。[1]同年，我国国内生产总值超过日本，跃升为世界第二大经济体。[2] 2013 年，我国经济总量仍然稳居世界第二位，与美国 GDP 差距缩小至 7.5 万亿美元，而领先日本的优势进一步扩大至 4.3 万亿美元。毫无疑问，占国民经济近 40% 的工业，为我国在全球经济中地位的不断提升起到了重要的推动作用。

表 2-2　2005—2013 年全国工业发展质量指数及分类指数

	2005	2006	2007	2008	2009	2010	2011	2012	2013	2005—2013年均增速
速度效益	100.0	107.3	119.4	115.6	120.1	140.3	141.4	137.7	136.5	4.0
结构调整	100.0	114.6	132.6	146.5	165.4	193.2	217.9	243.7	285.1	14.0
技术创新	100.0	106.5	116.5	121.3	138.0	136.8	149.3	162.9	170.6	6.9
资源环境	100.0	104.1	110.0	115.1	118.8	120.2	117.6	127.4	146.0	4.8
两化融合	100.0	106.9	121.9	141.1	161.9	182.1	199.4	214.6	230.0	11.0
人力资源	100.0	108.2	118.8	132.0	140.6	155.6	174.7	188.2	204.5	9.4
工业发展质量指数	100.0	108.6	121.0	130.0	143.0	157.8	170.6	184.5	203.7	9.3

数据来源：赛迪智库整理，2015 年 5 月。

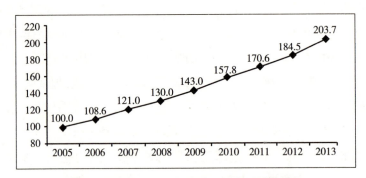

图2-1　2005—2013年全国工业发展质量指数

数据来源：赛迪智库整理，2015 年 5 月。

---

[1] 根据IHS环球透视（（IHS Global Insight））经济咨询机构数据，2010年美国制造业增加值为1.952万亿美元，占全球制造业的19.4%。

[2] 根据世界银行统计数据，2010年美国国内生产总值为14.59万亿美元，中国为5.93万亿美元，日本为5.46万亿美元。

从出口看，我国工业产品出口竞争力不断提升。近些年来，我国工业产品的出口结构不断优化，中高端工业品的国际竞争力持续增强。2014年，我国规模以上工业出口交货值达到12.1万亿元，比2005年增加7.3万亿元，同比名义增长152.2%。在部分领域中，电工电器、高精密机床、工程机械等行业的部分成套设备以及高附加值的产品已经占有较高比重，并呈现较快的增长态势。

综合来看，2005年至今，我国工业发展成就显著，工业经济总量不断攀升，发展质量同步提升。

二、全国工业发展质量分类指数分析

下面着重分析各分类指数的走势及其影响因素。

（一）分类指数走势及其对总指数的影响

1. 评价结果分析

2005—2013年，全国工业发展质量的六个分类指数整体呈上升趋势，其中，结构调整指数、两化融合指数和人力资源指数快速增长，年均增速分别高达14.0%、11.0%和9.4%，增速均快于工业发展质量指数；技术创新指数增长较快，年均增速为6.9%，增速略低于工业发展质量；资源环境指数和速度效益指数增长相对较慢，年均增速仅为4.8%和4.0%。

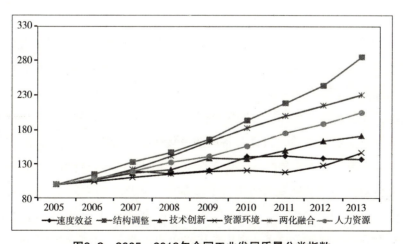

图2-2 2005—2013年全国工业发展质量分类指数

数据来源：赛迪智库整理，2015年5月。

从分类指数对总指数的影响看，与 2005 年相比，2013 年六个分类指数对工业发展质量指数增长的贡献率和拉动作用差异较大（见表 2-3）。其中，结构调整指数对工业发展质量指数增长的贡献率最高，达到 47.5%，拉动 49.3 个百分点；两化融合指数、技术创新指数和人力资源指数对工业发展质量指数增长的贡献率较高，分别为 17.9%、11.1% 和 10.4%，分别拉动 18.6 个、11.5 个和 10.8 个百分点；资源环境指数和速度效益指数对工业发展质量指数增长的贡献率相对较低，仅分别为 7.9% 和 5.1%，仅分别拉动 8.2 个和 5.3 个百分点。

表 2-3　六个分类指数对总指数增长的贡献率和拉动

	速度效益指数	结构调整指数	技术创新指数	资源环境指数	两化融合指数	人力资源指数	合计
贡献率（%）	5.1	47.5	11.1	7.9	17.9	10.4	100.0
拉动（百分点）	5.3	49.3	11.5	8.2	18.6	10.8	103.7

数据来源：赛迪智库整理，2015 年 5 月。

2. 原因分析

①结构调整

近几年，我国工业在结构调整方面取得显著成效。

首先，高技术制造业规模不断扩大。2014 年，高技术制造业增加值比 2013 年增长 12.3%，较规模以上工业增速快 4 个百分点，占规模以上工业增加值的比重为 10.6%；从全球市场占有率来看，我国手机、计算机和彩电产量占全球出货量的比重均已超过 50%，稳居全球首位。高技术产业规模的不断扩张为我国向科技强国迈进奠定了坚实的基础。

其次，装备制造业整体实力明显增强。近些年来，国家相继出台了一系列加快振兴装备制造业的政策，推动装备制造业规模不断提升，综合实力显著提升。同时，我国在重大技术装备的自主化方面也有了明显进步，特别是特高压输变电设备、百万吨乙烯成套装备等重大技术装备已经实现了自主制造。目前，《中国制造 2025》规划已于 3 月 25 日国务院常务会议审议通过。《中国制造 2025》规划将重点发展新一代信息技术、高档数控机床和机器人、航空航天装备、海洋工程装备及高技术船舶、先进轨道交通装备、节能与新能源汽车、电力装备、新材料、生物医药及高性能医疗器械和农业机械装备等十大领域。这也意味着，高档数控机床和机器人、航空航天装备、海洋工程装备及高技术船舶、先进轨道交通装备等在未来高端制造装备行业中的地位将大幅提高。

第三，工业企业组织结构不断优化。自 2005 年以来，国家大力推进兼并重组，鼓励企业之间实现强强联合，有条件的地区正加快实现上下游一体化经营。从兼并重组情况来看，截至 2014 年 11 月 26 日，国资委监管中央企业减至 112家，比 2007 年初减少了 44 家。从小微企业情况来看，第三次全国经济普查结果显示，2013 年末，从事第二产业和第三产业的小微企业法人单位 785 万个，占全部企业法人单位的 95.6%；从业人员 14730.4 万人，占全部企业法人单位从业人员 50.4%。当前，中小企业已经成为支撑我国国民经济和社会发展的重要力量，在促进经济增长、保障就业稳定等方面发挥着不可替代的重要作用。可以预见，随着国家经济发展环境的逐步完善，大众创业、万众创新将成为我国经济增长的新引擎，中小企业特别是小微企业的发展活力将对宏观经济增长起到重要作用。

②两化融合

近几年，我国在两化融合方面取得较大进展，互联网基础设施、电子信息产业等都有明显突破。

第一，从互联网基础设施方面来看，截至 2014 年 12 月，我国 IPv4 地址数量为 3.32 亿，拥有 IPv6 地址 18797 块 /32。我国域名总数为 2060 万个，其中".CN"域名总数年增长为 2.4%，达到 1109 万，在中国域名总数中占比达 53.8%。我国网站总数为 335 万个，年增长 4.6%；".CN"下网站数为 158 万个。国际出口带宽为 4，118，663Mbps，年增长 20.9%。从网民规模来看，2008 年我国网民规模已跃升全球第一，到 2014 年末，我国网民规模达 6.49 亿，全年共计新增网民 3117 万人；互联网普及率也逐年提高，2014 年为 47.9%，较 2013 年底提升了 2.1个百分点，较 2005 年增长了 5 倍多。

第二，从电子信息产业的发展来看，规模方面，2014 年，我国规模以上电子信息产业企业个数超过 5 万家，其中电子信息制造业企业 1.87 万家，软件和信息技术服务业企业 3.8 万家。全年完成销售收入总规模达到 14 万亿元，同比增长 13%；其中，电子信息制造业实现主营业务收入 10.3 万亿元，同比增长 9.8%；软件和信息技术服务业实现软件业务收入 3.7 万亿元，同比增长 20.2%。2014 年，我国规模以上电子信息制造业增加值增长 12.2%，高于同期工业平均水平 3.9 个百分点，在全国 41 个工业行业中增速居第 7 位；收入和利润总额分别增长 9.8%

和 20.9%，高于同期工业平均水平 2.8 和 17.6 个百分点，占工业总体比重分别达到 9.4% 和 7.8%，比 2013 年提高 0.3 和 1.2 个百分点。

效益方面，从总体来看整体效益逐步好转，2014 年，我国规模以上电子信息制造业实现利润总额 5052 亿元，同比增长 20.9%。产业平均销售利润率 4.9%，低于工业平均水平 1 个百分点，但比 2013 年提高 0.4 个百分点；每百元主营业务收入中平均成本为 88.4 元，仍高于工业平均成本 2.8 元，但比 2013 年下降 0.2 元；产成品存货周转天数为 12.2 天，低于工业 1.1 天。全行业亏损企业的亏损额下降 20.4%。2014 年，我国规模以上电子信息制造业每百元资产实现的主营业务收入为 136.8 元，高于工业 11.6 个百分点；平均总资产贡献率为 10.1%，比 2013 年提高 0.2 个百分点；资产负债率 57.8%，比上年下降 0.5 个百分点。

进出口方面，2014 年，我国电子信息产品进出口总额达 13237 亿美元，同比下降 0.5%，增速低于全国外贸进出口 3.9 个百分点；其中，出口 7897 亿美元，同比增长 1.2%，占全国外贸出口比重为 33.5%，比 2013 年下降 1.8 个百分点。进口 5340 亿美元，同比下降 2.8%，占全国外贸进口比重为 27.1%，比 2013 年下降 1.1 个百分点。贸易顺差 2557 亿美元，同比增长 10.7%，占全国外贸顺差的 66%。在贸易方式上，一般贸易比重持续提高，出口额 1784 亿美元，增长 17.8%，增速高于平均水平 16.6 个百分点，比重（22.6%）比 2013 年提高 3.2 个百分点，保税仓库进出境货物及边境小额贸易等贸易方式出口增势突出，分别增长 55.6% 和 61.4%；在贸易主体上，内资企业出口 2136 亿美元，下降 0.4%，其中民营企业下降较多，但国有和集体企业保持 7.2% 和 18.6% 的增长；在贸易伙伴结构上，对主要贸易伙伴出口延续增长态势，对新兴市场的开拓速度加快，对越南、阿联酋和俄罗斯的出口增速达到 25.4%、34.3% 和 14%；在区域结构上，部分中西部省份出口增势迅猛，重庆、陕西、安徽和江西出口增速达到 24.1%、77.2%、84% 和 67.9%，内蒙古、宁夏、贵州等省份出口增速则超过 100%。

③技术创新

第一，从创新产出来看，近些年来我国工业企业专利数量不断攀升。2013 年，规模以上工业企业专利申请数达到 560918 件，其中发明专利数 205146 件，规模以上工业企业有效发明专利数为 335401 件。此外，从国际上来看，2014 年，我国通过《专利合作条约》（PCT）申请的专利国际申请量 25539 项，较 2013 年增长 18.7%，排名连续两年居世界第三位。专利数量的持续增长，反映出我国工业自主创新能力和水平日益提高。目前，我国在载人航天、探月工程、载人深潜、新支线飞机、大型液化天然气船（LNG）、高速轨道交通等领域取得突破性进展并进入世界先进行列。TD-LTE 技术、产品、组网性能和产业链服务支撑能力等均得到了提升，涵盖系统、终端、芯片、仪表的完整产业链已基本完成。

第二，从创新投入来看，2013 年，我国规模以上工业企业研究与试验发展（R&D）经费支出 8318.4 亿元，与主营业务收入之比达到 0.80%，比 2004 年提升了 0.24 个百分点；科技机构经费支出达到 5941.5 亿元，比 2004 年大幅增加5099.9 亿元；新产品开发经费支出为 9246.7 亿元，比 2004 年大幅增加 8281.0 亿元。从技术获取和技术改造情况来看，2013 年，规模以上工业企业的引进技术经费支出、消化吸收经费支出、购买国内技术经费支出和技术改造经费支出分别为 393.9 亿元、150.6 亿元、214.4 亿元和 4072.1 亿元。

④人力资源

近些年来，我国工业在科技人力资源方面保持稳定增长，科技人力投入不断增加，科技队伍进一步壮大。2013 年，我国规模以上工业企业 R&D 人员全时当量为 249.4 万人年，比 2004 年增加了 195.2 万人年。2013 年，规模以上工业企业科技机构人员数达到 238.8 万人，比 2004 年增加了 174.4 万人。

⑤资源环境和速度效益

从评价结果看，虽然资源环境和速度效益自 2005 年以来增速相对较慢，贡献率相对较低，但自身仍取得较大进展。

资源环境方面，自 2005 年以来，我国主要工业行业能耗显著下降，污染物排放明显下降，环境明显改善。首先，单位增加值能耗明显下降。2005 年以来，我国单位 GDP 能耗持续下降，2012 年以来降幅持续扩大，近三年分别下降 3.4%、3.7% 和 4.8%。从工业来看，2014 年，工业企业吨粗铜综合能耗同比下降 3.76%，吨钢综合能耗下降 1.65%，单位烧碱综合能耗下降 2.33%，吨水泥综合能耗下降1.12%，每千瓦时火力发电标准煤耗下降 0.67%。从用水情况看，2014 年万元国内生产总值用水量 112 立方米，比 2013 年下降 6.3%；万元工业增加值用水量 64立方米，下降 5.6%。其次，环境污染治理投资力度不断增大。2013 年，全国环境污染治理投资总额达到 9516.5 亿元，占 GDP 的比重达到 1.67%，比 2012 年提高了 0.08 个百分点。从工业看，工业污染治理完成投资 867.7 亿元，占工业增加值的比重为 0.41%，较 2012 年提高 0.16 个百分点。第三，主要污染物排放总量得到控制。2013年全国化学需氧量排放量2352.7万吨,较2012年下降71.0万吨;二氧化硫排放量2043.9万吨,较2012年下降73.7万吨。第四,工业废物综合利用率提高。2013年工业固体废物综合利用率为55.6%,比2012年提高3.5个百分点。

速度效益方面,从规模和速度来看,2014年,全部工业增加值227991亿元,比2013年增长7.0%;规模以上工业增加值增长8.3%,继续呈快速增长态势。从经济效益来看,2014年全国规模以上工业企业实现利润总额64715.3亿元,比上年增长3.3%;实现主营活动利润60471.7亿元,比上年增长1.6%。2014年,规模以上工业企业实现主营业务收入1094646.5亿元,比上年增长7%;发生主营业务成本937493.4亿元,增长7.5%。2014年末,规模以上工业企业应收账款105168亿元,比上年增长10%;产成品存货37109.6亿元,增长12.6%。2014年,规模以上工业企业主营业务收入利润率为5.91%,每百元主营业务收入中的成本为85.64元,每百元资产实现的主营业务收入为125.2元,产成品存货周转天数为13.3天。

综合来看,近些年来,我国工业发展取得了较大成绩,结构持续调整和优化,两化融合不断深化,技术创新能力明显提升,人力资源素质和待遇明显改善,资源环境束缚压力有所缓解,速度效益有一定提升。

(二)分类指数影响因素分析

为清楚地看到影响全国工业发展质量分类指数的内部因素,我们计算了22项指标对各自所属分类指数的贡献率和拉动,计算结果见表2-4。

从2005年到2013年,全国工业发展质量的六个分类中,结构调整指数、两化融合指数和人力资源指数快速增长,结构调整指数主要是由500强企业占比和规模以上工业小企业主营业务收入的强劲增长推动,贡献率分别为57.0%和32.0%,分别拉动8.0个和4.5个百分点。两化融合指数主要是由互联网普及率的快速提升推动,贡献率高达87.1%,拉动9.5个百分点。人力资源指数主要是由工业职工平均工资的快速增长推动,贡献率高达68.0%,拉动6.4个百分点。

表 2-4 22 项指标对分类指数的贡献率和拉动

二级指标	三级指标	贡献率（%）	拉动（百分点）
速度效益	工业增加值增速	80.3	3.2
	工业总资产贡献率	15.7	0.6
	工业成本费用利润率	2.0	0.1
	工业主营业务收入利润率	1.9	0.1
	合计	100.0	4.0
结构调整	高技术产业占比	-2.2	-0.3
	500强企业占比	57.0	8.0
	规模以上工业小企业主营业务收入增速	32.0	4.5
	工业制成品出口占比	13.1	1.8
	合计	100.0	14.0
技术创新	工业R&D经费投入强度	13.7	0.9
	工业R&D人员投入强度	47.4	3.3
	单位工业R&D经费支出的发明专利数	31.3	2.2
	工业新产品占比	7.5	0.5
	合计	100.0	6.9
资源环境	单位工业增加值能耗	24.8	1.2
	工业主要污染物排放强度	85.8	4.2
	工业固体废物综合利用率	7.1	0.3
	工业污染治理投资强度	-17.7	-0.9
	合计	100.0	4.8
两化融合	工业应用信息化水平	13.4	1.5
	电子信息产业占比	-0.4	0.0
	互联网普及率	87.1	9.5
	合计	100.0	11.0
人力资源	工业职工平均工资增速	68.0	6.4
	第二产业全员劳动生产率	27.8	2.6
	就业人员平均受教育年限	4.2	0.4
	合计	100.0	9.4

数据来源：赛迪智库整理，2015 年 5 月。

技术创新指数较快增长，主要是由工业 R&D 人员投入强度和单位工业 R&D 经费支出发明专利数较快增长推动，对技术创新指数增长的贡献率分别为 47.4% 和 31.3%，分别拉动 3.3 个和 2.2 个百分点。

资源环境指数和速度效益指数增长相对较慢，前者的提升主要源于工业主要污染物排放强度和单位工业增加值能耗的显著下降，但工业固体废物综合利用率提升速度较慢，且工业污染治理投资强度出现下滑，对资源环境指数的贡献率为 −17.7%，向下拉动 0.9 个百分点，抑制了资源环境指数的增长。后者的提升主要源于工业增加值的快速增长，但工业成本费用利润率和工业主营业务收入利润率增长相对较慢，对速度效益指数的贡献率相对较低，均不足 3%，仅拉动 0.1 个百分点。

第三节　我国重点行业发展质量分析

一、指标体系的构建与指标选取

行业与地区是衡量经济发展的两个不同维度，因此在评价地区工业发展质量的 22 个指标中，有部分指标并不适用于行业评价。例如，衡量地区工业发展质量的结构调整类指标便不适用于行业比较。同时考虑到指标体系的可比性、可获取性等原则，资源环境、两化融合和人力资源的大部分指标较难收集，且受行业自身特点影响，这几类指标对于行业之间的比较意义有限。因此，本书为力求突出行业之间的差异性和特色性，选取地区发展质量评价指标体系中的速度效益和技术创新两大类共计 8 项指标，对 2013 年全国各工业行业发展质量进行评价。2011 年国家统计局将工业细分行业调整为 41 个，但开采辅助活动、其他采矿业和废弃资源综合利用业 3 个行业的部分指标缺失，故最终参与评价的行业共计 38 个。具体评价指标如下表所示。

表 2-5　2013 年 38 个工业行业速度效益、技术创新类指标

	速度效益				技术创新			
	工业增加值增速（%）	工业总资产贡献率（%）	工业成本费用利润率（%）	工业主营业务收入利润率（%）	工业R&D经费投入强度（%）	工业R&D人员投入强度（%）	单位工业R&D经费发明专利数（件/万元）	工业新产品占比（%）
总计	8.3	15.0	6.6	6.1	0.8	2.7	24.7	12.5
煤炭开采和洗选业	2.5	12.2	7.9	7.3	0.5	1.0	4.5	3.5
石油和天然气开采业	3.5	33.4	55.4	31.3	0.7	2.8	11.0	0.1
黑色金属矿采选业	10.6	20.8	12.3	10.7	0.1	0.4	33.0	0.4
有色金属矿采选业	7.4	21.4	11.6	10.2	0.4	0.7	3.9	5.1
非金属矿采选业	7.8	26.0	9.1	8.1	0.2	0.6	25.0	1.0
农副食品加工业	7.7	19.9	5.6	5.2	0.3	1.0	17.9	3.6
食品制造业	8.6	23.0	9.4	8.5	0.5	1.5	21.8	6.0
酒、饮料和精制茶制造业	6.5	24.3	12.7	10.9	0.5	1.5	11.3	7.5
烟草制品业	8.2	86.8	45.2	14.7	0.3	2.1	43.7	19.2
纺织业	6.7	17.3	6.0	5.6	0.4	1.0	14.0	11.2
纺织服装、服饰业	7.2	19.0	6.4	5.9	0.4	0.8	13.7	7.7
皮革、毛皮、羽毛及其制品和制鞋业	6.2	23.1	7.1	6.6	0.3	0.5	17.8	5.9
木材加工和木、竹、藤、棕、草制品业	9.5	28.0	7.3	6.7	0.2	0.6	25.3	2.8
家具制造业	8.7	18.5	6.7	6.3	0.4	0.9	26.4	6.1
造纸和纸制品业	6.5	11.5	5.9	5.6	0.7	1.4	12.8	10.3
印刷和记录媒介复制业	10.0	16.9	8.7	7.9	0.6	1.6	29.0	8.2
文教、工美、体育和娱乐用品制造业	13.6	19.2	5.6	5.2	0.4	1.4	26.8	7.3
石油加工、炼焦和核燃料加工业	5.4	22.9	1.3	1.2	0.2	1.5	9.1	6.5
化学原料和化学制品制造业	10.3	13.5	5.8	5.4	0.9	3.7	22.5	12.0
医药制造业	12.3	19.7	11.2	10.1	1.7	6.8	30.1	17.5

（续表）

	速度效益				技术创新			
	工业增加值增速（%）	工业总资产贡献率（%）	工业成本费用利润率（%）	工业主营业务收入利润率（%）	工业R&D经费投入强度（%）	工业R&D人员投入强度（%）	单位工业R&D经费发明专利数（件/万元）	工业新产品占比（%）
化学纤维制造业	8.5	9.1	3.7	3.6	0.9	3.6	16.3	20.7
橡胶和塑料制品业	8.6	16.6	6.8	6.3	0.7	2.1	20.9	10.7
非金属矿物制品业	9.3	17.7	8.0	7.3	0.4	1.4	22.9	4.7
黑色金属冶炼和压延加工业	6.2	7.2	2.3	2.2	0.8	2.9	9.1	10.5
有色金属冶炼和压延加工业	12.4	10.0	3.2	3.1	0.7	3.0	11.5	11.2
金属制品业	11.6	16.0	6.1	5.7	0.7	2.4	22.4	8.3
通用设备制造业	9.1	14.3	7.3	6.7	1.3	4.1	26.1	17.0
专用设备制造业	6.9	13.0	7.2	6.7	1.6	5.7	34.2	18.4
汽车制造业	11.8	19.7	9.3	8.4	1.1	5.2	13.3	24.9
铁路、船舶、航空航天和其他运输设备制造业	12.7	8.6	5.9	5.6	2.3	2.8	15.9	28.8
电气机械和器材制造业	9.4	13.3	6.0	5.7	1.3	4.4	31.0	22.7
计算机、通信和其他电子设备制造业	12.2	10.4	4.5	4.3	1.6	4.8	40.3	31.3
仪器仪表制造业	9.4	16.3	9.2	8.4	1.9	6.5	39.9	19.4
其他制造业	5.2	11.9	5.8	5.4	0.6	0.9	43.4	7.7
金属制品、机械和设备修理业	12.1	6.2	5.2	5.0	0.8	3.3	24.7	10.1
电力、热力生产和供应业	2.2	8.6	6.8	6.4	0.1	1.0	115.4	0.4
燃气生产和供应业	16.5	11.5	10.0	9.3	0.1	0.4	6.2	0.4
水的生产和供应业	7.4	4.0	8.0	7.9	0.3	0.4	26.0	0.9

数据来源：《中国统计年鉴2014》，赛迪智库整理，2015年5月。

二、38个行业发展质量评价

由于各行业存在各自特性，因此权重的确定不宜有明显差距。与地区评价不同，本部分行业发展质量评价的 8 个指标取等权，通过计算截面指数来综合判断各行业的效益和创新水平。

首先，需要说明的是，由于行业发展特点不同，因此行业之间的部分指标并不具有绝对可比性。行业比较旨在找出相对差距，排名并不是最终目的。根据行业发展质量的评价指标体系，利用等权处理方式，计算 2013 年全国工业 38 个行业发展质量指数及分类指数，得到结果见表 2-6。

表 2-6 2013 年 38 个工业行业发展质量截面指数、分类指数及排名

	指数			排名		
	速度效益	技术创新	发展质量	速度效益	技术创新	发展质量
煤炭开采和洗选业	5.6	5.0	10.6	36	32	38
石油和天然气开采业	30.6	9.1	39.6	2	23	7
黑色金属矿采选业	16.4	3.5	19.8	5	37	22
有色金属矿采选业	13.3	4.3	17.6	11	34	31
非金属矿采选业	12.9	3.6	16.5	15	36	32
农副食品加工业	9.9	5.5	15.4	27	30	34
食品制造业	13.4	9.3	22.7	10	22	19
酒、饮料和精制茶制造业	13.5	8.7	22.2	9	25	20
烟草制品业	33.5	16.5	50.0	1	11	1
纺织业	8.9	8.8	17.7	31	24	30
纺织服装、服饰业	9.8	6.7	16.4	28	28	33
皮革、毛皮、羽毛及其制品和制鞋业	10.0	5.2	15.2	26	31	35
木材加工和木、竹、藤、棕、草制品业	13.7	4.8	18.5	8	33	26
家具制造业	11.2	7.5	18.7	22	27	24
造纸和纸制品业	7.8	10.4	18.2	33	20	29
印刷和记录媒介复制业	13.3	11.3	24.6	12	19	16
文教、工美、体育和娱乐用品制造业	14.9	9.4	24.3	7	21	17
石油加工、炼焦和核燃料加工业	5.6	6.2	11.8	35	29	37
化学原料和化学制品制造业	11.3	17.9	29.2	20	10	11

（续表）

	指数			排名		
	速度效益	技术创新	发展质量	速度效益	技术创新	发展质量
医药制造业	17.2	31.7	48.9	4	3	2
化学纤维制造业	7.8	20.8	28.6	32	9	12
橡胶和塑料制品业	10.9	13.2	24.1	24	16	18
非金属矿物制品业	12.4	8.0	20.3	17	26	21
黑色金属冶炼和压延加工业	4.6	14.0	18.7	37	14	25
有色金属冶炼和压延加工业	11.1	13.7	24.8	23	15	15
金属制品业	13.0	12.9	26.0	13	17	14
通用设备制造业	11.3	23.5	34.7	21	8	10
专用设备制造业	9.1	29.8	38.9	29	5	8
汽车制造业	15.6	26.5	42.1	6	7	6
铁路、船舶、航空航天和其他运输设备制造业	12.8	30.0	42.8	16	4	5
电气机械和器材制造业	10.6	27.2	37.8	25	6	9
计算机、通信和其他电子设备制造业	11.7	34.1	45.8	18	2	4
仪器仪表制造业	13.0	34.4	47.4	14	1	3
其他制造业	6.6	11.6	18.2	34	18	27
金属制品、机械和设备修理业	11.5	16.4	27.9	19	12	13
电力、热力生产和供应业	4.2	14.1	18.2	38	13	28
燃气生产和供应业	19.0	0.4	19.4	3	38	23
水的生产和供应业	8.9	4.0	12.9	30	35	36

数据来源：赛迪智库整理，2015年5月。

整体来看，2013年，全国38个工业行业中，工业发展质量排在前5位的分别是烟草制品业、医药制造业、仪器仪表制造业、计算机通信和其他电子设备制造业、铁路船舶航空航天和其他运输设备制造业，工业发展质量指数分别为49.98、48.87、47.37、45.82和42.80。除烟草制品业以外，其他4个行业发展质量较高主要是得益于较高的技术创新水平，技术创新指数均处于全国前4位。而烟草制品业则是凭借较高的效益水平支撑其较高的发展质量。需要说明的是，医药制造业的综合实力较强，技术创新指数位于各行业第3位，速度效益位于第4位，也印证了其高技术产业的战略地位。

位于38个行业发展质量后5位的行业分别是煤炭开采和洗选业、石油加工炼焦和核燃料加工业、水的生产和供应业、皮革毛皮羽毛及其制品和制鞋业、农副食品加工业，工业发展质量指数分别为10.59、11.79、12.93、15.15和15.35。从分类指数来看，这些行业的速度效益指数和技术创新指数均位于各行业下游水平，排名25位以后。

从行业分布特点来看，计算机、仪器仪表、医药等高端制造业的发展质量较好，而石化、电力等传统高耗能行业表现较差，纺织服装等劳动密集型产业的发展质量也表现不佳，表明传统行业正面临严峻的形势，工业转型升级任重而道远。

第四节　提高我国工业发展质量的政策建议

未来几年是中国经济改革和转型升级的关键之年，在进入新常态的大背景下，创新是中国经济转型的必由之路，只有通过创新驱动才能实现经济发展质量和效益的提升。中国经济要保持持续增长，在改造传统支柱产业的基础上，还必须打造新的增长极。此外，环保问题越来越成为人们关注的焦点。要实现上述发展目标，必须充分发挥财政和货币政策的工具作用，推进财税和金融体制改革、加快国有企业改革、推动以工业智能化为特征的产业结构升级。

一、启动经济发展的"双引擎"

2015年1月21日，李克强总理在出席瑞士达沃斯世界经济论坛2015年年会时，发表了题为《维护和平稳定，推动结构改革，培育发展新动能》的特别致辞。他表示，中国经济发展进入新常态，要实现中高速发展，必须用好政府和市场这"两只手"，开启"双引擎"。一是打造新引擎；二是要改造传统引擎。

（一）推动全民创业创新

当前，中国经济要实现转型升级必须依靠创新，创新创业将成为推动未来经济增长的核心动力。2014年底以来国家政策频频提及鼓励创新创业。2014年12月3日国务院常务会议部署在更大范围推广中关村试点政策，加快推进国家自主创新示范区建设；2015年1月28日，李克强总理召开国务院常务会议再次提及创新创业，指出在创客空间、创新工厂等孵化模式的基础上大力发展"众创空间"。

未来政策的重点方向：一是体制创新，完善科技成果转化制度。体制创新仍然是科技创新的重要阻碍，所以首先要进行体制创新制度改革，包括加快科技成果使用和收益管理改革，扩大股权和分红激励政策实施范围，实行科研人员流动政策，改革科技评价、职称评定和国家奖励制度，推进科研院所分类改革，职务发明创新法律制度等。二是要大力发展众创空间。包括国家自主创新示范区、国家高新区、创业孵化园区的完善和数量增加，使自主创新示范区、高新区成为集聚创新要素的载体，构建为小微创新企业成长和个人创业提供低成本、便利化、开放式综合服务平台。2015年3月，国务院国务院发布了《关于发展众创空间推进大众创新创业的指导意见》，提出了加快构建众创空间、降低创新创业门槛、鼓励科技人员和大学生创业、支持创新创业公共服务等八项重点任务。未来相关配套措施将会相继出台。

（二）增加公共产品、公共服务

改造"传统引擎"，就是增加公共产品和服务供给。公共产品和服务包括教育、医疗、卫生、体育、棚户区和危房改造以及城市地下管网、中西部铁路和公路等基础设施。未来政策将集中在增加公共产品和服务的投资方面，解决亟待解决的民生问题，推动基本公共服务均等化。通过改革释放市场活力，让更多的人共享改革的红利。

二、打造经济发展的新增长极

在我国经济转型期，传统产业的增长速度和带动力在减弱，经济下行压力加大。与此同时，新的经济动力正在孕育。高端装备制造业、互联网、物联网、新的区域经济带等相关产业将成为未来中国经济增长的中坚力量。

（一）鼓励中国装备"走出去"

"走出去"战略是中国企业以对外直接投资、对外工程承包、对外劳务合作等形式积极参与国际竞争与合作，实现我国经济可持续发展的现代化强国战略。我国企业最初的走出去主要集中在轻工、建材、电子、纺织服装等行业。在中国企业竞争力不断提升的情况下，铁路、电力、通信、工程机械以及汽车、飞机、电子等中国装备开始走向世界。高端装备走出去，将进一步构建我国全方位对外开放新格局。特别是在我国积极推动"一带一路"战略实施的大背景下，国家将出台更多的政策措施支持中国装备制造企业对外出口。

（二）倡导"互联网+"行动计划

随着电子商务、互联网金融、微信等互联网应用在中国的普及，互联网在中国的地位大大提升。特别是在2015年政府工作报告中，第一次用大量的篇幅论述互联网，包括移动互联网、工业互联网以及制定"互联网+"行动计划等，突出了互联网在经济结构转型当中的基础地位。"互联网+"已经无所不包，商业、金融、教育、医疗、汽车、能源、化工、农业等行业都将受到重大影响，任何产业都可以利用互联网找到创新发展的方向，所有的传统应用和服务都会被互联网改变，业务模式和商业模式都将发生变革。未来互联网政策领域，将会进一步促进电子商务、工业互联网和互联网金融等领域健康发展，引导云计算、大数据、互联网、物联网企业拓展国际国内市场。

（三）构建区域发展新格局

推进区域发展总体战略，可以为国内经济转型升级提供更为广阔的空间和回旋余地。当前，我国正在积极推动"一带一路"、京津冀协同发展、长江经济带和自贸区战略，这是2015年我国要重点实施的四大区域战略。每一项战略都非常宏大，也就有很大的挑战性。"一带一路"战略目的是要打开外部世界的需求以及提高对外资源获取力。京津冀协同发展有助于探索出一条跨省区域合作的有效的体制机制，实现三地产业转型升级，进一步激活和带动环渤海经济圈发展。长江经济带战略可以沿长江构建一条"横向"的发展路径，形成东部产业向西转移的一个重要横向联系通道，进一步打开内需和完善内需布局。自贸区战略有助于构建多双边和区域开放合作，维护多边贸易体制，建立开放型经济新体制，实现全方位对外开放新格局。为落实这些区域发展战略，国家将采取多项措施加大对重点区域的支撑。

（四）强化鼓励消费的政策

从中国经济需求结构来看，消费是最为重要的中长期稳定因素。消费增长具有稳定且变化缓慢的特点，从2014年GDP需求占比，未来消费在GDP中的比例还将持续提升。2013年国务院相继印发了《关于促进信息消费扩大内需的若干意见》和《关于加快发展养老服务业的若干意见》，信息消费和养老服务被认为是能够有效拉动需求、催生新的经济增长点、促进消费升级、产业转型和民生改善的一项重要举措。提出加快发展的总体要求，将发展信息消费、养老服务作为拓展消费需求、稳定经济增长发挥重要手段。2014年国务院发布了《关于加快发展体育产业促进体育消费的若干意见》，部署积极扩大体育产品和服务供给，推动体育产业成为经济转型升级的重要力量。其中提出优化产业布局和结构，大力发展体育服务业，挖掘体育产业潜力，培育消费热点。房地产市场在经历了一段时间的调整之后，再次成为有关部门关注的焦点。毕竟房地产对当期中国经济的拉动力最大，在各方不断发出稳定住房消费的呼声之后，相关鼓励首套房消费以及二套房消费的政策将成为房地产救市的必然选择。因此，钢铁、水泥、玻璃、家居等行业有可能迎来复苏。从其他国家的发展经验看，要实现中国经济的顺利转型，必须将经济发展的动力从投资转向消费。未来，养老健康消费、信息消费、旅游休闲消费、住房消费、文化体育消费将继续成为国家政策的支持重点。

三、加快推进财税和金融体制改革

长期以来，我国靠高投资率支撑经济增长的模式给企业部门积累了大量的债务，传统制造业部门在这一过程中的杠杆率持续攀升，现在这一增长模式的基础在动摇，投资率在持续下滑。为保证经济的平稳，财政和货币政策是两大稳增长抓手，财政难点在于债务管理与稳增长的关系，财政政策要增加力度与效率，因此财税体制和金融体制改革也将加速推进。

（一）推广PPP模式保证财政支出增长

2015年我国财政赤字目标有所上升，由2014年的2.1%上升至2.3%，赤字额度共增加2700亿元。2015年财政如何化解债务危机，继续深入推进财税改革，将会是政策上十分重要的关注点，财政政策要增加力度与效率，未来将继续实施结构性减税和普遍性降费，减税降费的对象依然以中小企业为主。财税体制改革的综合政策有望加速推进以缓解短期资金矛盾，包括创新融资渠道的PPP模式、加速地方债厘清和发行试点、提高预算体制灵活性等政策都有望出台。2014年9月24日，财政部发布了《关于推广运用政府和社会资本合作模式有关问题的通知》，提出推广运用政府和社会资本合作模式即PPP模式，是国家确定的重大经济改革任务，可以预计未来在城市基础设施及公共服务领域政府将更多地以PPP模式进行建设，保证财政支出的有力增长。

（二）货币政策稳健与松紧适度并重

2015 年 3 月 1 日，央行下调金融机构人民币贷款和存款基准利率 0.25 个百分点并扩大存款利率浮动区间。这次降息是继 2014 年 11 月以来的第二次降息。基准利率再次下调后，一年期存款基准利率由 2.75% 下调至 2.5%；一年期贷款基准利率由 5.6% 下调至 5.35%。央行在三个月内，两次全面降息，一次全面降准，标志着宽松的货币政策已经到来。当前经济下行压力巨大，有陷入通缩的危险，有必要降息刺激经济、对抗通缩。从经济总体来看，2014 年四季度 GDP 增速 7.3% 创下近 24 年最低值。需求疲软导致 CPI、PPI 表现疲软，传统经济的重要推动力房地产正在面临熄火的危险。当前，在需求不足的背景下，我国货币供应具备维持相对宽松的条件。2015 年上半年央行的货币政策已经从 2014 年的定向转型为普惠加定向，降准降息政策年内仍会使用。今后利率将会进入一个下调通道和周期。为应对通缩压力、投资下滑和流动性缺口的压力，未来政策仍有继续宽松的空间。

（三）存款保险、注册制、深港通、民营银行等一系列金融改革措施将相继出台

存款保险制度在经历了多年酝酿之后，将会很快推出。允许银行破产，取消政府对银行的隐性保护，使银行真正成为市场竞争的主体，有助于降低金融系统风险，而风险的下降有利于降低融资成本，这是我国金融领域进一步深化改革、扩大开放的重要内容。有了存款保险制度，才能实现资金使用成本由市场需求和风险来决定，利率管制才能放开，国有控股银行才可以不再享有特权，金融创新才有可能从口头、从政策落到实处。

资本市场一项十分重要改革就是股票发行注册制，这一制度有望在 2015 年实行，这在中国金融市场将具有里程碑意义。注册制实施后，政府的审核权将下放到市场，由市场决定融资的方向，这将会使得我国的投融资结构逐渐向更加市场化的方向迈进，并改变中国原有的融资结构，大幅提高直接融资比例，中国将迎来股权融资的新时代，推动投融资体制的完善和效率的提升。随着注册制的推出，要求企业连续三年盈利条件也有望被取消，这将大大增加新兴的创业公司选择国内上市的可能性，融 360 和蚂蚁金服这类互联网金融创业公司有望在国内资本市场上市。

随着互联网金融的迅速崛起，以 P2P 为代表的网贷行业迅速增长，但也带

来了相应的问题。网贷监管将有益于行业的长期健康发展，互联网金融的发展也需要一个更健康的环境。在互联网金融的监管政策方面，央行也在牵头制定关于促进互联网金融健康发展的意见。

此外，允许民间资本依法设立中小银行等金融机构、适时启动"深港通"试点都有望施行。

四、愈加重视环境保护问题

2014年，"APEC蓝"成为国内一个热门词汇，在北京及周边5省份采取一系列措施的情况下，北京的空气质量明显改善，在"APEC"期间天空也逐渐变蓝。2015年初，一部关于中国雾霾问题的新闻片《穹顶之下》引发全民热议。社会各界对环保问题的关注日益强烈。在经历了长期以破坏环境为代价的高速增长之后，人们发现这种增长最终会对自身的健康造成伤害，而且无人能幸免。因此，加强对大气、水、土壤的治理成为人们的共识。在环保压力的倒逼下，新能源汽车、新能源等新兴产业面临重大投资机遇。

（一）深入大气污染防治行动计划

国内日益严重的雾霾问题已形成了一种环境倒逼机制，迫使人们加快治理大气污染。2013年，国务院发布了《大气污染防治行动计划》。未来，政策重点集中在推动燃煤电厂超低排放改造、推广新能源汽车、治理机动车尾气、提高油品标准和质量。

（二）水污染防治行动即将出台

虽然大气污染仍将是未来一段时间的治理重点，但是水污染的防治已经被提上日程。我国水质监测基础薄弱，与发达国家差距明显。早在1975年，美国已经在全国范围内成功建立了由13000多个水质监测站组成的自动连续监测网。目前我国已基本形成了国控、省控、市控三级为主的水质监测网络，人工取样监测和自动在线监测并存，但在重要支流、重大水利工程水体、国界河流断面、重要湖库、重要饮用水源地上监测断面数量少，难以满足当前环境管理的需求。未来，《水污染防治行动计划》将对外发布，重点抓饮用水源地和污染严重的劣类水体带动一般水体的水污染治理。此外，标准体系也将修订完善，监测因子偏少的问题也将改善。

（三）重点支持环保产业

作为转变经济增长方式的一个载体，环保产业将迎来黄金发展期，成为一个新的经济增长点。推广新能源汽车、治理机动车尾气、提高油品标准和质量、淘汰黄标车都将有后续政策出台。风电、光伏发电、生物质能等新能源产业也将出台一系列支持政策。

五、推动以工业智能化、网络化为特征的产业结构升级

继德国提出工业4.0概念后，中国也提出了"中国制造2025"规划，并将其上升为国家战略，以智能制造、工业机器人、人工智能为核心的新一轮产业结构升级即将全面展开。未来，世界工业的竞争将更加激烈，竞争焦点将从低端的劳动力成本转到高端的工业物联网，不同类别国家将在不同层次上进行全方位的较量。在中国低成本优势逐渐丧失之际，国家对制造业的引导方向也在发生转移。

（一）实施"中国制造2025"战略

2011年，在汉诺威工业博览会上，德国业界提出通过物联网等技术应用来提高德国制造业水平，并于2013年4月发布了《保障德国制造业的未来：关于实施工业4.0战略的建议》的报告。中国紧跟制造业国际发展潮流，工信部已组织起草了《中国制造2025》规划纲要，该规划被称为中国版的"工业4.0"，主要包括创新驱动、质量为先、绿色发展、结构优化、人才为本等方面，其核心是创新驱动和智能转型，促进工业化和信息化深度融合，开发利用网络化、数字化、智能化等技术，实现智能生产。这种智能化生产从设计、生产到管理、服务，涵盖制造活动各个环节。《中国制造2025》将会成为未来一段时间指导我国工业的纲领性文件，是未来20年中国制造业重塑全球竞争力的关键，后续相关规划有望相继出台。

（二）以高端装备、信息网络为代表的新兴产业将获得重点支持

新兴产业规模化是实现我国工业转型升级的主要任务，未来政策重点是将一批新兴产业培育成主导产业。目前，我国具有较好发展潜力新兴产业包括高端装备、信息网络、集成电路、新能源、新材料、生物医药、航空发动机、燃气轮机等，相关行业将成为我国制造业重点发展的领域。如2015年2月，由工信部牵头制定的《国家增材制造产业发展推进计划（2015—2016年）》正式公布，提出增材制造技术已经从研发转向产业化应用，要加大对该产业的支持力度，尽快形成产

业规模。为适应新工业革命的到来，推动以工业机器人为代表的人工智能大规模的普及和应用，工信部还在组织制订中国机器人技术路线图及机器人产业十三五规划，促进机器人产业健康发展。

六、加速推进新一轮国企改革

2015 年是国企改革之年。央企改革层面，央企四项改革试点方案于 2015 年 2 月份前均已获批，中粮集团、国投集团等 6 家央企正在制订实施方案；地方国企层面，有超过 25 个省份对国企改革的方向与具体实施给出了较为明确的方向，发布改革指导政策或开始了改革试点，上市国企层面，纷纷推出改革方案，实现混合所有制、员工持股、国资整合和上市等多种形式的改革。地方指导意见的相继出台还处在先行先试的阶段，但即使走得较快的江苏和广东，国有企业改革也尚未实质性的展开，主要还是缺少中央层面的纲领性文件的出台。目前国资国企改革方案已经上报中央，最终有望以"1+N"的形式出台，即"1 个指导意见 + 多个配套方案"，届时包括放开混改门槛、重启员工持股等方案将逐步推行。

（一）重点实行国有资产管理体制和混合所有制改革

改革开放以来，我国的国企改革大致经历四个阶段，取得了显著成就。到十八届三中全会,混合所有制的提出,重新开启了新一轮国企改革。2013 年 11 月，十八届三中全会的决议提出，要着力推进国有企业和混合所有制改革。国有资产管理体制方面，未来央企可能按照国有资本运营平台、国有资本投资公司和功能性实体公司三个类别，进行分类指导。通过打造市场化运作平台，提高国有资本运营效率，扁平化的管理与低效率资源的整合是重要方向。混合所有制改革方面，重点在完善现代企业制度，通过混合所有制引入竞争机制和激励机制使公司治理结构得到改善、经营效率得到提高。如汽车行业，很多整车企业属于国有控股，在这一轮改革浪潮中将走在前列。

（二）推动国企整体上市

国企改革政策另一个要点是推动国企整体上市或主业资产整体上市。近期很多省份提出国企改革要以上市集团公司作为平台，梳理资产与产业结构，即上市平台将在国企资产整合中起到核心作用。整体上市的好处一是提高国企资产证券化比例要求明确，考核机制也更为量化，可操作性强；二是国企资产证券化是推进实现混合所有制的最佳形式，通过上市实现资产证券化，可以快速引入非国有资本，推进股权的混合所有制；三是国企资产证券化可以实现国有资产的保值增值。

（三）试点高管股权激励和员工持股

国企改革的重要一环是改革和健全企业经营者激励约束机制。职工持股有利于激发企业活力，国际一流企业都实行了员工持股，国内一些行业龙头企业也实行了员工持股，提高了劳动生产率。员工持股还可以实现国企股权多元化，完善公司治理结构。十八届三中全会提出，"允许混合所有制经济实行企业员工持股，形成资本所有者和劳动者利益共同体"，这为国企管理层激励创造了全新的机遇。当前，财政部就金融企业提出的员工持股计划，正在征求相关意见。国资委也在会同证监会、财政部制定推进混合所有制员工持股指导意见。未来，国企高管及普通员工持股长期受到严格监管限制的局面将会改变，国企的经营活力将进一步提高。

第三章　产业结构调整

　　经过三十多年的持续、快速增长,近几年我国经济增长速度开始放缓,2012年经济增速下降至 7.8%,是 1980 年以来首次跌破 8%,经济增长进入了"新常态"。在经济"新常态"下,我国经济增速将由过去保持 10% 以上的持续高速增长下降为 7%—8% 的中高速增长,制造业比较优势正在发生深刻变化,经济增长动力将由过去主要依靠要素驱动和投资驱动向主要依靠创新驱动转变,经济结构也将由重化工业和低端产业为主向中高端制造业和生产性服务业为主转变。加快调整优化产业结构,提升产业价值链,推动产业向中高端升级,是"十三五"我国转变经济发展方式的主攻方向,也是适应和引领经济新常态,打造中国经济升级版的客观要求。

第一节　2014 年我国产业结构调整取得的主要进展

　　2014 年,我国经济告别高速增长时代,步入"新常态"。为改善实体经济发展环境,国家在稳增长、促改革、调结构、惠民生方面采取了一系列政策措施。工业经济总体上保持了平稳的发展态势,全部工业增加值比上年增长 7%,规模以上工业增加值同比增长 8.3%。工业内部结构调整也在加快,新产业、新业态、新技术和新模式发展较快,服务业和新兴产业加速崛起,技术创新对经济增长的推动开始发力;增长动力结构发生了变化,消费取代投资成为中国经济最主要的驱动力;区域结构发生了变化,东、中、西部地区经济发展的协调性进一步增强。

一、高技术产业和战略性新兴产业引领作用不断增强

我国高度重视高技术产业和战略性新兴产业的发展，在充分发挥市场配置资源决定性作用的基础上，采取了一系列措施为产业发展营造良好环境。相继出台了生物、数字电视、集成电路、软件、平板显示等行业发展的产业政策。如2014年上半年，我国组织实施了2014战略性新兴产业区域集聚试点工作，推动部分区域率先实现重点领域突破。再如2014年6月，我国发布了《国家集成电路产业发展推进纲要》。吸引社会和民间资本更多地投向新兴产业；启动实施了智能制造、北斗卫星导航等一批重大应用示范发展项目；建立产业创业投资引导基金，引导和推动新兴产业发展。如2014年，中央财政下达战略性新兴产业发展专项资金20亿元，与地方政府联合参股，吸引社会投资者出资设立49支创业投资基金；成立了国家集成电路产业投资基金。

目前，我国高技术产业、战略性新兴产业围绕经济发展方式转变的主线，呈现良好发展态势。国家的重大科技专项如"核高基"、新一代宽带无线移动通信网、高档数控机床和大型飞机等进展较为顺利；物联网的应用范围逐步扩大，用于工业、交通、物流、环保、医疗、安防等诸多领域。2014年，高技术制造业增加值比上年增长12.3%，占规模以上工业增加值的比重为10.6%；装备制造业增加值增长10.5%，占规模以上工业增加值的比重为30.4%。从各行业来看，化学原料和化学制品制造业增长10.3%，金属制品业增长11.6%，汽车制造业增长11.8%，计算机、通信和其他电子设备制造业增长12.2%，医药制造业增长12.3%，有色金属冶炼和压延加工业增长12.4%，铁路、船舶、航空航天和其他运输设备制造业增长12.7%。新一代信息技术、生物、节能环保等新兴产业领域18个重点行业规模以上企业的主营业务收入达15.9万亿元，利润总额约1.2万亿元，同比分别增长13.5%和17.6%，而全国规模以上工业企业主营业务收入和利润仅分别增长3.3%和1.6%。从各地区来看，安徽、广西、江苏、湖北的战略性新兴产业增速均在15%以上；2014年1—9月，深圳战略性新兴产业的增加值占地区生产总值的比重达到37.7%。高技术产业企业的数量平稳增长，统计局数据显示，截至2013年年底，我国规模以上高技术制造业企业共有26894家，在规模以上制造业企业中所占比重为7.8%，比2008年提高了1.3个百分点。

二、产业组织结构持续优化

企业兼并重组保持活跃态势。2014年3月,国务院印发了《进一步优化企业兼并重组市场环境的通知》(国发〔2014〕14号,以下简称国发14号文),提出了推进审批制度改革、完善财税和职工安置政策、改善金融服务、加强产业政策指导等政策措施。国家发改委、工信部、财政部、国土资源部、证监会、银监会等部门按照任务分工出台配套措施,其中,审批制度改革、职工安置等政策已经出台。这些政策的实施有效缓解了长期以来企业兼并重组存在的融资难、税负重、审批环节多、职工安置困难等问题,为企业并购营造了良好的政策和市场环境。2014年,企业兼并重组市场交易活跃,据证监会统计,我国企业兼并重组数量为2920起,比2013年增长40%,交易金额达到1.45万亿元人民币,比2013年增长63.1%。与此同时,随着对外开放和国际合作力度进一步加大,国内企业走出去步伐加快,海外并购呈显著上升趋势。普华永道数据显示,2014年我国企业境外并购交易数量达到272起,交易金额达到560亿美元。在企业兼并重组的推动下,重点行业集中度不断提高,产业组织结构进一步优化。2014年,前5家汽车生产企业全年累计销量占全行业比重接近3/4,同比提高2.15个百分点;前10家汽车生产企业全年累计销量占全行业比重达到89.72%,同比提高1.34个百分点。我国造船完工前20家企业的产业集中度为71.6%,前10家集中度为50.6%,分别比上年提高5.9%、3.2%。电解铝行业的集中度也不断提高,2014年,前10家企业的产业集中度达到77%,前5家达到58%。大型建材企业集团通过并购重组,市场集中度进一步提高,前10家水泥集团熟料产能达到9.16亿吨,产业集中度为52%,其中中国建材集团水泥熟料总产能达3亿吨,占全行业的17%。我国稀土行业也已形成包钢集团、中国五矿、中铝公司、广东稀土、赣州稀土和厦门钨业等6家企业为主导的发展格局,集中度进一步提高。

三、产能过剩倒逼工业转型升级更为明显

产能过剩是制约我国工业经济发展的痼疾,化解过剩产能矛盾是促进工业转型升级的重要举措。2013年,国务院印发了指导意见并出台了配套措施。2014年,工业和信息化部发布《关于做好部分产能严重过剩行业产能置换工作的通知》(工信部产业〔2014〕296号)、《关于部分产能严重过剩行业在建项目产能置换有关事项的通知》(工信部产业〔2014〕327号),对钢铁、电解铝、水泥、平板玻璃

行业新（改、扩）建项目，实施产能等量或减量置换。国家发改委、工信部发布《关于建立化解产能严重过剩矛盾信息报送机制的通知》（发改办产业〔2014〕1684号），建立信息报送制度。此外配套的金融、财税、环保、能耗等政策不断完善。

随着化解过剩产能各项政策的落实、产能过剩倒逼企业技术升级、战略调整甚至是退出的效应充分发挥，工业结构转型升级的速度将进一步加快。一方面钢铁、水泥、电解铝、平板玻璃等行业产能过剩，这些行业的利润水平一直未有明显提高，企业生存愈加困难，迫使部分企业缩减产能，降低成本，有条件的企业通过引进先进技术设备提升产品附加值，或通过并购、战略合作等手段另找出路，从而加快落后产能的淘汰，进而带动全行业技术水平的提升。另一方面，化解产能过剩、淘汰落后等政策力度的加强将加快落后产能的退出。特别是部分行业产能等量减量置换办法的实施、环境保护压力的加大和负面清单管理方式的转变将增大企业生产经营压力，企业要扩大规模，就必须淘汰落后产能，这也将倒逼企业提升技术和设备水平。

四、生产性服务业支撑作用不断增强

生产性服务业是与制造业直接相关的产业，涉及工业的各环节，包括研发设计、第三方物流、融资租赁、信息技术服务、节能环保服务、检验检测认证、电子商务、商务咨询、服务外等领域。加快发展生产性服务业，可以促进结构调整和经济稳定增长，既可以有效激发内需潜力、带动扩大社会就业、持续改善人民生活，也有利于引领产业向价值链高端提升，实现服务业与工业等在更高水平上有机融合，促进产业转型升级。我国也针对此出台了相关促进政策，如2014年8月发布了《国务院关于加快生产性服务业促进产业结构调整升级的指导意见》（国发〔2014〕26号），国家首次对生产性服务业进行全面部署。2014年，我国服务业所占比重为48.2%；部分生产性服务业的固定资产投资快速增长，如信息传输、软件和信息技术服务业的固定资产投资同比增长38.6%（见表3-1）。

表 3-1　2014 年部分生产性服务业固定资产投资及增长速度

行业	投资额（亿元）	比上年增长（%）
批发和零售业	15669	25.7
交通运输、仓储和邮政业	42984	18.6
信息传输、软件和信息技术服务业	4287	38.6
金融业	1360	10.5
租赁和商务服务业	7970	36.2
科学研究和技术服务	4205	34.7
水利、环境和公共设施管理业	46274	23.6

资料来源：2014 年国民经济和社会发展统计公报。

表 3-2　部分行业增加值在国内生产总值中所占比重　　　　（单位：%）

指标	2008年	2009年	2010年	2011年	2012年	2013年
批发和零售业	8.3	8.4	8.8	9	9.3	9.6
交通运输、仓储和邮政业	5.2	4.8	4.6	4.5	4.4	4.4
金融业	5.8	6.3	6.3	6.3	6.6	7

资料来源：国家统计局。

五、区域产业联动协调发展

我国对原有东、中、西三大区域发展布局模式进行了调整，要重点实施"一带一路"、京津冀协同发展、长江经济带三大战略，促进跨区域产业协调发展。我国制定了海上丝绸之路和丝绸之路经济带发展战略，400 亿元的丝路基金成立，为一带一路战略沿线国家基础设施、资源开发、产业合作和金融合作等与互联互通有关的项目提供投融资支持平台。2014 年 9 月，国务院印发了《关于依托黄金水道推动长江经济带发展的指导意见》（国发〔2014〕39 号），提出要将长江经济带打造成东中西互动合作的协调发展带。我国目前大力推进京津冀区域经济一体化发展。可见，国家区域经济发展思路的转变将带动东、中、西部产业的共同发展，促进区域经济协调发展。

在国家实施产业转移和区域布局的调整中，区域经济协调发展出现了新进展。2014 年前三季度，我国经济增速最快的 10 个省、区、市中，中西部地区占据 8 位。2014 年 12 月，东、中、西部地区规模以上工业增加值同比增速分别为 7.1%、8.1%、10.6%，可以看到增速由高到低依次为西部、中部、东部。但是东部地区在产业结构调整方面仍发挥着带头作用，先进制造业、高新技术产业等都是东部地区发展的重点。自贸区的带动作用不断增强，上海自贸区设立之后，广东、福建和天津三个自贸区将相继启动，进一步提升区域经济开放度。

第二节　2014 年我国产业结构调整重点政策解析

一、优化产业组织政策

2014 年，围绕着促进企业兼并重组，优化产业组织结构，促进企业做大做强，国务院、工业和信息化部、商务部、财政部、人力资源和社会保障部等部门纷纷出台了一些相关的政策和文件。地方政府积极响应国家的政策，纷纷出台促进本地区企业兼并重组政策。企业兼并重组的政策和市场环境不断优化，制度性障碍进一步被消除。2014 年 3 月，国务院发布的《国务院关于进一步优化企业兼并重组市场环境的意见》（国发〔2014〕14 号，以下简称"国发 14 号文"）指出，营造良好的市场环境，充分发挥企业在兼并重组中的主体作用。要消除体制机制障碍，优化政策环境，完善服务和管理，促进产业结构调整。提出要加快行政审批制度改革，进一步简政放权；强调完善市场机制；要优化信贷融资服务，充分发挥资本市场的作用，降低企业税收负担。围绕着"国发 14 号文"的出台，多个部门纷纷出台、落实政策，如表 3-3 所示。

表 3-3　国家层面兼并重组主要政策

序号	发布时间	发布部门	政策名称
1	2014.3.7	国务院	《国务院关于进一步优化企业兼并重组市场环境的意见》（国发〔2014〕14号）
2	2014.5.9	国务院	《国务院关于进一步促进资本市场健康发展的若干意见》（国发〔2014〕17号）
3	2014.6.6	国务院办公厅	《国务院办公厅关于转发工业和信息化部等部门推动婴幼儿配方乳粉企业兼并重组工作方案的通知》（国办发〔2014〕28号）
4	2014.10.24	工信部、证监会、发展改革委、商务部	《上市公司并购重组行政许可并联审批工作方案》
5	2014.6.6	国家发改委	《境外投资项目核准和备案管理办法》（国家发展和改革委员会令2014年第9号）
6	2014.6.6	国家发改委	《外商投资项目核准和备案管理办法》（国家发展和改委员会令2014年第12号）

（续表）

序号	发布时间	发布部门	政策名称
7	2014.5.30	工信部	《工业和信息化部关于做好优化企业兼并重组市场环境工作的通知》（工信部产业〔2014〕174号）
8	2014.12.31	工信部	《关于进一步优化光伏企业兼并重组市场环境的意见》（工信部电子〔2014〕591号）
9	2014.11.6	人力资源和社会保障部	《关于失业保险支持企业稳定岗位有关问题的通知》（人社部发〔2014〕76号）
10	2014.5.28	住建部	《住房和城乡建设部关于建设工程企业发生重组、合并、分立等情况资质核定有关问题的通知》（建市〔2014〕79号）
11	2014.6.6	商务部	《关于经营者集中简易案件适用标准的暂行规定》（商务部公告2014年第12号）
12	2014.9.6	商务部	《境外投资管理办法》（商务部令2014年第3号）
13	2014.1.10	国家外汇管理局	《国家外汇管理局关于进一步改进和调整资本项目外汇管理政策的通知》（汇发〔2014〕2号）
14	2014.6.23	证监会	《非上市公众公司收购管理办法》（证监会2014年第102号令）
15	2014.6.23	证监会	《非上市公众公司重大资产重组管理办法》（2014年第103号令）
16	2014.10.23	证监会	《上市公司重大资产重组管理办法》（证监会2014年第109号令）
17	2014.10.23	证监会	《上市公司收购管理办法》（证监会2014年第108号令）
18	2014.10.15	证监会	《关于改革完善并严格实施上市公司退市制度的若干意见》（证监会2014年第107号令）
19	2014.3.21	证监会	《优先股试点管理办法》（证监会2014年第97号令）
20	2014.3.21	保监会	《关于印发〈保险公司收购合并管理办法〉的通知》（保监发〔2014〕26号）
21	2014.6.3	最高人民法院	《关于人民法院为企业兼并重组提供司法保障的指导意见》（法发〔2014〕7号）

资料来源：赛迪智库产业政策研究所，2014年。

一是明确了优化市场环境主要目标。针对目前企业兼并重组中存在的审批效率低、企业资金短缺等问题，"国发14号"文明确提出三个方面主要目标。体制机制进一步完善。企业兼并重组相关行政审批事项逐步减少，审批效率不断提高，有利于企业兼并重组的市场体系进一步完善，市场壁垒逐步消除。政策环境更加优化。有利于企业兼并重组的金融、财税、土地、职工安置等政策进一步完善，企业兼并重组融资难、负担重等问题逐步得到解决，兼并重组服务体系不断健全。企业兼并重组取得新成效。兼并重组活动日趋活跃，一批企业通过兼并重组焕发活力，有的成长为具有国际竞争力的大企业大集团，产业竞争力进一步增强，资源配置效率显著提高，过剩产能得到化解，产业结构持续优化。

二是坚持以企业为主体。企业兼并重组是企业行为，如果要充分发挥市场在资源配置中的决定性作用，必须充分发挥企业在兼并重组中的主体作用。"国发14号"文明确了要尊重企业主体地位，有效调动企业积极性，由企业自主决策、自愿参与兼并重组，坚持市场化运作，避免违背企业意愿的"拉郎配"。因此，在企业兼并重组过程中，企业将拥有充分自主决策权，要遵循市场经济规律，坚持市场化运作。

三是提出要加快行政审批制度改革，进一步简政放权。"国发14号文"提出了取消下放部分审批和简化审批程序。且明确规定：系统梳理企业兼并重组涉及的审批事项，缩小审批范围，对市场机制能有效调节的事项，取消相关审批。取消上市公司收购报告书事前审核，强化事后问责。取消上市公司重大资产购买、出售、置换行为审批（构成借壳上市的除外）。对上市公司要约收购义务豁免的部分情形，取消审批。地方国有股东所持上市公司股份的转让，下放地方政府审批。此外，提出要推行并联审批，改善外汇管理等。

四是强调完善市场机制，消除体制机制障碍。一方面，充分发挥市场机制作用。深化要素配置市场化改革，进一步完善多层次资本市场体系，加快建立现代企业产权制度，要打破市场分割和地区封锁，不得滥用行政权力排除和限制竞争，防止垄断行为，规范市场竞争秩序，加强市场监管。另一方面，激发市场主体活力。放宽民营资本市场准入，加快垄断行业改革，向民营资本开放非明确禁止进入的行业和领域。深化国有企业改革，推进国有企业产权多元化，完善公司治理结构，建立现代企业制度，完善企业负责人任免、评价和激励机制。

二、促进技术升级政策

2014年，我国主要从以下五方面支持产业技术升级。

（一）加大科技资源共享力度，提高科技资源利用效率

高水平的科研基础设施、科研仪器等科技资源是促进技术研发创新、实现产业技术升级的前提和保障，我国整体研发水平上不去，科技成果质量低，特别是企业科研能力不强，重要原因是缺乏先进的科研设施和仪器设备。目前，我国先进的科研设施和仪器设备大多在专业化科研机构、211级的高等院校或者大企业集团，一般企业和社会民众难以接触到这些设备和仪器，而设备和仪器拥有者又不能保证可以经常使用这些仪器和设备，甚至部分仪器和设备成了摆设，从未被使用过，从而严重降低了科技资源的利用效率。推动科研基础设施、科学仪器设备等科技资源共享对实施创新驱动发展战略尤为重要。

为解决科研设施和仪器闲置浪费问题，加快推进科研设施和仪器向全社会开放，2014年12月31日，国务院印发了《国务院关于国家重大科研基础设施和大型科研仪器向社会开放的意见》（国发〔2014〕70号，以下简称"国发70号文件"）。"国发70号文件"明确了科技资源共享的目标，即用三年时间基本建成促进各类科研设施与仪器共享的网络化管理服务体系，并健全完善相应共享制度、标准和机制。提出了将科研设施和仪器管理纳入法制化的基本原则，以及信息共享、资源统筹、奖惩结合、分类管理等原则。同时，明确了科研设施和仪器资源共享的适用范围，并结合当前科技资源共享存在的问题和基本原则提出了6项重点措施。一是将符合条件的科研设施和仪器纳入统一的网络平台进行管理[1]。通过统一的网络平台，可以实现科技资源的统筹管理，并提供跨部门、跨领域的在线服务，通过网络平台向社会公开科技资源分布、使用和开放共享信息，可以使社会公众在最合适的时间高效地利用科技资源。二是按照科技资源功能实施分类共享。这有助于科研设施和仪器使用者在最短的时间使用相应的科技资源，也便于不同科技资源的管理。三是建立促进开发的激励引导机制。由于很大一部分科技资源的拥有者不愿意共享资源，通过成本补偿等激励引导机制将促进科技资源拥有者主动共享资源。四是建立相应的评价体系和奖惩办法，通过第三方评估监测科技资源共享情况。五是加强在科技资源共享过程中形成的知识产权的管理。六是强化科技资源管理单位的主体责任，主要是强化法人责任，确保科技资源良好运行和充分共享。此外，"国发70号文件"还规定了科技资源共享改革采取分阶段实施的办法，2015年底前基本建成网络管理平台，2016年将符合条件的各类

---

[1] 《国务院关于国家重大科研基础设施和大型科研仪器向社会开放的意见》（国发〔2014〕70号）。

科技资源纳入网络平台管理，并建立相应的网络服务体系和科技资源共享信息开放机制，实现科技资源共享信息在平台上发布。2017年形成相应的考核和评价制度。这种明确时间节点和任务要求的做法，有利于保证"国发70号文件"提出的目标和措施切实得到落实，进而保证符合条件的科技资源可以真正实现全社会共享。

（二）加大重点行业标准化技术体系建设力度，推动行业技术升级

我国行业技术水平不高的一个主要原因是，与国际通用标准相比，我国行业技术标准相对落后，导致我国企业只能按照较低的技术标准选择生产设备、工艺，不利于激发企业技术创新和升级的动力。加之我国行业技术标准化体系建设和管理相对滞后，很多落后标准不能得到及时修订，新兴行业标准缺失，部分标准由于管理不到位不能得到有效执行，加强行业标准的体系化建设尤为重要。因此，2014年，政府部门发布了多项与重点行业技术标准体系化建设有关的政策。一是加强电动自行车用锂离子电池技术标准体系建设。针对近年来多发的锂电池爆炸着火问题，2014年1月，工业和信息化部印发了《关于印发电动自行车用锂离子电池综合标准化技术体系的通知》（工信厅科〔2014〕22号），提出要建立电动自行车用锂离子电池综合标准化技术体系，完善和优化电动自行车用锂离子电池标准，提高我国电动自行车用锂离子电池产品的质量和技术水平，保障相应产品的质量和技术安全。该政策给出了电动自行车用锂离子电池综合标准化技术体系框架，我国电动自行车用锂离子电池标准化体系包括24项标准，其中，15项已发布，3项正在制定，6项待制定。为完善相关标准，加深行业、企业对标准的理解，该政策提出要"积极吸纳各方力量加入标准制定工作中"，并要"加强标准的宣传和培训工作"。[1]二是加强工业和通信业节能与综合利用领域技术标准体系建设，从而提升标准对促进工业绿色低碳发展的整体支撑作用。[2]2014年8月，工业和信息化部印发了《工业和通信业节能与综合利用领域技术标准体系建设方案》（工信厅节〔2014〕149号）。该方案对比了国内外相关技术标准及工作状况，指出我国存在的问题，并从建设目标、标准修订任务、重点领域和"十二五"期间国际标准化工作推进计划四方面提出了具体的建设方案。在标准修订任务中，方案提出"十二五"期间，节能和综合利用领域拟修订1460项标准，其中，有

---

[1] 《关于印发电动自行车用锂离子电池综合标准化技术体系的通知》（工信厅科〔2014〕22号）。
[2] 《工业和通信业节能与综合利用领域技术标准体系建设方案》（工信厅节〔2014〕149号）。

304 项国家标准，1156 项行业标准。标准覆盖资源节约、能源节约、清洁生产、温室气体排放和资源综合利用五大领域，钢铁、有色、石化、化工、建材、机械、轻工、纺织、汽车、电子、通信、黄金、稀土等 13 个重点行业。为保证技术标准体系建设工作的落实，方案提出了建立统一协调机制、加强重点标准研制、加强标准宣贯、扩大国际交流与合作等保障措施。这一方案的顺利实施有助于缓解我国节能和资源综合利用相关标准分散且水平差异较大、部分标准与当前和未来节能工作难以适应的问题，对推动我国节能减排标准化有重要意义。

（三）通过具体行动支持重点领域创新发展

更加注重对已有政策的落实是 2014 年推动产业技术升级政策的一个突出特点。因此，2014 年产业技术升级政策很少有综合性、原则性的政策，更多是落实综合性、原则性政策的行动计划、工作专项、实施方案和工程等。

2014 年 2 月，工业和信息化部印发了《关于印发稀土行业清洁生产技术推行方案的通知》（工信部节〔2014〕62 号），推广资源利用效率更高、能源消耗更少的非皂化萃取分离稀土技术、模糊 / 联动萃取分离工业[1]，从源头预防和减少污染物产生，实现清洁发展。

2014 年 4 月，国家发改委、工业和信息化部联合印发了《关于组织实施新型平板显示和宽带网络设备研发及产业化专项有关事项的通知》（发改办高技〔2014〕893 号），通过工作专项支持宽带网络设备和平板显示技术创新。10 月又制定发布了《2014—2016 年新型显示产业创新发展行动计划》（发改高技〔2014〕2299 号），提出了新型显示产业创新发展三大目标，即显著增强创新能力、明显提升发展质量、基本建成配套体系；五项重点任务，即加强规划布局、引导集聚发展，实施技术创新、加快前置布局，完善产业配套、提升供给水平，创新监管方式、完善产业环境，加强国际合作、实现融合发展；五项保障措施，即加强统筹协调，发挥政府资金效用，落实税收政策，完善金融服务，建立监测运行体系。[2]在重点任务中，特别制定了技术跃升行动和产业链提升行动，以提升新型显示产业相关产业链的整体技术水平。

2014 年 9 月，国家发改委、工业和信息化部、科技部、财政部、环保部联合印发了《关于印发重大环保装备与产品产业化工程实施方案的通知》（发改环

---

[1] 《关于印发稀土行业清洁生产技术推行方案的通知》（工信部节〔2014〕62号）。
[2] 《2014-2016年新型显示产业创新发展行动计划》（发改高技〔2014〕2299号）。

资〔2014〕2064号）。通过落实加大水处理用膜材料、高效柴油催化剂、高温除尘滤料等关键技术攻关力度，加快推进示范作用明显、带动性强的先进技术的示范应用，推动市场急需的重大环保装备、先进节能设备产业化工程建设，提升企业创新开发能力，培育先进装备和产品市场等重点任务，加快提升我国环保技术装备与产品的技术水平和供给能力[1]，并通过资金、产业、财税、标准、基础设施建设、管理等政策手段，为推动环保装备和产品产业化提供支撑。

（四）通过发展科技服务业促进科技创新和技术升级

科技服务业作为现代服务业的重要组成部分，对推动科技创新和成果转化、加快产业技术升级有重要的支撑作用。虽然近年来我国科技服务业发展迅速，服务内容逐步丰富，服务质量不断提高，也不断涌现出新的服务模式和服务业态，但与发达国家相比，我国科技服务业总体上还处于发展的初级阶段，服务范围有限，服务能力和专业化程度也有待提高，对科技创新和产业技术升级的支撑能力有限。为推动科技服务业加快发展，增强科技服务业对科技创新和产业技术升级的支撑能力，2014年10月，国务院发布了《关于加快科技服务业发展的若干意见》（国发〔2014〕49号），支持科技服务业发展。该意见明确科技服务业发展要坚持深化改革、创新驱动、市场导向、开放合作的原则，并提出"到2020年科技服务业产业规模达到8万亿元"的发展目标[2]。为实现这一目标，该文件提出要支持"研究开发及其服务、技术转移服务、检验检测认证服务、创业孵化服务、知识产权服务、科技咨询服务、科技金融服务、科学技术普及服务、综合科技服务"等九类科技服务的发展。这九类服务直接作用于科技创新和产业技术升级的关键环节，如技术转移服务有助于科技成果产业化，知识产权服务有助于保护原创者的利益，同时引导技术需求者合法合理使用新技术，科技金融服务则有助于技术研发创新机构获得更多的金融支持，创业孵化服务有助于将技术成果真正转化为有商业价值的生产力或产品等。为推动上述九类科技服务的发展，文件针对科技服务业发展存在的市场机制作用不突出、基础设施不完善、缺乏人才和资金支持、社会认知程度不高等问题，提出了"健全市场机制、强化基础支撑、加大财税支持、拓宽资金渠道、加强人才培养、深化开放合作、推动示范应用"等7项保障措施，为科技服务业加快发展创造了良好条件。

---

[1] 《关于印发重大环保装备与产品产业化工程实施方案的通知》（发改环资〔2014〕2064号）。
[2] 《关于加快科技服务业发展的若干意见》（国发〔2014〕49号）。

（五）为产业技术升级创造良好的政策环境

产业技术升级涉及领域较为宽泛，触及环节较多，需要多方面的政策支持。对此，国家重视从财税、金融、技术引进、知识产权保护等方面为产业技术升级创造良好的政策环境。

财税方面，2013年11月，财政部印发了《关于科技企业孵化器税收政策的通知》（财税〔2013〕117号），通过房产税、城镇土地使用税和营业税等税收优惠政策支持科技企业孵化器建设。2014年10月，财政部、国家税务总局发布了《关于完善固定资产加速折旧企业所得税政策的通知》，对生物药品制造业，专用设备制造业，铁路、船舶、航空航天和其他运输设备制造业，计算机、通信和其他电子设备制造业，仪器仪表制造业，信息传输、软件和信息技术服务业等6个行业的企业2014年1月1日后新购进的固定资产，实施缩短折旧年限或采取加速折旧的方法，给予税收方面的政策优惠。

金融方面，2014年1月，中国人民银行、科技部等部门联合印发了《关于大力推进体制机制创新 扎实做好科技金融服务的意见》（银发〔2014〕9号），推动培育和发展服务科技创新的金融组织，鼓励科技信贷和服务模式创新，为企业创新打造多元化的融资渠道。8月，科技部、财政部发布了《关于印发〈国家科技成果转化引导基金设立创业投资子基金管理暂行办法〉的通知》（国科发财〔2014〕229号），通过规范国家科技成果转化引导基金设立创业投资子基金，引导企业投资国家科技成果，推动科技成果市场化。

技术引进方面，2014年2月，财政部、国家发改委等部门联合印发了《关于调整重大技术装备进口税收政策的通知》（财关税〔2014〕2号），支持企业进口先进技术装备。3月，国家发改委、财政部、商务部联合印发了《关于印发鼓励进口技术和产品目录（2014年版）的通知》（发改产业〔2014〕426号），通过指导目录引导企业引进先进技术和产品。

知识产权保护方面，国家知识产权局、教育部、科技部、工业和信息化部等部门联合制定发布了《关于深入实施国家知识产权战略 加强和改进知识产权管理的若干意见》（国知发协字〔2014〕41号），通过改进知识产权宏观管理、加强知识产权执法监管、健全知识产权管理制度、创新知识产权服务方式等手段，加强对知识产权的管理，保障原创者权益。

三、治理产能过剩政策

2014 年，化解产能过剩的重点任务主要集中在产能置换制度建设方面。2014 年 7 月，工业和信息化部发布《关于做好部分产能严重过剩行业产能置换工作的通知》（工信部产业〔2014〕296 号），颁布《部分产能严重过剩行业产能置换实施办法》（本目内简称《实施办法》）。2014 年 7 月和 2015 年 2 月，分别颁布《关于部分产能严重过剩行业在建项目产能置换有关事项的通知》（工信部产业〔2014〕327 号）、《关于规范部分产能严重过剩行业产能置换指标交易信息报送的函》（工信厅产业〔2015〕10 号），进一步明确钢铁、电解铝、水泥、平板玻璃行业在建项目产能置换有关事项。相关政策要点包括：明确产能置换原则、实施产能置换的范围及方式、置换方案制定和置换后产能的处置方法和要求，规范指标交易等方面。

（一）产能严重过剩行业实施产能置换的原则

一是坚持控制总量和优化存量相结合。按照疏堵结合、严禁新增产能的思路，结合产业布局优化和结构升级的要求，加快淘汰落后和过剩产能，为实施新（改、扩）建项目腾出资源、环境容量和市场空间。二是坚持市场调节与政府引导相结合。鼓励各地探索实施政府引导、企业自愿、市场化运作的产能指标交易，发挥市场作用，支持跨地区产能置换，提高资源配置效率。三是坚持统筹考虑和区别对待相结合。制定产能置换方案，要统筹考虑地区资源优势、环境容量等因素，实行区别对待。对环境敏感区域，须实施减量置换，其他地区可实施等量置换。

（二）实施产能置换的范围及方式

《实施办法》第二条和第三条明确实施产能置换的对象为钢铁（炼钢、炼铁）、电解铝、水泥（熟料）、平板玻璃行业的新建、改建和扩建项目；实施方式为京津冀、长三角、珠三角等环境敏感区域采取减量置换，其他地区采取等量置换；京津冀、长三角、珠三角等环境敏感区域明确为北京市、天津市、河北省、上海市、江苏省、浙江省，以及广东省的广州、深圳、珠海、佛山、江门、东莞、中山、惠州、肇庆等 9 市，以及其他环境敏感区域。同时，明确产能等量置换是指新（改、扩）建项目应淘汰与该建设项目产能数量相等的落后或过剩产能，减量置换是指新（改、扩）建项目应淘汰大于该建设项目产能数量的落后或过剩产能。

（三）置换产能的确定方式

《实施办法》第四条明确 2013 年度及以后列入工业和信息化部公告的企业淘汰落后和过剩产能（不含各地列入明确压减范围的钢铁产能），方可用于产能严重过剩行业新（改、扩）建项目产能置换，且不得重复使用。已超过国家明令淘汰期限的落后产能，不得用于产能置换。《关于部分产能严重过剩行业在建项目产能置换有关事项的通知》（工信部产业〔2014〕327 号）进一步明确 2011—2013 年列入工业和信息化部公告已完成淘汰的上述四个行业的落后和过剩产能，可用于淘汰产能指标置换，产能数量依据公告确定；2014 年及以后则按照《实施办法》公布的产能换算表确定。第五条明确京津冀、长三角、珠三角等环境敏感区域需置换淘汰的产能数量按不低于新（改、扩）建项目产能的 1.25 倍予以核定，其他地区实施等量置换。

（四）产能置换指标交易

《实施办法》支持跨地区产能置换，并鼓励各地积极探索实施政府引导、企业自愿、市场化运作的产能置换指标交易。提出产能置换指标交易由各省（区、市）工业和信息化主管部门进行组织协调，制定具体交易实施办法，报省级人民政府同意后执行。工业和信息化部搭建全国产能置换指标供需信息平台，为产能置换提供信息服务，并探索建立全国产能置换指标交易平台。明确水泥（熟料）、平板玻璃行业用于交易的产能置换指标，需指标出让方省级工业和信息化主管部门报省级人民政府确认公示，并报工业和信息化部登记；钢铁（炼铁、炼钢）、电解铝行业用于交易的产能置换指标，需出让方省级工业和信息化主管部门核实报省级人民政府公示，并报工业和信息化部复核确认，在全国产能置换指标供需信息平台发布。

（五）置换方案制定和置换后产能的处置

《实施办法》要求各地制定产能置换方案并通过全国产能置换指标供需信息平台发布。其中，水泥（熟料）、平板玻璃行业产能置换方案及核实确认意见，报省级人民政府确认后向社会公告，并报工业和信息化部；钢铁（炼铁、炼钢）、电解铝行业产能置换方案及核实确认意见，报省级人民政府向社会公示，同时报工业和信息化部，由工业和信息化部组织专家对置换方案进行复核后，将确认的产能置换方案向社会公告。

《实施办法》要求各地工业和信息化主管部门根据省级人民政府向社会公告的产能置换方案，按照《关于印发淘汰落后产能工作考核实施方案的通知》（工信部联产业〔2011〕46号）要求，将用于置换的全部淘汰项目，列入年度淘汰落后产能企业名单，组织拆除主体设备（生产线），使其不能恢复生产。

四、淘汰落后产能政策

2014年，淘汰落后领域主要是政策的贯彻执行和完善。通过建立的组织协调和推进实施体系、奖励政策措施、计划下达、企业名单公告、监督、考核推动淘汰落后产能顺利开展，并对政策体系进行完善，探索利用标准淘汰落后产能。

（一）落实2014年淘汰落后产能任务

2014年3—4月，工业和信息化部、国家能源局、国家煤矿安全监察局，分别发布《关于下达2014年工业行业淘汰落后产能和过剩产能目标任务的通知》（工信部产业〔2014〕148号）、《关于做好2014年煤炭行业淘汰落后产能工作的通知》（国能煤炭〔2014〕135号）、《关于下达2014年电力行业淘汰落后产能目标任务的通知》（国能电力〔2014〕131号），向各省、自治区、直辖市人民政府及新疆生产建设兵团下达了18个工业、煤炭、电力行业2014年淘汰落后产能和过剩产能目标任务，要求各地采取有效措施，确保年底前全面完成2014年淘汰任务，并在2014年4月底前，将目标任务分解到市县，落实到具体企业；12月底前，全部拆除列入公告名单内企业的落后生产线（主体设备），并完成现场检查和验收。为充分发挥全社会的监督作用，要求各地在省级人民政府网站及当地主流媒体上，向社会公告相关企业名单，以及完成淘汰任务的企业名单。7—11月，分三批公布了《2014年工业行业淘汰落后和过剩产能企业名单》（工业和信息化部公告2014年第45号、2014年第52号、2014年第70号），涉及炼铁、炼钢、焦炭、铁合金、电石、电解铝、铜（含再生铜）冶炼、铅（含再生铅）冶炼、水泥（熟料及磨机）、平板玻璃、造纸、制革、印染、化纤、铅蓄电池（极板及组装）、稀土等工业行业。

（二）推动落后产能加快淘汰

2013年12月，工业和信息化部办公厅发布《关于做好彻底拆除已停产落后设备工作的通知》（工信厅产业函〔2013〕828号），要求山西、辽宁、湖南、广东、海南、四川、重庆、贵州、云南、陕西、宁夏、新疆兵团做好自从2010年以来由于涉及职工安置、资产抵押、债权债务纠纷等问题，暂未按要求彻底拆除落后设备的48家（户）工业行业企业的设备拆除工作。明确要求地方制定和切实落实限期拆除落后设备工作方案，挂牌督办；会同电力监管等部门，采取有效措施，加强监管，确保落后设备不能恢复生产，条件成熟时立即组织拆除；同时，严禁将拆除的落后设备向其他地区或国家转移。2014年6月，工业和信息化部发布《关于进一步落实2014年淘汰落后和过剩产能任务的通知》（工信厅产业函〔2014〕426号）要求各地加快将尚未落实2014年淘汰落后和过剩产能任务分解到相关企业（生产线）。要求各地进一步开展摸底调查，继续落实相关行业任务，尤其要重视将国务院《政府工作报告》确定的钢铁、水泥、平板玻璃行业任务落实到位。12月，工业和信息化部发布《2014年淘汰落后和过剩产能企业名单调整公告》（工业和信息化部公告2014年第86号）对河北省涉及城市供暖的唐山贝氏体钢铁（集团）有限公司的1座40吨转炉、60万吨炼钢产能淘汰任务进行调整，调整为唐山清泉钢铁（集团）有限责任公司的1座45吨转炉项目；华瑞（邯郸）铸管有限公司（峰峰矿区）3座35吨转炉、158万吨炼钢产能，因只有基础设施，主体一直未建成，未投产，基础设施已于2月拆除，不符合淘汰落后产能相关政策要求，从公告名单中剔除。

（三）理顺淘汰落后和发展关系

2014年7月，工业和信息化部发布《关于做好部分产能严重过剩行业产能置换工作的通知》（工信部产业〔2014〕296号）、《关于部分产能严重过剩行业在建项目产能置换有关事项的通知》（工信部产业〔2014〕327号），对产能严重过剩的钢铁、电解铝、水泥、平板玻璃行业新（改、扩）建项目，实施产能等量或减量置换。2015年2月，工业和信息化部《关于进一步做好淘汰落后和过剩产能检查验收工作的通知》，要求地方分类处理落后产能，对落后产能主体设备（生产线）须作废毁处理，严禁异地转移；对过剩产能主体设备（生产线），可不完全作废毁处理；对不属于国家明令淘汰的辅助设备，经具有检测资质机构鉴定并出具法定报告后，可以再利用。具有四种无法按期拆除的主体设备（生产线），报请省级人民政府同意并承诺不再恢复生产、由企业属地县（市、区）政府封存，并协调有关部门做好断电、断水，确保不具备恢复生产条件后，可视为完成淘汰任务。四种情况分别为：拟拆除的主体设备（生产线）因债权债务纠纷、资产抵（质）押、申请破产等由相关部门依法查封、扣押、冻结；拟拆除的主体设备（生产线）属国有资产，且处置程序尚未按有关规定完成；拟拆除的主体设备（生产线）留作工业遗址、旅游开发等用途；其他合规情形（如，依法依规进行转产）。

表3-4　2013年12月以来中央层面发布的淘汰落后产能主要政策文件

序号	发布时间	发布部门	政策名称
1	2013年12月	工业和信息化部	《关于做好彻底拆除已停产落后设备工作的通知》（工信厅产业函〔2013〕828号）
2	2014年1月	工业和信息化部、财政部	《关于报送2014年工业行业淘汰落后和过剩产能目标计划及申报中央财政奖励资金有关工作的通知》（工信厅联产业〔2014〕14号）
3	2014年1月	工业和信息化部	《关于加强工业节能监察工作的意见》（工信部节〔2014〕30号）
4	2014年2月	工业和信息化部、国家质量监督检验检疫总局、国家标准化管理委员会	《关于印发电石、铁合金行业能耗限额标准贯彻实施方案的通知》（工信部联节〔2014〕78号）
5	2014年3月	国家能源局、国家煤矿安全监察局	《关于做好2014年煤炭行业淘汰落后产能工作的通知》（国能煤炭〔2014〕135号）
6	2014年3月	中国银监会	《关于支持产业结构调整和化解产能过剩的指导意见》（银监办发〔2014〕55号）
7	2014年4月	工业和信息化部	《关于印发〈2014年工业节能监察重点工作计划〉的通知》（工信部节〔2014〕54号）
8	2014年4月	国家能源局	《关于下达2014年电力行业淘汰落后产能目标任务的通知》（国能电力〔2014〕131号）
9	2014年4月	工业和信息化部	《关于下达2014年工业行业淘汰落后产能和过剩产能目标任务的通知》（工信部产业〔2014〕148号）
10	2014年5月	国家发改委、工业和信息化部、国家质量监督检验检疫总局	《关于运用价格手段促进水泥行业产业结构调整有关事项的通知》（工信部产业〔2014〕880号）
11	2014年5月	住房和城乡建设部、工业和信息化部	《关于印发〈绿色建材评价标识管理办法〉的通知》（建科〔2014〕75号）
12	2014年6月	工业和信息化部	《关于进一步落实2014年淘汰落后和过剩产能任务的通知》（工信厅产业函〔2014〕426号）
13	2014年7月	工业和信息化部	2014年工业行业淘汰落后和过剩产能企业名单（第一批）（工业和信息化部公告2014年第45号）

（续表）

序号	发布时间	发布部门	政策名称
14	2014年8月	工业和信息化部	《2014年工业行业淘汰落后和过剩产能企业名单（第二批）》（工业和信息化部公告2014年第52号）
15	2014年7月	工业和信息化部	《关于做好部分产能严重过剩行业产能置换工作的通知》（工信部产业〔2014〕296号）
16	2014年7月	工业和信息化部	《关于部分产能严重过剩行业在建项目产能置换有关事项的通知》工信部产业（〔2014〕327号）
17	2014年9月	工业和信息化部	《关于做好"十三五"期间重点行业淘汰落后和过剩产能目标计划制订工作的通知》（工信部产业〔2014〕419号）
18	2014年11月	工业和信息化部	《2014年工业行业淘汰落后和过剩产能企业名单（第三批）》（工业和信息化部公告2014年第70号）
19	2014年12月	工业和信息化部	《2014年淘汰落后和过剩产能企业名单调整公告》（工业和信息化部公告2014年第86号）
20	2015年2月	工业和信息化部	《关于进一步做好淘汰落后和过剩产能检查验收工作的通知》

数据来源：赛迪智库整理。

五、优化产业布局政策

（一）基本形成产业转移政策体系

近年来，为了更好落实中共中央、国务院关于完善产业政策的措施，推进产业在区域间的有序转移，促进东中西产业协调发展，工业和信息化部等部委先后出台了一系列产业转移政策。2012年下半年，为了解决产业转移过程中出现的产业承接地之间盲目竞争、产业无序流动和落后生产能力转移等问题，工业和信息化部等部委联合发布了《产业转移指导目录（2012年本）》；2013年5月，为了贯彻落实国家产业政策，化解产能过剩矛盾，探索严把产业政策闸门，截断落后产能转移路径的方式方法，防范落后产能转移，工业和信息化部印发了《产业转移项目产业政策符合性认定试点工作方案》。

2014年10月，国家发改委、工信部等部委发布《关于重点产业布局调整和产业转移的指导意见》，从强化资源型产业布局导向、发挥市场主导作用、深化产业对外合作、增强中西部产业发展和承接能力等方面明确了产业转移和优化布局的重点任务，并明确了财税、金融、产业与投资、土地、产业合作等方面的支持政策，成为当前和今后一个时期指导产业布局调整和产业转移的纲领性文件。随着《产业转移指导目录（2012年本）》《关于重点产业布局调整和产业转移的指导意见》等政策的发布和落实，国家层面的产业转移政策体系初步形成。

在国家产业转移政策的指导下，各省、区、市纷纷开始行动，根据本地区产业发展基础和资源禀赋，制定了承接产业转移的行动计划。2014年2月，湖南省发布了《2014年全省承接产业转移工作要点》，提出了要紧紧围绕七大战略性新兴产业、传统优势产业和农业产业化、现代服务业、新型城镇化三个专题，以重大项目为抓手，以对接、推介、考察活动为载体，突出湘南示范区建设、特色（示范）园区（示范带）打造、重点企业服务和优化发展环境"四个重点"，力求实现重大项目引进、重点企业落户、重点区域对接、重大平台搭建和重点园区建设"五个突破"。2014年3月，河南省出台了《河南省制造业承接产业转移2014年行动计划》，承接以电子信息、装备制造、汽车及零部件、食品、现代家居、服装服饰六大高成长性制造业为重点，加快引进关联度高、辐射力大、带动性强的龙头型、基地型项目，带动配套企业抱团跟进，培育壮大产业集群，发挥产业倍增效应，推动高成长性制造业成为引领带动工业结构升级的核心力量，形成布局合理、特色突出、结构优化的制造业集群发展新格局。2014年4月，河北省制定了"承接北京产业转移地图"，张家口和承德地市承接绿色产业、高新技术产业转移，秦皇岛、唐山、沧州沿海地市承接重化工业、装备制造业转移，廊坊和保定承接新能源、装备制造、电子信息产业转移，冀中南地区承接战略性新兴产业、高端产业制造环节和一般制造业的整体转移。此外，甘肃省还印发了《2014年全省承接产业转移工作要点及落实责任分工方案》，对具体工作分工进行了部署。

由此可以看出，各省都结合自身的产业基础、资源禀赋和市场结构制定了有针对性的承接产业转移政策措施，从而构建了"中央宏观统筹、省级中观指导"的产业转移政策体系，有效贯彻落实了《产业转移指导目录（2012年本）》精神。可以预见，2015年随着产业转移政策的贯彻落实，我国将有更多的产业转移项目落地，成为推动"长江经济带""京津冀一体化""一带一路"建设的重要动力。

（二）组织开展产业转移经验交流

近年来，随着产业转移规模、层次、范围的不断扩大，我国产业转移过程中出现了盲目转移、恶性竞争、重复建设、过度投资等一系列问题，给区域经济和产业发展带来了巨大的负面影响。如在西部省区土地、税收、财政补贴等优惠政策的吸引下，东部沿海地区大量高污染、高能耗的重化工企业盲目向新疆、内蒙古、青海、甘肃等西部地区转移，严重破坏了本就脆弱的自然生态环境。为了合理有序地推动产业转移，防止落后产能和低端工艺、装备、技术向中西部地区转移而加剧产能过剩矛盾，工业和信息化部建立了产业转移信息服务平台，并开展了一系列产业转移相关的培训班和经验交流会。

2014年5月，为进一步做好国家产业转移信息服务平台建设工作，加强产业转移工作联系，工业和信息化部产业政策司组织召开了国家产业转移信息服务平台联系人工作会议。会议对产业转移工作进行了培训和交流，介绍了平台开通以来的运行情况，通报了信息报送积分排名，并就平台运行以来存在的问题和下一步工作建议进行了深入讨论。

2014年8月，为推进产业合理、有序的转移，进一步优化产业布局，工业和信息化部在青岛举行了"产业合理有序转移理论与实务高级研修班"。各省、自治区、直辖市工业和信息化主管部门中高级管理人员、有关产业转移园区管理人员围绕国家区域发展战略及产业布局方向、国内外产业转移环境与趋势等重点内容展开研讨。

（三）深入开展产业转移对接活动

为了进一步优化产业布局，促进产业战略性转移，推进我国各地区产业转移和结构调整，工业和信息化部、商务部等部委先后在新疆、河南、甘肃、上海组织了一系列产业转移对接活动。

2014年10月31日，为了深度推进产业转移合作，工业和信息化部与河南、河北、山西、内蒙古、安徽、江西、湖北、湖南、陕西9省（区）人民政府共同举行了"2014中国（郑州）产业转移系列对接活动"。各省的航空、电解铝、铝后深加工以及精细化工产业、煤化工设备与电力设备、军民融合等产业在对接活动中实现了双赢和多赢。此次对接活动共签约643个项目，总投资3548亿元，签约项目呈现龙头项目多、基地型项目多、转型升级项目多的特点。

2014年11月14日，商务部投资促进事务局与上海市商务委员会、上海市漕河泾新兴技术开发区发展总公司在上海联合举办了以"园区承接产业转移经验和企业发展战略布局"为主题的"2014 中西部产业转移交流会"。四川、重庆、甘肃、云南、山西、贵州等中西部 16 个省、市的政府、商务主管部门、投资促进机构、园区的负责人代表参会并进行了交流和对接。

六、战略性新兴产业政策

2014 年有关战略性新兴产业领域的相关政策，在前几年相关扶持政策的基础上，更加注重促进产业创新能力培育和提升，推动关键技术环节和创新平台建设。扶持新兴产业发展的政策更具有针对性和有效性。七大战略性新兴产业具体领域的政策文件陆续出台，有效促进了战略性新兴产业向纵深发展。

（一）《国家集成电路产业发展推进纲要》全力推动集成电路产业跨越式发展

《国家集成电路产业发展推进纲要》是由工业和信息化部、国家发展和改革委员会、科技部、财政部等部门共同编制的，2014 年 6 月 24 日由国务院正式批准发布实施。纲要是在全球集成电路产业竞争格局进入重大调整期的背景下出台的，当前，新一轮科技革命和产业变革，推动全球移动智能终端及芯片快速发展，将强有力推动全球集成电路产业发生重大调整变革。世界各国纷纷加快调整基础电路产业格局，资源要素加速向优势企业集中，急欲抢占未来全球集成电路科技竞争的制高点。三星、英特尔等行业龙头企业加速资源整合、兼并重组，加强上下游资源整合和产业链核心环节控制，试图拉大与竞争对手的差距。从国内来看，国内集成电路产业集中度低。目前，我国芯片设计企业已超过 500 家，但呈现出数量多、规模小的特点；行业集中偏低，真正具备一定国际竞争力的骨干企业不多，难以对保障我国信息安全形成有力支撑。与先进国家（地区）的集成电路发展水平相比，与国际上大型芯片设计公司相比，无论从创新能力上，还是从产值上，仍然存在较大差距。据 IC Insights 市场研究公司统计，目前在全球 25 家最大的芯片设计公司中，美国企业占到 68%（美国公司共 17 家），没有一家中国大陆（中国台湾地区除外）集成电路设计公司进入排行榜。国内集成电路产品长期以来大量依赖进口，远远不能满足国民经济和社会发展以及国家信息安全建设的需要，仅 2013 年国内集成电路进口量高达 2310 多亿美元，成为我国最大的进口商品之一。在这样复杂严峻的大背景下，国务院印发了《国家集成电路产业发展推进纲要》，提出积极营造良好发展环境，激发企业活力和创造力，加快国内集成电路企业发展和提高产业核心竞争能力，全面促进基础电路产业链协同可持续发展，已成当务之急。

纲要指出，发展集成电路产业主要还是靠市场的力量，走市场化道路。突出市场在资源配置中起决定性作用，充分发挥企业的主体地位，建立健全以需求为导向，以技术创新、模式创新为体制机制。到2015年，建立与集成电路产业规律相适应的管理决策体系、融资平台和政策环境，全行业销售收入超过3500亿元。到2020年，国内集成电路产业与国际先进水平的差距逐步缩小，全行业销售收入年均增速超过20%，企业可持续发展能力大幅增强。到2030年，集成电路产业链主要环节达到国际先进水平，一批企业进入国际第一梯队，实现跨越发展。

纲要全面部署推进集成电路产业发展的主要任务和发展重点，着力从集成电路设计业、集成电路制造业、先进封装测试业发展水平、集成电路关键装备和材料等方面来推动集成电路产业重点突破和整体提升，全力推动集成电路产业跨越式发展，为加快经济新常态下转变发展方式、保障国家安全、提升国家综合竞争力提供强有力的支撑。为保障纲要的顺利推进，在工作层面，设立了国家集成电路产业投资基金，基金总规模逾千亿元，是目前政府设立的产业投资基金中最大的一支，先后注册成立运营基金管理公司和基金公司。国家集成电路产业投资基金的设立，是一条改进财政资金支持方式的新路径，实现了国家意志与市场机制的有机结合。

（二）《国家卫星导航产业中长期发展规划》有力推动北斗卫星导航系统规模化应用

2013年10月9日，国务院办公厅印发《国家卫星导航产业中长期发展规划》（国办发〔2013〕97号）。该规划的出台，将对加快我国全球卫星导航系统建设，推动民用应用系统向北斗卫星导航系统的转移，促进我国卫星导航产业健康可持续发展，具有重要的意义。目前，国际上卫星导航产业发展迅猛，全球竞相建设卫星导航系统，产业融合发展加速演进。美国进一步强化完善全球定位系统（GPS），俄罗斯、欧盟、日本和印度等自主研发的卫星导航系统也竞相发展。国际卫星导航产业呈现从以导航应用为主向导航与移动通信、互联网等融合应用转变，从终端应用为主向产品与服务并重转变等重要趋势。虽然近几年来，我国卫星导航产业取得全球瞩目的发展成就，但是自主创新能力薄弱、国内卫星导航系统建设明显滞后、地面应用基础设施整体能力不足与重复建设并存、产业发展环境有待于进一步完善等问题依然突出。在这样的背景下，国家紧紧抓住和用好卫星导航产业发展的战略机遇，制定了《国家卫星导航产业中长期发展规划》，以推动我国卫星导航产业快速发展，为经济社会可持续发展提供支撑。

规划坚持"市场主导，政策推动；夯实基础，强化创新"的原则。借鉴全球主要国家卫星导航产业发展的成功经验，推进卫星导航产业发展，根本上还是要走市场化道路，依靠市场的力量。要以市场需求为牵引，充分发挥市场配置资源的基础性作用。政府的作用主要体现在为产业创造良好的环境，提供优质公共服务、维护市场秩序、加强市场监管、保障社会公平等职责，通过市场主导和政府引导、调整存量和做优增量、创新供给和激活需求，加快产业结构调整和转型升级。同时，规划强调，国内卫星导航产业的发展要加强重大基础设施建设、计量标准体系建设、知识产权保护利用和人才培养，夯实产业发展基础。加强技术与应用、商业模式与产业组织创新，推动形成卫星导航产业发展融合发展的新模式。

通过多种手段来加强规划的实施。一是围绕产业发展的重点领域和薄弱环节，规划明确了卫星导航产业发展的重要任务，如完善导航基础设施、突破核心关键技术、推行应用时频保障、促进行业创新应用、扩大大众应用规模、推进海外市场开拓等。二是组织实施五大重点工程：增强卫星导航性能的基础工程、提升核心技术能力的创新工程、推进重要领域应用的安全工程、推动产业规模发展的大众工程、开拓全球应用市场的国际化工程，以加快培育和发展卫星导航产业。三是，采取强有力的保障措施。规划通过加强组织协调，发布国家政策，完善政策法规，加强标准建设，加大公共投入等手段，切实落实各项重点任务，营造良好的卫星导航产业发展环境。

七、推动工业设计政策

2014年，在前期各项政策持续实施的基础上，结合我国经济出现的新特点，从中央到地方各级政府接连出台政策措施，促进工业设计加快发展，助推创新驱动发展战略的实施。

（一）《国务院关于推进文化创意和设计服务与相关产业融合发展的若干意见》

随着我国工业化、信息化、城镇化及农业现代化进程的不断加快，设计服务已渗透入经济生活各个领域，且呈现出与装备制造、消费品、电子信息等多个领域融合发展的态势。为进一步推动文化创意和设计服务与相关产业融合发展，2014年2月26日，国务院发布了《关于推进文化创意和设计服务与相关产业融合发展的若干意见》（国发〔2014〕10号）。文件在加快转变经济发展方式和全面建成小康社会的总体要求下，提出了到2020年的具体发展目标，明确了塑造制造业新优势、加快数字内容产业发展、提升人居环境质量、提升旅游发展文化内涵、挖掘特色农业发展潜力、拓展体育产业发展空间、提升文化产业整体实力等七项重点任务。通过增强创新动力、强化人才培养、壮大市场主体、培育市场需求、引导集约发展、加大财税支持、加强金融服务、优化发展环境等八项政策措施，切实提高文化创新和设计服务的核心竞争力。[1]

工业设计作为设计服务的重要内容，关于工业设计与相关产业融合发展推动情况，10号文件在重点任务与政策措施中多次予以明确。重点任务方面，为塑造制造业竞争新优势，推动工业设计面向综合性设计服务发展，文件提出"支持基于新技术、新工艺、新装备、新材料、新需求的设计应用研究，促进工业设计向高端综合设计服务转变，推动工业设计服务领域延伸和服务模式升级"。对于工业设计与装备制造业和消费品工业的融合发展，文件中提出"汽车、飞机、船舶、轨道交通等装备制造业要加强产品的外观、结构、功能等设计能力建设。以打造品牌、提高质量为重点，推动生活日用品、礼仪休闲用品、家用电器、服装服饰、家居用品、数字产品、食品、文化体育用品等消费品工业向创新创造转变，增加多样化供给，引导消费升级"[2]。

政策措施方面，文件强调"深入实施知识产权战略，健全创新、创意和设计激励机制"，强化知识产权的运用和保护。通过"规范和鼓励举办国际化、专业化的创意和设计竞赛活动，促进创意和设计人才的创新成果展示交易。推进职业技能鉴定和职称评定工作"，培养工业设计人才。文件"鼓励有条件的大型企业设立工业设计中心，建设一批国家级工业设计中心"[3]，加强工业设计中心服务企业的能力。此外，文件还辅以财税、金融等相关政策优化工业设计发展外部环境，推动工业设计服务加快发展。

---

[1] 中国政府网http://www.gov.cn/zhengce/content/2014-03/14/content_8713.htm。

[2] 中国政府网http://www.gov.cn/zhengce/content/2014-03/14/content_8713.htm。

[3] 中国政府网http://www.gov.cn/zhengce/content/2014-03/14/content_8713.htm。

（二）《国务院关于加快发展生产性服务业促进产业结构调整升级的指导意见》

2014 年 7 月 28 日，国务院发布了《关于加快发展生产性服务业促进产业结构调整升级的指导意见》（国发〔2014〕26 号），对加快生产性服务业发展做出全面部署。在现阶段，我国生产性服务业重点发展研发设计、第三方物流、融资租赁、信息技术服务、节能环保服务、检验检测认证、电子商务、商务咨询、服务外包、售后服务、人力资源服务和品牌建设等十一项任务。其中研发设计作为首项重点任务予以明确。针对工业设计发展，文件具体提出"积极开展研发设计服务，加强新材料、新产品、新工艺的研发和推广应用。大力发展工业设计，培育企业品牌、丰富产品品种、提高附加值。促进工业设计向高端综合设计服务转变。支持研发体现中国文化要素的设计产品。整合现有资源，发挥企业创新主体作用，推进产学研用合作，加快创新成果产业化步伐。鼓励建立专业化、开放型的工业设计企业和工业设计服务中心，促进工业企业与工业设计企业合作。完善知识产权交易和中介服务体系，发展研发设计交易市场。开展面向生产性服务业企业的知识产权培训、专利运营、分析评议、专利代理和专利预警等服务。建立主要由市场评价创新成果的机制，加快研发设计创新转化为现实生产力。"[1] 文件从培育品牌、整合资源、产学研用结合、设计成果产业化、知识产权保护等方面，重点支持工业设计健康快速发展。

（三）《国务院关于加快科技服务业发展的若干意见》

2014 年 10 月 9 日，国务院发布了《关于加快科技服务业发展的若干意见》，首次对科技服务业发展作出全面部署。对于重点发展的研究开发、技术转移、检验检测认证、创业孵化、知识产权、科技咨询、科技金融、科学技术普及等专业科技服务和综合科技服务中，促进设计发展作为研究开发的重要组成部分。文件明确了"支持发展产品研发设计服务，促进研发设计服务企业积极应用新技术提高设计服务能力"[2]，以研发设计服务促进科技服务业快速发展。

---

[1] 中国政府网http://www.gov.cn/zhengce/content/2014-08/06/content_8955.htm。

[2] http://www.scio.gov.cn/xwfbh/xwbfbh/wqfbh/2015/20150203/xgbd32546/Document/1393970/1393970.htm。

第三节　2015年我国产业结构调整面临的形势

一、全球产业结构调整变革的发展趋势

当前，世界经济缓慢复苏，全球正进入新一轮产业结构深度调整和变革的历史时期。新一轮科技革命和产业变革正在兴起，催生了一系列新技术、新产品、新业态、新模式。科技创新，尤其是信息技术的广泛应用，以及3D打印、新能源、新材料、生物等技术领域的重大突破，对制造业生产方式、产业组织和产业形态带来重要影响，各国比较优势正在发生动态变化，带来国际分工的动态调整，并重塑着全球产业发展和竞争格局。

（一）制造业再次成为全球产业竞争的战略焦点

2008年的国际金融危机对实体经济的发展造成了巨大的冲击，制造业增速下滑，如2007年12月至2009年5月，美国工业的产值连续下降。许多国家意识到危机前过度"去工业化"存在严重缺陷，纷纷实施再工业化战略，制定政策措施，多管齐下，促进以制造业为主的实体经济的发展。如美国相继推出《"先进制造业伙伴"计划》《先进制造业国家战略计划》《美国创新战略》等，拉动经济增长，抢占先进制造业制高点，抢占新工业革命领导权；德国提出"工业4.0"战略，以期未来能继续引领全球制造业的发展；英国发布《英国先进制造领域一揽子新政策》，将信息经济确立为产业发展总纲；法国提出要建设"新工业法国"，将工业作为发展的核心；日本政府出台《日本再兴战略》《产业竞争力强化法案》；欧盟实施"未来工厂伙伴行动"等。"再工业化"战略取得了一定的效果，全球经济缓慢升温，如美国的制造业增加值占国内生产总值的比重由2009年的11%上升到2013年的12.4%，2010年至2013年，制造业出口平均增速达到23.5%。

目前，各国所实施的"再工业化"战略，并不是回归或者是重复传统的工业发展模式，而主要是发展先进制造业、强化制造业竞争力，实现制造业的转型升级。其核心是将信息技术、智能技术、低碳技术、纳米技术、虚拟技术、柔性制造技术等高端前沿技术应用于制造领域，占据科技竞争的制高点。其核心内容就是促进传统产业转型升级，淘汰落后产能，发展低碳经济、清洁生产，培育新能源、新材料、生物医药、物联网、高端制造等新兴产业，促进经济健康、可持续增长。

（二）新一轮技术创新为全球产业结构调整提供重要驱动力

全球正处于新一轮技术革命孕育阶段，技术创新渐趋活跃，信息技术、生物技术、新材料技术、能源技术等高新技术不断推陈出新，催生大量新产业、新业态、新模式。各国纷纷加大科技投入，支持科技创新。例如，2011年，美国推出"美国创新战略"，承诺对基础研究的投入要在未来10年翻一番；在联邦政府中设立了首席技术官和首席信息官职位，分别负责制定技术政策；此后，推出创新网络计划，投资10亿美元组建美国制造业创新网络，设立15家制造业创新研究所，推动高校、企业和政府部门的产、学、研结合，促进新技术、新产品的开发。截至2014年2月，美国已经成立了四个创新中心。德国政府出台"2020高科技战略"，推动在气候与能源、健康与营养、流动、安全性和通信等五大领域进行创新；2014年5月发布的《2014研究与创新联邦报告》数据显示，2012年，德国的科研投入近800亿欧元，约占德国国内生产总值的3%；2005年至2012年，研发领域共创造了近11.4万个就业岗位。

目前，全球技术创新的特点主要表现为：一是信息技术创新速度加快，应用日益广泛。目前，信息技术呈现集成、数字、网络化发展，带动性强、渗透性广。云计算、大数据、物联网、移动互联网等技术代表了新一代信息技术的发展，为产业发展模式带来了新突破。如，信息网络技术的广泛应用，推动了柔性制造、绿色制造、智能制造的发展；计算机辅助设计、决策支持系统、管理信息系统的应用，提高了企业研发设计、生产和管理的效率；促使企业组织结构向扁平化、网络化的方向发展；催生了第三方支付、购物网站等新兴业态；促进了制造业和服务业的融合发展。二是技术创新培育了新的经济增长点。新技术的多点突破和融合互动将推动新产业、新业态、新模式兴起，从而产生新的经济增长点。如，麦肯锡研究表明，大数据每年可为美国医疗服务业节省3000亿美元，为欧洲公共部门管理节省2500亿欧元。到2030年，生物技术对化工和其他工业产品领域的贡献将占到35%，对药品和诊断产品领域的贡献达到80%。2010年至2020年，全球节能投资将达近2万亿美元。未来10年至15年全球纳米相关产品市场将超1.3万亿美元。[1]费雷斯特研究机构预测，全球云计算市场到2020年将达到2410亿美元。三是美国等发达经济体在创新领域仍处于领先地位。尽管国际金融危机对经济产生严重冲击，发达国家在全球创新投入比重出现了下降，但其创新能力

---

[1] 王忠宏：《把握全球技术创新的机遇》，《经济日报》2013年9月13日。

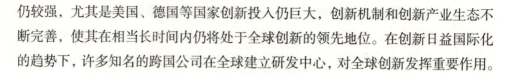

仍较强，尤其是美国、德国等国家创新投入仍巨大，创新机制和创新产业生态不断完善，使其在相当长时间内仍将处于全球创新的领先地位。在创新日益国际化的趋势下，许多知名的跨国公司在全球建立研发中心，对全球创新发挥重要作用。

（三）智能制造引领新一轮产业变革的方向

在全球资源、能源和环境问题日益严重的情况下，制造业逐步向"智能制造模式"变迁。智能制造是先进制造技术、信息技术和智能技术的集中和深度融合。各国和企业积极发展智能制造业。无论是发达国家还是新兴国家的产业发展重点都是智能制造。如，2013年，德国发布《保障德国制造业的未来——关于实施工业4.0战略的建议》，被确定为《高技术战略2020》十大未来项目之一，"工业4.0"项目的核心内容就是智能工厂和智能生产，是以智能制造为主导的生产方法。2011年，美国启动《先进制造业伙伴计划》和《先进制造业国家战略计划》，提出要推出一项耗资7000万美元的下一代机器人研究计划；美国为打造国家创新网络，建立区域性的制造创新中心，并相继成立了增材制造创新研究所、数字化制造与设计创新研究所等。日本布局建设覆盖产业链全过程的智能制造系统，先后出台信息技术发展计划和新增长策略；日本发布的第四期科技发展基本计划（2011—2015年），要加强智能网络、高速数据传输、云计算等智能制造支撑技术的研究。

智能制造的发展主要表现为："数字化"制造发展迅速，这一技术将改变未来产品的设计、销售和交付用户的方式，实现大规模定制和简单的设计，使制造业随时、随地、按不同需要进行生产成为可能，并彻底改变传统制造业的生产方式、销售模式；智能制造贯穿于生产的全过程，建模与仿真使产品设计日趋智能化；以工业机器人为代表的智能制造装备在生产过程中应用日趋广泛；基于智能化远程控制系统的智能化管理日益普遍；智能服务业新模式加速形成。

（四）绿色低碳发展成为产业结构调整变革的重要内容

全球发展正处于深度调整期，在世界经济复苏动力不足，国际金融危机影响犹存的情况下，无论是发达国家还是新兴经济体，都在探索新的发展空间，寻找新的增长动力，但气候变化、环境污染、生态退化等问题与生产制造的矛盾日益深化。绿色产业是应对危机和培育经济增长动力的重要途径，世界各个国家都高度重视绿色产业的发展。目前，绿色制造成为全球产业发展的共识。创新绿色科技、生产绿色产品、倡导绿色消费，不仅有助于减缓经济发展与资源环境的矛盾，而且可以创造新的市场需求，提供新的就业岗位。绿色低碳、节能环保产业已成为经济可持续发展的新引擎，同时也成为了全球跨国直接投资的新兴增长点。

如，欧盟制定了欧盟发展低碳技术的"路线图"，通过新的可再生能源立法，还通过排放权交易、能源税、绿色政府采购等方式，推动生产过程的低碳化。英国将低碳经济作为第四次技术革命的支柱，制定了《英国低碳工业战略》，发布了《英国低碳转换计划：气候与能源国家战略》，提出大力发展可再生能源、核能等清洁能源，积极推广碳捕获和封存等清洁能源技术，大力推广新能源汽车，对购买新能源汽车符合条件的人进行补贴等。韩国政府提出低碳绿色增长战略，发布了《绿色增长国家战略及五年计划》《新增长动力规划及发展战略》《绿色能源技术开发战略路线图》等文件，旨在依靠发展绿色环保技术和新再生能源，以实现节能减排、增加就业、创造经济发展新动力三大目标。

绿色制造日益普及。如，以我国空调市场为例，国家信息中心的数据显示，截至 2014 年 7 月，我国变频空调销售量所占市场比重已经达到 47.3%，销售额所占比重达到 52.7%。再如，到 2013 年底，美国可再生能源装机容量达 93GW，5 年内增长了 28%。

（五）制造业服务化成为重要趋势

制造业服务化是制造企业从满足客户需求、实现价值增值、提升企业竞争力等动因出发，由提供产品为中心向提供服务为中心转变的一种动态过程。制造业服务化是制造企业的战略转型和服务创新，它使企业的收入来源从有形的产品拓展到无形的服务，延伸了制造业的价值链，促进了工业经济向服务经济的过渡。目前，制造业服务化已成为引领制造业产业升级和可持续发展的重要力量，服务对制造业价值增值的作用越来越重要。相关资料表明，在发达的制造业市场上，产品生产所创造的价值仅占总价值的 1/3 左右，而基于产品的服务所创造的价值占到了 2/3。许多国家纷纷从国家战略高度推动制造业服务化转型，抢占国际竞争制高点。全球制造业正由"生产型制造"向"服务型制造"转变，制造和服务之间呈现明显融合和相互增强态势，制造业和服务业之间的界限日渐模糊。

目前，全球制造业服务化的发展特点主要表现为以下几个方面。

互联网技术的发展和应用正成为推动制造企业服务化发展的重要驱动力量。信息技术为企业向服务型制造商转型提供了技术支撑。电子商务、互联网金融、现代物流、工业设计、软件和信息服务等现代生产性服务迅猛发展，加快了制造业服务化进程。一方面，在研发、制造等产业环节，信息技术的广泛应用，实现了各环节的信息共享，推动了创新研发技术与制造技术创新，优化了产品开发流程与周期，加快了企业服务化过程。另一方面，信息技术为"产品－企业－服务"之间搭建了高效便捷的通道，增强了企业产品与服务之间的联系，促进了生产者与消费者实时互动，能让客户参与企业生产过程，注重融合研发与设计等个性化服务内容，满足个性定制需求，使得企业生产出来的产品不再大量趋同而是更具个性化。信息技术加速推动企业生产由以传统的产品制造为核心转变为提供具有丰富内涵的产品和服务。

制造业投入服务化和产出服务化趋势并存。世界主要国家制造业服务化具体实践活动出现在 20 世纪中后期，此后各个国家根据本国的资源禀赋和产业发展基础，或者注重制造业中间投入的服务化过程，或者加强制造业产出的服务化，提高制造企业服务业务收入比重。发展到目前，越来越多的制造企业把服务作为差异化竞争的重要手段，全球制造业服务化呈现出投入服务化和产出服务化并存趋势。一方面，制造业中间投入呈现服务化趋势，制造业中间投入中服务要素投入不断增加。如，OECD 成员国的制造业服务投入呈现出明显的上升趋势，日本、法国等国家 20 世纪 90 年代中期比 70 年代上升了 10 个百分点。另一方面，制造业产出中服务产出所占比重不断提升，制造型企业业务服务化趋势明显。如，OECD 成员国制造业产出中服务产出所占比重，由 20 世纪 70 年代的 15% 上升到 21 世纪初的 30%。

从企业来看，国际商业机器公司（IBM）、通用电气公司（GE）、卡特比勒、罗尔斯－罗伊斯航空发动机公司（ROLLS-ROYCE）、耐克（NIKE）、米其林轮胎等，都是向制造服务化转型较为成功的企业，大量成功经验值得借鉴。如，IBM 之前主营业务是生产硬件，后经过业务的重组整合，已成功转型为"提供硬件、网络和软件服务的整体解决方案供应商"。通用公司经过多次调整其业务范围的侧重点，由最初专注于制造技术和制造业，向制造业服务化稳步发展，目前该企业的生产性服务业比重不断提升，这些领域的收入和利润已成为通用公司收入和利润的主要来源。

（六）全球产业转移和对外投资呈现新特征

全球的产业转移是资源配置和生产要素在全球范围内配置，降低交易成本，提高配置效率。从以往发生的全球产业转移来看，产业转移的顺序一般是先转移劳动密集型产业，接下来是资本密集型产业、技术密集型产业、服务业，方向一般是从发达国家向其他国家转移。第二次世界大战后，全球共发生了三次大规模的产业转移：第一次是 20 世纪 50 年代，美国将钢铁、纺织等传统产业转移到日本、联邦德国等国家；第二次是 60—70 年代，日本、联邦德国将轻工、纺织等劳动密集型产业转向亚洲"四小龙"和部分拉美国家；第三次是 20 世纪 80 年代，欧美日等发达国家和新兴工业化国家将国内不具备竞争优势的产业向东盟和发展中国家转移。

目前，全球的产业转移相较于前几次的产业转移，出现新的变化：一是转移的动力发生改变。前三次转移中，企业主要是为追求利润最大化，将低端的产业和技术转移到生产要素价格相对低廉的国家或地区，是主动转移。而目前的产业转移主要是由于我国的劳动力等成本不断上升，企业利润收窄，企业不得不进行转移。二是转移方向由单向转向双向。此前的全球产业转移都是单方向，由经济发达国家向欠发达国家转移，而此次转移出现了双向转移。一方面，东南亚、南亚、非洲等劳动力和资源价格低廉，吸引了大量外资的流入，主要承接劳动密集型产业；劳动型密集产业由中国沿海地区向中国中西部地区转移。另一方面，美国等发达国家的部分高端制造业回流。三是国际产业转移的主要模式为外包。外包指跨国公司为了进一步降低经营成本，将生产、营销、研发、设计、物流等非核心业务部分转移到发展中国家完成，自己仅保留核心技术，专注于核心竞争能力的提升和培育。跨国公司将非核心业务外包，整合优势资源，重点发展主导业务，实质上是将有限的优质资源重点集中配置到企业的核心领域，通过缩小业务范围，掌握价值链的高端环节，降低了运营成本，突出主要核心竞争优势，从而获得高额的市场利润。四是服务业成为国际产业转移的新热点。随着新一轮的产业升级，服务业成为国际产业转移的新热点，许多发达国家将把非核心的服务业务外包给成本较低的国家。

二、我国产业结构调整面临的挑战

（一）跨区域、跨所有制兼并重组仍存在障碍

一是跨地区兼并重组存在体制性障碍。跨地区企业兼并重组由于涉及地方的利益、就业等问题，存在协调难题。利益分配矛盾成了影响并干扰企业并购的主

要障碍。若被重组企业是地方政府财政收入支柱或主要就业来源，当地政府往往不会支持并购行为。二是跨所有制的兼并重组存在体制机制性障碍。在不同领域、不同行业，对于不同所有制企业存在着政策、法律等限制。对于不同所有制企业兼并重组工作，缺乏统一的、明确的政府部门间联动推进机制。民营资本通过兼并重组进入国有经济垄断的行业和领域，还存在"玻璃门""弹簧门"等制度障碍。国企的历史遗留问题，如企业的亏损、外债、拖欠职工的内债、账外资产等历史问题，成为阻碍企业兼并重组的桎梏。

（二）通过淘汰落后产能的方式化解产能过剩矛盾空间有限

随着淘汰落后工作的持续深入推进，按《部分工业行业淘汰落后生产工艺装备和产品指导目录（2010年本）》和《产业调整指导目录》规定的标准，钢铁、水泥、平板玻璃等严重过剩行业的落后产能大部分已经顺利淘汰，继续以此标准淘汰的空间十分有限。例如，按照水泥和玻璃"十二五"规划目标及行业发展态势，到2015年，我国新型干法水泥、浮法玻璃的比重均将达到90%以上，应淘汰的立窑水泥、小平拉玻璃产能与消减过剩产能的需求相比差距明显。据建材行业协会预测，2014年，小平拉等平板玻璃落后产能还有约0.5亿重量箱，2014年淘汰落后产能任务是0.35亿重量箱。这一任务完成后，未来可淘汰的落后小平拉玻璃产能不足0.2亿重量箱。我国平板玻璃产能近11亿重量箱，按照当前不足80%的产能利用率计算，过剩近3亿重量箱，即便小平拉玻璃全部被淘汰，也难以彻底化解过剩产能矛盾。

淘汰落后产能应依据节能、环保等相关法律采取强制关停等行政办法以达到彻底拆除落后生产线和设备的目的。当前，在钢铁、电解铝、平板玻璃等严重过剩行业，不满足节能、环保法律规定标准的设备、生产线基本被淘汰殆尽。地方政府采取提高标准淘汰，甚至对符合节能、环保等法律规定标准的产能强制淘汰的做法缺乏法律依据。如广东省工业和信息化主管部门曾表示，其淘汰的产能不仅符合节能环保要求，且要高于国家淘汰落后的标准。同时，按照国家行政体制改革要求，政府部门应减少对微观事务的干预，充分发挥市场在资源配置中的决定性作用，依靠行政办法淘汰落后产能的传统方法难以维系。

（三）中西部地区基础设施不足和公共服务能力较弱成为产业转移的障碍

一直以来，由于经济发展水平较低，用于交通、物流、信息、能源等基础设施建设的资金投入比较有限，导致我国广大中西部地区基础设施和公共服务能力较弱。目前，交通建设滞后、物流成本较高、信息化水平低、产业工人缺乏等问题已成为广大中西部地区承接产业转移和产业发展的重要障碍。以交通基础设施建设为例，到 2014 年，占国土面积 56% 的西部地区的高速公路建设总里程仅为3.86 万公里，占全国高速公路总里程的 36%，交通基础设施建设滞后、物流成本高、物流效率低严重制约了中西部地区现代物流的发展和西部地区竞争力的提升。中西部地区许多地方政府思维方式、管理模式、服务理念与东部沿海地区及国外还有很大差别，导致政府服务效率低下，不利于承接发达地区的产业转移。当前，我国东部沿海地区的产业发展已经由企业的竞争上升为产业链和产业生态体系的竞争，政府的作用也由管理向服务转型，通过为企业提供完善的政策咨询、信息发布、平台建设等服务而吸引外来企业投资。而我国广大中西部地区在招商引资方面还处在依靠土地廉价供给、资源低价供给、税收返还等传统的手段，这种政府管理思维模式难以适应新形势的变化。

（四）关键技术设备受制于人阻碍了我国产业技术升级

虽然近年来我国一直鼓励自主研发、自主创新，集中大量人力、物力、财力攻克关键共性技术，以突破产业升级技术瓶颈，同时冲破国外技术封锁。但是目前我国很多行业具有自主知识产权的技术和生产装备的水平与国外相比，至少有10 年以上的差距，如海工装备等，企业技术改造升级所需先进设备、工业控制系统等大多仍依赖进口。如 20 世纪末—21 世纪初，我国发电行业曾集中进行一次设备升级，重点是利用 DCS 系统对发电设备进行集中控制，减少人的现场监测，提高产业的本质安全。但是，当时我国很多电厂的 DCS 系统多是引进德国西门子、日本横河的系统，使用国产系统的电厂相对较少。2013—2014 年，为提升婴幼儿配方乳粉产品质量，我国要求婴幼儿配方乳粉企业进行设备升级，重点是提升产品质量检测设备的技术水平，虽然这一政策顺利落实，但是大多数婴幼儿配方乳粉企业更新的装备和质检设备都来源于欧美国家。这种进口设备对我国企业来讲虽然价格处于可以接受的范围，但是后续的服务、维护费用往往很高，一般是按照小时计费，大幅提高了企业的运营成本，挤占了企业自主研发创新等方面的资金空间，阻碍企业生产技术水平的进一步提升。

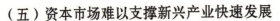

（五）资本市场难以支撑新兴产业快速发展

战略性新兴产业的发展需要全方位的政策支持,才能形成一个政策支撑体系。从"十二五"规划到促进战略性新兴产业发展的各种政策文件中,几乎都提及要积极培育和完善资本市场对新兴产业的支撑作用。但从政策效果来看,目前我国的资本市场还难以支撑新兴产业的快速发展。2014年,阿里巴巴、新浪微博、乐居、途牛、聚美优品、京东商城等多家优质的互联网企业相继到境外上市,战略性新兴产业企业远走他乡,一定程度上说明我国的资本市场尚不能满足新兴产业的发展需要。以阿里巴巴为例,由于阿里巴巴采用了"协议控制"(VIE)架构,在国内上市就需要将境外权益转到境内,过程中涉及系列协议的终止、废除等诸多法律问题,需要付出巨大代价。另外,根据阿里巴巴集团与雅虎此前签订的协议,只有于2015年底之前上市,才有权回购雅虎剩余股份的一半。国内IPO虽然开闸,但是由于审核进程缓慢,阿里巴巴如果通过IPO上市或将逾期。新兴产业和新产品、新业态的创新投入、运作方式、盈利模式等都与传统产业有较大区别,我国资本市场现有体制机制以及金融系统创新能力不足,针对新兴产业的专业化金融服务不足,无法满足新兴产业众多企业快速发展的融资需求。

第四节　2015年我国产业结构调整趋势展望

一、重点行业兼并重组将取得积极进展

自2013年工信部、国家发改委等12个部门联合发布《关于加快推进重点行业企业兼并重组的指导意见》(工信部联产业〔2013〕16号)以来,钢铁、水泥、船舶、稀土等行业的企业兼并重组有序推进。随着"一带一路"、京津冀协同发展、长江经济带三大战略的推进,一批重大项目将布局,钢铁、电解铝、水泥等优强企业的兼并重组不断展开。

从稀土行业来看,为有效保护和合理利用稀土资源,国家一直关注稀土行业的持续健康发展。目前,我国共有67本稀土采矿证和99家冶炼分离企业,我国的6大稀土集团已整合了其中的66本采矿证和77家冶炼分离企业,剩余的1本采矿证和22家冶炼分离企业已明确整合意向或列入淘汰落后计划。2015年,随着整合的完成,大集团加强相互协作和创新能力建设,不断开发新产品,引进先进技术和高端人才,加快发展高端应用产业,培育核心竞争力,稀土行业长期存

在的"多、小、散"的局面将改变，稀土产业的发展将呈现规范化、集约化和高质化态势。[1] 从光伏产业来看，近年来，我国光伏产业产能过剩严重，而光伏产业遭遇"双反"后更是雪上加霜。2014 年年底，工信部发布了《关于进一步优化光伏企业兼并重组市场环境的意见》（工信部电子〔2014〕591 号）。2015 年，光伏产业的并购将呈现以下特点：企业兼并重组促进光伏行业的产业结构调整；并购相关的环境不断改善，而且越来越宽松；兼并重组的多种形式将并存，如强强联合、股权置换、承担债务、剥离不良资产等形式所占比重将不断增加；兼并重组的案例数量和金额将不断增加。

但是，由于各个行业进入以及退出壁垒的不同、国家推进力度大小的差异以及行业自身发展程度，各行业兼并重组的活跃程度将呈现不同态势。

二、产能置换成为消减产能、推动行业转型升级的新途径

2014 年 7 月，工业和信息化部发布《关于做好部分产能严重过剩行业产能置换工作的通知》（工信部产业〔2014〕296 号）、《关于部分产能严重过剩行业在建项目产能置换有关事项的通知》（工信部产业〔2014〕327 号），在钢铁、电解铝、水泥、平板玻璃行业新（改、扩）建项目，实施产能等量或减量置换，将淘汰落后产能、化解产能过剩和促进结构优化升级有机结合起来。2015 年 2 月，工业和信息化部发布了《关于规范部分产能严重过剩行业产能置换指标交易信息报送的函》（工信厅产业〔2015〕10 号），建立全国产能置换指标供需平台，统一规范产能指标出让和需求信息报送样式。产能严重过剩行业产能置换制度基本建立，将逐步得到完善，并将有力地推动钢铁、水泥等产能严重过剩行业消减产能，促进行业转型升级。

产能置换制度得到了地方政府的积极响应和支持，各地根据本地区产能过剩情况及产业发展特点制定产能置换方案，积极探索产能严重过剩行业通过置换消减产能，实现产业转型发展。2015 年 1 月，工业和信息化部发布公告《四川省 6 个在建水泥项目产能置换方案》（工业和信息化部公告 2015 年第 11 号），向全社会公告了第一例产能置换方案，即四川省巴中海螺水泥有限责任公司 4500td 熟料水泥生产线、巴塘卓帆水泥有限责任公司 2500td 熟料水泥生产线、康定跑马山水泥有限责任公司 2500td 熟料水泥生产线、南充红狮水泥有限公司年产 100

---

[1]　http://www.miit.gov.cn/n11293472/n11293832/n11293907/n11368223/16426915.html。

万吨高标号水泥粉磨站等 6 个在建项目产能置换方案。置换方案明确要求用于置换的全部水泥淘汰项目列入年度淘汰落后产能企业名单，并组织拆除主体设备（生产线），使其不能恢复生产。广西、陕西等省份的水泥置换方案正在积极协调中，预计 2015 年将有一批水泥等产能严重过剩行业的置换方案公告实施。

三、化解过剩产能、防治大气污染等政策的落实将倒逼企业加快技术更新

产能过剩、大气污染等使我国产业结构调整的成效大打折扣，"十二五"时期，我国在化解过剩产能、防治大气污染等方面采取了大量严厉的措施，如强制淘汰落后产能、修订环境保护有关法律，对破坏环境的污染企业重罚甚至关停，这些措施不仅有效缓解了产能严重过剩、大气污染等问题，同时对企业技术改造升级也起到了倒逼作用。然而，我国产能过剩问题依然存在，甚至有加剧趋势，大气污染等环境问题也未得到根本解决，2015 年，我国将以更大的政策力度淘汰落后产能、化解过剩产能、治理大气污染等问题，并且，化解过剩产能、防治大气污染等将成为常态化的工作，而非一次性的行动，这将对企业形成长期性压力，迫使企业更新技术设备。同时，化解过剩产能、防治大气污染等相关政策不仅是对企业施压，更重要的是对地方政府施压，从而也迫使地方政府重视企业的技术升级，并为之提供相应的政策支持。

四、国内战略性新兴产业发展将进入稳中提质的新阶段

随着中国经济发展进入新常态，政府调控经济、管理产业的方式、方法将做出相应的调整，从政府直接干预模式向政府规划引导、龙头企业带动、市场配置资源的发展模式转变，注重在研发、应用、推广过程中提供服务支持。不会再次推出大规模经济刺激政策，而是通过改革促进经济增长和结构调整。这就意味着，产业发展模式进入深度调整期，战略性新兴产业未来发展将不会出现过去粗放式、高速度的局面，而是进入相对平缓的增长区间，通过结构调整优化来实现高效率的发展。同时，战略性新兴产业政策体系将进一步健全，随着深化改革、依法治国战略实施，市场化和法制化将进一步增强新兴产业发展活力。一方面全面深化改革为战略性新兴产业提供公平竞争的市场环境，完善现代市场体系保障，将激发新兴产业发展活力和内生动力；另一方面为战略性新兴产业发展提供法律基础，加强知识产权保护，保障不同市场主体之间的权益，通过法律体系进一步规

范其健康发展。受国内经济转型升级和产业扶持政策密集发布的双重影响，预计2015 年战略性新兴产业整体上仍然保持发展平稳，进入提质增效的关键阶段。

五、制造业服务化发展为工业结构升级提供了新契机

随着高新技术产业和现代服务业的发展，为顺应国际竞争环境及国际市场需求的变化，我国经济也必将从低成本时代进入高成本时代，企业原有的成本优势正逐渐消失，以往劳动密集型的产业结构将向技术密集型、智力密集型转变。以工业设计为代表的我国的生产性服务业近年来在这一转变过程中得以迈向高速发展时期，并且初步具备了适合自身发展的专业技术、政策环境以及社会环境。传统工业的转型升级并不仅仅是设备水平的提高，而是产业链的延伸、价值链的延展，制造业要向"微笑曲线"两端延伸，更多的体现制造业服务化的发展趋势。当前，我国部分制造业领军企业正在加快服务化进程，众多跨国企业工业设计部门已经成为公司进行产业链再造的核心或牵头部门，制造业中设计研发投入和产出服务投入都在不断增长，在装备制造、通讯设备、信息技术、汽车、智能设备等制造领域均呈现积极态势。推动制造业与服务业的深度融合，将成为提升我国制造业核心竞争力、促进工业转型升级的重要举措。

第四章 工业技术创新

第一节 2014年我国工业技术创新取得的主要进展

一、中国工业技术创新情况

围绕党的十八大提出的"着力构建以企业为主体、市场为导向、产学研相结合的技术创新体系"要求，通过落实信息化和工业化深度融合战略，着力推进产业技术创新、技术标准体系、企业知识产权和质量品牌等方面的工作，我国工业技术创新迈向了一个新高度。

（一）产业创新体系初步形成，企业创新主体地位进一步加强

企业技术创新主体地位逐步得到强化。全国构建了以企业为主导的产学研合作机制，鼓励行业骨干企业与高等院校、科研院所、上下游企业、行业协会等共建技术创新战略联盟，以多种形式促进产学研紧密融合，实现重点领域核心技术突破和产业化。形成了国家、省、市三级培育认定体系，2014年共认定国家技术创新示范企业72家，技术创新示范企业两级认定体系已经初步形成。

引导企业加大技术创新力度。政府通过着力吸纳企业参与"核心电子器件、高端通用芯片及基础软件产品""新一代宽带无线移动通信网""高档数控机床与基础制造技术"等重大科技专项及战略性新兴产业发展专项的决策，产业化目标明确的项目由有条件的企业牵头组织实施。

支持中小企业创新发展。相关部门加大《国务院关于进一步支持小型微型企业健康发展的意见》（国发〔2012〕14号）等政策的落实力度。推动落实小微企业所得税减半征收政策，扩大政策覆盖范围。加快中小企业公共服务平台网络建

设，深入实施中小企业知识产权战略推进工程和信息化推进工程，促进中小企业向"专精特新"发展。

产学研协同创新更加深化。党的十八届三中全会明确提出了"建立产学研协同创新机制"，将产学研协同创新作为建设国家创新体系的重要途径，产学研合作已成为促进创新资源高效配置和综合集成的一种重要举措。据统计，2013年，全国签订的产学研技术合同成交额达到830.5亿元，比上年增长了19.17%，占全国技术合同成交额的11.12%。我国在3D打印、纳米材料、生物医学工程等一些重点领域，已经建立起一批产学研创新战略联盟，组织开展了若干重大战略性问题的深入研究，推动重点产业转移对接。相关高校通过培育组建协同创新中心，确定了技术创新方向、汇聚了相关创新要素资源，逐步形成了协同创新的新平台和新机制。各行业协会也通过平台建设、组织培训、行业研究等对行业创新工作提供了重要支撑服务。

（二）科技创新要素优势不断累积，研究与试验发展（R&D）经费投入强度首次突破2%

2013年，我国科技经费投入继续保持增长，国家财政科技支出稳步增加，研究与试验发展（R&D）经费投入力度加大。

从研究与试验发展（R&D）经费投入情况来看，全国共投入研究与试验发展（R&D）经费11846.6亿元，比上年增加1548.2亿元，增长15%；研究与试验发展（R&D）经费投入强度为2.08%，比2012年提高了0.1个百分点，达到1.98%。

图4-1　2010—2013年我国R&D经费投入总量及研发投入强度情况

数据来源：《2010—2014年全国科技经费投入统计公报》。

　　从活动主体看，企业作为研发投入的主体地位进一步得到巩固。各类企业研究与试验发展（R&D）经费9075.8亿元，比2012年增长15.7%，企业经费占全国经费总量的比重为76.6%。

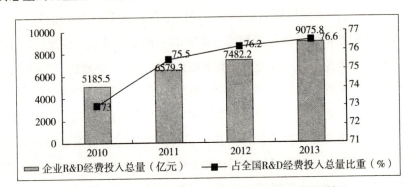

图4-2　2010—2013年我国企业R&D经费投入总量情况

数据来源：《2010—2014年全国科技经费投入统计公报》。

　　从产业部门看[1]，研究与试验发展（R&D）经费超过500亿元的行业大类有7个，这7个行业经费占全部规模以上工业企业研究与试验发展的比重为61.3%；研发经费在100亿元以上且投入强度（与主营业务收入之比）超过了规模以上工业企业平均水平的有10个行业。

表4-1　2013年分行业规模以上工业企业R&D经费情况

行业	R&D经费（亿元）	投入强度（%）	行业	R&D经费（亿元）	投入强度（%）
合计	8318.4	0.80	石油加工、炼焦和核燃料加工业	89.3	0.22
采矿业	292.6	0.43	化学原料和化学制品制造业	660.4	0.86
煤炭开采和洗选业	156.6	0.48	医药制造业	347.7	1.69
石油和天然气开采业	80.7	0.70	化学纤维制造业	66.8	0.95
黑色金属矿采选业	7.7	0.08	橡胶和塑料制品业	199.5	0.72
有色金属矿采选业	21.8	0.35	非金属矿物制品业	215.0	0.41
非金属矿采选业	7.2	0.15	黑色金属冶炼和压延加工业	633.0	0.83

[1]　产业部门仅包括规模以上工业企业，即年主营业务收入2000万元及以上的工业法人单位。

（续表）

行业	R&D经费（亿元）	投入强度（%）	行业	R&D经费（亿元）	投入强度（%）
制造业	7959.8	0.88	有色金属冶炼和压延加工业	301.1	0.64
农副食品加工业	173.0	0.29	金属制品业	230.0	0.69
食品制造业	98.5	0.53	通用设备制造业	547.9	1.26
酒、饮料和精制茶制造业	82.7	0.54	专用设备制造业	512.3	1.57
烟草制品业	22.1	0.27	汽车制造业	680.2	1.14
纺织业	158.5	0.44	铁路、船舶、航空航天和其他运输设备制造业	372.1	2.41
纺织服装、服饰业	69.3	0.36	电气机械和器材制造业	815.4	1.32
皮革、毛皮、羽毛及其制品和制鞋业	33.9	0.27	计算机、通信和其他电子设备制造业	1252.5	1.59
木材加工和木、竹、藤、棕、草制品业	27.2	0.23	仪器仪表制造业	149.3	1.99
家具制造业	22.5	0.34	电力、热力、燃气及水生产和供应业	66.0	0.11
造纸和纸制品业	87.8	0.68	电力、热力生产和供应业	58.4	0.10
印刷和记录媒介复制业	30.4	0.51	燃气生产和供应业	3.6	0.09
文教、工美、体育和娱乐用品制造业	49.6	0.38	水的生产和供应业	3.9	0.26

注：本表中工业行业分类按国民经济行业分类（GB/T 4754-2011）标准划分。

数据来源：国家统计局、科学技术部、财政部：《2013年全国科技经费投入统计公报》，2014年10月23日。

从地区分布看，江苏的研究与试验发展（R&D）经费占全国比重最高，达到了12.6%；北京地区的研究与试验发展（R&D）经费投入强度（与地区生产总值之比）最大，为6.08%。

表4-2 2013年各地区研究与试验发展（R&D）经费情况

地　区	R&D经费（亿元）	R&D经费投入强度（%）
全　国	11846.6	2.08
北　京	1185.0	6.08
天　津	428.1	2.98
河　北	281.9	1.00
山　西	155.0	1.23
内蒙古	117.2	0.70
辽　宁	445.9	1.65
吉　林	119.7	0.92
黑龙江	164.8	1.15
上　海	776.8	3.60
江　苏	1487.4	2.51
浙　江	817.3	2.18
安　徽	352.1	1.85
福　建	314.1	1.44
江　西	135.5	0.94
山　东	1175.8	2.15
河　南	355.3	1.11
湖　北	446.2	1.81
湖　南	327.0	1.33
广　东	1443.5	2.32
广　西	107.7	0.75
海　南	14.8	0.47
重　庆	176.5	1.39
四　川	400.0	1.52
贵　州	47.2	0.59
云　南	79.8	0.68
西　藏	2.3	0.29
陕　西	342.7	2.14
甘　肃	66.9	1.07
青　海	13.8	0.65
宁　夏	20.9	0.81
新　疆	45.5	0.54

数据来源：国家统计局、科学技术部、财政部：《2013年全国科技经费投入统计公报》，2014年10月23日。

（三）行业技术创新水平显著提升

产业基础支撑能力不断加强。为突破我国产业关键共性技术，夯实行业创新基础，自 2011 年发布《产业关键共性技术发展指南》（工信部科〔2011〕320 号）、2012 年组织实施"百项技术创新推进计划"以来，针对新一代信息技术、高端装备制造等重点领域，攻克了"申威 SW-3 众核处理器""高磁能积稀土永磁体"等一批共性关键技术并进行推广应用。"工业强基工程"是强化工业发展基础的重要工程。2013 年以来，围绕装备制造和电子信息领域的关键技术和产品，工业和信息化部组织实施了一批工业强基示范项目，通过加大对基础领域产业关键共性技术的研究攻关，有效完善了产业技术基础体系，为重点行业发展提供了技术支撑。

成果产业化程度得到有效提升。促进科技成果产业化是解决科技与经济脱节的重要措施。只有科技成果与市场需求紧密结合，完成从科学研究、试验开发、推广应用的多个环节的工作，才能实现创新驱动发展的良好局面。近年来，围绕新技术、新材料、新工艺、高端装备等的集成应用和新模式、新机制的创新，工业和信息化部组织了 560 多个重大科技成果转化项目，新一代可循环钢铁流程工艺、清洁煤电成套装备等关键技术与装备的成果产业化，有效支撑了产业的转型升级。把技术改造作为促进创新成果产业化的重要途径，通过组织实施技术改造专项，促进工业企业采用一批新技术、新工艺、新设备、新材料来提升现有的基础设施、工艺条件及生产服务，推动科技与产业紧密结合，进一步加快创新成果产业化进程。

技术成果应用日益深入。在装备制造、智能制造、高端轨道交通、海洋工程等高端装备制造业领域，其产值占装备制造业的比重已超过 10%，海洋工程装备接单量占世界市场份额的 29.5%，工业机器人、增材制造等新兴产业得到了快速发展。2013 年，我国工业机器人销售量达到 36560 台，首次成为全球第一大市场。在电子信息产业，"天河二号"超级计算机在全球最新排名中蝉联榜首；浪潮等成功研制出 32 路大型主机系统，并应用于电信、银行、电力等关键领域；TD-LTE 技术、产品、组网性能和产业链服务支撑推动能力等均得到了提升并进入全面商用。在原材料工业，百万千瓦级核电用银合金控制棒研制成功，千吨级芳纶产业化项目成功投产并稳定运行，煤制乙二醇成套技术和装备实现国产化，丁基橡胶等高端石化产品生产技术打破国外技术垄断。在消费品工业，智能节能家电、

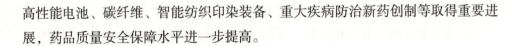

高性能电池、碳纤维、智能纺织印染装备、重大疾病防治新药创制等取得重要进展，药品质量安全保障水平进一步提高。

二、中国工业质量品牌情况

作为一个新兴的工业化国家，我国制造业发展到了工业化中后期，由此而来最为迫切的"新问题"是：如何推进工业转型升级从制造业大国转变为制造业强国。解决这个"新问题"可以向老牌制造业强国的"老办法"学习，就是将质量品牌放到首要位置对待。对此，中央强调了要坚持"创新驱动、质量为先、绿色发展、结构优化"的方针，强调了质量品牌对推进工业化转型升级建设制造业强国的首要位置。在此基础上提出了质量品牌战略，将质量品牌提升到国家工业基本国策的高度，充分体现了对质量品牌的重视和决心。

（一）质量品牌助推工业结构调整促进经济结构转型升级

2014年出台了一系列相关政策以推进质量品牌工作。实施质量品牌战略，首先要把质量放到工业转型的第一位来。国务院为全面贯彻实施《质量发展纲要（2011—2020年）》，出台了《2014年工作行动计划》（国办发〔2014〕18号），强调重点领域的安全质量监管；加强市场的诚信体系建设；综合利用各种手段升级配套措施；利用各种手段来强化治理和能力建设。

按照工信部《2014年工业质量品牌建设工作的通知》（工信部科函〔2014〕78号），重点工作包括：（1）实施工业质量品牌创新专项行动，对重点领域开展活动，以达到提高企业质量品牌形象的目的；（2）推进标准贯彻，提高企业质量信誉水平，利用各种标准、平台和一系列机制完善监督体系；（3）依靠各类协会、服务平台、专业机构等引导企业有针对性的深化推广先进质量管理方法；（4）从品牌培育体系、标准、管理能力评价、专业性人才和产业聚集品牌等相关问题入手，深化工业品牌培育；（5）围绕质量加大技改及科研力度，加强工业产品质量控制和技术评价实验室相关能力建设，全面提升实物工业品质量；（6）发动地方主管部门、协会等组织融入全国性的质量品牌活动，改善质量政策提高相关准入和质量水平要求，提高各行业协会积极性，规范市场质量品牌环境。

2014年，工业和信息化部认定了30家"全国质量标杆企业"，举行了5期质量标杆经验专题研讨会，并将海尔集团、联想集团等企业的先进质量经验在全国进行推广，促进企业间互相学习，整体提高。另外，评选出42家"全国工业品牌培育示范企业",举办工业企业品牌培育工作培训,交流会推广品牌管理经验,推广品牌管理体系,指导品牌管理体系有效运行,新培育示范企业。开展产业集群区域品牌建设试点,把北京经济技术开发区管理委员会等22家单位作为第一批试点工作组织实施单位,并在此基础上开展品牌建设工作。

(二)各行业工业产品质量技术水平全面提升

在国家多方面的政策支持、企业自身的努力,以及市场消费者的需求倒逼下,我国工业产品质量不断得到提升。我国航空、航天、高铁、核能等高端制造业领域企业逐渐成为国际市场上具有竞争力的品牌,主要的机械产品及装备制造业逐渐摆脱低端定位,质量可靠性得到了较大提高。

1. 装备制造业

装备制造业是国民经济的装备部门,对各行业的发展影响巨大。2014年,我国装备制造业继续发展,涌现出一批高质量的产品。在国家农机补贴政策、小型轮式拖拉机强制性认证、联合收获(割)机拖拉机行业准入制度等多项政策影响下,农用机械产品质量得到明显改善,部分产品相关性能指标已经达到了国际先进水平;汽车行业呈现快速增长趋势,部分国内汽车零部件企业实力大幅提升,出现了一些在细分市场具有全球竞争力的企业;起重机行业近几年实现了"井喷式"发展,行业规模和企业规模越来越接近国际化经营的要求,技术上向智能化节能化模块化方向发展;数控机床、内燃机产品抽样合格率较前几年也有小幅提升;制冷设备及压力容器总体水平良好,部分检测指标已经达到发达国家水平;电动工具等工具类产品质量明显提升。

2. 电子信息产业

目前,我国有一大批电子信息产品不仅生产规模在全球首屈一指,而且产品的质量和技术水平也不断提高。平板高清电视机、显示器、视盘机、投影机、台式PC机、笔记本电脑、电话机、传真机等日常生活办公用电子信息产品,一次性合格率都在90%以上;移动通信基站、数字程控电话交换机、服务器、处理器、存储器、光纤光缆等网络通信设备质量相对比较稳定;智能手机、北斗接收终端芯片、光伏电池组件、光器件、光通信设备、半导体分立器件、低高频段RFID设备、卫星电视地面接收设备、移动通信用的多种天线、电子通用元件等产品的质量和技术水平有明显提升;动力锂电池、高等级传感器、LED照明芯片、RFID电子标签等产品以及智能电视、立体电视、超高清电视等新产品的质量技术状况也有积极的改善。

3. 软件服务业

目前我国信息安全软件如防火墙、网络安全隔离卡与线路选择器、安全隔离与信息交换产品、安全路由器等，均已纳入到"国家信息安全产品认证"范围，在政府部门、金融、证券基金、医疗、能源、广电、电力、民航、交通、文化等领域得到广泛应用。经多次国家监督抽查，部分国产信息安全软件产品质量较好，在国际上有一定影响力。近年来我国工业嵌入式软件产业保持着高速增长的态势，但是总体上关键技术和核心技术的质量水平达不到大规模产业化的要求，尤其是汽车工业、机械制造业等重点领域的工业嵌入式软件，在性能、可靠性等方面的整体质量水平与国外相比较还存在一定差距。应用软件在互联网化、移动化趋势的大背景下，取得长足发展，但由于软件工程化技术没有得到广泛应用，同世界先进国家相比软件质量还有一定的差距。在桌面操作系统、大型数据库、工程软件等领域，我国与国际先进水平相比仍有很大差距，远不能满足我国国民经济和社会发展的需要。

4. 纺织行业

随着政府质量监督力度不断加大和企业质量管理意识持续增强，纺织产品质量正在逐步提高。2013 年纺织服装产品平均抽样合格率为 80.5%，比 2011 年的 77.0% 高出 3.5 个百分点。其中，中小学校服、儿童服装产品抽样合格率较高，分别为 93.5%、95.1%，羽绒服装、毛巾、电商服装企业服装产品抽样合格率偏低，分别为 55%、50%、59.3%。国内规模以上的色织布企业，产品一等品率多在 90% 以上。但在箱体检测、汽车内饰检测、交通工具阻燃以及一次性卫生用品检测等产业用纺织品检测中，总碳、VOC、气味、断裂强度等检测项目不合格项比例较大。

5. 轻工行业

2013 年轻工主要产品质量有较大提升。可移式灯具产品质量国家监督抽查的合格率达到 99.2%，同比上升 5.4 个百分点；自行车产品国家监督抽查合格率为 95.8%；日用陶瓷产品检验的合格率为 96.8%；纸尿裤（含纸尿片、垫）产品国家监督抽查合格率为 98.5%；钟表产品达到现行标准优等指标，是 2003 年抽查以来合格率最高的一次。在关键技术及核心装备的自主研发方面也取得了较为显著进步，如全自动无菌包装机，其综合性能已经处于行业领先地位。又如基于引进建立的碱锰电池产业化技术已得到较好的掌握应用和消化吸收，技术质量水平不输国外产品，部分国产工艺装备的一些性能还优于国外。

三、中国工业部分领域知识产权和标准情况

我国工业领域专利申请量增长迅速。截至 2014 年 7 月 30 日，我国工业行业九个相关领域中，发明和实用新型专利总量达到 7613061 件，占全国专利总量的 82.4%；发明专利申请 4416556 件，占全国发明专利申请总量的 81.8%；授权发明专利 1210589 件，占全国授权发明专利总量的 83.2%；企业发明专利申请 2547510，占九个行业发明专利总量的 57.6%。但核心专利较少，基础专利和核心专利主要掌握在美、日、德等发达国家手中。与国外相比，我国的发明专利多由研究机构和高等院校申请掌握，推广应用和产业化水平差距巨大。

（一）数控机床

机床行业专利密集[1]。截至 2013 年 12 月 31 日，全球专利申请 2280282 件，中国专利申请 238010 件，占全球总量的 10.44%，世界排名第三。近五年，我国机床领域发明专利为 60963 件，占全国发明专利的 2.4%。高档数控机床国家科技重大专项已形成计算机软件著作权 250 项。数控系统和加工中心是数控机床的两大关键技术领域。

数控系统领域，截至 2013 年 12 月 31 日，全球共申请专利 51056 件，其中我国申请 1443 件，占全球总量的 2.84%，世界排名第五。近五年，中国数控系统专利申请数量保持在 130 件/年左右，其中国内申请人占半数以上，主要集中在沈阳高精、广州数控等四家企业。国外发那科公司和西门子公司分别在华申请 412 件、663 件，主要分布在数字控制器、控制装置等基础性技术领域，数量远超国内企业，国内企业在基础性技术领域创新发展面临专利壁垒。

加工中心领域，截至 2013 年 12 月 31 日，全球共申请专利 391376 件，其中我国专利申请 27670 件，占全球总量的 7.07%，世界排名第二。近五年，中国加工中心专利申请数量年均增长 24.8%，其中国内申请人占 79.99%。目前，沈阳机床股份有限公司等企业已经基本掌握加工中心相关核心技术，是国内专利的主

[1] 部分数据和内容由机械工业信息研究院提供。

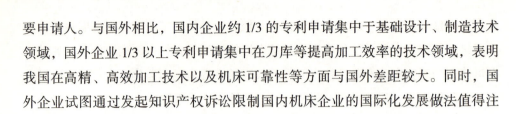

要申请人。与国外相比，国内企业约 1/3 的专利申请集中于基础设计、制造技术领域，国外企业 1/3 以上专利申请集中在刀库等提高加工效率的技术领域，表明我国在高精、高效加工技术以及机床可靠性等方面与国外差距较大。同时，国外企业试图通过发起知识产权诉讼限制国内机床企业的国际化发展做法值得注意。

（二）船舶及海洋工程

知识产权已经成为船舶与海洋工程领域应对国际船市竞争的重要战略手段。截至 2013 年 12 月 31 日，全球专利申请 292128 件，其中中国专利申请 27735 件，占全球总量的 9.5%，专利数量领先于日、韩，居世界首位。船用柴油机和动力定位系统是船舶与海洋工程领域的两大关键技术[1]。

船用柴油机领域，我国企业目前主要依赖于德国曼柴油机与透平公司（以下简称曼柴）和芬兰瓦锡兰集团（以下简称瓦锡兰）的许可证生产。曼柴与瓦锡兰等国外企业近年来持续加强在华专利布局，专利申请数量分别达到 219 件和 116件，两家企业在智能化电子控制、高压共轨喷射、废气净化处理等核心技术领域构建了专利保护群，对我国企业形成专利合围之势；截至 2013 年 12 月 31 日，在船用柴油机领域，全球共申请 8019 件，其中我国申请 1669 件，占全球总量的20.8%。国内专利申请人专利申请主要集中在连杆、曲轴、气缸等关键零部件的生产加工领域，而在代表未来发展方向的高压共轨喷射、废气净化处理等先进技术领域中缺少核心专利布局。

船舶动力定位系统，截至 2013 年 12 月 31 日，全球共申请专利 1047 件，我国专利申请 196 件。挪威"第三代"动力定位控制系统趋于成熟，并开始研发新一代绿色定位控制系统，其申请人在世界申请专利 183 件，广泛在美国、澳大利亚和中国等 23 个国家和地区开展布局。而我国动力定位技术依旧处于"第二代"阶段，只有 2 件国际专利申请，与国外差距巨大。

（三）新能源汽车

新能源汽车领域全球专利布局密集度较高[2]。截至 2013 年 12 月 31 日，全球专利申请为 33370 件。日、美、中、德、韩分列全球申请总量前五位，申请总

---

[1] 部分数据和内容由中国船舶工业综合技术经济研究院提供。
[2] 部分数据和内容由中国汽车工程研究院提供。

量占全球申请总量的 72%。各国的专利分布体现着各自的技术路线和战略取向。我国专利申请总量达到 53223 件，占全球总量的 16%，且近五年以年均 11% 的幅度快速递增，主要集中在动力电池、燃料电池汽车以及整车控制（含附件）上，在插电式混合动力汽车、纯电动汽车、驱动电机方面的专利申请及布局较少；日本专利申请总量为 67679 件，占全球总量的 21%，主要集中在插电式混合动力汽车、燃料电池汽车、动力电池、整车控制（含附件），分布均衡；美国专利申请总量为 63114 件，占全球总量的 16%，主要集中在插电式混合动力汽车、燃料电池汽车和动力电池；德国专利申请总量为 24756 件，占全球总量的 9%，主要集中在整车控制（含附件）；韩国专利申请总量为 20179 件，占全球总量的 6%，主要集中在动力电池及燃料电池汽车。动力电池、燃料电池和整车控制是新能源汽车的三大关键核心技术领域。

动力电池领域，截至 2013 年 12 月 31 日，全球专利申请总量 76,83 件，我国申请 21492 件，占全球总量的 28%。其中，东莞新能源、宁德时代、力神和比亚迪等企业是主要的申请主体。从专利结构来看，美、日、德在动力电池管理系统的专利比例较高，优势明显；而我国专利相对集中在电池材料，在管理系统上布局较少，实力较弱。在专利所体现的技术路线上各国也有所区别，以正极材料专利为例，我国主要以磷酸铁锂为主，而日、美、韩主要以三元材料和锰酸锂为主，我国在以三元材料为主的高比能量动力电池的专利布局较少。作为产业热点的特斯拉专利开放对产品平台、充电模式和技术标准等方面所带来的潜在影响，相关企业应该给予足够的重视，并警惕来自与其技术相关联公司的专利诉讼风险。

燃料电池汽车领域，截至 2013 年 12 月 31 日，全球燃料电池专利申请 63143 件。我国专利申请总量为 8251 件，占比 13%，位列日、美之后，居全球第三。大连物化所、上海神力、新源动力、清华大学等企业和高校是申请的主体。从专利结构来看，燃料电池电堆和辅助系统是各国燃料电池汽车专利布局的重点，分别占燃料电池汽车专利总量的 45% 和 37%，我国在此领域无明显优势。燃料电池电堆的核心是膜电极组件，我国膜电极组件的专利申请总量 1585 件，位列日、美之后，居全球第三位。日、美企业在全球及国内均有着大量的专利布局。

整车控制（含附件）领域，截至 2013 年 12 月 31 日，全球专利申请总量 89794 件，其中，美国占 20%，位居第一；日本占 14%，位居第二；我国占 12%，位列第三，其中奇瑞、比亚迪、长安是申请的主体。整车控制（含附件）中的核心技术是能量控制，美、日在此领域申请量分别为12273和10232件，我国申请总量为9085件，位列全球第三，但驱动系统能量控制、硬件设计、传动系统能量控制等核心专利大部分掌握在美、日的整车、零部件企业手中。

（四）移动通信

移动通信专利密集度高，诉讼纠纷频发。其技术演进是以技术标准的迭代为基础，LTE/LTE-A作为第四代移动通信（4G）的主流技术。[1]截至2013年6月底，全球范围内LTE/LTE-A相关的专利申请总量达到86910件，我国（含台湾）申请人在全球的专利申请量排名第一，占总量的35.1%，美国申请人以总量的26.6%排名第二，再次是日本、欧洲和韩国。LTE/LTE-A系统同时定义了频分双工（FDD）和时分双工（TDD）两种方式，从专利布局看，89.9%的专利都能同时适用于两种双工方式，其共用技术是专利申请和技术发展的主流。

移动通信的竞争以标准专利为着力点。目前，国际上考量4G移动通信专利实力主要以ETSI披露的LTE/LTE-A专利为主要依据。截至2012年12月31日，ETSI共披露了7,619件LTE/LTE-A专利，合并同族后，共得到5,176个专利同族，我国企业占比为19.6%，主要披露公司为华为、中兴和大唐；披露专利中授权专利2,746件，占到专利总量的53%，在授权专利中，我国专利占比16.9%；从国别对比来看，美国的专利占比最高，占到总量的29.4%，中韩实力相差不大，分别以19.6%和19.4%位居第二和第三，其后是日本、瑞典、芬兰、加拿大等国家；从企业分布来看，专利集中度比较低，分布分散，三星、高通和华为分别排名前三；从技术分布来看，我国在移动性管理技术、帧结构、MBMS、随机接入技术方面具有一定优势，但在参考信号设计、控制信道设计和安全等方面不占优势，特别是在关键技术MIMO和OFDM方面占比不足5%，远远低于美、日、韩等国家的占比。国内主要通信企业虽已经拥有一批LTE/LTE-A标准专利，并开始具有一定国际影响力，但由于起步较晚，在一些核心技术领域与发达国家仍存在着很大差距。

（五）电子信息

电子信息技术涵盖计算机软件、半导体器件、集成电路等领域。[2]截至2013

---

[1] 部分数据和内容由工业和信息化部电信研究院提供。
[2] 部分数据和内容由工业和信息化部电子科学技术情报所提供。

年 12 月 31 日，全球专利申请 41167165 件，我国专利申请 3221121 件，占全球总量的 7.82%，全球排名第三。近五年我国电子信息专利年均增长达 15.82%；集成电路布图设计共计申请 9279 件，发证 8536 件。软件著作权登记量达 164349 件，涵盖云计算、物联网、手机游戏等领域，年均增长 24.7%。我国电子信息知识产权主要集中在集成电路、智能终端、电子元器件和软件领域。

集成电路领域，我国专利主要分布在加工工艺和封装等技术，高端通用芯片、IP 核等核心技术相关专利积累与国外差距较大，专利布局缺失。

智能终端领域，华为、中兴、联想等企业积累了大量国内专利，海外布局取得较大突破，2013 年度中兴以 2309 件国际专利（PCT）位居全球第二，华为紧随其后，排名第三，在国际知识产权纠纷中赢得了主动。在语音识别技术领域，我国科大讯飞虽具有一定优势实力，但微软和索尼以 102 件和 126 件专利申请形成明显的优势。

传感器领域，美国和日本专利优势明显，在 MEMS 传感器的封装方法、结构设计和工艺等核心技术领域分别申请了 14209 件、7278 件专利，形成了专利丛林。而我国在传感器应用领域申请专利较多，有一定优势。

近年，跨国知识产权摩擦和纠纷接连不断，2013 年美国发起的 14 起涉及中国企业的 337 调查中，智能终端、传感器、消费电子等成为重点调查对象。随着我国企业海外专利布局的加强，布局领域从应用向核心转移，将会面临更为激烈的国外知识产权诉讼和摩擦。

第二节　2014 年我国工业技术创新重点政策解析

2014 年国家工业技术创新重点政策主要包括"科技体制改革"和"加快结构调整，推动产业转型升级"两大主题。中共中央、国务院以及各部委出台了一系列规划、政策，用于改进中央财政科研项目资金管理、深化财政科技计划改革，在产业结构调整方面，坚定不移化解产能严重过剩矛盾、大力培育和发展战略性新兴产业、促进服务业与制造业融合发展。

一、主要政策分析

2014 年为贯彻落实国民经济"十二五"规划和工业转型升级规划，深化经

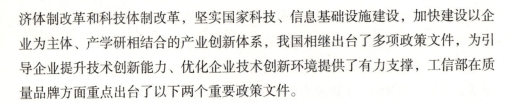

济体制改革和科技体制改革，坚实国家科技、信息基础设施建设，加快建设以企业为主体、产学研相结合的产业创新体系，我国相继出台了多项政策文件，为引导企业提升技术创新能力、优化企业技术创新环境提供了有力支撑，工信部在质量品牌方面重点出台了以下两个重要政策文件。

（一）《国务院关于改进加强中央财政科研项目和资金管理的若干意见》

《国家中长期科学和技术发展规划纲要（2006—2020 年）》实施以来，我国财政科技投入快速增长，科研项目和资金管理不断改进，为科技事业发展提供了有力支撑。但也存在项目安排分散重复、管理不够科学透明、资金使用效益亟待提高等突出问题，必须切实加以解决。为深入贯彻党的十八大和十八届二中、三中全会精神，落实创新驱动发展战略，促进科技与经济紧密结合，按照《中共中央国务院关于深化科技体制改革加快国家创新体系建设的意见》（中发〔2012〕6号）的要求，2014 年 3 月 3 日国务院出台了《国务院关于改进加强中央财政科研项目和资金管理的若干意见》（国发〔2014〕11 号）（以下简称《科研资金管理意见》）。

近年来，我国科技投入持续大幅度增长，为科技事业快速发展提供了有力保障。"十一五"期间全社会研发投入年均增长率超过 23%，"十二五"以来继续高速增长，2013 年达到 11906 亿元，其中企业研发支出占 76% 以上。全社会研发支出占 GDP 的比重也不断上升，2013 年达到 2.09%。与此同时，中央财政科学技术支出也保持高速增长，从 2006 年的 774 亿元增加到 2013 年的 2460 亿元，年均增长率约 18%。[1] 经过各方面共同努力，我国科技事业取得长足发展，科技实力大幅提升，整体创新能力明显增强，基础前沿和战略高技术领域取得一批世界级成果，部分科研领域已经达到世界水平。如中微子振荡模式、量子科学、铁基超导、生命科学、载人航天、载人深潜、卫星导航、超级计算机等原创成果世界领先。高速铁路、特高压输变电等对战略性新兴产业发展发挥了重要的支撑引领作用。

在科技投入的总量和强度都大幅提高的情况下，科技管理方式与快速增长的科研资金还不完全适应，资源配置的效率有待进一步提高，我国科研项目和资金管理方面还存在一些问题。主要表现在：科技工作缺乏有效的统筹协调，各类科

---

[1] 数据来源：http://www.most.gov.cn/ztzl/zyczkyxmzjglyj/yjbj/201404/t20140414_112691.htm。

技计划、专项林立，相互之间边界不清，重复交叉严重，科技资源配置效率不高，科研项目和资金管理还不完全适应科技创新活动的特点和规律，管理不够科学透明，资金使用存在违规违纪现象，鼓励科技创新的政策激励措施还没有落实到位，科研人员的创新热情和创造活力还没有得到充分发挥。社会各界特别是科技界对财政科研项目和资金的合理配置以及经费使用的安全性、有效性日益关注。

为有效解决上述问题，2014年国务院出台《科研资金管理意见》，旨在落实创新驱动发展战略，促进科技与经济紧密结合，改进加强中央财政民口科研项目和资金管理。《科研资金管理意见》提出了明确的目标：通过深化改革，加快建立适应科技创新规律、统筹协调、职责清晰、科学规范、公开透明、监管有力的科研项目和资金管理机制，使科研项目和资金配置更加聚焦国家经济社会发展重大需求，基础前沿研究、战略高技术研究、社会公益研究和重大共性关键技术研究显著加强，财政资金使用效益明显提升，科研人员的积极性和创造性充分发挥，科技对经济社会发展的支撑引领作用不断增强，为实施创新驱动发展战略提供有力保障。

《科研资金管理意见》通过优化整合各类科技计划（专项、基金等）、建立健全统筹协调与决策机制、建设国家科技管理信息系统等方式加强科研项目和资金配置的统筹协调。《科研资金管理意见》实行科研项目分类管理，要求基础前沿科研项目突出创新导向、公益性科研项目聚焦重大需求、市场导向类项目突出企业主体、重大项目突出国家目标导向。《科研资金管理意见》通过改革项目指南制定和发布机制、规范项目立项、明确项目过程管理职责、加强项目验收和结题审查来进一步改进科研项目管理流程。《科研资金管理意见》继续改进科研项目资金管理，要求规范项目预算编制、及时拨付项目资金、规范直接费用支出管理、完善间接费用和管理费用管理、改进项目结转结余资金管理办法、完善单位预算管理办法。《科研资金管理意见》通过规范科研项目资金使用行为、改进科研项目资金结算方式、完善科研信用管理、加大对违规行为的惩处力度来加强科研项目和资金监管。《科研资金管理意见》要求加强相关制度建设，要求建立健全信息公开制度、建立国家科技报告制度、改进专家遴选制度、完善激发创新创造活力的相关制度和政策。《科研资金管理意见》明确和落实了各方管理责任，要求项目承担单位要强化法人责任、有关部门要落实管理和服务责任。

（二）《关于深化中央财政科技计划（专项、基金等）管理改革的方案》

科技计划（专项、基金等）是政府支持科技创新活动的重要方式。改革开放以来，我国先后设立了一批科技计划（专项、基金等），为增强国家科技实力、提高综合竞争力、支撑引领经济社会发展发挥了重要作用。但是，由于顶层设计、统筹协调、分类资助方式不够完善，现有各类科技计划（专项、基金等）存在着重复、分散、封闭、低效等现象，多头申报项目、资源配置"碎片化"等问题突出，不能完全适应实施创新驱动发展战略的要求。

为深入贯彻党的十八大和十八届二中、三中、四中全会精神，落实党中央、国务院决策部署，加快实施创新驱动发展战略，按照深化科技体制改革、财税体制改革的总体要求和《中共中央 国务院关于深化科技体制改革加快国家创新体系建设的意见》《国务院关于改进加强中央财政科研项目和资金管理的若干意见》（国发〔2014〕11号）精神，国务院制定《关于深化中央财政科技计划（专项、基金等）管理改革的方案》（国发〔2014〕64号）（以下简称《财政科技计划改革方案》）。

《财政科技计划改革方案》提出了明确的目标：强化顶层设计，打破条块分割，改革管理体制，统筹科技资源，加强部门功能性分工，建立公开统一的国家科技管理平台，构建总体布局合理、功能定位清晰、具有中国特色的科技计划（专项、基金等）体系，建立目标明确和绩效导向的管理制度，形成职责规范、科学高效、公开透明的组织管理机制，更加聚焦国家目标，更加符合科技创新规律，更加高效配置科技资源，更加强化科技与经济紧密结合，最大限度激发科研人员创新热情，充分发挥科技计划（专项、基金等）在提高社会生产力、增强综合国力、提升国际竞争力和保障国家安全中的战略支撑作用。

《财政科技计划改革方案》要求建立公开统一的国家科技管理平台，具体包括建立部际联席会议制度、依托专业机构管理项目、发挥战略咨询与综合评审委员会的作用、建立统一的评估和监管机制、建立动态调整机制、完善国家科技管理信息系统。《财政科技计划改革方案》从国家自然科学基金、国家科技重大专项、国家重点研发计划、技术创新引导专项（基金）、基地和人才专项五个专项（基金）优化了科技计划（专项、基金等）布局。《财政科技计划改革方案》通过撤、并、转等方式按照新的五个类别对现有科技计划（专项、基金等）进行整合，大幅减少科技计划（专项、基金等）数量。《财政科技计划改革方案》明确了实施时间节点：

2014 年，启动国家科技管理平台建设，初步建成中央财政科研项目数据库，基本建成国家科技报告系统，在完善跨部门查重机制的基础上，选择若干具备条件的科技计划（专项、基金等），按照新的五个类别进行优化整合，并在关系国计民生和未来发展的重点领域先行组织 5—10 个重点专项进行试点，在 2015 年财政预算中体现。2015—2016 年，按照创新驱动发展战略顶层设计的要求和"十三五"科技发展的重点任务，推进各类科技计划（专项、基金等）的优化整合，对原由国务院批准设立的科技计划（专项、资金等），报经国务院批准后实施，基本完成科技计划（专项、基金等）按照新的五个类别进行优化整合的工作，改革形成新的管理机制和组织实施方式；基本建成公开统一的国家科技管理平台，实现科技计划（专项、基金等）安排和预算配置的统筹协调，建成统一的国家科技管理信息系统，向社会开放。2017 年，经过三年的改革过渡期，全面按照优化整合后的五类科技计划（专项、基金等）运行，不再保留优化整合之前的科技计划（专项、基金等）经费渠道，并在实践中不断深化改革，修订或制定科技计划（专项、基金等）和资金管理制度，营造良好的创新环境。各项目承担单位和专业机构建立健全内控制度，依法合规开展科研活动和管理业务。

（三）《国务院关于加快科技服务业发展的若干意见》

科技服务业是现代服务业的重要组成部分，具有人才智力密集、科技含量高、产业附加值大、辐射带动作用强等特点。近年来，我国科技服务业发展势头良好，服务内容不断丰富，服务模式不断创新，新型科技服务组织和服务业态不断涌现，服务质量和能力稳步提升。但总体上我国科技服务业仍处于发展初期，存在着市场主体发育不健全、服务机构专业化程度不高、高端服务业态较少、缺乏知名品牌、发展环境不完善、复合型人才缺乏等问题。加快科技服务业发展，是推动科技创新和科技成果转化、促进科技经济深度融合的客观要求，是调整优化产业结构、培育新经济增长点的重要举措，是实现科技创新引领产业升级、推动经济向中高端水平迈进的关键一环，对于深入实施创新驱动发展战略、推动经济提质增效升级具有重要意义。为加快推动科技服务业发展，国务院出台了《国务院关于加快科技服务业发展的若干意见》（国发〔2014〕49 号）（以下简称《科技服务业发展若干意见》）。

国务院总理李克强 2014 年 8 月 19 日主持召开国务院常务会议，部署加快发展科技服务业、为创新驱动提供支撑。会议认为，发展科技服务业，是以调整结构稳增长和提质增效、促进科技与经济深度融合的重要举措，是实现科技创新引领产业升级、推动经济向中高端水平迈进不可或缺的重要一环。要以研发中介、技术转移、创业孵化、知识产权等领域为重点，抓住关键环节精准发力，深化改革，坚持市场导向，推动科技服务业发展壮大。

《科技服务业发展若干意见》提出四个坚持：坚持深化改革、坚持创新驱动、坚持市场导向、坚持开放合作。《科技服务业发展若干意见》明确了目标和实施时间节点：到2020年，基本形成覆盖科技创新全链条的科技服务体系，服务科技创新能力大幅增强，科技服务市场化水平和国际竞争力明显提升，培育一批拥有知名品牌的科技服务机构和龙头企业，涌现一批新型科技服务业态，形成一批科技服务产业集群，科技服务业产业规模达到8万亿元，成为促进科技经济结合的关键环节和经济提质增效升级的重要引擎。

《科技服务业发展若干意见》提出九项重点任务、七项政策措施，要求重点发展研究开发及其服务、技术转移服务、检验检测认证服务、创业孵化服务、知识产权服务、科技咨询服务、科技金融服务、科学技术普及服务、综合科技服务；要求健全市场机制、强化基础支撑、加大财税支持、拓宽资金渠道、加强人才培养、深化开放合作、推动示范应用。

（四）《2014年国家知识产权战略实施推进计划》

2014年4月28日，《2014年国家知识产权战略实施推进计划》（以下称《2014推进计划》）印发，由国家知识产权战略实施工作部际联席会议各成员单位组织实施。这是我国国家知识产权战略实施工作部际联席会议连续第六年制定年度推进计划。

《2014推进计划》从知识产权创造、运用、管理、保护、服务、国际交流、基础能力、组织实施等7个方面明确了2014年国家知识产权战略实施工作的重点任务。强调要提高知识产权创造质量，提升知识产权运用效益，提高知识产权保护效果，提升知识产权管理和公共服务水平，促进知识产权国际交流，提升知识产权基础能力，提高知识产权战略组织实施水平。为了完成7项重点任务，《2014推进计划》部署安排了79条具体措施。本部分着力解读知识产权创造和运用部分内容。

1.多管齐下，提高知识产权创造质量

《2014推进计划》首先明确了提高知识产权质量的目标任务，强调通过完善知识产权考核评价体系、优化政策导向、提高审查效率、提升创新主体知识产权创造能力等提高知识产权创造的针对性和有效性、加强专利申请质量的监管、强化审查的质量管理、加强重点领域知识产权布局。为此，推进计划安排了9项工作措施提高知识产权的创造质量。其一，从政策完善上，一般专利资助政策完善和专项资助政策推行相结合，落实《关于进一步提升专利申请质量的若干意见》，优化区域专利评价工作导向，突出专利奖励政策的质量导向，推动专利申请质量指标纳入相关政策。其二，从专利质量的监管机制上，强化对低质量专利申请的监控和处理，建设专利申请主体信用档案库，严肃处理套取专利资助和奖励资金行为，探索建立专利申请质量的监测和反馈机制。其三，从商标质量的审查质量管理上，提高商标注册工作效率，加强商标审查质量管理，确保商标审查周期控制在9个月内，异议审理周期控制在12个月内。其四，著作权作品登记上，推动落实《关于进一步规范作品登记程序等有关工作的通知》，促进作品登记、计算机软件著作权登记、质权登记等各项版权登记工作开展。其五，从林业知识产权质量提升上，建立林业知识产权试点示范，完善试点单位考核评价体系，引导试点单位提升知识产权质量。其六，从战略性科技先导专项和重大项目知识产权培育上，试点推进核心知识产权培育工作，探索建立中科院知识产权质量监测指标体系，发布知识产权质量年度报告。其七，从国防专利质量来看，选择国防关键技术，组织开展专利态势分析，引导知识产权布局，形成优势知识产权组合。

2. 强化成果转化运用，提升知识产权运用效益

强化知识产权真成果转化运用是《2014年推进计划》重点内容。针对我国产业转型升级中知识产权运用存在的问题，《2014年推进计划》从政策衔接，机制完善，政策措施实施，成果产品化、商品化、产业化等方面确定了提升知识产权运用效益的目标任务，强调强化知识产权政策与产业、区域政策的衔接，推进战略性新兴产业知识产权工作，研究我国知识产权密集型产业的发展规律和培育政策。完善以知识产权为核心和纽带的创新成果转化运用机制，实施促进知识产权转移转化的政策措施，推动知识产权成果产品化、商品化和产业化。为保障上述目标实现，《推进计划》安排了11项具体工作措施。（1）在战略性新兴产业的知识产权工作推进方面，强调要加快促进战略性新兴产业的培育和发展，加强战略性新兴产业知识产权集群式管理，发布国家战略性新兴产业专利发展报告。（2）在发展知识产权密集型产业方面，开展知识产权密集型产业基础研究，明确知识

产权密集型产业范围，探索建立符合中国国情的知识产权密集型产业目录和统计规范。（3）在推动成果转化利用方面，推动《促进科技成果转化法》修订，推动科研机构和高等院校建立技术转移工作体系，改革和完善中央级事业单位科技成果处置和收益分配制度，启动国家科技成果转化引导基金，积极推动产业技术创新战略联盟专利共享和成果转化。（4）在提升产业知识产权运用能力方面，提升工业知识产权运用能力，宣传贯彻《工业企业知识产权管理指南》，制定企业知识产权运用能力评估指标，支持地方围绕工业转型升级关键环节开展特色产业或区域知识产权运用试点工作。（5）在促进种业知识产权转让、交易方面，研究制定《种业科技成果产权展示交易平台管理办法》，发布相关展示交易信息，推行交易规范合同、交易章程和规则。（6）在林业知识产权产业化方面，建立林业植物新品种与专利技术展示和对接平台，实施林业知识产权产业化推进工程；筛选一批授权优良植物新品种，纳入各级林业科技计划进行转化运用；构建林业重点领域知识产权战略联盟。（7）在版权国际贸易推进方面，加强国家版权贸易基地建设，支持办好2014年中国国际版权博览会、福州海峡版权（创意）产业精品博览交易会等大型版权贸易展会。（8）在专利运用方面，加快实施专利导航试点工程，在3个专利导航实验区开展专利导航分析项目，探索建立专利分析与产业运行决策深度融合的工作机制；在2—3个产业关键技术领域培育专利储备运营项目。（9）在知识产权资本化方面，推进知识产权金融服务，加强知识产权质押融资、投融资、专利保险等工作，在知识产权示范园区推动建立专利转移转化服务机制，推进专利价值分析指标体系应用。（10）在国防知识产权运用方面，制定有关国防知识产权权利归属与利益分配的政策意见，开展国防知识产权运用试点，促进国防知识产权转化运用。（11）在国防知识产权和民用领域知识产权相互转化运用方面，起草促进国防领域和民用领域知识产权相互转化的相关政策，编制发布知识产权转化实施目录，开展知识产权转化实施试点示范工作，推动知识产权军民双向转化实施。

（五）工业和信息化部关于检验检测认证机构整合的指导意见

为深入贯彻落实《国务院关于促进市场经济公平竞争维护市场正常秩序的若干意见》（国发〔2014〕20号）和《国务院办公厅转发中央编办质检总局关于整合检验检测认证机构实施意见的通知》（国发〔2014〕8号）的精神和要求，工业和信息化部努力做好检验检测认证机构的整合工作，于2014年5月开始组织编制《工业和信息化部关于检验检测认证机构整合的指导意见》（以下简称《指导意见》）。

近年来，检验检测认证发展迅速，已成为现代服务业的重要组成部分，对于加强质量安全、促进产业发展、维护群众利益等具有重要作用。工信部现有部属和通过各级工信部门、各工业联合会和有关集团公司管理的检验检测认证机构共计约800余家，分布在电子信息、机械、石化、钢铁、有色金属、轻工、纺织、建材等行业中，在提升我国工业和信息化产品质量、支撑自主创新、满足产业发展需要等方面发挥了重要作用。但是也存在着规模普遍偏小，机构布局分散，重复建设严重，体制机制僵化，行业壁垒较多，条块分割明显，服务品牌匮乏，国际化程度不高等问题，难以适应现代工业体系和新形势、新任务的要求。检验检测认证机构整合，是国务院机构改革和职能转变的一项重要任务，是做强做大检验检测认证行业的客观要求，是积极参与国际竞争、避免被"洋检测"冲垮的重要举措，对于加强质量安全、加快产业转型升级、促进两化深度融合、维护消费者权益等具有重要意义。

为有效解决上述问题，切实提升我国工业和信息化领域检验检测机构综合能力和国际竞争力，2014年，工信部出台《指导意见》，旨在按照政府职能转变和事业单位改革的要求，充分发挥市场在资源配置中的决定性作用，坚持政事分开、事企分开和管办分离，进一步理顺政府与市场的关系，科学界定国有检验检测认证机构功能定位，大力推进整合，优化布局结构，创新体制机制，转变发展方式，不断提升市场竞争力和国际影响力，推动检验检测认证高技术服务业做强做大。与中央8号文件的目标一致，《指导意见》也明确提出了两阶段的目标：到2015年底，初步完成对工业和信息化领域中几个条件成熟、较易整合的行业机构检验检测认证业务的整合。其他几个行业先行试点、创造条件、逐步推进。到2020年底，基本完成工业和信息化领域检验检测机构整合，建立起良好的管理体系和运营机制，市场竞争格局初步形成，相关政策法规比较规范，形成布局合理、分门别类、技术先进、公正可信的服务体系，培育出3—5家技术能力强、服务水平高、规模效益好，具有一定国际知名度的检验检测认证重点单位和集团，带动全行业整体发展。

《指导意见》要求各级工信部门、各工业联合会和有关集团公司要成立检验检测认证机构整合工作领导小组，明确责任分工，健全工作机制，制定出台整合方案，切实抓好落实。要在提高认识的基础上，摸清底数，认真清理现有检验检测认证机构的基本情况，包括人员、资产、收入、编制、业务内容、隶属关系等，对于规模较小、业务重复、不符合本行业发展需要的机构要予以整合、归并、或予以撤销。在此基础上提出了从四个方面进行整合工作：一是结合分类推进事业单位改革，明确公益类检验检测认证机构（公益一类）功能定位，推进部门或行业内部整合。二是推进具备条件的经营类检验检测认证机构与行政部门脱钩、转企改制，支持包括混合所制在内的多种形式参与组建。三是推进本行业内整合，支持、鼓励并购重组，做强做大。四是在工信系统八大行业中选择条件较为成熟、较易整合的行业先予整合，情况复杂的行业先行试点、创造条件、逐步推进。鉴于电子信息行业（含电子产品、软件）、通信行业、无线电行业检验检测认证机构在工信系统中所占比例较高和影响力较大的现实，拟将该行业作为先行试点行业。机械、石化、建材、钢铁、轻工、有色、纺织行业按照先内部、后外部方式进行整合。

为确保各项重点任务和建设目标的顺利实施，《指导意见》着力从四个层面提出了保障措施。一是不断提高认识，强化管理创新。各级工信部门、各工业联合会和有关集团公司要充分认识整合的重要性和紧迫性，牢固树立改革意识、责任意识和大局意识，在整合和推动检验检测认证行业做大做强方面发挥统筹协调作用。要推进相关政策法规的立改废，打破部门垄断和行业壁垒，有序开放检验检测认证市场。要推进质量安全监管方式转变，减少行政审批，进一步发挥市场监督作用，激发检验检测认证需求。要推进行业重点实验室建设规划、财政专项资金投入、高层次人才培养机制等改革，支持骨干检验检测认证机构做强做大。二是加强政策扶持，拓展资金渠道。各级工信部门、各工业联合会和有关集团公司要积极配合编办、财政、人力资源社会保障、税务、工商等相关部门创造条件，按照党中央、国务院推进事业单位改革的相关文件精神和当地政府出台相关配套政策，积极稳妥地处理检验检测认证机构整合和转企改制中的共性问题。要积极争取中央和地方政府通过设立发展专项资金等渠道加大对检验检测业务整合的支持力度。积极推进与金融等部门协调，搭建企业融资平台，按照风险可控和商业可持续原则，切实解决广大小微型检验检测企业的资金难问题。进一步探索引进民间资本，搭建检验检测认证创新发展平台。三是加强行业指导，完善信息服务。

各级工信部门、各工业联合会和有关集团公司要从比较优势出发，制定适合行业、本系统、本地区实际的检验检测认证业务发展规划。积极建立从国家到地方的检验检测管理服务体系，加快制定行业相关标准，完善检验检测的认证、监督和检验制度。积极引导各行业、各系统、各地区建立检验检测方面的政策法规、产业资料（技术、人才、资源、教育）、市场信息、行业动态的信息库，形成全行业联动的信息系统，为政府和企业提供及时有效的信息服务。推进全国联动的信息和服务平台建设，为品牌宣传、检测试验、认证服务、知识产权保护、人才招聘等提供支撑。四是严格财经制度，积极平稳推进。各级工信部门、各工业联合会和有关集团公司在检验检测认证机构整合过程中要严格遵守有关财经法规制度，严格履行有关报批手续，做好清产核资、资产审计、产权移交等工作，严禁弄虚作假、瞒报漏报，严禁转移、转卖、转借、私分或以其他方式擅自处置国有资产。妥善处理改革、发展与稳定的关系，把握好节奏和进度，及时研究、解决整合中遇到的新情况、新问题，确保整合工作平稳有序进行。

二、主要特点分析

2014 年是我国全面落实十八大"创新驱动发展"战略的第二年，也是工业转型升级的冲刺时期。中共中央、国务院及各部委相继出台落实政策，不断优化我国工业技术创新的政策环境和体制机制。这些政策措施在新时期顺应新趋势、应对新问题具有显著的阶段性特征，主要体现了进一步深化科技体制改革、重点布局产业转型升级和转移、大力发展科技服务业开辟新业态。

（一）进一步深化科技体制改革

继 2012 年 7 月召开全国科技创新大会以来，科技体制改革已经成为我国科技工作的重中之重，2012 至 2013 年中共中央、国务院出台了《关于深化科技体制改革加快国家创新体系建设的意见》（中发〔2012〕6 号）、《关于强化企业技术创新主体地位，全面提升企业创新能力的意见》（国办发〔2013〕8 号）两个文件，对深化我国科技体制改革做出重大部署。习近平总书记在中关村、中科院的讲话中多次强调科技体制改革对我国经济发展起到的重要作用。科技部、发改委联合出台了《"十二五"国家重大创新基地建设规划》（国科发计〔2013〕381 号）。

2014 年科技工作依然仅仅围绕在"深化科技体制改革"这一中心。国务院出台了《国务院关于改进加强中央财政科研项目和资金管理的若干意见》（国发

〔2014〕11号）、《国务院印发关于深化中央财政科技计划（专项、基金等）管理改革方案的通知》（国发〔2014〕64号）、《国务院办公厅关于促进国家级经济技术开发区转型升级创新发展的若干意见》（国办发〔2014〕54号）、《国务院关于加快科技服务业发展的若干意见》（国发〔2014〕49号），多套政策密集出台，为我国科技工作指明方向，进一步深化了科技体制改革，着力推动科技与经济紧密结合，落实创新驱动战略，加快建设创新型国家。

（二）重点布局产业转型升级和转移

国际金融危机爆发之后，发达国家暴露出了实体经济发展的软肋，党中央、国务院更加强调壮大实体经济，高度重视工业发展。继2012年1月，国务院发布了《工业转型升级规划（2011—2015年）》（国发〔2011〕47号）之后，2013年我国相继出台了《科技基础设施规划》《创新基地建设规划》《2013年国家知识产权战略实施推进计划》《工业知识产权管理与评估指南》等一系列有关工业转型升级的规划、政策文件，部署了产业创新平台和产业创新联盟的建设、加强知识产权保护、培育企业知识产权能力的任务。

2014年，国务院办公厅出台《国务院办公厅关于促进国家级经济技术开发区转型升级创新发展的若干意见》（国办发〔2014〕54号），将产业转型升级、转移任务细化落实到各经济技术开发区。在推动产业转型升级方面提出：要优化产业结构和布局，按照新型工业化的要求，以提质增效升级为核心，协调发展先进制造业和现代服务业。大力推进科技研发、物流、服务外包、金融保险等服务业发展，增强产业集聚效应。在培育战略性新兴产业的同时，要因地制宜确定重点领域，避免同质竞争；要增强科技创新驱动能力，坚持经济与技术并重，把保护知识产权和提高创新能力摆在更加突出的位置。鼓励条件成熟的国家级经开区建设各种形式的协同创新平台，形成产业创新集群。支持国家级经开区创建知识产权试点示范园区，推动建立严格有效的知识产权运用和保护机制。探索建立国际合作创新园，不断深化经贸领域科技创新国际合作；同时，要加快人才体系建设、创新投融资体制建设、提高信息化水平。在产业转移方面针对东西部工业经济发展的不同程度实施分类指导，要求东部经济技术开发区率先实现转型，在更高层次参与国际经济合作和竞争，西部经济技术开发区着力打造特色和优势主导产业，提高承接产业转移的能力。

（三）大力发展科技服务业，开辟新业态

科技服务业是在当下不断融合生长产业和产业不断细化分工的趋势下形成的新兴业态。科技服务业是提供知识和技术向社会服务的新产业，也是第三产业的一个分支行业。2005年国家开始设立了科技服务业统计，将科技服务业共分为四大类。2007年产业结构调整指导目录的鼓励类产业中将科技服务业调整为六大子产业。在2011年《产业结构调整指导目录》中，科技服务业被作为高技术产业类的一项重要内容，其服务领域涵盖11项重点内容。

国务院总理李克强2014年8月主持召开国务院常务会议对科技服务业健康发展提出五点要求：一要有序放开市场准入，发挥市场机制作用，引导社会资本积极参与，支持合伙制、有限合伙制科技服务企业发展。二要积极推进重点实验室、大型科技仪器中心等公共技术平台建设，向社会开放服务。三要加大财税支持，对认定为高新技术企业的科技服务企业，减按15%的税率征收企业所得税。四要改革创新投融资体制，建立多元化资金投入体系，发挥财政资金杠杆作用，积极探索以政府购买服务、"后补助"等方式支持公共科技服务发展。五要加强人才引进和培养，强化国际交流合作。让科技服务为促进科技成果转移转化、提升企业创新能力和竞争力提供支撑。

2014年，国务院办公厅出台《国务院办公厅关于促进国家级经济技术开发区转型升级创新发展的若干意见》（国办发〔2014〕54号），明确提出国家级经开区要按照新型工业化的要求，以提质增效升级为核心，协调发展先进制造业和现代服务业。并就科技服务业专门出台《国务院关于加快科技服务业发展的若干意见》（国发〔2014〕49号），部署了九项重点任务和七项政策措施，保障科技服务业健康快速发展。

（四）统筹推进工业知识产权工作，突出知识产权运用

2014年的工业知识产权工作，在深入贯彻党的十八大、十八届三中、四中全会基础上，始终以工业转型升级的关键环节和重点领域为切入点和突破口，强化以企业为主体，综合运用专利、商标、技术秘密（商业秘密）、软件著作权等各类工业知识产权，有力支撑工业创新驱动发展。为此，工业知识产权工作围绕运用深入开展了一系列的专项行动。以工业企业知识产权运用能力提升为着力点，全面实施了"工业企业知识产权运用能力培育工程"；以产业知识产权防卫能力

提升为着力点，有序实施了"产业知识产权风险评估与预警工程"；以中小企业服务能力建设为着力点，全面实施"中小企业知识产权战略推进工程"；以行业服务能力提升为着力点，着力构建了行业知识产权综合数据服务平台；以源头治理能力建设为着力点，扎实开展呢"双打"行动；多管齐下，整体推进。在上述专项行动中还配套制定实施了一系列政策措施。前述政策措施在技术创新政策、产业转型升级政策、区域发展政策上积极推动重点领域的知识产权与产业政策对接；引导支持企业技术中心和技术创新示范企业发挥典型带头作用，在产业园区/基地建设、产业化专项实施、产业政策、规划以及行业管理等方面，明确提出工业知识产权运用要求和实施措施。在统筹推进中形成一些行之有效的促进工业知识产权运用的多方共治，协同推进机制。政府部门和地方政府在工业知识产权工作中大胆探索实践，创新工作方式，部省互动，专业机构、行业组织、产业联盟和支撑单位协同配合，依托实施国家知识产权战略部际联席会议、区域经济发展领导小组和国务院"双打"工作领导小组季度例会，开展工业知识产权和区域知识产权专项行动。初步建立了主管部门指导、行业协会牵头组织、专业机构支撑服务、企业参与，协同推进工业知识产权运用的机制。

（五）不断提升检验检测认证机构的综合竞争实力

检验检测认证机构整合在指导思想上要深入贯彻落实党的十八大精神，按照政府职能转变和事业单位改革要求，把整合检验检测认证机构摆到事关工业和信息化发展全局的重要地位，科学合理地界定检验检测认证机构功能定位，着力发挥市场在资源配置中的决定性作用，坚持"政府引导、理顺体制，市场驱动、充分竞争，优化布局，纵横结合，分步实施、平稳过渡"的方针，切实转变发展方式，不断提升检验检测认证机构的综合竞争实力，推动检验检测业务的长远发展。

在整合路径上，各行业、各系统和各地区可根据实际情况，选择或参照六种模式实施整合。一是行政划拨方式整合。采取行政划拨方式，将所属检验检测认证机构人员、资产等进行整合。二是授权经营方式整合。由财政部门批准，将检验检测认证机构非经营性财政资产变为经营性财政资产，按照资本合作方式进行整合。三是拆分归并方式整合。将现有检验检测认证机构分为两部分，一部分划为公益类检验检测认证机构，由政府主导实施整合；另一部分通过改制，整合为经营类检验检测认证机构。四是公共平台方式整合。地方政府整合不同部门所属检验检测认证机构，组建公共检验检测平台，作为独立的检验检测机构开展工作。五是整体改制方式整合。将现有检验检测认证机构整体改制，然后采取资本方式整合为经营类检验检测认证机构。六是联盟方式整合。在不改变人员、资产所属关系的前提下，由行业协会牵头，组建行业联盟，形成松散型联合体。

第三节　2015 年我国工业技术创新面临的环境

2015 年，新一轮技术和产业变革中各国竞争将日趋激烈，这将给我国工业创新发展带来更大挑战；国内创新驱动发展战略深入落实，科技体制改革的不断深化，也将进一步推动工业技术创新迈向新的阶段。

一、国际环境

（一）新一轮科技和产业变革影响深化，各国继续加强战略部署力图主导全球创新体系

当前，新一轮科技革命和产业变革正在兴起，信息技术和制造业深度融合，推动全球进入新一轮产业调整与竞争周期。为抢占新一轮产业竞争制高点，欧美等发达国家还将强化创新战略部署，紧盯前沿技术，整合创新资源，打造协同网络，以继续保持在全球创新体系中的主导地位和领先地位。

美国继续建立"国家制造业创新网络"，巩固制造业领先地位。2012 年奥巴马政府提出建设由 45 个创新中心组成的"国家制造业创新网络"。这一计划目的是紧紧盯住关系制造业未来竞争优势的关键前沿领域，连接工业企业、大学、联邦机构和区域或国家组织，加强某个领域的研发。目前已建成"国家增材制造中心"、"复合材料和结构的清洁能源制造中心"等 5 个制造业创新中心。按计划截至 2014 年底，将设立 8 家制造业创新中心。预计在 2015 年，已建成的创新中心将逐渐在先进制造业共性技术创新中发挥作用，同时美国政府也将进一步倾注力量继续建设新的制造业创新中心。

德国实施工业 4.0 战略，工业整体竞争力将进一步提升。工业 4.0 是德国政府《高技术战略 2020》的十大未来项目之一。该战略旨在通过信息通讯技术和网络空间虚拟系统－信息物理系统相结合的手段，将制造业向智能化转型。目前，工业 4.0 已得到德国科研机构和产业界的广泛认同，西门子公司已经开始将这一

概念引入其工业软件开发和生产控制系统，西门子工业自动化产品成都生产和研发基地（SEWC）已于2013年9月建成投产。预计2015年，得益于工业4.0战略，德国工业整体竞争力将进一步提升。

法国提出建设"新工业法国"，推动法国工业复兴。2013年，法国宣布实施"新工业法国"战略，提出覆盖能源、交通运输等领域的34个工业计划，希望用10年的时间全面重振法国工业。目前，法国已推出包括无人机等在内的10项标志性成果。预计2015年，"新工业法国"战略将进一步推动法国工业发展和转型。

（二）国际知识产权竞争博弈空前复杂激烈

在新一轮技术革命和产业变革中，全球知识产权博弈空前复杂激烈。美、日、韩等发达国家及跨国公司纷纷在全球范围内前瞻布局知识产权，加强知识产权战略运用。美国通过政策指导、减少审批、资金运作便利等措施支持其专利运营公司在全球范围前瞻储备和布局专利，抢占新兴产业发展先机，增强全球产业链控制能力；日本运用知识产权强化国际标准的经营，最大限度发挥其优势技术力量和品牌力量，以实现其知识产权强国目标；韩国则运用知识产权抢占绿色、智能发展先机，推动国内经济绿色转型。

与此呼应，跨国公司加强了知识产权的战略运用。微软花巨资收购诺基亚专利组合，加快移动终端知识产权战略布局；谷歌收购IBM 1000多项、摩托罗拉2.4万项专利，建立专利库，提升Android系统对苹果、微软等公司的竞争能力；苹果和三星因在全球范围内运用知识产权对簿公堂。苹果公司诉三星公司专利侵权，借机巧用非核心专利捍卫其全球智能手机领导地位；三星则加强美、日、德等国专利申请和商标注册，以国际知识产权布局加强对苹果产业链的控制。

国际知识产权竞争的焦点在于：通过关键核心技术领域知识产权战略的运用，抢占产业发展先机，争夺市场竞争规则主导权。

二、国内环境

（一）我国工业经济发展进入新阶段，创新驱动发展战略将进一步得到落实

2014年是我国全面深化科技体制改革的开局之年，随着经济发展进入中高速增长的"新常态"，创新驱动发展战略部署不断强化。一是确定了创新驱动发展战略的顶层设计与总体要求。8月18日，中央财经领导小组召开第七次会议，

习总书记在会上对实施创新驱动发展战略做出全面部署，并提出了四点要求：紧扣发展，牢牢把握正确方向；强化激励，大力聚集创新人才；深化改革，建立健全体制机制；扩大开放，全方位加强国际合作。二是《关于深化中央财政科技计划（专项、基金等）管理改革的方案》（简称《方案》）即将发布实施，创新资源将进一步优化整合。根据《方案》，政府将不再直接管理具体项目，而是通过公开统一的国家科技管理平台宏观统筹，依托专业机构具体管理，同时优化整合中央财政科技计划（专项、基金等）布局，聚焦国家战略目标。三是深化科技成果使用处置收益管理改革，促进科技成果产业化。国务院在 2014 年 7 月决定把科技成果的使用权、处置权和收益权赋予创造成果的单位，进一步激发科技机构和人员的内在活力与动力，加快科技成果向产业转化。四是强化对小微企业的支持，发挥小微企业的创新生力军作用。9 月 17 日，国务院常务会议部署了扶持小微企业发展推动大众创业、万众创新计划。进一步支持小微企业创新创业。

2015 年是"十二五"收官之年，也是布局"十三五"的关键一年，随着科技体制改革的深化，创新驱动发展战略将进一步深入落实，科技创新的政策环境也将不断改善，创新对于工业发展和综合国力的战略支撑作用将更加有效发挥。

（二）政府推进质量品牌战略力度将继续加大

当前，质量品牌受到前所未有的重视，面临着加快发展的机遇。从国家层面看，十八届三中全会和"三个转变"的精神以及国务院领导的一系列指示，进一步明确了质量品牌建设的任务。从工业发展层面看，两化深度融合，加快转型升级这些中心任务的深入推进对质量品牌建设提出更为迫切的要求。从时间节点看，2015 年是"十二五"向"十三五"的转进年，也是我国经济向"新常态"转变的关键年，对工业质量品牌建设而言也是关键的时间节点。因此，2015 年质量品牌工作要顺势而上，发挥有利因素，解决关键问题，立足长远谋划，夯实持续深化提升质量品牌的工作基础。

工信部作为行业主管部门，多年一直注重推进质量品牌建设，并连续三年开展专项行动，已经形成一批有影响力的标志性活动，如"质量标杆移植推广""两个服务平台建设"（质量标杆视频及微信平台）以及"企业诊断服务"等创新性活动取得了良好效果，初步形成了有中国特色的工业质量品牌发展道路。地方和行业的工作体系基本形成，企业主体意识得到加强，一批机构也发挥了专业支撑作用。

（三）面临的知识产权形势异常严峻

我国作为后发国家，创新驱动发展面临的知识产权竞争形势异常严峻。一方面，我国企业掌握的关键核心知识产权少，知识产权运用基础薄弱；另一方面，国外跨国公司在本国政府支持和跨国公司策应下，不断加强对我国战略性新兴产业的知识产权收购与布局、组合与运用、储备与运营，并在全球范围内向我国高科技领军企业发起诉讼，收取歧视性高额许可费，使我国处于成长中的高科技领军企业面临极大的知识产权威胁和市场风险，我国创新驱动发展的后发劣势日渐凸显。我国一批企业在国际竞争中遭遇了前所未有的知识产权摩擦和纠纷。

美国的337调查紧盯我国骨干龙头企业，其调查的力度加大，频度加强，涉及的产业、企业和产品范围不断扩大。从过去14年涉及中国企业的美国337调查案件的数量来看，尽管在2011年达到峰值之后案件数量略有下降，但总体上仍呈现出不断上升的态势。2013年涉及中国企业的调查达到14起，2014年12起，占全球调查总量的1/3左右。在过去14年中，中国企业涉诉美国337调查产品多种多样，机电产品，占2/3左右。2013年337调查涉及中国企业的产品包括碎纸机、手机触屏及其软件、便携式设备保护套、3G/4G无线设备、机械玩具鱼（Robotic Toys）、线性致动器（Linear Actuators）、带有播放和处理功能的消费性电子产品、履带式起重机、硅麦克风封装产品、睡眠呼吸障碍治疗系统、轮胎、户外烧烤炉、光盘驱动器和手持式电子助视器等。在过去14年中，中国企业涉案绝大多数的案由是专利侵权。以2013年为例，涉及专利侵权的案件占了14起中的13起，其中碎纸机案（案号：337-TA-863）和履带式起重机案（337-TA-887）同时涉及商业秘密和专利侵权。需要注意的是，针对中国企业的商业秘密337调查有快速增长的趋势。2012年ITC发起过三起商业秘密337调查，其中两起针对中国企业，一起为酚醛树脂案（337-TA-849），一起为电子壁炉案（337-TA-791/826）；2013年ITC一共发起过三起涉及商业秘密侵权的337调查，全部涉及中国，除了前述提到的碎纸机案和履带式起重机案，机械玩具鱼案（337-TA-869）的案由也涉及侵犯商业秘密。

与上述调查相呼应，美国等发达国家动辄以知识产权侵权为由，动用立法、行政、司法等公共资源，对我国战略性新兴产业的重点企业进行知识产权监测，对重点产品出口进行知识产权调查，针对我国的知识产权运用还在不断加强。尤其值得注意的是：跨国公司在我国不断加强战略性新兴产业的专利布局，建立各种知识产权联盟，设立知识产权运用公司，并协同运用知识产权打压国内企业，控制和垄断中高端产业链。国家发改委最近启动的对美国高通公司和美国交互数字公司的反垄断调查就是明证。发达国家及其跨国公司运用知识产权一剑封喉的残酷竞争仍在我国疯狂上演。虽然近年来我国企业知识产权总量以 20% 以上的速度迅猛增长，但企业运用知识产权建设产业链、整合创新链的能力不强，数量巨大的企业知识产权价值实现障碍重重，国内中低端产品竞争优势逐渐减弱，国际中低端锁定的风险越来越大，工业转型升级中知识产权运用的瓶颈日益凸显。

第四节　2015 年我国工业技术创新趋势展望

一、对2015年工业技术创新形势的基本判断

（一）我国工业技术创新基础要素总量预计将得到稳步提升

经过多年积累，我国工业在资金、人才和研发机构等创新要素的总量已达到世界前列，技术创新基础明显增强。

企业的技术创新经费投入进一步加大。为了达到国家《中长期科技发展规划纲要》中设定的目标（到 2020 年，全社会研究开发投入占国内生产总值的比重提高到 2.5% 以上），未来一段时间我国 R&D 经费投入总量仍需继续保持不低于 22% 的增长速度。以此速度发展，预计 2015 年 R&D 经费投入总量预计将突破 14000 亿元。近年来企业研发投入占全国研发投入比例一直在 70% 以上，从 2007 年的 72.3% 提高到 2013 年的 76.6%。可以预见，在创新驱动发展战略的引导和带动下，这种增长态势在 2015 年将进一步加大。

企业研发人员规模不断扩大。2004—2013 年间规模以上工业企业研发人员全时当量在全国企业中所占比例逐步提高，这一比值由 2004 年的 54.2 提高到了 2013 年的 249.6，从趋势看，2015 年将会有新的增长，研发人员规模将进一步扩大。

越来越多的工业企业开始组建研发机构。企业内设立专业的研发机构是企业有效开展创新活动的必要组织形式，是企业构建自身技术创新体系的基本要求。规模以上工业企业中建立研发机构的企业数量比例、开展研发活动的企业比例仍然处于较低水平，但近年来一直呈现出可喜的增长态势。预计 2015 年，这种增长态势将一直持续，越来越多的企业将组建企业内研发机构。

从以上趋势看，2015 年，我国企业技术创新的基础会更加坚实，企业作为

技术创新主体的地位和作用会进一步加强。

（二）"中国制造2025"的实施对知识产权协同运用的要求更高、更迫切

"中国制造2025"是我国建设工业强国的重要举措，2015年"两会"李克强总理的政府工作报告中提出要制订"中国制造2025"规划纲要，这是中国制造业发展的一件大事。2010年，我国成为世界第一制造业大国，但我国制造业大而不强，还没有一大批具有国际竞争力的骨干企业，一批重大技术、装备亟待突破。一些重要产品在国际市场竞争力亟待加强。实施中国制造2025强调创新驱动、质量为先、绿色发展、结构优化和人才为本。这必然要求为加强知识产权运用，制造业的转型升级和中国制造走出去提供有效保障和支撑。

"中国制造2025"实施过程中，必然要求制造业重点领域创造和积累一批核心技术专利、软件著作权、集成电路布图设计和商业秘密，建设一批知名品牌。同时，要求加强关键核心技术的知识产权战略储备，构建产业化导向的专利组合和战略布局。在知识产权运用主体的打造上必然要求培育一批具备知识产权综合实力的优势企业，支持组建知识产权联盟，推动市场主体开展知识产权协同运用，建设一批知识产权运用标杆企业，鼓励和支持企业运用知识产权参与市场竞争。在知识产权协同运用上必然要求龙头骨干企业联合专业机构在重点领域开展专利组合运用、战略收购、运营和风险应对以及跨国知识产权许可等。在知识产权服务能力的建设上必然要求创建一批定位明晰、特色鲜明、布局合理的产业知识产权基础服务平台，重点建设一批具有国际较大影响力和国际知名度的产业知识产权基础服务平台，提升知识产权支撑"中国制造2025"的基础保障能力和水平。

（三）企业质量品牌维权意识将不断得到深化

随着2014年召开的首届中国（质量）大会精神不断落实，我国企业质量品牌维权意识不断深化，将更加明确坚守商业道德的义务，产品和服务质量的主体责任，高度重视法律维权，保护自身合法权益。展望2015年，企业逐渐意识到质量品牌是企业发展的生命力，并且只有激烈竞争的市场才能培育和发展品牌。企业在进军国际市场时候，常常会受到国际知名企业发起的知识产权诉讼、反倾销调查，为了保护质量品牌，需要运用法律手段维护企业的品牌，特别是在商标权、商业秘密保护等方面尤其重要。

二、需要关注的几个问题

（一）缺乏重大突破性、颠覆性创新，自主创新能力亟待加强

近年来我国科技创新取得了显著成就，专利申请数量大幅上升，2013 年全年境内授权专利 121 万件，跃居世界第一，但由于我国基础研究投入不足，取得的发明专利较少，仅占 17.1%，缺乏重大突破性、颠覆性创新，关键核心技术受制于人的局面仍然没有得到根本改变。

具体表现为：我国工业企业具有自主知识产权的产品较少，核心技术对外依存度仍然较高，产业发展需要的高端设备、元器件、关键零部件和关键材料等大部分仍依赖进口。由于创新能力不强，我国在国际分工中仍然处于技术含量和附加值较低的"制造 - 加工 - 组装"环节，而在国际分工中附加值较高的工程承包、研发、设计、营销、售后服务等关键环节缺乏核心竞争力。

（二）抢占技术与市场的制高点，必须从源头上改变产业技术薄弱的状况

重点产业领域关键核心技术仍未突破。目前，我国在新能源汽车电池、航空发动机、高性能集成电路、新型显示器件等关键领域关键核心技术研发进展迟缓。高端装备、关键设备和关键元器件等方面对外依存度高，当前 95% 的高档数控机床、85% 的集成电路依赖进口。

当前，新一轮以绿色、智能、泛在为特征的科技革命和产业变革正在兴起，全球产业技术创新呈现出新的发展态势。世界各国都抢先加强以技术创新为核心的战略部署，以抢占未来经济科技发展的战略制高点。发达国家通过加强投资、税收等政策引导和支持，强化产业技术创新，大力发展先进制造业和新兴产业，巩固其技术和产业领先优势。新兴工业化国家和发展中国家正在成为接纳发达工业国家产业和资本转移的新阵地，并在能源资源和市场空间方面与我国进行更加激烈的争夺。我国要在如此激烈的竞争中抢占技术与市场的制高点，必须从源头上改变产业技术薄弱的状况。

（三）"中国制造"还未形成一个清晰的品牌

中国在工业化发展过程中集聚了一定了资本和生产制造能力，同时在突破低端锁定、转入创新发展模式的时候面临重重问题。在 2014 年 Interbrand 世界品牌排行中，华为作为唯一一家中国企业排名第 94 位，这与中国世界第二的经济大国地位反差巨大。把品牌作为建设目标，而不是把品牌作为产品附属，已经成为

企业提升利润空间、拓展产品销售渠道、打入国际市场的唯一选择。许多中国企业已经逐渐意识到树立品牌的重要性，但是依然缺乏科学的品牌管理策略和方法，将广告宣传和明星代言为核心思路创建品牌，而忽略了企业及产品本身。有些国内企业甚至到国外注册洋品牌以达到欺骗消费者的目的，这也显示了企业急功近利的心态，没有认识到塑造企业品牌是一个长期的过程。

三、2015年我国工业技术创新的若干对策建议

（一）统筹创新资源，发挥市场配置资源的决定性作用

深化科技体制改革，统筹整合创新资源。加强各类科技计划（专项、基金等）之间的顶层设计和统筹协调，破除条块分割，完善资助支持方式，解决科技资源配置"碎片化"问题。加快转变政府科技管理职能，聚焦当前经济发展和工业领域的现实需求，组织实施好重大科技项目，进一步强化企业的技术创新主体建设，促进科技与经济深度融合。对于重大科技项目的设置、实施和管理坚持公平公正公开的原则，要遵循企业主体，市场导向，提高企业在立项论证阶段的参与程度，产业目标明确的项目，由有条件的企业组织实施，创新管理方法，采用后补助等多种方式进行管理实施。

健全创新资源的共享机制。支持建设的科技基础设施、工程（技术）研究中心、工程实验室、重点实验室等技术创新平台，加大向企业的开放力度，探索有效的模式，实现创新资源共享。鼓励科研院所和高等院校为企业技术创新提供支持和服务，促进技术、人才等创新要素向企业研发机构流动和集聚。

（二）重视行业政策法规和标准建设，构建全社会质量共治机制

法规、标准和社会环境是企业提高质量的重要驱动力。与国外发达国家相比，我国工业质量管理的法律法规还有待健全，必须坚持标准引领，法制先行，树立中国工业质量新标杆。展望2015年，工业和信息化部将继续重视行业政策法规建设，完善国家标准体系，总结回顾"十二五"质量发展规划，组织质量品牌"十三五"规划研究，指导地方和行业开展规划工作，为质量品牌发展创造条件。完善《工业产品质量促进条例》和相关部门规章立法建议，配合政法司法规处推进条例和规章立项，加强战略性、基础性产业质量提升的法规保障。根据我国工业特点，结合国内外经验，探索完善适合我国工业质量品牌跨越发展的科学路径，提炼总结，宣传推广。推进强制性标准改革，提升标准和检测的有效性、先进性

和适用性。另外，预计还将继续鼓励消费者对产品和服务的优劣"用脚去投票"，举报工业质量违法行为，充分利用市场机制倒逼工业质量提升，形成"人人重视质量、人人创造质量、人人享受质量"的社会氛围。

（三）扎实推进工业知识产权协同运用

在新一代信息技术与传统产业深度融合的重要技术领域建设一批以企业为主体的产学研用协同运用知识产权的联合体。鼓励和支持产学研联合体围绕创新链整合开展重点领域的知识产权战略储备，形成产业化导向的专利组合与战略布局。鼓励和支持创新型企业围绕重点领域产业链布局综合运用专利、商标、商业秘密、软件著作权、集成电路布图设计等知识产权，围绕价值链提升综合运用知识产权开展品牌创新、商业模式创新、产品创新、组织创新和市场创新，增强企业协同运用知识产权参与市场竞争的能力。培育一批在中国装备走出去过程中发挥重要作用的运营机构。鼓励支持具有一定国际化实力的企业、产业联盟协同运用知识产权促进中国装备走出去，推动我国装备技术标准在国外的推广应用。支持国际化能力强的企业与专业机构合作开展跨国知识产权战略并购、购买、合作和运营，提升知识产权协同运用支撑中国制造国际化发展的能力。鼓励和支持创新型企业之间、产业联盟创成员企业、行业协会成员企业间共建共享产业知识产权基础数据信息，协同开展产业知识产权基础信息数据采集、处理、分析与集成，聚合产业知识产权基础数据资源，推动重点产业知识产权基础数据资源优化配置与协同运用。

第五章　两化融合

第一节　2014年我国两化融合取得的主要进展

2014年，全国各地加快推进两化深度融合，区域两化融合取得重要进展，新一代信息技术在工业领域加速渗透，传统行业互联网化步伐加快，工业产品智能化水平不断提升，智能制造发展步伐加快，企业两化融合水平不断提高，两化融合带动信息通信产业快速发展，国产工业软件应用取得明显进展，宽带网络对两化融合的支撑能力进一步增强。

一、全国各地加快推进两化深度融合

（一）工业和信息化部扎实推进两化深度融合

2014年，工信部加大扶持力度，采取一系列措施推进两化深度融合，助推工业转型升级，在全国掀起新一轮推动两化深度融合的热潮。

一是开展两化融合管理体系贯标试点。发布了《两化融合管理体系要求（试行）》，开展了502家企业的贯标和认定筹备工作，积极推进国际标准化工作。截至2014年11月中旬，320家企业完成健全两化融合管理体系领导组织体系。

二是组织实施智能制造装备发展专项。探索设立了智能工厂、成套装备、关键部件产业振兴与技术改造等专项，支持智能制造相关装备、产品、平台等的建设。加快民爆、稀土、食品以及重点用能行业智能监测监管体系建设。

三是积极发展新应用新模式。利用云计算等新技术搭建中小企业信息化服务平台，促进中小企业信息化。利用物联网发展专项支持煤炭、石化等工业领域物

联网技术创新及集成应用项目。工业云服务试点地方有效集聚了研发设计、数据管理、工程服务等服务资源和智力资源，能够提供多种类别、各具特色、便捷高效的服务。

四是完善两化融合发展环境。工信部指导成立互联网与工业融合创新联盟和中国首席信息官联盟，指导浙江、广东东莞等地开展国家级两化深度融合试验区建设。测算并发布全国企业两化融合指数。继续推进区域两化融合发展水平评估。配合人大财经委、发展与改革委、商务部等，开展电子商务立法、跨境电子商务等工作。

五是强化两化融合支撑体系。工信部联合发改委发布《关于全面推进 IPV6 在 LTE 网络中部署应用的实施意见》，确定 39 个 2014 年度"宽带中国"示范城市（城市群）。通过科技重大专项、技术改造专项、产业基金等，支持核心关键技术的研发和产业化。

（二）各地纷纷实施两化深度融合行动

2013 年下半年，工信部制定了《信息化和工业化深度融合专项行动计划（2013—2018 年）》；2014 年，为贯彻落实文件精神，各地工业和信息化主管部门纷纷出台方案细则或采取具体措施，两化深度融合专项行动相关任务正在稳步落实。广东省经信委成立两化融合工作领导小组，在领导小组的首次会议上研究制定了《大力发展智能制造，推进两化深度融合，加快产业转型升级专项行动计划（2014—2015 年）任务分解表》和《广东省智能制造示范基地培育建设实施方案》。青岛市经信委发布《青岛市信息化和工业化深度融合专项行动方案（2014—2016 年）》，储备了近百个两化深度融合重点项目。广西壮族自治区围绕工业经济发展的主题主线，以千亿元产业提速增效节能为切入点，坚持示范带动，切实推进两化深度融合，制定了广西壮族自治区推进实施两化深度融合专项行动方案。湖北通过实施企业两化深度融合示范推广行动、中小企业两化融合能力提升行动、重点领域信息化水平提升行动、智能制造生产模式培育行动、互联网与工业融合创新行动和信息产业支撑能力提升行动六大行动加快推动本省信息化和工业化深度融合。浙江省经信委联合省企业信息化促进会和浙江移动，面向企业推广移动信息化产品以及行业信息化解决方案，为重点企业的信息化应用探寻新的路径。江西省工信委与江西财经大学、华东交通大学等高等院校合作成立了两化融合发展研究中心，为江西省两化融合的发展研究和政策制定提供智力支持。

二、区域两化融合发展水平取得重要进展

我国区域两化融合发展水平评估工作取得阶段性成果。2015年1月5日，在工信部信息化推进司指导下，中国电子信息产业发展研究院发布《2014年中国信息化与工业化融合发展水平评估报告》。这是工信部连续3年开展的全国性区域两化融合评估工作。该报告对2014年全国区域两化融合融合发展水平进行了评估，评估结果显示，2014年我国两化融合发展指数为66.14，同比增长4.19。其中，基础环境指数为71.71，增长了6.84；工业应用指数为59.70，增长了2.36；应用效益指数为73.43，增长了5.16。从表5-1可见，2014年各项指数的增长幅度均高于2013年，2011—2014年我国两化融合各项分指数每年均有不同幅度增长。整体来看，2014年我国区域两化融合发展水平呈现四大特点：一是全国两化融合发展总指数持续增长。二是基础环境发展水平提升受政策因素驱动明显。三是两化融合带动电子信息产业发展的能力明显增强。四是东中西部两化融合发展水平差距有小幅缩小。从各省数据来看，2014年多数省份两化融合发展总指数有不同程度的提升。其中安徽、重庆、贵州、浙江、湖南发展总指数增长最快，四川、吉林、河北、福建、河南、江苏、江西、上海发展总指数增速也超过全国平均水平。在基础环境方面，青海、浙江、河北、江西、贵州增长最快。在工业应用方面，安徽、重庆、贵州、湖南、浙江增长最快。在应用效益方面，湖北、重庆、吉林、辽宁、四川增长最快。

表5-1　2011—2014年两化融合各类指数发展比较

	基础环境	工业应用	应用效益	总指数
2011年	52.93	50.26	57.47	52.73
增长量	5.43	5.87	8.18	6.34
2012年	58.36	56.13	65.65	59.07
增长量	6.51	1.21	2.62	2.88
2013年	64.87	57.34	68.27	61.95
增长量	6.84	2.36	5.16	4.19
2014年	71.71	59.7	73.43	66.14

数据来源：赛迪智库，2015年1月。

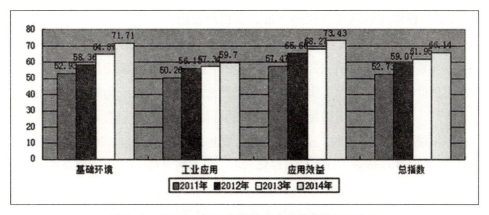

图 5-1　2011—2014年两化融合各类指数发展比较

数据来源：赛迪智库，2015年1月。

三、新一代信息技术在工业领域加速渗透

物联网、云计算、移动互联网等一系列新的信息技术不断融入工业领域的各个环节，加速创新企业信息技术集成应用模式和信息化服务模式，推动着生产装备、营销服务信息化水平的提升。

（一）物联网在工业领域扩大应用范围

随着 3G/4G 网络建设的快速发展，Ipv6 规模化商用的部署加快，传感器集成化、智能化、多功能化的进一步升级，物联网在工业领域的应用扩大。无锡一棉纺织厂于 2009 年首次引入物联网技术用于生产监控，继而逐步将传感器覆盖至安全防治、能耗控制等各个环节，截至目前，全厂已安装了 9 万多传感器，集成了 28 套信息系统，实现了基于物联网的集约化生产。中食安公司推出"食品安全多维彩码追溯系统"，利用物联网、多维彩码技术对进口乳制品出产地及流通渠道等全产业链进行信息追溯。同时，蒙牛、伊利、飞鹤等国内知名乳企陆续建成自有的乳制品可追溯系统。开元智信通公司发布"汽车全业务链"V4.2 平台，推动"互联汽车中央电脑"车联网产品升级，协助一汽大众全国 763 家 4S 门店为私家车主提供远程诊断、在线导航、道路救援、商家搜索等服务。上汽、一汽、广汽、吉利等车企纷纷与电信运营商签订车联网业务战略合作协议，车联网的春天已经到来，正在对汽车产业的研发、生产、消费以及相应的组织管理方式产生深刻而全面的影响。

（二）移动互联网发展催热一批工业创新应用

2014年伊始，4G网络加速布局，智能终端日益普及，移动互联网与制造业融合愈发紧密，微信营销、企业级移动应用等工业领域的创新应用成为热点。上海通用首推汽车智能微信客服"UCLUB雪佛兰车主俱乐部"，为雪佛兰车主提供产品咨询、试驾预约、道路救援、维修预约等微信交互服务，有效实现微信渠道的业务拓展。Gartner预测，全球移动办公市场规模将于2014—2015年实现井喷式增长[1]，据IDC预测，2015年世界移动办公员工数将超13亿，达到全球员工总人数的37.2%。[2]与此同时，高亚科技、通达新科、蓝凌软件等国内软件商纷纷发布企业级移动应用产品，为4G时代工业企业日益增长的移动办公需求提供解决方案。金蝶、用友、SAP等传统企业信息化服务提供商正在逐渐向自己的合作伙伴开放自身的ERP、CRM等应用的接口，进而衍生出与之相匹配的移动客户端应用。

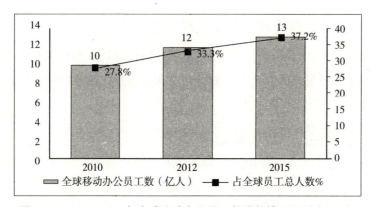

图5-2　2010—2015年全球移动办公员工数增长情况预测（IDC）

数据来源：IT专家网，2012年2月。

（三）工业云创新服务取得实质进展

2014年，全国工业云创新服务试点建设取得阶段性成果。上海工业云试点完成了装备制造行业云服务平台建设，全面整合了上海宝信、上海超算、北京数码大方等行业制造资源和生产性服务资源，并成立了工业云推进联盟，以此服务于工业云平台技术标准和服务规范制定，以及平台资源的应用推广。北京工业云

[1]　畅享网：《通达信科：2014是移动OA元年》，http://www.vsharing.com/k/vertical/2014-2/694840.html，2014年2月13日。
[2]　IT专家网：《移动办公人数将在2015年达到13亿》，http://esoft.ctocio.com.cn/387/12275887.shtml，2012年2月27日。

在顺义区和北京经济技术开发区试点取得成功的基础上，进一步在通州区 57 家企业、其他有条件的区县和产业园开展推广应用，加快提升参与企业的研发设计和生产制造能力。山西省在太原启动了中小企业产业信息大数据应用服务平台，率先探索中小企业工业云的产业信息服务应用。山东工业云创新服务平台目前已建成了设计云、管理云、商务云、物联云、知识云和数据云 6 类云服务平台，具备了为全省企业服务的条件。除此之外，河南、内蒙古、广东、贵州、天津、重庆等地方也先后启动工业云创新服务平台，这些服务平台的实施，有助于降低中小企业信息化建设的成本，带动企业转型升级。一些未入选试点的省份也在加大工业云布局。新疆在乌鲁木齐和克拉玛依实施"天山云"计划，为疆内工业企业信息化应用提供服务。

四、传统行业互联网化步伐加快

传统行业企业争相试水互联网应用，转变以往"以产品为中心"的理念，提倡"以用户需求、参与和体验为中心"的互联网思维，积极构建新型企业生态价值链，呈现众包设计、定制生产、智能产品、饥饿营销、远程服务等新特点。在食品行业，蒙牛推出了首款数字化"可追溯"纯牛奶产品，支持消费者通过二维码扫描追溯奶源。蒙牛还计划开通网络渠道，以方便消费者定制适合自己身体状况的奶制品。在家电行业，美的推出了首款可远程控制的物联网空调，并与阿里巴巴联手打造"基于阿里云的物联网开放平台"，计划凭借阿里巴巴的大数据技术重塑从研发、生产、销售、物流、售后服务到增值服务的新型商业模式；海尔搭建了"海立方"互联网化生产平台，开展创客大赛，吸纳各方创客团队共同参与家电产品创新设计。在家具行业，随着尚品宅配开启家具定制市场，意风、红苹果、博洛尼、欧派橱柜等家居企业相继进军家居产品全屋定制，预先聚合买家需求，按需开展个性化生产。天津家具五厂发布"红韵中国"系列产品，高端红木家具私人定制渐成潮流。在电子制造行业，极路由、魔豆路由、小米双频路由等智能路由器陆续面世，支持用户自由安装个性化应用，并能通过手机 App 远程开启云存储功能。在服装行业，淘品牌茵曼服饰采用聚定制预售模式，提前锁定客户，聚合买家需求，按需开展生产。在食品保健行业，汤臣倍健推出了十二篮在线体重管理方案，帮助用户通过 App 实时数据监控和线上膳食顾问实现体重控制和健康管理。在汽车行业，上汽集团联手阿里巴巴签订"互联网汽车战略协议"，不仅发力于车主与汽车之间的智能互动升级，更着眼于车主用车需求与互联网生活圈的信息对接，促成智能汽车从独立操控向移动互联的应用方式拓展。越来越多的企业进军移动营销，"广西五金商城""瓷砖网"等一批行业商城先后开通 APP 客户端，帮助行业内企业通过移动商务平台进行移动推广，实现了产品供求信息向移动互联网领域潜在客户的精准推送，拓展了企业与市场需求方之间的对接渠道。

此外，越来越多的工业企业将借助互联网平台整合分销渠道、优化供应链管理、强化客户服务体系。一些专业性、垂直性较强的行业门户网站加快并购 B2B 平台，行业型电子商务平台不断涌现。2014 年 3 月份，机电行业门户机电之家通过收购 B2B 网上交易平台商国互联，大幅提高了商家用户数。在移动电子商务快速发展的背景下，工业企业纷纷进军移动电子商务。例如，"江苏纺织信息网""浙江童装"等一批行业移动商务平台先后上线，相应企业通过平台 APP 客户端进行 3G 营销，将产品供求信息精准推送给移动互联网领域的潜在客户，实现了与市场需求方之间便捷有效的对接。耦合二维码、条形码、位置服务的移动电子商务 O2O 应用范围进一步拓展。微信、微博、微视频、微电影、微动漫、微网站、微商城等"微工具"已经将成为越来越多企业营销推广的全新掘金地。2015 年初，发改委、海关总署在第一批跨境电商试点城市的基础上，遴选了广州、深圳、苏州、青岛、长沙、平潭、银川、牡丹江、哈尔滨共 13 个城市作为新一批跨境电子商务试点城市，推动跨境电子商务进一步发展。

五、工业产品智能化水平不断提升

信息通信技术逐步融入工业产品和装备中，不断提升产品信息技术含量，优化升级产品结构，推动我国工业向价值链高端跃升。

（一）智能元素融入工业产品

随着科技智能元素的强势注入，智能产品备受厂家追捧。家电领域，国内首款智能电视 SoC 芯片研发成功并量产，改变了我国智能电视缺芯局面；海尔、格力、格兰仕等白电巨头纷纷加速产品智能化战略进程，海尔发布了 U+ 智慧生活操作系统，实现智能家居相互间的联接对话；格力研制了基于云端的能源管理系统，实现家居用电方案的智能调配；格兰仕推出了 i 双变频微波炉，实现智能语音导航控制。此外，插座、路由器等产品设备也创新性地植入了智能因子，如坎坤科技推出了全球最小的智能插座，内置 WiFi 网络模块，并可通过智能终端远程操控，从而为传统家电设备的智能化改造提供了可行方案。2014 年前三季度中国机床电子市场规模达到 336.8 亿元，其中，数控系统市场规模约为 246.5 亿元，占比58.0%；伺服系统市场规模为 65.5 亿元，占比 15.4%；控制电器市场规模 54.0 亿元，占比 12.7%；主轴系统市场规模约为 20.8 亿元，占比 4.9%；供电系统市场规模22.5 亿元，占比 5.3%；其余 3.7% 为其他机床电子元器件。国内汽车电子产品占整车价值已超过 30%，尤其是以车载 CD、DVD、GPS 等为代表的车载信息娱乐系统，更成为汽车电子市场增长的引擎。上汽、奇瑞、比亚迪等本土品牌汽车厂商研制的混合动力汽车电子化程度超过 40%。自主品牌智能手机、智能电视国内市场占有率分别超过 70% 和 87%。

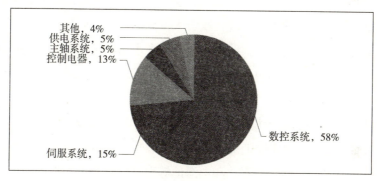

图 5-3　2014年前三季度我国机床电子细分领域比重

数据来源：赛迪智库整理，2014 年 10 月。

（二）重点装备自主创新能力日渐增强

高端智能装备制造自主创新能力逐步提升，千万吨炼油控制系统、智能化煤炭综采成套装备、大型立式五轴联动加工中心、大型枢纽机场行李分拣系统等重大装备打破国外垄断，大型快速高效冲压生产线实现了对发达国家的批量出口，陕鼓、徐工、海尔等一批企业利用智能化产品实现远程诊断、预防性维修等服务化转型。国内首条、世界第二条 8 英寸 IGBT（绝缘栅双极型晶体管）专业生产线建成投产，打破国外垄断，有效提升我国在船舶、电网以及轨道交通车辆方面的智能化水平。集成电路领域，28 纳米处理器成功制造。我国轨道交通、隧道挖掘以及海洋工程等装备制造在智能装备的自主设计及技术创新上有所突破，进一步增强了我国高端装备制造的核心竞争力。轨道交通方面，中国高铁技术实现了自主研发并在多项领域达到世界先进水平，在国家领导人对泰国、澳大利亚、罗马尼亚、非洲、英国和巴西等国家和地区的出访中均被列入"中国制造"的推介名录，成为我国政府外交的新名片。隧道挖掘方面，中铁装备已发展成为能独立生产硬岩掘进机并具有自主知识产权的全球三大企业之一，参与编写的《盾构机术语和商业规格》行业标准位居世界前列，自主设计的世界最大断面矩形盾构机开辟了城市过街隧道挖掘的新路径。海洋工程方面，我国自主研制的深海遥控无人潜水器作业系统"海马号"成功完成了4500m深海作业实验，推动我国深海高技术领域的关键技术国产化走向高水平阶段。

六、智能制造发展步伐加快

随着工业机器人扩大应用，智能工厂加快布局，智能制造在工业领域中的应用不断深化。越来越多的工业制造企业引入智能机器人生产线，推动制造过程的智能化、柔性化和敏捷化升级，促使工业机器人市场需求迅速扩张，我国成为全球最大的机器人市场。2014年1—9月，国内机器人销量保持高速增长态势，销售总量达到4.56万台，预计全年机器人销售总量将达7万台，保有量将达20万台。[1] 2014年，中国工业机器人市场增速达54%，国产工业机器人在国民经济25个行业大类、52个行业种类中得到广泛深入的应用。[2] 大型制造企业集中集成的智能化建设持续深入。中石油、中石化和中海油等大型国有企业相继启动数字化工厂项目。三一重工"工程机械产品加工数字化车间系统的研制与应用示范"项目通过验收，实现三一重工总装车间的智能工厂领先应用，预计将促成全车间2015年全年生产成本同比节约1亿元，年生产量增加值将达2千台，年新增产值同比将超过60亿元。[3] 在汽车产业链上，汽车智能制造时代即将到来，车联网应用支撑平台已基本成形，华阳通用、德赛西威等地方本土龙头企业开始拓展汽车制造智能装备市场。

[1] OFwork机器人网：《伟大的需求催生出了复杂机器人市场》，http://www.gk-z.com/n/Great-spawned-complex-robot-market-demand，2014年10月13日。
[2] 人民网：《高端创新赢取"机器人红利"》，http://politics.people.com.cn/n/2014/1015/c70731-25835231.html，2014年10月15日。
[3] 中商情报网：《三一重工，从超级工厂到智慧工厂的跨越》，http://www.askci.com/chanye/2014/08/26/154554tde1.shtml，2014年8月26日。

表 5-2　国内工业机器人市场需求潜力测算

行业	从业人员（万）	机器人普及率（台/万人）	参照国家（台/万人）美/德/日/韩	机器人需求量（万台）
汽车	500	80	1104/1175/1710/895	45—86
电子、电气	770	11	280/255/1200/1450	20—112
食品饮料	310	—	1200	37
化工	430	20	65/105/150/25	1—6
塑料、橡胶	350	35	450/440/580/400	14—20
金属制品	600	21	135/261/339/347	8—21
合计（占总量的75%）	—	—	—	125—282
总量	—	—	—	167—376

数据来源：产业信息网，2013 年 8 月。

七、企业两化融合水平不断提高

企业是两化融合的主体，是实现两化深度融合目标的出发点和落脚点。2014年，企业两化融合水平呈逐渐上升态势。

（一）企业信息化集成应用和协同应用能力进一步提升

企业内部信息化集成应用和企业间产业链协同应用步入了新的发展阶段。企业内部信息系统集成由以往的点对点应用集成向基于主数据管理的服务集成转变，打通企业内部生产经营关键环节的主要数据链，开展对数据的智能分析，形成统计报表、趋势预测图等可视化指标体系，为企业科学决策提供依据。企业间产业链协同应用从电子商务和物流控制领域向协同制造领域延伸，整合产业链上下游企业优势资源，实现产品全生命周期的分散式协同生产。比如，中国商飞公司为研制 ARJ21-700 型新支线飞机组建了项目广域协同平台，集合了全球 104家供应商的协同制造资源，成功完成了研制任务，该样机于 2015 年 4 月底顺利实现横跨三大洲两大洋的自然结冰适航试飞。

（二）工业企业信息化环境下一体化管理水平稳步提升

信息技术全面渗透到我国工业企业的研发制造、生产制造、生产管理、采购销售、市场营销、财务管理、经营决策等各个业务环节，企业资源计划、供应链、客户关系等管理信息系统逐步普及，促进了企业业务流程优化和组织结构合理化，推动了我国工业企业经营管理现代化进程，带动了我国企业劳动生产率和管理精益化水平的双提升。2014年，我国有35.67%的企业实现了信息化在研发、生产、采购、销售、财务、办公等关键业务环节的全面覆盖，13.99%的企业实现了企业内部产供销财的一体化运作，8.13%的企业实现了产业链上下游企业间的业务协同和一体化运作，主要行业研发周期、财务决算、库存周转、劳动生产率、单位产品能耗等关键指标大幅改善，信息化促进工业企业核心竞争力提升的效益正在逐步彰显。

（三）研发设计信息化逐步从普及走向深化

近年来我国企业不断通过推进研发设计信息化来提高自主创新能力，数字化研发设计工具的普及配置情况取得了显著进展，促进了研发流程变革和模式转型。2014年，我国应用计算机辅助研发设计的企业比例达55.02%，其中，在离散行业大中型企业，平均有63.1%的产品建立了二维数字化模型，44.4%的产品建立了三维数字化模型，61.7%的企业通过信息化开展工艺流程规划。可以说，我国工业企业具备了基本的产品数字化研发设计能力和工艺设计信息化水平。但是，在数字化研发设计工具的深度应用方面仍略显薄弱，离散行业大中型企业中仅有30%左右的企业在产品数字化模型的基础上建立了预装配模型和性能仿真分析，37.3%的企业开展加工工艺动态仿真与分析，29.3%的企业开展装配过程动态仿真与分析，另外，设计与制造集成水平低也在一定程度上制约了信息化对企业产品创新能力提升效果的发挥。

（四）中小企业公共服务体系进一步完善

2014年底，各地中小企业公共服务平台网络已累计带动服务资源5万多个，服务企业143万家（次）。工信部实行有进有出的动态管理，新认定国家中小企业公共服务示范平台99。与此同时，工业和信息化部继续推动实施创办小企业计划，各地共认定小企业创业基地1700多家，入驻企业10多万户，提供就业岗位420万个。继续举办大学生百日招聘活动，共有9100余家中小企业发布了招聘信息，28万名大学生提交了就职信息。建立和完善中小企业管理咨询专家库，鼓励和引导管理咨询机构开展中小企业管理诊断和管理咨询服务。各地通过国家中小企业银河培训工程、中小企业大讲堂等平台，广泛开展中小企业经营管理者等方面的培训，据不完全统计，2013 年各地共培训各层次人才 280 万人次。

八、两化融合带动信息通信产业快速发展

两化融合为信息通信产业发展提供了广阔的市场，促进了通信业实现跨越式发展。2014 年，我国规模以上电子信息产业企业个数超过 5 万家，其中电子信息制造业企业 1.87 万家，软件和信息技术服务业企业 3.8 万家。全年完成销售收入总规模达到 14 万亿元，同比增长 13%；其中，电子信息制造业实现主营业务收入 10.3 万亿元，同比增长 9.8%；软件和信息技术服务业实现软件业务收入 3.7 万亿元，同比增长 20.2%，计算机、移动电话、电视机等电子产品产量居世界第一。集成电路设计水平突破 65 纳米，千万亿次高效能计算机研制成功。国内生产的手机中智能手机的比例已经超过 70%，彩电中智能电视的占比超过 40%，智能手表、智能眼镜等新型可穿戴设备以及智能家居等领域快速成长。网民规模达 6.49 亿，互联网普及率为 47.9%。3G 网络覆盖全国大部分城镇，TD-SCDMA 成功实现规模商用。三网融合取得积极进展，IPTV、手机电视试商用业务用户分别达到 4000 万户、1.2 亿户。

九、国产工业软件的应用取得明显进展

自主可控国产软件系统已基本具备国产化替代能力，上下游企业"抱团"竞争，应用推广取得新进展。国产工业软件已经崛起，国产软件的 CAD 设计、研发以及 OFFICE 等软件，其功能、性能、安全、服务上已基本能够满足企业信息化的现实需要，而且在贯通应用和系统集成技术上有明显突破，替代国外同类产品的势头方兴未艾，甚至在服务等方面相比国外同类产品更具有优势。例如，北京数码大方科技有限公司（CAXA）打破了 AutoCAD 对中国市场的垄断，已经拥有 25000 家企业用户，涵盖了如中国二重、沈鼓、中石油、北方奔驰、西安航空、格力、松下等国内装备、汽车、国防军工、电子电器等行业大中型企业。在技术架构上，国内产品比国外产品有后发优势；从功能上看，除了高级排产计划等一些生产制造的核心功能外，以用友为代表的国内管理软件厂商可以完全替代以 SAP 为代表的国外管理软件，国内管理软件已基本可以满足各类型用户的需求。

十、宽带网络对两化融合的支撑能力进一步增强

随着"宽带中国战略"的进一步实施，2014 年固定宽带接入用户数突破 2 亿户，

移动宽带（3G/4G）用户加快发展，高速率宽带用户占比提升明显。移动宽带用户在移动用户中的渗透率达到45.3%，比上年提高12.6个百分点；8M以上宽带用户占比达40.9%，光纤接入（FTTH/0）用户占宽带用户的比重突破三分之一。融合业务发展渐成规模，截至2014年12月末，IPTV用户达3363.6万户。宽带城市建设继续推动光纤接入的普及，光纤接入（FTTH/0）用户净增2749.3万户，总数达6831.6万户，占宽带用户总数的比重比上年提高12.5个百分点，达到34.1%。8M以上、20M以上宽带用户总数占宽带用户总数的比重分别达40.9%、10.4%，比上年分别提高18.3、5.9个百分点。移动通信设施建设步伐加快，移动基站规模创新高。2014年，随着4G业务的发展，基础电信企业加快了移动网络建设，新增移动通信基站98.8万个，是上年同期净增数的2.9倍，总数达339.7万个。其中3G基站新增19.1万个，总数达到128.4万个，移动网络服务质量和覆盖范围继续提升。WLAN网络热点覆盖继续推进，新增WLAN公共运营接入点（AP）30.9万个，总数达到604.5万个，WLAN用户达到1641.6万户。传输网设施不断完善，本地网光缆规模与增长居首。2014年，全国新建光缆线路300.7万公里，光缆线路总长度达到2046万公里，同比增长17.2%，比上年同期回落0.7个百分点，整体保持较快的增长态势。7个新增国家级互联网骨干直联点建成开通，实现互联网互联带宽扩容810G，全国互联总带宽达到2450G，网间通信质量显著提升。通信村村通工程实施十年，全国通宽带乡镇和行政村比例从90%、70%分别跃升至100%、93.5%。积极适应管理体制的变化，以互联网为核心加强行业管理和网络信息安全保障，重点在基础资源、网站备案、电话用户实名登记、用户个人信息保护、移动智能终端、手机应用商店等方面，依法加强监管，健全部省联动机制，加强行风建设，市场秩序得到进一步规范。

同时，有许多地方围绕宽带网络建设制定出台了相应的政策措施，"宽带中国"战略的实施不断深化，助推两化深度融合。如，河南省印发了《关于切实加强通信信息网络基础设施保护工作的紧急通知》，要求全省各地、各有关部门依法加强通信信息网络基础设施保护，切实保障人民群众通信需求；山东省出台《山东省"宽带中国"战略实施方案》，提出了山东省实施"宽带中国"战略的发展目标、重点任务和保障措施，对推动宽带建设提出了明确要求；广西壮族自治区出台了《宽带广西战略行动计划》，明确提出了广西加快宽带网络建设的技术路线；广东省印发了《宽带广东发展规划（2014—2020年）》，对广东省的宽带建设制定了三大阶段目标。

第二节　2015 年我国两化深度融合面临的形势

一、经济发展形势

2014 年，世界经济总体延续了上一年的缓慢复苏态势，经济增速低于普遍预期，各经济体增速分化加剧。各主要国际组织纷纷下调对世界及主要经济体经济增长率预测值。按汇率法 GDP 加权汇总，联合国 2014 年 12 月份预测，2014 年世界经济将增长 2.6%，增速比上年小幅加快 0.1 个百分点，但比 7 月份预测值下调 0.4 个百分点；世界银行 2015 年 1 月份预测，2014 年世界经济将增长 2.6%，增速比上年小幅加快 0.1 个百分点，比 6 月份预测值下调 0.2 个百分点；共识公司 2014 年 12 月份预测，2014 年世界经济将增长 2.6%，增速与上年持平，比 11 月份预测值下调 0.1 个百分点。[1] 2014 年 10 月国际货币基金组织预测数据显示，2014 年世界经济增速为 3.3%，与 2013 年持平。发达经济体经济增速为 1.8%。其中，美国经济复苏态势继续巩固，增长 2.2%；欧元区经济扭转了上年度的负增长，增长 0.8%；日本经济出现下滑，仅增长 0.9%。新兴市场经济体经济增速为 4.4%，延续了 2010 年以来的持续下滑态势，其中巴西、俄罗斯、印度和南非经济增长率预计分别为 0.3%、0.2%、5.6% 和 1.4%。[2] 具体来看，美国经济 2014 年回暖步伐加快，美国商务部最新数据显示，美国第三季度 GDP 按年率计算增长 5%，是 2003 年第三季度以来的最快增速。就业市场复苏，新增就业据报取得了十多年来的上佳表现。分析预计，2015 年就业市场将继续壮大，失业率有望从 5.8% 进一步跌至 5%。与美国经济复苏形成对比的是，2014 年日本、俄罗斯和欧元区等经济体未能脱困。这三个经济体都各自面临不同形式的挑战，也给世界经济前景带来影响。日本经济增长依然乏力。虽然"安倍经济学"一度甚嚣尘上，但难以解决日本经济的系统性和结构性难题，个人消费无法提振。受西方制裁和油价下跌的双重打击，俄罗斯经济经历通货膨胀和卢布贬值。俄官方称 2014 年俄通货膨胀率达 10%，消费价格也随之上涨。而卢布贬值的问题更加突出，前一阶段卢布贬值速度惊人，曾"每天刷新纪录"，俄官方采取多种途径救市才逐渐稳住汇率。

---

[1]　http://www.stats.gov.cn/tjsj/zxfb/201502/t20150227_686531.html。
[2]　http://www.js.xinhuanet.com/2015-04/03/c_1114858369.htm。

欧元区经济持续低迷，欧元区核心国家也开始受到低迷环境的负面影响。数据显示，德国制造业陷入萎缩局面，法国和意大利的制造业情况也并不乐观。最困扰欧元区的高失业率问题2014年并未得到缓解，失业率仍高达10%以上，有报告警告欧元区的高失业率有可能延续数年之久。与此同时，欧元区仍要向希腊等国继续提供援助。欧元区陷入新一轮经济危机的风险并未完全消除。

2014年，面对经济持续下行的压力，我国新一届政府坚持2013年以来的探索，继续创新调控思路和方式，在加强区间管理的基础上，推出定向调控措施，宏观经济运行总体平稳，主要指标处于合理区间，特别是在经济增速稳中缓降的同时，结构优化效应增强。中国经济正在全面向新常态转换，新常态不仅意味着经济增长转向中高速，而且伴随着深刻的结构变化、发展方式变化和体制变化。而结构、方式和体制的变化不断推进、显现，正是新常态下中国经济新动力所在，机遇所在。2015年，我国发展仍处于可以大有作为的重要战略机遇期，有巨大的潜力、韧性和回旋余地。新型工业化、信息化、城镇化、农业现代化持续推进，发展基础日益雄厚，改革红利正在释放，宏观调控积累了丰富经验。主动适应和引领经济发展新常态，坚持稳中求进工作总基调，保持经济运行在合理区间，着力提高经济发展质量和效益，把转方式调结构放到更加重要位置，预计2015年经济增长将维持在7%左右。

2014年，我国工业经济实现了平稳健康有效的运行，工业经济保持在合理的运行区间。全国规模以上工业增加值增长了8.3%，其中制造业增加值增速达到了9.4%，高于全国工业整体增速1.1个百分点。装备制造业增加值达到了10.5%，高于全国工业增速2.2个百分点。我国工业经济正在朝着形态更高级、分工更复杂、结构更合理的方向加速演进，经济平稳运行的动力正在正常有序的转换。

但也要看到，我国工业发展仍面临不少问题，既有传统的产能过剩严峻、创新能力不强等，也有新兴的智能化推进难度较大等制约着工业经济的发展。以工业企业产成品库存量为例，各月增量较上年同期有明显增长，约为上年库存的2倍。库存增速也出现大幅提高，9月末同比增长5.1%，比上年同期高出9.1个百分点。库存增量的大幅提高表明当前需求趋弱的情况下企业面临较大的去库存压力。企业库存有一个合适的比例，一旦超过这个比例企业将选择减少生产从而抑制库存的继续高企，因此当前库存的过快增长必将限制未来企业生产的空间，导致工业行业增速明显下降。同时，我国经济社会发展各领域对工业需求的层次不断提升。各产业部门新的装备需求、人民群众新的消费需求、社会治理服务新的能力需求、大国博弈和国防建设新的安全需求，在生产装备技术水平、消费品品质提升、公共设施设备供给、重大技术装备自主可控等各方面，都对工业发展提出了更高要求。

二、存在的问题

我国是一个正在不断加速工业化的国家，与世界发达国家先工业化、后信息化的发展进程不同，我国在工业化还未完成的时候迎来了信息化发展的浪潮，面临着实现工业化和加快信息化的双重历史使命。我国工业化尚未完成，亟待通过信息化实现工业跨越式发展，工业化基础薄弱大幅增加了通过信息化解决工业化发展不足的难度。一是我国企业两化融合发展水平较低，大部分企业仍以单项应用为主，装备化基础薄弱、流程管理缺位、企业管理与信息化两张皮、信息化环境下企业关键能力不足等共性问题制约企业两化融合深入推进。二是产业基础薄弱，信息产业、智能制造关键装备等都面临标准和知识产权缺失、关键器件依赖进口、集成服务能力差、核心技术受制于人等问题，跨学科、跨领域政产学研协同、以企业为主体的制造业创新体系尚不健全。三是信息基础设施略显滞后，宽带普及程度和接入速度等与国际先进水平的差距有逐步扩大的趋势，未能充分满足经济社会结构转型的实际需要。四是法律体系滞后，新一代信息技术发展和应用带来新业态、新模式和新产业，促进电子商务、数据开放、信息安全、个人隐私等业务健康发展亟待更加完善的法律环境。五是政策缺乏合力，技术、产品、安全、应用协同互动机制尚未建立，政府采购政策对国内新产品新服务发展支持不足，技术资本密集型产业融资体系不健全，支持融合发展的财政、税收、金融等政策仍需进一步协调配合。六是是长效机制尚未建立。信息化的应用效果难以用传统的经济效益指标直观反映，信息化推进需要系统性整体推进和持续开展，涉及面广、周期长、见效慢。这些特点造成不少应用主体缺乏积极性和主动性，在人力、物力投入和组织制度保障方面尚未形成长效机制，推进两化融合过程中盲目性、随意性比较突出。

面对全球制造业创新交叉融合、快速迭代、异地协同的发展趋势，亟需构建跨领域、网络化、虚拟化的创新组织方式。面对无所不在的感知、连接、计算所形成的万物互联时代的到来，亟需形成自主可控的智能产品研发生产体系。面对智能制造单元、智能车间、智能工厂向重点行业不断推广普及，亟需构建快速响应、精准管理、柔性制造的新型生产组织方式。面对服务型制造日益广泛普及的新趋势，亟需培育新业态新模式。这些挑战和趋势就是制造强国必须解决的重大课题，也是两化深度融合的主攻方向，是实现制造强国的战略选择和必由之路。

第三节　2015年我国两化融合趋势展望

展望2015年，两化深度融合的地方配套措施将更加完善，智能制造将加速发展，互联网与工业的融合创新应用将不断涌现，大企业将向云制造方向发展，工业大数据将产生典型应用，跨境电子商务将成为重要方向，制造业服务化步伐将进一步加快，多地将探索协同高效制造业创新平台，自主可控产品对两化融合的支撑能力将进一步增强，企业信息化环境将持续改善。

一、两化融合的地方配套措施将更加完善

2015年，我国两化深度融合面临挑战与机遇并存的复杂局面，工业经济发展不景气将制约企业信息化投入，同时也存在电子产品迭代更新带动市场发展向好、新材料等技术产业促进政策效应释放等有利因素。在此背景下，工信部苗圩部长指出"信息化和工业化深度融合已经成为抢占未来产业竞争制高点、重塑国际竞争新优势的必由之路"，要求"深化改革、重点突破，推动两化深度融合取得新进展"。[1] 纵观当前各地政府两化深度融合推进行动，大多采取以平台和园区为载体，以试点示范为引领，以信息技术应用创新发展模式为突破，以专家指导和宣讲培训为支撑的实施路径。例如，浙江省公布《关于建设信息化和工业化深度融合国家示范区的实施意见》，依托国家级两化融合试验区发展"机器换人"专项行动，推动传统产业智能化升级。山东省发布《信息化和工业化深度融合专项行动方案（2014—2018年）》，将两化融合实施重点放在大数据、云计算等新技术与工业的融合创新应用。福建省将组织实施以"百企示范、千企试点、万企行动"为目标的"百千万"企业两化融合提升工程，将重点依托一批第三方咨询服务机构开展全省两化融合宣传、推广、评估、咨询、对接等公共服务活动，引

---

[1]　工信部网站：《苗圩：做好信息化与工业化深度融合这篇大文章》，2014年11月13日。

领万家企业参与两化融合行动。浙江省和湖南省经信委相继组织召开两化融合企业对接会，积极促成工业企业和行业信息化解决方案提供商之间的合作交流。新的形势下，中央和地方政府将深入思考两化深度融合下一步发展的方向、重点和路径等内容，提升完善两化深度融合配套措施，继续务实推进两化深度融合重点工程。

二、智能制造将成为两化融合主攻方向

两化深度融合向更深层次和更广领域的拓展，为智能制造发展提供了动力。预计 2015 年，智能制造发展步伐将逐步加快。相关部门正在起草加快推进智能制造的相关建议，将加速智能制造在我国工业领域的应用推广。全国正在建设和筹建的机器人产业园超过 30 余家，广东、山东、浙江、江苏等地纷纷部署"机器换人"计划，汽车、电子电气、食品饮料、化工、塑料橡胶和金属制品等六大工业领域对工业机器人的需求量不断增加。随着国产机器人自主创新能力的提升，以及市场对国产机器人品牌影响力的逐步认可，国产工业机器人服务领域将从汽车、电子等中高端行业向金属加工、卫浴五金、食品饮料等传统优势行业加速渗透。当前，德国工业 4.0 战略的实施使信息物理系统（CPS）和智慧工厂成为我国工业企业关注的焦点，为我国工业转型升级提供了新的思路。在此背景下，正在起草的《中国制造 2025》规划将"优先推进制造业数字化、网络化、智能化"放在制造业转型提质"八大行动"之首，从国家层面明确了智能制造将是中国制造业的重要发展方向，这将加速智能制造在工业领域的进一步推广。同时，已有一些地方和企业率先探索，创建智能工厂。如，沈阳机床将与远东传动、襄阳轴承、烟台西蒙西等 5 家客户达成共建智能工厂的合作意向；合肥市将围绕汽车、家电、装备等传统支柱产业，按照工业 4.0 的标准，以企业为单位，推广智能制造生产模式，建设一批"智能工厂""数字工厂"；同济大学中德工程学院联手德国 PHOENIX CONTACT 公司共同筹建国内首个"工业 4.0—智能工厂实验室"。3D 打印多材料、高成熟度、更高精度的技术升级将迅速扩大部分行业的 3D 打印需求，筹建当中的广东奥基德信机电 3D 打印工厂把市场目标锁定在珠三角地区制造企业日益增长的 3D 打印外包服务，表明 3D 打印规模化应用即将迈出实质性步伐。很多制造企业也表现出了对云计算、物联网的青睐，特别是航空、汽车、装备、通信等制造行业，不惜重金引进技术，打造新品牌，制造业智能化发展日

趋明显。

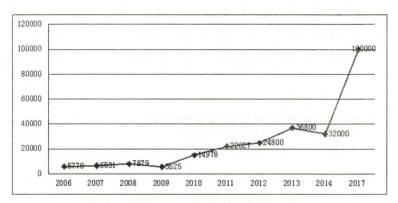

图5-4　2006—2017年国内工业机器人年安装量统计预测图（单位：台）

注：其中2014年、2017年数值为国际机器人联合会（IFR）预测值，2014年实际值较预测值有上升趋势。

数据来源：赛迪智库整理，2014年11月。

　　此外，在2015年的全国工业和信息化工作会议上，工业和信息化部部长苗圩部长提出要以智能制造为主攻方向，大力推动两化深度融合，并将组织实施智能制造试点示范专项行动。苗圩部长多次在不同场合表示出对智能制造的高度重视，并提出要选择钢铁、石化、纺织、轻工、电子信息等领域开展智能工厂应用示范，组织实施流程制造关键工序智能化、关键岗位机器人替代工程。这必将加速智能制造在工业行业领域的应用推广。预计2015年地方将密集出台一批相关配套方案，全国将掀起智能制造模式、推广智能制造应用的热潮。

三、互联网与工业的融合创新应用将不断涌现

　　随着互联网与工业的深度融合，工业企业纷纷寻求C2B2C、O2O、平台型制造等互联网新模式构建新型工业生产方式。预计2015年，互联网与工业将继续深度结合并进一步推动工业生产模式不断创新，其开创性与挑战性越发需要政府的深度参与和强力引导。服装、家电、家居等消费品工业率先实现C2B2C转型和业务创新，推动制造模式从同质产品的规模化生产转变为满足消费者个性需求的定制化生产，这将引发更多行业的制造企业实施C2BC战略，或者构建自有定制平台，或者通过第三方电商搭建C2B渠道；积极探索适合本企业发展需求的C2B发展路径。2014年，一些制造企业启动了与消费者之间的线上线下双向互

通渠道建设，通过 O2O 模式完善营销和售后服务体系。海尔、联想先后搭建了自身的互联网化生产平台，吸纳创客团队共同参与智能产品研发。2015 年，制造企业服务化转型将成为行业发展潮流，在线实时监测、远程故障诊断、工控系统安全监控、网上支付结算等增值服务产品将不断涌现，信息集成和跟踪服务范围将延伸至研发设计、生产制造等产业链上游环节，以服务为核心的产品整体解决方案将持续创新。平台型制造将进一步延伸至上下游产业链，通过集聚全产品链资源，实现产品全生命周期的扁平化管理。

2014 年 7 月 2 日，工信部推出了首批 23 家互联网与工业融合创新试点企业，探索互联网与工业融合创新的有效模式并打造成为可复制推广的应用模板，这也将为工信部制定互联网与工业融合创新发展的指导意见提供样本和依据。7 月 30 日成立的中国互联网与工业融合创新联盟将积极实践政府、企业、社会协同推进互联网与工业产用互动和协调发展的新路径。2015 年，工信部将下大力气发展工业互联网，研究出台互联网与工业融合创新指导意见，绘制工业互联网发展路线图。具体包括继续实施物联网发展专项行动计划，在食品、药品等领域开展试点示范，培育智能检测、全产业链追溯等工业互联网新模式。研究制定鼓励车联网发展的政策措施等，推动企业从传统的工业基础设施加快向工业互联网基础设施演进升级。

四、大企业将向云制造方向发展

随着大数据、云计算、下一代互联网等技术的日新月异及其在工业领域应用逐步成熟，预计下一年，大企业将探索云制造发展方式，推动企业内部一体化协同生产向不同地域优势企业间的分散式协同生产演进。当前，企业产业链协同应用正在从电子商务和物流控制环节向生产制造环节延伸。例如，宝钢不锈制造部建立了品种钢一体化计划管理跟踪体系，通过产业链上下游部门资源的整合优化了生产组织模式，破解了流程调整难、产能放空的品种钢生产瓶颈。云制造将推动大企业内部资源集聚向外部资源集聚转化，特别是优势资源的集中集成制造将使帕累托最优生产成为可能，中国商飞公司就已尝试搭建了项目广域协同平台，集合全球供应商协同制造资源，共同研制新支线产品并获得成功。上海、北京、重庆等工业云创新服务试点城市相继推出了特色化行业云服务平台，率先实现了云制造实践应用，这将积极促成其他工业云创新服务试点城市加快工业云平台建

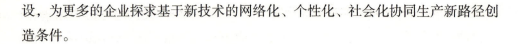

设，为更多的企业探求基于新技术的网络化、个性化、社会化协同生产新路径创造条件。

五、工业大数据将产生典型应用

工业信息化系统应用范围的不断扩张促使行业大数据规模持续飙升，伴随着大数据技术的创新演进并与互联网的加快融合，预计2015年，工业大数据将在支撑营销决策、优化客户管理、追溯产品质量等方面有较为突出的应用。工业大数据将重点用于分析预测企业产品销售需求，促进供应链优化。双十一期间，一些品牌商就已经尝试通过淘宝大数据平台预判了地区消费潜力，提前将库存移动至销售末端，以便在订单生成后直接配送，从而达成高效的物流服务。宝洁公司凭借百度提供的用户体验行为数据分析报告，准确定位了中国消费者行为偏好，有效实施了精准营销策略。实施基于大数据分析的消费者需求管理也将成为焦点，青岛红领集团就引领了通过RCMTM大数据平台面向全球提供高级服装定制服务的示范应用，实现2014年预期营收同比增长超200%。部分企业还将关注数据价值的挖掘，加大数据工具的应用，拓展基于数据分析的新型商业模式，比如，开展自身供应链服务商的信用数据评价，既保证银行发放贷款的风险控制，又增加服务商的融资机会，进一步拓宽与服务商之间的合作渠道。大数据应用正从零售、金融、电信、物流、医疗、交通等领域加速向制造业拓展。百度的工业大数据监测平台已应用到汽车、日化等行业；三一重工利用大数据分析技术为智能工程机械物联网提供决策支持；福特公司利用大数据分析技术探索最佳工艺指标，优化生产流程；海尔通过供应链上的大数据采集和分析进行供应链改进和优化，保证了海尔对客户的敏捷响应。2015年，随着智能制造的应用推广，越来越多的制造业企业将重新审视工业大数据的价值，围绕产品研发创新、生产线监测与预警、设备故障诊断与维护、供应链优化管理、质量监测预测等方面开展集成应用。

六、跨境电子商务将成为重要方向

目前，电子商务加速向行业化和移动化方向发展，预计2015年，国际环境的改善、国内电商跨境业务的战略性布局、跨境电子商务试点工作的深入推进将有效促成电子商务国际化发展提速。2014年，一些专业性、垂直性较强的行业型电子商务平台不断涌现，五矿集团旗下鑫益联电商平台，宝钢集团占股90%的上海钢材交易中心先后启动商用，将天猫模式复制到钢铁交易领域。工业企业纷纷进军移动电子商务，将移动商城、微信渠道建设作为拓展业务范围的重要内容。随着 APEC 会议在北京召开，跨境电商成为会议成员探讨的热词之一，研究讨论的核心从推动跨境电商实践延伸至制定交易和监管规则，APEC 成员经济体也将在促进跨境贸易便利化、简化通关手续等方面加大实施力度。2014 年双十一购物季，阿里支付宝实现单日成交量 571 亿，与上年相比增幅高达 63%，京东订单量高达 1400 万单，与上年同期相比翻了一番，电商活跃度远远超出市场期待。其中，海淘市场成为线上购物的新生力量，淘宝并行运作"天猫国际""淘宝海外"和"速卖通"，在双十一期间吸纳 220 多个国家地区的 3 万多件海外商品参与销售，达成交易的海外用户覆盖全球 202 个国家和地区。[1]继发改委、海关总署公布广州、深圳、苏州、青岛、长沙、平潭、银川、牡丹江、哈尔滨等第二批跨境电子商务试点城市之后，11 月 5 日，平潭电子商务试点工作正式启动，将主打全国唯一的两岸跨境电商产业生态圈建设。随着跨境电商试点工作的深入和统一，跨境电子商务将会在明后两年上升为线上购物的主导力量。制造企业纷纷将移动商城、微信作为拓展业务范围的重要手段，从线下转战线上，转型跨境电商，扩大销售渠道。预计 2015 年国内电商将大规模开展跨境业务，我国电子商务国际化步伐将提速，越来越多的制造业将基于电子商务平台建立"网上自贸区"，从虚拟空间开辟"走出去"途径，中国制造跨境市场将迎来新的发展机遇。

七、制造业服务化步伐将进一步加快

制造业正从以产品为核心到以消费者为核心，以生产为本到以"生产＋服务"或服务为本转变，服务化转型态势明显。美国 GE 公司基于工业互联网正从设备制造商向设备服务提供商转变，福田雷沃重工基于物联服务平台拓展故障预警、远程诊断等服务业务，罗尔斯罗伊斯公司基于互联网实现对飞机引擎的在线、实时、远程和智能服务。徐工集团构建了 350 多家海外服务站的全球营销服务网络，通过呼叫中心、售后服务和备品备件管理、远程服务、电子商务平台建设等，延长了产品价值链，逐步从产品制造向产品增值服务转型。随着互联网与工业的深度融合，预计 2015 年制造业面向市场提供专业化服务将成为行业发展热点，在线实时监测、远程故障诊断、工控系统安全监控、融资租赁、全生命周期管理等增值服务将不断涌现，促进更先进的设备和更完美的服务产生。

---

[1] 光明网：《天猫国际试水遇冷 海淘市场仍有空间》，2014 年 11 月 13 日。

八、多地将探索协同高效制造业创新平台

广东、浙江、山东等产业集聚区正在探索制造业创新模式。广东省涌现出一批以深圳光启高等理工研究院、东莞华中科技大学制造工程研究院等为代表的新兴源头技术创新机构。这些新型科研机构以企业为主体,通过整合政府、高等院校、企业的资源,形成了从应用研究、技术开发到产业化应用的技术创新链条,有效解决了创新中的孤岛现象,使创新主体、创新各环节有机互动。当前我国经济发展进入新常态,这迫切要求制造业加快从"要素驱动""投资驱动"转向通过技术进步提高劳动生产率的"创新驱动"。2015年协同高效的制造业创新平台将加快发展,越来越多的创新平台将会在我国珠三角、长三角、环渤海等经济发达地区涌现。

九、自主可控产品对两化融合的支撑能力增强

国产软硬件正在取得突破性进展。在软件产品和信息化实施整个过程,国内产品已能完全替代国外产品,在电信、制造等行业成功应用。华为海思等国产多模4G芯片、高端移动CPU芯片开始成熟商用。浪潮研制出了国内第一代主机系统,并成功在行业应用。曙光公司推出国内首款基于龙芯3B处理器的服务器。Deepin、SPGnux、中标麒麟、中科方德、优麒麟、阿里云等越来越多的国产操作系统进入国家正版软件采购目录。基于国产CPU和操作系统的办公信息系统开展试点示范。在信息安全事件频发的情况下,国产软硬件产品的不俗表现让政府和企业看到了希望。银监会《应用安全可控信息技术指导意见》提出从2015年起各银行业金融机构对安全可控信息技术的应用以不低于15%的比例逐年增加。全国推进两化深度融合将以工业互联网和自主可控的软硬件产品为重要支撑。国产软硬件产品将迎来发展良机。

十、企业信息化环境将持续改善

近期,中央和地方政府高度重视信息化技术在工业企业的应用,相继出台了一系列极富含金量的政策措施,预计2015年,各地将加快企业信息化建设。如,国务院发布了《关于加快发展生产性服务业促进产业结构调整升级的指导意见》,各地将贯彻落实意见要求,加快生产制造与信息技术服务融合。浙江省将按照《浙江省人民政府办公厅关于深化工业强县(市、区)建设工作的指导意见》要求,

以娃哈哈、万向、传化等38家"三名"培育试点企业为重点，创新企业信息化管理体制。辽宁省重新修订了《辽宁省企业技术改造贷款财政贴息资金管理办法》，将重点支持工业化和信息化融合项目，两化融合项目可按评估后投资额的20%补助资金。福建省将发挥财政资金的引导作用，整合物联网、信息消费、两化融合、软件产业、战略性新兴产业等财政专项资金，引导和支持企业加大信息化投入。

第六章　工业节能减排

第一节　2014年我国工业节能减排取得的主要进展

一、工业能源资源消费概况

（一）能源消费概况

根据《2014年国民经济和社会发展统计公报》公布的数据，2014年能源消费总量42.6亿吨标准煤，比2013年增长2.2%；全社会用电量55233亿千瓦时，同比增长3.8%。能源消费结构进一步优化，煤炭消费量下降2.9%，占能源消费总量的66.0%，原油消费量增长5.9%，天然气消费量增长8.6%，水电、风电、核电、天然气等清洁能源消费量占能源消费总量的16.9%。

工业是能源消费的主要领域，工业结构重化导致工业能源消费占比仍然保持高位。根据国家能源局发布的数据，2014年第一产业用电量994亿千瓦时，同比下降0.2%；第二产业用电量40650亿千瓦时，同比增长3.7%；第三产业用电量6660亿千瓦时，同比增长6.4%。第二产业中，工业用电量39930亿千瓦时，同比增长3.7%，占全社会用电量的72.29%，其中，轻工业用电量6658亿千瓦时，同比增长4.2%，占工业用电量的16.67%；重工业用电量33272亿千瓦时，同比增长3.6%，占工业用电量的83.33%；轻工业用电量增速继续高于重工业。2014年规模以上工业中，六大高耗能行业能耗所占比重为79.6%。表6-1是2014年2—11月我国工业电力消耗情况。

表 6-1　2014 年 2—11 月我国工业电力消耗情况

电力消费	2月	3月	4月	5月	6月	7月	8月	9月	10月	11月
工业用电量（亿千瓦时）	2213	3260	3205	3223	3423	3707	3451	3160	3312	3469
同比增长（%）	-17.0	6.9	3.8	4.7	5.1	2.9	-1.6	5.3	2.8	2.7
全社会用电量（亿千瓦时）	3374	4544	4356	4269	4639	5097	5025	4570	4508	4632
同比增长（%）	-12.5	7.2	4.6	5.0	5.9	3.0	-1.5	2.7	3.1	3.3
工业占全社会比重（%）	65.6	71.7	73.6	75.5	73.8	72.7	68.7	69.1	73.5	74.9

数据来源：国家能源局。

（二）矿产资源消费概况

根据《中华人民共和国 2014 年国民经济和社会发展统计公报》，2014 年水资源总量 28370 亿立方米，全年平均降水量 648 毫米。年末全国监测的 609 座大型水库蓄水总量 3663 亿立方米，比上年末蓄水量增加 7.0%。全年总用水量 6220 亿立方米，比上年增长 0.6%。其中，生活用水增长 2.7%，工业用水增长 1.0%，农业用水增长 0.1%，生态补水增长 0.6%。万元国内生产总值用水量 112 立方米，比上年下降 6.3%。万元工业增加值用水量 64 立方米，下降 5.6%。人均用水量 456 立方米，比上年增长 0.1%。如表 6-2 所示，"十二五"前四年万元工业增加值用水量呈逐年下降趋势，四年累计下降 21.95%。

表 6-2　2011—2014 年万元工业增加值用水量

年份	2011年	2012年	2013年	2014年
万元工业增加值用水量（立方米）	82	76	68	64

数据来源：《中华人民共和国国民经济和社会发展统计公报（2011—2014）》。

根据《2014 中国国土资源公报》，随着 2014 年我国工业经济增长进入新常态，矿产资源消费增速有所回落，主要矿产品产量及增长速度见表 6-3。总体上看，我国主要矿产资源消费总量仍然十分巨大，原煤、粗钢、有色金属和水泥等矿产品产量在全球遥遥领先。但是，主要矿产品产量增长速度基本上回落至个位数，原煤、原盐等个别产品产量增速为负，原油和粗钢等产品产量几乎没有增长。

表6-3　2014年我国主要矿产品产量及增长速度

产品名称	单位	产量	比上年增长（%）
原煤	亿吨	38.7	−2.5
原油	亿吨	2.11	0.7
天然气	亿立方米	1301.6	7.7
粗钢	亿吨	8.2	1.2
黄金	吨	458.1	5.5
十种有色金属	万吨	4380.1	7.4
磷矿石	万吨	12043.8	7.0
原盐	万吨	6433.8	−2.0
水泥	亿吨	24.8	2.3

数据来源：《2014中国国土资源公报》。

二、工业节能减排进展

（一）工业节能降耗进展

从全社会看，2014年全国单位国内生产总值能耗下降4.8%，降幅比2013年的3.7%扩大1.1个百分点，是"十二五"以来我国节能降耗的最好成绩。从工业看，2014年全年万元工业增加值能耗同比下降7%左右、万元工业增加值用水量同比下降5.8%左右。根据国民经济和社会发展"十二五"规划纲要的要求，到"十二五"末，万元工业增加值能耗、用水量分别要下降21%左右、30%，而"十二五"前四年，工业能耗、水耗已累计下降23%和28%（见表6-4），已经基本实现"十二五"节能降耗目标。

表6-4　"十二五"前四年万元工业增加值能耗下降情况

年份	2011年	2012年	2013年	2014年
万元国内生产总值能耗下降（%）	3.5	7.5	5.0	7.0

数据来源：赛迪智库根据公开数据分析整理。

工业是节能减排的主战场，2014年单位GDP能耗下降较多，主要原因是产业结构和工业内部结构的变化，从产业结构看，第三产业服务业的发展速度和比重提升较快；从工业内部结构看，耗能多的重化工业在减速，能耗少的高技术产业以及与互联网相关的新兴产业发展较快。此外，重点行业全面推广节能减排技术，效果明显，重点产品单耗均有不同程度下降，表6-5是2014年主要工业产品能耗下降情况。《节能减排"十二五"规划》提出，到2015年，单位工业增加值（规模以上）能耗比2010年下降21%左右。"十二五"前四年，规模以上工业增加值能耗累计下降21%左右，提前一年实现"十二五"目标。

表6-5　2014年主要工业产品能耗下降情况

指标	比上年下降（%）
吨粗铜综合能耗	3.76
吨钢综合能耗	1.65
单位烧碱综合能耗下降	2.33
吨水泥综合能耗	1.12
每千瓦时火力发电标准煤耗	0.67

数据来源：赛迪智库分析整理。

1. 结构性节能减排取得进展

2014年，全国淘汰落后炼钢产能3110万吨、水泥8100万吨、平板玻璃3760万重量箱，超额完成2014年淘汰落后产能任务，提前一年完成了"十二五"淘汰落后产能任务。全年改造淘汰落后小火电330万千瓦，京津冀及周边地区淘汰落后小火电机组超过25万千瓦。科技含量高、新兴产业比重大的制造业增长较快，如汽车制造业增长11.8%，计算机、通信和其他电子设备制造业增长12.2%，医药制造业增长12.3%，铁路、船舶、航空航天和其他运输设备制造业增长12.7%，明显高于规模以上工业增加值平均8.3%的增速。

2. 四大高载能行业用电量增速回落

随着产业结构调整的持续推进，四大高载能行业用电量增速逐步回落。2014年，化工（化学原料及制品业）、建材（非金属矿物制品业）、黑色金属（黑色金属冶炼及压延加工业）、有色金属（有色金属冶炼及压延加工业）四大重点用电行业合计用电量同比增长3.7%，增速同比回落2.7个百分点，从表6-6可以看出，2014年1—4季度四大高载能行业合计用电量增速呈现先升后降态势。全年化工、建材、黑色金属和有色金属行业用电量增速均同比回落，分别回落1.8、1.0、5.4和1.1个百分点。

表6-6　2014年1—4季度四大高载能行业合计用电量增速

时间	1季度	2季度	3季度	4季度
四大高载能行业合计用电量增速（%）	4.2	5.0	3.7	2.1

数据来源：中国电力企业联合会《中国电力工业现状与展望》。

3. 西部地区用电增速持续高于其他地区

2014年，各地区用电量及增速情况如表6-7所示。东部地区全社会用电同比增长3.5%，增速同比回落3.1个百分点，其中化工、建材、黑色金属、有色金属四大重点用电行业增长3.0%，增速同比回落2.5个百分点。中部地区受夏季气温偏低及上年同期高温天气等因素影响，全社会用电量同比增长1.7%，增速同比回落5.2个百分点，是增速回落幅度最大的地区，其中四大重点用电行业增长1.1%，同比回落0.8个百分点。西部地区全社会用电量同比增长6.4%，同比回落4.5个百分点，用电量占全国比重同比提高0.7个百分点，四大重点用电行业占全国比重提高至41.3%，同比提高1.0个百分点，是比重唯一提高的地区。东北地区全社会用电量同比增长1.7%，同比回落2.6个百分点。其中四大重点用电行业同比下降0.6%，同比回落4.2个百分点。

表6-7　2014年全国各地区用电量及增速情况

地区	全年用电量（亿千瓦时）	用电量增速（%）				
		全年	1季度	2季度	3季度	4季度
全国	55233	3.8	5.4	5.2	1.4	3.5
东部	26498	3.5	4.1	5.1	1.3	3.8
中部	10433	1.7	5.8	4.5	-4.1	1.7
西部	14735	6.4	8.4	6.7	5.4	5.2
东北	3566	1.7	1.5	2.5	2.7	0.1

数据来源：中国电力企业联合会《中国电力工业现状与展望》。

4. 工业领域碳减排力度加大

2014年工业领域进入低碳发展的加速期。国家层面先后出台了一系列重要政策文件，明确了2015年应对气候变化工作的目标和任务。国务院印发了《2014—2015年节能减排低碳发展行动方案》《2014—2015年节能减排科技专项行动方案》，批复了《国家应对气候变化规划（2014—2020年）》。其次，将单位GDP二氧化碳排放强度指标作为对地方政府进行考核的指标之一。2014年国家首次对地方政府进行相关考核,2015 年我国单位 GDP 二氧化碳排放量要下降 3.5% 以上,加强考核不可避免。最后,在 APEC 会议期间发布的《中美气候变化联合声明》中,我国首次承诺 2030 年左右二氧化碳排放达到峰值且将努力早日达峰,必将进一步促进工业领域应对气候变化工作的推进。

(二)工业领域主要污染物减排进展

截至"十二五"前三年,全国化学需氧量、氨氮、二氧化硫、氮氧化物排放总量累计分别下降 7.8%、7.1%、9.9%、2.0%,完成了"十二五"目标的 97.5%、71%、123.8%、20%。从环保部已公开的统计数据来看,2014 年前三个季度,全国化学需氧量、氨氮、二氧化硫、氮氧化物排放总量同比分别下降 2.5%、2.5%、2%、6%,其中,氮氧化物减排创造了"十二五"以来最好成绩。

1. 废水中工业源污染物排放情况

根据环境保护部发布的《全国环境统计公报(2013 年)》,全国废水排放总量 695.4 亿吨,其中工业废水排放量 209.8 亿吨,占废水排放总量的 30.2%,比 2012 年降低 2.1 个百分点。废水中化学需氧量排放量 2352.7 万吨,其中工业源化学需氧量排放量为 319.5 万吨,占化学需氧量排放总量的 13.6%,比 2012 年降低 0.4 个百分点。废水中氨氮排放量 245.7 万吨,其中工业源氨氮排放量为 24.6 万吨,占氨氮排放总量的 10.0%,比 2012 年降低 0.4 个百分点。表 6-8 是 2005—2013 年全国废水中主要污染物排放情况。

表 6-8 2005—2013 年废水中主要污染物排放情况

年份	废水排放量(亿吨)		化学需氧量排放量(万吨)		氨氮排放量(万吨)	
	总量	工业	总量	工业	总量	工业
2005	524.5	243.1	1414.2	554.7	149.8	52.5
2006	536.8	240.2	1428.2	542.3	141.3	42.5
2007	556.8	246.6	1381.8	511.0	132.4	34.1
2008	571.7	241.7	1320.7	457.6	127.0	29.7
2009	589.7	234.5	1277.5	439.7	122.6	27.3
2010	617.3	237.5	1238.1	434.8	120.3	27.3
2011	659.2	230.9	2499.9	354.8	260.4	28.1
2012	684.8	221.6	2423.7	338.5	253.6	26.4
2013	695.4	209.8	2352.7	319.5	245.7	24.6

数据来源:《全国环境统计公报(2005—2013)》。

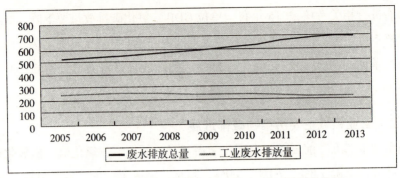

图6-1　2005—2013年工业废水及废水排放总量变化图

数据来源：《全国环境统计公报（2005—2013）》。

从图 6-1 可以看出，2005—2013 年，全国废水排放量逐年增加，而工业废水排放量从 2010 年以后一直呈现下降趋势。

2. 废气中工业源污染物排放情况

全国废气中二氧化硫排放量 2043.9 万吨，其中工业二氧化硫排放量为 1835.2 万吨，占全国排放总量的 89.8%。全国废气中氮氧化物排放量 2227.4 万吨，其中工业氮氧化物排放量为 1545.6 万吨，占全国排放量的 69.4%。全国废气中烟（粉）尘排放量 1278.1 万吨，其中工业烟（粉）尘排放量为 1094.6 万吨，占排放总量的 85.6%。表 6-9 是 2005—2013 年全国废气中主要污染物工业源排放情况。

表6-9　2005—2013年废气中主要污染物工业源排放情况

年份	二氧化硫（万吨）		烟尘（万吨）		氮氧化物（万吨）	
	总量	工业	总量	工业	总量	工业
2005	2549.3	2168.4	1182.5	948.9	——	——
2006	2588.8	2237.6	1088.8	864.5	1523.8	1136
2007	2468.1	2140	986.6	771.1	1643.4	1261.3
2008	2321.2	1991.3	901.6	670.7	1624.5	1250.5
2009	2214.4	1865.9	847.7	604.4	1692.7	1284.8
2010	2185.1	1864.4	829.1	603.2	1852.4	1465.6
2011	2217.9	2017.2	1278.8	1100.9	2404.3	1729.7
2012	2117.6	1911.7	1234.3	1029.3	2337.8	1658.1
2013	2043.9	1835.2	1278.1	1094.6	2227.4	1545.6

数据来源：《全国环境统计公报（2005—2013）》。

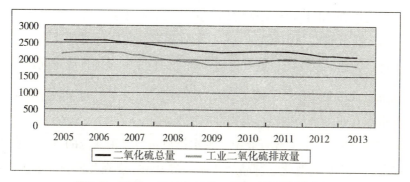

图6-2　2005—2013年工业二氧化硫排放量变化图

数据来源:《全国环境统计公报（2005—2013）》。

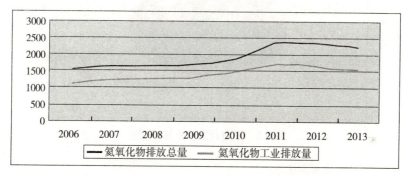

图6-3　2005—2013年工业氮氧化物排放量变化图

数据来源:《全国环境统计公报（2005—2013）》。

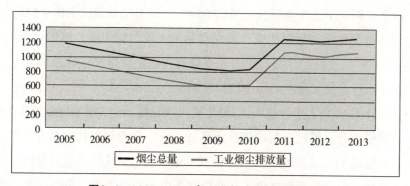

图6-4　2005—2013年工业烟尘排放量变化图

数据来源:《全国环境统计公报（2005—2013）》。

从图6-2、图6-3、图6-4可以看出，全国二氧化硫排放量总体呈逐年下降趋势；氮氧化物在 2011 年大幅度增加，虽然之后有小幅下降，但总体看下降幅度不大；烟尘排放量在 2010 年前一直呈下降趋势，2011 年迅速反弹，之后一直小幅度上扬。工业二氧化硫、氮氧化物和烟尘保持了和全国排放量同样的趋势。

　　3. 重点行业污染物排放情况

　　（1）重点行业废水及主要污染物排放情况

　　在调查统计的 41 个工业行业中，废水排放量位于前 4 位的行业依次为造纸和纸制品业，化学原料及化学制品制造业，纺织业，煤炭开采和洗选业，4 个行业的废水排放量为 90.8 亿吨，占重点调查工业企业废水排放总量的 47.5%。

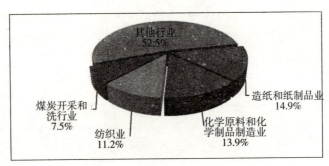

图6-5　重点行业废水排放情况

数据来源：赛迪智库收集整理。

　　化学需氧量排放量位于前 4 位的行业依次为造纸和纸制品业，农副食品加工业，化学原料及化学制品制造业，纺织业，4 个行业的化学需氧量排放量为 158.0 万吨，占重点调查工业企业排放总量的 55.4%。氨氮排放量位于前 4 位的行业依次为化学原料及化学制品制造业，农副食品加工业，纺织业，造纸和纸制品业，4 个行业的氨氮排放量 13.1 万吨，占重点调查工业企业排放总量的 58.4%。

　　（2）重点行业废气及主要污染物排放情况

　　调查统计的 41 个工业行业中，二氧化硫排放量位于前 3 位的行业依次为电力、热力生产和供应业，黑色金属冶炼及压延加工业，非金属矿物制品业，3 个行业共排放二氧化硫 1151.8 万吨，占重点调查工业企业二氧化硫排放总量的 68.2%。

　　氮氧化物排放量位于前 3 位的行业依次为电力、热力生产和供应业，非金属矿物制品业，黑色金属冶炼及压延加工业，3 个行业共排放氮氧化物 1268.3 万吨，占重点调查工业企业氮氧化物排放总量的 86.6%。

烟（粉）尘排放量位于前 3 位的行业依次为电力、热力生产和供应业，非金属矿物制品业，黑色金属冶炼及压延加工业，3 个行业共排放烟（粉）尘 722.6 万吨，占重点调查工业企业烟（粉）尘排放量的 70.7%。

4. 大气污染防治重点区域废气污染物排放情况

大气污染防治重点区域涉及 19 个省份，区域总面积 132.56 万平方公里，包括京津冀、长三角、珠三角地区，辽宁中部、山东、武汉及其周边、长株潭、成渝、海峡西岸、山西中北部、陕西关中、甘宁、新疆乌鲁木齐城市群，简称"三区十群"。表 6-10 是"三区十群"是工业二氧化硫、氮氧化物和烟（粉）尘排放情况。

2013 年，"三区十群"工业废气排放量为 361125 亿立方米（标态），占全国工业废气排放量的 54.0%。二氧化硫排放量 932.8 万吨，占全国二氧化硫排放量的 45.6%。氮氧化物排放量为 1076.6 万吨，占全国氮氧化物排放量的 48.3%。烟（粉）尘排放量为 528.1 万吨，占全国烟（粉）尘排放量的 41.3%。

表 6-10　2013 年"三区十群"工业废气污染物排放情况

区域	二氧化硫（万吨）		氮氧化物（万吨）		烟粉尘（万吨）	
	总量	工业源	总量	工业源	总量	工业源
京津冀	158.9	143.3	213.1	143.2	146.0	127.7
长三角	175.1	166.1	247.1	182.1	90.1	81.9
珠三角	42.3	41.8	75.5	43.3	20.2	16.9
辽宁中部城市群	54.0	49.8	53.6	39.4	42.6	37.3
山东城市群	164.5	144.5	165.1	117.2	69.7	54.2
武汉及周边城市群	35.1	31.8	36.1	25.5	17.8	14.7
长株潭城市群	11.5	10.9	12.7	7.9	6.0	5.1
成渝城市群	118.7	107.8	87.5	59.3	37.6	34.5
海峡西岸城市群	36.1	34.2	43.8	33.1	25.9	24.1
山西中北部城市群	42.2	36.1	40.6	31.3	27.9	22.0
陕西关中城市群	49.4	43.1	48.0	36.1	26.8	22.5
甘宁城市群	28.2	26.7	29.5	21.9	9.6	8.3
新疆乌鲁木齐城市群	16.8	15.5	23.9	18.4	8.0	6.6
总计	932.8	851.7	1076.6	758.6	528.1	455.9

数据来源：《2013 年环境统计年报》。

（三）工业资源综合利用情况

根据《中国资源综合利用年度报告（2014）》，2013 年我国资源综合利用规模逐步扩大。其中，工业固体废物综合利用量 20.59 亿吨，利用率达到 62.3%。废钢铁、废有色金属、废塑料等主要再生资源回收总量达 1.6 亿吨。主要再生有色金属产量占当年十种有色金属总产量的 26.6%。2013 年主要工业固体废物产生及利用情况如表 6-11 所示。资源综合利用效益显著增长，2013 年资源综合利用的产值 1.3 万亿元，全国煤矸石、煤泥等低热值燃料综合利用发电机组总装机容量达 3000 万千瓦，水泥混凝土行业利用废渣量超过 10 亿吨。

表 6-11　2013 年主要工业固体废物产生及利用情况

种类		产生量（亿吨）	综合利用量（亿吨）	综合利用率（%）
粉煤灰		5.8	4.0	69
煤矸石		7.5	4.8	64
工业副产石膏		1.8	0.9	48.1
冶炼废渣	钢铁行业	4.2	2.3	67
	有色行业	1.3	0.2	17.5

数据来源：中国资源综合利用年度报告（2014）。

1. 技术进步推动工业固废资源综合利用率提高

粉煤灰综合利用方式逐步从粗放型利用转变为集约型利用，综合利用量和利用率稳步增长，以粉煤灰为主要原料作为胶结充填采矿的主要材料取得关键技术突破和产业化应用，高铝粉煤灰提取氧化铝及尾渣深度综合利用技术取得关键突破，为我国氧化铝行业开辟新的资源供给途径。

单机 600MW 超临界循环流化床发电机组的投入运行，为煤矸石、煤泥等综合利用发电机组高参数、大型化奠定了基础。135MW 及以上单机容量煤矸石发电机组已占煤矸石发电总装机容量 70% 以上。一条煤矸石发电 – 高铝粉煤灰深度脱硅 – 莫来石制备 – 白炭黑生产的特色资源化产业链已经形成。

渣矿渣复合粉的生产和应用取得关键技术突破，为钢渣大规模用于建筑领域奠定了基础。钢铁企业积极推进冶炼废渣资源化利用工作，全国重点大中型钢铁企业新增高炉渣和钢渣粉生产线 90 余条，年处理高炉渣、钢渣能力显著提高。

2. 主要品种再生资源回收利用规模不断扩大

表 6-12 是 2009—2013 年我国废钢铁利用情况。2013 年，我国废钢铁利用量达 8570 万吨，同比增长 2%，废钢铁利用量占当年粗钢产量的 11%。

表 6-12　2009—2013 年我国废钢铁利用情况

年份	2009	2010	2011	2012	2013
废钢铁利用情况（万吨）	8310	8670	9100	8400	8570

数据来源：中国资源综合利用年度报告（2014）。

表 6-13 是 2009—2013 年我国废旧轮胎综合利用情况。2013 年，我国国内主要废有色金属回收量达 687 万吨，其中废铜 117 万吨，废铝 295 万吨，废铅 150 万吨，废锌 125 万吨。再生有色金属主要品种（铜、铝、铅、锌）总产量约为 1073 万吨，同比增长 3.3%。据行业协会测算，2012—2013 年间，与生产等量的原生金属相比，废有色金属回收利用相当于减少原生矿开采 7.1 亿吨。2013 年，我国废旧轮胎产生量约 1000 万吨，其中翻新轮胎约 1400 万条，再生橡胶产量约 380 万吨，废旧轮胎综合利用已成为一个重要的、可以与天然橡胶、合成橡胶并列的橡胶资源渠道。

表 6-13　2009—2013 年我国废旧轮胎综合利用情况

年份	2009	2010	2011	2012	2013
翻新量（万条）	1300	1400	1200	1600	1400
橡胶粉产量（万吨）	27	20	20	25	25
再生胶产量（万吨）	250	270	300	350	380

数据来源：中国资源综合利用年度报告（2014）。

2013 年，我国电视机、电冰箱、洗衣机、空调、微型计算机（简称"四机一脑"）总计报废量为 11430 万台，同比增加 38.3%。国家分三批确定了覆盖 27 个省份的废弃电器电子产品处理基金补贴企业 91 家，基金补贴企业"四机一脑"的回收和处理规模迅速扩大，拆解处理量从 2012 年的 1009.5 万台增加到 2013 的 4308.9 万台。

第二节　2014 年我国工业节能减排重点政策解析

一、2014 年工业绿色发展专项行动

2014 年 3 月，工业和信息化部发布《2014 年工业节能与绿色发展专项行动实施方案》。工业绿色发展专项行动是工业和信息化部为推进生态文明建设，加快工业绿色发展，构建资源节约型环境友好型的工业体系，促进工业转型升级，

专门实施的专项行动计划。

指导思想是：把提高能源、资源的利用效率，降低污染物排放为目标，通过在重点区域和重点领域实施一批对全行业有重大影响、资源环境效益显著、推广前景广阔的试点示范工程，引领推动工业绿色发展。专项行动强调制定专项工作方案，分解目标任务，强化标准约束，加强政策引导和监督管理，动员全系统力量，整合各方面资源，加强制度创新和模式创新。

主要目标包括：一是组织京津冀及周边地区重点工业企业实施清洁生产技术改造，预计通过实施清洁生产技术改造实现全年削减二氧化硫5万吨、氮氧化物4万吨、工业烟（粉）尘3万吨、挥发性有机物1万吨。二是开展区域工业绿色转型发展试点，选择5个左右重化工业的地级市，探索工业绿色转型发展模式和途径。三是组织开展电机生产企业贯标核查及高耗能落后电机淘汰情况专项监察，预计电机系统节能改造、推广高效、淘汰低效电机累计1亿千瓦。

重点工作有：一是组织实施京津冀及周边地区重点工业企业清洁生产水平提升计划。二是推进重化工业区域工业绿色转型发展。三是继续实施电机能效提升计划。重点工作将在后面详细进行解读。

保障措施包括：一是印发《关于加快工业绿色发展的意见》；二是积极协调争取中央财政节能产品惠民工程专项资金支持高效电机推广；三是积极利用中央财政技术改造专项资金；四是利用好中央财政清洁生产专项资金；五是加强与联合国开发计划署、联合国工业发展组织、美国能源基金会、国际铜业协会等国际组织合作；六是加大地方的政策支持。

（一）京津冀及周边地区重点工业企业清洁生产水平提升计划

1. 主要内容

2014年1月，工业和信息化部发布《京津冀及周边地区重点工业企业清洁生产水平提升计划》，强调要从源头减少二氧化硫、氮氧化物、烟（粉）尘和挥发性有机物等污染物的产生量排放，从全过程控制污染物的排放，充分发挥区域内企业，尤其是重点企业的主体作用，同时国家和地方政府要加强政策引导和支持，通过推广先进、成熟、适用的清洁生产技术和装备，推进重点行业和关键领域工业企业进行清洁生产技术改造，以区域内产业结构调整和企业的技术升级相结合，达到全面提升企业清洁生产水平和降低污染物排放强度的目标，最终实现环境大气质量持续改善。

主要目标是：计划提出到 2017 年底，区域内重点工业企业通过实施清洁生产技术改造实现年削减二氧化硫 25 万吨、氮氧化物 24 万吨、工业烟（粉）尘 11 万吨、挥发性有机物 7 万吨。

重点内容包括：组织钢铁、有色金属、水泥、焦化、石化、化工等重点工业行业实施工业企业清洁生产水平提升计划，指导相应工业企业制定实施计划或方案，加强对企业的指导和考核，督促有关企业实施和如期完成清洁生产技术改造项目；加强清洁生产水平提升计划的落实和报告。

保障措施包括：一是制定实施计划和落实主体责任，在 2014 年 6 月底前完成实施计划制定工作，落实企业主体责任；二是加强指导和考核，及时督促清洁生产技术改造项目的实施，确保如期完成目标任务；三是加强技术支撑和服务，充分发挥相关行业协会、科研院所和咨询机构的作用，加强技术引导、技术支撑、技术服务和信息咨询工作；四是加强资金支持，充分利用国家工业转型升级、技术改造等专项资金，支持京津冀及周边地区清洁生产技术改造，对符合条件的项目优先给予支持；加强地方财政资金的支持力度。

2. 政策解析

（1）出台背景

我国京津冀及周边地区，主要包括北京、天津、河北、山西、内蒙古和山东三省二市一自治区，随着该区域经济的快速发展，污染物排放问题变得日益严重，工业排放成为该地区污染物排放的主要来源。2011 年该区域排放二氧化硫 638 万吨、氮氧化物 685 万吨、烟（粉）尘 421 万吨，占全国相应总排放量比重都在 30% 左右。其中，工业排放二氧化硫 577 万吨，占区域二氧化硫排放总量的 90%，工业排放氮氧化物 502 万吨，占区域氮氧化物排放的 73%，工业烟（粉）尘排放 354 万吨，占区域污染物排放总量的 84%，工业污染物排放是京津冀及周边地区大气污染的重要源头。近年来我国工业领域积极推行清洁生产，通过实施企业清洁生产技术改造，推广先进、适用的清洁生产技术和装备，有效地减少了大气污染物的产生量，对减少工业主要污染物排放发挥了重要作用。但总体来看，当前大气污染物排放量大的状况未得到根本转变，仍有大批先进适用的清洁生产技术和环保装备未得到全面推广应用，钢铁、水泥、化工等重点行业企业的清洁生产水平仍然有待提高，一些企业的清洁生产水平较低，企业生产技术和装备水平落后，成为导致企业主要污染物排放的重要原因。

（2）计划针对不同地区提出不同的减排目标

针对总体目标，计划充分考虑了区域内不同省（区、市）经济发展的阶段和特点，制定的不同的减排目标，具体数据见表6-14。

表6-14　京津冀及周边地区工业主要污染物削减目标

地区（企业）	主要污染物削减量（t/a）			
	二氧化硫	氮氧化物	烟（粉）尘	挥发性有机物
北京市	600	6000	200	400
天津市	16000	2200	2700	1600
河北省	89000	74100	23300	1800
山西省	5000	11500	9300	8800
内蒙古自治区	66500	50300	58000	——
山东省	29900	37300	5500	6400
区域内中央企业	43000	58600	11000	51000

数据来源：《京津冀及周边地区重点工业企业清洁生产水平提升计划》。

（3）计划对具体行业、工艺和实施步骤做出了部署

计划提出实施工业企业清洁生产水平提升计划的行业包括钢铁、有色金属、水泥、焦化、石化、化工等重点工业行业。其中钢铁行业主要包括通过采用石灰（石）- 石膏法、氧化镁法、循环流化床等技术，主要实施烧结烟气脱硫技术改造，使综合脱硫效率达到70%以上；通过采用湿式静电除尘器、袋式除尘器（覆膜滤料）、电袋复合除尘器、移动极板除尘器等技术装备，达到高效除尘的目的。

有色金属行业主要包括采用动力波（或高效）湿法脱硫、有机溶液循环吸收脱硫、活性焦脱硫、金属氧化物脱硫等技术，实现制酸尾气等烟气脱硫技术改造；采用铝电解槽上部多段式烟气捕集、新型电解铝干法净化、重有色金属冶炼湿法改干法等高效除尘技术措施，实施除尘技术改造。

水泥行业实施技术改造和提升清洁生产技术水平包括采用水泥炉窑低氮燃烧、分级燃烧和非选择性催化还原（SNCR）等技术，实施脱硝技术改造；采用高效低阻袋式除尘技术，实施除尘系统改造。

焦化行业（含钢铁联合企业焦化厂）实施技术改造和提升清洁生产技术水平包括采用 HPF 工艺、栲胶工艺（TV）、真空碳酸钾工艺、FRC 工艺等焦炉煤气高效脱硫净化技术，实施焦炉煤气脱硫改造；采用袋式除尘器（覆膜滤料）等高效除尘技术装备，实施除尘地面站改造。

石化和化工行业实施技术改造和提升清洁生产技术水平包括采用泄漏检测与修复（LDAR）技术、油罐区、加油站密闭油气回收利用技术、吸附吸收技术、高温焚烧技术等，实施有机工艺尾气治理技术改造；采用高效密封存储技术、冷凝回收技术、吸附吸收技术、高温焚烧高效脱硫除尘技术等，实施化工含 VOC 废气净化技术改造。

装备制造业实施技术改造和提升清洁生产技术水平包括调整燃料结构，采用高温低氧燃烧等先进燃烧技术，减少锻造烟气中氮氧化物含量；使用高效混砂机配合袋式除尘器，从源头控制铸造粉尘排放；采用整体通风空调式、集中式、固定式、移动式等烟尘净化措施，对焊接、切割烟尘进行综合治理。

工业锅炉实施技术改造提升清洁生产技术水平主要包括实施高效节能锅炉系统改造，推广高效煤粉技术，鼓励建立集中式锅炉专用煤加工中心，改善工业燃煤品质，对燃煤工业锅炉实施湿式静电除尘器、袋式除尘器等高效除尘技术改造。

（二）推进重化工业区域工业绿色转型发展

1.区域工业绿色转型发展政策主要内容

2014 年 6 月，工业和信息化部发布《关于开展区域工业绿色转型发展试点工作的通知》，提出在重化工业地区探索工业绿色转型道路。

试点工作的总体思路是：按照工业转型升级的要求，选择一批重化工业特征明显、地方政府积极性高、有一定工作基础的地级市，开展区域工业绿色转型发展试点。力争通过 3—5 年努力，试点地区在资源能源利用效率、污染排放水平、工业结构调整等领域取得突破性进展，在全国率先实现工业绿色低碳发展，探索工业发展与节能减排相互促进、互利共赢、具有推广意义的转型路径和模式。

试点工作的主要目标包括：通过 3 年（2015—2017 年）的努力，试点地区在资源能源利用效率、污染排放水平、大宗工业固废资源化利用等方面取得显著成效，并在能源消耗总量控制、大气（水）环境质量改善、重化工业占比等部分领域取得显著成效，在机制模式上有创新突破，在全国率先实现工业绿色转型发展，探索建立具有推广意义的转型路径和模式。

试点工作的政策保障包括：一是相关省级工业和信息化主管部门要积极协调出台支持政策措施和协调解决试点创建过程中的重大问题。二是试点市要将工业绿色转型发展纳入地方发展战略，建立组织推动机制，出台政策，设立专项资金。三是充分利用中央财政清洁生产、工业企业能源管理中心、技术改造专项资金等

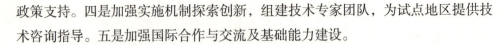

政策支持。四是加强实施机制探索创新，组建技术专家团队，为试点地区提供技术咨询指导。五是加强国际合作与交流及基础能力建设。

2. 区域工业绿色转型发展政策解读

（1）出台背景和意义

十八大以来，我国提出大力推进生态文明建设的新要求，工业绿色发展成为我国生态文明建设的重要内容，要推进工业绿色发展，关键在于推进我国重化工业的绿色转型发展。因此重化工业区域工业绿色转型发展对缓解当前能源环境约束趋紧形势、促进地方可持续发展的重要意义。2014年，工业和信息化部发布《关于开展区域工业绿色转型发展试点工作的通知》，具有重要的现实意义，如果能够探索到我国重化工业区域的绿色转型之路，势必将对我国整个工业的绿色发展产生重大影响。

（2）对试点城市的要求

试点创建工作要求试点城市必须具有工作基础和代表性，不同城市要具有各自特色。在各地申报的基础上，商定内蒙古自治区的包头市、湖北省的黄石市、河南省的济源市、山西省的朔州市、江西省的鹰潭市、安徽省的铜陵市、河北省的张家口市、四川省的攀枝花市、甘肃省的兰州市、辽宁省的鞍山市10个地级市先行编制工业绿色转型试点实施方案。

（3）试点实施方案的内容和要求

为推进和指导重化工业区域工业绿色转型发展，工业和信息化部在发布《关于开展区域工业绿色转型发展试点工作的通知》的同时，以附件形式发布《区域工业绿色转型发展实施方案编写提纲》，供试点城市编制实施方案是进行参考。实施方案编制指南对实施方案的基本内容作出了一些具体要求，包括：一是现状和存在的问题部分。包括工业发展基本情况，能源、资源利用及供给情况，工业固体废物情况，污染排放情况等以及工业绿色转型面临的突出问题。二是开展转型试点的条件分析，包括地方政府的相关政策、规划、文件等，已经开展的工作基础，未来提高能源资源利用效率、减少排放方面的潜力等。三是基本原则和主要目标，应坚持存量优化提升与增量转型相结合，坚持标准约束引领与技术进步相结合，坚持市场推动与政府引导相结合，坚持企业为主体、地方政府主导、中央省级协调服务相结合。主要目标暂定3年，要求既要有定性目标，又有定量目标；既有效率提升目标，又有总量压减目标。四是实施方案主要任务，包括大力发展绿色低碳产业，实施能效提升计划，开展清洁生产专项行动，提升用水效率，优化工业用能结构，加快淘汰落后产能，开展中小企业节能行动等。五是相应的保障措施，要求加强组织领导，加强政策支持，加强制度和能力建设，严格标准制度，加强重点企业管理，加强监督检查，强化考核评价，充分利用市场化模式，加强宣传服务等。

（4）组织实施要求

区域工业绿色转型发展试点创建工作的一个重要特点是强调组织实施，它从五个方面，对试点创建工作提出了要求。

一是组织编制试点实施方案要按照总体目标率先、机制模式创新、工作举措务实的总体要求，试点地区可参照区域工业绿色转型发展实施方案编写提纲，研究确定最能体现本地工业绿色转型发展成效的标志性目标；以标志性目标为主线，谋划区域工业绿色转型发展的总体思路和重点任务，并在此基础上组织编制《区域工业绿色转型发展试点实施方案》报工业和信息化部。为确保《实施方案》务实、创新、可行，各地区要做好调查摸底及各项目标任务分解落实工作。二是试点实施方案评审确认。工业和信息化部将组织成立专家组对《实施方案》进行评估论证，择优确认目标更高、主线突出、工作务实、措施有效、保障有力的城市《实施方案》，作为首批试点地区。三是组织实施。试点地区按照部审核意见，抓紧落实各项任务措施，围绕实现标志性目标，加强机制模式创新，制定更加具体的分年度工作计划，排出时间表。有关省级工业和信息化主管部门应于每年1月份和11月份将试点地区当年的工作计划（包括目标、政策措施、重点任务）和工作总结报工业和信息化部。工业和信息化部将充分整合资源，利用相关政策渠道，为试点地区节能减排融资、技术推广、市场化改造及基础能力建设等方面提供支撑和服务。四是开展中期评估。2016年上半年，试点地区全面总结工业绿色转型发展工作开展以来的成效、创新性突破性的举措以及存在的主要问题。下半年，工业和信息化部将组织对试点地区阶段性目标完成情况、机制模式创新、重点工作进展、保障措施落实情况等开展中期评估。加快推广好的经验和模式，协调推进转型发展过程中关键共性的问题，部署下一步的工作。五是组织验收。经过3年的努力，试点地区全面完成《实施方案》中各项目标任务，向工业和信息化部提出验收申请，工业和信息化部组织专家对试点地区实施效果进行评价，选择成效显著、在某些方面有亮点、有突破，率先实现工业转型绿色发展

的地区作为区域工业绿色转型示范市。

（三）继续实施电机能效提升计划

1. 电机能效提升计划（2013—2015）

2013年6月，工业和信息化部、国家质量监督检验检疫总局联合发布《关于组织实施电机能效提升计划（2013—2015年）的通知》，其中《电机能效提升计划（2013—2015）》对我国实施电机能效提升计划的必要性、思路、原则、目标和主要任务及保障措施都有详细阐释。2014年，国家按照工作方案继续实施电机能效提升计划。

2.2014年继续实施电机能效提升计划的解析

（1）主要思路

坚持生产推动与需求拉动相结合推动高效电机推广，电机生产企业通过执行电机能效标准，不断提高创新能力，开发出一批高效电机系统产品，包括设计技术、自动控制技术、匹配技术以及制造技术。引导行业结构调整，通过重组一批、淘汰一批、整合一批，优化电机生产企业组织结构。让更多电机生产企业生产出符合国家能效标准要求的高效电机产品，提高高效电机产品的供应量以及技术水平。继续借助国家节能产品惠民工程高效电机财政补贴政策、通过在用淘汰低效电机专项检查、合同能源管理模式推进电机系统节能改造等系列政策措施，指导重点企业用高效电机替换低效电机，尽快实施电机系统节能改造，来刺激高效电机的需求市场。

（2）主要内容

一是继续加强组织协调。将电机能效提升计划作为2014年工业节能减排领域的重要任务之一，国家和地方充分认识继续实施电机能效提升计划的复杂性和艰巨性，建立工作制度和工作机制，进一步加强与相关职能部门的协调配合，确保各项政策措施落到实处。二是继续加强各项政策支持。各地要相互借鉴好的做法，加强与地方财政部门沟通，落实专项资金或利用现有资金渠道补助电机系统节能改造，支持一批示范项目。三是继续创新和探索市场化改造模式。加强与产业基金、投资公司、银行等金融机构的对接。以技术能力强、服务质量好、有一定规模的合同能源管理公司为重点，加快探索政府组织协调、第三方机构担保、金融机构支持的节能改造模式。四是加快专项推广。组织力量分行业地制定注塑机、矿山磨机及高效水泵、风机、压缩机等领域电机系统节能改造专项推广方案，通过专题对接会、推广会等形式，加强与重点行业大企业集团的对接，推进规模化的市场改造。五是进一步加强监督执法。严格执行强制性电机能效标准，加大落后机电设备检查淘汰力度，严禁企业采用国家明令淘汰的落后电机。加强工业固定资产投资项目节能评估和审查，引导企业采用高效电机系统，推动形成公开、公正、长效管用的监督检查机制。

（3）保障措施

主要有：一是进一步加强组织协调，省级层面制定具体的电机能效提升实施方案，提出切实可行的工作措施，将推广高效电机、淘汰低效电机、电机系统节能改造、电机高效再制造等目标任务分解落实到企业，落实到具体生产线和设备。二是加大政策支持，落实相关政策。三是加强监督检查，重点开展电机生产企业执行能效标准核查，开展落后电机淘汰专项监察，和实施电机能效专项审查。四是推进合同能源管理和标准体系建设完善，严格执行相关标准的实施和执行。六是加强技术支撑服务与舆论宣传。

二、国家低碳工业园区试点

（一）国家低碳工业园区试点工作方案主要内容

2013年10月，工业和信息化部联合国家发展和改革委员会共同发布《关于组织开展国家低碳工业园区试点工作的通知》，提出要在全国范围内建立低碳工业园区试点工作。

主要思路是：以科学发展观为指导，以推进生态文明建设、转变经济发展方式为主线，以探索我国工业低碳发展模式、降低单位工业增加值碳排放和提升产业竞争力为目标，以低碳技术创新与推广应用为支撑，以增强园区和企业碳管理能力为手段，以政策综合集成和机制创新为保障，充分发挥政府引导、企业主体作用，加快传统产业改造升级和新型低碳产业发展，带动我国工业整体技术水平和创新能力提升，走有中国特色的工业低碳发展道路。

主要目标是：争取到2015年，创建80个特色鲜明、示范意义强的国家低碳工业园区试点，打造一批掌握低碳核心技术、具有先进低碳管理水平的低碳企业，形成一批园区低碳发展模式。试点园区单位工业增加值碳排放大幅下降，传统产业低碳化改造和新型低碳产业发展取得显著成效，引领和带动工业低碳发展。

主要任务包括：一是大力推进低碳生产，把低碳发展的理念和方法落实到企业生产全过程。二是积极开展低碳技术创新与应用，利用低碳技术推动传统产业的改造升级。三是创新低碳管理，建立健全园区碳管理制度，多途径探索企业碳管理新模式。四是加强低碳基础设施建设。五是加强国际合作。

保障措施有：一是加强组织领导。二是发挥专家对试点工作的支撑作用。三是加强对试点工作的引导和支持。四是鼓励试点园区按照现有政策积极申报项目。

（二）国家低碳工业园区试点建设政策解析

1. 出台背景

十八大以来，我国提出要大力加强生态文明建设，而推动绿色发展、低碳发展和循环发展是加强生态文明建设的重要内容。在这一背景下，转变经济发展方式，实现低碳发展正在成为我国未来发展的重要内容，相比过去，低碳发展的国内形势发生了较大变化。2014年8月18日，国家发展改革委发布《单位国内生产总值二氧化碳排放降低目标责任考核评估办法》，要求各省、自治区、直辖市于9月15日前上报自评估报告和数据核查表，以对各地单位国内生产总值二氧化碳排放降低目标完成情况进行考核，对落实各项目标责任进行评估，标志着我国低碳发展战略从规划阶段进入实施阶段。

工业园区是一种特定的区域，这种区域在工业化和城市化进程中可以作为经济发展的带动区、技术和政策创新的试验区、城市发展的新区。我国的工业园区是在改革开放之后开始大量涌现，经济技术开发区、高新技术产业园区、新型产业化示范基地等各种类型的工业园区建设，在推动我国对外开放、促进高新技术产业发展、走新型工业化道路等方面都发挥了巨大作用，工业园区已经成为我国工业经济发展的重要形式和主要力量。但整体而言，我国工业园区建设仍然存在土地利用效率低、技术创新和推广能力弱、园区产业结构趋同、资源环境生态问题严重等现象。把低碳工业园区建设作为工业低碳发展的重要抓手，对落实国家碳排放目标、推动工业转型升级、增强产业竞争力具有重要作用。

2. 国家低碳工业园区试点建设的内容要求

一是大力推进低碳生产，要从园区产业结构低碳化调整，减少水泥、电石等工业过程的温室气体排放，改善工业用能结构，提高园区能源、资源利用效率等方面着手。二是积极开展低碳技术创新与应用，通过组织开发和推广先进适用的低碳技术、工艺和装备，建立低碳技术创新和推广应用的激励机制和融资平台，增强园区低碳技术创新能力和推广应用水平。三是创新低碳管理，关键要强化从生产源头、生产过程到产品生命周期碳排放管理，加强碳排放的统计、监测、报告和核查体系建设，加强企业碳管理能力建设，建立碳排放总量控制和排放权有偿获取与交易的市场机制，推行低碳产品认证制度等。四是加强低碳基础设施建设，要优化园区内部交通物流，对园区水、电、气等基础设施实行低碳化、智能化建设改造。五是加强国际合作，通过多方面合作积极引进尖端低碳技术，加强低碳管理合作，加强园区低碳发展的国际宣传。

创建国家低碳工业园区，离不开相关政策措施的保障，国家和地方要对低碳工业园区试点创建工作提供保障，关键是抓好四个方面的工作：一是加强组织领导，成立园区试点工作领导小组，对试点工作进行领导和管理，明确任务，落实责任，切实抓好实施方案的组织实施。二是发挥专家对试点工作的支撑作用，为试点工作提供技术指导和支撑。三是加强对试点工作的引导和支持。四是鼓励试点园区按照现有政策积极申报项目。

3. 国家低碳工业园区建设第一批试点名单

2014 年 7 月，工业和信息化部、国发展和改革委员会印发了第一批 55 家试点园区名单及国家低碳工业园区试点实施方案编制指南。具体见表 6-15。

表 6-15　第一批 55 家国家低碳工业园区试点名单

编号	国家低碳工业园区试点
1	北京中关村永丰高新技术产业基地
2	北京采育经济开发区
3	天津滨海高新技术产业开发区华苑科技园
4	天津经济技术开发区
5	河北唐山国家高新技术产业开发区
6	山西太原高新技术产业开发区
7	内蒙古自治区乌海经济开发区
8	内蒙古自治区鄂托克经济开发区
9	内蒙古自治区赤峰红山经济开发区
10	辽宁沈阳经济技术开发区
11	辽宁大连经济技术开发区
12	吉林化学工业循环经济示范园区
13	吉林长春经济技术开发区

（续表）

编号	国家低碳工业园区试点
14	吉林延吉国家高新技术产业开发区
15	黑龙江齐齐哈尔高新技术产业开发区
16	黑龙江大庆高新技术产业开发区
17	上海化学工业区
18	上海金桥经济技术开发区
19	江苏宜兴环保科技工业园
20	江苏苏州工业园区
21	江苏泰州医药高新技术产业开发区
22	浙江嘉兴秀洲工业园区
23	浙江杭州经济技术开发区
24	浙江温州经济技术开发区
25	浙江宁波经济技术开发区
26	安徽合肥经济技术开发区
27	安徽池州经济技术开发区
28	福建长泰经济开发区
29	江西新余国家高新技术产业开发区
30	江西南昌国家高新技术产业开发区
31	山东临沂经济技术开发区
32	山东日照经济技术开发区
33	山东青岛国家高新技术产业开发区
34	河南郑州高新技术产业开发区
35	河南洛阳国家高新技术产业开发区
36	湖北武汉青山经济开发区
37	湖北孝感高新技术产业开发区
38	湖北黄金山工业园区
39	湖南湘潭国家高新技术产业开发区
40	湖南岳阳绿色化工产业园
41	湖南益阳高新技术产业开发区
42	广东东莞松山湖高新技术产业开发区
43	广西壮族自治区南宁高新技术产业开发区
44	海南老城经济开发区
45	重庆璧山工业园区
46	重庆双桥工业园区
47	四川达州经济开发区
48	贵州贵阳国家高新技术产业开发区
49	贵州遵义经济技术开发区

（续表）

编号	国家低碳工业园区试点
50	陕西西安高新技术产业开发区
51	甘肃嘉峪关经济技术开发区
52	青海格尔木昆仑经济技术开发区（格尔木工业园）
53	青海西宁经济技术开发区甘河工业园区
54	宁夏回族自治区石嘴山高新技术产业开发区
55	新疆维吾尔自治区乌鲁木齐高新技术产业开发区（新市区）

数据来源：工业和信息化部网站。

三、生态设计示范企业创建

（一）生态设计示范企业创建工作方案主要内容

2014 年 7 月，工业和信息化部发布《关于组织开展工业产品生态设计示范企业创建工作的通知》。

基本思路是：以探索建立我国工业产品生态设计的激励机制和推行模式，引导工业污染防治从"末端治理"向"全生命周期控制"转变为目标，在资源消耗高、环境污染重、产业关联度大、产品影响广泛的工业行业，选择一批代表性强、产品市场影响力大、设计开发基础好、管理水平高、经济实力强的企业，开展生态设计示范企业创建试点工作。经过 2—3 年试点，每个行业树立 1—2 家示范企业；探索建立不同行业和产品的生态设计评价体系；总结示范企业推进模式和有益经验在全行业推广，引导工业行业和企业走绿色低碳循环发展之路。

目标任务为：到 2017 年，创建百家生态设计示范企业。试点企业通过 2—3 年的努力，在绿色发展意识、生态设计能力、管理制度建设、清洁生产水平、产品开发和品牌影响等方面都达到行业先进水平，成为引领行业绿色发展的典范，成为生态设计示范企业。

组织实施要求：一是试点范围，每年确定当年申报的重点领域，逐步拓展试点范围，基本覆盖工业领域的主要行业。二是申报条件要求。三是编制创建方案及申报。四是审核确定，工业和信息化部组织专家分行业对被推荐企业进行初评，对通过初评的企业，网上公示其试点方案摘要，最终确定试点企业名单。五是创建方案组织实施，试点企业要部署落实和组织实施生态设计示范企业创建工作，通过 2—3 年的试点工作，达到生态设计示范企业创建方案中提出的目标要求。

六是评价验收，工业和信息化部组织实施对试点企业的评价验收工作。

保障措施包括：一是加强组织领导，各级工业和信息化主管部门要加强对试点工作的组织实施，建立试点工作进展情况阶段性总结和督察制度，对试点工作实施阶段性评估和监督检查。二是充分发挥院士专家对试点工作的支撑作用，成立试点工作专家组，充分发挥有关院士、专家作用。三是加强现有政策对试点企业的引导和扶持。四是对试点先进企业予以表扬。

（二）生态设计示范企业创建工作方案政策解析

1. 出台背景

生态设计理念最早源于发达的工业化国家。20世纪后期，发达国家逐渐开始重视环境保护、绿色发展问题，早期主要强调末端治理，工作重心强调对受污染的环境进行治理。经过一段时间的探索后，人们逐渐发现，仅从末端治理环境污染问题是不行的，要有效解决环境污染问题，必须防治结合，在末端治理的同时，注重从源头上减少污染物的排放。生态设计理念正是在这一背景下逐渐发展起来的。生态设计体现了从全生命周期角度实施环境保护的先进理念，当前是诸多国家推行绿色发展新政的重要内容。

党的十八大报告首次将生态文明建设写进了党章，明确提出大力推进生态文明建设的要求，工业领域作为资源消耗和污染物排放的重点领域，能源消耗占全社会的70%以上，减少工业领域的能源资源消耗，是我国推进生态文明建设的重点和难点。发达国家走过的道路表明，要减少污染物排放，提高资源、能源利用效率，需要从工业产品的全生命周期角度来考虑，而要降低工业产品在整个生命周期内的资源能源消耗和减少污染物排放，关键在于从设计这一源头就要体现生态文明的先进理念。《国务院关于加强环境保护重点工作的意见》（国发〔2011〕35号）和《工业转型升级规划（2011—2015）》（国发〔2011〕47号）等重要政策文件都提出把推行工业产品生态设计作为工业绿色发展的重点任务。为贯彻落实《国务院关于加强环境保护重点工作的意见》（国发〔2011〕35号）、《国务院关于印发"十二五"节能减排综合性工作方案的通知》（国发〔2011〕26号）和《国务院关于印发节能减排"十二五"规划的通知》（国发〔2012〕40号），2013年2月，工业和信息化部、国家发展改革委、环境保护部联合发布《关于开展工业产品生态设计的指导意见》，以引导企业开展工业产品生态设计，促进生产方式、消费模式向绿色低碳、清洁安全转变。

指导意见发布后，工业和信息化部组织有关单位和专家，针对国内外生态设计相关实践经验及典型行业企业开展了调查研究。调查结果表明：生态设计虽然要求在设计阶段关注产品全生命周期各环节的资源环境影响，但其涉及产品整个生命周期思想，不同行业、不同产品的生命周期具有不同特征，要开展好生态设计工作面临诸多挑战性、复杂性和创新性，虽然发达国家已经积累了一些经验，但他们的这些工作也还没有真正成熟，我国工业体系完备，具备开展生态设计试点的基础，因此先行开展试点工作十分必要。

2. 工作要求

到 2017 年，要创建百家生态设计示范企业。试点企业应通过 2—3 年的努力，在绿色发展意识、生态设计能力、管理制度建设、清洁生产水平、产品开发和品牌影响等方面都达到行业先进水平，成为引领行业绿色发展的典范，成为生态设计示范企业。为实现这一目标，工作方案要求，工业和信息化部每年将确定重点领域，通过逐步拓展试点范围，实现基本覆盖工业领域的主要行业。申报示范企业建设的企业要参照《生态设计示范企业创建实施方案编制指南》编制创建方案。工业和信息化部将组织专家分行业对被推荐企业进行评审，最终确定试点企业名单。试点企业要部署落实和组织实施生态设计示范企业创建工作，达到生态设计示范企业创建方案中提出的目标要求。

提高企业生态设计能力是生态设计示范企业创建工作的主要任务和核心内容。编制指南中明确提出了要从产品概念设计、生态设计工具的开发与应用、面向产品性能的设计、材料的开发选择及绿色供应链打造、节能降耗和污染减排设计、面向生产和制造环节的设计、绿色包装设计、面向产品生命周期末端的设计等八个方面加强企业生态设计能力建设。

为保障做好生态设计示范企业创建工作，工业和信息化部对各级工业和信息化主管部门从四个方面提出要求：一是加强组织领导，加强组织落实，建立进展情况督察制度，对试点工作进行阶段性评估和监督检查。二是加强专家支撑作用，充分发挥有关院士、专家作用，成立试点工作专家组，通过评审、评估和审核验收等工作，为决策提供科学依据和建设性意见。三是加强政策引导和扶持。对生态设计示范企业创建工作方案中提出的项目，符合清洁生产条件的予以优先支持，地方要将其列入节能减排、技术改造、清洁生产、循环经济等财政引导资金支持的重点。四是对试点先进企业予以表扬。

第三节　2015年我国工业节能减排面临的形势

一、面临的机遇

（一）工业经济增长新常态为结构性节能减排提供空间

中央经济工作会议和《政府工作报告》指出，2015年经济存在下行压力。一是从国际层面来看，世界经济仍处在危机后的深度调整之中，经济复苏比较缓慢；二是从国内层面看，我国经济当前正处在"三期"叠加的关键阶段，增速换挡的压力和结构调整的阵痛相互交织。2015年一季度经济速度明显回落，因为中国经济进入新常态以后，增速开始换挡，增速回落有利于调结构和转方式。在经济上升期，增长速度加快的时候，重工业尤其是高耗能行业上升速度更快，当经济下行时，重工业尤其是高耗能行业下滑更快。"十二五"以来，6大高耗能工业增加值占整个工业增加值比重的30%左右，但6大高耗能工业的用电量却占工业用电总量的60%以上，因此工业结构的优化调整将为结构性节能减排提供空间。从2015年一季度的情况来看，工业用电量"十二五"以来首次出现负增长，主要是因为政府多年来加快结构调整、加快转方式、加快节能技术应用、加快技术创新、加大节能减排工作力度的关系。

（二）工业低碳发展进入快车道

国内外应对气候变化的态度在近几年发生了显著变化。从国际看，积极应对气候变化已经成为全球主流认识，各国间围绕低碳技术、产业和经济的竞争越来越激烈。从国内看，十八大以来低碳发展已经成为全面建成小康社会、大力推进生态文明建设、建设现代化国家的新要求、新任务、新目标；控制二氧化碳排放的目标逐步由显著降低二氧化碳排放强度向有效控制二氧化碳排放总量和尽早实现二氧化碳排放峰值升级。

应对气候变化的政策环境在快速成熟和完善。国家层面，2013年以来，碳排放交易市场试点、低碳产品认证、重点行业温室气体排放核算方法和标准建设等工作相继展开。2014年5月，国务院印发《2014—2015年节能减排低碳发展行动方案》，开始考核地方政府单位GDP二氧化碳排放强度；2014年9月，国务院批复同意《国家应对气候变化规划（2014—2020年）》。部门层面，建筑、交通、林业等领域应对气候变化工作明显加速。工业领域应对气候变化工作的形势已经日益紧迫。

应对气候变化对工业的影响从 2015 年开始将逐渐显著。包括：碳排放强度、碳排放总量控制以及碳排放峰值管理等目标会逐步影响钢铁等重点行业的发展；碳排放交易等市场机制会进一步发挥重要作用，正如标准普尔对中国碳市场的判断："短期内碳排放权交易不会对企业的财务状况产生显著影响。"

（三）史上最严环保法为工业节能减排提供动力

我国仍处于工业化、信息化、城镇化、农业现代化快速发展的关键时期，面临的能源资源和环境约束日益突出。我国单位 GDP 能耗是世界平均水平的 2 倍、发达国家的 3—4 倍，钢铁、水泥等工业产品单位能耗仍高出发达国家 20% 左右；由此带来的环境污染也相当严峻，工业领域二氧化硫、氮氧化物排放量占排放总量比重在 90% 和 70% 以上，在常规污染物问题尚未解决的同时，非常规污染物如持久性有机污染物（POPs）、持久性有毒污染物（PTS）、重金属污染物等带来的环境风险和压力越来越突出。因此，工业是推进环境保护的重点领域，工业自身的绿色转型发展就是最大的环境保护。

新环保法被称为"史上最严环保法"，改善环境质量的任务落实到了地方各级人民政府，同时也建立了责任追究制度。随着监测、规划、环评、标准、总量控制、许可证、环境诉讼、公众监督等一系列配套制度的严格落实，将逐步把环境保护工作推上常态化、法制化轨道。如新环保法大幅增加了企业违法排污的成本，引入了"按日计罚"的经济处罚措施，还可能对企业负责人直接实施拘留；加大对政府监督力度，可以由上级政府和同级人大实施监督，并提出了 9 条可能导致"引咎辞职"的具体行为，同时上级环保部门可以向任免机关或者中纪委监察机关提出处分建议。2015 年 1 月 1 日新环保法实施后，这一系列硬性、刚性的制度措施就已生效，会给相关部门和企业带来较大压力。工业作为环境保护的主阵地，严格、公平的环境执法必将为工业绿色转型发展提供充足动力。

二、面对的挑战

（一）工业结构重化导致能源消费总量难控制

2015 年，重工业发展速度仍可能快于轻工业，工业结构重化将导致工业能源消费占比保持高位，工业领域能源消费总量控制难度加大。从主要重工业行业发展情况看，2014年1—10月，化工、建材、钢铁、有色等行业增加值同比增长分别为10.5%、9.6%、6.0%和12.7%，除钢铁外均快于工业7.7%的增速。四大行业用电量占工业用电总量的43%，行业的快速发展必然带动工业能源消耗总量的持续增加。从用电情况看，2014年1—9月，全国轻、重工业用电量分别为4933和24361亿千瓦时，同比分别增长3.8%和3.9%，增速分别比上年同期回落2.9个和2.4个百分点，但重工业用电量增速仍然高于轻工业，继续保持2013年以来重工业用电量增速总体上快于轻工业的态势。

（二）产能过剩将不断降低企业节能减排动力

部分工业行业产能过剩现象依然严重，将在2015年继续抑制相关行业企业节能减排的内生动力。国际金融危机以来，国际市场需求持续低迷，国内经济发展进入新常态，需求增速趋缓，我国传统制造业产能普遍过剩，特别是钢铁、建材、有色等行业尤为突出，产能利用率仅为70%左右，导致行业利润和产品价格大幅下滑。尤其2014年以来，钢材、有色金属价格持续下滑，螺纹钢跌到每吨3000元以下，一斤钢材不如一斤白菜的价格。利润不足导致企业投资意愿不高，从统计局发布情况看，建材、钢铁、有色等行业2013年的平均研发投入强度为0.63%，低于工业0.8%的平均水平。由此可以推断，产能过剩对企业节能减排的投入意愿和能力都将产生较大抑制力。

（三）工业节能减排管理基础依然薄弱

首先，能源计量的指标体系不健全，全国能源计量的一致性无法保证，对企业节能减排情况无法实施全面的监察。企业能源计量装置配备不健全、缺少专业能源统计人员、采用自主填报统计数据等，导致地方能耗统计数据与国家不衔接。工业行业和企业能源消费的计量、统计数据不足，工业产品单耗等信息难收集，尚未实现工业节能的在线监测，工业用能管理和节能减排政策制定缺乏实时可靠的数据支撑。其次，我国已发布了粗钢、焦炭、水泥、铜冶炼、轮胎、化工产品等50多个国家强制性单位产品能源消耗限额标准，以及30个工业行业的清洁生产评价指标体系，但是这些标准中的部分指标要求已经过时，亟待修订和完善。此外，目前工业用水、用地指标要求仍然处于缺失状态。

（四）工业领域应对气候变化工作有待加强

工业是我国应对气候变化的主要领域，相关工作需要统筹规划。近年来，我国经济逐步从高速、高碳排放的经济增长常态进入到中高速的经济增长"新常态"，工业增长放缓带来了从高碳增长模式向低碳增长模式转变的重要机遇。但是，当前工业领域缺乏"新常态"下应对气候变化的总体谋划。同时，工业领域应对气候变化的基础能力薄弱：一是当前工业企业温室气体排放统计核算体系无法满足管理需要，二是市场机制在工业应对气候变化中的作用还没有得到充分发挥，三是工业企业碳资产管理水平不高。

第四节 2015 年我国工业节能发展趋势展望

一、对2015年形势的基本判断

2014 年，我国工业经济增长有所放缓，工业能源消费增速回落，单位工业增加值能耗下降较快，完成年度节能减排目标任务几无悬念。展望 2015 年，在工业经济增长"新常态"下，节能减排压力有所缓解，"十二五"节能减排目标有望完成。

（一）工业经济平稳增长，"十二五"节能减排目标有望完成

回顾 2014 年，我国经济增速有所放缓，但国民经济仍运行在合理区间。1—12 月，规模以上工业增加值同比增长 8.3%。伴随工业经济的平稳增长，工业用电量保持增长态势。1—12 月，全国工业用电量 39930 亿千瓦时，同比增长 3.7%，其中，轻、重工业用电量分别为 6658 亿千瓦时和 33272 亿千瓦时，分别比上年增长 4.2% 和 3.6%。工业用电量占全社会用电量的比重为 72.3%，比上年提高 0.8个百分点，能源消耗增长仍以工业为主。

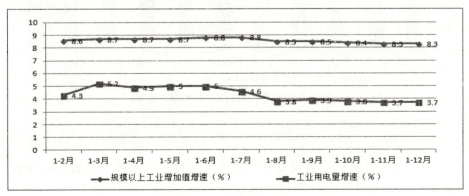

图6-6 2014年规模以上工业增加值和工业用电量同比增速

数据来源：《中国资源综合利用年度报告（2014）》。

进入2015年，在工业经济增长的"新常态"下，我国工业节能减排压力有所缓解，"十二五"工业节能减排目标有望完成。首先，支持经济平稳运行的发展条件和潜力比较大，各方对我国经济增长进入"新常态"基本形成共识，工业经济平稳运行时，通常不会出现单位工业增加值能耗大幅反弹的情况。其次，"十二五"前四年工业节能目标任务的超额完成，将大幅缓解2015年工业节能减排压力。"十二五"前三年，我国单位工业增加值能耗累计下降15%左右，完成"十二五"目标任务的71%；2014年全年，工业电力消费弹性系数呈稳中有降的态势，单位工业增加值能耗降幅逐步扩大，说明工业能源生产力逐步提高，全年单位工业增加值能耗下降了7%左右。第三，国家将对《大气十条》等实施情况开展考核，主要污染物排放量将在2015年继续保持下降态势。2015年1月15日召开的全国环境保护工作会议透露，《政府工作报告》中的环保量化指标全部完成，2014年全国化学需氧量、氨氮排放量预计可减排2.5%以上，二氧化硫排放量预计可减排2%以上，氮氧化物预计可减排6%以上，为2015年完成减排任务奠定了较好基础。

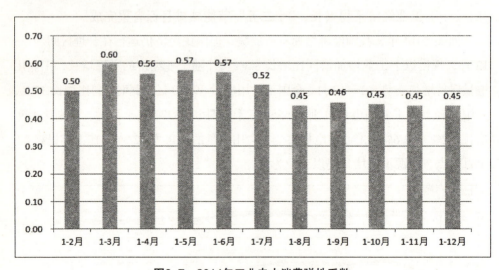

图6-7 2014年工业电力消费弹性系数

数据来源：根据国家统计局、中国电力企业联合会数据计算。

（二）四大高载能行业用电量比重稳中有降，结构性节能减排效果进一步显现

首先，随着产业结构调整的持续推进，四大高载能行业能耗比重有望在

2015 年稳中有降。"十二五"前三年，化工、建材、钢铁和有色等四大高载能行业能源消费量占全社会的比重一直保持下降态势；2014 年前三季度，四大行业用电量占全社会用电总量的比重为 31.1%，与上年同期基本持平。其次，淘汰落后产能工作力度不减。2014 年工业和信息化部先后下发了两批淘汰落后和过剩产能企业名单，并就做好 2015 年及"十三五"期间淘汰目标计划制订工作下发通知。尽管"十二五"淘汰落后产能目标任务有望提前完成，但国家继续推进淘汰落后产能的决心未变。第三，战略性新兴产业继续保持较快增长。"十二五"以来，我国相关产业保持年均 15% 以上的快速增长。例如全国可再生能源发电累计装机容量突破 4 亿千瓦，继续保持全球可再生能源利用规模第一大国地位。通过以上分析，可以判断 2015 年结构性节能减排效果将进一步显现。

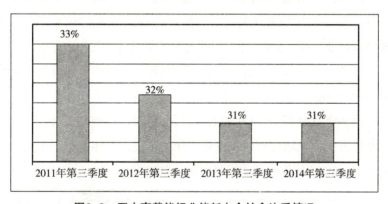

图6-8 四大高载能行业能耗占全社会比重情况

数据来源：根据中国电力企业联合会数据计算。

（三）西部地区节能减排形势依然严峻，但部分城市和园区绿色低碳转型提速

首先，西部地区节能减排现状和总体进度堪虞，2015 年节能减排压力巨大。根据《各地区 2014 年前三季度节能目标完成情况晴雨表》，海南、青海、新疆、福建等 4 个地区预警等级为一级，节能形势十分严峻；陕西、宁夏等 2 个地区预警等级为二级，节能形势比较严峻。与"十二五"节能工作进度要求相比较，海南、青海、宁夏、新疆等 4 个西部省份预警等级为一级，陕西预警等级为二级。其次，西部地区仍处于工业化快速发展阶段，工业经济的快速增长必将带动能源消费和污染物排放的增加。2014 年前三季度，西部地区用电量同比增长 6.8%，增速比

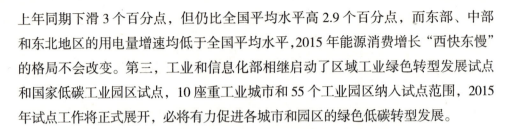

上年同期下滑 3 个百分点，但仍比全国平均水平高 2.9 个百分点，而东部、中部和东北地区的用电量增速均低于全国平均水平，2015 年能源消费增长"西快东慢"的格局不会改变。第三，工业和信息化部相继启动了区域工业绿色转型发展试点和国家低碳工业园区试点，10 座重工业城市和 55 个工业园区纳入试点范围，2015 年试点工作将正式展开，必将有力促进各城市和园区的绿色低碳转型发展。

（四）应对气候变化更加积极，工业领域碳减排力度加大

首先，一系列重要政策文件连续发布，明确了 2015 年应对气候变化工作的目标和任务。国务院印发了《2014—2015 年节能减排低碳发展行动方案》《2014—2015 年节能减排科技专项行动方案》，批复了《国家应对气候变化规划（2014—2020 年）》。其次，国家将继续对地方政府单位 GDP 二氧化碳排放强度指标进行考核。2014 年国家首次对地方政府进行相关考核，2015 年我国单位 GDP 二氧化碳排放量要下降 3.5% 以上，加强考核不可避免。第三，北京、上海、天津、深圳、广东等 5 个碳交易试点省市完成了首次履约，碳市场建设初见成效，预计 2015 年碳市场将在此基础上进一步发展。第四，刚刚发布的《中美气候变化联合声明》中，我国首次承诺 2030 年左右二氧化碳排放达到峰值且将努力早日达峰，必将进一步促进工业领域应对气候变化工作的推进。总体上看，工业是我国碳排放的主要领域，2015 年工业低碳发展将进入加速期。

（五）史上最严环保法正式实施，工业领域污染物减排压力空前

2015 年 1 月 1 日起，被称为史上最严的《中华人民共和国环境保护法》（简称"新环保法"）将正式施行，工业领域主要污染物减排力度将进一步加大。

首先，"新环保法"将"使环境保护工作同经济建设和社会发展相协调"修改为"使经济社会发展与环境保护相协调"，彻底改变了环境保护面对经济发展的从属地位，环境保护成为我国的基本国策。其次，"新环保法"规定，改善环境质量的任务落实到了地方各级人民政府，同时也将建立责任追究制度。随着监测、规划、环评、标准、总量控制、许可证、环境诉讼、公众监督等一系列配套制度的严格落实，将逐步把环境保护工作推上常态化、法制化轨道。"新环保法"还大幅增加了企业违法排污的成本，引入了"按日计罚"的经济处罚措施，还可能对企业负责人直接实施拘留。第三，工业是污染物排放的重点领域，工业领域二氧化硫、氮氧化物排放量占排放总量约为 90% 和 70%，随着环保执法逐步到位，

工业领域污染物减排压力将大幅提升。

（六）节能环保产业保持高速发展，节能环保产品加快普及

首先，节能服务业发展迈上新台阶。"十二五"以来，我国节能服务业一直保持较快发展势头。2013 年行业总产值从 2012 年的 1653 亿元增长到 2156 亿元，同比增长 30.4%；合同能源管理投资从 2012 年的 558 亿元增长到 742 亿元，同比增长 33.1%。2014 年，我国节能服务业仍然保持了较快发展势头，2015 年节能服务业将继续保持较快增长，以节能服务为核心的配套产业链将加快形成。其次，环保服务业发展进入新阶段。"十二五"以来我国环保服务业的年均增速达到 30% 以上，2013 年环保服务业总产值约为 3300 亿元，预计 2014 年将超过 4000 亿元。随着《大气十条》等政策措施的落实，人们对环保服务业发展的预期更是大幅提升。第三，综合利用产业加速发展。根据《中国资源综合利用年度报告（2014）》，我国目前资源综合利用年产值达 1.3 万亿元，每年工业固废综合利用量达 20.59 亿吨，主要再生资源回收量达 1.6 亿吨，回收总值 4817 亿元，未来一段时期我国综合利用产业仍将保持较快发展态势。

二、应采取的对策建议

（一）严格新项目能评环评，降低重化工业比重

一是加大服务业和战略性新兴产业相关政策措施落实力度，力争 2015 年服务业和战略性新兴产业增加值占 GDP 的比重分别达到 47% 和 8% 左右。二是严格投资项目的节能评估审查和环境影响评价，提高项目的节能环保准入门槛，新上项目的能效、环保指标应达到国内同行业、同规模领先水平。三是加快修订"两高"产品能耗限额标准，提高标准的限定值及准入值，尤其是加快粗钢、焦炭等高耗能产品标准的修订工作。四是继续严格控制"两高"产品出口，完善加工贸易禁止类和限制类目录，禁止高耗能、高排放和资源类产品加工贸易。

（二）化解产能过剩矛盾，持续推进产业结构优化

一是按照国务院《2014—2015 年节能减排低碳发展行动方案》有关要求，继续加大淘汰落后产能力度，在提前一年完成钢铁、电解铝、水泥、平板玻璃等重点行业"十二五"淘汰落后产能任务的基础上，2015 年底前再淘汰落后炼铁产能 1500 万吨、炼钢 1500 万吨、水泥 1 亿吨、平板玻璃 2000 万重量箱。二是

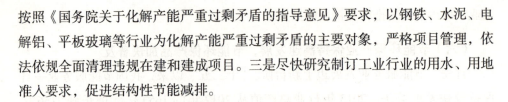

按照《国务院关于化解产能严重过剩矛盾的指导意见》要求，以钢铁、水泥、电解铝、平板玻璃等行业为化解产能严重过剩矛盾的主要对象，严格项目管理，依法依规全面清理违规在建和建成项目。三是尽快研究制订工业行业的用水、用地准入要求，促进结构性节能减排。

（三）加大工业领域应对气候变化的工作力度

一是加强工业应对气候变化组织机构建设，与工业在应对气候变化中的重要地位相适应。二是加强工业领域应对气候变化的政策研究和制订，及早部署、统筹规划，研究提出"十三五"期间以至 2030 年应对气候变化的路线图。三是加强工业领域应对气候变化的基础能力建设，以国家低碳工业园区试点为抓手，加快工业低碳转型发展。四是加强工业企业碳资产管理能力建设，开展碳资产管理培训，提高企业在碳资产的开发、盘查、交易、融资、财务分析等方面的能力。

（四）研究制定分区域分行业的节能减排政策

一是充分考虑不同行业的发展情况，在节能减排技术设备推广改造、能源消耗和主要污染物排放总量控制等方面，研究制定不同行业节能减排差异化政策；二是充分考虑东部、中部与西部的地区差异，在淘汰落后产能、新上项目能评环评以及节能减排技改资金安排等方面，研究制定区域工业节能减排差异化政策；三是充分考虑大企业与中小企业的差异，在节能减排服务、绿色采购、绿色信贷等方面研究制定企业节能减排差异化政策。

（五）加强工业节能减排管理基础体系建设

一是用信息化手段完善节能减排管理体系，继续推动工业用能设备 IP 化，建立工业能耗在线监测平台，完善能源计量和标准体系，实施企业数字能源分级管理。二是扩大终端用能产品标准制（修）定的范围，推动工业设备、家用电器、照明器具、商用设备、交通运输工具、电子信息通讯产品节能减排标准制（修）订，促进终端用能产品能源利用效率水平的提高。三是按照《清洁生产评价指标体系制（修）订计划》要求，尽快启动第一批工业行业清洁生产评价指标体系的制修订工作。

行　业　篇

第七章　装备工业

第一节　2014年我国装备工业整体发展状况

装备制造业是为国民经济各行业提供技术装备的战略性产业,产业关联度高、吸纳就业能力强、技术资金密集,是各行业产业升级、技术进步的重要保障和国家综合实力的集中体现。近年来,我国装备制造业持续快速发展,总体规模大幅提升,综合实力不断增强,产业规模连续位居世界首位,多种产品产量位居世界第一,已形成门类齐全、规模较大、具有一定技术水平的产业体系,正实现由制造大国向制造强国的转变。

一、总体保持平稳发展

2014年,在世界经济复苏不均衡、国内经济进入新常态的形势下,中国装备制造业增速逐月小幅回落,下行压力不断显现,但仍保持平稳较快增长,在调整中加快转型升级。

(一)产业增速放缓趋稳

2014年,全国规模以上装备制造企业工业增加值同比增长10%,增速高于全国工业平均水平1.7个百分点。但从7月位于11.4%的最高位增速之后,大幅下降到8月份的9%,随后运行趋稳,保持在10%的增速以下。分大类行业来看,2014年,铁路、船舶、航空航天和其他运输设备制造业增加值同比增长12.7%,汽车制造业增加值同比增长11.8%,电气机械和器材制造业增加值同比增长9.4%,仪器仪表制造业增加值同比增长9.4%,通用设备制造业增加值同比增长9.1%,

专用设备制造业增加值同比增长 6.9%。

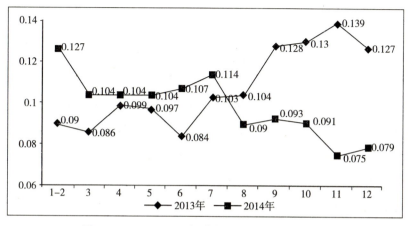

图7-1　2013—2014年装备工业增加值分月增速

数据来源：赛迪智库装备工业研究所，2015 年 4 月。

（二）装备走出去稳步提升

2014 年以来，世界经济复苏依然曲折，我国装备工业外贸风险仍在，导致装备产品出口出现了较大的波动，前半年出口增速稳步提高到 7 月份的 10.4%，8 月随着装备工业整体的下滑也出现较大幅度的下降，到 11 月增速仅有 3.54%；12 月，随着国家对装备走出去的推动，随后国务院常务会大力部署推进装备走出去和国际产能合作，推动装备工业出口增速跃升到了 10% 以上。2014 全年，

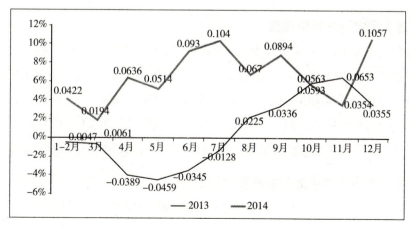

图7-2　2013—2014年我国装备工业出口交货值分月增速

数据来源：国家统计局，2015 年 4 月。

我国装备工业完成出口交货值同比增长 6.75%，增速高于全国工业平均水平 0.35 个百分点，包括电子信息设备在内的装备制造业出口额达 6.87 万亿元，占全部工业产品出口的 56.8%（除电子信息装备外占 17.1%）。

尽管波动明显，但装备产品出口结构实现稳步升级。电力、石化、轨道交通、冶金等装备出口快速增长，一批装备成功开拓发达国家市场，风电、铁路、通用飞机等实现了对瑞典、美国等欧美国家的出口。装备对外投资步伐明显加快，以工程总承包、援建项目带动产业链上下游配套走出去不断增多，跨国并购、绿地投资建厂、建立境外工业园、设立分支机构、建立研发中心、成立合资公司等全球布局越来越迅猛。中国装备已具备影响世界的品牌实力和条件，装备国际标准转化率达 70% 以上。

（三）产量增幅差异较大

2014 年，在装备工业整体快速发展的形势下，我国大多数装备产品产量出现了快速增长，在重点统计监测的 70 种装备产品中，有 51 种累计产量保持增长，占比达 72.9%。但不同行业产品的产量增幅差异较大，行业增长分化加剧。如多功能乘用车实现大幅增长，达 42.6%，铁路货车却同比下降，达 33.6%。具体行业内部也出现产量增幅明显差异的情况。如工程机械行业，挖掘机、装载机等与基本建设投资相关的产品产量分别同比下降 13.8%、13.3%，压实机械等与交通道路建设相关的产品产量却同比增长 13.9%，水泥专用设备、混凝土机械等与建筑业相关的产品产量则分别同比下降 0.7%、增长 0.7%。

（四）固定资产投资回落

2014 年，我国装备工业在面临内需持续低迷、出口增长乏力等问题时，固定资产投资出现了下降趋势。虽然 2014 年上半年装备工业固定资产投资增速连续回升，但进入下半年后固定资产投资又呈持续下滑态势。2014 年全年完成固定资产投资同比增长 12.72%，增速低于全社会固定资产投资 2.98 个百分点。其中，内燃机、工程机械、重型矿山机械、汽车等行业的固定资产投资增速均低于 10%。

（五）经济效益分化态势明显

2014 年，装备工业整体效益较 2013 年同期有所回升，保持较快增长势头，全国规模以上装备制造企业完成主营业务收入 22.27 万亿元，同比增长 9.68%，增速高于全国工业平均水平 2.68 个百分点；由于财务费用、销售费用的增速较低，全行业完成利润总额 1.56 万亿元，同比增长 11.2%，增速高于全国工业平均水平 7.9 个百分点。具体分行业来看，光伏设备及元器件制造、海洋工程专用设备制造、铁路运输设备制造、电车制造、内燃机及配件制造、输配电及控制设备制造、金属切削机床制造、连续搬运设备制造等行业经济效益增长明显，其中光伏设备及元器件制造利润同比增长达 125.7%。利润同比下滑明显的重点行业主要包括：冶金专用设备制造下降 377.5%，船舶修理下降 66.7%，汽轮机及辅助机制造下降 61.7%，水轮机及辅助机制造下降 25.5%，拖拉机制造下降 20.6% 等。

（六）转型升级效果逐步显现

2014 年，我国共有 300 多款新能源汽车新车型上市，累计生产 8.39 万辆，同比增长近 4 倍。铁路装备方面，2014 年，在普通铁路客车和铁路货车同比下降的情形下，动车组产品产量出现 31.7% 的高速增长。机床方面，2014 年，金切机床产量同比仅增长 3%，但数控金切机床产量同比增长达 14.6%。电工电器方面，代表世界先进水平的巨型水电站工程、110 万千瓦超超临界空冷火电机组工程、世界上输电距离最远的直流工程、世界首个五端柔性直流输电工程等均相继实现完工，成为电工电器行业稳定增长的重要力量。这些均表明，全行业正在加快转型升级和提质增效。

（七）智能制造装备发展加速

2014 年，经济结构调整、劳动力成本上升继续推动制造业产业升级，智能制造装备需求动力强劲。以云计算、人工智能、3D 打印等为代表的新一轮技术革命将加快发展，以"互联网 +"为标志的信息技术开始进入传统装备制造业，其着力点就是实现装备工业的智能制造转型，这加快加大了对智能制造装备的需求。智能制造装备产业规模呈现出快速扩大的态势，湖北、湖南相继推出了《加快全省智能制造装备产业发展行动方案》《关于加快推进智能制造装备产业发展的意见》等政策措施，重点就工业机器人、增材制造、高档数控机床、智能化仪器仪表等智能制造装备及智能控制技术、系统集成软件等进行了前瞻部署，加快了智能制造装备产业的发展步伐。

（八）装备强国建设全面推进

2014 年初，全国装备工业工作会议进行了加快推进产业转型升级、全面建设装备制造业强国的总体部署，提出坚持"创新驱动、高端引领、基础支撑、绿色发展"的方针，分步骤分阶段完成从装备制造业大国向装备制造业强国的战略转变。重点抓好建立和完善产业技术创新体系、构建两化深度融合发展新机制、强化制造基础、推进质量品牌建设、推行绿色制造、加快培育具有全球竞争力的企业群体、加快发展现代制造服务业及推进中国装备走出去等工作任务，并提出了高档数控机床、电力装备、工业机器人及智能装备、航空装备、船舶和海洋工程装备、先进轨道交通装备、节能与新能源汽车等高端装备制造业的结构调整方向，同时提出冶金石化装备、重型矿山装备、航天应用装备、电子信息通信装备、建材装备、轻工装备、纺织装备、工程机械、农业机械等行业也要加大结构调整力度。

二、发展存在突出问题

（一）整体技术水平仍不足

现阶段，我国多数装备制造企业的技术创新仍然处于跟随模仿阶段，部分消化吸收再创新也仍基于发达国家的技术平台，设计技术没有突破，自主创新能力亟待提高。其根本原因在于，一方面我国装备工业企业研发投入占销售收入的比例远低于装备工业强国的水平，近几年一直徘徊在2%左右的低位区间，与发达国家4%—5%的水平相比还存在较大差距；另一方面，我国装备工业对于基础性、关键性领域的投入严重不足，高水平科技人才匮乏，目前科技活动人员占同期装备工业从业人员的比重仅3%左右，低于工业发达国家5%以上的水平。我国装备工业自主创新的不足，造成了重要的产品和工艺技术来源主要依靠从国外引进的状况，特别是具有国际先进水平的大型成套设备、关键核心技术和零部件严重依赖进口。如海洋工程装备80%以上的配套设备依赖进口；航空工业所需发动机、机载设备、原材料和配套件的90%需要进口；为高档数控机床配套的高档功能部件的70%需要进口；大型工程机械所需30Mpa以上液压件全部需要进口；占核电机组设备投资1/4的泵阀主要依赖进口。重要的产品和工艺技术依赖进口，反过来又制约了装备工业的自主创新，目前我国装备工业出口商品的80%—90%是没有自主品牌的贴牌加工。高端产品研发进入了"研仿—落后—再研仿—再落后"的怪圈。

（二）企业经营压力还较大

一是市场需求不足。受市场需求低迷影响，装备制造企业订单普遍减少，任务不足，增幅逐渐收窄。二是成本上升压力增大。2014 年，装备工业企业应收账款同比增长 7.33%，虽然增幅也有所放缓，但收到货款中承兑汇票比重呈上升趋势，预付款落实难、产品回款难给企业生产经营带来很大困难，再兑现和筹资让企业管理费用等急剧上升，超过主营业务收入增幅。同时采购成本、人工成本、融资成本、能源资源及环保成本也不断上升，主营业务成本高于主营业务收入增幅 0.3 个百分点。三是企业生产经营困难。工业固定资产投资回落，产品价格指数持续低位运行，产成品库存逐月走高，银行对于装备制造企业"只收不贷"或"多收少贷"等行为仍然存在，都严重影响装备制造企业生产经营活动。

（三）海外市场开拓更艰巨

当前我国装备业持续多年的出口高速增长已开始引发日益剧烈的贸易摩擦，贸易环境趋于恶化，我国装备产品出口增速回升缓慢。2014 年，汽车整车出口同比下降 6.9%，其中乘用车出口同比下降 10.6%；100 吨以上的汽车起重机、矿用自卸车等出口下降幅度较大。与此同时，我国装备制造企业出口不仅遭遇欧美技术性、绿色环保、标准等贸易壁垒，而且与包括印度、巴西、墨西哥在内的新兴经济体间贸易摩擦也不断增多。如美国对我国 53 英尺内陆干货集装箱进行"双反"调查，印度对我国风力发电机组铸件进行反补贴调查等。尽管未来面临装备走出去的巨大机遇和良好环境，但我国装备工业开拓海外市场仍需克服种种不合理的贸易壁垒和摩擦障碍。

（四）装备自主化推进较难

一是自主品牌汽车 2014 年面临国外汽车品牌激烈的竞争，特别是新能源汽车方面，自主品牌的发展压力较大。二是高端装备方面，国家重点工程质量要求高，项目资金也较为充裕，采购时会倾向高端装备。但由于自主知识产权的首台（批）套高端装备缺乏应用业绩，工程建设方为减少风险，尽量规避，不愿尝试使用。如大型煤化工空分设备，国内已经具备 8 万、10 万、12 万特大型空分设备的生产能力，但面对国内市场对大型空分设备 100 多台套的需求，国内龙头企业只能争取一两套。国内用户的不信任使"首台套"装备产业化应用推广较难。目前，我国已经出台了首台套重大技术装备保险补偿机制，利用财政资金杠杆作用，发挥保险功能，降低用户风险，加快重大技术装备推广应用。在这一政策的推动下，装备自主化推进有望加快。

第二节　2014年我国装备工业重点政策解析

一、《国家增材制造产业发展推进计划（2015—2016年）》

增材制造是以数字模型为基础，将材料逐层堆积制造出实体物品的新型制造技术，体现了信息网络技术与先进材料技术、数字制造技术的密切结合，目前，增材制造应用范围已从工业产品的开发设计、模具制造、扩展到零部件直接制造，应用领域扩大到航空、航天、汽车、生物医疗、文化创意等诸多领域。据沃勒斯协会增材制造年度发展报告称，2013年全球增材制造产业规模30.7亿美元，比2012年增长34.9％。据麦肯锡咨询公司预测，到2025年，增材制造产业每年可以产生2300亿—5500亿美元的产值。为把握发展机遇，抢占未来科技制高点，培育未来产业发展新的增长点，2015年2月28日，工业和信息化部会同发改委、科技部制定下发了《国家增材制造产业发展推进计划（2015—2016年）》（以下简称《推进计划》）。

《推进计划》明确"以直接制造为增材制造产业发展的主要战略取向"，提出"到2016年，初步建立较为完善的增材制造产业体系，在航空航天等直接制造领域达到国际先进水平，形成2—3家具有较强国际竞争力的增材制造企业"，制定了"着力突破增材制造专用材料、加快提升增材制造工艺技术水平、加速发展增材制造装备及核心器件、建立和完善产业标准体系、大力推进应用示范"等五个方面的实施内容。这不仅有利于我国加快转变经济发展方式和产业提质增效升级，而且有利于增材制造技术在破解航空航天等国家战略制造领域里一些传统工艺无法加工或难加工的高性能零部件制造难题方面的重要作用，同时，通过与精密铸造、模具开发、机械加工等传统工艺结合，能有效提高复杂零部件的制造效率，减少制造周期和制造成本，此外，还会对提升设计创新能力，拓展创新创意空间起到良好的带动作用。

二、《关于推进工业机器人产业发展的指导意见》

随着全球工业化进程的加快推进和机器人技术的不断发展，工业机器人优势日益显现，应用领域不断扩展，汽车、电子、半导体、纺织、物流、生化制药、食品等行业正不断成为重要的机器人应用市场。2013 年，全球工业机器人销量达 16.8 万台，中国市场共销售工业机器人近 37000 台，超过日本，成为全球第一大工业机器人市场。然而，我国工业机器人产业所面临的自主品牌薄弱、核心零部件研发滞后、产品认知度与附加值低等问题依然较为突出。为进一步加强行业管理，推动我国工业机器人产业有序健康发展，2013 年 12 月 22 日，工业和信息化部下发《关于推进机器人产业发展的指导意见》（以下简称《指导意见》）。

《指导意见》明确了发展目标："到 2020 年，培育 3—5 家具有国际竞争力的龙头企业和 8—10 个配套产业集群，高端产品市场占有率提高到 45% 以上，机器人密度（每万名员工使用机器人台数）达到 100 以上"，制定了"围绕市场需求，突破核心技术；培育龙头企业，形成产业集聚；突出区域特色，推进产业布局；推动应用示范，促进转型升级；加强总体设计，完善标准体系；强化公共服务，创新服务模式；推进国际合作，提升行业水平"等七个方面的主要任务。《指导意见》的实施在加强行业管理的同时，将进一步加快工业机器人的推广应用，这不仅可以降低人工成本上升和人口红利减少对中国工业竞争力的影响，而且有利于提高生产效率和产品质量，降低生产成本和资源消耗。

三、《关于加快新能源汽车推广应用的指导意见》

在《节能与新能源汽车产业发展规划》等政策措施的推动下，我国新能源汽车发展取得一定成效，2013 年全国新能源汽车产量为 1.75 万辆，但离"2015 年末，全国累计推广新能源汽车 50 万辆"的目标尚有较大差距，而且在新能源汽车推广应用中还存在着有些地方对发展新能源汽车心存疑虑、充电设施建设滞后、企业盈利模式尚未形成、扶持政策有待完善、存在着不同形式的地方保护、产品性能需要进一步提高等一系列问题。为进一步指导和解决新能源汽车"推而不广"的问题，加大政策措施力度，2014 年 7 月国务院办公厅下发了《关于加快新能源汽车推广应用的指导意见》（以下简称《指导意见》）。

《指导意见》进一步明确"以纯电驱动为新能源汽车发展的主要战略取向"，制定了加快充电设施建设的七项具体举措，推动公共服务领域、党政机关和公共机构以及企事业单位率先推广应用，指出要加快制定落实完善新能源汽车推广补贴政策等配套政策和举措，明确要坚决破除地方保护。《指导意见》在准确把握我国新能源汽车产业发展所面临问题和瓶颈的基础上，进一步明确细化了我国新能源汽车产业的发展思路。为使得《指导意见》的操作性更强，有针对性地提出了破解瓶颈的发展举措，同时注重政策的系统性、整体性，细化明确了亟需完善的配套政策，从而坚定了汽车行业发展新能源汽车的信心和决心，推动了新能源汽车市场快速发展。

四、《海洋工程装备工程实施方案》

近年来，我国海洋工程装备取得快速发展，2013 年，我国承接各类海洋工程装备订单超过 180 亿美元，约占世界市场份额的 29.5%。但是我国海洋工程装备基础技术与自主研发设计能力薄弱、产业集中度与配套水平低、产品价值量与投资群体质量不高等问题依然突出。为进一步加快推进海洋工程装备发展，2014 年 4 月 24 日，国家发展和改革委员会、财政部、工业和信息化部会同科技部、国家海洋局、国家能源局、国资委、教育部、国家知识产权局等部门联合编制了《海洋工程装备工程实施方案》（以下简称《实施方案》）。

《实施方案》制定了"到 2016 年，我国海洋工程装备实现浅海装备自主化、系列化和品牌化，到 2020 年，全面掌握主力海洋工程装备的研发设计和制造技术"的总体目标，明确了海洋工程装备工程实施的五项主要任务，即"一要加快主力装备系列化研发，形成自主知识产权；二要加强新型海洋工程装备开发，提升设计建造能力；三要加强关键配套系统和设备技术研发及产业化，提升配套水平；四要加强海洋工程装备示范应用，实现产业链协同发展；五要加强创新能力建设，支撑产业持续快速发展"，提出了海洋工程装备工程实施的三个途径，即"深海油气资源开发装备创新发展、深海油气资源开发装备应用示范、深海油气资源开发装备创新公共平台建设"。这不仅将进一步加快提升我国海洋工程装备产业的自主创新能力，还将促进我国海工装备建造水平、配套能力的协同发展，提高本土化建造水平。

五、《关于开展首台（套）重大技术装备保险补偿机制试点工作的通知》

近年来，我国装备自主化迈上新台阶，中国载人航天与探月工程、"蛟龙"载人深潜器取得重大突破，大型运输机和大型客机研制工作取得重要进展，百万千瓦级超超临界火电机组、百万千瓦级核电机组、特高压交直流输变电设备、高速龙门五轴加工中心、1.2 万米深海钻井装备、高速轨道交通装备等一批重大技术装备研制成功。然而，与世界工业发达国家相比，我国前沿领域依然存在空白，高端领域明显落后，核心部件仍受制于人，其中，"首台套应用"已成为制约我国重大技术装备发展的重要因素。为加快推动重大技术装备创新应用，财政部、工业和信息化部、中国保险监督管理委员会决定开展首台（套）重大技术装备保险补偿机制试点工作，2015 年 3 月 2 日，联合发布了《关于开展首台（套）重大技术装备保险补偿机制试点工作的通知》（以下简称《通知》）。

《通知》界定了首台（套）重大技术装备的产品类型，即经过创新，其品种、规格或技术参数等有重大突破，具有知识产权但尚未取得市场业绩的首台（套）或首批次的装备、系统和核心部件，明确了"由保险公司针对重大技术装备特殊风险提供定制化的首台（套）重大技术装备综合险，承保质量风险和责任风险。装备制造企业投保，装备使用方受益，中央财政对符合条件的投保企业保费适当补贴"的运行方式。首台套重大技术装备保险补偿机制试点的探索将为今后高端装备乃至整个装备制造业保险工作提供可复制的有效经验，有利于推动制造业与保险业实现互利共赢。

六、《智能制造试点示范专项行动实施方案》

当前，智能制造不仅已成为当今全球制造业发展趋势，也是我国今后一段时期推进两化深度融合的主攻方向。党中央、国务院高度重视和关注智能制造发展，要求以智能制造作为主攻方向，推进信息化和工业化两化深度融合。为抢抓新一轮产业变革重大历史机遇，加快推动工业转型升级，2015 年 3 月 9 日，工业和信息化部印发《关于开展 2015 年智能制造试点示范专项行动的通知》，并下发《2015 年智能制造试点示范专项行动实施方案》（以下简称《实施方案》）。

《实施方案》提出了专项行动的总体思路和目标，分类明确了重点试点示范专项行动，部署了 2015 年专项行动的具体工作。这不仅可以通过市场需求牵引，充分发挥企业主体作用，支持具备较好发展条件的企业率先开展试点示范，调动企业发展智能制造的积极性，而且可以推进物联网、云计算、大数据等新一代信息技术在制造业的应用，带动关键部件、装备和系统的产业化发展。与此同时，可以围绕国民经济重点领域的市场需求，在有基础有条件的区域、行业和企业率先试点示范，形成有效经验和模式后，在制造业领域全面推广应用。此外，还可以将生产过程的智能化作为突破口，围绕数字化车间 / 智能工厂建设，推进装备智能化升级、工艺流程改造，实现关键工序智能化和关键岗位机器人替代。

第三节　2014 年我国装备工业重点行业发展状况

一、汽车行业

（一）行业运行基本情况

1. 产销增速显著回落

据中国汽车工业协会统计数据显示，2014 年 1—12 月，汽车产销量分别实现 2372.3 万辆和 2349.2 万辆，同比累计增长 7.3% 和 6.9%，产销量增速较上年同期分别下降 7.5 和 7 个百分点。

2. 乘用车拉动汽车产销总体增长

据中国汽车工业协会统计数据显示，2014 年，我国乘用车产销分别为 1991.9 万辆和 1970.1 万辆，同比分别增长 10.2% 和 9.9%，高于汽车产销增速 2.9 和 3 个百分点，较 2013 年增幅分别下降 6.3 和 5.8 个百分点。

3. 细分乘用车车型市场份额变化显著

受市场需求发生变化的影响，乘用车销量结构发生变化，SUV 车销量迅猛增长，占比大幅增长；轿车占乘用车销量的比例逐步下降。2014 年，轿车销售前十位品牌均为外国品牌。

4. 1.6 升及以下轿车销量小幅增长

据中国汽车工业协会统计数据显示，2014 年，我国 1.6 升以下轿车累计销售 904.3 万辆，同比增长 4.8 个百分点，较轿车高 1.7 个百分点，销量占轿车总销量的 73.1%。

5. 商用车产销同比明显回落

据中国汽车工业协会统计数据显示，2014 年，我国商用车产销分别为 380.2 万辆和 379.1 万辆，较 2013 年分别下降 5.7% 和 6.5%。

6. 进出口量增长两极分化

我国汽车出口的主要车型为轿车、载货车和客车，据中国汽车工业协会统计数据显示，2014 年累计出口 91 万辆，较 2013 年下降 6.9%。出口下降的主要原因包括：部分出口目的国局势不稳，二是汇率影响，三是产品国际竞争力不强，技术、品牌、营销实力等与汽车产业发达国家相比有较大的差距。进口方面，2014 年我国累计进口整车 142.6 万辆，比 2013 年增长 19.3%，增幅提升 13.7 个百分点。

7. 新能源汽车产销高速增长

2014 年我国新能源汽车呈现出良好的发展态势，产销量迅速攀升。据中国汽车工业协会统计数据显示，2014 年 1—12 月，新能源汽车累计生产 7.8 万辆，销售 7.5 万辆，同比分别增长 3.5 倍和 3.2 倍。

8. 产业集中度进一步提高

根据中国汽车工业协会的统计，2014 年，我国汽车销量排名前 6 的企业共销售汽车 1859.33 万辆，占全国汽车总销量的 79.2%，汽车产业集中度同比增长 2.6%。

9. 整车库存增长明显

据中国汽车工业协会统计数据显示，2014 年我国汽车行业企业库存量增长较快，库存量由年初的 90.2 万辆，增长到年末的 114.7 万辆，增长了 27.1%。

10. 汽车与互联网产业的相互渗透持续加速

2014 年中国汽车产业加快与移动互联网跨界融合的趋势进一步显现，百度、阿里巴巴、腾讯、360、乐视等互联网企业启动或加强与汽车企业的联合，从营销、车载终端、车载应用等不同领域切入汽车产业。

11. 汽车租赁高速增长

汽车逐渐成为出行的主要方式，在购车需求被抑制、公共交通系统仍不够完善的情况下，汽车租赁成为最优的选择。2013 年中国租车市场规模达到 343.4 亿元，同比增长 19.2%，在线租车市场规模为 81.6 亿元。2014 年第一二个季度在线租车市场规模已经达到 72.3 亿，已接近 2013 年全年在线租车的市场规模。

（二）行业发展面临的问题

1. 自主品牌乘用车市场占有率仍持续下滑

在乘用车市场中，自主品牌的市场占有率一直处于领先地位，但从 2010 年下半年开始，自主品牌的市场份额就一直减少，已经由 2010 年上半年的 47.4%

下降到 2014 年的 38.4%，

2. 自主品牌汽车企业利润水平普遍较低

自主品牌乘用车以价格作为市场竞争的主要手段，为提高销量，不断降低产品价格，与日韩汽车企业相比，利润率普遍较低。

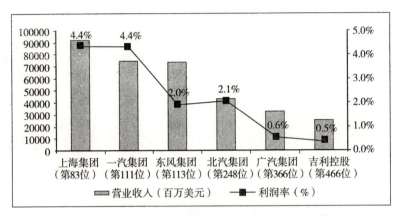

图7-3　2014年入围世界500强的中国汽车企业利润率

数据来源：2014 年《财富》世界 500 强排行榜，2014 年 7 月。

3. 汽车消费环境压力进一步加大

截至 2014 年 9 月，中国汽车保有量已经达到了 1.54 亿辆，为了缓解交通拥堵，降低环境的影响，许多城市出台了限行限购政策，加剧了汽车供需矛盾，一旦大范围的实施，将对国内汽车市场造成巨大冲击。

4. 充电设施建设滞后制约纯电动汽车的发展

2014 年中国新能源汽车迎来了爆发式增长，但是充电设施不够完善将制约新能源汽车尤其是电动汽车的增长。公共充电设施建设速度落后，私人安装专用充电设施受居住条件的限制以及供电管理等问题，都制约纯电动汽车的发展。

二、机械行业

（一）行业运行基本情况

2014 年，我国机械行业虽然受到了煤炭、钢铁、房地产等行业下行的影响，经受了严峻考验，但通过转型升级、结构调整，主要经济指标仍保持了一定增长，基本保持着"稳中有进"的发展态势。[1]

1. 行业增速稳中有降

2014 年我国机械行业主要经济指标仍保持适度增长，但增速略有下滑。1—12 月，我国机械工业增加值同比增长 10%，虽高于全国工业增速 1.7 个百分点，但较上年增速回落 0.9 个百分点。

2. 效益水平略有回落

2014 年，全年累计实现主营业务收入 22.2 万亿元，同比增长 9.4%，较上年回落 4.4 个百分点。全年累计实现利润总额 1.56 万亿元，同比增长 10.6%，较上年回落 5 个百分点。

3. 主要产品产量实现增长

2014 年，我国主要机械产品大部分实现了产量增长。在统计的 64 种主要机械产品中，有 46 种实现了产量增长，还有 18 种产品产量有所下降。

表 7-1 2014 年机械行业主要产品产量增速

主要产品	产量增速	主要产品	产量增速
收获机械	8.4%	数码照相机	−49.2%
大型拖拉机	6.6%	复印和胶版印刷设备	9.5%
饲料生产专用设备	1.0%	金属切削机床	3.1%
中型拖拉机	−9.3%	数控金属切削机床	14.8%
小型拖拉机	−14.0%	金属成形机床	6.2%
大气污染防治设备	11.9%	金属切削工具	17.7%
泵、风机、气体压缩机	5.0%	铸造机械	−6.5%
印刷专用设备	−12.1%	多功能乘用车	43.1%
石油钻井设备	−5.0%	运动型多用途乘用车	35.0%
挖掘机	−13.8%	基本型乘用车	3.9%
装载机	−13.3%	载货汽车	−6.8%
压实机械	13.9%	客车	−14.9%
输送机械	13.9%	汽轮发电机	10.6%
金属冶炼设备	−3.5%	风力发电机组	13.8%
金属轧制设备	−12.0%	水轮发电机组	−7.0%

数据来源：中国机械工业联合会，2015 年 2 月。

---

[1] 本章机械行业的统计口径包括汽车行业，数据来自机经网。

4. 进出口增速显著回升

我国机械工业国际竞争力不断加强，对外贸易表现良好。2014年累计实现进出口总额7255亿美元，同比增长8.07%，较上年加快1.8个百分点，其中出口额4022.88亿美元，同比增长8.01%，进口额3231.97亿美元，同比增长8.16%。其中，出口最多的为汽车零部件、低压电器和电线电缆，进口最多的为汽车、四轮驱动轻型越野车和汽车零部件。

5. 结构调整初显成效

随着转型升级的不断推进，机械行业结构调整已初显成效。环保设备、制冷空调、汽车等利于民生的行业以及仪器仪表、基础件等有助于提高全行业整体水平的行业增速已超越全行业平均增速，现代制造服务业以及工业互联网正在以前所未有的速度飞快发展，高端装备的国产化率明显提高，对外贸易结构不断优化。

（二）行业发展面临的问题

1. 成本上涨挤压利润空间

2014年，全球技术更新速度越来越快，导致技术成本大幅增加。随着我国制定严格的节能减排措施，增加了机械制造企业的环境资源成本，加之我国人力资源成本的不断上升，将进一步挤压我国机械制造企业利润的上升空间。

2. 资金周转压力上升

2014年，机械工业库存及应收账款上涨的情况未有改观，企业流动资金被大量占用，资金周转压力日趋加大。

3. 产品出口难度加大

随着我国机械产品的成功"走出去"，国际贸易摩擦也随之增加，我国机械产品在出口过程中要遭遇发达国家核心专利、技术标准、绿色环保等多种贸易壁垒的限制，不断涌现的贸易摩擦加大了我国产品的出口难度。

4. 部分核心技术仍受制于人

虽然我国机械产品的自主化率不断提高，但部分产品的核心技术与国际一流水平尚存差距，核心产品仍需依赖进口，降低了企业的竞争优势，使我国高附加值机械产品制造始终要受制于人。

5. 高级技术人才缺口较大

我国机械行业对高级技术人才的需求持续增加，人才短缺问题还在不断加剧。

高级技术人才老化趋势明显，青年高级技术人才稀缺，新兴产业对现代化、复合型的高级技术人才需求大增，我国目前的人才结构尚难以满足。

三、航空行业

（一）行业运行基本情况

1. 型号研发取得明显进展

大型宽体客机、大型民用飞机在研发设计、总装制造、市场营销、客户服务、适航取证和供应商管理六大核心能力建设取得重大进展。中国自主设计研制的国产大型客机 C919 目前已进入了结构总装阶段，截至 2014 年底订单数已超过 430 架。通用航空方面，目前我国自主研制的在册机型有 16 种，包括多种型号直升机、多用途飞机、农林专用飞机、小型通用飞机和教练机。

2. 企业发展取得突破

我国航空制造主要围绕中航工业集团、中国商飞公司以及地方航空制造企业的几大飞机制造基地布局。许多企业通过自行研制生产或引进国外总装线、收购国外先进机型或者知名制造商进入通航制造领域。

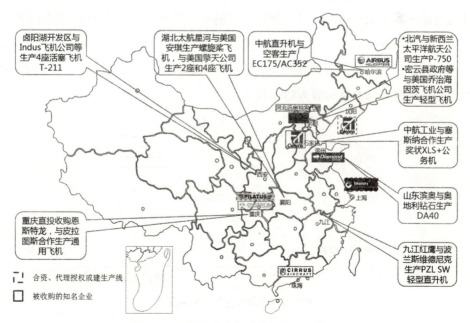

图7-4　主要企业合作生产通用飞机情况

数据来源：赛迪智库，2015 年 4 月。

3. 产业布局更加完善

经过几十年的培育发展，目前中国航空产业初步形成以陕西、珠三角、东北地区为中心，以北京、天津、四川等研发、制造为支撑的航空制造产业格局。未来我国民用干支线飞机制造逐渐形成以上海、天津、陕西为基地，依托中航工业、上海商飞等骨干企业发展民用飞机产业集群。通用航空方面，广东珠海、陕西西安、湖北襄阳、江西景德镇等都在加快规划布局通用航空产业基地。

（二）行业发展面临的问题

1. 面临国际垄断形势和激烈竞争

全球以波音和空客为双寡头的垄断竞争格局依然存在，其军民用飞机产品占有国际市场80%—90%的份额。大飞机用航空涡扇发动机方面，GE、罗罗和普惠三足鼎立。美国的霍尼韦尔、罗克维尔·柯林斯、汉胜以及古德里奇等公司占据机载设备市场的主体地位。各国技术创新不断推进，提升核心能力，采用新技术比例超过红线和关键技术攻关延续至详细设计阶段等现象称为常态。

2. 我国航空起步较晚，技术水平不足

我国大飞机的发展分为仿制和测绘、自行研制、国际合作、改型研制及自主开发与国际合作的新阶段，目前规模依然偏小。美国兰德公司在其《中国商业航空政策有效性分析》一文中提出，中国大飞机产业的主要劣势就是核心技术和材料未掌握，特别是航空发动机叶片等材料和技术缺乏。综观我国历次大飞机的研制生产，都缺乏商业成功的实践经验。

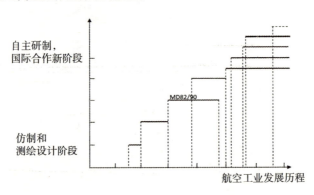

图7-5 我国航空工业发展历程

数据来源：赛迪智库，2015年4月。

3. 产业链还不健全，投资冲动风险增加

由于缺少全球性的物流和营销网络，我国航空产业维修、培训、租赁、研发设计、航空工业旅游、飞机回收处理等上下游产业链高端环节发展较为滞后，产业链的不完善使得我国整个航空产业链上的价值流失较为严重。目前我国已有的通用航空产业园产能，据估算已超过发展需求。一些园区发展无序，过度投资建设和引进项目，给产业发展带来了严重的风险和隐患。

四、船舶行业

（一）行业运行基本情况

1. 造船三大指标稳居世界第一

2014 年，全国造船完工量为 3629 万载重吨，占世界市场份额的 39.9%，同比下降 0.4 个百分点。全国承接新船订单量为 5995 万载重吨，占世界市场份额的 46.5%，同比下降 1.1 个百分点。我国新船订单量总体保持高位，但各季度成交呈递减趋势，截至 12 月底，全国手持船舶订单量为 14972 万载重吨，占世界市场份额的 47.2%，同比增加了 1.4 个百分点。

2. 行业经济效益有所回升

2014 年，全国规模以上船舶工业企业共 1491 家，实现主营业务收入 6334 亿元，同比增长 11.8%。全国规模以上船舶工业企业实现利润总额 261.1 亿元，同比增长 7%。船舶行业总体经济效益有所回升，但船舶修理企业盈利有明显下降。

3. 出口降幅有所收窄

2014 年，我国船舶出口金额为 237.8 亿美元，同比下降 14.1%，降幅收窄 11.2 个百分点。我国出口船舶产品中散货船、集装箱船和油船仍占总量中相当大的比例；亚洲地区仍然是我国最大的船舶出口市场。

（二）行业发展面临的问题

1. 产能过剩尚未得到根本遏制

近年来，产能过剩问题一直困扰我国船舶工业的发展，产能利用率与世界合理水平差距较大。2014 年全国船舶行业共淘汰、消化、整合、转移近 2000 万吨过剩产能，但产能利用率相对较低的问题没有根本解决。

2. 船舶企业盈利困难

2014年，新订购船只价格难低位徘徊，劳动力成本的上升、人民币升值、国际油价持续大幅下跌等因素的共同作用削弱了我国船舶企业利润空间，降低了国际竞争力。由统计数据显示，2014年船舶工业各个行业中利润下滑幅度最大的是船舶修理行业。

3. 技术创新能力不足

目前我国船舶配套业自主研发能力薄弱，关键系统、设备等长期依赖进口，与日、韩等造船强国相比，本土化率水平较低。

第四节　2014年我国装备工业区域发展情况

一、东部地区总体运行平稳

（一）产业规模不断扩大

2014年东部地区的山东省、江苏省和辽宁省继续保持较高速增长，主营业务收入增速分别为13.2%、9.9%和9.6%。其中山东省上半年装备工业累计完成主营业务收入18772.37亿元，同比增长13.2%，增速高于全省工业2.4个百分点，主营业务收入、利税和利润占全省工业的比重分别达到27.4%、25.9%和27.9%，较上年同期分别提高0.7、1.1和1.3个百分点。

2014年东部地区装备工业9大子行业实现利润总额增长率同比2013年有升有降，其中铁路、船舶、航空航天和其他运输设备制造业分化更加明显，北京市和上海市分别增长了93.27%、128.24%，而浙江省下降了72.35%。

表7-2　2014年东部地区装备工业利润同比增长率（%）

行业	北京	天津	辽宁	上海	江苏	浙江	山东	广东
金属制品业	-34.31	28.58	-19.55	-8.98	9.93	-1.08	8.92	16.18
通用设备制造业	24.7	9.47	-16.77	-0.38	13.31	6.04	8.92	16.29
专用设备制造业	-12.43	14.36	-21.6	-0.25	11.49	5.66	8.92	16.59
汽车制造业	11.13	-9.55	61.36	23.49	15.52	25.06	8.92	10.33
铁路、船舶、航空航天和其他运输设备制造业	93.27	28.88	-3.71	128.24	22.88	-72.35	8.92	7
电气机械和器材制造业	-3.38	5.28	-8.28	26.15	17.23	14.71	8.92	24.19

（续表）

行业	北京	天津	辽宁	上海	江苏	浙江	山东	广东
计算机、通信和其他电子设备制造业	8.79	-7	7.88	44	23.93	11.51	8.92	18.79
仪器仪表制造业	0.55	5.05	5.59	1.18	17.6	6.21	8.92	6.57
其他制造业	41.4	1.27	-33.95	-2.79	0.91	12.06	8.92	40.6

数据来源：国研网统计数据库，2015年1月。

（二）高端装备制造业发展势头良好

得益于政策支持和东部地区本身地理、交通和科技等优势，东部地区高端装备制造业发展良好。如上海市，以机器人为代表的高端装备行业发展态势良好，已形成全国最大的机器人产业集聚区，机器人已成为上海市智能制造装备行业发展的重要方向。发那科、ABB等企业均快速增长；新时达电气股份公司完成首条机器人生产线开发，完成首台使用自主控制软件的机器人样机；微松机器人公司完成"基于模块化理念设计、针对智能手机屏柔性组装测试生产流程"的机器人化生产线解决方案，首套设备顺利下线。浙江省智能化、自动化重大成套装备开发取得较大进展。上半年，全省共确认64项装备首台（套）产品。

（三）与中西部将协调发展

2014年东部地区地域优势继续减弱，随着西部开发，中部崛起，东部率先的区域发展总体战略的实施，中西部地区开发开放加快，2014年，中西部地区装备制造业发展速度继续快于东部地区。同时东部比重降低，中西部比重继续上升。如中部地区的河南省装备制造业主营业务收入同比增长17.8%，达到16188.3亿元，超过同期全国、江苏、广东、山东、浙江和上海的装备制造业主营业务收入同比增长率，分别为9.5%、8.9%、8.2%、13.1%、6.5%和4.6%。未来我国装备工业将围绕长江经济带、"一带一路"的建设，从集中向某一区域转移变为沿长江、丝绸之路合理布局，依托黄金水道铁路联运等交通基础优势，形成东中西配套、联动互通的产业格局，进而带动东中西产业协调发展。

表7-3 东部、西部、中部2014年装备制造业发展速度

地区	东部	西部	中部
主营收入增速	8.29%	12.29%	11.40%
利润增速	10.63%	14.46%	9.20%

数据来源：中国机械工业联合会统计数据，2015年3月。

二、中部地区发展势头良好

（一）产业规模稳步增长

2014 年，中部地区六省一共实现装备工业主营业务收入 58714.1 亿元。从细分行业领域来看，排名前三位的行业领域分别是电气机械和器材制造业、汽车制造业和计算机、通信和其他电子设备制造业，分别占装备工业主营业务总收入的 21.0%、19.4% 和 15.8%。

表 7-4　2014 年中部地区装备工业主营业务收入（亿元）

行业	湖北	湖南	安徽	河南	山西	江西	中部地区合计
金属制品业	1278.1	895.0	1166.2	1625.7	104.0	666.1	5735.1
通用设备制造业	1161.1	1375.3	1797.5	2740.3	168.4	652.6	7895.2
专用设备制造业	937.2	2617.0	1236.3	3221.2	353.5	450.9	8816.1
汽车制造业	4917.5	1039.6	2022.1	2228.6	83.7	1085.9	11377.4
铁路、船舶、航空航天和其他运输设备制造业	359.7	768.3	233.4	672.2	123.3	151.0	2308.0
电气机械和器材制造业	1614.6	1423.8	4120.1	2654.9	124.1	2377.7	12315.1
计算机、通信和其他电子设备制造业	1512.1	1623.3	1530.3	2876.6	591.1	1153.4	9286.8
仪器仪表制造业	125.9	252.0	162.1	311.6	26.8	102.1	980.4
2014年装备工业合计	11906.3	9994.3	12268.0	16331.0	1575.0	6639.5	58714.1

数据来源：国研网统计数据库，2015 年 1 月。

2014 年，中部地区六省一共实现装备工业利润总额 3563.8 亿元。从各行业利润分布来看，占比排名前三位的细分行业领域分别是汽车制造业、电气机械和器材制造业和通用设备制造业，占装备工业利润总额的比值分别为 22.4%、21.8% 和 14.3%，其中汽车制造业利润总额占比下降了 0.5 个百分点。

表 7-5　2014 年中部地区装备工业利润总额（亿元）

行业	湖北	湖南	安徽	河南	山西	江西	中部地区合计
金属制品业	54.1	52.9	66.4	127.4	2.1	44.2	347.1
通用设备制造业	65.7	70.8	101.8	210.0	11.4	50.6	510.3
专用设备制造业	45.1	110.5	68.8	221.3	6.2	36.3	488.1
汽车制造业	400.0	34.1	87.0	202.8	−0.4	74.7	798.3

（续表）

行业	湖北	湖南	安徽	河南	山西	江西	中部地区合计
铁路、船舶、航空航天和其他运输设备制造业	0.4	64.8	3.9	64.4	5.8	9.2	148.6
电气机械和器材制造业	87.8	48.6	257.9	207.3	3.5	172.1	777.2
计算机、通信和其他电子设备制造业	31.6	61.7	101.1	118.7	21.2	73.8	408.2
仪器仪表制造业	10.6	17.2	16.4	28.3	4.1	9.5	86.0
2014年装备工业合计	695.4	460.5	703.3	1180.2	53.9	470.5	3563.8

数据来源：国研网统计数据库，2015年1月。

（二）产品出口维持高速增长

2014 年，中部地区六省一共实现装备工业出口交货值 6439.2 亿元。从细分行业领域来看，计算机、通信和其他电子设备制造业稳居各行业中部地区出口交货值的第一名，实现出口交货值 4456.0 亿元，占装备工业总出口交货值的 69.2%，占比值相比 2013 年增加了 0.7 个百分点，计算机、通信和其他电子设备制造业在中部六省的出口中仍然稳居第一位，超过其他行业总和的 2 倍。

表 7-6　2014 年中部地区装备工业出口交货值（亿元）

行业	湖北	湖南	安徽	河南	山西	江西	中部地区合计
金属制品业	27.4	16.7	24.8	5.7	12.2	30.4	117.1
通用设备制造业	46.5	24.9	76.0	13.8	1.6	53.1	215.7
专用设备制造业	34.0	120.0	31.5	75.5	17.7	23.9	302.6
汽车制造业	79.9	31.0	179.2	96.8	6.0	71.5	464.3
铁路、船舶、航空航天和其他运输设备制造业	21.5	27.0	8.1	8.7	1.1	14.7	81.0
电气机械和器材制造业	99.8	41.5	249.5	103.9	1.4	265.5	761.6
计算机、通信和其他电子设备制造业	459.0	426.5	587.3	2274.7	424.2	284.3	4456.0
仪器仪表制造业	6.2	3.0	9.6	9.7	0.5	11.9	40.8
2014年装备工业合计	774.2	690.4	1166.0	2588.7	464.6	755.4	6439.2

数据来源：国研网统计数据库，2015年1月。

2014 年，中部地区六省的装备工业出口交货值同比增长普遍处于上升趋势，且高于全国平均水平。其中比较突出的有安徽省的计算机、通信和其他电子设备制造业，同比增长 126.2%；河南省的电气机械和器材制造业，同比增长 745.2%，专用设备制造业，同比增长 105.6%；山西省的铁路、船舶、航空航天和其他运输设备制造业，同比增长 207.0%。但是有些省份的部分细分领域的出口交货值同比有较大幅的下降。

表 7-7　2014 年中部地区装备工业出口交货值同比增长（%）

行业	湖北	湖南	安徽	河南	山西	江西	全国
金属制品业	62.0	-0.6	0.1	47.0	-0.2	17.3	8.7
通用设备制造业	19.3	42.7	8.0	16.1	9.7	-7.0	2.4
专用设备制造业	92.4	9.8	3.1	105.6	21.7	-1.1	9.1
汽车制造业	25.6	25.2	2.3	30.9	29.8	11.4	9.0
铁路、船舶、航空航天和其他运输设备制造业	-28.9	32.3	37.3	-2.6	207.0	30.2	5.2
电气机械和器材制造业	32.2	1.3	34.0	745.2	-24.3	43.0	6.1
计算机、通信和其他电子设备制造业	30.3	33.1	126.2	18.5	14.6	44.0	5.8
仪器仪表制造业	7.7	-63.5	28.4	11.9	-6.3	43.0	6.3

数据来源：国研网统计数据库，2015 年 1 月。

三、西部地区产业规模高速增长

（一）主营业务收入普遍上涨

2014 年，我国西部地区装备制造业发展快速，大部分地区主营业务收入上涨。分行业看，表现较为突出的为汽车制造业和计算机、通信和其他电子设备制造业，其中汽车制造业主营业务收入 9355.31 亿元，占西部地区装备制造业的 27.93%，12 个省（区、市）中一半以上实现了两位数增长，4 个省（区、市）出现收入下滑；通信和其他电子设备制造业主营业务收入 7854.43 亿元，占西部地区主营业务收入 23.45%，大部分省（区、市）实现了 30% 以上的增长，陕西省增速更是高达 77.42%，仅云南省出现了下滑。

表 7-8　2014 年西部地区主营业务收入（亿元）

	金属制品业	通用设备制造业	专用设备制造业	汽车制造业	铁路、船舶、航空航天和其他运输设备制造业	电气机械和器材制造业	计算机、通信和其他电子设备制造业	仪器仪表制造业	其他制造业
内蒙古	261.3	208.4	166.9	211.9	40.7	256.5	87.1	6.9	1.1
广　西	280.8	316.3	438.5	1936.3	140.9	691.8	926.7	36.1	21.4
重　庆	420.9	535.2	322.7	3750.8	1356.9	986.8	2798.5	137.8	11.4
四　川	956.2	1813.9	1241.6	2212.2	389.6	1072.9	3589.6	59.8	86.9
贵　州	130.3	62.6	78.5	160.7	63.8	137.2	69.0	9.1	11.8
云　南	84.3	79.4	83.1	139.8	36.3	88.6	23.6	6.4	7.4
西　藏	0.0	0.0	0.0	0.0	0.0	0.7	0.0	0.0	0.0
陕　西	212.2	400.1	460.3	893.7	234.8	600.3	310.6	87.9	21.5
甘　肃	65.5	46.4	102.2	2.7	3.9	120.5	45.2	1.9	6.3
青　海	6.0	20.0	3.7	2.5	2.5	46.0	3.3	0.9	6.1
宁　夏	37.5	49.6	40.6	3.6	1.0	47.8	0.0	8.3	7.9
新　疆	73.1	15.1	44.7	41.0	0.6	368.6	0.6	1.1	0.2
总　计	2528.0	3547.0	2982.9	9355.3	2271.0	4417.7	7854.4	356.1	182.1

数据来源：国研网统计数据库，2015 年 1 月。

　　分地区看，四川省在金属制品业，通用设备制造业，专用设备制造业，汽车制造业，铁路、船舶、航空航天和其他运输设备制造业，电气机械和器材制造业、计算机、通信和其他电子设备制造业及其他制造业领域主营业务收入居西部第一，其全省主营业务收入占西部地区的 34.10%；重庆市在汽车制造业，铁路、船舶、航空航天和其他运输设备制造业，仪器仪表制造业领域主营业务收入居西部第一，其市主营业务收入占西部地区的 30.81%。增速方面，贵州省在金属制品业、通用设备制造业、专用设备制造业及其他制造业领域增速最快，分别为 40.85%，39.68%，48.57% 和 97.39%；重庆市在汽车制造业领域保持着 26.38% 的最快增速；青海省在铁路、船舶、航空航天和其他运输设备制造业，电气机械和器材制造业领域增速最快，分别为 249.45%，108.4%；陕西省在计算机、通信和其他电子设备制造业领域增速最快，为 77.42%；内蒙古在仪器仪表制造业领域增速最快，达 48.86%。

（二）出口形势向好

2014年，西部地区装备工业完成出口交货值6021.45亿元，同比增长20.88%。分行业看，计算机、通信和其他电子设备制造业出口交货值最高，达5053.37亿元，占全行业的83.92%，同比增长22.96%，较全行业增速快2.08个百分点，其他出口交货值增长较快的行业还包括：专用装备制造业，较上年同期增长28.16%；汽车制造业，较上年同期增长15.43%；通用装备制造业，较上年同期增长13.04%。出口交货值出现下滑的行业为金属制品业和其他制造业，同比增速分别下降7.01%和7.19%。分地区看，2014年，西部地区装备工业出口交货值实现增长的有8个省份，仅青海、宁夏、新疆出现下滑。

表7-9　2014年西部地区装备工业出口交货值（亿元）

	金属制品业	通用设备制造业	专用设备制造业	汽车制造业	铁路、船舶、航空航天和其他运输设备制造业	电气机械和器材制造业	计算机、通信和其他电子设备制造业	仪器仪表制造业	其他制造业
内蒙古	0.2	0.2	0.8	10.8	2.6	0.7	0.1	0.0	0.0
广　西	4.6	6.2	28.9	21.5	0.0	23.0	254.2	1.3	1.1
重　庆	13.3	45.9	20.2	84.3	171.2	21.8	2185.2	6.2	1.1
四　川	5.6	48.8	114.1	15.7	20.2	70.7	2504.2	1.8	0.7
贵　州	5.3	0.0	1.4	1.1	6.8	0.9	0.0	0.0	0.0
云　南	2.5	3.5	4.8	6.9	0.2	3.2	1.0	2.0	1.1
西　藏	0.0	0.0	0.0	0.0	0.0	0.0	0.0	0.0	0.0
陕　西	1.1	21.1	35.4	43.5	29.8	35.0	89.4	6.3	0.0
甘　肃	0.0	4.0	4.4	0.0	0.0	0.5	19.0	0.5	0.0
青　海	0.0	0.0	0.0	0.0	0.0	0.0	0.0	0.1	0.0
宁　夏	0.0	0.4	0.0	0.0	0.0	0.0	0.0	0.0	0.1
新　疆	0.4	0.1	0.0	0.1	0.0	2.3	0.3	0.0	0.0
总　计	32.9	130.1	210.0	183.8	230.7	158.1	5053.4	18.3	4.1

数据来源：国研网统计数据库，2015年1月。

（三）固定资产投资领跑全国

2014年1-11月，全国机械工业自年初累计完成固定资产投资41033.99亿元，同比增长12.4%，其中西部地区机械工业固定资产投资5547.72亿元，占全国的

13.52%，同比增长 18.84%，增速较上年同期增长 7.67 个百分点，比全国快 6.44 个百分点，相比东、中部地区分别快 7.97、6.43 个百分点。

第五节　2014 年我国装备工业重点企业发展情况

一、中国四联仪器仪表集团有限公司

（一）企业基本情况

中国四联仪器仪表有限公司（简称"四联集团"）是国家计划单列企业集团、重庆市属国有重点企业。2011 年被评为国家技术创新示范企业，其前身是 1965 年按照国家"三线建设"总体部署建立的四川仪表总厂。2013 年，公司总资产 75.22 亿元，较 2012 年增长 13.56%，净资产为 25.7 亿元。四联集团已成为国内自动化仪表、控制系统及成套装置领域在经营规模、产品门类、系统集成能力均具有明显优势的龙头企业。公司连续多年被评为中国工业行业排头兵、中国机械工业 500 强、中国电气工业 100 强、中国电子信息 100 强企业，并多次获得中国仪器仪表品牌企业 20 强、质量效益型企业和中国诚信文化典范单位等称号。

四联集团是我国最大的综合性仪器仪表产业基地，也是世界领先的大尺寸蓝宝石衬底和国内重要的高端 LED 智能照明产品研发制造基地，是国家首批创新型企业，拥有国家级企业技术中心、企业博士后科研工作站、重庆市级技术中心 / 工程中心 / 实验室、产学研合作平台、检测中心等技术研发平台，其企业技术中心在同行业排名第一。2013 年，集团的新产品销售收入贡献率高达 31%，共有 50 项新产品重点项目被纳入国家和重庆市科技计划。新获专利授权 114 项，其中发明专利 5 项，累计实现有效专利 435 项，其中发明专利 46 项，参与制定国际、国家及行业标准 6 项，完成制修订及复审企业产品标准 96 项。

（二）生产经营情况

四联集团的核心业务是自动化仪表和 LED 应用产品。自动化仪表产品主要应用在冶金、石油、化工、火电、核电、水处理及污水处理、城市轨道交通等行业，主要产品和服务是工业自动化系统装置及工程成套。2013 年，四联集团自动化仪表产品销售收入为 31.87 亿元，占营业总收入的 83.7%。

表7-10　四联集团自动化仪表类产品及服务业务一览表

产品/服务名称	主要功能及用途
智能执行机构	接收控制系统的指令，完成对各种直通或旋转类阀门及风门挡板的控制。
智能变送器	对被测介质的压力、差压进行检测和信号传输。
智能调节阀	接收控制系统的指令，实现对管道中介质流量的控制及信号反馈。
智能流量仪表	对被测介质的流量进行检测及信号传输。
温度仪表	对被测介质的温度进行检测及信号传输。
控制设备及装置	通过控制元件与控制室仪表的集成，完成对温度、压力、流量、物位以及电机等的检测和控制。
分析仪器	对被测介质的化学特性、成份及含量进行在线或离线检测及分析。
系统集成及总包服务	主要为客户生产流程的自动化控制、优化控制和信息化系统集成提供整体解决方案及技术支持和服务。

资料来源：中国四联仪器仪表集团有限公司，2015年4月。

2010—2012年，受益于下游产业节能环保技术改造的大力推进以及公司蓝宝石及LED业务的快速发展，公司营业总收入呈现快速增长，分别为26.00亿元、34.48亿元和39.24亿元，年均复合增长率为22.86%。2013年，集团实现销售总额107.6亿元，利润总额4.84亿元，出口创汇8000万美元。

（四）经营发展战略

"十二五"期间，四联集团全力构建"225"发展格局，即建设两个工业园，打造两个平台，发展五大业务板块。

——建设两个工业园。"十二五"期间，四联集团将建成北部新区工业园和蔡同工业园。

——打造两个平台。"十二五"期间，四联集团将着力打造技术创新平台和多元化筹融资平台。

——发展五大业务板块。"十二五"期间，四联集团将大力发展自动化仪表、LED应用产品、汽车零部件、半导体电子、轨道交通五大业务板块。

规划提出到2015年，四联仪器仪表集团销售规模达到140亿元，利润率达到10%，新产品产值贡献率达到45%左右，研发投入占销售收入的比重达到4%

以上，并在集团核心业务领域培育二至三家上市公司。

二、上海汽车集团股份有限公司

（一）企业基本情况

1955 年 11 月，上海市内燃机配件制造公司成立，主管业务包括上海汽车零配件行业，上汽开始起步。截至 2013 年底，上汽集团总股本达到 110 亿股。上汽集团所属主要整车企业包括乘用车公司、商用车公司、上海大众、上海通用、上汽通用五菱、南京依维柯、上汽依维柯红岩、上海申沃等。在企业技术方面，上汽集团自主创新，创立了汽车品牌"荣威"，又与上南合作，获得了 MG 品牌和浦口基地。其产品荣威 750、荣威 550、MG 3SW、荣威 350、荣威 W5、MG6 三厢、MAXUS 大通 V80 和荣威 950 等相继上市。其中，荣威 550 荣获中国汽车工业科学技术奖特等奖。

（二）生产经营情况

目前，上汽集团主要业务涵盖整车（包括乘用车、商用车）、零部件（包括发动机、变速箱、动力传动、底盘、内外饰、电子电器等）的研发、生产、销售，物流、车载信息、二手车等汽车服务贸易业务，以及汽车金融业务。

2014 年前三个季度，上汽集团实现营业总收入 4685.47 亿元，归属于上市公司股东的净利润 204.09 亿元，基本每股收益 1.851 元。2014 年 9 月末总资产 3814.77 亿元，归属于上市公司股东的净资产 1448.34 亿元。2014 年全年归属于上市公司股东的净利润 248.04 亿元，初步测算增加 12% 左右，每股收益 2.250 元。

上海汽车集团股份有限公司 2015 年 1 月 7 日发布产销快报称，2014 年公司销售整车 561.99 万辆，同比增长 10.07%，连续十年领跑国内市场。其中，合资企业上海通用整车销售 176 万辆，同比增长 11.74%，上海大众整车销售 172.5 万辆，同比增长 13.11%，上汽通用五菱整车销售 180.6 万辆，同比增长 12.83%。

（三）经营发展战略

上汽集团的中长期发展目标为：

乘用车业务：在发展合资品牌的同时，大力发展自主品牌，巩固公司在国内乘用车市场的领先地位。

商用车业务：立足全系列经营，通过兼并收购、自主发展和合资并举快速抢占市场；进一步提升自主开发能力和经营管理能力。

零部件业务：围绕自主品牌乘用车发展，形成动力总成系统、底盘系统、电子系统的集成能力和同步开发能力，重点培育核心零部件自主开发能力。

汽车金融服务：进一步做大做强汽车金融服务业务，完善金融产品体系，为汽车经销商和汽车用户提供方便迅捷、灵活多样的汽车金融服务。

在新能源汽车战略方面：作为国内领先的汽车企业之一，上汽集团响应国家能源战略和节能减排的要求，从公司发展整体战略出发，重点探索发展新能源汽车，在新能源汽车研发上继续加大投资力度。

三、中航通用飞机有限责任公司

（一）企业基本情况

中航通用飞机有限责任公司（以下简称"中航通飞"）为中国航空工业集团旗下依照国务院批复组建的大型国有企业集团，它由中航工业、广东恒健投资公司、广东粤财投资公司以及珠海格力航空投资公司在 2009 年投资成立。

在研发设计方面，中航通飞研究院为国内专门进行通用飞机、浮空飞行器、水面飞行器等研发的高技术研究院所。主要开展通用飞机、浮空器、水陆两栖飞机的设计、试验、试飞等工作，其水动力、腐蚀防护和浮空器的相关研究已经处于国内前列。

（二）生产经营情况

中航通飞的主营业务包括通用飞机、教练机、无人机、特种飞行器及航空机载设备的设计、制造、销售及售后服务，还包括通用航空业务的投资和管理；汽车与特种车辆改装设计、制造、销售及售后服务；机电类产品的设计制造、销售及售后服务等。

在 2014 年，中航通飞的经济效益指标明显上升，全年总营业收入达到 116 亿元，同比增长了 13.8%，利润较去年改善 3.7 亿元，公司整体逆市扭亏为盈，经济增加值 EVA 同比提升 3.8 亿元。2014 年实现销售收入为 120.3 亿元，同比增长 17.39%；全年交付的各型飞机有 372 架，比 2013 年增加了 59 架；航展成交的各型飞机有 147 架。其中，交付了 308 架 SR20/22 飞机、12 架 Y5B 飞机、15 架小鹰 500 飞机、21 架 A2C 超轻型飞机、14 架凯旋 208B 飞机和 2 架桨状 XLS+ 公务机。

（三）经营发展战略

中航通飞在集团公司的战略是"两融、三新、五化、万亿"，全方位提高产品与服务价值的创造能力，力图到 2020 年成为"国内领先、世界一流"通用航空的解决方案提供商；积极融入世界航空产业链，参与新一轮的国际并购，高端切入通航产业链，在国际技术、运营、服务竞争中锻炼队伍、提升能力；积极融入地方产业圈，以爱飞客为载体谋划全国网络化的大布局；不断创新品牌价值、商业模式、集成网络，扩大通飞品牌影响力，增强盈利能力，整合资源，逐步实现引领通航产业发展的愿景；围绕市场需求，最终实现全球化、全谱系、全产业链、全价值链的宏大战略。即"一个能力，两个融入，三个创新，四个全面"的战略目标。

四、烟台中集来福士海洋工程有限公司

（一）企业基本情况

烟台中集来福士海洋工程有限公司（简称"中集来福士"）作为国内为数不多的拥有半潜式平台、自升式平台和海工特种船舶三大海洋工程装备主流产品总包建造能力的海工企业之一，烟台中集来福士海洋工程有限公司是国内最大的海洋工程装备建造基地之一，同时也是国内最大的半潜式平台建造基地。目前，企业产品涵盖自升式平台、半潜式平台、浮式生产储油船（FPSO）、海工特种船舶等大部分海工产品。现已在总包建造上初步形成批量建造能力，并积极参与国际市场竞争。

目前，中集来福士共申请专利 154 项，授权 68 项。其中发明专利 56 项，授权 13 项，4 项国外专利；实用新型 96 项，授权 54 项；外观 2 项，授权 1 项。专业期刊发表论文 80 余篇。中集来福士拥有 900 名左右研发设计人员，其中设计工程师 735 人，调试工程师 150 人，全职外籍专家 60 人。

（二）生产经营情况

中集来福士目前的主要产品包括自升式钻井平台、半潜式钻井平台和海洋工程辅助船等三大类。

2014 年，中集来福士通过努力实现营业收入大幅增长并顺利扭转亏损的局面，共实现销售收入 118.65 亿元，首次超过百亿人民币，比上年同期增长

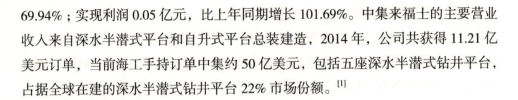

69.94%；实现利润 0.05 亿元，比上年同期增长 101.69%。中集来福士的主要营业收入来自深水半潜式平台和自升式平台总装建造，2014 年，公司共获得 11.21 亿美元订单，当前海工手持订单中集约 50 亿美元，包括五座深水半潜式钻井平台，占据全球在建的深水半潜式钻井平台 22% 市场份额。[1]

（三）经营发展战略

2014 年，中集来福士将自己的战略目标定位为：通过总装建造模式，奠定批量交付半潜式平台基石；模块化建造，将经验转化为标准作业流程；与国际最高标准接轨，打造优质系列产品；有所为有所不为，集中精力打造拳头产品。通过与国际最高标准接轨，中集来福士打造了多个系列的优质产品。半潜式平台目前已交付 8 座、在建 5 座、可选 7 座、在研 6 座，共 26 座，全水深覆盖（浅水、中深水、超深水），作为公司重点产品，远赴欧洲北海、中国南海、巴西、西非海域等海域作业。自升平台目前已交付 5 座、在建 6 座、待建 3 座、在研 3 座，共 17 座。

第六节　2015 年我国装备工业发展环境分析

一、全面深化改革深入贯彻落实，简政放权力度不断加大

作为深入贯彻落实党的十八届三中全会精神、全面深化改革的开局之年，2014 年也是完成"十二五"规划的关键之年，中央全面深化改革领导小组确定的 80 个重点改革任务基本完成，此外，中央有关部门还完成了 108 个改革任务，共出台 370 条改革举措。

作为改革的重头戏，简政放权、放管结合成为了国务院的 2014 年经济工作重点，国务院相继推出了一系列重要举措：2014 年 1 月，国务院常务会议决定推出进一步深化行政审批制度改革三项措施，提出"公开国务院各部门全部行政审批事项清单、清理并逐步取消各部门非行政许可审批事项、重点围绕生产经营领域，再取消和下放等 70 项审批事项，使简政放权成为持续的改革行动"；2014年 4 月，国务院常务会议部署落实 2014 年深化经济体制改革重点任务；2014 年5 月，国务院常务会议确定进一步减少和规范涉企收费减轻企业负担，部署落实

---

[1] 中集集团官网：《中国国际海运集装箱（集团）股份有限公司2014年度报告全文》，2015年3月25日，见 http://www.cimc.com/。

和加大金融对实体经济的支持，决定对国务院已出台政策措施落实情况开展全面督查；为促进创业就业、为经济社会发展增添新动力以及进一步激发市场活力，2014年6月、8月、12月，国务院常务会议先后确定三批简政放权措施。2014年全年，国务院各部门全年取消和下放246项行政审批事项，取消评比达标表彰项目29项、职业资格许可和认定事项149项，再次修订投资项目核准目录，大幅缩减核准范围。2015年3月，李克强总理在《2015年政府工作报告》中指出："今年再取消和下放一批行政审批事项，全部取消非行政许可审批，建立规范行政审批的管理制度。深化商事制度改革，进一步简化注册资本登记，逐步实现"三证合一"，"清理规范中介服务。制定市场准入负面清单，公布省级政府权力清单、责任清单，切实做到法无授权不可为、法定职责必须为。"

二、创新驱动发展战略稳步实施，促进经济结构转型升级

目前，我国经济发展进入新常态，正在向形态更高级、分工更复杂、结构更合理的阶段演化，经济发展方式正从规模速度型粗放增长转向质量效率型集约增长，经济结构正从增量扩能为主转向调整存量、做优增量并存的深度调整。作为国家经济结构调整优化的原动力，创新必须摆在国家发展全局的核心位置。面对当前经济形势，党中央深刻认识到创新驱动的紧迫形势，高度重视创新的引领与支撑作用。中共十八大报告提出"实施创新驱动发展战略"；2014年8月，习近平总书记在中央财经领导小组第七次会议"研究实施创新驱动发展战略"上指出："实施创新驱动发展战略，就是要推动以科技创新为核心的全面创新，坚持需求导向和产业化方向，坚持企业在创新中的主体地位，发挥市场在资源配置中的决定性作用和社会主义制度优势，增强科技进步对经济增长的贡献度，形成新的增长动力源泉，推动经济持续健康发展"；2014年9月，习近平总书记又在北京中关村举行以实施创新驱动发展战略为题的中共中央政治局第九次集体学习时提出了着力推动科技创新与经济社会发展紧密结合、着力增强自主创新能力、着力完善人才发展机制、着力营造良好政策环境、着力扩大科技开放合作等5个方面的任务。

科技创新是提高社会生产力和综合国力的战略支撑，为发挥好科技创新对经济社会发展的引领支撑作用，加快创新驱动战略落实，打通科技成果转化通道，国务院在《中共中央、国务院关于深化科技体制改革加快国家创新体系建设的意见》《国务院关于改进加强中央财政科研项目和资金管理的若干意见》的指导下，

提出了一系列重要举措：2014 年 8 月，国务院常务会议部署加快发展科技服务业，指出"要以研发中介、技术转移、创业孵化、知识产权等领域为重点，抓住关键环节精准发力，深化改革，坚持市场导向，推动科技服务业发展壮大"；2014 年 11 月，国务院常务会议部署加强知识产权保护和运用，提出"努力建设知识产权强国，催生更加蓬勃的创新创造创业热潮，用智慧升级'中国制造'；2015 年 1 月，国务院常务会议决定设立总规模 400 亿元的国家新兴产业创业投资引导基金，重点支持处于"蹒跚"起步阶段的创新型企业；2015 年 3 月，《政府工作报告》提出"要实施'中国制造 2025'，坚持创新驱动、智能转型、强化基础、绿色发展，加快从制造大国转向制造强国"，同月，国务院常务会议"部署加快推进实施'中国制造 2025'，实现制造业升级"，强调要顺应"互联网 +"的发展趋势，以信息化与工业化深度融合为主线，重点发展新一代信息技术、高档数控机床和机器人、航空航天装备、海洋工程装备及高技术船舶、先进轨道交通装备、节能与新能源汽车、电力装备、新材料、生物医药及高性能医疗器械、农业机械装备 10 大领域，强化工业基础能力，提高工艺水平和产品质量，推进智能制造、绿色制造。促进生产性服务业与制造业融合发展，提升制造业层次和核心竞争力。

三、自由贸易区建设有序推进，"走出去"战略加快落实

当前，国际金融危机余威犹在，全球性经济危机与社会危机相互叠加，世界经济正处于深度调整之中。面对国际政治经济格局深刻调整的战略机遇，党中央确立了推动更高水平对外开放的战略目标，提出构建丝绸之路经济带和 21 世纪海上丝绸之路，亚洲基础设施投资银行在积极筹备中，丝路基金已于 2014 年 12 月成立。与此同时，自由贸易区建设有序推进，"走出去"战略加快落实。

党的十八大提出"要加快实施自由贸易区战略"。自 2013 年 8 月中国（上海）自由贸易试验区经国务院正式批准设立以来，自由贸易试验区建设步伐不断加快，2014 年 12 月，中共中央政治局就加快自由贸易区建设进行第十九次集体学习，习近平总书记指出"加快实施自由贸易区战略，是适应经济全球化新趋势的客观要求，是全面深化改革、构建开放型经济新体制的必然选择"，同月，国务院常务会议部署"推广上海自贸试验区试点经验、加快制定完善负面清单，推动更高水平对外开放"；2015 年 3 月，中共中央政治局审议通过广东、天津、福建自由贸易试验区总体方案，建设中国（上海）自由贸易试验区并总结推广试点经验，深化以备案制为主的对外投资管理方式改革，推进贸易投资便利化，提出推动建

设亚太自由贸易区的倡议。

2014年3月,《政府工作报告》提出"加快实施走出去战略。鼓励企业参与境外基础设施建设和产能合作,推动铁路、电力、通信、工程机械以及汽车、飞机、电子等中国装备走向世界"。李克强总理在全国两会上指出"中国的经济要升级,出口产品也要升级,我们不能总是卖鞋袜、衣帽、玩具,当然这也需要,但中国装备走出去可以在世界市场上接受竞争的检验,提质升级"。2014年12月,国务院常务会议部署加大金融支持企业"走出去"力度,推出"简化审批手续、拓宽融资渠道、健全政策体系"三项重要举措。2015年1月,国务院常务会议部署加快铁路、核电、建材生产线等中国装备"走出去",提出"大力开拓铁路、核电等重大装备国际市场、支持企业利用国内装备在境外建设上下游配套的生产线、巩固通信、电力、工程机械、船舶等成套设备出口"等政策措施。2015年4月,李克强总理主持召开中国装备走出去和推进国际产能合作座谈会,强调"要完善政府推动、企业主导、商业运作的合作机制"。

第七节 2015年我国装备工业发展趋势展望

一、总体平稳,转型加速

(一)生产规模平稳增长

受总体需求偏弱、投资增速放缓、融资环境较差等诸多因素影响,2015年,我国装备工业下行风险仍在,形势仍然严峻复杂。但发达国家经济复苏动力将增强,新兴经济体发展前景有望改善,国内"稳增长"政策效果将进一步显现,特别是在国家保持经济中高速增长和向中高端迈进的总体目标下,《中国制造2025》等国家制造业发展纲领性文件将发布实施,下游行业转型升级将不断深入,装备工业发展内生动力逐渐增强,将加快向创新驱动和出口拉动转变,我国装备工业进入中高速增长的新常态。2015年全年装备工业仍将平稳发展,工业增加值增速有望保持在9.5%左右。

(二)出口增速有望加快

尽管我国经济总体向好、稳中有进的基本面没有改变,但经济结构和增长动力正在发生深刻变化。今后发展,要保持"双中高"的目标,一是要靠大众创业、万众创新，靠中小微企业解决国内就业和市场活力问题；二是要大力支持大型企业包括民营企业跨国发展，加快消费、出口、投资"三驾马车"的拉动作用，带动装备走出去。特别是，目前广大中东欧、中亚、东盟、非洲、南美等地区国家对我国优势装备有巨大需求，甚至国内已经淘汰的水泥、平板玻璃、钢材等生产线在这些国家和地区也有很大的市场。与此同时，国家"一带一路"、周边互联互通规划、中非"三网一化"、中巴及孟中印缅经济走廊等重大区域合作战略开始实施，中国与冰岛、瑞士、海合会、以色列及中美、中欧、中国—东盟、亚太等多双边自贸区谈判和建设不断推进升级，亚洲基础设施投资银行、金砖国家开发银行开始发挥作用，亚太经济合作组织、中非合作论坛、上海合作组织作用日益增强，均为我国加快装备走出去奠定了良好的基础。2015年，中国装备走向世界的步伐将明显加快。

（三）转型升级效果更为明显

2015年，"十二五"末期各项政策、规划将进入收官阶段，新的促进产业结构调整和推动战略性新兴产业发展的政策酝酿出台，在经济发展方式转变的大方向下，大型飞机和高档数控机床与基础制造装备科技重大专项、民用飞机和高技术船舶专项科研计划、智能制造装备发展专项、中央国有资本经营预算产业转型升级与发展专项以及新能源汽车、航空装备等战略性新兴产业创新工程等效果将不断显现，加上新一轮产业变革与技术革命及国内外市场倒逼机制的作用和影响，装备工业将加快向绿色化、智能化和高端化方向发展，装备工业企业将进一步提高生产效率、降低资源消耗。

（四）智能制造装备发展迅速

2015年，各国更加重视数字化、智能化产品生产的趋势将迫使我国加快装备智能化发展。从国内来看，国家增材制造发展推进计划、智能制造试点示范专项、互联网＋行动计划等一系列新政正在实施或即将出台，以及新一代信息技术与制造技术深度融合将推动智能工程、数字化车间、高端装备产品、智能管理、智能服务及智能制造新业态新模式不断向前发展，带动智能制造装备加速增长。未来装备工业将通过现代信息技术的应用和信息资源的深度开发及利用，不断提高研发、生产、经营、管理、决策的效率和水平，我国装备工业将逐步实现从制造到智造的跨越发展。

二、汽车行业下行压力加大

预计 2015 年，我国经济将稳步增长，汽车消费仍将受到限制，限购政策存在进一步蔓延的可能，国外贸易保护和国际竞争仍将加剧，汽车市场风险和压力加大，我国汽车产销增速将较 2014 年增速小幅下滑，产销增速在 6% 左右，整车出口也有可能受挫，整车进口量则有望保持 20% 的增长。随着国家扶持政策的逐步落实，地方政府补贴、限购单列配额等细则的陆续出台，新能源汽车可靠性的提高和上市速度的加快，将拉动和刺激新能源汽车消费，预计 2015 年新能源汽车产销仍将爆发性增长。随着各大互联网企业围绕推进互联网与汽车产业融合计划的实施与逐步落实，互联网和汽车产业的相互融合将进入一个新的阶段，营销方式、用户体验将明显加快。而限购限行政策的持续和自驾游的兴起将推动汽车租赁市场的快速增长，租车市场规模增速将达到 20% 左右。

三、机械行业表现将分化

预计 2015 年，固定资产投资需求仍将延续 2014 年的放缓态势，加之产成品库存逐月攀升，应收账款处于高位，财务成本不断增长，利息支出不断攀升，企业资金周转压力加大等各种不利因素的影响，我国机械工业增速将有可能持续下行，增长曲线将呈前低后稳之势，不同行业以及同行业中不同企业之间的分化将进一步加剧。同时，随着我国社会老龄化的到来以及企业用工成本不断攀升，智能装备越来越多成为制造业企业的选择，智能化机械产品未来将会有较快发展。而国家"一带一路"等战略的实施，也将拉动轨道交通装备、核电设备、火电设备、风力发电设备、工程机械、农业机械、油气装备等产品的出口。

四、航空行业有望取得新突破

随着我国经济的发展、低空开放和政策的完善，未来我国通用航空发展潜力十分巨大。2015 年是深化低空空域管理改革的关键一年，低空试点推广将进入全面放开阶段，将极大地促进我国通用航空产业发展，预计未来十年，全国将需要各类通用航空飞机约 1 万架，通航产业市场需求将超过 6400 亿元。同时，我国主要企业通过大力推进重点型号条件建设，从设计手段、系统集成设施、重大关键试验条件到先进共性制造技术、试飞技术等方面都得到了加强和提高，未来随着信息技术与制造技术的深度融合，大量先进的技术将推动航空产业技术创新、应用及扩散，使航空技术向数字化、智能化、敏捷化等方向发展。此外，我国在飞机、直升机等制造领域的国际合作走向多样化，风险合作、转包生产的新模式将加快推进，我国航空工业的国际化步伐也将进一步加快。

五、船舶行业仍将加快升级

预计 2015 年，全球航运市场供求矛盾仍难有效改观，国际油价大幅下跌导致的海洋工程装备市场需求将进一步萎缩，妨碍我国企业发展的盈利难、产能过剩等问题没有得到根本解决。受此影响，中国船舶工业主要经济指标将不会有太大的增长，总体保持平稳，新接单总量有可能小幅下跌，造船完工量将高于2014 年水平，约达 4300 万载重吨，手持订单量将保持在 1.3 亿载重吨左右。受海运铁矿石、煤炭、粮食等周转变化的影响，散货船将呈现供需增速双降的局面，而 LNG 船市场迎来新一轮快速发展期，LPG 船受能源革命的影响短期运力也将出现大幅度增长，经济性支线集装箱船受区域内贸易的影响可能会有所表现。目前我国的深海钻井装备还非常缺乏，海工装备面临浅海装备等方面的结构性过剩，深海的开发仍然不足，我国船舶行业的结构转型升级将在《船舶工业加快结构调整促进转型升级实施方案（2013—2015 年）》的指导下持续进行。

第八章　原材料工业

第一节　2014 年我国原材料工业整体发展状况

一、基本情况

（一）生产保持平稳发展

2014 年原材料生产保持平稳发展。工业增加值同比增长 8.3%，较上年下降 2 个百分点，其中钢铁、石化、建材、有色行业增长分别为 7.2%、7.2%、9.6% 和 11.4%。大部分产品增速回落，全年粗钢、水泥、乙烯、十种有色金属产量分别为 8.23 亿吨、24.8 亿吨、1704 万吨和 4417 万吨，比 2013 年分别回落 6.6、7.8、0.9、2.7 个百分点。

从主要产品产量来看，硫酸、烧碱、乙烯等化工产品产量持续增加，其中硫酸、烧碱增速高于上年同期；生铁、粗钢、钢材产量继续保持增长，但增速远低于上年同期；十种有色金属产量持续增加，增速较上年同期下降 2.71 个百分点；水泥、平板玻璃等建材产品产量增速也均低于上年同期。全年原材料工业增加值增速为 8.27%，较 2013 年下降 2 个百分点。

表 8-1　2014 年我国主要原材料产品产量及增长率

主要产品	产量（万吨）	同比增速（%）	上年同比增速（%）
硫酸	8846	6.8	5.8
烧碱	3180	7.9	6.6
乙烯	1704	7.6	8.5
生铁	71160	0.5	6.2
粗钢	82270	0.9	7.5

（续表）

主要产品	产量（万吨）	同比增速（%）	上年同比增速（%）
钢材	112557	4.5	11.4
十种有色金属	4417	7.2	9.9
水泥（亿吨）	24.8	1.8	9.6
平板玻璃（亿重量箱）	7.9	1.1	11.2

数据来源：国家统计局，2015年1月。

（二）固定资产投资情况

2014年我国原材料工业固定资产投资总量持续扩大，细分行业投资增速出现不同程度放缓，部分行业投资同比增速甚至下降。分行业来看，化学原材料和化学制品业投资增速较上年同期下降6.64个百分点；钢铁行业投资增速为-3.7%，其中冶炼行业投资增速为-5.9%；有色金属矿采选业投资增速为2.9%，冶炼和压延加工业同比增速较去年同期下降16.5个百分点；非金属矿采选业投资增速同比放缓，非金属矿物制品业投资增速小幅增加。

表8-2　2014年我国原材料工业固定资产投资及增长率

行业	绝对量（亿元）	同比增长（%）	上年同比增速（%）
化学原料和化学制品制造业	14584	10.5	17.14
黑色金属矿采选业	1690	2.6	10.39
黑色金属冶炼和压延加工业	4789	-5.9	-2.06
有色金属矿采选业	1636	2.9	19.72
有色金属冶炼和压延加工业	5770	4.1	20.6
非金属矿采选业	2047	13.9	14.43
非金属矿物制品业	15867	15.6	14.81

数据来源：国家统计局，2015年1月。

（三）进出口贸易情况

2014年1—12月，在支持外贸稳定增长政策推动下，我国外贸形势有所改善，出口平稳增长，进口略微下降，主要原材料产品出口继续保持增长。其中钢材出口9378万吨，同比增长50.5%，增速远高于上年同期11.9%的水平；未锻造的铝及铝材出口433.5万吨，同比增长19.2%，高于上年同期水平。进口方面，进口钢材1443万吨，同比增长2.5%，低于上年同期3.1%的水平；进口未锻造的铝及铝材 85.3 万吨，同比下降 11.4%，上年同期为 -17.7%。

（四）产品价格走势

2014 年 1—12 月，主要原材料产品价格低位震荡。钢材价格受产能过剩影响，处于历史较低水平。石化产品中纯碱价格下半年来总体呈上涨态势，尿素价格略微回落；天然橡胶价格不断走低，且低于上年同期水平。有色产品价格总体震荡调整，铜、铅价格震荡走低；铝、锌价格震荡走高，但铝价格低于上年同期水平。水泥价格一直不断下跌，但总体略好于上年同期水平。

表 8-3　2014 年 1—12 月我国部分原材料产品价格变化（单位：元 / 吨）

产品	钢铁协会CSPI钢材综合价格指数	尿素	纯碱（重灰）	天然橡胶（SCR5）	铜	铝	水泥
1月	97.49	1690	1600	16120	51712	13749	355
2月	96.46	1680	1650	15260	50403	13161	353
3月	94.83	1570	1670	14760	46343	12629	336
4月	95.97	1520	1560	14540	47730	12894	341
5月	94.27	1490	1570	13660	50027	13165	338
6月	92.99	1520	1590	13830	49623	13285	326
7月	91.88	1530	1595	13750	51077	13589	321
8月	90.63	1590	1590	13050	50377	14076	318
9月	86.35	1610	1594	12950	49566	14483	315
10月	86.4	16001600	1600	10700	48305	13773	316
11月	85.29	1580	1620	11420			312
12月	83.09						316

数据来源：赛迪智库整理，2015 年 1 月。

（五）盈利能力有所下降

2014 年，除金属矿采选业和钢铁行业利润同比下降，其他行业利润均出现不同程度增长。受铁矿石、金属矿价格下跌影响，黑色金属矿采选业和有色金属矿采选业利润分别同比下降 23.9% 和 10.7%。与 2013 年相比，除有色行业以外，其他行业的利润增速均有所下降。

表 8-4　2014 年我国原材料行业利润及增长率（单位：亿元，%）

	2014年		2013年		同比增速（个百分点）
	利润总额	同比增长	利润总额	同比增长	
黑色金属矿采选业	801.2	−23.9	1050	1.8	−25.7
有色金属矿采选业	563.4	−10.7	628	−17.2	6.5
非金属矿采选业	392.4	0	389.9	11	−11.0
化学原料和化学制品制造业	4146.8	1.7	4113.3	11	−9.3
化学纤维制造业	277.3	11.2	259.8	18.3	−7.1
橡胶和塑料制品业	1782	2.8	1716.3	18.3	−15.5
非金属矿物制品业	3924.6	3.9	3756.8	19.1	−15.2
黑色金属冶炼和压延加工业	1647.2	−2.7	1695	44.1	−46.8
有色金属冶炼和压延加工业	1490	2.5	1445.4	0.1	2.4

数据来源：国家统计局，2015 年 2 月。

从原材料行业主营业务销售利润率看，除化学纤维制造业的盈利能力有所提高以外，其他行业盈利能力均呈现不同程度的下降，其中金属冶炼和加工业销售利润率不足 3%。

表 8-5　2014 年我国原材料行业利润及增长率（单位：亿元，%）

	2014年	2013年	2014年较上年提高（个百分点）
黑色金属矿采选业	8.0	11.2	−3.2
有色金属矿采选业	9.1	11.0	−1.9
非金属矿采选业	7.7	9.1	−1.4
化学原料和化学制品制造业	4.7	5.6	−0.8
化学纤维制造业	3.5	3.0	0.5
橡胶和塑料制品业	6.0	6.6	−0.6
非金属矿物制品业	6.6	7.8	−1.2
黑色金属冶炼和压延加工业	2.3	2.5	−0.2
有色金属冶炼和压延加工业	2.8	2.9	−0.1

数据来源：国家统计局，2015 年 2 月。

二、工作进展

（一）淘汰落后产能

按照《国务院关于化解产能严重过剩矛盾的指导意见》以及《国务院关于进一步加强淘汰落后产能工作的通知》部署，工业和信息化部落实《政府工作报告》确定的 2014 年淘汰落后产能任务，经会议审议确定后向各地下达，具体为：炼钢 2870 万吨、炼铁 1900 万吨、铁合金 234.3 万吨、焦炭 1200 万吨、电解铝 42 万吨、电石 170 万吨、铅（含再生铅）冶炼 11.5 万吨、铜（含再生铜）冶炼 51.2 万吨、平板玻璃 3500 万重量箱、水泥（熟料及磨机）5050 万吨、造纸 265 万吨、化纤 3 万吨、制革 360 万标张、稀土（氧化物）10.24 万吨、印染 10.84 亿米、铅蓄电池（极板及组装）2360 万千伏安时。与确定的淘汰目标相比，水泥行业完成任务超 850 万吨、钢铁行业超 170 万吨。其他行业任务完成量与上年相比也有大幅度提高。

（二）技术创新

2014 年原材料行业技术创新步伐加快。如钢铁行业新技术、新产品开发的不断突破，有力支撑我国装备制造业和重大工程发展。2014 年，钢铁企业进一步加快了技术创新步伐，中集集团成功采用宝钢 BW300TP 新型耐磨钢生产搅拌车，延长机械服役寿命两倍以上；太钢填补国内空白，生产出最薄 0.02 毫米的精密带钢产品；武钢无取向硅钢在全球单机容量最大的向家坝 800 兆瓦大型水轮发电机上实现应用；鞍钢核岛关键设备、核电配套结构件和核反应堆安全壳三大系列核电用钢成功应用于世界首座第三代核电项目 CAP1400；宝钢牵头的"600℃超超临界火电机组钢管创新研制与应用"获得国家科技进步一等奖。此外建材行业精细陶瓷、耐高压复合材料气瓶、闪烁晶体等产业化技术也实现重大突破。

（三）节能减排

原材料工业能源消耗指标和主要污染物排放均有所下降，节能降耗水平进一步提高。如重点大中型企业吨钢综合能耗同比下降 1.2%，总用水量下降 0.6%，吨钢耗新水下降 0.5%，外排废水总量下降 5%，二氧化硫排放下降 16%，烟粉尘排放下降 9.1%；化工行业电石、烧碱、乙烯综合能耗分别下降 5.5%、3.2% 和 2.2%；建材行业脱硫、脱硝、除尘技术加速应用，水泥窑协同处置发展势头良好；有色金属行业铝锭综合交流电耗下降 144 千瓦时 / 吨。

（四）两化融合

2014年，我国原材料工业的两化融合工作得到进一步推动，工信部颁发《原材料工业两化深度融合推进计划（2015—2018年）》，制定了详细的原材料工业两化融合工作方案。近年来，信息技术的普及应用，对原材料工业的快速健康发展发挥了重要作用。目前，原材料工业广泛采用制造执行系统（MES）、企业资源计划（ERP）等两化融合技术，关键工艺流程数控化率、大中型原材料企业数字化设计工具普及率分别达到60%和70%。原材料工业两化融合正在由单项应用转向综合集成提升和整合创新，中石油、中石化、宝钢等特大型企业正逐步向智能化转型，但与国际先进水平相比，我国原材料工业两化融合深度仍不足，政策标准建设滞后、公共服务平台缺失、关键核心软件装备受制于人、企业信息化投资不足、重视程度不够、复合型人才缺乏等问题仍比较突出。

第二节　2014年我国原材料工业重点政策解析

一、《关于进一步优化企业兼并重组市场环境的意见》

（一）政策出台背景

兼并重组是企业加强资源整合、实现快速发展、提高竞争力的有效措施，是化解产能严重过剩矛盾、调整优化产业结构、提高发展质量效益的重要途径。近年来，我国企业兼并重组步伐加快，但仍面临审批多、融资难、负担重、服务体系不健全、体制机制不完善、跨地区跨所有制兼并重组困难等问题。为深入贯彻党的十八大和十八届二中、三中全会精神，认真落实党中央和国务院的决策部署，营造良好的市场环境，充分发挥企业在兼并重组中的主体作用，加快推进企业兼并重组，国务院出台了该意见。

（二）政策主要内容

该意见针对当前企业兼并重组面临的突出矛盾和问题，重点提出了七个方面的政策措施。

一是加快推进审批制度改革。优化审批制度，系统梳理相关审批事项，缩小审批范围，推行并联式审批。取消下放部分审批事项，对市场机制能有效调节的事项，取消相关审批。简化审批程序，实行分类审核，提高审查效率，简化相关证照变更手续。

二是改善金融服务。优化信贷融资服务，引导商业银行开展并购贷款业务，改善对企业兼并重组的信贷服务。发挥资本市场作用，丰富兼并重组企业融资方式和支付方式，鼓励各类财务投资主体以多种形式参与兼并重组。完善企业兼并重组的股份定价机制。

三是落实和完善财税政策。完善企业所得税、土地增值税政策，扩大兼并重组企业所得税特殊性税务处理的适用范围，研究完善企业改制重组涉及土地增值税等相关政策。

四是完善土地管理和职工安置政策。完善土地使用政策，按规定支付给企业的土地补偿费可以用于企业安置职工、偿还债务等支出。

五是加强产业政策引导。提高节能、环保、质量、安全等标准，规范行业准入，形成倒逼机制，引导企业兼并重组。

六是进一步加强服务和管理。推进服务体系建设，配需中介服务机构。

七是健全企业兼并重组的体制机制。完善市场体系建设，深化要素配置市场化改革，加快建立现代企业产权制度，加强反垄断和反不正当竞争执法。

（三）政策影响

该意见在消除体制机制障碍，优化政策环境，完善服务和管理，有效发挥兼并重组促进产业结构调整等方面发挥了积极作用，对我国当前企业兼并重组存在的诸如税收负担重、融资成本高、涉及企业兼并重组的体制机制还不完善，跨地区、跨所有制兼并重组难，企业兼并重组过程审批项目环节多、时间长等问题作出了回答。

二、《2014—2015年节能减排低碳发展行动方案》

（一）政策出台背景

加强节能减排，实现低碳发展，是生态文明建设的重要内容，是促进经济提质增效升级的必由之路。"十二五"规划纲要明确提出了单位国内生产总值（GDP）能耗和二氧化碳排放量降低、主要污染物排放总量减少的约束性目标，但2011—2013年部分指标完成情况落后于时间进度要求，形势十分严峻。为确保全面完成"十二五"节能减排降碳目标，制定了《2014—2015年节能减排低碳发展行动方案》（以下简称《行动方案》）。

（二）政策主要内容

《行动方案》提出了节能减排降碳的具体目标：2014—2015 年，单位 GDP 能耗、化学需氧量、二氧化硫、氨氮、氮氧化物排放量分别逐年下降 3.9%、2%、2%、2%、5% 以上，单位 GDP 二氧化碳排放量两年分别下降 4%、3.5% 以上。

《行动方案》从八个方面明确了推进节能减排降碳的三十项具体措施。一是大力推进产业结构调整。二是加快建设节能减排降碳工程。三是狠抓重点领域节能降碳。四是强化技术支撑，加强技术创新，实施节能减排科技专项行动，加快先进技术推广应用，完善节能低碳技术遴选、评定及推广机制；五是进一步加强政策扶持。六是积极推行市场化节能减排机制。七是加强监测预警和监督检查。八是落实目标责任。

针对调整优化能源消费结构，《行动方案》提到，实行煤炭消费目标责任管理，严控煤炭消费总量，降低煤炭消费比重。京津冀及周边、长三角、珠三角等区域及产能严重过剩行业新上耗煤项目，要严格实行煤炭消耗等量或减量替代政策，京津冀地区 2015 年煤炭消费总量力争实现比 2012 年负增长。

关于加快建设节能减排降碳工程，推进实施重点工程，《行动方案》提出，推进脱硫脱硝工程建设，完成 6 亿吨熟料产能的新型干法水泥生产线安装脱硝设施，到 2015 年底分别新增二氧化硫、氮氧化物减排能力 230 万吨、260 万吨以上。

关于进一步加强政策扶持方面，《行动方案》提到，完善价格政策。严格清理地方违规出台的高耗能企业优惠电价政策。落实差别电价和惩罚性电价政策，节能目标完成进度滞后地区要进一步加大差别电价和惩罚性电价执行力度。

《行动方案》关于落实重点地区责任方面提到，强化京津冀及周边、长三角、珠三角等重点区域污染减排，尽可能多削减氮氧化物，力争 2014—2015 年实现氮氧化物减排 12%，高出全国平均水平 2 个百分点。年能源消费量 2 亿吨标准煤以上的重点用能地区和东中部排放量较大地区，在确保完成目标任务前提下要多做贡献。18 个节能减排财政政策综合示范城市要争取提前一年完成"十二五"节能目标，或到 2015 年超额完成目标的 20% 以上。低碳试点省（区）和城市要提前完成"十二五"降碳目标。

（三）政策影响

据统计 2011—2013 年间，全国单位 GDP 能耗累计下降 9.03%、二氧化碳排放量累计下降 10.68%，节约能源共计 3.5 亿吨标准煤；化学需氧量、氨氮、二氧化硫、氮氧化物等排放量分别下降 7.8%、7.1%、9.9%、2.0%。虽然节能减排取得了积极进展和成效，但要实现"十二五"节能减排降碳约束性目标，仍有不小差距。《行动方案》的出台将节能减排任务进行了量化，确保"十二五"节能减排降碳约束性目标任务的顺利实现。

三、《关于促进生产过程协同资源化处理城市及产业废弃物工作的意见》

（一）政策出台背景

目前，我国工业固体废物年产生量约 32.3 亿吨，城市生活垃圾年清运量约 1.71 亿吨，但由于我国废弃物处置能力相对不足，大量固体废物未得到及时有效的处理处置。通过现有企业生产过程进行协同资源化处理，可以提高我国废弃物无害化处理能力，有利于化解我国废弃物处理处置的难题，是循环经济的重要领域。在企业协同处理过程中，废弃物可以作为替代原料或燃料实现部分资源化利用，含硅、钙、铝、铁等组分的废弃物可作为建材生产的替代原料；热值较高的工业废物、生活垃圾、污泥等可替代部分燃料。协同资源化可以构建企业间、产业间、生产系统和生活系统间的循环经济链条，促进企业减少能源资源消耗和污染排放，推动水泥等行业化解产能过剩矛盾，实现水泥、电力、钢铁等传统行业的绿色化转型，树立承担社会责任、保护环境的良好形象，实现企业与城市和谐共存。

近年来，我国一些水泥企业开展了利用水泥窑协同处理工业废物、污水处理厂污泥、污染土壤和危险废物的实践，同时开展了水泥窑协同处理生活垃圾和垃圾焚烧飞灰的探索；部分钢铁企业开发了利用铬渣等废物制作自熔性烧结矿冶炼含铬生铁工艺；一些电厂开展了协同处理污水处理厂污泥的工程实践。目前我国利用生产过程协同资源化处理废弃物面临的突出问题是：产业发展处于起步阶段，处理工艺和关键技术不成熟，企业运行管理经验不足，废弃物特性有待明确，缺乏针对性排放标准、污染控制标准、产品质量控制标准等风险控制相关标准和完善的控制措施，管理体制不够健全，缺乏政策激励。

（二）政策主要内容

《意见》明确提出，水泥、电力、钢铁为废弃物协同处理的重点领域。

针对水泥行业的要求是，推进利用现有水泥窑协同处理危险废物、污水处理厂污泥、垃圾焚烧飞灰等，利用现有水泥窑协同处理生活垃圾的项目开展试点。

加强示范引导和试点研究，加大支持投入，消除市场和制度瓶颈，扩大可利用废弃物范围，制定有针对性的污染控制标准，规范环境安全保障措施。

针对电力行业的要求是，推进现有火电厂协同资源化处理污水处理厂污泥，开发应用污泥干化、储运和电站锅炉煤炭与干化污泥或垃圾衍生燃料高效环保混烧等的成套技术和工艺，鼓励电力企业加大资源化利用污泥的升级改造力度。

针对钢铁行业的要求是，推进钢铁企业消纳铬渣等危险废物，突破这类废弃物消纳利用的技术途径，规范环境安全措施。

《意见》提出四项工作重点，一是统筹规划布局。鼓励具备资源化处理条件的企业积极参与协同资源化处理废弃物。二是开展试点示范。选择基础条件好的企业开展试点示范工程，以点带面。三是完善相关标准。制定完善相关预处理、污染控制标准，以及产品标准中补充健康和性能有害成分的限值。四是突破关键技术。开展技术攻关，将关键技术问题纳入科技计划的重点方向。五是规范行业准入。对协同处理危险废物和协同资源化处理生活垃圾的企业提出了明确要求。六是完善环保措施。形成完善的污染综合防控体系，注重废弃物运输、贮存、预处理和混烧过程的污染控制。七是提高安全防范等级。提高操作人员的安全生产素质，严防事故发生，杜绝二次污染。

（三）政策影响

此次《意见》的出台，将会极大促进我国废弃物协同处置产业的健康快速发展，对利用水泥窑协同处置城市生活垃圾和固体废弃物具有极大的促进作用，在化解水泥产能过剩矛盾、建立健全固废协同处置的技术规范和标准体系，保障处理过程中的环境安全，完善固体废弃物的交易市场和监管体系等方面具有重要意义，也将逐步形成适合我国国情的固体废弃物处理运行机制和管理模式。

四、《铜冶炼行业规范条件》

（一）政策背景

从我国目前铜冶炼行业来看，虽然在提升资源综合利用率、提高节能环保水平、加强行业管理方面取得了积极进展，但仍存在一些问题，如铜冶炼行业整体产出水平较低、中小企业偏多、产业集中度较低等。据统计，2013年产量在10万吨以上的铜冶炼企业尚不足15家，而大部分铜冶炼企业产量均在10万吨以下，中小企业偏多，产业集中度较低，其次资源配置不均衡的现象也较为明显，目前国内一些铜资源仍然落在一些生产能力较为落后的企业手中，而一些条件充分、高效利用的产能却因原料供应问题而被闲置，资源未能得到充分、高效的利用。为加快铜工业结构调整，建立统一开放、竞争有序的市场体系，规范企业生产经营秩序，促进行业持续健康协调发展，工业和信息化部将《铜行业准入条件（2006年）》修订为《铜冶炼行业规范条件》（以下简称《规范条件》）。

（二）政策主要内容

《规范条件》就企业布局、生产规模，质量、工艺和装备，能源消耗，资源综合利用，环境保护，安全生产与职业病防治，规范管理等方面提出了具体要求。

生产规模方面，《规范条件》明确，新建和改造利用铜精矿和含铜二次资源的铜冶炼企业，冶炼能力须在 10 万吨/年及以上。鼓励大中型骨干铜冶炼企业同时处理铜精矿及含铜二次资源。现有利用含铜二次资源为原料的铜冶炼企业生产规模不得低于 5 万吨/年。铜冶炼项目的最低资本金比例必须达到 20%。

能耗方面，《规范条件》要求，新建利用铜精矿的铜冶炼企业粗铜冶炼工艺综合能耗在 180 千克标准煤/吨及以下，电解工序（含电解液净化）综合能耗在 100 千克标准煤/吨及以下。现有铜冶炼企业粗铜冶炼工艺综合能耗在 300 千克标准煤/吨及以下。新建利用含铜二次资源的铜冶炼企业阴极铜精炼工艺综合能耗在 360 千克标准煤/吨及以下，其中阳极铜工艺综合能耗在 290 千克标准煤/吨及以下。现有利用含铜二次资源的铜冶炼企业阴极铜精炼工艺综合能耗在 430 千克标准煤/吨及以下，其中阳极铜工艺综合能耗在 360 千克标准煤/吨及以下。

资源综合利用方面，《规范条件》要求，新建铜冶炼企业占地面积应低于 4 平方米/吨铜，水循环利用率应达到 97.5% 以上，吨铜新水消耗应在 20 吨以下，铜冶炼硫的总捕集率须达到 99% 以上，硫的回收率须达到 97.5% 以上，铜冶炼含重金属废水必须达标排放，排水量必须达到国家相关标准的规定。现有企业水循环利用率应达到 97% 以上，吨铜新水消耗应在 20 吨以下，铜冶炼硫的总捕集率须达到 98.5% 以上，硫的回收率须达到 97% 以上。新建含铜二次资源冶炼企业的水循环利用率应达到 95% 以上，现有含铜二次资源冶炼企业的水循环利用率应达到 90% 以上。鼓励铜冶炼企业建设伴生稀贵金属综合回收利用装置。

（三）政策影响

《规范条件》的出台，提高了铜冶炼准入及环保门槛，这将有利于遏制低水平重复建设，加速淘汰落后产能，促进铜冶炼行业加快整合。

第三节　2014 年我国原材料工业重点行业发展状况

一、石化化工行业

（一）市场供需分析

1. 生产情况

2014 年，我国原油产量 21142.90 万吨，同比增长 0.94%；天然气产量 1234.00 亿立方米，同比增长 9.26%。

2014 年主要化工产品产量稳中有升。2012 年以来，我国硫酸、烧碱等产品产量增长率持续提高，分别由 2012 年的 4.80% 和 3.80% 提高到 2014 年的 6.80% 和 7.90%。2014 年，硫酸和烧碱的产量分别为 8846.30 万吨和 3180.10 万吨；2014 年，乙烯累计产量达 1704.40 万吨，同比增长 7.60%，与 2013 年 8.53% 的增长率相比略有下降；随着我国甲醇产能的不断释放，2014 年甲醇产量达 3740.67 万吨，同比增长 26.19%；2010 年以来，合成橡胶产量持续增长，由 2010 年的 310.00 万吨增长到 2014 年的 532.39 万吨；2014 年我国涂料产量再创新高，达到 1648.2 万吨。

2. 消费情况

2014 年我国原油表观消费量为 51787.64 万吨，同比增长 6.02%；天然气表观消费量为 1804.26 亿立方米，同比增长 10.59%。

2014 年主要化工产品消费量呈分化发展，部分产品消费量下滑。2010 年以来，硫酸和烧碱的表观消费量持续增长，分别由 2010 年的 7197.8 万吨和 1934.1 万吨增长到 2014 年的 8982.1 万吨和 2979.9 万吨，增长率分别为 24.79% 和 54.1%；2014 年乙烯、甲醇、合成橡胶和涂料等产品的表观消费量进一步增长，分别为 1853.7 万吨、4099.0 万、661.0 万吨和 1647.0 万吨，同比增长 3.39%、24.70%、21.93% 和 26.33%；2014 年苯表观消费量为 788.23 万吨，同比下降 1.89%。

（二）行业投资情况

2014 年，石油和化学工业固定资产投资完成额继续增加，但是增长幅度大幅下滑。2014 年石油和化学工业固定资产投资完成额累计达 23291.10 亿元，同比增长 10.71%。其中，天然原油和天然气开采业固定资产完成额为 4023.03 亿元，石油加工、炼焦及核燃料加工业为 3239.77 亿元，化学原料及化学制品制造业为 14584.08 亿元，化学纤维制造业 1081.16 亿元，橡胶和塑料制品业为 5914.44 亿元，增速均大幅回落。

（三）产品价格走势

2014 年，硫酸、纯碱和尿素等无机产品价格较为稳定，分别维持在 400 元 / 吨、1600 元 / 吨和 1500 元 / 吨左右；片碱、电石、甲醇、聚氯乙烯、聚合 MDI 和天然橡胶等产品市场价格呈震荡下行趋势。受国际油价大幅下跌等因素影响，精对苯二甲酸、丙烯和苯等有机产品下半年以来价格持续下跌，分别由 2014 年最高位的 7610 元 / 吨、10700 元 / 吨和 9720 元 / 吨跌至 5680 元 / 吨、7580 元 / 吨和 5520 元 / 吨，跌幅分别为 25.36%、29.16% 和 43.21%。受下游需求拉动，2014 年丙烯腈价格震荡上行。

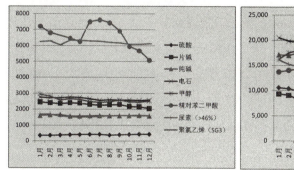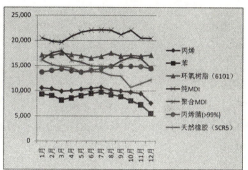

图8-1　主要化工产品价格（单位，元/吨）

数据来源：Wind，2015 年 2 月。

（四）经济效益分析

2014 年，我国石油和化工行业效益大幅下滑。石油和天然气开采业和石油加工、炼焦及核燃料加工业主营业务收入和利润均呈负增长。其中，石油和天然气开采业主营业务收入和利润分别下降 0.63% 和 13.71%，石油加工、炼焦及核燃料加工业主营业务收入和利润分别下降 0.58% 和 79.24%。与 2013 年相比，化学原料及化学品制造业、化学纤维制造业及橡胶和塑料制品制造业的主营业务收入增长率分别下降 4.36%、5.00% 和 5.23%，利润增长率下降更大，分别为 9.28%、7.05% 和 15.45%。

（五）进出口贸易情况

2014 年石油和天然气开采业出口交货值较 2013 年大幅上涨 21.60%，达 21.1 亿元；石油加工、炼焦及核燃料加工业的出口交货值增速大幅降至 5.08%，全年累计出口交货值为 554.03 亿元；化学原料及化学制品制造业出口交货值增速超 10%，全年出口交货值累计为 4390.57 亿元；而化学纤维制造业以及橡胶和塑料制品业出口交货值仍维持在 5% 以下。

受国际油价下跌等因素影响，2014 年我国原油和天然气进口量进一步增加，出口量进一步降低。我国原油对外依存度由 2013 年的 57.39% 增加到 2014 年的 59.43%，天然气对外依存度由 2013 年的 30.78% 增加到 2014 年的 31.61%。2014 年我国全年累计进口原油 30837.66 万吨，同比增长 9.5%，进口金额达 2283.12 亿美元，同比增长 3.9%；全年累计出口原油 60.02 万吨，同比下降 62.9%，出口金额 4.9 亿美元，同比减少 66.3%。2014 年天然气累计进口量为 4290.4 万吨，同比增长 12.61%，进口金额达 238.58 亿美元，同比增长 16.38%；全年累计出口天然气 189.06 万吨，同比下降 4.94%，出口金额为 10.47 亿美元，同比增加 5.79%。

具体产品来看，硫酸、对二甲苯、合成树脂和肥料等产品进口量进一步增加，其中对二甲苯和合成树脂进口量分别为 997.27 万吨和 3215.3 万吨，对外依存度分别为 52.9% 和 28.0%；乙烯、苯、甲醇、合成橡胶和合成纤维单体等产品进口量进一步减少。

二、钢铁行业

（一）市场供需分析

1. 生产情况

2014 年，中国生铁、粗钢和钢材产量分别为 7.12 亿吨、8.23 亿吨和 11.26 亿吨，同比增速分别为 0.5%、0.9% 和 4.5%，增速较 2013 年分别降低了 5.7 个百分点、6.6 个百分点和 6.9 个百分点。预计 2015 年随着新增产能的减少和下游消费增速放缓的影响，粗钢产量将与 2014 年基本持平或小幅增长。

2. 消费情况

从钢材下游消费发展情况看，2014 年除工业锅炉、金属冶炼设备、水泥专用设备、中小型拖拉机、家用洗衣机和家用冰箱冷柜产量同比下降以外，其他产品产量较 2013 年相比均有不同程度的增长，特别是大气污染防治设备、铁路机车和空调产量增幅较上年同期明显增大。

2014 年中国粗钢产量 82270 万吨，净出口钢材折合粗钢 7935 万吨，2014 年中国粗钢表观消费量约为 74335 万吨。随着城镇化和工业化进程的继续深入，2015 年中国钢铁消费将继续保持小幅增长态势。

（二）行业投资状况

2014 年中国黑色金属矿采选业与黑色金属冶炼及压延加工业固定资产投资额合计为 6479.6 亿元，同比下降 3.7%。其中，黑色金属冶炼及压延加工业完成投资额 4789.4 亿元，同比下降 5.9%，增速较 2013 年下降了 3.8 个百分点；黑色金属冶炼及压加工业完成投资 1690.2 亿元，同比增长 2.9%，增速较 2013 年下降了 7.8 个百分点。

（三）产品价格走势

2014 年初，钢铁原燃料价格下跌，国内钢铁生产成本下降，加之国内市场供过于求，推动国内市场的钢材价格持续震荡下行。2014 年年初，国内市场钢材综合价格指数为 98.93 点，到 2014 年年底该指数下降至 83.09 点，较年初下降了 15.84 点。其中长材综合价格指数由年初的 101.97 点下降至年末的 82.71 点，下降了 19.26 点；板材价格指数由年初的 97.76 点下降至年末的 85.10 点，下降了 22.66 点。2015 年在国内经济增速放缓的预期下，钢材下游需求难有大的增长，供求方面依然维持供过于求的格局，原燃料价格弱势运行对钢材市场价格支撑乏力，预计 2015 年钢材价格依然维持弱势运行。

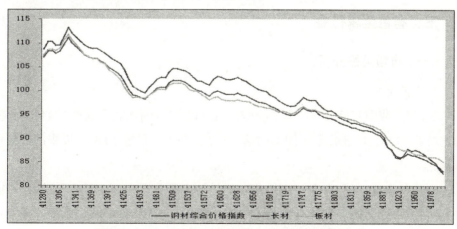

图8-2 2013—2014年中国钢材市场价格指数走势图

数据来源：中国钢铁工业协会，2015 年 2 月。

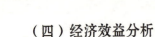

（四）经济效益分析

2014年，全国纳入中国钢铁协会统计的88家重点钢铁企业中，有13家企业亏损，亏损面14.8%，较2013年下降了4.6个百分点。这13家亏损企业的亏损额合计为117.5亿元，同比下降8.0%。

2014年88家重点钢铁企业的工业总产值合计为29218.8亿元，同比下降3.0%；工业增加值合计为4293.4亿元，同比增长0.08%；实现销售额合计为35882.1亿元，同比下降3.0%。

从盈利水平看，2014年88家重点钢铁企业实现利税1090.9亿元，同比增长12.2%；其中利润总额304.4亿元，同比增长40.4%。2014年88家重点钢铁企业销售利润率0.85%，虽然较上年同期提高0.26个百分点，但总体盈利水平仍然较低。

（五）进出口贸易情况

2014年中国进口钢材1451万吨，同比增长3.08%；进口钢材金额182.5亿元，同比增长7.0%。同期，中国出口钢材9393万吨，同比增长50.7%；出口钢材金额711.7亿元，同比增长33.7%。总体来看，2014年中国净出口钢材7942万吨，折合粗钢8849万吨，同比增长64.6%；进出口贸易顺差529.2亿美元，同比增长46.2%。钢材出口大幅增长主要源于我国钢材的价格优势，这通过钢材进出口平均价格对比可以看出，2014年我国进口钢材平均价格1257.6美元/吨，出口钢材平均价格757.7美元/吨，进出口价差高达500美元/吨。

三、有色金属行业

（一）市场供需分析

1. 生产情况

2014年，我国有色金属产量平稳增长。1—12月，十种有色金属产量4417万吨，同比增长7.2%，增速较上年同期回落2.7个百分点，是继2009年以来的产量增速新低。

分品种来看，1—12月，铜、铝、铅、锌产量分别为796万吨、2438万吨、422万吨和583万吨，增速分别为13.7%、7.7%、−5.5%和6.9%，除铜产量增速略有提高外，铝、铅、锌产量增速均回落。

2. 消费情况

2014年，我国十种有色金属产量为4417万吨，销售量为4257万吨，产销率达到99.3%，库存比年初增长了7.6%。1—12月，铜、铝、锌表观消费量平稳增长，消费量分别为1128万吨、2455万吨和627万吨，分别同比增长15.7%、10.1%和5.9%；铅消费量有所下降，为419万吨，同比下降5.8%。

（二）行业投资情况

2014年，有色金属行业投资规模不断扩大，增速继续放缓。1—12月，有色金属行业完成固定资产投资7406亿元，同比增长4%，增幅较上年下降15个百分点，比全国固定资产投资（不含农户）增长率降低了11.7个百分点。其中，有色金属矿采选业完成投资1636亿元，同比增长2.9%，低于上年同期16.8个百分点；有色金属冶炼及压延加工业完成投资5770亿元，同比增长4.1%，低于上年同期16.5个百分点。从投资主体来看，1—11月民间投资比重达到84.5%，投资结构不断优化。

（三）产品价格走势

2014年，主要有色金属产品价格出现分化。铜价整体震荡走低，价格低于上年同期水平。年初，受悲观预期影响，铜价从51734元/吨水平开始下跌，4月跌至46240元/吨，为近3年来的最低水平；5—8月，受国内经济数据企稳、国内收储、大型铜冶炼商停产检修的刺激，以及下游家电、汽车行业进入消费旺季的影响，铜价逐渐反弹；9月开始，国内铜矿供给充足，精炼铜产量不断增加，

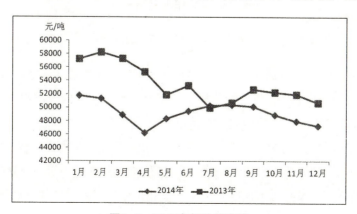

图8-3　2014年铜价格走势

数据来源：根据上海期货交易所数据整理，2015年1月。

下游需求减少,铜价不断下跌。预计2015年,随着前期建设的矿山产能陆续释放,全球精铜会出现过剩,我国经济增长下行压力不减,下游需求不确定性增强,铜价将继续震荡下行。

2014年,铝价呈现先跌再涨后跌走势。1—4月,受2013年年底产能投产,原铝供应增加,以及经济增速趋缓和下游消费低迷影响,铝价持续走低,4月铝价跌至12843元/吨,创下近3年来的新低;5月之后,部分铝厂因亏损相继减产,原铝供应下降,铝价有所回升,9月更是达到了14478元/吨,这一方面是受国际铝价上涨的带动,另一方面是国内铝库存减少的刺激;10月之后,受基本金属市场低迷、原铝供应增加、下游需求下降等影响,铝行业不景气,铝价震荡下行。预计2015年,受国内产能陆续释放和下游需求不确定性强等因素影响,铝价下行压力依然存在。

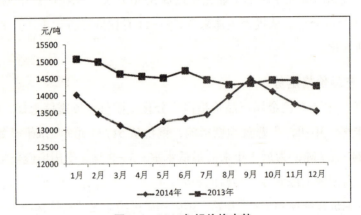

图8-4　2014年铝价格走势

数据来源:根据上海期货交易所数据整理,2015年1月。

2014年,铅价格震荡下调。1—4月,受国内经济不景气、下游终端需求低迷影响,上期所铅库存较高,铅价格不断走低;5月受国内经济数据略有回升、微刺激政策陆续推出、下游铅酸蓄电池消费旺季到来等因素刺激,铅价格逐渐反弹,8月达到14647元/吨,为年内最高水平;9月开始,国内经济数据继续下滑、下游需求疲弱、铅蓄电池企业库存高企,铅价格一路走低。预计2015年,国内铅矿供应趋紧,环保政策更加严格,原生铅和再生铅的产量增速会趋缓,受电动汽车消费影响,铅蓄电池消费难有较大增长,精炼铅价格将震荡走低。

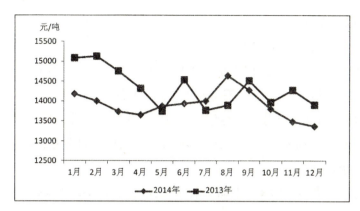

图8-5 2014年铅价格走势

数据来源：根据上海期货交易所数据整理，2015年1月。

2014年，与其他有色金属品种不同，锌价格整体呈现上涨态势。1—4月，受国内经济低迷、国产锌库存高企、下游消费淡季影响，锌价格有所下降；5月开始，国内部分中小锌矿减产或停产，锌价格不断上涨，8月涨到年内最高水平，达到16784元/吨；9月开始，锌供应量不断增加，锌消费需求没有太大改善，锌价有所下降，但在11月，锌价有所上涨，12月锌价格达到16771元/吨，处于年内较高水平。预计2015年，锌矿石供应充足，企业开工率维持较高水平，但新的环保法和安全法的实施将增加精炼锌的生产成本，产量增速会趋缓，下游需求领域锌消费有回暖迹象，锌价有望继续上涨。

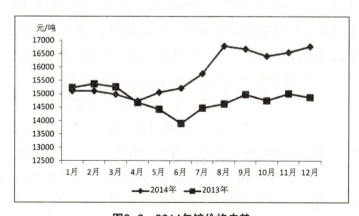

图8-6 2014年锌价格走势

数据来源：根据上海期货交易所数据整理，2015年1月。

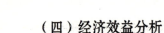

（四）经济效益分析

2014年，有色金属行业整体盈利能力有所下滑。1—12月，有色金属行业实现利润2053亿元，比上年同期减少20亿元，其中有色金属矿采选业实现利润563亿元，同比减少10.7%，降幅较上年同期有所缩小，销售利润率为8.98%，较上年同期下降1.2个百分点；有色金属冶炼及压延加工业实现利润1490亿元，同比增长2.5%，增幅高于上年同期两个百分点，销售利润率为2.94%，较上年同期下降0.17个百分点。

从亏损情况来看，国家统计局统计的9273家企业中，有1596家亏损企业，亏损面为17.2%，其中有色金属矿行业亏损面为15%，较上年同期上升两个百分点，亏损额为33亿元；有色金属冶炼及压延加工业亏损面为18%，与上年同期水平持平，亏损额为378亿元。

（五）进出口贸易情况

铜：2014年，我国铜产品出口有所减少，出口未锻造的铜及铜材77.7万吨，同比降低0.7%，低于上年同期2%的水平；出口精炼铜26.6万吨，低于上年29.3万吨的水平；出口铜矿砂及精铜0.08万吨，同比增长17.3%，低于上年同期水平。铜产品进口有不同程度增长，进口未锻造的铜及铜材482.5万吨，同比增长7.4%，而上年同期减少2.3%；进口精炼铜359万吨，高于上年同期320.6万吨的水平；进口铜矿砂及精矿1182万吨，同比增长17.3%，低于上年同期增长水平。

铝：2014年，我国铝产品出口有增有减。出口氧化铝11.8万吨，同比减少36.6%，增速较上年同期330.3%的增长率有明显的下降；出口原铝9.6万吨，同比减少17%，降幅比上年扩大9个百分点；出口铝合金57.1万吨，同比增长25%，明显好于上年同期水平；出口未锻造的铝及铝材433.5万吨，同比增长19.2%，高于上年同期14.1个百分点；出口废铝971万吨，同比降低28%，降幅较上年进一步扩大。主要铝产品进口有所减少，除氧化铝进口527.6万吨，同比增长37.7%，高于去年同期水平外，原铝、铝合金、未锻造的铝及铝材、废铝进口量均下降，分别进口26.8、8.6、85.4和230.6万吨，同比分别减少28%、22%、11.4%和7.9%。

铅：2014年，我国进口铅矿砂及精矿181.2万吨，同比增长21%，而上年同期进口量下降18%；出口氧化铅600吨，同比下降35%，降幅水平与上年同期基本持平；出口精炼铅3.5万吨，同比增长59%，进口精炼铅200吨，同比下降75%。

锌：2014 年，我国锌产品出口增幅较大，出口氧化锌及过氧化锌 1.2 万吨，同比增长 29%，较上年同期下降 17%；出口精炼锌 13.1 万吨，远高于上年同期 0.3 万吨的水平；出口未锻造的锌（包括锌合金）13.3 万吨，远高于上年同期 0.5 万吨的水平。进口锌产品有所减少，进口氧化锌及过氧化锌 1 万吨，较上年同期下降 10%，降幅进一步扩大；进口精炼锌 57 万吨，同比减少 9%，而上年同期增速为 22%。

四、建材行业

（一）产品生产情况

2014 年建材行业产品保持适度增长，其中水泥、平板玻璃等传统建材高能耗、高排放产品产量增速较上年有所下降，商品混凝土、钢化玻璃等低能耗、低排放加工产品产量保持较快增速。

1. 水泥行业

2014 年 1—12 月份全国累计水泥产量 22.8 亿吨，同比增长 1.8%，增速创出自 1991 年以来的 24 年最低，在当前我国经济增长呈现变轨态势阶段，表明我国水泥需求已经进入低速增长期的新常态。

从区域市场来看，我国水泥产量增长呈现出"南高北低"的特点，西南和中南地区的增长速度较快，其中西南部是表现最好的地区，产量同比增长 7.8%。北部大部分省区呈现负增长，华北地区的水泥产量同比下降 10.04%，东北部地区同比下降 3.78%。

2. 平板玻璃行业

2014 年我国平板玻璃产量为 7.93 亿重量箱，同比增长 1.1%，增幅减缓 10.1 个百分点，产量增幅明显放缓。主要原因是受房地产景气下降及库存压力影响。

从地区来看，2014 年河北省平板玻璃产量为 1.23 亿重量箱，湖北省平板玻璃产量为 9051 万重量箱，广东省平板玻璃产量为 8189 万重量箱，山东省平板玻璃产量为 7619 万重量箱，江苏省平板玻璃产量为 5834 万重量箱，福建省平板玻璃产量为 5241 万重量箱，六个地区产量占全国总量超过 60%。

（二）产品价格走势

2014 年 1—12 月，建材及非矿产品出厂价格同比上涨 0.15%，总体基本保持

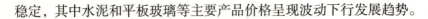

稳定，其中水泥和平板玻璃等主要产品价格呈现波动下行发展趋势。

1. 水泥行业

2014年全国水泥平均市场价位与上年基本持平，但是月度走势"前高后低"。图8-7给出了近3年水泥月度价格的走势情况，从图中可以看出，2014年水泥价格的走势情况与2012年较为接近，呈现出震荡下行的趋势。2014年前三季度水泥价格持续下滑，从年初的355元/吨持续下降至9月的315元/吨，每吨水泥下降了近40元，第四季度虽然出现了季节性反弹迹象，但反弹力度明显偏弱。

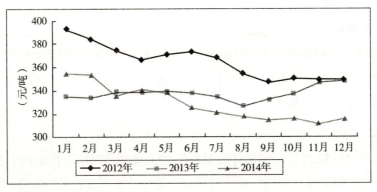

图8-7　2012—2014年重点企业月度水泥（P.O42.5）价格走势

数据来源：Wind，2015年2月。

2. 平板玻璃行业

2014年我国平板玻璃行业价格波动幅度相对较大。图8-8给出了重点企业月度平板玻璃（5mm）价格走势图，从图中可以看出，2014年平板玻璃价格整体呈震荡下降趋势，最高价格和最低价格价差约10元/重量箱，主要原因在于平板玻璃产能严重过剩，再加上平板玻璃连续生产无法停窑的特点，库存增加导致价格下降。合理的库存有助于企业抑制市场价格波动，但是库存量过高就会给企业带来极大的经营压力。目前平板玻璃企业库存量大多维持在20—30天产量的水平，产成品库存同比增长15%，经营压力较大。

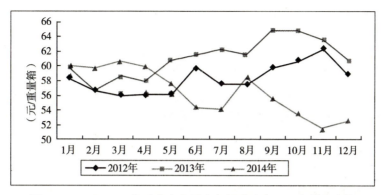

图8-8　2012~2014年重点企业月度平板玻璃（5mm）价格走势

数据来源：Wind，2015年2月。

（三）经济效益分析

2014年规模以上建材企业完成主营业务收入7万亿元，同比增长10.1%，增速同比下降6.9个百分点。其中水泥、玻璃等传统产业主营业务收入增速明显减缓，水泥制造业完成9792亿元，同比增长0.9%，增速同比下降7.7个百分点，平板玻璃行业主营业务收入同比增长0.04%。而低耗能和加工制品产业则发展较快，其主营业务收入占建材工业的比重达到48%，其中水泥制品业完成8600亿元，同比增长13.9%。

2014年1—12月，规模以上建材企业实现利润总额4770万亿元，同比增长4.8%，子行业中利润总额最大的当属水泥行业，共实现利润780亿元，同比增长1.8%，而平板玻璃行业则实现利润15亿元，同比下降64.7%。

虽然2014年建材行业的总体经济效益尚可，但全年主营业务收入和利润总额增速不仅低于2013年增速，而且呈现出逐月收窄的趋势，由年初2月份的13.7%、34.7%下降到12月份的10.1%、4.8%，降幅较大。

（四）进出口贸易情况

2014年建材商品累计进口463.3亿美元，同比增长110.8%，出口金额累计361.2亿美元，同比增长5.3%，其中非金属矿商品进口额大增是出现进出口逆差的主要原因，水泥、平板玻璃等主要建材产品进出口有升有降。

2014年1—12月，全国水泥及水泥熟料累计出口1390万吨，同比下降4.3%，出口金额7.72亿美元，同比下降2.9%，从出口国别来看，巴西、美国、刚果、中国香港等地出口量均有所上升；平板玻璃累计出口 2.19 亿平方米，同比增加 12.3%，出口金额累计 14.42 亿美元，同比增长 38.2%。

2014 年 1—12 月，全国水泥及水泥熟料累计进口 34.67 万吨，同比下降 31%，累计进口金额 31.25 亿美元，同比下降 47%；平板玻璃累计进口 27.28 万吨，同比增加 18.57%，累计进口金额 27.1 亿美元，同比增加 7.34%。

五、稀土行业

（一）市场供需分析

从供给方面看。2014 年，我国稀土开采总量控制指标管理和冶炼分离产品生产总量控制计划管理政策继续执行。综合考虑稀土市场全球实际供求关系和国内企业的生产能力，2014 年稀土开采总量控制指标上调至 10.5 万吨，较 2013 年的 9.38 万吨增加了 11.94%。另外，稀土违规生产现象得到有效控制，市场经营秩序得到改善。随着打击违法违规开采稀土行为专项行动等政策的有效实施，稀土行业管理逐步收紧，同时，受下游应用市场发展不景气，稀土价格持续下跌等因素影响，违规稀土产品数量也逐步下降。

从需求方面看。2014 年，稀土冶炼分离产品消费量呈现恢复性增长态势。2014 年，我国稀土冶炼分离产品消费量为 8.64 万吨，同比增长 1.5%。其中，传统领域消费量为 3.19 万吨，新材料领域消费量为 5.45 万吨，稀土新材料领域消费仍然占据主要地位。

总体来看，我国稀土供给总量有所收紧，但稀土价格呈现低迷状态，稀土下游应用市场尚未打开，稀土消费需求相对低迷。整体稀土供过于求的市场格局仍然存在。

（二）行业投资情况

在国家政策和市场作用影响下，稀土行业开始向创新驱动方式转变，稀土行业投资更注重技术升级和环保改造。根据中国有色金属工业协会统计分析，由于稀土矿山整合和企业环保改造基本完成，稀土矿山投资额进一步下降。2014 年 1—11 月，全国稀土金属矿采选业固定资产投资额为 15.54 亿元，同比下降 31.34%。而稀土冶炼分离企业受企业搬迁、技术升级和环保整改等因素的影响，投资额进一步上升。2014 年 1—11 月，稀土金属冶炼业固定资产投资额为 77.02 亿元，同比增长 43.48%。

（三）产品价格走势

2014 年，我国稀土产品价格整体呈现下跌趋势，仅部分稀土产品价格在年底出现小幅反弹。价格持续低迷的原因主要是受稀土下游消费需求不旺、稀土产品供给过剩、市场稀土产品库存量较大等多种因素影响。

从具体产品来看：稀土价格最高的为氧化铽，2014 年年平均价格为 7681.27 元／公斤；而使用最为普遍的氧化钕，年均价格为 303.09 元／公斤；氧化镝年均价格为 1617.31 元／公斤；氧化钇年均价格为 48.18 元／公斤。

氧化镧、氧化铈产品的年均价格维持在 18—19 元／公斤。其中氧化镧的月均价从 1 月份的 24 元／公斤回落到 12 月份的 13.22 元／公斤，下跌幅度为 44.9%；氧化铈的月均价也从 1 月份的 24 元／公斤下跌至 12 月份的 12.22 元／公斤，下跌幅度为 49.1%。

镨、钕类产品价格差异较大，但镨钕产品的使用量仍居首位。2014 年，氧化镨的年均价格为 545.15 元／公斤，月均价从 1 月份的 581.7 元／公斤下降到 12 月份的 419.38 元／公斤，下跌幅度为 27.9%；氧化钕的年均价格为 303.09 元／公斤，月均价从 1 月份的 316.4 元／公斤下降到 12 月份的 275 元／公斤，下跌幅度为 13.1%；氧化镨钕的年均价格为 312.94 元／公斤，月均价从 1 月份的 328.3 元／公斤下降到 12 月份的 281.03 元／公斤，下跌幅度为 14.4%；镨钕金属的年均价格为 401.84 元／公斤，月均价从 1 月份的 407 元／公斤下降到 12 月份的 369.38 元／公斤，下跌幅度最低，为 9.2%。

荧光粉的原料产品氧化铕、氧化钇和氧化铽受行业低迷影响，使用量大幅下降，价格均呈下跌趋势。2014 年，氧化铕的年均价格为 3453.72 元／公斤，月均价从 1 月份的 4607.3 元／公斤下降到 12 月份的 1887.5 元／公斤，下跌幅度高达 59%；氧化钇的年均价格为 48.18 元／公斤，月均价从 1 月份的 66.7 元／公斤下降到 12 月份的 35 元／公斤，下跌幅度高达 47.5%；而氧化铽的年均价格为 3073.4 元／公斤，月均价从 1 月份的 3588.5 元／公斤下降到 12 月份的 2950 元／公斤，下跌幅度为 17.8%。主要是由于氧化铽产量较少，而金属铽可应用于高性能钕铁硼材料，情况较好一些。

氧化镝价格较为波动。2014 年，氧化镝的年均价格为 1617.31 元／公斤，月均价从 1 月份的 1855.5 元／公斤下降到 12 月份的 1532.5 元／公斤，下跌幅度为 17.4%，而在 11 月—12 月份，氧化镝价格呈现小幅反弹，主要是受国家收储政策的影响。

（四）经济效益分析

稀土行业经济效益水平呈现明显分化现象：稀土矿产品环节利润呈增长态势；而稀土冶炼分离产品环节利润同比下降。2014 年 1—11 月，全国稀土金属矿采选业实现利润 7.27 亿元，同比增长 8.29%；而全国稀土冶炼分离业实现利润 35.25 亿元，同比下降 37.87%。出现这一现象的原因主要包括两方面：一是国家对稀土违规开采行为的严格控制，减少了违规矿产品的数量，市场总供给水平的下降有力支撑了计划内稀土矿开采企业的经济效益；二是稀土冶炼分离行业同时受供给和需求的双重压力，另外，企业也面临转型升级的压力，企业利润进一步下降。

（五）进出口贸易情况

2014 年全年累计出口稀土 2.78 万吨，同比增长 23.5%；累计出口金额约 3.7 亿美元，同比下跌 35.5%。其中，稀土氧化物出口 1.67 万吨，同比增长 15.7%，出口金额 2.38 亿美元，同比下降 41.5%；稀土金属出口 3738 吨，同比增长 20.3%，出口金额 7734 万美元，同比下降约 30.6%；稀土盐类出口约 7270 吨，同比增长 47%，出口金额约 5631 万美元，同比增长 3.1%。整体呈量增价跌的出口现状。

从目前看，2015 年单纯取消稀土出口配额，可能对稀土出口市场影响并不大，因为近三年稀土配额指标并没有用完；稀土出口量上涨主要是稀土价格较低的原因。据了解，目前国外稀土企业也是观望后市，不急于下单，静观 2015 年国内稀土出口政策的变化。

2014 年全年累计进口稀土氧化物及化合物 3467 吨，同比下降 5.4%，进口金额 6242 万美元，同比下降 60%；稀土金属进口 5.7 吨，同比下降 53%，进口金额 100 万美元，同比下降 27%。

第四节　2014 年我国原材料工业区域发展情况

一、东部地区

（一）石化行业

2014 年，东部地区尿素、硫酸、烧碱、乙烯、合成纤维和合成橡胶等产品产量分别为 895.08 万吨、2006.34 万吨、1424.92 万吨、1129.44 万吨、3823.91 万吨和 386.11 万吨。与 2013 年相比，除尿素外，其他产品产量均不同程度增长，其中合成橡胶产量增幅最大，达 35.10%。

2014 年，东部地区化工产业资产总计 39596.44 亿元，负债总计 21721.93 亿元，资产负债率为 54.86%，同比下降 0.76 个百分点。东部地区化工产业实现主营业务收入 56212.42 亿元，利润 3090.73 亿元，销售利润率为 5.50%，较 2013 年下降 0.32 个百分点。

（二）钢铁行业

东部地区仍然是我国钢铁主产区，2014 年生铁、粗钢和钢材产量分别为 43855.6 万吨、51014.0 万吨和 73611.4 万吨，占全国的 61.63%、62.01% 和 65.40%，且生铁、粗钢和钢材产量增速分别为 2.1%、2.3% 和 4.8%，均高于全国平均水平，产量在全国占比进一步增加。

2014 年，东部地区 11 个省（市）钢铁产业企业共计 6249 家，资产总计 39502.19 亿元，负债总计 25497.65 亿元，资产负债率为 64.55%，较 2013 年下降 2 个百分点。东部地区钢铁产业实现主营业务收入 47078.51 亿元，利润 1268.43 亿元，销售利润率为 2.69%，较 2013 年提高 0.05 个百分点。

（三）有色金属行业

2014 年，东部地区十种有色金属产量共计为 666.55 万吨，较 2013 年增长 16.81%。其中，山东省有色金属产量为 402.57 万吨，同比增长 11.65%。

2014 年，东部地区有色金属产业资产总计 12364.84 亿元，负债总计 7236.49 亿元，资产负债率为 58.52%，较 2013 年下降 1.87 个百分点。东部地区有色金属产业实现主营业务收入 20375.66 亿元，利润 888.82 亿元，销售利润率为 4.36%，较 2013 年提高 0.13 个百分点。

（四）建材行业

2014 年，东部地区水泥和平板玻璃产量分别为 91560.59 万吨和 49009.06 万重箱，同比分别增长 0.36% 和 0.80%。其中，广东省水泥产量为 14737.37 万吨，同比增长 12.77%，在东部地区涨幅最大；北京水泥产量为 703.10 万吨，同比降低 18.84%；河北省平板玻璃产量东部最多，为 12292.63 万重箱。

2014 年，东部地区建材产业资产总计 21970.77 亿元，负债总计 12004.61 亿元，资产负债率为 54.64%，较 2013 年下降 1.78 个百分点。东部地区建材产业实现主营业务收入 28303.34 亿元，利润 1820.18 亿元，销售利润率为 6.43%，较 2013 年下降 0.25 个百分点。

二、中部地区

（一）石化行业

2014 年，中部地区尿素、硫酸、烧碱、乙烯、合成纤维和合成橡胶等产品产量分别为 1331.10 万吨、2643.95 万吨、453.37 万吨、200.87 万吨、132.39 万吨和 92.09 万吨。与 2013 年相比，产量均分别增长 2.71%、12.72%、1.60%、11.93%、15.93% 和 28.65%。

2014 年，中部地区化工产业资产总计 12530.1 亿元，负债总计 7079.17 亿元，资产负债率为 56.50%，较 2013 年下降 0.04 个百分点。中部地区化工产业实现主营业务收入 17249.26 亿元，利润 832.58 亿元，销售利润率 4.83%，较 2013 年提升 0.08 个百分点。

（二）钢铁行业

2014 年，中部地区生铁、粗钢和钢材产量分别为 16713.4 万吨、18609.3 万吨和 22596.0 万吨，分别占全国的 23.49%、22.62% 和 20.08%。与 2013 年相比，中部地区生铁和粗钢产量分别下降 0.9% 和 1.2%，钢材产量增长 3.4%。

2014 年，中部地区钢铁产业资产总计 13215.35 亿元，负债总计 8509.06 亿元，资产负债率为 64.39%，较 2013 年下降 1.56 个百分点。中部地区钢铁产业实现主营业务收入 15638.32 亿元，利润 359.83 亿元，销售利润率为 2.30%，较 2013 年下降 0.12 个百分点。

（三）有色金属行业

2014 年，中部地区十种有色金属产量共计 1361.12 万吨，同比下降 0.54%。其中，河南省有色金属产量为 529.79 万吨，居中部首位。

2014 年，中部地区有色金属产业资产总计 10698.05 亿元，负债总计 6863.74 亿元，资产负债率为 64.16%，较 2013 年上升 0.87 个百分点。中部地区有色金属产业实现主营业务收入 18509.94 亿元，利润 489.77 亿元，销售利润率 2.65%，较 2013 年下降 0.25 个百分点。

（四）建材行业

2014 年，中部地区水泥和平板玻璃产量分别为 76240.28 万吨和 18138.13 万重箱，同比增长 3.11% 和 1.05%。其中，河南省水泥产量最多，达 16975.34 万吨；湖北平板玻璃产量最多，达 9051.13 万吨。

2014 年，中部地区建材产业资产总计 13873.23 亿元，负债总计 6392.95 亿元，资产负债率为 46.08%，较 2013 年下降 0.65 个百分点。中部地区建材产业实现主营业务收入 19766.35 亿元，利润 1541.08 亿元，销售利润率 7.80%，较 2013 年下降 0.64 个百分点。

三、西部地区

（一）石化行业

2014 年，西部地区尿素、硫酸、烧碱、乙烯、合成纤维和合成橡胶等产品产量分别为 973.07 万吨、4196.05 万吨、774.07 万吨、191.46 万吨、84.81 万吨和 41.45 万吨。与 2013 年相比，尿素和乙烯产量分别下降 5.73% 和 2.00%，硫酸、烧碱、合成纤维和合成橡胶等分别增长 8.36%、17.00%、16.40% 和 18.32%。

2014 年，西部地区化工产业资产总计 14459.7 亿元，负债总计 9563.47 亿元，资产负债率为 66.14%，较 2013 年上升 2.85 百分点。西部地区化工产业实现主营业务收入 9318.28 亿元，利润 223.48 亿元，销售利润率 2.40%，较 2013 年下降 1.59 个百分点。

（二）钢铁行业

2014 年，西部地区生铁、粗钢和钢材产量分别为 10591.0 万吨、12646.5 万吨和 16350.0 万吨，分别占全国产量的 14.88%、15.37% 和 14.53%。与 2013 年相比，生铁和粗钢产量分别下降 3.6% 和 1.8%，钢材产量增长 4.4%。

2014 年，西部地区钢铁产业资产总计 12155.75 亿元，负债总计 8812.18 亿元，资产负债率为 72.49%，较 2013 年上升 0.22 个百分点。西部地区钢铁产业实现主营业务收入 12311.30 亿元，利润 18.90 亿元，销售利润率 0.15%，较 2013 年下降 0.21 个百分点。

（三）有色金属行业

2014 年，西部地区十种有色金属产量共计为 2389.33 万吨，较 2013 年增长

14.34%。其中，新疆有色金属产量为444.94万吨，同比增长72.03%，涨幅最大。

2014年，西部地区有色金属产业资产总计12198.32亿元，负债总计8456.4亿元，资产负债率为69.32%，较2013年上升2.42百分点。西部地区有色金属产业实现主营业务收入1862.58亿元，利润111.44亿元，销售利润率0.94%，较2013年下降0.56个百分点。

（四）建材行业

2014年，西部地区水泥和平板玻璃产量分别为79818.49万吨和12114.37万重箱，分别较2013年增长4.65%和6.93%。其中，四川水泥产量和四川平板玻璃产量居西部首位，分别为14581.0万吨和3422.65万重箱。

2014年，西部地区建材产业资产总计8830.77亿元，负债总计5221.75亿元，资产负债率为59.13%，较2013年上升0.03百分点。西部地区建材产业实现主营业务收入8576.45亿元，利润563.37亿元，销售利润率6.57%，较2013年下降0.45个百分点。

第五节　2014年我国原材料工业重点企业发展情况

一、石油化工行业重点企业

（一）中国石油化工集团公司

中国石油化工集团公司是国家授权投资的机构和国家控股公司，注册资本1820亿元，生产经营范围以石油化工为主，包括汽（柴）成品油、润滑油、液化石油气、合成橡胶、合纤单体及聚合物、化肥等产品。2014年前三季度集团资本支出约693.87亿元，其中勘探及开发板块372.26亿元，炼油板块110.16亿元，煤电板块94.15亿元，营销及分销板块96.71亿元，总部科研信息及其他20.59亿元。

2014年各项生产经营数据都呈现良好发展态势。前三季度，原油加工量为11.76亿吨，同比增长0.94%；生产成品油1.09亿吨，同比增长3.67%；生产化工轻油3.97千万吨，同比增长3.56%；生产乙烯785.8万吨，同比增长6.22%；合成树脂产量为1074.8万吨，同比增长5.14%；合成橡胶产量为72.5万吨，同比增长1.40%；合纤单体及聚合物为625.3万吨，同比增长8.70%；合成纤维为

98.6 万吨，同比增长 6.01%。截至 2014 年 9 月底，集团总资产 14375.9 亿元，较上年末增长 4.07%。2014 年前三季度公司实现营业总收入 21156.5 亿元，实现净利润 511.7 亿元。

（二）中国海洋石油总公司

中国海洋石油总公司（中文简称"中国海油"）是中国国务院国有资产监督管理委员会直属的特大型国有企业，属于世界 500 强企业，是主业突出、产业链完整的国际能源公司。中海油总公司业务板块涵盖石油和天然气等领域，现在已经形成了油气勘探开发、专业技术服务、炼化销售及化肥、天然气及发电、金融服务、新能源等六大业务板块。

中海油 2014 年国内油气总产量再次实现 5000 万吨，已经连续五年实现稳产。中海油在国内共四个主力油田，分别为渤海、东海、南海西部、南海东部。截至 2014 年 9 月底，中海油总资产 2887.5 亿元，较上年度末增长 2.7%。2014 年前三季度公司实现营业总收入 153.1 亿元，同比增长 18.4%；实现净利润 25.9 亿元，同比增长 95.0%。

二、钢铁行业重点企业

（一）宝山钢铁股份有限公司

宝山钢铁股份有限公司（简称"宝钢股份"）是中国先进的钢铁联合企业，从事高技术含量、高附加值钢铁产品的生产，产品包括汽车用钢、船舶用钢、管线钢、家电用钢、电工器材用钢、锅炉和压力容器用钢、高等级建筑用钢等多个种类，公司经营的业务范围还涉足电力、煤炭、工业气体生产、码头、仓储、运输、进出口贸易等多项业务。宝钢股份不仅是中国市场主要钢材供应商，其产品也出口日、韩、欧、美等四十多个国家和地区。

2014 年上半年公司完成铁产量 1089.0 万吨，钢产量 1114.9 万吨，商品坯材销量 1121.4 万吨，实现合并利润总额 44.7 亿元。截至 2014 年 6 月底，宝钢股份总资产 2289.2 亿元，较上年度末增长 0.99%。2014 年上半年公司实现营业总收入 976.0 亿元，同比增长 1.56%；实现合并利润总额 44.7 亿元，减幅为 13.7%。

（二）鞍钢股份有限公司

鞍钢股份有限公司（简称"鞍钢股份"）是国内大型钢铁联合企业，主要业务包括热轧产品、冷轧产品、中厚板及其他钢铁产品的生产及销售。公司产品包括16大类、600个牌号、42000个规格。同时，鞍钢围绕钢铁主业，积极开展其他业务，如焦化产品及副产品、冶金原燃材料、铁合金、电力、工业气体等生产和销售，冶金运输、装卸搬运、仓储等物流业务，技术咨询、开发、转让等服务，以及标准物资、小型设备研制、理化性能检验、试样加工、检验设备维修等多种业务。

截至2014年9月底，鞍钢股份总资产922.8亿元，较上年同期减少0.63%。2014年前三季度实现营业总收入571.9亿元，同比增长1.83%；实现利润9.23亿元，同比增长20.65%。

（三）武汉钢铁股份有限公司

武汉钢铁股份有限公司（简称"武钢股份"）是武汉钢铁（集团）公司控股的上市公司，是武钢集团的钢铁主业，炼铁、炼钢、轧钢等完整的钢铁生产工艺流程均为世界先进水平，冷轧硅钢片、汽车板、高性能工程结构用钢、精品长材四大战略品种是武钢股份的代表产品。公司主要生产经营冶金产品及副产品、钢铁延伸产品的制造，冶金产品的技术开发，主要产品有冷轧薄板（包括镀锌板、镀锡板、彩涂板）和冷轧硅钢片。

截至2014年9月底，武钢股份总资产9962.7亿元，较上年度末增加5.23%。2014年前三季度公司实现营业总收入611亿元，同比下降8.34%；实现利润总额7.7亿元，同比增长18.36%。

三、有色金属行业重点企业

（一）宝鸡钛业股份有限公司

宝鸡钛业股份有限公司（以下简称"宝钛"）主要从事钛及钛合金等稀有金属材料和各种金属复合材料的生产、加工、销售业务，拥有比较先进的钛材生产体系，涉及"熔铸、锻造、板、带材、无缝管、焊管、棒丝材、精密铸造、残废料处理、海绵钛"十大生产系统。公司产品广泛用于航空航天、电力、化工、冶金、医药等领域，销往美国、日本、德国、法国、英国等几十个国家和地区。宝钛拥有中国钛工业最先进的生产系统，公司已经具备年产25000吨钛铸锭和15000吨钛加工材的生产能力，到2015年，公司力争形成40000吨铸锭生产能力，30000吨钛及钛合金加工材及一定量的锆、镍、钢等金属产品生产能力，国际市场占有率提升到 20%。

2014 年三季度末，集团总资产为 66.9 亿元，比上年度末增长 1.49%。2014年前三季度，集团营业收入为 17.7 亿元，同比增长 2.26%；实现净利润为 150.7万元，同比下降 56.38%。

（二）江西铜业股份有限公司

江西铜业股份有限公司（以下简称"江西铜业"）是由江西铜业集团公司和香港国际铜业（中国）投资有限公司等四家公司联合发起设立的股份有限公司，主要从事有色金属、稀贵金属的采选、冶炼、加工及相关技术服务，以及硫化工及其延伸产品、精细化工产品的生产等，同时涉及金融、贸易等多个领域，形成了铜、稀贵金属、稀土、硫化工、金融和贸易六大板块。公司拥有 8 家矿山，5家冶炼厂，6 家铜加工企业等，在国内属于铜精矿自给率较高的企业，具有较强的资源优势。

2014 年江西铜业股份有限公司发展稳中有升，势头良好，总资产和营业收入都稳步上升，净利润小幅下降。2014 年三季度末，公司总资产为 935.9 亿元，同比增长 5.44%。2014 年前三季度，公司营业收入为 1474.2 亿元，同比增长11.74%；净利润为 23.2 亿元，同比下降 5.89%。

（三）吉恩镍业股份有限公司

吉林吉恩镍业股份有限公司（以下简称"吉恩镍业"）是昊融集团旗下最大的控股子公司，是集采选、冶炼、化工于一体的大型有色金属企业，从事硫酸镍、高冰镍、电解镍、氢氧化镍等产品的生产和销售，是亚洲最大的硫酸镍生产基地和国内最大的电镀、化学镀材料生产企业之一。

2014 年上半年末，吉恩镍业股份有限公司的总资产为 240.4 亿元，，比 2013年末增长 20.88%。2014 年上半年公司营业收入为 14.2 亿元，同比增长 90.54%；总利润为 384.3 万元，较上年同期亏损 6706 万元。

四、建材行业重点企业

（一）中国玻纤股份有限公司

中国玻纤股份有限公司，是中国建材股份有限公司玻璃纤维业务的核心企业，以玻璃纤维及制品的生产与销售为主营业务，是我国新材料行业中进入资本市场早、企业规模大的上市公司之一。公司在国内的生产基地分别位于浙江桐乡、江西九江和四川成都，可实现超过90万吨的玻纤纱年产能；公司玻纤产品共有20多个大类近500个规格品种，主要有中碱和无碱玻璃纤维无捻粗纱、短切原丝、乳剂型及粉剂型短切毡、玻璃纤维无捻粗纱布等增强型玻纤产品。

2014年三季度末，集团总资产为66.9亿元，比上年度末增长1.49%。2014年前三季度，集团实现营业收入17.7亿元，同比增长2.26%；实现净利润150.7万元，同比下降56.38%。

（二）北京东方雨虹防水技术股份有限公司

北京东方雨虹防水技术股份有限公司是一家集防水材料研发、制造、销售及施工服务于一体的中国防水行业龙头企业，八大生产基地分别位于北京顺义、上海金山、湖南岳阳、辽宁锦州、广东惠州、云南昆明、江苏徐州新沂和山东德州临邑，总占地面积160多万平米，多功能进口改性沥青防水卷材生产线、冷自粘沥青防水卷材生产线和世界先进的环保防水涂料生产线均为世界领先水平。SBS、APP、自粘、高分子等各类防水卷材的年产能为8700万平方米，聚氨酯系列、聚脲系列、丙烯酸系列、水泥基系列、沥青系列等各类涂料的年产能为12.98万吨。

2014年三季度末，集团总资产为47.8亿元，比上年度末增长35.8%。2014年前三季度，集团实现营业收入36.3亿元，同比增长30.26%；2014年前三季度，集团净利润4.3亿元，同比增长84.86%。

（三）北京金隅股份有限公司

北京金隅集团有限责任公司主业为建材制造，房地产开发和不动产经营为辅业，是中国大型建材生产企业中唯一一家具有上述完整的纵向一体化产业链结构的建材生产企业。公司是国家重点支持的12家大型水泥企业之一及京津冀区域最大的水泥和混凝土生产商及供应商；全国最大的建材制造商之一和环渤海经济圈建材行业的引领者。

2014年上半年末，集团总资产为1028.5亿元，比上年度末增长4.1%。2014年前半年，公司实现营业收入为206.4亿元，同比增长1.2%；公司净利润为15.2亿元，同比增长17.1%。

五、稀土行业重点企业

（一）中国北方稀土（集团）高科技股份有限公司

中国北方稀土（集团）高科技股份有限公司是我国乃至世界稀土生产、科研、贸易基地的龙头企业。公司现有29家分子公司，其中直属单位3家、4家全资子公司、10家绝对控股子公司、7家相对控股子公司、5家参股公司。公司的稀土矿位于白云鄂博稀土矿山，产业链涉及稀土选矿、冶炼分离、深加工、应用产品、科研等全稀土工业体系，主要产品包括稀土原料（精矿、碳酸稀土、氧化物与盐类、金属）、稀土功能材料（抛光材料、贮氢材料、磁性材料、发光材料）、稀土应用产品（镍氢动力电池、稀土永磁磁共振仪）等。公司主导产品之一的北方轻稀土产品，因其具有随铁开采的成本优势，使公司在市场中具有竞争优势。公司下属的包头（包钢）稀土研究院拥有18家企业内部技术（研发）中心，是全球最大的以稀土资源开发利用为研究宗旨的专业机构，拥有全国一流的科研技术能力。

2014年上半年，公司实现稀土行业的营业收入为22.9亿元，同比下降51.99%。其中，稀土冶炼分离产品的营业收入为14.6亿元，同比下降62.9%；稀土功能材料产品的营业收入为8.3亿元，同比下降0.98%。

（二）北京中科三环高技术股份有限公司

北京中科三环高技术股份有限公司是一家从事磁性材料及其应用产品研发、生产和销售的高新技术企业。公司是从事钕铁硼磁性材料及其应用产品的生产、销售与研发的企业，主营产品为烧结钕铁硼磁体、粘结钕铁硼磁体、软磁铁氧体和电动自行车，上述产品主要可应用在计算机硬盘驱动器、光盘驱动器、风力发电、汽车电机及核磁共振成像仪等，公司中高端产品钕铁硼产能为12000吨，是全球第二大、中国最大的钕铁硼永磁体制造商，是目前国内唯一一家具有国际钕铁硼材料销售权的企业。

2014年上半年末，公司总资产为53.3亿元。2014年前半年，公司实现营业收入为19.2亿元，同比增长10.92%；实现净利润为1.6亿元，同比下降10.1%。

（三）江门市科恒实业股份有限公司

江门市科恒实业股份有限公司是国家级高新技术企业，是国内最大的稀土发光材料生产商，主要从事节能灯用稀土发光材料、LED荧光粉、其它新兴领域用稀土发光材料的研发、生产和销售。2014年上半年，公司的节能灯用稀土发光材料实现营业收入 9817.4 万元，同比下降 39.8%；新兴领域用稀土发光材料实现营业收入 4525.5 万元，同比增长 91.3%；锂电材料实现营业收入 2921.9 万元，同比增长 0.19%，LED 工程实现营业收入 1703.8 万元。

2014 年三季度末，公司总资产为 10.8 亿元。2014 年前三季度，公司实现营业收入为 9975.4 万元，同比增长 8.93%；2014 年前三季度，公司亏损 1633.1 万元。

第六节　2015 年我国原材料工业发展环境分析

一、全球经济温和复苏，发达经济体增长前景改善，新兴市场和发展中经济体增长放缓

预计 2015 年全球经济将保持温和增长，增长率在 3.5% 左右，但是主要国家和地区的经济增长前景不均衡。相比 2014 年，发达经济体经济前景将有所改善，而新兴市场和发展中经济体的经济增长将放缓，主要源于一些大型新兴市场经济体和石油出口国家的经济增长前景减弱。但 2015 年新兴市场和发展中经济体在全球经济增长中所占比重仍将超过 70%。

发达经济体普遍从油价下跌中受益。预计美国 2015—2016 年经济增长率将超过 3%。继 2014 年第二季度和第三季度增长疲软后，欧元区的增长正呈现回升迹象，这得益于油价下跌、低利率和欧元趋弱。日本 2014 年的经济表现令人失望，但预计在日元贬值和油价下跌的作用下，2015 年的增长将加快。

2015 年我国原材料行业受全球经济温和复苏影响，有望继续保持稳定发展，由于发达经济体经济增长前景改善，我国原材料出口状况将比 2014 年有所改善。由于石油价格低迷，石化行业整体运营成本有望降低，由于房地产投资增长速度下降，钢铁行业产能过剩化解尚存一定压力，由于国内内需拉动和发达经济体需求增长，有色、建材、稀土等行业发展和产业结构调整状况将进一步得到改善。

二、多项新政将促原材料行业进入发展新阶段

（一）"一带一路"、京津冀协同发展、长江经济带三大战略将加速原材料行业地域性流转

2015 年 4 月，发改委、外交部和商务部联合发布了《推动共建丝绸之路经济带和 21 世纪海上丝绸之路的愿景与行动》，宣告"一带一路"进入了全面推进

阶段。一带，指的是"丝绸之路经济带"，是在陆地。它有三个走向，从中国出发，一是经中亚、俄罗斯到达欧洲；二是经中亚、西亚至波斯湾、地中海；三是中国到东南亚、南亚、印度洋。"一路"，指的是"21世纪海上丝绸之路"，重点方向是两条，一是从中国沿海港口过南海到印度洋，延伸至欧洲；二是从中国沿海港口过南海到南太平洋。"一带一路"一端是发达的欧洲经济圈，另一端是极具活力的东亚经济圈，由此来带动中亚、西亚、南亚以及东南亚的发展，并且辐射到非洲去。"一带一路"愿景实现的关键在于"通"，也就是政策沟通、设施联通、贸易畅通、资金融通和民心相通。其中，政策沟通是重要保障，基础设施互联互通是优先领域，基础设施不只包括修桥建路，还有油气管道、输电网、跨境光缆建设等。贸易畅通解决投资贸易便利化问题，消除投资和贸易壁垒。资金融通重点在于亚洲货币金融体系建设与金融监管合作；民心相通包括教育、旅游、医疗、科技、文化等多层面的合作。

日前发改委公布"一带一路"、京津冀协同发展、长江经济带三大规划的实施进展情况，指出目前三者均从顶层设计阶段，进入了专项规划和具体实施并进阶段，交通、生态、装备等产业以及与周边国家的互联互通重大项目已开始全面启动。项目先行的同时，中国主动出资400亿美元设立的丝路基金，已经顺利启动；倡导成立1000亿美金的亚洲基础设施投资银行，目前超过50个国家和地区申请加入，遍及亚洲、欧洲、非洲、南美洲和大洋洲，在全球范围内掀起一股"亚投行热"。在2020年之前，亚洲基础设施的资金缺口将达7300亿美元，无论是亚投行还是丝路基金，目的都是解决"一带一路"建设的资金问题。

目前，已经有60多个国家和国际组织积极响应一带一路的倡议，这些国家的总人口约44亿，经济总量约21万亿美元，分别约占全球的63%和29%。在一带一路沿线上，不同区域表现出的热度体现在不同的方面。最热的区域是东南亚，他们最期待和中国在基础设施方面的合作；中亚和南亚紧随其后，他们最热衷和中国做买卖；而欧洲最关注的是中国的海外投资。随着合作深入，"一带一路"将有可能成为世界上跨度最长的经济大走廊。在这条经济走廊上，2014年中国与沿线国家的货物贸易额达到1.12万亿美元，占我国货物贸易总额的四分之一。而未来10年，这个数字将翻一番，突破2.5万亿美元。数字翻番，带来的是更大的市场空间，更多的就业机会和更广的合作领域。一带一路的沿线国家，也将形成更加紧密的利益共同体、命运共同体和责任共同体。

三大战略的实施对典型的"两高一资"原材料行业在资源、能源的供给以及市场开拓方面，将带来更大的发展空间，有利于产业布局面向国内外进一步优化转移，消化国内的过剩产能，获取更广泛、优质、价廉的原料和能源，海外、新疆等地的新增项目特别是基础设施建设将有力拉动原材料需求增长，促进地域性流转，给我国原材料行业转型升级提供发展空间和资金来源。

（二）"中国制造 2025"将促进原材料行业向中高端突破发展

2015 年政府工作报告中提出"中国制造 2025"，制造业是实体经济的主体，从部分国家和地区发展的历史进程来看，工业的现代化转型，必须以制造业转型升级为基础。目前美国制造业遥遥领先，处于第一方阵，德国、日本处于第二方阵，而中国、英国、法国、韩国处于第三方阵。中国制造业与美国、日本、德国的制造业相比，差距主要表现在全员劳动生产率低、产品增加值率低、创新能力薄弱、知名品牌缺乏。

"中国制造 2025"只是中国迈向制造强国的第一个 10 年的行动纲领。"制造强国战略研究"项目提出，力争用 30 年时间，通过"三步走"战略，实现制造强国的战略目标：即到 2025 年，使中国制造业迈入制造强国行列；到 2035 年，使中国制造业整体达到世界制造强国的中等水平；到 2045 年，使中国制造业综合实力迈入世界制造强国前列。

制造业数字化、智能化是工业化和信息化深度融合的必然结果，已成为各国占领制造技术制高点的重点领域，成为我国制造业由"大"到"大而强"的强大驱动力量。智能制造贯穿在产品创新、制造技术创新和产业模式创新的各个方面，成为"中国制造 2025"创新驱动、转型升级的制高点、突破口和主攻方向。根据"中国制造 2025"，中国未来十年将以信息化与工业化深度融合为主线，重点推动新一代信息技术、高档数控机床和机器人、航空航天装备、海洋工程装备及高技术船舶、先进轨道交通装备、节能与新能源汽车、电力装备、新材料、生物医药及高性能医疗器械、农业机械装备等领域的数字化、智能化发展，实现中国制造业的绿色转型升级。

随着"中国制造 2025"的发展实施，我国原材料工业将面临向高端升级的巨大机遇和挑战，一方面为满足"中国制造 2025"对高端先进材料的需求，原材料行业亟需向中高端发展突破，替代进口，面临巨大商机的同时，也将面临资金、技术、人才、工艺等方面的严重缺口问题。对接"中国制造 2025"转型升级需求，我国原材料行业将向领域细分化、产品系统化、功能高端化、新材料设计化发展。

（三）"互联网＋"的协作效应将促进原材料行业与信息化深度融合提高行业效率

李克强总理在2015年政府工作报告中提出，"制定'互联网＋'行动计划，推动移动互联网、云计算、大数据、物联网等与现代制造业结合，促进电子商务、工业互联网和互联网金融健康发展，引导互联网企业拓展国际市场。""互联网＋"不仅正在全面应用到第三产业，形成了诸如互联网金融、互联网交通、互联网医疗、互联网教育等新生态，而且正在向第一和第二产业渗透。工业互联网正在从消费品工业向装备制造和能源、新材料等工业领域渗透，全面推动传统工业生产方式的转变；农业互联网也在从电子商务等网络销售环节向生产领域渗透，为农业带来新的机遇，提供广阔发展空间。"互联网＋"与原材料行业的结合，将大大促进其与信息化的深度融合，互联网＋在能源、物流、资源、资金、技术、市场等方面的协作作用，可望形成研发、制造、销售、管理等方面的新模式，将有效降低原材料行业成本，显著提高行业效率。

三、原材料行业面临的其他考验

当前，原材料工业结构调整取得较大进展，节能减排成效显著，资源利用、清洁生产、安全生产水平逐步提高，但也面临着产能过剩、市场需求不足、资源环境约束加大、技术创新水平不高等诸多突出问题，转型发展任务仍然十分艰巨。原材料行业既要解决价格低、成本高、产能过剩、技术水平低以及生态环保约束等问题，又要适应新环保法、节能减排等日趋严格的环保法律法规和升级标准要求，以及用工成本进一步加大，创新升级需求日趋紧迫，融资成本和难度双双增加等各种考验。

第七节　2015年我国原材料工业发展趋势展望

一、石化化工行业

受国际经济缓慢复苏、我国经济进入新常态发展等因素影响，国际原油价格反弹乏力，预计2015年原油价格将低位运行。油价下跌将导致石油勘探开采环节的利润下降，投资将会减少，油气田建设速度会有所减缓，大庆油田将2015

年的产油目标减少 150 万吨。同时，随着油价下跌，对于油服和石油装备的需求将会降低，中海油服预计 2015 年利润将比 2014 年降低，不利于海洋工程装备等产业发展。此外，油价下跌将降低化工产业成本，化工产业链中游成品油加工业和化学原料及制品制造业，以及下游化学纤维制造业、橡胶制品业和塑料制品业等的生产成本将降低，进而导致 PTA、PVC、LLDPE 和 PP 等化工产业链的产品价格下调。

随着石化产品供需关系的缓和，2015 年石化行业化解产能过剩局面将有所缓解；随着新环保法的实施，石化行业的经营压力将进一步增加，绿色发展或将加速；新常态将倒逼石化行业创新驱动发展；《石化产业规划布局方案》将推动石化产业"退城入园"，集聚发展。此外，在"一带一路"和长江经济带等战略的推动下，石化行业将保持平稳发展，原油、乙烯等消费量将进一步增加。预计2015 年，石化行业主营业务收入和利润增速保持在 7% 左右。

二、钢铁行业

从生产来看，2015 年在宏观经济稳中有进、产能释放压力依然存在、钢铁下游行业增速放缓等综合作用下，我国钢铁生产增长动力不足，2015 年粗钢产量进入峰值弧顶区。

从下游消费来看，我国固定资产投资增速放缓，投资对钢铁消费的带动作用减弱，钢铁消费将难有大的增长。一是部分政策措施将抑制投资需求，投资对钢铁消费的带动作用减弱。如为治理影子银行，2013 年 12 月国务院下发《关于加强影子银行监管有关问题的通知（国办发 107 号文）》，为防范地方债务风险2014 年国务院印发《关于加强地方政府性债务管理的意见》，这一系列措施将制约资金供给，拖累投资需求。二是从钢铁下游行业来看，房地产高库存、基础设施建设缺乏有效投融资机制以及制造业产能过剩等因素都将制约固定资产投资的增长，抑制房地产、基础设施建设、制造业等下游行业消费增长，减缓钢铁消费增长速度。

从出口来看，2015 年我国钢材出口下行风险极大。一是钢铁行业面临全球性的产能过剩，尽管国际经济发展形势整体呈现增长态势，有望带动国际市场的钢材需求增长，但是美、欧等国家和地区对俄经济制裁，乌克兰局势的不确定等因素将为趋稳的世界经济埋下隐患。二是钢铁产品出口政策调整，将抑制低端钢铁产品的大量出口。三是随着我国人口红利的逐步消失，环保成本的不断增长，我国钢材产品低成本优势消减，出口将面临更大的竞争压力。四是近几年我国钢材出口频繁遭遇贸易摩擦，出口面临阻力增大。

三、有色金属行业

铜：预计2015年随着新建铜厂产能的不断释放，全球铜精矿产量会持续增长，呈现过剩局面，受此影响，精炼铜供应也会过剩。受美国经济持续好转，日本、欧洲经济缓慢复苏刺激，铜精矿消费相对稳定，精炼铜消费会增长，但消费增速低于生产增速，铜价上涨空间有限。我国精铜生产和消费均会增加，供需缺口将缩小，但受国内经济增长放缓影响，国内精炼铜供应仍会出现过剩，铜价下行压力较大。

铝：随着国外原铝新增产能的不断释放，原铝产量继续增长。美国经济继续复苏，欧元区和日本经济增长仍面临下行风险，原铝消费会继续增长，全球原铝供应市场存在一定短缺，铝价有望上涨。我国原铝供应过剩压力不减，原铝消费增速会进一步放缓，国内铝价下行压力较大。

铅：预计2015年，铅矿石供应趋紧，铅消费因美国经济增长前景良好有望增长，铅价有望上涨，但受美联储加息预期影响，铅价上涨空间有限。国内铅消费在铅酸蓄电池需求增长的带动下，会继续增长，但铅精矿供应不足导致铅生产减速，国内铅价有望上涨。

锌：预计2015年，在全球经济缓慢复苏的背景下，锌消费会保持增长，但是锌供应在国外两大矿山关闭、中国矿石产量增长的影响下表现出较大的不确定性，有分析称将呈现"缺锌不缺矿"的局面，锌价有往上涨。国内锌产量稳定增长，锌消费略有增长，锌市场会略有短缺，锌价会有所上涨。

四、建材行业

随着新"四化"同步推进、"一带一路"建设、京津冀一体化、自贸区建设等因素影响下，预计2015年建材行业整体的需求环境将好于2014年。但是由于整个国民经济发展已经步入新常态，过去主要依靠投资驱动和低成本驱动的建材市场需求增长的发展方式将发生改变，预计2015年建材行业将面临更大的挑战。一是产能过剩矛盾依然突出。虽然目前国家严控新建项目，但仍有一批在建项目预计将在2015年投产，届时将会对市场造成一定冲击，化解产能过剩的任务依旧很重。二是环保压力日益增大。随着新《环保法》修订草案的正式施行、《水泥工业大气污染物排放标准》全面执行，对建材行业的环保约束越来越强，企业环保成本势必增加，经营压力增大。三是市场环境有待优化。仍存在市场监管不到位，假冒伪劣产品流入市场等现象，影响建材行业的健康可持续发展。

2015年建材行业的优势与挑战并存，下行压力依然较大。但也是建材行业转型升级的关键时期，预计2015年建材企业间的并购重组有望增多，产业集中度有望进一步提高，市场环境有望进一步优化。预计建材产品产量、利润等增速趋缓，继续保持"稳中有进"的发展态势。

五、稀土行业

从稀土发展政策环境来看，预计2015年，我国稀土行业整体面临环境将进一步好转，行业秩序将进一步规范。国家对稀土行业违法规划行为的严格管理将形成长效机制；稀土大集团组建工作将进一步落地实施，从而发挥龙头企业的主体作用；稀土出口配额制度的取消和稀土关税制度的调整将促进稀土出口企业改变发展模式；而促进稀土行业创新，加大稀土深加工应用将成为稀土行业发展的新动力；另外，随着工信部公布《原材料工业两化深度融合推进计划（2015—2018年）》，稀土行业将开展两化深度融合，促进行业智能化管理水平的提升。

从稀土产品市场发展状况来看，由于稀土市场政策性导向特征明显，预计2015年，受国家管控政策的影响，稀土市场仍呈现供求不平的现象，但随着行业进一步规范，开拓新的稀土下游应用消费点，稀土产品需求市场或进一步打开，稀土产品价格或呈现稳定上升态势。

第九章　消费品工业

2014 年是国家稳增长、调结构、促改革的重要一年。虽然国内经济运行平稳，国际市场回暖，消费信心回升，但消费品工业生产增速依然出现小幅下滑，出口交货值增速低位运行，内需动力仍显不足，固定资产投资有所放缓。因此，仍需从财税政策、改善外贸环境、扩大内需和调结构等方面加大政策支持力度。

第一节　2014 年我国消费品工业整体发展状况

一、运行情况

（一）生产增速整体放缓

2014 年 1—12 月，消费品工业增加值增速整体呈明显下滑态势，轻工、医药和纺织三大行业工业增加值增速分别为 8.2%、12.5% 和 7%，分别较上年同期下降 1.7、0.2 和 1.3 个百分点。除医药行业增速高于工业平均增速外，轻工和纺织行业增速低于工业平均增速。各子行业看，酒、饮料和精制茶制造业、橡胶和塑料制品、纺织业以及化学纤维制造等四大行业下滑最为明显，分别较上年同期下降 3.7、2.1、2.0 和 1.8 个百分点。

表 9-1　2014 年 1—12 月主要消费品行业工业增加值增速

行业	1—6月	1—9月	1—12月	2013年1—12月
工业	8.8%	8.5%	8.3%	9.7%
轻工	8.7%	8.4%	8.2%	9.9%
农副食品加工	8.6%	8.0%	7.7%	9.4%

（续表）

行业	1—6月	1—9月	1—12月	2013年1—12月
食品制造	8.9%	8.7%	8.6%	10.0%
酒、饮料和精制茶	8.4%	7.2%	6.5%	10.2%
造纸及纸制品	7.3%	6.9%	6.5%	8.4%
橡胶和塑料制品业	9.6%	9.0%	8.6%	10.7%
医药	13.5%	12.8%	12.5%	12.7%
纺织	7.5%	7.2%	7.0%	8.3%
纺织业	6.9%	6.5%	6.7%	8.7%
纺织服装、服饰	8.4%	7.9%	7.2%	7.2%
化学纤维	8.0%	7.9%	8.5%	10.3%

数据来源：国家统计局，2015年1月。

（二）出口增速低位运行

2014年1—12月，消费品工业除轻工部分行业外，医药和纺织出口交货值增速不断下滑。与工业整体水平相比，除轻工出口交货值增速大于工业整体水平外，医药和纺织出口交货值同比增速分别为6.4%和2.2%，均不高于工业整体水平（6.4%）。子行业中，除文教、工美、体育和娱乐用品制造业的出口交货值增速势头较好，其他行业均呈现不同程度的下滑。其中，下滑最为明显的行业是纺织业、服装鞋帽、农副食品加工以及食品制造业等，四大行业分别较上年同期下降6.3、4.4、4.4和4.2个百分点。

表9-2　2014年1—12月主要消费品行业出口交货值同比增速

行业	1—6月	1—9月	1—12月	2013年1—12月
工业	5.3%	6.4%	6.4%	5.0%
轻工	5.5%	6.5%	7.2%	5.8%
农副食品加工业	6.9%	6.3%	4.4%	8.8%
食品制造	7.6%	3.8%	4.5%	8.7%
酒、饮料和精制茶	7.4%	11.0%	5.0%	5.2%
皮革、毛皮、羽毛及其制品和制鞋业	8.4%	6.8%	5.7%	5.8%
家具制造业	5.9%	6.5%	4.9%	6.9%
造纸及纸制品	9.2%	5.9%	4.0%	4.1%
印刷和记录媒介复制业	5.8%	8.5%	8.2%	−0.7%
文教、工美、体育用品	6.7%	11.7%	18.6%	5.8%

行业	1—6月	1—9月	1—12月	2013年1—12月
家用电器	2.4%	4.8%	5.4%	6.3%
医药	5.4%	5.7%	6.4%	6.0%
纺织	3.6%	2.9%	2.2%	7.2%
纺织业	1.2%	1.7%	1.0%	7.3%
服装、鞋、帽制造业	5.4%	3.8%	3.0%	7.4%
化学纤维	4.2%	4.7%	3.1%	4.0%

数据来源：国家统计局，2015年1月。

（三）固定资产投资增速放缓

2014年1—12月，我国消费品各行业投资增速有所放缓。1—12月，除食品制造业、印刷和记录媒介复制业、文教工美体育和用品制造业外，其他行业固定资产投资较上年同期有明显下滑，其中，下滑最为明显是皮革、毛皮、羽毛及制鞋业、医药制造业、酒、饮料和精制茶以及造纸及纸制品以及等行业，分别较上年同期下降14.7、13.5、12.4和11.4个百分点。

表9-3　2014年1—12月主要消费品行业固定资产投资增速

行业	1—6月	1—9月	1—12月	2013年1—12月
农副食品加工	20.6%	16.6%	18.7%	26.5%
食品制造业	22.8%	25.0%	22.0%	20.7%
酒、饮料和精制茶	21.2%	16.3%	16.9%	30.4%
纺织业	14.9%	12.6%	12.4%	18.3%
纺织服装、服饰	20.0%	18.2%	19.2%	23.6%
皮革、毛皮、羽毛及制鞋业	15.8%	20.2%	15.6%	30.3%
家具制造业	28.6%	29.1%	27.1%	27.2%
造纸及纸制品	13.8%	8.8%	6.4%	18.8%
印刷和记录媒介复制业	27.5%	28.6%	26.8%	22.0%
文教、工美、体育和娱乐用品	27.7%	27.6%	26.9%	24.1%
医药制造业	16.4%	14.4%	15.1%	26.5%

数据来源：国家统计局，2015年1月。

（四）内需增长有所放缓

2014年，受国民经济下行压力加大和工资收入放缓影响，内需增速依然回落。消费需求方面，消费者信心指数基本稳定，自2014年3月份以来，我国居民消费信心指数和消费满意指数同比增长均为正增长。从社会消费品零售额看，2014年1—12月，我国社会消费品零售总额26.2万亿元，同比增长12.0%，低于上年同期1.1个百分点。

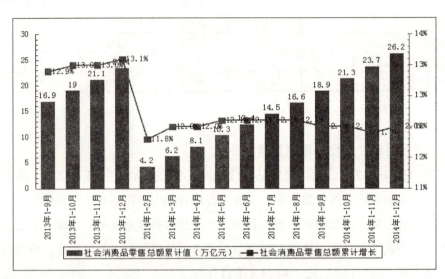

图9-1 2013—2014年全社会消费品零售总额累计同比增速

数据来源：国家统计局，2015年1月。

二、经济效益情况

（一）盈利能力分析

2014年1—12月，消费品工业累计实现主营业务收入320587.2亿元，利润总额达到了21154.9亿元。

表9-4 消费品工业盈利能力

	主营业务收入（亿元）	主营业务收入同比增速	利润总额（亿元）	利润总额同比增速
轻工	220146.1	8.7%	13807.3	5.3%
烟草	8906.1	7.4%	1215.8	0.2%
医药	25461.6	13.1%	2541.4	12.1%
纺织	66073.4	6.9%	3590.4	6.5%

数据来源：国家统计局，2015年1月。

就子行业来看，2014年1—12月，轻工行业企业实现主营业务收入为

220146.1 亿元，同比增长 8.7%，利润总额为 13807.3 亿元，同比增长 5.3%；烟草行业企业实现主营业务收入为 8906.1 亿元，同比增长 7.4%，利润总额为 1215.8 亿元，同比增长 0.2%。医药行业企业实现主营业务收入为 25461.6 亿元，同比增长 13.1%，利润总额为 2541.4 亿元，同比增长 12.1%；纺织行业企业实现主营业务收入为 66073.4 亿元，同比增长 6.9%，利润总额为 3590.4 亿元，同比增长 6.5%；其中，医药行业企业在主营业务收入增速和利润总额增速方面的表现要优于其他行业企业，相比之下，烟草行业利润增速不理想。

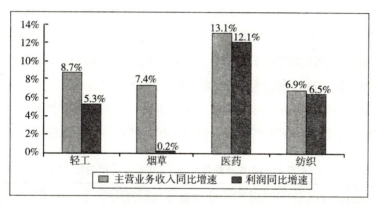

图9-2　2014年1—12月消费品工业主营业务收入和利润总额增长率及其变化

数据来源：国家统计局，2015 年 1 月。

（二）偿债能力分析

1.资产负债率大致稳定

2014 年 1—12 月，我国消费品工业资产合计为 212344.8 亿元，负债合计 70643.7 亿元，资产负债率为 49.5%。消费品工业整体总资产与总负债同比增速大致相同，因此，资产负债率比较稳定，说明我国消费品工业长期偿债能力保持稳定。

表 9-5　2014 年 1—12 月主要消费品行业资产负债率情况

行业	资产合计（亿元）	负债合计（亿元）	资产负债率
轻工	138356.9	70643.7	51.1%
烟草	8368.4	1886.4	22.5%
医药	23299.5	9924.6	42.6%
纺织	42320.0	22568.8	53.3%

数据来源：国家统计局，2015 年 1 月。

2. 亏损程度依然严重

2014年1—12月份，我国消费品工业累计共有15219户企业发生亏损，亏损企业占企业总数（150063户）的比重（亏损面）为10.1%，较上年同期下降0.2个百分点；亏损企业累计亏损额为1021.1亿元，亏损深度为4.8%，较2013年（4.6%）增加了0.2个百分点。

就各子行业看，2014年1—12月，轻工行业亏损面为9.7%，较上年同期下降了0.1个百分点，亏损深度为5.3%，较上年同期增加了0.4个百分点；烟草行业亏损面为9.2%，较上年同期增加了5.5个百分点，亏损深度为0.1%，较上年同期水平持平；医药行业亏损面为9.7%，较上年同期下降0.4个百分点，亏损度为3.1%，较上年同期增加0.1个百分点；纺织行业亏损面为11.5%，较上年同期持平，亏损度为5.7%，较上年（5.9%）降低了0.2个百分点。由此可见，由于独特的行业属性，烟草行业中亏损的情况比较少见，亏损的程度并不深，受各种经济环境影响，子行业中纺织行业的亏损情况相对严重，亏损面较高。

表9-6　2014年1—12月消费品工业及主要行业亏损企业亏损情况比较

行业	企业数（户）	亏损企业数（户）	亏损面	利润总额（亿元）	亏损总额（亿元）	亏损深度
轻工	104461.0	10131.0	9.7%	13807.3	735.6	5.3%
烟草	131.0	12.0	9.2%	1215.8	0.8	0.1%
医药	7872.0	761.0	9.7%	2541.4	80.0	3.1%
纺织	37599.0	4315.0	11.5%	3590.4	204.7	5.7%

数据来源：国家统计局，2015年1月。

（三）营运能力分析

1. 资金利用效率不高

2014年1—12月，消费品工业主营业务收入得到较快增长，累计实现320587.2亿元，同比增长8.5%，应收账款24292.7亿元，同比增长11%。可见，虽然主营业务收入增速实现较快增长，但增速低于应收账款增速2.5个百分点，说明消费品工业资金利用效率有所下降。

就各子行业看，2014年1—12月，医药行业主营业务收入同比增速最高，为13.1%，居各子行业之首；纺织行业主营业务收入同比增速最小，为6.9%。从应收账款看，同期医药行业应收账款同比增速也最大，为15.3%，烟草行业较上年同期呈现负增长。除烟草行业外，轻工、医药和纺织行业应收账款同比增长均高于主营业务收入的增长，表明行业资金利用率不高。

表9-7 2013—2014年消费品工业主要行业应收账款、主营业务收入情况

行业	2013年		2014年	
	主营业务收入同比增长	应收账款同比增长	主营业务收入同比增长	应收账款同比增长
轻工	13.6%	13.6%	8.7%	10.0%
烟草	9.6%	8.7%	7.4%	−10.8%
医药	17.9%	20.1%	13.1%	15.3%
纺织	11.6%	8.5%	6.9%	7.5%

数据来源：国家统计局，2015年1月。

2.存货压力有所减小

就存货来看，2014年1—12月，消费品工业存货总量为31807.8亿元，同比增长8.3%，库存压力较上年同期相比有所减小。各子行业中，除了医药行业存货同比增速高于上年1.4个百分点以外，其他行业同比增速均低于上年同期水平。

表9-8 2013—2014年消费品工业存货情况

行业	2014年		2013年	
	存货（亿元）	同比增长	存货（亿元）	同比增长
轻工	18945.9	7.2%	17492.7	10.0%
烟草	3867.5	14.9%	3360.3	24.4%
医药	2811.2	14.8%	2423.8	13.4%
纺织	6183.2	2.9%	6082.0	8.3%

数据来源：国家统计局，2015年1月。

（四）成长能力分析

1.所有者权益持续增长

2014年，消费品工业及各主要行业所有者权益均实现持续较快增长。整体来看，行业成长能力向好。2014年1—12月，消费品工业累计所有者权益达到了107321.1亿元，同比增速为14.9%。这表明，消费品工业的增长态势较好，企业持续发展的能力较强。分行业来看，2014年1—12月，轻工行业所有者权益为67713.2亿元，同比增长15.1%；纺织行业所有者权益为19751.2亿元，同比

增长14.6%；医药行业所有者权益为13374.9亿元，同比增长18%；烟草行业所有者权益为6482亿元，同比增长8.7%。

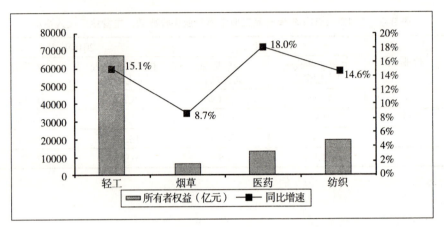

图9-3 2014年消费品工业主要行业所有者权益情况

数据来源：国家统计局，2015，01

2.从业人员增速平稳

2014年1—12月，我国消费品工业全部从业人员增速平稳，表明消费品工业的就业贡献能力较强。由于纺织行业和烟草行业分别属于传统劳动密集型行业和管制型行业，吸纳就业人员的能力相对饱和有限，而轻工行业和医药行业中的新兴领域则能提供相对更多的就业岗位。

第二节　2014年我国消费品工业重点政策解析

一、新《消费者权益保护法》

（一）政策内容

2013年10月25日，十二届全国人大常委会第五次会议审议通过了修订后的《消费者权益保护法》。新《消法》对原法律制度主要进行了如下调整：一是消费者非现场购物享有七日"后悔权"；二是将个人信息受到保护作为消费者权益确认下来；三是耐用消费品举证责任倒置；四是赋予消协新职责，省级以上消协可提起公益诉讼；五是将欺诈消费的惩罚性赔偿额度由原来的2倍提升到3倍。

（二）政策影响

一是进一步完善了我国消费者权益保护法律制度。主要表现在三个方面：其一，拓宽了法规覆盖领域。此次新《消法》在现有法规覆盖范围的基础上，进一步扩大到各类物质商品和精神商品，覆盖金融、传媒等新兴消费领域；其二，拓展了消费者权利范围。此次新《消法》拓展了消费者权利范围，明确消费者隐私权，增加了七日后悔权、耐用消费品举证责任倒置等方面的权利，显著降低了消费者的网购风险；其三，增加了惩罚性损害赔偿，将欺诈消费的惩罚性赔偿额度由原来的2倍提升到3倍。二是有助于缓解消费者维权困境，降低维权成本。三是强化了经营者义务，严厉打击违反消费者权益的行为，有助于提高经营者自律水平。

二、《关于促进健康服务业发展的若干意见》

（一）政策内容

2013年10月13日，国务院印发了《关于促进健康服务业发展的若干意见》（以下简称《健康服务业意见》），明确了当时及以后一段时期发展健康服务业的主要任务，力争到2020年，健康服务业总规模达到8万亿元以上，基本建立覆盖全生命周期、内涵丰富、结构合理的健康服务业体系。

《健康服务业意见》界定了健康服务业的具体领域，并对当时以后一段时期的工作提出了八大主要任务。一是抓住服务链上的关键环节，大力发展医疗服务；二是针对人口老龄化的突出问题，加快发展健康养老服务；三是完善健康消费的保障机制，积极发展商业健康保险；四是发挥我国传统和特色优势，全面发展中医药医疗保健服务；五是顺应消费需求和新兴业态发展趋势，支持发展健康体检和咨询、全民体育健身、健康文化和旅游等多样化健康服务；六是培育健康服务业相关支撑产业；七是健全人力资源保障机制，加大人才培养和职业培训力度，促进人才流动；八是夯实健康服务业发展基础。最后，《健康服务业意见》从鼓励扩大供给、刺激消费需求两个角度，提出了诸多促进健康服务业快速发展的政策措施。

（二）政策影响

一是将对促进我国经济转型产生重要作用。目前我国健康服务业还处于起步阶段，存在产业规模较小、服务供给不足、服务体系不完善、监管机制不健全、开放程度偏低等诸多问题。此次《健康服务业意见》的出台将对促进我国经济转型产生重要作用。

二是产业导向明显构成长期利好。《健康服务业意见》对此前发布的一些产业发展规划在市场准入、规划布局以及财税价格政策等方面进行了较为细致的补充完善，解决了目前产业发展亟需解决的问题，对健康服务业的发展将构成长期利好。

三是引入社会资本办医利好政策升级。新出台的《健康服务业意见》从放宽举办主体要求、放宽服务领域要求、放宽大型医用设备配置、完善相关配套支持政策和加快办理审批手续五个方面支持社会办医。这些措施有望对社会资本办医产生巨大的促进作用，有利于现有医疗服务领域的连锁企业扩张，一些参股医院的医药企业也将因此受益。

四是有利于全产业链发展。《健康服务业意见》明确提出要大力发展包括医疗服务、健康管理与促进、健康保险以及相关服务，涉及药品、医疗器械、保健用品、保健食品、健身产品等支撑产业的健康服务业，意味着我国以疾病治疗为中心的医药卫生制度发生重大转变，有助于前移和后移整个产业链，更加强调产业链前端的健康管理和强身健体以及产业链后端的护理、康复和养老。

三、《关于促进内贸流通健康发展的若干意见》

（一）政策内容

2014年10月24日，国务院办公厅印发了《关于促进内贸流通健康发展的若干意见》（以下简称《内留流通意见》），部署在当前稳增长促改革调结构惠民生的关键时期，加快发展内贸流通，进一步拉动经济增长。《内留流通意见》围绕"推进国内贸易流通体制改革,构建法治化营商环境"这条主线,以创新为引领、以改革为动力、以设施为基础、以环境为保障，从推进现代流通方式发展、深化流通领域改革创新、加强流通基础设施建设、着力改善营商环境、加强组织领导五大方面提出了十三条具有明确指向性和可操作性的政策措施。

（二）政策影响

一是有利于引导生产、扩大消费。《内留流通意见》进一步凸显了内贸流通在经济社会发展中的基础性和先导性作用，有利于引导生产增加有效供给，扩大消费。二是有利于推进循环经济，促进绿色低碳消费，促进生态文明建设。三是对促进我国内贸流通健康发展具有显著的中长期指导意义。《内留流通意见》的一大亮点是政策明确具体、可操作性强。例如，在规范促进电子商务发展的建议中，明确了"加快推进电子发票应用"等配套措施；在加快发展物流配送的建议中，具体到"允许符合标准的非机动快递车辆从事社区配送"等。

四、《关于改进低价药品价格管理有关问题的通知》

（一）政策内容

2014 年 5 月 8 日，国家发展和改革委员会向社会公布了《关于改进低价药品价格管理有关问题的通知》。其核心内容主要包括：一是改进了低价药品价格管理方式。即对低价药品取消最高零售限价，在规定的日均费用标准内，由生产经营者根据药品生产成本和市场供求状况自主制定具体购销价格。二是确定了低价药品日均费用标准。即西药平均日费用不超过 3 元，中成药不超过 5 元。另外，该通知也从建立低价药品清单进入和退出机制、加强市场价格行为监管、加强政策联动三个方面对低价药品清单及有关价格管理问题进行规定。

（二）政策影响

一是有助于缓解低价药品短缺，保障药品质量。此次发改委关于低价药品价格管理的通知，对于低价药恢复生产流通起到一定的推动作用，有助于缓解目前我国低价药品短缺问题，激发企业生产的积极性并提高药品质量。二是政策能否落地取决于与低价药品招标采购规则的衔接，政策在地方的执行有待考量。三是政策风向标意义大过于实际的政策影响。目前，医院倾向于使用高价药品以获得更多药品加成、不利于低价药品生存的局面仍未改变。所以，提高低价药限价只是药品价格政策改革进程中的一小步，破除以药养医机制才是问题关键。四是应以发展的眼光看待药品价格。过去的招标采购等政策并未充分考虑到药品生产成本，强制低价竞争必然导致低价药品逐渐退出市场。可否考虑通过增加政府财政补助的方式，建立政府全资托底的药厂，允许药厂赔本生产、维持供应。

五、《婴幼儿配方乳粉企业兼并重组工作方案》

（一）政策内容

自 2013 年 5 月 31 日，国务院总理李克强主持召开国务院常务会议，研究部署进一步加强婴幼儿配方乳粉质量安全工作以来，我国婴幼儿配方乳粉行业面貌发生了较大改变，但产品质量安全问题依然突出。为更好地落实国家加强婴幼儿配方乳粉质量安全的战略，提升婴幼儿配方乳粉质量安全总体水平，促进婴幼儿配方乳粉产业健康发展，特出台该方案。

该方案主要包括四个方面的内容：一是确立了兼并重组的范围和条件以及2015年和2018年的阶段性目标。二是确定了对下一步乳粉企业兼并重组的原则，简化审批手续，使市场在资源配置中起决定性作用。三是确定了"完善产业政策和准入标准""严格企业生产资质管理""采取多种方式推动企业兼并重组""规范企业兼并重组行为""支持兼并重组企业奶源基地建设"。四是提出了简化审批手续、落实税收优惠政策、加大财政资金投入、加大金融支持力度、发挥资本市场作用、落实土地管理政策六项政策保障措施。

（二）政策影响

一是有助于提升行业集中度与现代化水平。该方案基于行业准入门槛提高后的预期和行业发展规律分析预期，极大提升了行业准入门槛，引导和支持婴幼儿配方乳粉企业开展兼并重组，有助于提升行业集中度与现代化水平。二是有助于提高资源配置效率，提升产业核心竞争力。三是为乳制品工业产业政策调整指明了方向，对于引导婴幼儿配方乳粉优势企业实施强强联合、兼并重组和促进婴幼儿配方乳粉行业向产业规模化、产品专业化、企业规模化和管理现代化发展具有重大的意义。

第三节　2014年我国消费品工业重点行业发展状况

一、纺织工业

（一）运行情况

1. 投资增速持续放缓，化学纤维制造业发展形势严峻

2014年，纺织工业完成固定资产投资10091.8亿元，同比增长13.9%，较上年同期下降16.5%。其中，纺织业、纺织服装服饰业以及化学纤维制造业固定资产投资总额占整个纺织工业的比重分别为52.6%、36.7%和10.7%，与上年同期相比分别增加 -0.5、1.4、-0.9个百分点。

表 9-9　2014 年纺织工业固定资产投资累计增速与上年之比（单位：%）

行业	2月	3月	4月	5月	6月	7月	8月	9月	10月	11月	12月
制造业	88.8	81.3	82.6	79.8	86.5	85.4	78.8	74.6	70.7	72.6	73.0
纺织工业	113.9	86.0	90.4	114.1	116.0	100.7	90.9	76.8	72.9	76.2	83.5
其中：纺织业	204.2	153.3	146.9	150.5	139.3	131.0	125.5	94.0	81.6	82.1	67.8
纺织服装服饰业	75.9	46.6	54.5	94.7	107.5	88.2	79.8	86.7	83.9	90.2	81.4
化学纤维制造业	28.8	46.8	75.5	61.0	72.7	54.4	30.9	10.6	21.6	23.7	14.2

数据来源：国家统计局，2015 年 1 月。

2. 生产增速低位运行，部分产品产量负增长

2014 年，纺织工业增加值同比增长 7%，与上年同期相比下降 1.3 个百分点；占全国比重为 5.7%，较上年同期增加 0.03 个百分点。细分行业看，纺织业、纺织服装服饰业、化学纤维制造业增加值增速分别为 6.7%、7.2% 和 8.5%，与上年同期相比分别下降 2.0、0 和 1.8 个百分点；占全国比重分别为 3.1%、2.1% 和 0.4%，与上年同期水平基本持平。

表 9-10　2014 年纺织工业增加值累计增速与上年之比（单位：%）

	2月	3月	4月	5月	6月	7月	8月	9月	10月	11月	12月
纺织工业	-	78.5	-	-	84.3	-	-	83.7	-	-	84.3
其中：纺织业	62.7	62.9	65.4	70.0	71.9	73.4	72.8	70.7	72.2	74.2	77.0
纺织服装服饰业	128.6	110.4	101.2	106.3	112.0	112.2	111.0	105.3	101.4	98.6	100.0
化学纤维制造业	67.1	79.1	87.4	87.8	82.5	81.2	81.8	79.0	78.4	80.6	82.5

数据来源：国家统计局，2015 年 1 月。

产量层面看，2014 年纺织工业主要大类产品产量保持增长态势，但增幅明显收窄，部分产品产量出现负增长。与上年同期相比，除绒线、毛机织物、服装等产品外，其余产品产量增速均出现不同程度的下滑。

表 9-11　2014 年纺织工业主要产品累计产量及增速

指标名称	单位	3月		6月		9月		12月	
		产量	增速	产量	增速	产量	增速	产量	增速
纱	万吨	837.1	6.3%	1846.8	8.7%	2837.8	8.0%	3898.8	5.6%
布	亿米	151.0	2.7%	334.3	3.0%	514.3	2.7%	703.6	−0.5%
其中：棉布	亿米	84.2	−0.4%	184.4	0.0	284.7	0.3%	388.2	−4.0%
绒线	万吨	8.9	−5.0%	20.4	3.0%	30.7	3.8%	40.6	4.2%
毛机织物	亿米	1.2	−1.9%	2.7	1.1%	4.4	0.6%	6.0	0.4%
无纺布	万吨	69.6	4.7%	171.0	8.2%	262.0	5.2%	361.4	10.7%
服装	亿件	61.4	3.1%	143.0	3.8%	217.0	2.7%	299.2	1.6%
化学纤维	万吨	971.7	4.8%	2136.8	7.5%	3274.5	7.3%	4432.7	6.4%

数据来源：国家统计局，2015 年 1 月。

3.宏观经济增速放缓，消费需求仍显低迷

2014 年，限额以上企业服装鞋帽、针、纺织品类商品零售总额累计 12562.9 亿元，同比增长 10.9%，增速较上年同期下降 0.7 个百分点，整体来看消费需求仍然处于低迷状态。

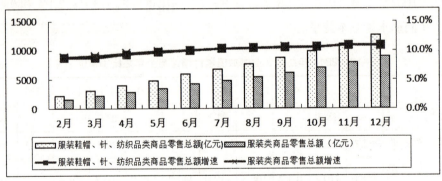

图9-4　2014年限上企业服装鞋帽、针、纺织品类商品零售总额及增速

数据来源：国家统计局，2015 年 1 月。

4.出口形势依然严峻，国际贸易结构有所改善

2014 年，纺织工业完成出口交货值 9588.90 亿元，同比增长 2.2%，增速仅为上年同期水平的 30.2%，出口形势十分严峻。细分行业看，纺织业、纺织服装服饰业、化学纤维制造业分别完成出口交货值 3948.4 亿元、5167.7 亿元和 472.6 亿元，同比分别增长 1.0%、3.0% 和 3.1%，增速较上年同期水平分别下降

86.7%、59.2% 和 22.4%。

表 9-12　2014 年纺织工业出口交货值累计增速与上年之比（单位：%）

	2月	3月	4月	5月	6月	7月	8月	9月	10月	11月	12月
纺织工业	51.6	69.4	68.4	59.4	47.5	46.8	41.4	41.7	–	–	30.2
其中：纺织业	29.8	40.9	38.4	26.2	15.5	18.7	16.6	22.6	23.6	15.7	13.3
纺织服装服饰业	80.9	104.0	110.4	101.1	76.7	69.9	59.0	54.9	40.7	39.6	40.8
化学纤维制造业	46.5	46.9	35.1	37.9	47.5	64.1	84.4	98.4	100.6	95.7	77.6

数据来源：国家统计局，2015 年 1 月。

二、效益情况

1. 盈利能力

（1）收入和利润小幅增长

2014 年，纺织工业累计实现主营业务收入 66073.0 亿元、利润总额 3590.4 亿元，同比分别增长 5.4% 和 4.9%。同时，国内外棉价差持续高企、出口需求大幅下滑、劳动力成本快速上涨、内销市场需求疲软乏力等不利因素对行业盈利水平带来较大影响，收入和利润增速与上年同期水平相比明显趋缓。

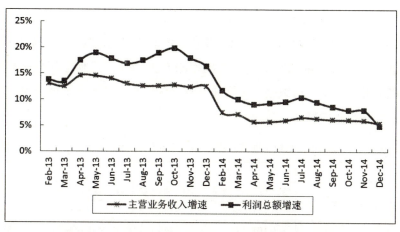

图9-5　2013—2014年纺织工业收入和利润增速走势图

数据来源：国家统计局，2015 年 1 月。

横向比较看，由于纺织工业的弱周期性，在国家宏观政策的大力推动下，其收入和利润增速在工业各行业中处于中上水平，比较优势相对明显。2014年，纺织工业利润总额增速高于工业整体1.6个百分点。

细分行业看，2014年纺织业、纺织服装服饰业、化学纤维制造业分别累计完成主营业务收入38091.3亿元、20769.8亿元、7211.9亿元，同比分别增长7.0%、8.0%、3.5%；累计完成利润总额2065.8亿元、1247.3亿元、277.3亿元，同比分别增长3.6%、10.6%、11.2%。其中，除纺织服装服饰业利润增速较上年同期增长0.8个百分点外，各子行业收入和利润增速较上年同期均出现不同程度下滑。

表9-13　2014年纺织工业主营业务收入和利润总额增速与上年同期比较

行业	2013年		2014年	
	收入增速	利润增速	收入增速	利润增速
工业	11.2%	12.2%	7.0%	3.3%
纺织工业	12.5%	16.3%	5.4%	4.9%
其中：纺织业	12.5%	19.1%	7.0%	3.6%
纺织服装服饰业	11.3%	9.8%	8.0%	10.6%
化学纤维制造业	8.5%	18.3%	3.5%	11.2%

数据来源：国家统计局，2015年1月。

（2）资本增值能力稳步提高

2014年，纺织工业资产保值增值率和销售利润率分别为113.3%和5.4%，与上年同期相比分别增加2.3和-0.1个百分点，虽然销售利润率有所下降，但降幅较小，仍处于合理波动区间，纺织工业资本增值能力仍表现为稳中有升的态势。细分行业看，2014年除纺织业销售利润率略有下降外，其他行业的资本增值水平均平稳提升。其中，纺织服装服饰业表现最为突出，资本保值增值率和销售利润率为三大子行业中最高。

表9-14　2014年纺织工业资产保值增值率和销售利润率与上年同期比较

行业	2013年		2014年	
	资产保值增值率	销售利润率	资产保值增值率	销售利润率
纺织工业	111.0%	5.5%	113.3%	5.4%
其中：纺织业	108.9%	5.6%	112.6%	5.4%
纺织服装服饰业	112.7%	5.9%	115.8%	6.0%
化学纤维制造业	106.1%	3.6%	110.0%	3.9%

数据来源：国家统计局，2015年1月。

（3）成本费用控制水平较好

2014 年，纺织工业成本费用利润率为 5.7%，高于上年同期水平 13.9%，行业成本费用控制水平基本稳定，企业经济效益较好。细分行业看，纺织业、纺织服装服饰业、化学纤维制造业成本费用利润率分别为 5.8%、6.4% 和 4.0%，与上年同期相比增加 -3.7%、0.9% 和 8.4%。

表 9-15　2014 年纺织工业成本费用利润率与上年之比（单位：%）

	2月	3月	4月	5月	6月	7月	8月	9月	10月	11月	12月
纺织工业	105.2	101.0	101.8	102.1	103.1	102.8	100.6	99.0	97.5	92.9	113.9
其中：纺织业	106.4	102.9	102.1	101.0	100.8	101.2	100.2	99.4	98.5	98.5	96.3
纺织服装服饰业	95.3	96.9	98.6	100.4	101.8	102.7	104.1	103.6	103.5	103.8	100.9
化学纤维制造业	100.0	102.9	111.3	113.8	115.2	117.0	109.4	110.0	109.2	109.6	108.4

数据来源：国家统计局，2015 年 1 月。

2. 偿债能力

（1）资产负债情况稳定

2014 年，纺织工业资产负债率为 56.5%，较上年同期下降 2.4 个百分点。细分行业看，纺织业、纺织服装服饰业、化学纤维制造业资产负债率均低于上年同期水平，但化学纤维制造业资产负债率达到 61.9%，长期偿债能力相对较弱。

表 9-16　2014 年纺织工业资产负债率与上年同期比较

行业	2013年			2014年		
	资产（亿元）	负债（亿元）	资产负债率	资产（亿元）	负债（亿元）	资产负债率
纺织工业	38933.2	21703.8	55.7%	42319.9	22568.7	53.3%
其中：纺织业	21663.8	12127.5	56.0%	23595.5	12637.8	53.6%
纺织服装服饰业	11020.6	5565.5	50.5%	12269.7	5937.1	48.4%
化学纤维制造业	6248.8	4010.7	64.2%	6454.7	3993.7	61.9%

数据来源：国家统计局，2015 年 1 月。

（2）财务风险较小

2014 年以来，纺织工业利息支付倍数高于上年同期水平，整体来说偿付借款利息的能力较强，负债经营的财务风险较小。2014年，纺织工业财务费用为786亿元，利息支付倍数为5.6，而2013年同期的利息支付倍数为5.5。

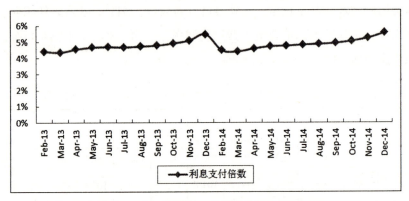

图9-6　2013—2014年纺织工业利息支付倍数累计值走势图

数据来源：国家统计局，2015年1月。

细分行业看，纺织服装服饰业的利息支付倍数最高，资产负债率最低，表明该行业负债经营比重较小，支付利息的能力较强，长期偿债能力可以保障。而化学纤维制造业则相反，利息支付倍数最低，资产负债率最高，负债经营的财务风险高于其他两个子行业。

表 9-17　2014 年纺织工业利息支付倍数

	2月	3月	4月	5月	6月	7月	8月	9月	10月	11月	12月
纺织工业	4.5	4.4	4.6	4.7	4.8	4.8	4.9	4.9	5.1	5.3	5.6
其中：纺织业	4.2	4.1	4.3	4.4	4.5	4.5	4.6	4.6	4.7	4.9	5.1
纺织服装服饰业	7.4	7.5	8.0	8.1	8.0	8.1	8.1	8.1	8.2	8.5	8.9
化学纤维制造业	2.2	2.1	2.3	2.4	2.4	2.5	2.5	2.6	2.7	2.9	3.1

数据来源：国家统计局，2015年1月。

（3）亏损情况有所恶化

2014年，纺织工业亏损面为11.5%，较上年同期增加1.5个百分点。亏损深度为5.7%，较上年同期增加0.3个百分点。细分行业看，化学纤维制造业的亏损面进一步扩大，但亏损深度有所缓和，减少0.3个百分点。纺织业和纺织服装服饰业的亏损面及亏损深度均出现不同程度的增加。

表9-18　2014年纺织工业亏损情况与上年同期比较

行业	2013年		2014年	
	亏损面	亏损深度	亏损面	亏损深度
工业	10.9%	9.0%	11.9%	10.7%
纺织工业	10.0%	5.4%	11.5%	5.7%
其中：纺织业	9.3%	4.7%	10.9%	5.0%
纺织服装服饰业	10.0%	4.0%	11.4%	4.1%
化学纤维制造业	16.6%	18.3%	18.0%	18.0%

数据来源：国家统计局，2015年1月。

3. 营运能力

（1）应收账款经营效率略有下降

2014年，纺织工业应收账款累计额为4657.9亿元，周转率为14.7，较上年同期下降0.5个百分点，应收账款经营效率略有下降。细分行业看，化学纤维制造业的应收账款周转率较高，有助于提升其营运能力；纺织服装服饰业应收账款周转率最低，一定程度上阻碍其营运能力的提高。

（2）存货周转率明显提高

2014年，纺织工业库存累计6183.2亿元，同比增加2.9%，增速较上年同期回落4.1个百分点，运营能力得到提升。分行业看，化学纤维制造业存货周转率较低，但与上年同期相比情况小幅改善，该行业的营运能力有所提升。

表9-19　2013年1—8月纺织工业营运能力指标与去年同期比较

行业	2013年		2014年	
	应收账款周转率	存货周转率	应收账款周转率	存货周转率
工业	11.4%	11.3%	10.9%	11.3%
纺织工业	15.2%	10.6%	14.7%	10.8%
其中：纺织业	16.4%	10.8%	15.9%	11.0%
纺织服装服饰业	12.6%	10.8%	12.7%	11.1%
化学纤维制造业	19.3%	9.2%	16.1%	9.4%

数据来源：国家统计局，2015年1月。

二、医药工业

（一）运行情况

1. 工业增加值相对平稳增长

2014年1—12月，医药行业生产动力不足，医药行业增加值增速变化与整个工业基本趋同，出现略降。全年全国规模以上工业增加值同比增长 8.3%，增速同比下降 1.4 个百分点。医药工业增加值同比增长 12.5%，增速同比下降 0.2 个百分点，比工业平均水平高 4.2 个百分点，在各工业门类中排名前列。

表 9-20　2014 年 1—12 月工业和医药行业增加值增速

时间	工业	医药行业
1—2月	8.6%	12.3%
1—3月	8.7%	12.8%
1—4月	8.7%	12.6%
1—5月	8.8%	13.2%
1—6月	8.8%	13.5%
1—7月	8.8%	13.3%
1—8月	8.5%	13.0%
1—9月	8.5%	12.8%
1—10月	8.4%	12.5%
1—11月	8.3%	12.5%
1—12月	8.3%	12.5%

数据来源：国家统计局，2015 年 3 月。

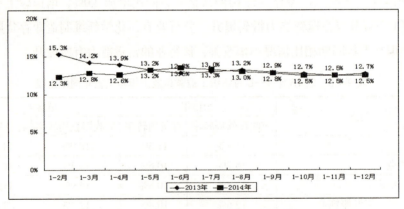

图 9-7　2014 年 1—12 月医药行业增加值增速与去年同期比较

数据来源：国家统计局，2015 年 3 月。

2. 投资规模不断扩大，但增速有所回落

2014 年 1—12 月，医药制造业完成固定资产投资 5205.4 亿元，同比增长 15.1%，较上年（26.5%）的增速出现明显下降。1—12 月投资增速较 1—2 月和上半年分别下降了 6.1 和 1.3 个百分点。

表 9-21　2014 年 1—12 月医药行业固定资产投资

时间	2014年		2013年	
	投资额（亿元）	比上年同期增长（%）	投资额（亿元）	比上年同期增长增长（%）
1—2月	295.8	21.2%	244.1	34.0%
1—3月	691.0	14.5%	603.4	40.0%
1—4月	1103.9	15.8%	952.9	34.0%
1—5月	1610.3	14.6%	1405.3	36.1%
1—6月	2265.9	16.4%	1947.1	33.7%
1—7月	2757.7	16.6%	2365.0	33.9%
1—8月	3268.4	16.8%	2798.0	32.5%
1—9月	3782.9	14.4%	3313.9	32.5%
1—10月	4277.1	14.7%	3736.6	30.4%
1—11月	4716.5	15.5%	4094.0	27.5%
1—12月	5205.4	15.1%	4526.8	26.5%

数据来源：国家统计局，2015 年 3 月。

3. 主要产品产量下滑，供需情况不容乐观

在宏观经济增长放缓的大环境下，医药工业市场供求受到抑制，持续低位增长。从主要产品产量看，2014 年以来，化学药品原药产量增长乏力。1—12月化学药品原药产量 301 万吨，同比增长 5.1%，较 1—2月下降 24 个百分点，较 1—7月下降 5.2 个百分点。

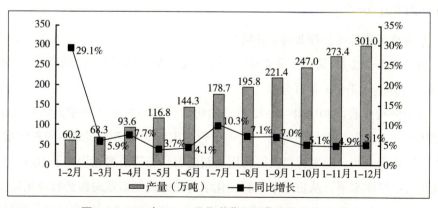

图9-8　2014年1—12月化学药品原药产量及同比增速

数据来源：国家统计局，2015 年 3 月。

从需求情况看，2014 年 1—12 月，受医保控费、招标降价预期下经销商及医院去库存的影响，中西药品零售额增速出现明显下滑。2014 年 1—12 月，中西药品零售额为 6960.4 亿元，同比增长 15.0%，增速较上年同期（17.7%）下降了 2.7 个百分点。可见，医药消费市场面临的形势依然比较复杂，市场有效需求有待提升。

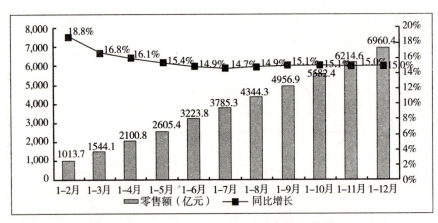

图9-9　2014年1—12月中西药品零售额及同比增速

数据来源：国家统计局，2015 年 3 月。

从价格情况看，2014 年 1—12 月，中西药品及医疗保健用品零售价格保持稳定。2014 年 1—12 月，中西药品及医疗保健用品零售价格同比上涨 1.7%，较上年同期上升 0.4 个百分点。

4. 出口形势低迷，行业间差异明显

2014 年 1—12 月，医药工业企业实现出口交货值 1770.8 亿元，同比增长 6.4%，较 2013 年增速上升 0.8 个百分点。

从细分行业看，2014 年 1—12 月，除化学药品制剂制造和中药饮片加工出口交货值较上年同期明显下降外，其他子行业出口交货值均实现不同程度增长。其中，中成药生产、卫生材料及医药用品制造出口交货值增速均高于 10%，且高于医药行业整体水平。从贡献率来看，化学药品原药制造业对医药行业出口交货值贡献最大，占比为 34.2%，而中药饮片加工业对医药行业出口交货值贡献较小，占比仅为 1.6%。

表9-22　2014年1—12月医药行业及主要子行业出口交货值情况

行业名称	出口交货值（亿元）	比去年同期增长
医药行业	1770.8	6.4%
化学药品原料药制造	605.1	4.1%
化学药品制剂制造	147.1	−3.6%
中药饮片加工	28.9	−2.0%
中成药生产	64.0	32.3%
生物药品制造	216.2	3.7%
卫生材料及医药用品制造	190.6	13.6%
医疗仪器设备及器械制造	474.5	8.9%

数据来源：国家统计局，2015年3月。

（二）效益情况

1. 盈利能力分析

（1）收入和利润增速回落明显

2014年1—12月，医药工业企业实现主营业务收入24553.2亿元，同比增长13.1%，高于全国工业平均增速6.1个百分点，较上年增速下滑3.9个百分点。利润总额2460.7亿元，同比增长12.1%，高于全国工业平均水平9个百分点，但较上年增速下滑5.3个百分点。利润增速低于主营业务收入增速，同比上年增速下降较大。八个子行业中，主营业务收入除中药饮片、卫生材料及医药用品、中成药、

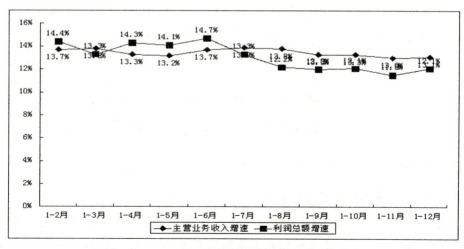

图9-10　2014年1—12月医药行业收入和利润增速

数据来源：国家统计局，2015年3月。

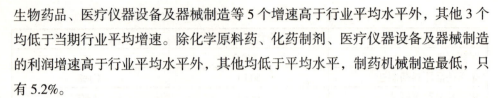
生物药品、医疗仪器设备及器械制造等5个增速高于行业平均水平外，其他3个均低于当期行业平均增速。除化学原料药、化药制剂、医疗仪器设备及器械制造的利润增速高于行业平均水平外，其他均低于平均水平，制药机械制造最低，只有5.2%。

（2）销售利润率情况分析

2014年1—12月，医药工业利润率10%，较上年全年累计10.1%有所下降，高于全国工业平均水平4.1个百分点，全年销售利润率基本保持稳定。1—12月，销售利润率为10%，相比1—2月的销售利润率9.6%，提高了0.3个百分点。

从细分行业方面，2014年1—12月，化学药品制剂制造业销售毛利率高为39.7%，居各子行业首位；生物药品制造业销售净利率为11.7%，位居各子行业首位，表明其盈利能力最强；化学药品原药制造业和中药饮片加工业的主要利润率指标居各子行业后两位，表明其盈利能力相对较弱，这主要受环保成本升高以及中药材降价的影响。

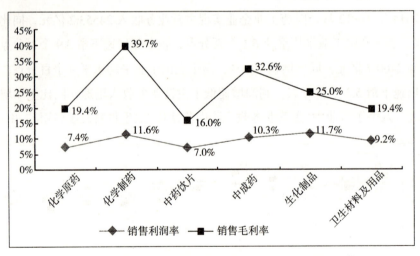

图9-11　2014年1—12月医药行业主要子行业利润率比较

数据来源：国家统计局，2015年3月。

（3）成本费用控制压力上升

2014年1—12月，全国工业企业成本费用利润率为6.4%，而医药工业为11.1%。各子行业中，化学制剂和生化制品成本费用利润率分别高达13.1%和13.4%，医药行业成本费用远远高于全工业总成本。

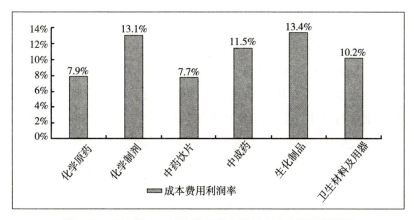

图9-12　2014年1—12医药工业主要行业成本费用利润率

数据来源：国家统计局，2015年3月。

2. 偿债能力分析

（1）资产负债情况

2014年以来，医药工业总资产增长速度快于总负债增长速度，资产负债率相比2013年呈现降低的态势，长期偿债能力有所缓解。2014年1—12月，医药工业资产同比增长16.5%；同期，医药行业负债同比增长14.1%。

表9-23　2014年1—12月医药工业资产负债情况

时间	资产同比增长	负债同比增长
1—2月	15.3%	14.7%
1—3月	15.8%	15.7%
1—4月	16.2%	16.4%
1—5月	16.3%	17.1%
1—6月	16.4%	16.2%
1—7月	16.4%	16.3%
1—8月	16.7%	16.0%
1—9月	16.5%	15.6%
1—10月	16.9%	14.8%
1—11月	17.0%	15.9%
1—12月	16.5%	14.1%

数据来源：国家统计局，2015年3月。

从横向比较来看，作为轻资产及固定资产通用性较高的产业，医药行业杠杆率普遍偏低，债务负担较轻，资产负债率低于45%，而煤炭、化工、造纸等行业的资产负债率普遍大于50%，炼钢、汽车等行业的资产负债率则高达70%。

从细分行业看，环保压力导致化学原料药行业的固定资产投资增加，在医药行业的细分行业中，资产负债率处于较高水平，高于行业平均水平，达到48.7%。生化制品的资产负债率在各细分行业中最低，仅为34.7%，长期偿债能力较强。其它细分行业资产负债率均匀分布于40%上下，远远低于煤炭、化工、炼钢等行业。

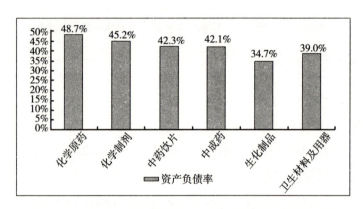

图9-13　2014年1—12月医药工业主要行业资产负债率比较

数据来源：国家统计局，2015 年 3 月。

（2）行业亏损情况

2014 年 1—12 月，医药工业亏损面为 9.6%，亏损深度为 3.1%。从细分子行业看，化学原料药行业亏损面最大，为 12.7%，高于医药制造业 3.1 个百分点，中药饮片和卫生材料及医药用品行业亏损面较小，分别为 5.1% 和 5.4%，分别低于医药工业 4.5 和 4.2 个百分点。亏损深度方面，化学原料药达到 6.7%，在细分行业中最高，中药饮片为 1.4%，在细分行业中最低。

表 9-24　2014 年 1—12 月医药工业主要子行业亏损情况

行业	亏损面	亏损深度
医药制造业	9.6%	3.1%
化学原料药	12.7%	6.7%
化学制剂	12.1%	3.1%

（续表）

行业	亏损面	亏损深度
中药饮片	5.1%	1.4%
中成药	10.4%	2.0%
生物药品	10.4%	3.5%
卫生材料及医药用品	5.4%	1.6%

数据来源：国家统计局，2015年3月。

3.营运能力分析

（1）应收账款经营效率小幅提升

2014年1—12月，医药行业应收账款净额为2586.8亿元，同比增长15.0%。与上年同期相比，应收账款净额增加，同比增长率降低。

从细分子行业看，化学药品原料药制造业和生物药品制造业应收账款周转率较快，化学药品制剂制造业应收账款周转率较慢。

（2）流动资产周转次数较为稳定

2014年以来，医药行业对流动资产的利用效率相对较为稳定。全年资产合计为11442.0亿元，同比增长14.4%，流动资产周转次数为2.0次，与2013年持平。

从细分子行业看，中药饮片加工业流动资产周转次数最高，对流动资产的利用最为充分，化学药品制剂制造业流动资产周转次数相对较低。

三、食品制造业

（一）运行情况

1.固定资产投资增速平稳

2014年我国食品制品业固定资产投资项目累计实际完成投资总额4463.1亿元，同比增长22%。与上半年相比，食品制品业固定资产投资同比增速下降7.1个百分点。

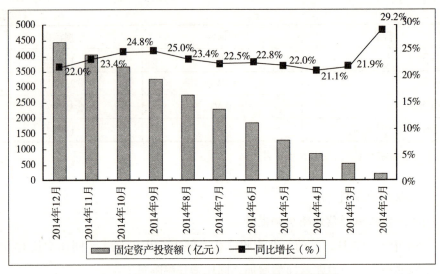

图9-14　2014年食品制品业固定资产投资增速

数据来源：国家统计局，2015年3月。

2. 行业景气指数反弹

2014年3季度，行业景气指数反弹，预期企业景气指数始终高于即期企业景气指数，企业对未来的预期仍较为乐观。

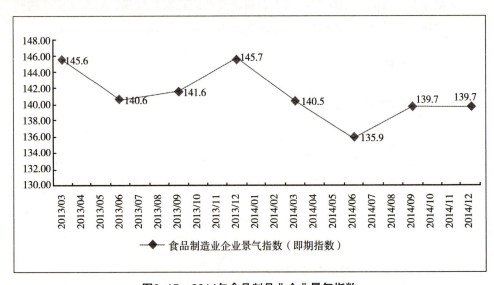

图9-15　2014年食品制品业企业景气指数

数据来源：Wind数据库。

3. 食品制造业增加值增速稳中微落

2014 年，全球经济维持低速增长，我国经济在新常态下运行总体平稳，经济指标继续运行在合理区间。在此背景下，食品制造业增加值增速稳中微落。2014 年 1—12 月，我国食品制造业增加值累计增速为 8.6%，较 1—2 月回落了 0.8 个百分点。产业政策环境继续利好，食品召回和停止经营监督管理办法征求意见出台；婴幼儿配方乳粉企业信用档案启动；农村食品安全整治工作全面展开。

表 9-25　2014 年 1—12 月食品制造业增加值增速

行业名称	1-2月	1-3月	1-4月	1-5月	1-6月	1-7月	1-8月	1-9月	1-10月	1-11月	1-12月
食品制造业	9.4%	9.4%	9%	8.9%	8.9%	9.2%	8.9%	8.7%	8.6%	8.5%	8.6%

数据来源：国家统计局。

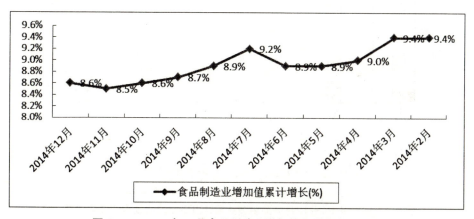

图 9-16　2014年12月食品制造业增加值及增速变化趋势

数据来源：国家统计局。

4. 产品产量涨跌互现

2014 年 1—12 月，乳制品产量达 2651.8 万吨，较上年同期降低了 1.2%，罐头同期产量达 1172 万吨，较上年同期增长 4.7%，主要工业产品产量涨跌互现。

表 9-26　2014 年 1—12 月食品制造业主要工业产品产量增速

主要工业产品名称	本月（万吨）	本月止累计（万吨））	比上年同月增长	比上年同期增长
乳制品	232.3	2651.8	−4.7%	−1.2%
罐头	118.2	1172.0	3.8%	4.7%

数据来源：国家统计局。

5. 出口交货值持续低位徘徊

由于外需市场前景依旧惨淡，2014 年我国食品制造业行业出口交货值持续低位徘徊。2014 年食品制造业累计出口交货值 1109.9 亿元，同比增长 4.5%，这一增速较 2014 年上半年回落了 3.1 个百分点。

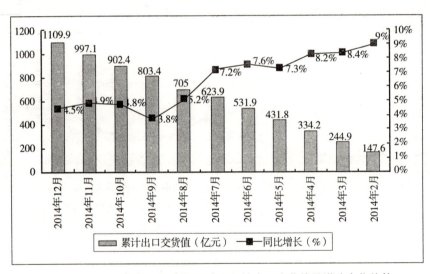

图9-17　2014年1—12月食品制造业累计出口交货值及增速变化趋势

数据来源：国家统计局。

6. 出厂价格指数平稳回落

2014 年 12 月，食品制造业工业品出厂价格指数为 100.6，较 2014 年上半年回落了 1.8 个百分点，较上年同期上涨了回落了 1.1 个百分点。

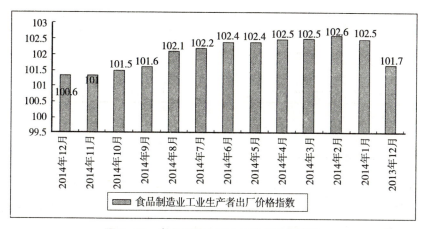

图 9-18　食品制造业工业品出厂价格指数

数据来源：国家统计局。

（二）效益情况

1. 主营业务收入增速高于利润总额增速，盈利能力仍显不足

2014 年 1—12 月，食品制造业实现主营业务收入为 20261.67 亿元，同比增长 12.3%，与 2014 年上半年相比回落 0.5 个百分点；同期，行业利润总额为 1692.61 亿元，同比增长 9.8%，较 2014 年上半年回落 2.9 个百分点，低于主营业务收入增速 2.5 个百分点。

表 9-27　2014 年 1—12 月食品制造业主要子行业主营业务收入和利润总额增长情况

	利润总额 （亿元）	利润总额 增长率	主营业务收入 （亿元）	主营业务收 入增长率
食品制造业	1692.6	9.8%	20261.7	12.3%
-烘焙食品制造 焙烤食品制造 焙烤食品制造 焙烤食品制造	202.7	8.0%	2426.7	10.3%
-糖果、巧克力及蜜饯制造	157.2	1.2%	1714.0	10.8%
-方便食品制造	238.1	0.4%	3463.9	10.0%
-液体乳及乳制品制造	225.3	25.7%	3297.7	18.1%
-罐头制造	91.5	7.6%	1631.7	8.5%
-调味品、发酵制品制造	225.5	14.6%	2649.1	14.0%
-其他食品制造	552.2	10.3%	5078.6	12.1%

数据来源：国家统计局。

表9-28 2014年上半年及1—12月食品制造业主要子行业主营业务收入和利润总额增长情况

主营业务收入 （亿元）	主营业务收入 （亿元）	主营业务收入 增长率	利润总额 （亿元）	利润总额 增长率
2014年6月	9，337.1	12.7%	721.6	12.7%
2014年12月月	20，261.7	12.2%	1，692.6	9.8%

数据来源：国家统计局。

2. 资产负债率持续回落

2014年1—12月，食品制造业资产总额为12929.4亿元，同比增长13.6%；负债总额5983.3亿元，同比增长8.3%，资产负债率为46.3%，与2014年上半年的47.2%基本相当。资产增速快于负债增速，说明食品制造企业的生产经营状况有所改善，企业长期偿债能力得到提升。就各子行业看，液体乳及乳制品制造业、罐头制造业和调味品制造业资产负债率高于食品制造业整体行业水平。其中液体乳及乳制品制造业资产负债率最高，达到53.5%。

表9-29 2014年1—12月食品制造业主要子行业资产负债率情况

	资产 （亿元）	资产增长率	负债 （亿元）	负债增长率	资产负债率
食品制造业	12929.4	13.6%	5983.3	8.3%	46.3%
-烘焙食品制造	1293.5	12.6%	521.0	7.8%	40.3%
-糖果、巧克力及蜜饯制造	1031.2	11.6%	398.3	−6.2%	38.6%
-方便食品制造	1970.3	13.0%	821.5	10.4%	41.7%
-液体乳及乳制品制造	2321.2	12.5%	1241.3	10.9%	53.5%
-罐头制造	848.6	7.2%	452.8	3.1%	53.4%
-调味品、发酵制品制造	2114.2	14.9%	1009.9	9.9%	47.8%
-其他食品制造	3350.3	16.7%	1538.6	10.4%	45.9%

数据来源：国家统计局。

3. 亏损情况加剧

2014年1—12月，食品制造业累计企业总数为7781个，其中累计亏损企业达到了670家，亏损面为8.6%。就各子行业看，液体及乳制品制造业亏损面最高，达到15.8%。

表 9-30　2014 年 1—12 月食品制造业及主要子行业亏损企业亏损情况比较

行业	亏损企业数量（个）	企业亏损面	亏损企业亏损额同比增长
食品制造业	670	8.6%	50.4%
-烘焙食品制造	115	9.0%	32.2%
-糖果、巧克力及蜜饯制	33	4.4%	44.4%
-方便食品制造	87	6.7%	16.0%
-液体乳及乳制品制造	100	15.8%	78.7%
-罐头制造	78	9.2%	53.9%
-调味品、发酵制品制造	74	6.8%	23.4%

数据来源：国家统计局。

四、家电制造业

（一）运行情况

1. 主营业务收入增速持续下滑

2014 年 1—12 月，家电行业主营业务收入 14139.13 亿元，同比增长 10.0%。整体来看，2014 年家电销售陷入低增长区间，多个月份增速低于两位数。

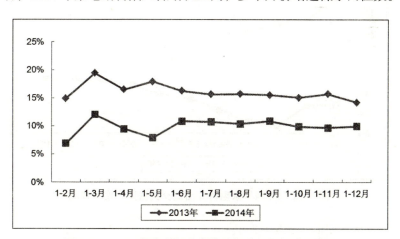

图9-19　2014年家电行业主营业务收入同比增长情况

数据来源：国家统计局，2015 年 2 月。

分行业来看，除家用通风电器具和家用清洁卫生电器具外，其他子行业主营业务收入增长相对一致，其中家用制冷电器和家用通风电器具增速最为明显。

表9-31 2014年家电子行业主营业务收入增长情况及份额

	主营业务收入（亿元）	增速	份额
家用电力器具制造	14139.1	9.97%	100.0%
家用制冷电器具制造	3565.6	11.01%	25.2%
家用空气调节器制造	5127.9	11.44%	36.3%
家用通风电器具制造	409.3	0.65%	2.9%
家用厨房电器具制造	1879.2	10.45%	13.3%
家用清洁卫生电器具制造	1368.8	5.83%	9.7%
家用美容、保健电器具制造	321.5	8.16%	2.3%
家用电力器具专用配件制造	868.1	9.72%	6.1%
其他家用电力器具制造	598.6	8.16%	4.2%

数据来源：国家统计局，2015年2月。

2. 出口逐渐回暖

2014年1—12月，家电行业出口交货值3402.54亿元，同比增长5.4%。自4月份后，家电行业出口增速一路上扬，从0.8%增加到5.4%。

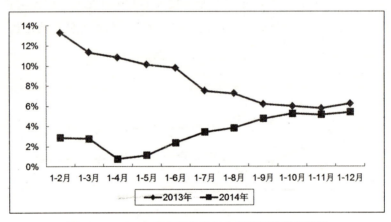

图9-20 2014年家电行业出口交货值同比增长情况

数据来源：国家统计局，2015年2月。

分行业来看，出口增速差异明显。2014年1—12月，家用制冷电器具，家用清洁卫生电器具和家用美容、保健电器具出口额分别为582.7亿元、417.9亿元和86.0亿元，同比增速分别为11.8%、15.6%和12.1%，均高于家电整体增速。其他子行业出口增速均低于家电整体。

表 9-32 2014 年家电子行业出口增长情况及份额

	出口（亿元）	出口增速	份额
家用电力器具制造	3402.5	5.4%	100.0%
家用制冷电器具制造	582.7	11.8%	17.1%
家用空气调节器制造	1065.4	1.4%	31.3%
家用通风电器具制造	158.3	−3.0%	4.7%
家用厨房电器具制造	673.4	3.4%	19.8%
家用清洁卫生电器具制造	417.9	15.6%	12.3%
家用美容、保健电器具制造	186.0	12.1%	5.5%
家用电力器具专用配件制造	74.3	3.1%	2.2%
其他家用电力器具制造	244.4	1.1%	7.2%

数据来源：国家统计局，2015 年 2 月。

3. 主要产品增长情况不乐观，不同产品增长分化明显

监测的 16 种家电产品中，空气调节器、吸排油烟机、电饭锅、电光源和灯具及照明装置快速增长，增速均高于 10%，而电冰箱、冷柜、电热烘烤器具、电冷热饮水机和洗衣机 5 种产品产量同比下降，分别同比下降 1.0%、3.4%、2.9%、2.5% 和 3.3%。电风扇、电热水器、吸尘器和燃气热水器 4 种家电产品增长亦不乐观，增速均低于 2%。

表 9-33 2014 年家电产品产量及增长情况

	产量	同比增长
家用电冰箱（万台）	9337.0	−1.0%
家用冷柜（家用冷冻箱）（万台）	1800.6	−3.4%
房间空气调节器（万台）	15716.9	11.5%
家用电风扇（万台）	15114.9	0.9%
家用吸排油烟机（万台）	2939.7	12.5%
电饭锅（万台）	28028.6	20.8%
家用电热烘烤器具（万台）	18520.2	−2.9%
电冷热饮水机（万台）	2624.9	−2.5%
微波炉（万台）	7750.1	9.0%
家用洗衣机（万台）	7114.3	−3.3%
家用电热水器（万台）	3429.7	1.6%
家用吸尘器（万台）	8799.7	0.2%

（续表）

	产量	同比增长
家用燃气灶具（万台）	3557.9	3.5%
家用燃气热水器（万台）	1476.7	0.8%
电光源（个）	3124366.8	13.1%
灯具及照明装置（个）	308913.8	11.9%

数据来源：国家统计局，2015年2月。

（二）经济效益情况

1.盈利能力分析

（1）利润增速上、下半年呈现分化态势。2014年，家电行业利润931.6亿元，同比增长18.5%。其中上半年家电行业利润增速由21.0%上升到26.7%，而下半年逐渐下行到18.5%。分行业来看，除家用通风电器具行业外，其他子行业利润均同比增加。

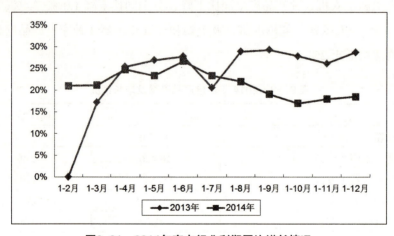

图9-21　2014年家电行业利润同比增长情况

数据来源：国家统计局，2015年2月。

表 9-34　2014 年家电子行业利润增长情况及份额

	利润（亿元）	增速	份额
家用电力器具制造	931.6	18.5%	100.0%
家用制冷电器具制造	213.9	14.8%	23.0%
家用空气调节器制造	443.1	26.1%	47.6%
家用通风电器具制造	19.9	−6.2%	2.1%
家用厨房电器具制造	92.2	13.3%	9.9%
家用清洁卫生电器具制造	86.0	12.3%	9.2%
家用美容、保健电器具制造	16.1	20.6%	1.7%
家用电力器具专用配件制造	34.3	3.8%	3.7%
其他家用电力器具制造	26.1	13.5%	2.8%

数据来源：国家统计局，2015 年 2 月。

（2）销售利润率持续走高。家电行业盈利能力逐渐好转，且明显好于上年。2014 年家电行业销售利润率持续走高，由年初的 4.6% 持续上升到年末的 6.6%。

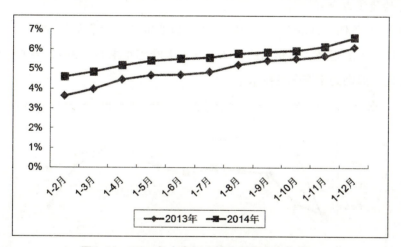

图9-22　2014年家电行业销售利润率变化情况

数据来源：国家统计局，2015 年 2 月。

（3）成本费用利润率稳步上升。2014 年家电行业成本费用利润率持续走高，由年初的 4.8% 持续上升到年末的 7.0%。相比上年，各月成本费用利润率均高于上年同期。

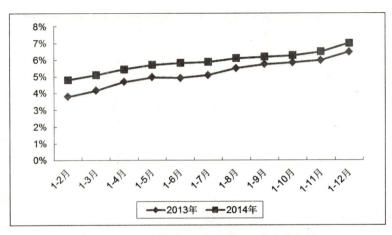

图9-23　2014年家电行业成本费用利润率变化情况

数据来源：国家统计局，2015年2月。

2. 偿债能力分析

（1）资产负债率逐渐走高。2014年家电行业资产负债率为65.6%。全年来看，资产负债率逐渐走高，由年初的63.6%逐渐上涨到年末的65.6%，表明偿债能力有所恶化，但仍处于安全可控水平。

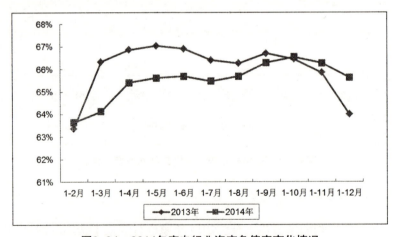

图9-24　2014年家电行业资产负债率变化情况

数据来源：国家统计局，2015年2月。

2014年，家电行业资产同比增长15.5%，而负债增长高于资产2.1个百分点。前三季度虽然资产增速高于负债，但四季度随着负债加速增加和资产增速持续下行，导致全年资产负债率走高。

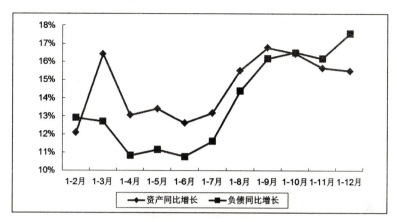

图9-25　2014年家电行业资产与负债同比增长情况

数据来源：国家统计局，2015年2月。

相比其他细分行业，家用制冷电器具、家用空气调节器、家用通风电器具资产负债率相对较高，分别为70.9%、68.2%、61.9%。家用制冷电器具和家用空气调节器为负债规模最大的两个子行业，负债规模分别为2078.5亿元和2654.0亿元，占比分别为30.8%和39.3%。家用制冷电器具和家用空气调节器的负债规模及资产负债率均高于其他细分行业。

表 9-35　2014 年家电子行业资产负债情况

	资产（亿元）	负债（亿元）	资产负债率
家用电力器具制造	10281.5	6747.4	65.6%
家用制冷电器具制造	2932.8	2078.5	70.9%
家用空气调节器制造	3890.5	2654.0	68.2%
家用通风电器具制造	313.5	193.9	61.9%
家用厨房电器具制造	1166.9	693.6	59.4%
家用清洁卫生电器具制造	903.0	518.9	57.5%
家用美容、保健电器具制造	243.1	129.6	53.3%
家用电力器具专用配件制造	435.6	255.0	58.5%
其他家用电力器具制造	396.1	223.9	56.5%

数据来源：国家统计局，2015年2月。

（2）亏损情况整体明显改善。从绝对指标来看，家电行业亏损企业数量增速加快，由年初的3.9%上升到全年的13.1%，而亏损总额呈现下降趋势，全年亏损总额同比下降 7.8%。

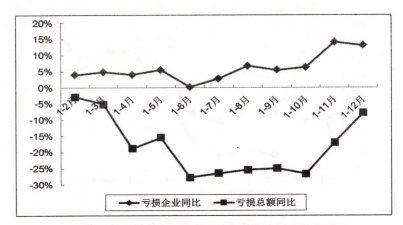

图9-26 2014年家电行业亏损企业数量及总额变化情况

数据来源：国家统计局，2015 年 2 月。

从相对指标来看，家电行业亏损情况明显改善，亏损面及亏损深度均持续减少。亏损面由年初的 **28.1%** 减少到 **14.1%**，亏损深度由 **12.6%** 减少到 **2.2%**。

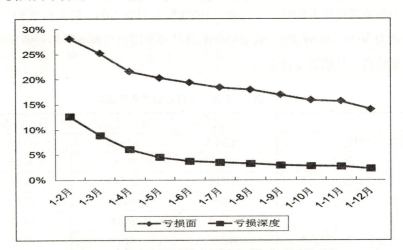

图9-27 2014年家电行业亏损面及亏损深度变化情况

数据来源：国家统计局，2015 年 2 月。

3. 营运能力分析

（1）流动资产周转次数小幅上涨。2014 年，家电行业流动资产周转次数由年初的 1.7 上涨到 2.0，其中上半年呈现稳步上升态势，而下半年呈现下降态势。

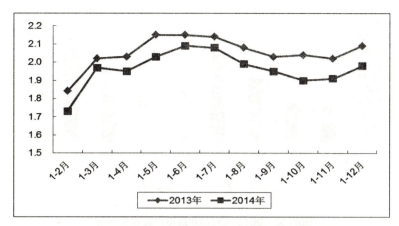

图9-28　2014年家电行业流动资产周转次数变化情况

数据来源：国家统计局，2015年2月。

（2）产成品资金占用率小幅下降。2014年，家电行业产成品资金占用率由年初的12.0%震荡下降到9.9%。

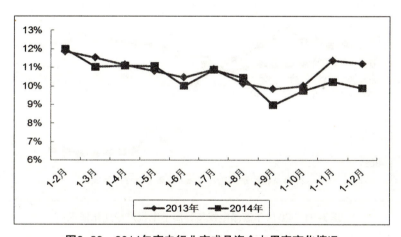

图9-29　2014年家电行业产成品资金占用率变化情况

数据来源：国家统计局，2015年2月。

（三）重点领域或重点产品情况

2014年，家电产量增速明显高于上年，其中各个季度均明显高于上年同期。

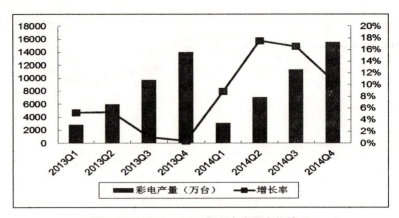

图9-30 2013—2014年彩电产量变化情况

数据来源：国家统计局，2015年2月。

分品种来看，我国彩电产量的增加主要来源于液晶电视。2014年，液晶电视同比增长13.3%，而等离子电视大幅同比下跌68.9%。

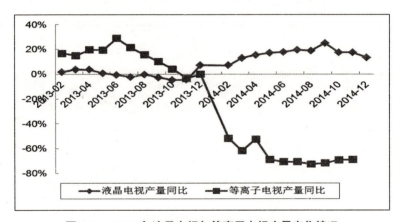

图9-31 2014年液晶电视与等离子电视产量变化情况

数据来源：国家统计局，2015年2月。

整体看，彩电销售有明显改善。2014年，彩电销量15646.2万台，同比增长12.1%。前三季度，彩电销售增速持续上升，由3.6%上升到17.0%，直至四季度回落到12.1%。

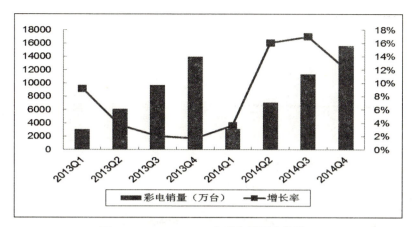

图9-32　2013—2014年彩电销量变化情况

数据来源：国家统计局，2015年2月。

销量增速的走高带动了库存明显下降。2014年，彩电年末库存相比年初下降7.7%。全年产销率也呈现下行态势，产销率由一季度的100.5下降到全年的100.4。

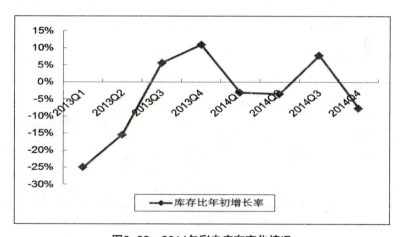

图9-33　2014年彩电库存变化情况

数据来源：国家统计局，2015年2月。

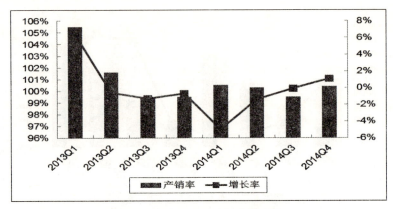

图9-34　2014年彩电产销率变化情况

数据来源：国家统计局，2015年2月。

分销售目的地来看，受全球经济逐渐好转和巴西世界杯的带动，我国彩电销量的增加主要来源于出口市场，而国内由于家电补贴政策退出提前透支了部分市场，加上国内经济增速放缓特别是商品住宅现房销售明显下降，彩电国内销量下降。2014年，彩电内销4461万台，同比下降6.6%，而出口7405.3万台，同比增长24.3%。从出口额来看，2014年彩电出口扭转了2013年的出口下降态势，其中2014年虽然出口额增速整体呈现下行态势，但全年仍保持了22.6%的增速。

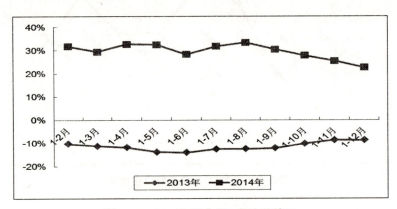

图9-35　2014年彩电出口额变化情况

数据来源：国家统计局，2015年2月。

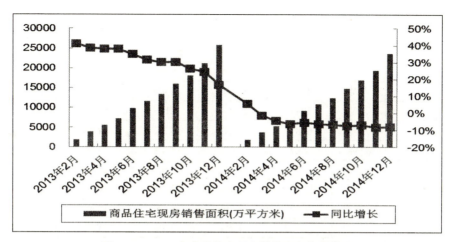

图9-36　2014年商品住宅现房销售面积变化情况

数据来源：国家统计局，2015年2月。

第四节　2014年我国消费品工业区域发展情况

一、东部地区

（一）生产增速放缓，但主要产品生产规模在全国仍处于领先水平

2014年，国家出台多项"稳增长、调结构、促改革、惠民生"政策，成效显著。消费品工业生产逐渐走出低迷，呈现稳中有升的发展态势。在统计的25种主要消费品产品中，除6种产品产量负增长外，11种产品产量增速大于10%。与上年同期相比，除液体乳、糖果、方便面、乳制品、冷冻饮品、饮料酒、白酒、啤酒、精制茶等9种产品产量增速出现下滑外，其他产品产量增速均有所增加。从产品产量占全国比重看，2014年东部地区的糖果、罐头、酱油、家具、纸制品、塑料制品、纱、布、服装、化药原药等产品产量在全国的占比依然维持在50%以上。随着产业转移的进一步推进，糖果、葡萄酒等18种产品产量在全国的占比出现下滑。

表 9-36　2014年东部地区主要消费品产品生产情况

主要消费品	单位	累计产量	同比增速	上年同期增速变化	占全国比重	上年同期比重变化
小麦粉	万吨	5253.2	8.8%	7.4%	37.2%	0.7%
液体乳	万吨	894.3	1.9%	−5.5%	37.3%	−0.3%
糖果	万吨	201.8	9.0%	−2.8%	55.7%	−14.8%

（续表）

主要消费品	单位	累计产量	同比增速	上年同期增速变化	占全国比重	上年同期比重变化
方便面	万吨	345.8	−2.8%	−9.5%	33.7%	−0.8%
乳制品	万吨	1002.4	−4.6%	−9.4%	37.8%	−1.1%
罐头	万吨	594.6	8.5%	3.1%	50.7%	−1.7%
酱油	万吨	608.8	22.0%	13.3%	64.9%	−1.0%
冷冻饮品	万吨	73.2	13.6%	−1.4%	23.7%	1.2%
发酵酒精	万千升	215.8	21.4%	15.0%	21.9%	2.4%
饮料酒	万千升	2725.7	−1.2%	−3.2%	41.7%	−0.2%
白酒	万千升	292.9	−3.3%	−8.0%	23.3%	−1.4%
啤酒	万千升	2244.7	−1.7%	−3.7%	45.6%	0.5%
葡萄酒	万千升	48.7	−9.9%	2.7%	41.9%	−3.9%
软饮料	万吨	7037.2	10.5%	5.9%	42.2%	−0.5%
精制茶	万吨	58.0	0.2%	−7.3%	23.8%	−2.3%
配合饲料	万吨	6450.3	12.7%	1.1%	42.2%	1.0%
混合饲料	万吨	2025.4	5.2%	17.3%	31.1%	−1.3%
家具	万件	62608.5	19.3%	22.9%	80.5%	−0.1%
纸制品	万吨	3572.3	19.1%	14.4%	53.8%	−2.5%
塑料制品	万吨	4020.2	14.8%	16.5%	54.4%	−2.1%
纱	万吨	2318.1	7.4%	0.7%	59.5%	−0.3%
布	亿米	534.1	3.1%	1.1%	75.9%	0.1%
服装	亿件	231.6	10.5%	12.3%	77.4%	0.1%
化药原药	万吨	181.3	10.9%	13.2%	60.2%	−0.1%
中成药	万吨	61.3	13.1%	3.4%	16.7%	−0.8%

数据来源：国家统计局，2015年1月。

（二）出口优势削弱，增速明显趋缓

2014年，东部地区消费品工业完成出口交货值31620.4亿元，同比增长5.8%，低于上年同期9.5个百分点。由于国际宏观贸易环境日趋严峻，加之人工短缺、用工成本攀升以及原材料价格上涨，东部地区的出口竞争优势大幅削弱，出口增速明显放缓。从全年趋势来看，在国家简化出口退（免）税行政审批流程、完善补充零税率应税服务退（免）税、扩大试启运港退税便捷企业通关、放开融资租赁货物出口退税、促进外贸综合服务企业发展等促出口政策的推动下，全年出口交货值增速呈现明显上扬趋势。与全国消费品工业6.8%的出口增速相比，东部地区出口优势明显下降，增速落后1个百分点。

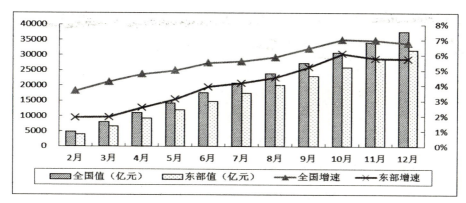

图9-37 东部地区消费品工业出口交货值及增速与全国比较

数据来源：国家统计局，2015年1月。

（三）主营业务收入增速微幅下滑

2014年东部地区消费品工业累计实现主营业务收入191760.5亿元，占全国比重为60.6%，较上年同期微幅下降0.4个百分点。其中，轻工依然是东部地区消费品工业中最重要的组成部分，收入贡献率达45.5%，其次为纺织、食品和医药工业。与上年同期相比，轻工和医药收入贡献率微幅增加，而在国家纺织产业转移政策的鼓励下，纺织工业收入贡献率下降1个百分点。

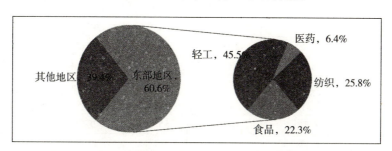

图9-38 2014年东部地区消费品工业累计主营业务收入构成

数据来源：国家统计局，2015年1月。

二、中部地区

（一）主要消费品产量继续保持增长态势

2014年1—12月，中部主要消费品产量继续保持增长态势。在关注的24种主要消费品中，除饮料酒、卷烟、布、印染布、皮革鞋靴、纸浆、化学药品原药同比下降外，其他消费品产量都保持着持续增长态势，特别是无纺布、纸制品、中成药，产量同比增速分别达到55.8%、25.8%和58.5%。

凭借着丰富的原料资源，中部地区成为我国消费品的重要产区，特别是食品和医药产业。2014年1—12月，24种主要消费品中，有10种产品在全国的份额超过了25%，其中大米、方便面、精制茶产量在全国的比例分别达到52.8%、50.9%和48.9%，罐头、纱、中成药分别达到29.2%、34.1%和41.3%。11种消费品在全国的地位增加，其中液体乳、方便面、乳制品、无纺布、轻革、中成药在全国中的份额分别上升2.2%、4.9%、2.0%、2.8%、3.1%、10.5%。

表9-37 2014年1—12月主要消费品产品生产情况

产品	单位	累计产量	同比增速	占全国比重	同期比重变化
液体乳	万吨	515.7	14.3%	21.5%	2.2%
大米	万吨	6889.8	12.0%	52.8%	0.5%
精制食用植物油	万吨	1693.4	7.5%	25.9%	0.6%
鲜、冷藏肉	万吨	955.5	18.0%	24.5%	0.6%
方便面	万吨	521.5	10.0%	50.9%	4.9%
乳制品	万吨	533.7	9.2%	20.1%	2.0%
罐头	万吨	342.6	14.9%	29.2%	0.7%
饮料酒	万千升	1396.2	−2.6%	21.3%	−0.4%
软饮料	万吨	3621.7	11.8%	21.7%	0.0%
精制茶	万吨	119.1	3.3%	48.9%	−3.1%
卷烟	亿支	7054.6	−0.4%	27.0%	−0.6%
纱	万吨	1327.7	7.6%	34.1%	−0.1%
布	亿米	131.6	−0.6%	18.7%	−0.7%
印染布	亿米	17.6	−10.2%	3.3%	−0.3%
无纺布	万吨	101.8	55.8%	28.2%	2.8%
服装	亿件	51.4	9.1%	17.2%	−0.2%
轻革	万平方米	15897.8	22.1%	26.8%	3.1%
皮革鞋靴	亿双	5.8	−38.8%	12.8%	−6.3%
人造板	万立方米	7077.8	4.2%	23.4%	−1.5%
家具	万件	8790.8	15.2%	11.3%	−0.4%
纸浆	万吨	399.7	−3.6%	24.3%	−0.6%
纸制品	万吨	1636.0	25.8%	24.7%	0.2%
化学药品原药	万吨	66.9	−1.0%	22.2%	−2.7%
中成药	万吨	151.5	58.5%	41.3%	10.5%

数据来源：国家统计局，2015年1月。

（二）出口交货值稳定增长

2014年1—12月，消费品中的15个行业累计出口交货值3214.3亿元，同比增长17.6%，高于全国增长水平10.9%。从15个子行业来看，除酒、饮料和精制茶制造业外，木材加工和木、竹、藤、棕、草制品业，造纸和纸制品业出口同比下降外，其他12个子行业均呈现同比增长态势，其中酒皮革、毛皮、羽毛及其制品和制鞋业，家具制造业，印刷和记录媒介复制业，文教、工美、体育和娱乐用品制造业同比增长分别达到26.2%、41.3%、55.1%、37.8%，明显高于消费品工业整体出口增速水平。与全国增速比较，中部地区除酒、饮料和精制茶制造业外，木材加工和木、竹、藤、棕、草制品业及造纸和纸制品业低于全国增速水平外，其他行业均高于全国水平。

表9-38　2014年1—12月中部地区消费品工业出口交货值及其比较

行业	出口交货值（亿元）	同比增速	与全国同比增速差
农副食品加工业	324.4	20.4%	16.0%
食品制造业	213.0	10.6%	6.1%
酒、饮料和精制茶制造业	42.4	−26.3%	−31.3%
烟草制品业	4.9	5.6%	2.7%
纺织业	396.5	12.7%	11.7%
纺织服装、服饰业	572.0	19.8%	16.7%
皮革、毛皮、羽毛及其制品和制鞋业	442.0	26.2%	20.5%
木材加工和木、竹、藤、棕、草制品业	80.8	−29.0%	−37.6%
家具制造业	97.4	41.3%	36.5%
造纸和纸制品业	31.6	−6.0%	−10.0%
印刷和记录媒介复制业	15.8	55.1%	46.9%
文教、工美、体育和娱乐用品制造业	565.4	37.8%	19.2%
医药制造业	206.3	14.3%	8.7%
化学纤维制造业	25.6	7.4%	4.3%
橡胶和塑料制品业	196.0	3.9%	0.1%
合计	3214.3	17.6%	10.9%

数据来源：国家统计局，2015年1月。

（三）主营业务收入继续快速增长

2014 年 1—12 月，中部地区消费品主营业务收入 64316.6 亿元，同比增长 13.8%。随着中部地区消费需求逐渐释放，中部消费品行业主营业务收入快速增长，15 个行业中，除化学纤维制造业主营业务收入出现小幅负增长外，其他 14 个行业增长都超过或接近 15% 的增速。与全国增速比较来看，除木材加工和木、竹、藤、棕、草制品业，造纸和纸制品业增速分别低于全国 3.9%、5.0% 外，其他行业增速均等于或高于全国平均水平，特别是印刷和记录媒介复制业、文教、工美、体育和娱乐用品制造业分别高于全国 33.2%、17.6%。

表 9-39　2014 年 1—12 月中部消费品工业累计主营业务收入

行业	主营业务收入（亿元）	同比增速	与全国增速差
农副食品加工业	17220.3	11.9%	4.9%
食品制造业	5205.7	15.1%	2.8%
酒、饮料和精制茶制造业	4386.7	10.4%	3.4%
烟草制品业	2397.2	7.4%	0.0%
纺织业	7082.2	11.6%	4.6%
纺织服装、服饰业	4177.8	20.5%	12.5%
皮革、毛皮、羽毛及其制品和制鞋业	2699.2	19.5%	10.3%
木材加工和木、竹、藤、棕、草制品业	2821.9	7.0%	−3.9%
家具制造业	1341.3	17.9%	7.0%
造纸和纸制品业	2686.0	1.3%	−5.0%
印刷和记录媒介复制业	1708.0	42.7%	33.2%
文教、工美、体育和娱乐用品制造业	1969.5	30.0%	17.6%
医药制造业	5138.0	18.6%	5.6%
化学纤维制造业	364.3	−0.9%	−4.3%
橡胶和塑料制品业	5118.6	13.4%	5.3%
合计	64316.6	13.8%	5.4%

数据来源：国家统计局，2015 年 1 月。

三、西部地区

（一）主要消费品产量继续保持良好增长态势

总体上，2014 年西部地区主要消费品的产量依然保持了较好的增长态势。1—

12月，液体乳等14种重点消费品中，除了纸浆、方便面、乳制品和冷冻饮品同比增速出现下降外，其他主要消费品的产量均出现不同程度的增长。其中，精制茶的产量达到59.14万吨，相比上年增长了48.63%，占全国总产量的比重达到24.26%，相比上年增长了6.33%。另外大米、纸制品增速也超过20%，明显高于全国平均水平，占全国总产量的比重也逐步提升，分别达到了10.82%、16.22%。此外，随着东部地区人力成本增加，服装企业将生产环节陆续从江浙等沿海城市向西部地区转移，整个西部2014年的服装产量增长了25.5%，但由于起步较晚，占全国比重仍不足3%。

从数据来看，纸浆、方便面、乳制品和冷冻产品的产量同比增速出现下降，其中纸浆和方便面的降幅超过了10%，占全国总产量的比重也分别下降了2.78%和3.58%。乳制品、冷冻饮品的产量分别为817.16万吨和81.38万吨，同比增速略有下降，其中冷冻饮品的降幅稍高，达到了4.1%。

此外，西部地区的液体乳、家具、中成药三个消费品的产量同比均有所增加，但由于增幅低于全国平均水平，占全国总产量的比重也出现负增长，降幅分别达到了0.77%、0.36%和1.93%。

表9-40　2014年1—12月西部地区主要消费品产品产量、地位及其变化

主要消费品	单位	累计产量	同比增速	占全国比重	上年同期比重变化
液体乳	万吨	751.2	0.3%	31.3%	−0.8%
纸浆	万吨	273.8	−15.2%	16.6%	−2.8%
大米	万吨	1411.6	21.2%	10.8%	0.9%
精制植物油	万吨	898.1	7.4%	13.7%	0.3%
纸制品	万吨	1076.3	32.3%	16.2%	0.9%
成品糖	万吨	1433.4	6.5%	86.3%	0.5%
方便面	万吨	115.8	−24.5%	11.3%	−3.6%
乳制品	万吨	817.2	−1.7%	30.8%	0.0%
冷冻饮品	万吨	81.4	−4.1%	26.4%	−3.3%
精制茶	万吨	59.1	48.6%	24.3%	6.3%
家具	万件	3046.2	9.3%	3.9%	−0.4%
服装	亿件	6.7	25.5%	2.2%	0.3%
化学原药	万吨	29.3	41.6%	9.7%	2.1%
中成药	万吨	107.3	11.0%	29.2%	−1.9%

数据来源：国家统计局，2015年1月。

（二）出口交货值有所增长，增速普遍高于全国平均水平

相比 2013 年，2014 年西部地区消费品工业出口情况明显好转。1—12 月，消费品工业累计出口交货值为 1058.85 亿元，较 2013 年同期增长了 19.7%，高于全国消费品工业平均水平 13 个百分点。

就各行业看，在 15 个消费品典型行业中，只有纺织行业出口交货值与 2013 年同期相比出现负增长，下降了 1.7%，但受到利率持续升高的影响，全国纺织业出口均受到抑制，平均增速在 1% 左右。另外 14 个同比正增速的行业中，印刷和记录媒介复制业，文教、工美、体育和娱乐用品制造业，造纸和纸制品业三个行业表现最为强劲，其中前两个子行业增速将近 100%。另外，农副食品加工业、酒饮料和精制茶制造业的增长也十分显著，出口交货值分别达到 173.2 亿元和 88.5 亿元，增速也均超过了 30%。

表 9-41　2014 年 1—12 月西部地区消费品工业出口交货值及其比较

行业	出口交货值（亿元）	同比增速	与全国同比增速差	全国同比增长
农副食品加工业	173.2	33.7%	29.3%	4.4%
食品制造业	112.9	3.1%	−1.5%	4.5%
酒、饮料和精制茶制造业	88.5	39.1%	34.1%	5.0%
烟草制品业	15.3	7.1%	4.3%	2.8%
纺织业	152.4	−1.7%	−2.6%	1.0%
纺织服装、服饰业	62.3	5.6%	2.6%	3.0%
皮革、毛皮、羽毛及其制品和制鞋业	115.1	10.2%	4.5%	5.7%
木材加工和木、竹、藤、棕、草制品业	48.5	28.3%	19.7%	8.6%
家具制造业	12.6	24.2%	19.4%	4.9%
造纸和纸制品业	14.8	51.5%	47.5%	4.0%
印刷和记录媒介复制业	7.5	95.4%	87.2%	8.2%
文教、工美、体育和娱乐用品制造业	85.3	97.3%	78.7%	18.6%
医药制造业	93.6	23.5%	17.9%	5.6%
化学纤维制造业	19.5	21.9%	18.7%	3.1%
橡胶和塑料制品业	57.3	9.2%	5.3%	3.8%

数据来源：国家统计局，2015 年 1 月。

（三）主营业务收入增速下降

2014 年，整个工业下行压力相比 2013 年更大，西部地区消费品行业的主营业务收入增长速度明显放缓，累计实现 35328.46 亿元，相比 2013 年同比增长了10.6%，占全国消费品行业主营业务收入的 8.58%，相比 2013 年增长了 0.48%。

子行业中，皮革、毛皮、羽毛及其制品和制鞋业的主营业务收入出现负增长，降低了 0.09%，但该行业的全国平均水平增速也有所降低。另外 14 个子行业中，增速最快的是文教、工美、体育和娱乐用品制造业，高达 51.28%，占全国比重也增长了 0.68%。相比 2013 年，农副食品加工业、烟草制品业、印刷和记录媒介复制业占全国比重也略微出现下降，分别下降了 0.01%、0.12% 和 0.71%。

表 9-42　2014 年 1—12 月份主营业务收入、同比增长及占全国比重情况

行业	主营业务收入（亿元）	同比增长	占全国比重	占比差
农副食品加工业	9376.6	6.7%	14.8%	0.0%
食品制造业	3361.8	21.5%	16.6%	1.4%
酒、饮料和精制茶制造业	4838.9	8.5%	29.8%	0.4%
烟草制品业	2999.4	7.0%	33.7%	−0.1%
纺织业	2350.3	6.2%	6.2%	0.1%
纺织服装、服饰业	615.6	13.6%	3.0%	0.1%
皮革、毛皮、羽毛及其制品和制鞋业	663.1	−0.1%	4.9%	−0.4%
木材加工和木、竹、藤、棕、草制品业	1639.7	18.1%	12.5%	0.9%
家具制造业	719.7	13.1%	10.0%	0.2%
造纸和纸制品业	1433.5	5.0%	10.6%	0.5%
印刷和记录媒介复制业	693.1	17.5%	10.4%	−0.7%
文教、工美、体育和娱乐用品制造业	503.4	51.3%	3.4%	0.7%
医药制造业	3259.3	14.0%	14.0%	0.1%
化学纤维制造业	336.2	3.0%	4.7%	0.2%
橡胶和塑料制品业	2537.8	14.7%	8.6%	0.5%

数据来源：国家统计局，2015 年 1 月。

四、东北三省

（一）主要消费品产量继续保持增长态势

2014 年，东北三省主要消费品产量继续保持增长态势。除液态乳、食用植物油、方便面、乳制品、酒精、饮料酒和中成药外，其他消费品产品都继续保持

稳步增长态势。虽然各消费品产量依然保持增长，但增速差异明显，罐头、酱油、布和家具增速分别52.2%、162.6%、65.9%和48.2%，而方便面和中成药则同比分别下降10.2%和26.3%。

依靠丰富的农产品资源，东北三省已成为我国部分消费品的重要生产区，尤其是食品和林产品。2014年，大米，鲜、冷藏肉，冷冻饮品，酒精和复合木地板产量在全国的比例分别为24.9%、17.8%、20.9%、29.1%和20.5%。与2013年相比，除中成药在全国占比下降了7.8%外，其余消费品全国占比各有增减，但幅度不大。

表9-43　2014年东北地区主要消费品生产情况

	单位	产量	同比增速	占全国比重	同期比重变化
小麦粉	万吨	120.4	3.8%	0.9%	−0.03%
液态乳	万吨	241.4	−7.5%	10.1%	−1.1%
大米	万吨	3252.1	0.2%	24.9%	−2.7%
食用植物油	万吨	653.2	−4.4%	10.0%	−1.0%
鲜、冷藏肉	万吨	694.4	34.5%	17.8%	2.6%
速冻米面食品	万吨	30.0	32.2%	5.7%	1.7%
方便面	万吨	42.5	−10.2%	4.1%	−0.5%
乳制品	万吨	298.6	−8.7%	11.3%	−0.9%
罐头	万吨	65.8	52.2%	5.6%	1.5%
酱油	万吨	52.7	162.6%	5.6%	3.0%
冷冻饮品	万吨	64.4	2.6%	20.9%	−1.1%
酒精	万千升	286.8	−1.9%	29.1%	−2.9%
饮料酒	万千升	818.2	−2.8%	12.5%	−0.2%
软饮料	万吨	1617.9	6.2%	9.7%	−0.5%
卷烟	亿支	1325.4	10.1%	5.1%	0.4%
纱	万吨	22.2	1.1%	0.6%	−0.04%
布	亿米	6.7	65.9%	1.0%	0.4%
服装	亿件	9.6	6.0%	3.2%	−0.1%
人造板	万立方米	1750.9	5.2%	5.8%	−0.3%
复合木地板	万平方米	11839.7	10.6%	20.5%	−1.7%
家具	万件	3340.2	48.2%	4.3%	0.8%
化学药品原药	万吨	23.5	23.1%	7.8%	0.8%
中成药	万吨	47.2	−26.3%	12.8%	−7.8%

数据来源：国家统计局，2015年1月。

（二）出口交货值下降

2014 年，东北三省消费品中的 15 个行业累计出口交货值 1374.9 亿元，同比下降 3.7%，低于全国平均水平 10.4%。从 15 个子行业来看，酒、饮料和精制茶制造业，木材加工和木、竹、藤、棕、草制品业，造纸和纸制品业，印刷和记录媒介复制业，医药制造业，化学纤维制造业及橡胶和塑料制造业 7 个子行业同比上升外，其他 8 个子行业均呈现同比下降的态势，其中酒、饮料和精制茶制造业，印刷和记录媒介复制业同比增长分别达到 44% 和 30.1%，而皮革、毛皮、羽毛及其制品和制鞋业，文教、工美、体育和娱乐用品制造业同比分别下降 29.8% 和 29.8%。与全国增速比较，酒、饮料和精制茶制造业，木材加工和木、竹、藤、棕、草制品业，造纸和纸制品业，印刷和记录媒介复制业，医药制造业，化学纤维制造业及橡胶和塑料制造业 7 个子行业高于全国增速，其他行业均低于全国水平，特别是酒、饮料和精制茶制造业比全国增速高 43.7%。

表 9-44　2014 年东北三省消费品工业出口交货值及其比较

行业	出口交货值（亿元）	同比增速	与全国同比增速差
农副食品加工业	616.6	−3.4%	−6.4%
食品制造业	67.3	−4.1%	−8.8%
酒、饮料和精制茶制造业	13.4	44%	43.7%
烟草制品业	0.09	−27.3%	−30.1%
纺织业	43.1	−12.6%	−10.4%
纺织服装、服饰业	251.1	−7.6%	−11.2%
皮革、毛皮、羽毛及其制品和制鞋业	12.1	−29.8%	−35.9%
木材加工和木、竹、藤、棕、草制品业	157.5	8.2%	6.1%
家具制造业	72.8	−16.4%	−23.4%
造纸和纸制品业	10.7	12.7%	12.5%
印刷和记录媒介复制业	5.8	30.1%	9.5%
文教、工美、体育和娱乐用品制造业	26.4	−29.8%	−57.2%
医药制造业	37.6	17.9%	11.8%
化学纤维制造业	2.6	17.1%	12%
橡胶和塑料制品业	58.1	9.4%	4.5%
合计	1374.9	−3.7%	−10.4%

数据来源：国家统计局，2015 年 1 月。

（三）主营业务收入持续下滑

2014年，东北三省消费品主营业务收入23735.1亿元，同比下降2.4%。在15个细分行业中，除烟草制造业和医疗制造业保持7.6%和9.6%的增速外，其余13个行业均呈低速增长或下降态势，其中纺织服装、服饰业及造纸和纸制品业主营业务收入同比分别下降15.6%和11.3%。与全国增速比较看，除烟草制品业和化学纤维制造业略高于全国平均水平之外，其他行业均低于全国平均增速。特别是纺织服装、服饰业及印刷和记录媒介复制业分别低于全国23.5%和28.4%。

表9-45 2014年东北三省消费品工业主营业务收入

行业	主营业务收入（亿元）	同比增速	与全国增速差
农副食品加工业	10106.5	−4.0%	−10.8%
食品制造业	1575.9	−2.7%	−14.2%
酒、饮料和精制茶制造业	1259.4	−0.9%	−7.9%
烟草制品业	336.9	7.6%	0.2%
纺织业	682.3	−5.7%	−11.0%
纺织服装、服饰业	824.9	−15.6%	−23.5%
皮革、毛皮、羽毛及其制品和制鞋业	355.5	1.3%	−7.4%
木材加工和木、竹、藤、棕、草制品业	2046.7	1.0%	−8.3%
家具制造业	579.2	1.1%	−10.2%
造纸和纸制品业	582.4	−11.3%	−11.6%
印刷和记录媒介复制业	233.9	−2.9%	−28.4%
文教、工美、体育和娱乐用品制造业	299.4	4.8%	−16.8%
医药制造业	2667.3	9.6%	−3.7%
化学纤维制造业	111.8	1.5%	2.4%
橡胶和塑料制品业	2072.8	−6.2%	−14.5%
合计	23735.1	−2.4%	−10.9%

数据来源：国家统计局，2015年1月。

第五节 2015年我国消费品工业发展环境分析

一、发展面临的国内外环境更加复杂

从国际上看，全球经济风险加大。2014年10月30日，美联储宣布退出宽松货币政策，在此影响下国际市场发生了较大变化，给未来全球经济发展带来不

确定性。一方面，全球资本流动性方向逆转，为应对资本回流带来的影响，欧洲央行宣布启动资产购买计划，资产负债规模将在未来两年中增加1万亿，日本也继续实施货币宽松政策推动日元贬值以应对通缩。短期来看，这些政策能够在一定程度上振兴本国经济，但是长期可能导致国内产能过剩，影响经济良性发展。另一方面，在美元维持升值势头的影响下，国际大宗商品价格下跌，部分资源出口国受到冲击，导致经济复苏受压。另外，新兴经济体需要展期的债务达到1.68万亿美元，美元升值将会显著增加新兴经济体债务展期成本，金融风险随之升温。

从国内看，宏观经济环境更加复杂。首先，我国经济面临"三期叠加"。我国经济正处于增长速度换挡期、结构调整阵痛期、前期刺激政策消化期的"三期叠加"阶段，经济发展步入新常态，下行风险不减，整个宏观经济增长动力不足，GDP增速进一步下降概率较大，与其他产业关联度较高的消费品工业难以置身事外。其次，我国整体经济增长将放缓。尽管国内对2015年GDP增速维持7%以上充满乐观，但IMF、WB等国际组织并不看好。IMF预测今明两年我国GDP增速分别为6.8%、6.3%，WB预测今明两年我国GDP增速分别为7.1%、6.9%。

二、扩内需政策有利于消费品工业的持续增长

面对国际经济形势复杂多变和国内经济下行压力无实质性缓解的严峻形势，消费需求已成为"稳增长、调结构、惠民生"战略的政策着力点。2014年7月29日，中共中央政治局会议明确指出，要努力扩大消费需求，发挥好消费需求的基础性作用。会议指出，要努力扩大消费需求，发挥好消费的基础作用，完善消费政策，不断释放消费潜力。要努力稳定对外贸易，落实完善促进外贸发展政策，坚持积极有效利用外资，有力推动出口升级和贸易平衡发展。要加快推进经济结构调整，落实国家新型城镇化规划。

党的十八大提出，要坚持走中国特色新型城镇化道路，推动工业化和城镇化良性互动、城镇化和农业现代化相互协调，促进工业化、信息化、城镇化、农业现代化同步发展。新型城镇化战略作为未来我国经济增长的主要动力之一，释放出的内需潜能将为消费品工业提供广阔的市场。城镇化将带来居民收入水平的提高，随之带来消费能力的提升。城镇化也将带来居民消费倾向的改变，农村居民在非生活必需品，如衣着、家庭设备等方面需求将有效释放。据测算，城镇化率每年提高0.8个百分点，每年可增加消费约1.2万亿元；此外，政府采购清单也

将有所调整，将刺激新的消费增长点。

三、社会环境因素变化带来的消费观念和消费结构变化

首先是要素供给结构发生重大变化。伴随着观念上的巨大变化，我国的出生率持续下降，刘易斯拐点提前到来，人口老龄化步伐加快，人口红利正在稀释，劳动力市场逐年承压，多年以来支撑我国消费品工业快速发展的动力正在快速削弱，人口大国的劳动密集型的轻纺工业发展面临着"用工荒"的困境。同时，随着城镇化的快速发展，我国耕地资源短缺加剧，粮食、油料、棉花等重点消费品原料的供给保障面临挑战，价格波动加剧。除了劳动力和原材料外，我国消费品工业发展面临的生态环境要素约束也在升级，节能、减排、降耗压力较大。面对要素供给结构的大变化，消费品工业必须加快转型升级，走集约式发展之路。同时，也要求我国的消费品企业尽快提升全球范围内整合资源的能力，加快"走出去"的步伐。

其次是收入水平持续增长，消费结构快速升级。按照《中华人民共和国国民经济和社会发展第十二个五年规划纲要》确定的目标，到2015年，我国城镇居民人均可支配收入和农村居民人均纯收入将分别达到26810元、8310元。随着居民收入水平提高，社会保障水平不断提高，居民消费结构逐渐以生存为主的温饱型转向小康型的消费模式，医疗保健、教育、旅游、信息消费等消费比重将逐步增加。同时，"十三五"期间，在党中央、国务院持续改善民生和大力促进就业的战略导向下，城乡居民的收入增长预期会进一步强化，这会对消费的增长以及消费结构升级起到推动作用。

四、促进中西部投资为消费品工业发展提供机遇

近年，随着西部大开发、中部崛起、东北老工业基地振兴规划、"一带一路"经济带的逐步实施和一系列优惠政策的不断落实，内陆及沿边地区的开放程度不断提升，外商及一大批跨国企业融入程度提高，为这些地区的消费品工业发展注入了新的活力。2014年8月，国家发展和改革委员会发布了《西部地区鼓励类产业目录》，将对中国西部地区提高利用外资质量和水平，提高对外开放水平，促进产业结构调整和引导外资利用当地优势资源具有积极作用。该目录新增了西部地区鼓励类的产业，其中涉及消费品行业的多项领域，如四川的中药溯源电子码技术开发及应用，贵州的民族工艺品加工生产，云南的先进适用的制药及生物

制剂成套设备制造，甘肃省和青海省的清真食品加工等。

第六节　2015年我国消费品工业发展趋势展望

一、生产增速小幅下滑

进入2015年，随着国内经济结构调整压力的加大，消费品工业生产增速将继续出现小幅下滑。一是我国经济基本面运行预期仍将继续放缓，维持"中高速"增长；二是出于国内消费不振和人民币升值预期，企业面临通缩压力，出厂价格指数低于预期，企业家信心也不及往年。三是企业去库存、去产能、回笼资金的压力增加，部分行业库存的增速已经高于生产增速。四是随着对商业银行监管更趋严格，商业银行将加强对风险资产的控制，企业获得贷款的审批条件将更为严格，这对以中小企业为主的消费品行业尤为不利。预计，2015年我国轻工行业增加值增速为8%，医药行业增加值增速为13%，纺织行业增加值增速为7%。

二、出口增速小幅回升

进入2015年，世界经济温和复苏，我国消费品工业出口交货值增速将小幅回升。国际货币基金组织预测2015年全球经济增速将为3.8%，高于2014年（3.4%）的预期。在美国，经济复苏势头强劲，就业数据持续改善，美联储退出量化宽松政策，美元进入加息周期，美元强势还将持续，人民币汇率升值压力减轻，这将带动我国消费品工业产品的出口。预计，2015年我国轻工行业的出口交货值增速可望达到8%左右，医药行业的出口交货值增速会达到7%，纺织行业的出口交货值增速可望达到5%。

三、内需有望进一步扩大

进入2015年，预计我国消费品工业固定资产投资增速整体上会延续2014年态势，并有望出现小幅反弹。第一，随着我国在保障房建设、基础设施、医药卫生等领域扩内需政策的进一步实施，政策对内需的拉动作用逐渐加大。第二，单独二胎将助力母婴消品市场的扩容，二胎政策放松后将推动儿童相关和生育服务相关消费，预计未来五年儿童相关消费的年均复合增长率将达22%。第三，新型城镇化相关政策为消费注入新动力。新型城镇化政策将缩小城乡收入差距，释放广大农村市场消费需求。

预计，2015年我国消费者信心指数的平均水平将达到110，社会消费品零售总额全年增速可达到13%。固定资产投资方面，食品行业中，农副食品加工业，食品制造业，酒、饮料和精制茶业固定资产投资增速将分别达到15%、20%和20%；纺织行业中，纺织业和纺织服装、服饰业将分别达到13%和20%；医药制造业固定资产投资增速将达到20%。

第十章 电子信息制造业

第一节 2014 年我国电子信息制造业整体发展状况

2014 年以来，我国电子信息制造业与中国宏观经济形势走向一致，产业增速出现明显下滑，不仅彻底结束了近 20%—30% 的高速增长，更面临进入个位数增长区间的可能。突如其来的出口负增长态势，埋下了产业发展的严峻基调。但同时应看到，集成电路政策效应的显现，以及智能硬件和跨界转型的加速，将为产业注入新鲜活力。我国电子信息制造业由大变强的历史任务面临严峻挑战，但也呈现新的契机。

一、 整体规模进入稳定的低速增长区间

自一季度以来，我国信息产业增速陡然下滑，直至二季度企稳回升，三季度

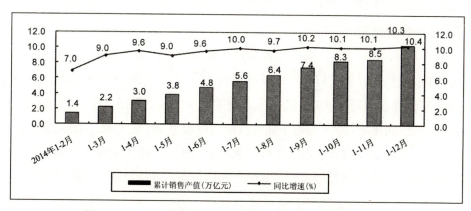

图10-1 2014年我国电子信息制造业销售产值月度增长情况

数据来源：赛迪智库整理，2015 年 1 月。

以来保持稳定增长。从增速区间来看，全年共有 6 个月增速为个位数，再创 2009 年以来产业增速新低。其余 6 个月产业增速处于 10%—10.5% 之间，低速增长常态化，表明我国电子信息制造业彻底告别高速增长期，进入稳定的低速增长区间。计算机、彩电等成熟市场产品增速不断下滑，手机产品增速开始下降，产业缺乏量大面广的增长极。

二、进出口负增长态势贯穿全年

受国内外宏观经济的深刻影响，出现了自金融危机后的首次出口负增长。2014 年以来我国电子信息产品进出口额增长由正转负，但增速不断回暖。1—12 月，我国电子信息产品全年进出口总额 13237 亿美元，同比降低 0.5%。出口额为 7897 亿美元，同比增长 1.2%；进口额 5304 亿美元，同比下降 2.8%。其中，电子器件出口额降幅较大，同比下降 19.0%。内资企业进出口均呈下降态势，主要在于民营企业降幅明显，出口额和进口额分额同比下降 6.1% 和 12.2%。

（一）进出口总体情况

2014 年 1—12 月，我国电子信息产品进出口总额增速低于全国外贸进出口 3.9 个百分点。其中，出口占全国外贸出口比重为 33.5%，进口占全国外贸进口比重为 27.1%。从主要产品进出口来看，出口额前五位的产品分别为手机、笔记本电脑、集成电路、液晶显示板和手持式无线电话用零件，除手机保持 21.3% 的增长外，其余主要产品出口下降明显；进口额排前五位的依次为集成电路、液晶显示板、手持式无线电话用零件、硬盘驱动器和印刷电路，进口额增速均呈下降态势。

（二）行业结构

出口方面，1—12 月，电子器件出口额降幅较大，同比下降 17.9%，其余类别均呈增长态势。计算机行业出口额达 2267 亿美元，较 2013 年同期增长 1.0%；通信设备行业出口额达 1976 亿美元，增速为 11.5%；家用电子电器出口额为 1064 亿美元，同比增长 3.5%；电子元件行业出口额为 785 亿美元，同比增长 9.2%。

进口方面，通信设备、电子器件、家用电子电器、电子元件进口额呈不同程度下降态势，其余类别保持增长。其中，通信设备行业进口额为 460 亿美元，同比降幅为 5.6%；电子器件行业进口额为 2930 亿美元，同比下降 5.6%；计算机进口额为 610 亿美元，同比增长 1.8%；电子元件进口额为 517 亿美元，同比增长 -0.6%；电子仪器设备进口额为 487 亿美元，同比增长 12.3%；家用电子电器进口额为 208 亿美元，同比增长 -8.6%；电子材料进口额为 81 亿美元，同比增长 5.8%；广播电视设备进口额为 46 亿美元，同比增长 3.4%。

（三）贸易方式结构

2014 年 1—11 月，一般贸易出口额和进口额同比增速分别为 17.6% 和 13.3%，分别高于平均水平 17.6 和 17.2 个百分点。其中，一般贸易出口额占比达 22.6%，高出上年 3.4 个百分点；加工贸易出口额和进口额均呈下降态势，分别较上年下降 0.2% 和 0.4%。

（四）经济类型结构

内资企业进出口均呈下降态势，主要原因是民营企业降幅明显，出口额和进口额分额同比下降 6.1% 和 12.2%；国有企业和集体企业则保持了 6.5% 和 20.2% 的出口增长态势。三资企业进出口小幅下降，其中，中外合作企业降幅明显，出口额下降 24.7%，进口额下降 15.2%。

（五）地区结构

2014 年 1—11 月，我国对香港地区出口持续大幅下降，降幅达 15.13%；对美国、日本、韩国、荷兰欧洲出口延续增长态势。进口五大来源地分别是中国台湾地区、韩国、日本、马来西亚和美国，除向韩国进口保持 0.3% 的小幅增长外，其他来源地的进口则呈不同幅度的下降态势。

三、 细分行业领军者与追赶者角色正发生变化

通信设备制造业在过去两年内是产业增长的主要领军者，但是从 2013 年三季度开始，由于智能手机市场正逐渐饱和，行业增速持续下滑。2014 年全年增速降至 16.6%，同比下降 6.6 个百分点。

而集成电路产业在政策推进下不断追赶前进，2014 年前三季度，全行业实现销售额 2125.9 亿元，同比增长 17.2%，高于全球同期增长水平 7.2 个百分点，产业规模进一步扩大。其中，设计业继续保持快速增长态势，销售额为 746.5 亿元，同比增长 30%；制造业销售额 486.1 亿元，同比增长 7.9%；封装测试业销售额 893.3 亿元，同比增长 13.2%。未来 3—5 年集成电路产业有望成为最重要的增长力量。

四、产业固定资产投资增速缓慢回升

（一）产业投资增速稳步回升

2014 年 1—12 月，电子信息产业 500 万元以上项目完成固定资产投资额 12065 亿元，同比增长 11.4%，增速比上年同期低 1.5 个百分点，比同期工业投资低 1.5 个百分点。新开工项目达 8028 个，同比增长 1%，虽然改变了 2014 年以来多月负增长的局面，但增速比上年同期下降 4 个百分点。其中，广播电视、电子元件行业新开工项目继续下滑，降幅分别为 22.9% 和 3.4%；通信设备、电子器件新开工项目增长由负转正，分别增长 0.2% 和 2.8%；计算机、电子专用设备、信息机电行业新开工项目分别增长 0.2%、6.2% 和 5.6%。

（二）主要行业投资增速不一

2014 年 1—12 月，通信设备行业投资回升明显，完成投资 1085 亿元，同比增长 21%，增速低于上年同期 16.1 个百分点，但比上半年回升 14.7 个百分点，成为全行业投资增速最快的领域。电子计算机行业投资逐步回落，完成投资 859 亿元，同比增长 4.3%，增速比上半年回落 6.9 个百分点。

（三）集成电路投资连续回落

电子器件行业投资由年初超过 30% 的快速增长连续回落，2014 年全年完成投资 2825 亿元，同比增长 14.4%，增速高于全行业 3 个百分点，但比上半年回落 10.8 个百分点；其中集成电路领域完成投资 644.5 亿元，同比增长 11.4%；光电子器件完成投资 1972 亿元，同比增长 18.9%；半导体分立器件完成投资 106.5 亿元，同比下降 6%。

（四）家用视听等领域投资转为正增长

电子元件行业投资稳中有降，全年完成投资 2441 亿元，同比增长 9%，增速低于 2013 年同期 9.5 个百分点。家用视听、信息材料及光伏相关行业的投资相继由负转正后，增速不同程度回升，全年分别增长 8.3%、3.9% 和 10.8%。

五、龙头企业效益回升引领全行业效益提升

2014 年，我国规模以上电子信息制造业实现利润总额 5052 亿元，同比增长 20.9%。产业平均销售利润率 4.9%，低于工业平均水平 1 个百分点，但比上年提高 0.4 个百分点；每百元主营业务收入中平均成本为 88.4 元，仍高于工业平均成

本 2.8 元,但比上年下降 0.2 元;产成品存货周转天数为 12.2 天,低于工业 1.1 天。全行业亏损企业的亏损额下降 20.4%。

龙头企业转型升级有所成效,计算机世界巨头联想在个人电脑领域的利润增速超过 10%,再创新高;家电巨头海尔通过实践"管理创新、模式创新、技术创新"的转型战略,利润增速高达 18%;70 家元件百强企业利润总额平均增长 25.6%;集成电路制造企业中芯国际上半年毛利润率达 28%,达近年来最高水平。

第二节 2014 年我国电子信息制造业重点政策解析

一、光伏制造行业系列政策

2014 年,根据"国 24 号文"文件精神,我国一系列促进光伏产业健康发展的配套政策密集出台。

(一)《光伏制造行业规范条件》入围企业名单公示

为规范产业发展,2013 年中,工信部出台并实施了《光伏制造行业规范条件》。2014 年,经企业申报、省级工业和信息化主管部门核实推荐、专家复核、网上公示及现场抽检,共发布 3 批 175 家符合《光伏制造行业规范条件》的企业名单,为行业的有序发展奠定了基础。

(二)国家认监委、能源局发布《关于加强光伏产品检测认证工作的实施意见》

在完善产业发展配套方面,国家认监委、能源局发布《关于加强光伏产品检测认证工作的实施意见》,加强光伏产品检测认证体系建设,规范光伏行业管理,促进光伏产业健康、可持续发展。内容包括:一是由国家认监委会同国家能源局对光伏产品检测认证工作实行统筹规划和管理。二是明确了光伏产品检测认证的产品范围,包括光伏电池组件、逆变器、控制设备、汇流设备、储能设备以及独立光伏系统等。三是接入公共电网的光伏发电项目和享受各级政府补贴的非并网独立光伏发电项目,须采用经国家认监委批准的认证机构认证的光伏产品。

(三)工信部出台《关于进一步优化光伏企业兼并重组市场环境的意见》

为推动光伏企业兼并重组,提高产业集中度和核心竞争力,促进光伏产业加快转型升级,2014 年底,工信部出台《关于进一步优化光伏企业兼并重组市场环境的意见》，从优化兼并重组审批流程、加强财政资金支持、完善相关税收政策、土地使用政策、企业债务处理和职工安置政策等方面优化光伏企业兼并重组的市场环境。

二、《国家集成电路产业发展推进纲要》

2014年6月24日，工业和信息化部正式公布了《国家集成电路产业发展推进纲要》，成为继"18号文"和"4号文"后的第三份重要集成电路产业推进政策。该文件与18号、4号文件一脉相承，在保持现有财税政策、投融资政策、研究开发政策、进出口政策、人才政策、知识产权政策、市场政策等的基础上，重点增加了三个主要内容：

一是成立国家集成电路产业发展领导小组，负责产业发展推进工作的统筹协调，强化顶层设计，整合调动各方面资源，解决重大问题，根据产业发展情况的变化，实时动态调整产业发展战略。并成立由有关专家组成的咨询委员会。

二是设立国家集成电路产业投资基金。重点吸引大型企业、金融机构以及社会资金对基金进行出资。基金实行市场化、专业化运作，减少政府对资源的直接配置，推动资源配置依据市场规则、市场竞争实现效益最大化和效率最优化。支持设立地方性集成电路产业投资基金。

三是加大金融支持力度。重点在创新信贷产品和金融服务、支持企业上市和发行融资工具、开发保险产品和服务等方面，对集成电路产业给予支持。

三、工信部《关于加快我国彩电行业品牌建设的指导意见》

经过改革开放30多年的发展，我国已成为全球最大的彩电生产国、消费国和出口国，自主品牌在国际市场的占有率和影响力逐步扩大，多家企业跻身全球十大彩电制造企业行列。但是，我国彩电企业产品同质化现象仍然比较突出，自主品牌价值和附加值较低，出口以加工制造为主，行业利润薄，亟需提升品牌价值。为加强我国彩电行业自主品牌建设，提升品牌影响力，工信部于2014年3月6日出台《关于加快我国彩电行业品牌建设的指导意见》。具体内容包括：一是实施以品牌引领转型升级的发展战略，增强品牌意识；二是充分发挥企业主体作用，完善品牌建设机制；三是增强企业核心竞争力，提升品牌价值；四是规范市场秩序，优化品牌成长环境；五是提高品牌经营能力，强化品牌优势；六是完善质量、服务和诚信体系，保障品牌信誉。

该政策的出台有利于加快彩电行业品牌建设，有利于产业转型升级，实现发展方式由规模扩张向质量品牌效益的转变；有利于提升企业的核心竞争力，进一步巩固国内市场优势地位和提升国际市场竞争力；有利于行业管理水平的提高，实现行业整体发展水平的提升。

四、工信部《关于加快我国手机行业品牌建设的指导意见》

我国手机产销量均居全球首位，市场份额不断提升，产业体系日趋完备。自主品牌手机企业快速成长，市场竞争力明显提升，多家企业产销量跻身全球前列。但品牌影响力不强、附加值不高等问题制约着我国手机企业的进一步发展，加快提升产品品牌形象和价值正在成为行业的新追求。为促进企业提升产品质量，促进我国手机行业发展方式由规模扩张向规模和品牌效益并举发展，进一步实现转型升级的新突破，工信部于2014年3月正式出台《关于加快我国手机行业品牌建设的指导意见》。该政策主要内容包括：一是以企业为主体加强品牌建设，以创新促进品牌成长；二是更好地发挥政府的支持引导作用，完善手机品牌建设政策环境；三是加强行业公共服务和支撑，形成品牌建设合力；四是加强产业链合作，夯实手机品牌建设的产业基础；五是充分利用运营商和行业用户等市场资源，加快手机品牌发展；六是规范市场秩序，加强行业自律；七是完善质量和服务体系建设，提升消费者满意度；八是大力拓展海外市场，提升自主品牌国际影响力。

该政策的出台有利于加快手机行业品牌建设，有利于优化产业资源配置，改善行业生态环境，进一步形成可持续发展能力；有利于促进企业提升产品质量，强化应用创新，进一步满足消费者需求，夯实拉动信息消费的产业基础。

第三节　2014年我国电子信息制造业重点行业发展状况

一、计算机行业

计算机行业占电子信息行业比重持续下滑。2014年我国计算机产业增长整体趋稳，但占电子信息全行业比重依旧呈下降态势。2014年，我国计算机产业实现销售产值22729亿元，同比增长2.9%，增速低于行业平均水平7.4个百分点，低于2013年同期2.6个百分点；占全行业比重为21.9%，比2013年同期下降2个百分点；对全行业增长的贡献率为6.6%，比2013年同期下降5.8个百分点。

全年我国微型计算机设备累计总产量约 3.57 亿台，增长 1.7%。其中笔记本电脑产量 2.77 亿台，同比增长 1.4%。

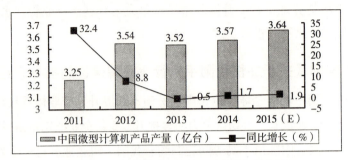

图10-2　中国微型计算机产品产量与增长率

数据来源：赛迪智库，2015 年 3 月。

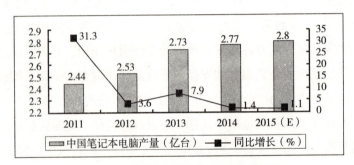

图10-3　中国笔记本电脑产量与增长率

数据来源：赛迪智库，2015 年 3 月。

进出口下滑态势小幅扭转。2014 年，我国计算机产业进出口扭转前几年下滑态势，小幅增长。全年计算机产品出口额 2267 亿美元，同比增长 1.0%。其中，笔记本电脑出口额 758 亿美元，同比下降 31.6%，出口总额位列电子信息产品第二位，仅次于手机 1154 亿美元；实现出口交货值 17373 亿元，同比增长 1.0%。

二、通信设备行业

2014 年，通信设备行业继续保持快速增长，增速稳居主要行业之首。1—12 月，通信设备行业销售产值达到 20260.9 亿元，同比增长 16.6%，高出全行业平均水平 6.3 个百分点。其中，出口交货值增长 16.9%，高于 1—11 月平均值 0.6 个百分点，高于全行业平均水平 10.9 个百分点；内销产值增长 16.4%，高于 1—11 月平均值 0.7

个百分点，高出全行业平均水平 1.5 个百分点。通信设备行业销售产值占全行业比重为 19.5%，高于上年同期 1.3 个百分点。1—12 月，通信设备行业投资回升明显，完成投资 1085 亿元，同比增长 21%，增速低于上年同期 16.1 个百分点，但比上半年回升 14.7 个百分点，成为全行业投资增速最快的领域。通信设备新开工项目增长由负转正，同比增长 0.2%。贸易顺差态势明显，进出口方面，通信设备全年出口额为 1976 亿美元，同比增长 11.5%；进口额为 460 亿美元，同比下降 5.6%。

表 10-1　2014 年 1—12 月通信设备行业统计表

类别	1—3月	1—6月	1—9月	1—12月
工业总产值（亿元）	3961.5	8564.9	14004.1	20260.9
工业总产值增速	18.8%	16.4%	16.7%	16.6%
固定资产投资额（亿元）	148	419	713	1085
固定资产投资增速	11.9%	6.3%	12.1%	21.0%
出口额（亿美元）	397	826	1292	1976
出口增速	1.7%	3.3%	3.9%	11.5%
进口额（亿美元）	100	214	322	460
进口增速	−10.7%	−5.2%	−9.2%	−5.6%

数据来源：工业和信息化部运行监测协调局，2015 年 1 月。

受成熟市场和高端机型饱和等因素影响，2014 年手机行业增长态势有所趋缓。2014 年全年，国内上市手机新机型 2080 款，同比下降 27.3%，其中，2G 手机新机型 398 款，同比下降 97.5%；3G 手机新机型 890 款，同比下降 130.9%；4G 手机新机型 792 款，同比增长 3860.0%，4G 终端增长势头异常迅猛。上市智能手机新机型 1659 款，同比下降 27.5%，占同期新机型总数的 79.8%；操作系统方面，有 1604 款采用安卓系统，占同期智能手机新机型总数的 96.7%；国内外市场结构上，2014 年，国产品牌手机出货量 3.5 亿部，同比增长 20.0%，占手机总出货量的 78.3%；上市新机型 1929 款，同比下降 28.3%，占手机上市新机型总量的 92.7%。3G 手机中，国产品牌出货量份额分别为：CDMA2000 手机占 80.2%、WCDMA 手机占 57.4%、TD-SCDMA 手机占 90.6%；TD-LTE 手机中，国产品牌占比占 76.2%。

三、家用视听设备行业

2014 年，家用视听行业实现销售产值 7647 亿元，同比增长 4.2%，比 1—11

月平均值下降 0.3 个百分点。其中，实现内销产值 4113 亿元，同比增长 2.4%，高于 1—11 月平均值 0.4 个百分点。出口交货值实现 3534 亿元，同比增长 6.5%，比 1—11 月平均值下降 0.9 个百分点。

2014 年，全行业共生产彩色电视机 14129 万台，同比增长 10.9%；其中，液晶电视机 13866 万台，同比增长 13.3%。从月度看，除年初受节日因素影响增幅较小外，液晶电视全年基本保持两位数的增幅。

2014 年，受冬奥会、世界杯对全球彩电市场的拉动、欧美市场需求复苏等影响，出口恢复增长，我国共出口彩色电视机 7406 万台，出口额 135.5 亿美元，同比增长 22.6%；其中，液晶电视出口达到 6871 万台，出口额 128.3 亿美元，同比增长 20.5%。

从产品结构看，液晶电视成为主导，占出货量的 92.9%，内销市场 LCD 电视占比为 98.52%，PDP 电视占比为 1.47%，CRT 电视基本退出，只有外销。ULED 和 OLED 等新型显示技术的电视产品逐渐受到消费者的关注。

从区域结构看，平板显示产业体系已重构。目前国内初步形成了北京地区、长三角地区、成渝地区以及珠三角地区四个面板产业集聚发展带。截止 2014 年底，已建成 6 代以上面板生产线有 7 条，还有拟建、在建 12 条。2014 年我国面板自主配套率首次突破 50%。

从投资结构看，2014 年，电视机制造业 500 万元以上项目完成固定资产投资 102 亿元，同比下降 15.3%，低于电子制造业平均水平 26.7 个百分点。从投资增速来看，呈 L 型走势，从 3 月份开始下降幅度逐渐收窄。从投资领域来看，投资重点集中在智能电视及芯片开发等环节。

四、平板显示行业

2014 年我国平板显示产业规模不断提升，全行业销售收入达到 1400 亿元人民币，同比增加 30%。显示面板出货面积突破 3000 万平方米，同比增加 50%，全球市场占有率约为 17%，成为全球第三大显示器件生产地区。高世代产线建设稳步推进，广州 LGD8.5 代线和苏州三星 8.5 线顺利点亮投产，液晶电视用液晶面板自给率从 2013 年的 35% 上升至 2014 年的 50%。液晶面板进出口同步出现下滑。2014 年液晶面板进口 437.8 亿美元，同比下降 11.7%；出口 318.9 亿美元，同比下降 11.1%。贸易逆差持续收窄，全年贸易逆差为 118.9 亿美元，同比减少

13.3%，连续第五年收窄。龙头企业核心竞争力显著增强。天马在中小尺寸领域按面积计算出货量规模达到全球第四；在华星光电面板的支持下，TCL彩电销量跻身全球前三，其中32英寸出货量位居全球第一；京东方按出货金额计算已经进入全球面板产业前五，通过调整北京8.5代线产品结构，目前已经占据平板电脑面板出货量全球第一的位置。

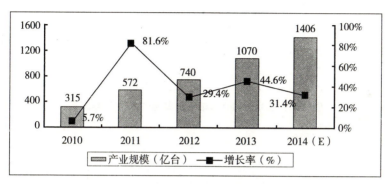

图10-4　2010—2014年我国大陆地区平板显示产业规模及增长率

数据来源：赛迪智库，2015年3月。

五、太阳能光伏行业

2014年，我国光伏企业继续巩固在全球的规模领先优势。产业链各环节均有企业进入前十，如多晶硅（4家）、硅片（8家）、电池片（5—6家）、组件（5—6家），并且第一名均为我国企业。

2014年，我国多晶硅开工企业约18家，产能为15.6万吨，产量约为13.2万吨，同比增幅近57%，占全球多晶硅产量的43%。硅片、电池片、组件产量增长均超过25%，占全球总产量比重都在50%以上。

表10-2　2014年我国光伏产品产量及增长情况

	多晶硅	硅片	电池片	组件
产量	13.2万吨	38GW	33GW	35GW
增长率	57%	28%	32%	27.2%
占全球比重	43%	76%	59%	70%

数据来源：赛迪智库，2015年3月。

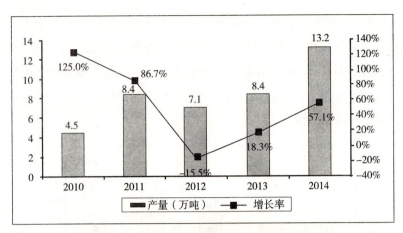

图10-5　2010—2014年我国多晶硅产量及增长率

数据来源：赛迪智库，2015年3月。

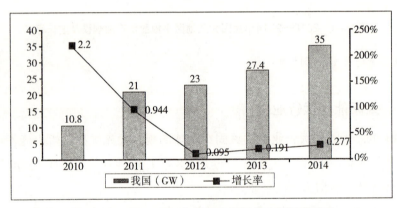

图10-6　2010—2014年我国光伏组件产量及增长率

数据来源：赛迪智库，2015年3月。

　　从进出口规模看，多晶硅进口量达到10.2万吨，同比增长26.7%，创历史进口最高纪录；进口金额为21.95亿美元，同比增长45.2%。太阳能电池出口额达到124.2亿美元，同比增长22.4%。

　　从市场规模来看，2014我国新增光伏并网装机容量达到10.6GW，同比下滑3.2%。累计光伏装机并网量达到28.05GW，同比增长60%。

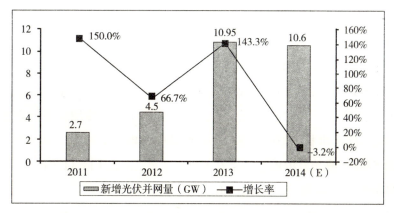

图10-7　2011—2014年我国光伏新增装机量及增长率

数据来源：赛迪智库，2015年3月。

六、电子材料、元器件及专用设备行业

产业规模稳步增长。2014年我国电子材料、元器件及专用设备行业销售产值达到3.93万亿元，同比增长8.3%，增速低于电子信息制造业全行业2个百分点，占我国电子信息制造业的比重为37.8%，比2013年下降了0.3个百分点，占比继续回落。其中电子材料行业0.28万亿元，电子元件行业1.69万亿元，电子器件行业1.52万亿元，电子专用设备0.44万亿元。预计2015年我国电子材料、元器件及专用设备行业销售产值将达到4.32万亿元，增速较2014年有所提高。

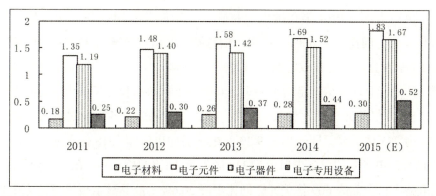

图10-8　2011—2015年我国电子材料、元器件及专用设备行业销售产值（单位：万亿元）

数据来源：国家统计局、工业和信息化部、赛迪智库，2015年3月。

进出口金额同时出现下滑。在进口方面，2014年我国电子材料、元器件及专用设备行业合计进口额达到 4015 亿美元，同比下降 2.9%，占电子信息制造业进口总额的 75.2%，基本与 2013 年持平。其中，电子材料行业进口额达到 81 亿美元，同比增长 5.8%，扭转了连续下滑势头；电子元件行业进口额为 517 亿美元，同比下降 0.6%，降幅较 2013 年收窄近 44 个百分点，继续呈现下滑态势；电子器件行业进口额高达 2930 亿美元，同比下降 5.6%；电子专用设备行业进口额为 487 亿美元，同比增长 12.3%。进口主要产品中，集成电路进口额 2176 亿美元，同比下滑 5.9%；液晶显示板进口额为 438 亿美元，同比下降 11.7%；二极管及类似半导体器件进口额为 236 美元，同比增长 10.3%。

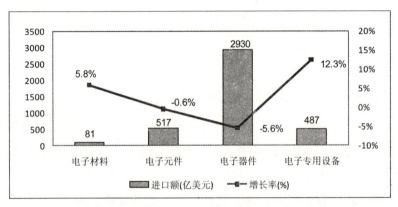

图10-9　2014年我国电子材料、元器件及专用设备行业进口情况

数据来源：海关总署、工业和信息化部、赛迪智库，2015 年 3 月。

在出口方面，2014 年我国电子材料、元器件及专用设备行业出口额达到 2506 亿美元，同比下降 6.8%，占电子信息制造业出口总额的 31.7%，比 2013 年下降 2.7 个百分点。受集成电路出口大幅下滑影响，电子器件行业增速出现大幅下滑，其他行业均保持一定增长势头，其中电子材料增长势头最为迅猛。电子材料出口额 70 亿美元，同比增长 18.9%，位居电子制造业各行业之首；电子元件出口额为 785 亿美元，同比增长 9.2%；电子器件出口额 1318 亿美元，同比大幅下降 18.9%；电子专用设备出口额为 333 亿美元，同比增长 9.0%。出口主要产品中，集成电路出口金额为 609 亿美元，同比下降 30.6%；液晶显示板出口额为 318 亿美元，同比减少 11.4%，连续两年下滑；二极管及类似半导体器件出口额 283 亿美元，同比增长 11.3%。

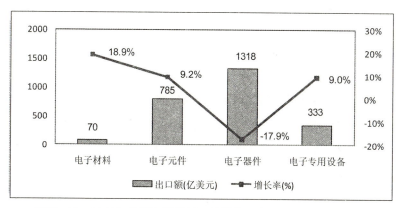

图10-10 2014年我国电子材料、元器件及专用设备行业出口情况

数据来源：海关总署、工业和信息化部、赛迪智库，2015 年 3 月。

第四节 2014 年我国电子信息制造业区域发展情况

一、长江三角洲地区电子信息产业发展状况

（一）整体发展情况

长三角地区地理范围包括上海市、江苏和浙江两省，位于长江入海口及杭州湾三角地区，这里已经成为我国经济增长中最具有活力、增长潜力和竞争力的区域之一。截至2014年年底，长三角地区电子信息产品制造业实现主营业务收入2.75万亿元，占全国比重达到36.7%；利润总额1229.56亿元。受到电子信息制造业向内陆转移影响，近5年主营业务收入增长缓慢。

（二）主要行业发展情况

目前长三角地区电子信息产业区域协调发展的状况良好，基本建立起较为合理的区域分工体系，形成了一批产业链相对完善的特色产业，部分产业呈现出了较强的集群竞争力。

1. 计算机产业

目前，长三角地区的计算机产业基础主要基于 20 世纪 90 年代末期的台资计算机代工企业相继落户苏州、上海沿线，并以此为基础吸引大量相关零部件企业陆续投资，自那以后，不断扩张的产业规模向昆山、吴江、淮安等地辐射，逐渐

在长三角地区形成了规模庞大、配套齐全的计算机制造产业集聚带，富士康、广达、仁宝、纬创等台资代工企业的规模最大的产业基地均设在长三角地区。

2. 集成电路产业

长江三角洲地区是国内最重要的集成电路研发和生产基地，产业主要集中在上海、无锡、苏州等地。目前长三角地区半导体产值接近全国份额的70%，国内55%的集成电路制造企业、80%的封装测试企业以及近50%的集成电路设计企业集中在该地区，在IC制造、IC封测领域制程技术方面遥遥领先其他区域，也是全国集成电路产业链布局最完整的地区。

3. 平板显示产业

长江三角洲地区在面板模组方面形成了全国规模最大的产业聚集区。全球前十大的TFT-LCD面板厂的面板模组、背光模组及显示器产品几乎都在此建立了生产基地，重点企业包括南京的LG、飞利浦、瀚宇彩晶、统宝光电，无锡的索尼、夏普，苏州的友达、三星、日立，吴江的中华映管，以及宁波的奇美。长三角面板产业发展也一直走在全国前列。长三角地区已经成为国内新型显示面板生产线数量最多、产品线最丰富的区域，上海、江苏等地聚集了京东方、鑫昊、青雅等多个骨干企业。

4. 光伏产业

长江三角洲地区是我国主要的光伏产业聚集区，主要分布在江苏和浙江两省。江苏省现有光伏企业数百家以上，已形成了从高纯硅、硅棒（硅锭）、硅片、电池到组件生产的完整产业链，并具有单晶炉、多晶硅铸锭炉、切方机等设备的生产能力。浙江省太阳能光伏产业已形成一定的集聚区，目前光伏企业在100家以上。

二、 珠江三角洲地区电子信息产业发展状况

（一）整体发展情况

作为我国电子信息产业最大的生产基地和最重要的出口地区，2014年珠三角地区电子信息产业规模增速稳中有落，保持平稳较快增长。电子信息制造业方面，2014年珠三角地区实现工业总产值2.62万亿元，同比增长8.1%，增速较2013年下滑了1.4个百分点，全年完成工业增加值6430亿元，同比增长11.7%，

较2013年下滑了3.5个百分点。软件与信息服务业方面，2014年珠三角地区实现业务收入5726亿元，同比增长19.4%，增速较2013年下滑了3.5个百分点，实现利润总额近900亿元，同比增长17.5%，同比上年下降了近4个百分点。

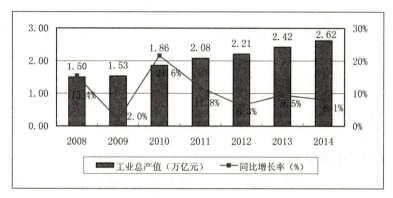

图10-11　2008—2014年珠三角地区电子信息制造业工业总产值

数据来源：广东统计年鉴、赛迪智库，2015年3月。

（二）主要行业发展情况

1. 平板显示

2014年，通过大项目示范及产业链关键核心技术攻关，珠三角地区平板显示产业取得了丰硕成绩。乐金显示8.5代线一期项目已于2014年9月1日正式投产。深圳华星光电8.5代液晶面板项目自投产后持续满产满销，2014年实现营收180亿元，利润24.3亿元，成为全球8代面板线产量最大、效率最高的工厂。TCL通过对华星光电的股权收购，成为国内唯一具备"液晶面板－背光模组－整机制造"的产业链垂直一体化优势的企业。在平板专项的带动下，2014年珠三角地区液晶电视产量达6611万台，同比增长18.2%，珠三角地区彩电产量在进入液晶时代后首次突破全国五成。

2. 集成电路

2014年，珠三角地区通过国家集成电路设计认定的企业达64家，占全国（480家）的13.3%，在全国IC设计企业销售30强中，珠三角地区占据9席，海思、全志科技分列第一、第十位。2014年珠三角地区IC设计收入110亿元，名列全国第四。目前，珠三角地区已引进中星微和新岸线两个重点项目，有望在视频芯片设计和产业化方面取得新进展。

3. 云计算/大数据

2014年广东省云计算产业规模超过4100亿元(含云服务产业和云终端产业)，同比增长20%，其中珠三角地区占比超过70%。中国电信投资50亿元建设华南最大云计算数据中心——亚太信息引擎，金山公司投资10亿元与世纪互联共建数据中心，佛山市富士通华南数据中心、汇丰数据中心、佛山禅城云计算数据中心等一批项目已经建成启用，同时珠三角地区还建成广州国家超级计算中心、深圳超算中心两个国家级超算中心。

三、环渤海地区电子信息产业发展状况

(一)整体发展情况

环渤海地区是我国第三大电子信息产业集中区，电子信息产业基础雄厚，各种产业资源在此高度整合和交汇。环渤海地区科技实力雄厚，工业基础扎实，逐步形成了以移动智能终端、集成电路、计算机及网络设备、视听及平板显示产业、移动互联网、智能机器人、显示器件、新型材料、航空航天、智慧城市、物联网、云计算等为代表的新的优势产业。

(二)主要行业发展情况

1. 移动智能终端产业

环渤海地区的移动智能终端产业发展迅猛，产业链较为完善。北京地区依靠人才、技术、资金等优势资源，培育了小米、联想等快速成长的智能终端企业。其中，小米2014年智能手机出货量为6112万部、含税销售额为743亿元，分别同比增长227%和135%。联想集团的全球出货量也超过8000万部。天津依托经济技术开发区、滨海高新区、西青开发区和天津保税区四大产业聚集区，在智能手机领域形成了集研发、生产、应用为一体的产业链条，产业链配套逐渐完善。廊坊富士康作为小米、锤子等科技产品的生产加工厂，确保了产能和供应量。

2. 集成电路产业

在制造领域，环渤海地区是仅次于长三角地区的全国集成电路制造企业聚集区，拥有中芯国际分设北京、天津的12英寸和8英寸线，英特尔在大连设立的12英寸线。在封测领域，环渤海地区也聚集了威讯、瑞萨半导体等大规模企业。在设计领域，北京是全国集成电路设计实力最强的城市之一，聚集了中星微、华

大、大唐、清华紫光、北京君正等实力领先的设计企业。

3.计算机及网络设备产业

环渤海地区计算机及网络设备产业主要集中在北京、山东两地，是我国自主品牌计算机及网络产品的聚集地，汇集了联想、浪潮、长城电脑、清华同方、北大方正、海尔电脑等品牌。联想2014年完成收购IBM的x86服务器业务，实力大增。在服务器市场中，浪潮、联想等国产服务器厂商的份额快速增加。天津依托国家超算天津中心，成立了高性能计算应用技术工程中心，面向高性能计算支柱和战略性新兴产业，研发高性能计算、高性能计算与云计算和大数据融合等关键技术。

4.视听及平板显示产业

环渤海地区的视听及平板显示产业主要聚集在北京、青岛两个城市，其中青岛是我国传统视听产业聚集地，海信、海尔均创办并成长于此，海尔、海信等传统企业也积极发布了向互联网化的转型战略；北京视听及平板显示产业主要以京东方为核心，围绕京东方在北京经济技术开发区打造了数字电视产业园，已初步形成从面板配套件及材料到面板，再到显示模组、整机的完整产业链。

四、福厦沿海地区电子信息产业发展状况

（一）整体发展情况

福建是我国电子信息产业发达地区之一，其电子信息产品制造业销售收入居全国第六位，软件产业销售收入居全国第八位，电子信息产品出口额占全省外贸出口总额的三分之一；信息化与工业化融合指数位居全国第六位。据不完全统计，全省有一定规模的电子信息企业已有3000多家，其中规模以上电子信息产品制造业企业600多家，软件企业2000多家。全省5家电子信息产品制造业企业销售额超过百亿元，40家企业超10亿元。软件产业销售额亿元以上的企业达75家，其中10亿元以上的有7家。

（二）主要行业发展情况

1.集成电路产业

福州瑞芯微电子是福建省集成电路重点企业，日前已取得微软（Microsoft）授权，成为高通（Qualcomm）和辉达（NVIDIA）之后，第三家可生产支持Windows作业系统的应用处理器大厂。2014年9月，清华紫光集成电路产业园落

户厦门;10月,台湾联华电子集团与厦门市政府、福建省电子信息集团签订协议,计划在厦门建设一座12英寸晶圆厂,总投资62亿美元,这也是台湾企业首度在大陆投资12英寸晶圆厂。

2. 移动通信产品

福建省移动通讯产业主要包括无线传输与接入设备、无线终端设备,相关制造业主要位于泉州和福州。泉州市已成为全国民用微波通信射频组件的最大生产基地,在射频部件的研发和制造方面处于国内领先水平。福建省移动通信产业以厦门、福州、泉州为重点,已初步形成拥有自主知识产权和核心技术的新一代宽带移动通信产业集群。福建手机领域有自有品牌生产的企业有厦门联想,另有品牌委外代工和纯代工生产两种模式,星网锐捷、万利达、捷联等省内大企业也纷纷跟进各类终端的研发和生产。

3. 计算机及网络设备产业

福建省是我国计算机及网络设备产业的新兴发展力量,福建省继续支持相关产业发展,延伸计算机终端产品升级、宽带接入与网络设备研发生产、物联网产业等三大产业链,发展以厦门、福州、泉州等为重点的计算机和网络产品产业集群,壮大厦门戴尔、友达光电、捷联电子、万利达、星网锐捷、新大陆等骨干企业的规模。

4. 视听及平板显示产业

福建地区的平板显示产业在国内起步较晚,但已受到当地政府及产业界的高度重视,目前发展迅速,并推动视听产品产业成为地区三大产业集群之一。在视听领域,2014年,星网锐捷主要推动基于云计算、下一代网络、智慧园区、移动互联网、物联网等领域的智慧家庭产品创新,冠捷促进自主品牌AOC完成了"两翼、四屏、一牌"的战略布局,在液晶电视、4K高分屏等领域发展更进一步,从注重销量向注重品牌建设转型。在平板显示领域,福建超百亿元的企业如友达、宸鸿、冠捷、达运精密,全都与平板显示产业有关。

五、中西部地区电子信息产业发展状况

(一)整体发展情况

2014年,我国中部地区和西部地区分别实现规模以上电子信息制造业销售

产值 12574 和 9376 亿元，同比增长 25.9% 和 26.2%，增速高于平均水平 15.6 和 15.9 个百分点；中西部地区占全国销售产值比重达到 21.1%，比上年提高 2.1 个百分点。对全国电子信息产业增长贡献率达 47%。

（二）主要行业发展情况

1. 集成电路产业

2014 年，继国务院印发了《国家集成电路产业发展推进纲要》后，安徽、甘肃、山东、湖北、四川等中西部地区陆续跟进并出台了产业发展政策，积极承接封装测试等行业的转移，设立地区发展基金，掀起了中西部地区跨越式赶超发展的热潮。安徽集成电路发展主要集中在家电、显示面板、汽车制造等终端企业的应用。湖北省则设立 300 亿元集成电路产业基金，构建新的战略性千亿产业。甘肃已形成了以集成电路封装测试业为核心，引线框架、封测专用设备、模具、半导体封装材料和包装材料等配套的产业体系。英特尔将上海工厂全部产能转移到四川成都后，成都工厂已成为亚洲最大的芯片封装测试厂。

2. 计算机产业

2014 年，我国计算机产品出口省份从沿海向中西部地区转移的趋势继续深化，重庆市和四川省继续巩固在计算机出口的地位，2014 年出口分别增长 23.5% 和 9.2%，分别达到 280 亿美元和 144 亿美元。安徽、陕西、江西、广西、湖南等内陆省份计算机出口增幅明显，安徽出口增幅更是高达 269%。2014 年，重庆市生产电脑 6400 万台，在全球笔记本电脑市场萎缩的情况下，重庆市逆势增长 15%，占全球笔记本电脑产量的四成左右。

3. 平板显示产业

2014 年中西部地区平板显示产业规模进一步扩大，2014 年开工建设和签约的产线基本集中在中西部地区。在武汉，华星光电投资 160 亿元建设第 6 代显示面板生产线、天马投资 120 亿元建设第 6 代低温多晶硅（LTPS）TFT-LCD 及彩色滤光片生产线项目，为中部地区中小面板生产基地建设起到重要作用。总投资 328 亿元的重庆京东方 8.5 代 TFT-LCD 生产线进展顺利，预计在 2015 年第一季度建成投产。此外，郑州、成都、绵阳等地也都积极筹措新建产线。

4. 光伏产业

以青海、新疆、陕西、四川为代表的中西部省份以光伏应用为抓手，致力于完善光伏电池产业链，大力引进多晶硅及单晶硅项目，积极发展硅片和电池组件下游产业，加强配套项目建设。2014年，青海电网新增光伏并网容量101万千瓦，实现连续4年接纳百万千瓦光伏发电容量的目标。

第五节　2014年我国电子信息制造业重点企业发展情况

一、联想集团有限公司

2014/15财年，联想集团Q1（自然年二季度）营业收入为103.95亿美元，同比增长18%，盈利同比上升23%至2.14亿美元；Q2（自然年三季度）营业额同比上升7%至105亿美元，盈利年比年上升19%至2.62亿美元；Q3（自然年四季度）营收141亿美元，同比增长31%；净利润2.53亿美元，同比下降5%。2014年第四季度，联想个人计算机业务的销售收入为91.47亿美元，占本集团整体收入约65%，同比增加5%。其中，商用个人计算机销量同比下跌1%，市场则同比下降3%。

在广义个人电脑领域(个人电脑和平板电脑)，联想首次成为全球第一大厂商，市场份额达14.1%，比2013年同期上升1.2个百分点。其中集团在全球的平板电脑销量达到300万台，比2013年同期上升30.6%。联想连续第六个季度成为全球最大个人电脑厂商，季度市场份额节节攀升，比2013年同期上升2.1个百分点至19.7%。联想智能手机的销量比2013年同期上升38%，季内继续保持第四位，然而在完成对摩托罗拉移动的收购后，联想在智能手机市场随即晋升成为全球第三位。

二、华为技术有限公司

华为公司产品主要涉及通信网络中的交换网络、传输网络、无线及有线固定接入网络和数据通信网络及无线终端产品，并成立了华为终端专门经营移动智能终端领域，取得了巨大成功。2014年，华为公司销售额达到460亿美元，同比增长15%；智能手机出货量超过7500万部，同比增长40%；消费者业务营业收入超过118亿美元，同比增长约30%。更引人注目的是，华为海思成功推出自主高端基带芯片麒麟系列，并在其旗舰机型上使用，摆脱了对高通公司的技术依赖，同时华为更是凭借Ascend Mate 7手机一举成功闯入全球中高端市场。而在低端市场，华为主导产品荣耀系列也是大获全胜。目前，华为智能手机全球市场份额达到 5.9%，排名全球第五；国内市场占有率为 15.2%，排名第二。

2014 年上半年，华为在 IT 领域推出了包括领先业界一代的 OceanStor V3 系列存储系统、新一代 V3 系列四路、八路关键业务服务器在内的一系列创新产品。此外，华为还与西班牙电信签署了 UNICA 项目合作谅解备忘录（MoU），深化 ICT 转型战略合作；与英特尔展开存储战略合作，以加速大数据技术发展；进一步拓展与 SAP 的联盟合作，推出性能最优的 FusionCube for SAP HANA 一体机解决方案；与全球 IT 托管领导者 LeaseWeb 进行战略合作，聚焦服务器联合创新；"FusionSphere 用户联盟"成员超过 150 家，深度聚合云计算产业链力量。9 月 23 日，华为斥资 2500 万美元收购了英国领先的蜂窝物联网芯片和解决方案提供商 Neul，成功参与到全球物联网领域标准制定工作之中。

三、中兴通讯股份有限公司

受益于国内 4G 系统业务和国际 3G/4G 手机业务规模持续增长，尤其是公司合同盈利能力持续改善，中兴通讯实现了营业收入和毛利率的双重提升。2014 年，中兴营收 812.42 亿元，同比增长 7.99%，营业利润 1.04 亿元，同比扭亏；利润总额为 36.29 亿元，同比增长 98.54%。中兴智能手机全球出货量达到 4500 万部，同比增幅高达 42%，并在美国市场取得优异表现，目前已成为美国成长最快的中国品牌之一。2014 年，中兴智能手机全球市场占有率 3.1%，排名第九；国内市场占有率 8.1%，排名第五。此外，中兴还发起成立智慧语音联盟，这是全球首个智慧语音联盟，旨在实现语音上下游产业链的资源共享，推动智慧语音的普及化应用。联合发起方中科院自动化研究所、Nuance、Audience 等都是语音产业领域的顶级科研院所和企业。

四、TCL集团股份有限公司

2014 年，TCL 集团营业收入达到 1010 亿元，同比增长 18.4%，净利润 42.3 亿元，同比增长 46.8%。其中，归属于上市公司股东的净利润 31.8 亿元，同比增长 51.0%。TCL 集团多媒体电子实现电视产品销量 1673.9 万台，同比下降 8.22%，华星光电投产玻璃基板 160.5 万片，同比增长 14.9%。截至 2014 年年底，TCL 集团有 75000 名员工，在全球 80 多个国家和地区设有销售机构，并在全球拥有 23 个研发机构和 21 个制造加工基地。TCL 集团旗下 TCL 多媒体电子的电视市场份额排名全球第四；华星光电维持全球第五大液晶电视面板厂商位置。

2014 年，TCL 集团正式发布"智能＋互联网，产品＋服务"的"双＋"转型战略，开启面向智能和互联网时代的全面战略转型。目前，TCL 集团拥有家庭娱乐终端、智能移动终端、智能健康家电三条产品线，在此基础之上，TCL 集团将积极搭建应用服务平台，构筑内容提供商、服务商、应用开发者的生态体系，通过实施"抢夺入口与经营用户""以 O2O 公司重构线上线下业务作为互联网化的先锋"和"建立产品加服务的新商业模式"实现全面战略转型。"双＋"转型战略展示了 TCL 集团进行互联网转型的决心，将逐步形成互联网时代 TCL 集团新的核心竞争力。

五、青岛海信电器股份有限公司

2014 年前三季度，海信电器公司营业收入达到 210.9 亿元，同比增长 2.1%，归属于上市公司股东的净利润达到 9.2 亿元，同比降低 18.4%。2014 年，海信公司海外市场发展情况向好，海外收入同比增长 19.5%，其中电视产品海外收入增长 40.8%，海信电视的全球市场份额已达 5.9%，排名第 4，海信超高清电视的市场占有率排名全球第二。

2014 年，海信重点在智能电视新型显示和应用程序开发方面取得了一系列新进展。海信推出多款 ULED 电视，在 ULED 电视市场业绩的推动下，其 4K 超高清产品市场占有率达到 9.2%，跃居全球市场前三位。9 月 10 日，海信发布自主研制的 100 寸激光影院系统，采用超短焦激光投影技术，具备超大屏、高清化、智能化特征，成为同领域全球领先的家用激光电视产品。在应用程序开发方面，海信推出家庭社交圈"聚享家"APP，实现手机移动端和电视端的信息互动，在智能电视软件开发方面保持一定优势。2014 年年底海信智能电视用户数量突破 800 万，创新战略的深入实施使海信智能电视用户体验持续改善、用户黏性不断提高。

六、京东方科技集团股份有限公司

京东方科技集团股份有限公司创立于 1993 年 4 月，是一家专业经营显示产品与解决方案的企业。经过多年的技术积累与创新，京东方已完整掌握了 TFT-LCD 的核心技术，京东方申请专利数量突破 2500 项，新增专利数量位居全球前三；相继推出全球首款 65 英寸超高清氧化物液晶显示、110 英寸超高清液晶显示、低温多晶硅和氧化物 AMOLED 显示屏，以及 5.5 英寸高分辨率低温多晶硅 TFT-LCD 手机屏等众多全球领先的新技术和新产品，全球首发新产品超过 75%。

目前，京东方拥有一条月产能为 4.5 万片玻璃基板的第 4.5 代 TFT-LCD 生产线（成都）、一条月产能为 10 万片玻璃基板的第 5 代 TFT-LCD 生产线（北京）、一条月产能为 9 万片玻璃基板的第 6 代 TFT-LCD 生产线（合肥）、一条月产能为 9 万片玻璃基板的第 8.5 代 TFT-LCD 生产线（北京）、一条月产能为 5.4 万片玻璃基板的第 5.5 代 AMOLED 生产线（鄂尔多斯，建设中），两条 8.5 代 Oxide TFT-LCD 生产线正在建设（合肥、重庆）。2014 年，京东方实现持续盈利，销售收入为 368 亿元，净利润超过 25 亿元，同比增加 9%。2014 年智能手机 LCD 面板市占率达 20%，平板电脑 LCD 面板市占率达 31%，蝉联全球业内第一。

七、常州天合光能有限公司

2014 年，天合光能组件出货量为 3.66GW，同比提升 41.6%，其中内部出货量为 327.7MW。2014 年销售收入为 22.86 亿美元，同比提升 28.8%，净利润为 6130 万美元，而 2013 年亏损 7220 亿美元。2014 年通过收购或产品线技术升级，天合全产业链环节产能均有所提升，其中产能 2.2GW，硅片产能 1.7GW，电池产能 3GW，组件产能 4GW。

2014 年，天合发布了智能组件 Trinasmart，其特点包括接线盒中整合功率优化电路模块，实现每一块组件的功率优化，最大可提升 20% 的功率输出。在技术创新上，与澳大利亚国立大学合作研发的全背电极接触晶硅太阳能电池（Interdigitated Back-contact，简称"IBC 电池"）的光电转换效率达到 24.4%。目前已独立研制出面向产业化的面积为 156 mm × 156 mm 光电转换效率达到 22.9% 的 IBC 电池，其正积极筹备建立低成本 IBC 电池的中试验示范线。

八、歌尔声学股份有限公司

歌尔声学股份有限公司业务涵盖微型电声元器件和消费类电声产品的声学整体解决方案提供商，客户涵盖三星、苹果、LG、松下、索尼、谷歌、微软、缤特力、思科等国际顶级厂商。在微型麦克风领域，歌尔市场占有率居世界同行业之首；蓝牙耳机 ODM 业务和 3D 眼镜业务量均居世界第一；在微型扬声器/受话器领域，歌尔居国内同行业第二名、国际第三名。歌尔声学业绩一直保持稳定快速增长，2008 年在深圳证券交易所成功上市。

2014 年全球智能终端产业稳步发展，智能手机、平板电脑等传统智能设备保持稳定增长，以智能汽车、智能家居、可穿戴设备等为代表的新产品形态不断涌现，带动歌尔声学各项经营指标实现稳步增长。2014年歌尔声学实现营业收入127.0亿元，比2013年增长26.4%，实现净利润16.6亿元，同比增长26.8%。截至2014年12月31日，歌尔声学的总资产达到177.6亿元，比上年同期增长41.0%，其中净资产为83.3亿元，比上年同期增长31.5%。其中，电声器件业务实现收入98.6亿元，同比增长21.4%；电子配件业务实现收入26.1亿元，同比增长60.4%。

九、三安光电股份有限公司

三安光电股份有限公司总部在厦门，公司成立于2000年11月，主要从事全色系超高亮度LED外延片、芯片，化合物太阳能电池，PIN光电探测器芯片等的研发、生产与销售。2007年，三安光电对旗下涉及LED外延片及芯片业务的资产进行内部整合，对三安电子进行了重大资产重组，并由三安电子将其LED外延片及芯片类经营性资产注入天颐科技，实现借壳上市。2009年9月，公司定向增发募集8亿元，用于天津三安光电外延片、芯片项目，该项目共引进19台MOCVD设备，生产规模为年产高强度LED外延片85万片/年，芯片200亿粒/年。截至2014年6月，公司共拥有MOCVD设备170台，并实现营业收入20亿元，同比增长41%。至2014年底，公司LED芯片产能居全国首位，LED龙头地位已经显现。

三安光电在2014年前三季度的利润率已从2012年的历史低点26.76%提升至42.39%，营业利润率也从2012年的15.16%提升至29.01%，净利率从2012年的24.35%提升至30.05%。截至2014年三季度末，三安光电用于购买MOCVD设备的政府补贴款只剩9亿元左右，远低于2012年的20亿元补贴数额。预计厦门三安项目未来两年将新增5亿元MOCVD设备补贴款，但该数字仍远低于过去的同期水平。

十、北京当升材料科技股份有限公司

北京当升材料科技股份有限公司成立于2001年，是专业从事锂离子电池正极材料研发、生产与销售的高新技术企业，主要产品包括钴酸锂、锰酸锂、多元材料等锂离子电池正极材料，以及四氧化三钴、多元材料前驱体等前驱体材料，产品应用领域涵盖小型锂电和动力锂电领域。当升科技已经发展成为国内锂离子电池正极材料的龙头企业之一，于2010年4月成功登陆创业板，是国内唯一一家锂电正极材料上市公司。

尽管 2014 年我国电动汽车产销量增长迅猛，带动锂离子电池以及相关配套材料市场稳步扩大，但由于锂离子电池正极材料行业周期性产能过剩，行业竞争十分激烈，产品价格持续下滑，当升科技 2014 年主要营业指标出现不同程度下滑。2014 年，当升科技实现营业收入 6.2 亿元，比上年同期减少 0.8%，净亏损 0.3 亿元，而 2013 年同期还实现净利润约 0.1 亿元。截至 2014 年 12 月 31 日，当升科技的总资产达到 10.2 亿元，比上年同期增加 2.5%，其中净资产为 8.2 亿元，比上年同期下降 3.3%。

第六节 2015 年我国电子信息制造业发展环境分析

展望 2015 年，我国电子信息制造业从外部环境、整体产业、细分行业、产业转型四方面一致呈现出新的发展态势。尤其是 2014 年以来，产业突如其来的出口负增长态势，对 2015 年产业发展埋下了严峻的基调。但同时，应看到集成电路政策效应的显现，以及智能硬件和跨界转型的加速，将为产业注入新鲜活力。我国电子信息制造业由大变强的历史任务面临严峻挑战，但也呈现新的契机。

一、国内外宏观经济普遍降温

目前，全球经济仍然处于低位徘徊阶段，不同经济体面的临挑战各异。国际货币基金组织（IMF）将 2015 年全球经济增速预期由 4.0% 下调至 3.8%。由于法、德等核心国经济回暖以及希腊逆转颓废态势，2014 年三季度欧元区和欧盟 GDP 同比增速都好于预期。但由于通货紧缩压力上升，以及希腊政府仍面临着确保主权债务的一系列挑战，2015 年欧元区表现仍然令人担忧；由于长期经济结构失衡和石油能源收入下降，俄罗斯经济下行风险增强，而其他新兴经济体也面临通缩压力，难以开启高速增长模式。有国际机构调查显示，38% 的受访者认为全球经济正在恶化，达到两年来的最低谷。

中国经济也将在波折中低位运行，各行业领域皆面临下行压力。从 2014 年我国经济趋势看，从一季度的低位增长至二季度增速（7.5%）回升，再至三季度（7.3%）的下降和四季度的再回升（7.4%），可以看出，虽然货币政策、基础建设投资项目等政策引导产生了明显成效，但是由于基础脆弱，预计 2015 年经济基本面仍然难以出现明显回升。特别值得关注的是，房地产市场长期拐点的来临，对我国经济全面转型提出了紧迫要求。由于缺乏显著的增长点，预计2015年中国经济增速可能继续小幅下降，至7.2%—7.3%。

我国电子信息制造业也受到国内外宏观经济的深刻影响，出现了自金融危机后的首次出口负增长，产业投资不断波动。受上年基数较高以及打击对港虚假贸易等因素影响，2014年以来我国电子信息产品进出口态势极其严峻。从年初开始，我国电子信息产品进出口总额由正转负，直到11月累计出口增速才持平，12月累计出口增速由负转正。受稳健的货币政策和财政政策影响，产业投资状况同样令人担忧，规模以上电子信息产业完成固定资产投资额同比增长仅为10.5%，相较同期工业投资，电子信息制造业投资低了3个百分点，并且再创2014年以来单月最低水平。预计2015年我国电子信息制造业出口有望结束负增长，投资增速约为10%，产业外部环境较为严峻。

二、增速面临降至个位数风险

2014年，我国电子信息制造业增速进入较低的增长区间。自一季度以来，我国电子信息制造业增速陡然下滑，直至二季度企稳回升，再至三季度基本稳定，但其中只有3个月增速高于10%，即7个月增速都出现了个位数。1—12月，全产业销售产值达10.4万亿元，同比增长10.1%，比上年同期回落1.1个百分点。成熟市场产品产量增速不断下滑，移动通信基站增长形成亮点。手机产品增速继续下降，彩电产量明显上升，移动通信基站增幅超过100%，成为重点产品的最大亮点。2015年我国电子信息制造业仍然面临着国内外市场深度调整的影响，出口难以成为产业重要增长极，但国家集成电路推进纲要等政策有望拉动产业发展，预计产业规模增长水平与2014年基本持平，保持在10%左右。

全行业整体效益有望上升。2014年，我国规模以上电子信息制造业盈利能力不断提高，支撑效益增长的重要力量持续增强。众多领域龙头企业经营效益普遍良好，个人电脑领域的利润增速再创新高，家电巨头的转型战略也促使利润增速高达18%，元件企业利润总额平均增长超过25%，集成电路制造业利润率达近年来最高水平。可以预期，2015年我国电子信息制造业在转型升级带动下，利润有望进一步提升，达到4.5%左右，不断逼近工业平均水平。

政策引导为产业发展注入新鲜活力。2014年以来，在集成电路、平板显示、光伏企业规范条件、彩电行业/手机行业品牌建设以及推进云计算创新发展等方面都出台了国家级或部委级政策措施。最吸引产业界和投资界关注的，莫过于《国家集成电路产业发展推进纲要》。集成电路的重要性毋庸置疑，美国将其视为未来20年从根本上改造制造业的四大技术领域之首，而这份文件的出台将集成电路的地位从产业内部提升到了国家层面，不仅确立了2015年、2020年和2030三阶段的产业发展目标，更重要的是，在国家集成电路产业发展领导小组的指导下，建设性地设立1200亿国家集成电路基金，并配合地方集成电路基金，带动全产业链和生态链建设。

三、产业增长点正在发生变化

通信设备制造业仍然是产业发展增速最快的行业，在过去的两年多时间内，成为产业快速增长的主要领军者。但是，从2013年三季度开始，由于智能手机市场正逐渐饱和，行业增速已经持续下滑。2014年1—12月，通信设备行业销售产值增速已经降至16.6%，比上年同期下降6.6个百分点。预计通信设备行业仍将是电子信息制造业最重要的引领者，但鉴于智能手机市场的逐渐饱和，增速仍将持续下降，2015年可能降至15%以下。

家用视听行业和计算机行业出现缓慢增长。2014年，家用视听行业内销市场回暖，实现内销产值4113亿元，同比增长2.4%，高于1—11月0.4个百分点；计算机行业出口增速扭转了上年负增长局面，全年计算机行业实现销售产值同比增长2.9%，但计算机行业占全行业比重仍继续下滑。展望2015年，联想成功并购IBM X86服务器的后续效应将显现，带动提升我国服务器行业国际竞争力，云计算发展的巨大需求，也可能带动计算机产业的发展。而随着平板显示产业自给率的不断提高，电视供应链不断完善，但智能电视面临的内容监管不确定性增加，家用视听行业发展喜忧参半。

集成电路产业在政策推进下不断追赶前进，成为产业未来3—5年的最重要增长力量。根据中国半导体行业协会统计，2014年前三个季度中国集成电路产业销售额达2125.9亿元，同比增长17.2%。其中，第一季度销售额为587.5亿元，同比增长13.4%，增速为-15.4%；第二季度为751.1亿元，同比增长17.7%，增速为27.8%；第三季度为787.3亿元，同比增长19.7%，增速为4.8%。受利于全球经济形势继续好转，特别是以便携式移动智能设备、智能手机为代表的移动互联设备的快速增长，预计第四季度中国集成电路市场将继续平稳增长。《国家集成电路产业发展推进纲要》的发布以及首轮数亿的投资基金将会带来广阔发展空间，预计2015年集成电路产业将成为拉动产业发展的重点，逐渐确立在产业中的基础性、引领性作用。

四、智能硬件与跨界转型成为关键词

手机制造商加紧转型可穿戴设备。一方面，我国智能手机发展逐渐成型，我国智能手机厂商已经具有世界级规模，具有挑战新兴领域的实力；另一方面，智能手机增长从高增长区间进入正常增速，推动智能手机厂商对新型领域的布局。2015年，苹果将正式推出可穿戴手表Apple Watch，这一款被期待的明星产品可能点燃可穿戴市场。国内智能手机巨头也积极布局可穿戴领域，小米公司已投资25家公司智能硬件相关公司，涉及网络监控头、智能血压计等领域，有望拓展小米用户群黏度，进一步提升增值服务类型和方式；联想集团2014年10月首次曝光了首款智能手环sw-b100，并且随着对摩托罗拉收购的进行，Moto360等可穿戴产品也将进一步充实联想的可穿戴家庭。2015年美国消费电子展（CES）期间，中兴、华为也有望推出智能手表等可穿戴新品。

计算机、家电企业增强全产业链智能化。紫光集团通过对国内芯片龙头企业展讯通信和锐迪科的并购，在短时间内跻身全球芯片设计企业前20名，并一举成为内地芯片设计行业的龙头企业，迅速进入芯片行业全球第一梯队，对于改变目前我国芯片设计业过于分散、企业规模过小的发展困局具有极其重要的示范效应。湘鄂情公司与安徽广电联合，跨界进入安徽省家庭智能有线电视云终端，而海尔电视和阿里巴巴联手发布海尔阿里智能电视，这些举动都可能成为2015年智能电视和智能家居领域跨界合作的风向标。

智能汽车可能成为下一个跨界竞争新领域。智能汽车涉及电子元器件、芯片、软件、互联网等电子信息领域，技术的融合、产品的融合、业务的融合和模式的融合。国际IT巨头已经积极入局智能汽车领域，如苹果、谷歌、微软将移动智能终端操作系统向汽车迁移，IBM发挥大数据、云计算等方面优势开发全方位联网移动汽车解决方案，而国内的小米、中科博太等企业，也开始积极关注向智能汽车领域的跨界发展，发挥既有的智能操作系统生态圈优势，或通过掌控智能芯片等核心关键技术，实现信息技术与智能汽车的融合。

第七节　2015年我国电子信息制造业发展趋势展望

一、计算机行业

一是多芯竞争。服务器芯片技术难度大，且基于芯片架构形成的市场垄断严重，目前市场上呈现X86、ARM、Power多元演进态势。随着云计算、数据中心建设的落地以及互联网定制化服务器的快速发展，国产X86服务器近年来出货量增长势头强劲，浪潮进入全球市场前三，联想、曙光、华为等企业市占率也稳步提升。预计2015年，国产X86服务器全球市场份额将超过30%，国内市场份额有望接近60%，并在国内涉及金融、电力等重要行业关键业务领域得到广泛应用。在非X86领域，国内以开放POWER处理器为核心的产业生态圈将逐渐成型，具有自主定义能力的Power芯片服务器有望推出并进入国内市场。

二是定制领跑。定制化服务功能的开启成为当前服务器厂商们竞争走出同质化的突破口。随着虚拟化、云计算等新一代信息技术的普及程度进一步提高，基于大型服务器的私有云方案能够提供更为理想的性能密度比，而且整体成本、可靠性方面都具有优势。越来越多的行业用户开始采用基于大型服务器的私有云解决方案，在高端领域占优的厂商将被长期看好。预计2015年的服务器市场，国内厂商仍将唱主角。此外随着云计算和大数据的落地，2015年服务器的融合架构和集成系统将会获得快速发展，高端定制化服务器市场将成为厂商争夺的焦点。

三是自主产品大规模行业应用。随着全球范围的信息安全事件频发，我国通信网络核心基础设施和金融、交通、能源、电力等关系国计民生重要领域的信息系统被渗透、被控制的安全风险持续加大，对安全可控的要求不断升级。我国信息技术企业已在相关领域全面布局，研发投入和市场拓展投入巨大并产生一定成果。2015年，以自主核心芯片和国产操作系统平台为核心，我国将在对信息安全影响巨大的计算机整机、工业控制、网络设备等关键领域实现重要突破，自主信息技术产品和信息系统在重点行业实现大规模应用。

二、通信设备行业

一是新兴市场成为我国企业突破瓶颈的主战场。2014年全球市场和国内市场智能手机的出货量同比增长率分别为 6.8% 和 7.1%，而全球市场平板电脑的出货量同比增长率为 8.0%，增速首次降至个位数。但新兴市场表现优异，预计 2015 年市场增速达到 33.3%，其中印度市场增速高达 63.5%，是我国市场增速的九倍，其余市场如东南亚、非洲和南美洲等地也将会继续保持高增长率发展态势。从市场数据看，我国企业亟待加快部署"走出去"战略，新兴市场是我国企业走向全球的主战场。

二是寡头竞争态势日趋明显，市场整合步伐加快。近几年，全球前五名的智能手机企业市场份额总占有率超过 50%，2014 年第三季度三星、苹果、小米、联想和 LG 五家企业市场份额总计超过 50.1%。芯片行业更为严重，在 3G 和 4G 领域，高通公司一家独大，占据 95% 以上的市场份额和 66% 以上的销售收入，行业过早进入寡头竞争时代。未来，随着高通垄断时代的结束，国内企业间知识产权纠纷频发，专利缺乏的中小企业或山寨品牌将会被洗牌，从而淡出市场。市场整合步伐的加快将导致"大者恒大"，"弱者愈弱"，最终会加剧寡头竞争态势。

三是新技术、新产品层出不穷，产业进入后摩尔时代。随着产业成熟和竞争激烈，移动智能终端产业产品和技术的创新迭代加快，产业发展已经打破业界主流定律。其中，核心技术如 64 位处理器、十六核 / 三十二核、4GB/8GB 内存、10nm 工艺制程等进入常态化，智能终端的发展突破摩尔定律和贝尔定律。此外，4K/8K 显示屏、曲面显示、蓝宝石屏幕、可折叠屏幕、无边框技术、软硬件安全化等新兴技术的接连出现，也昭示了智能终端产业的后摩尔时期。未来，智能手机的软硬件性能将追赶 PC，以用户需求为主的应用程序和硬件配置占据核心地位。

三、家用视听设备行业

一是视听产业发展保持平稳，延续低速增长态势。Wits View 数据显示，2014 年全球液晶电视出货量增速仅为 3%，较为低迷的全球市场对我国彩电产业也产生了一定影响。随着刺激彩电高速增长的人口红利和政策红利的消失，低速增长甚至负增长将成为彩电产业发展的新常态。彩电市场的增长动力将逐渐从增量市场转向存量市场。据奥维咨询预测，2015 年我国彩电零售量、零售额仍将分别同比下降 1.5%、6.9%。预计 2015 年我国视听电子产业将保持平稳增长，但增速有所放缓，其中，智能电视、超高清电视等产品进一步快速发展，将成为产业发展新的利润增长点。

二是新型显示技术持续演进，人机交互方式更趋灵活。随着新型显示技术的应用，柔性显示、OLED、激光投影显示、量子点显示、超高清显示等技术使电视机的成像方式和产品形态发生很大变化，带来了显示效果的提升和显示应用的灵活性。Displaysearch 预测，2015 年，全球量子点电视出货量预计将达 130 万台，IDC 数据显示，2015 年全球超高清电视出货量将达 1000 万台，中国 OLED 电视出货量达 15 万台，中国智能电视渗透率达 80%。传统的遥控器已不能满足控制和交互的需要，语音、手势、体感等新型交互技术将得到广泛应用，手机和可穿戴设备等控制方式不断探索，使交互应用更为灵活。

三是产业融合创新步伐加快，生态体系面临重构。随着信息技术的不断发展，"4G"融合的不断深入，我国数字视听产业将从单纯整机生产向上游高附加值领域延伸，从产品制造向内容服务、运营服务和生产服务等领域渗透。以智能电视为例，智能电视以多样化应用服务为核心，商业模式向"制造 + 内容 + 服务"方向创新发展，下一代互联网、下一代广播电视网、物联网、云计算、新一代显示、人机交互、内容保护与可信安全等新技术广泛应用，彩电企业向产业链上游延伸，同时也加快推动了制造业与服务业更深层次的融合发展，丰富的应用服务已成为智能电视可持续发展的重要推动力。

四、平板显示行业

一是平板显示产业规模稳步扩大。2015 年，平板显示产业将呈现平稳发展态势。全球平板显示产值仍将保持年均 5% 左右的增长，我国则将保持 40% 左右的快速增长。其中液晶显示仍将是平板显示的主流，以 LTPS TFT 和 Oxide TFT 技术为背板技术的 AMOLED 技术可能会出现快速发展势头，另外，激光显示、柔性显示、3D 显示等新兴技术也具有较好的发展前景。

二是产业转移进程明显加快。我国是世界上最大的显示终端生产国和消费国，预计到 2015 年我国彩电产量将超过 1.5 亿台，其他电子终端产品也将持续增长，从整体供需的角度看，受经济危机影响，国际大厂放缓了产能投资，而近三年来我国的集中建线为承接全球新型显示产能转移提供了良好条件，全球平板显示产业布局向中国转移的进程将明显加快。

三是产业布局进一步合理。随着多条高世代线的建设，我国平板显示产业布局将更加合理。预计 2015 年，我国平板显示产业集中度将进一步提高，京津塘、长三角、珠三角以及成渝鄂等四大产业聚集区都将拥有高世代线。为配合地区终端需求，各产业基地在面板生产线和产业链上下游布局方面均有所取舍，发展各具特色。珠三角地区将有 2 条 8.5 代高世代线建成投产，进一步满足广东、福建等电视生产基地的面板需求，稳定供给。以重庆、成都、武汉为代表的成渝鄂地区着重在中小尺寸面板和触摸屏方面展开布局，将进一步完善该区域移动智能终端产品产业链建设。

五、太阳能光伏行业

一是生产规模持续扩大。展望 2015 年，预计我国多晶硅产量将达到 14 万吨，产品价格仍将在 20 美元 /kg 以下，企业仍将承受低价压力。在电池组件方面，随着光伏行业的整体好转以及由于组件价格下降使得光伏发电成本不断逼近甚至达到平价上网，预计我国光伏组件有望超过 35GW，产业集中度进一步提高。但是由于国内大型地面电站的电力消纳和分布式应用推动进展缓慢问题，不确定性因素增大都等因素将给企业带来供需及经营压力。

二是技术不断进步。展望 2015 年，预计产业化生产的多晶硅电池转换效率将超过 18%，单晶硅电池有望达到 20%，主流组件产品功率将达到 260—265W。硅烷流化床法多晶硅生产工艺有望实现产业化生产，单晶连续投料生产工艺和 G7、G8 大容量铸锭技术持续进步，金刚线切割技术将得到进一步应用，PERC 电池、N 型电池有望实现规模化生产。新型太阳能电池如钙钛矿电池，理论转换效率达到 50%，短短五年电池转换效率已从 3.8% 提升至 20% 以上，电站资产证券化也在力促制造企业与投资商合作推动商业模式创新。

三是市场稳步增长。展望 2015 年，预计全球光伏新增装机量将达到 50GW，我国在 2014 年结转项目和 2015 年新增项目带动下，将达到 15GW，分布式光伏应用在光伏扶贫等驱动下，规模将进一步增大。但是，受限于光伏发电成本、补贴总额和消纳能力，随着装机规模的不断扩大，特定区域的装机量也将受限于消化瓶颈，这就需要尽快解决电力消纳问题，同时促进企业不断开拓新兴市场，转变发展战略，从生产商转向服务商。光伏应用方式也应从"粗放式"向"精细化"方向发展，继续拓宽光伏应用深度与广度。太阳能光伏方面，欧美光伏行业持续低迷，不少企业处于破产倒闭边缘，给我国企业提供了国际布局机遇。我国企业将有更多向欧美进军的机会，以进一步提升自身实力，打开欧美以及新兴市场。

六、半导体照明（LED）行业

一是预计 LED 产业上游将以整合为主，利好龙头企业。随着一批 LED 芯片和封装企业退出，预计 2015 年上游市场集中度将进一步提高。龙头企业具有技术优势和规模效应，虽然产品价格仍将小幅下降，但盈利能力随着开工率和良率提高将开始逐步回升。

二是预计下游 LED 照明市场将进一步放开，商业模式创新助力企业腾飞。LED 照明产品的技术含量高、使用年限长，其经济效益体现在节能效果上，因而客户更加重视照明企业的产品质量和服务能力。通过 EMC、垂直电商等商业模式创新，新兴品牌将避开传统实体渠道红海竞争，同时专注出口的企业能够分享快速成长的全球市场。

七、电子材料、元器件及专用设备行业

一是产业呈现加速增长态势。展望 2015 年，全球主要国家积极部署智能制造，加快传统制造业转型升级，加速新能源、新能源汽车等战略性新兴产业快速增长，将进一步带动全球基础电子行业创新步伐加快。同时，我国将积极实施"中国制造 2025"发展战略，加大对电子基础领域支持力度，加速关键产品进口替代，加快行业转型升级步伐，基础电子行业规模将实现加速增长，继续位居电子信息制造业各行业首位。预计 2015 年我国基础电子行业销售产值将达到 4.32 万亿元，同比增长将达 9.9%，增速在 2014 年回暖的基础上加速增长。

二是创新意识持续增强。2014 年，第 27 届中国电子元件百强企业研发投入强度达到 3.7%，京东方 2014 年新增专利申请量超过 5000 件，我国积极主导制定了在射频连接器、同轴通信电缆等领域的国际标准，28 纳米处理器成功制造，国内首款智能电视 SoC 芯片研发成功并量产。展望 2015 年，随着创新驱动发展战略持续实施，加上科技体制改革开始深入，企业创新意识持续增强，创新活力不断激发，专利申请量将明显增加，高水平创新成果会不断涌现，我国基础电子产业创新能力将得到显著提升。

三是企业加快国际布局。随着实力不断增强，为了抢占国际市场，我国基础电子行业企业纷纷走出国门，开展全球布局，尤其是近两年在我国实施"走出去"战略的推动下，基础电子企业全球布局步伐加快。集成电路方面，长电科技在国家集成电路产业投资基金的支持下花巨资收购全球第四大封装厂新加坡上市公司星科金朋，已经达成协议，2015 年将完成收购工作，这也是我国集成电路行业首个跨国并购案例。

第十一章 软件产业

第一节 2014年我国软件产业发展情况

2014年，伴随全球宏观经济企稳向好，美国等发达国家IT需求的复苏，云计算、移动互联网、大数据等创新业务的逐步落地以及人工智能、智能制造、工业互联网等热点领域受到投资机构的追捧，全球软件产业保持较高景气度。谷歌、甲骨文、微软等IT巨头纷纷加快云计算、大数据等领域并购整合力度，完善自身业务体系和生态布局。在经济增长新常态下，我国软件产业保持平稳增长，新兴信息技术服务在产业整体中的比重不断提高，产业集中度进一步提高，自主创新能力获得较大提升。

一、产业规模持续扩大，收入保持平稳增长

2014年，在经济增长放缓成为新常态、产业加速转型调整的背景下，中国软件产业保持平稳较快增长，实现软件业务收入3.7万亿元，同比增长20.2%，虽然增速较2013年低3.2个百分点，但仍比电子信息制造业增速高出10个百分点。相比于2011年，软件业务收入规模从1.9万亿元增长到3.7万亿元，3年翻了一倍，年均增长率为25.3%。

从利润增长和从业人员情况看，2014年1—11月，中国软件产业实现利润总额3841亿元，同比增长23.7%，增速低于上年同期1.9个百分点；从业人员平均人数超过480万人，同比增长9.7%，增速低于上年同期3.9个百分点。

图11-1　2008—2014年中国软件产业规模与年增长率

数据来源：工业和信息化部运行局，2015年1月。

从软件产业月度收入增长情况看，2014年，中国软件产业整体增势平稳。1—12月，软件业务收入累计增速在20.1%—21.8%区间波动，波动幅度仅为1.7%。其中，6月份累计增速最高，为21.8%；受产业增速持续下行影响，12月份的收入增速为20.1%，创全年月度增速的最低值。同时，相比于2013年，2014年单月增速均低于上年同期水平。

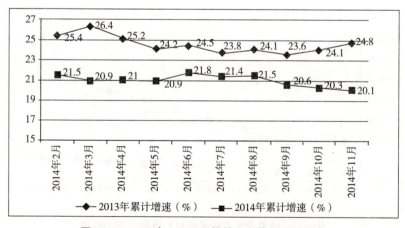

图11-2　2014年1—12月软件业务收入增长情况

数据来源：工业和信息化部运行局，2015年1月。

尽管软件行业增速放缓，但软件产业在电子信息产业中所占比重不断提升，日益成为电子信息产业重要的组成部分。2014年，由于电子信息制造业受经济不景气影响下滑明显，软件产业比电子信息制造业增速高出10个百分点，占电子信息制造业的比重提高到35.9%，达到新的高点，比2013年高出10.9个百分点，是2005年比重的3倍多。

表11-1　2005—2014年中国软件产业规模及比重

年度	软件产业规模（亿元）	电子信息产业规模（亿元）	GDP（亿元）	软件产业占电子信息产业比重	软件产业占GDP比重
2005年	3900	38400	184937.4	10.2%	2.1%
2006年	4801	47500	216314.4	10.1%	2.2%
2007年	5834	56000	265810.3	10.4%	2.2%
2008年	7573	58826	314045.4	12.9%	2.4%
2009年	9513	60818	340902.8	15.6%	2.8%
2010年	13364	78000	401512.8	17.1%	3.3%
2011年	18849	93766	472881.6	20.1%	4.0%
2012年	24794	109838	519322.1	22.6%	4.8%
2013年	31000	124000	569000	25.0%	5.4%
2014年	37000	103000	636463	35.9%%	5.8%

数据来源：赛迪智库，2015年1月。

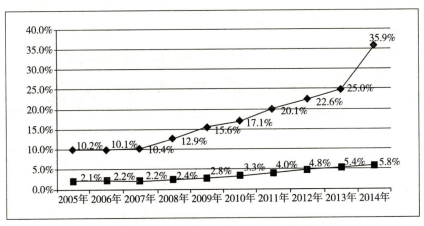

图11-3　软件产业占电子信息产业和GDP的比重

数据来源：赛迪智库，2015年1月。

软件产业的高成长性使其日益成为经济增长的重要引擎，为国民经济在新常态下保持平稳运行发挥着越来越重要的作用。从软件产业占 GDP 比重看，近年来，中国软件产业占 GDP 的比重不断上升，2005 年比重仅为 2.1%，2010 年达到 3.3%，2014 年增长到 5.8%，是 2005 年的两倍多。

二、信息技术服务比重继续提高，服务化转型加速

随着《关于加快发展生产性服务业促进产业结构调整升级的指导意见》《关于加快科技服务业发展的若干意见》《国家集成电路产业发展推进纲要》等促进信息技术服务发展政策的密集出台，云计算、大数据、移动互联网等新兴信息技术服务快速发展并与各领域加速融化不断衍生新业态，以及智慧城市建设带动医疗、交通等行业的信息技术服务需求快速增长，信息技术咨询、数据处理和存储、信息系统集成、IC 设计等信息技术服务业务仍表现出较好的增长态势，占软件产业比重不断提高，推动软件产业服务化转型调整。

根据工业和信息化部数据，2014 年，我国信息技术咨询类收入增势突出，完成收入 3841 亿元，同比增长 22.5%，增速高出全行业平均增速 2.3 个百分点，占全行业比重为 10.3%；数据处理和存储类服务在云计算、大数据等新业务的带动下保持较快增长，实现收入 6834 亿元，同比增长 22.1%，高于全行业平均增速 1.9 个百分点，占全行业比重为 18.4%，比上年同期高出 0.3 个百分点。由于外部市场需求减弱，系统集成类收入和集成电路设计收入受到一定影响，分别完成收入 7679 亿元和 1099 亿元，同比增速分别为 18.2% 和 18.6%，占全行业的比重分别为 20.6% 和 3.0%。以上四项信息技术服务类业务共实现收入 19219 亿元，占软件产业比重为 52.3%，与上年同期基本持平。传统软件产品增长平稳，仍是软件产业的主体，共完成收入 11324 亿元，同比增长 17.6%，低于全行业平均增速 2.6 个百分点，占全行业比重为 30.4%，同比下降 0.7 个百分点。在移动智能终端、平板电脑、消费类电子以及汽车电子产品、数控设备、医疗仪器等对嵌入式系统市场需求不断增长的推动下，嵌入式系统软件成为增长最快的领域，实现收入 6457 亿元，同比增长 24.3%，高于全行业平均增速 4.1 个百分点，占全行业的比重为 17.3%，高于上年同期 0.5 个百分点。

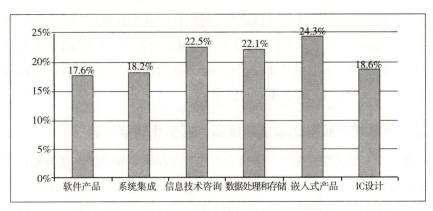

图11-4　2014年软件产业分类收入增长情况

数据来源：工业和信息化部运行局，2015年1月。

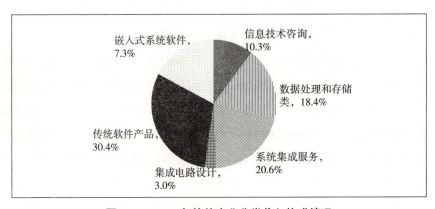

图11-5　2014年软件产业分类收入构成情况

数据来源：工业和信息化部运行局，2015年1月。

三、软件出口延续低增长，外包服务增势放缓

2014年，受外部市场需求复苏缓慢、生产要素成本上升导致传统竞争优势削弱、外贸环境欠佳等因素影响，中国软件出口持续低迷，出口增速出现较大幅度下降。2014年，中国软件实现出口545亿美元，同比增长15.5%，低于上年同期5.5个百分点，但比前年增速低13.2个百分点。其中，嵌入式软件出口增长仍不高，同比增长11.1%，低于行业出口增速4.4个百分点；外包服务出口增势明显，同比增长14.9%，低于软件出口整体增速0.6个百分点，但比上年同期高出8.9个百分点。

从 2011—2014 年我国软件出口增长情况看，尽管我国软件出口规模继续扩大，从 2011 年的 346 亿美元增长到 545 亿美元，3 年增长了 57.5%，年均增长率为 16.4%。但软件出口的增速远未恢复到 2011 年水平，2014 年的增速低于 2011 年 14.1 个百分点。

表 11-2　2011—2014 年中国软件出口增长情况

年度	软件出口规模（亿美元）	同比增速
2011年	346	29.6%
2012年	394	13.9%
2013年	469	19%
2014年	545	15.5%

数据来源：赛迪智库，2015 年 3 月。

从月度出口增长情况看，2014 年中国软件出口月度波动反复特征明显，波动幅度为 10.1%—19.7%。虽然除了 5 月和 6 月，中国软件出口月度增速高于 2012 年同期增速，但仍大大低于 2011 年以前 30% 以上的增速。

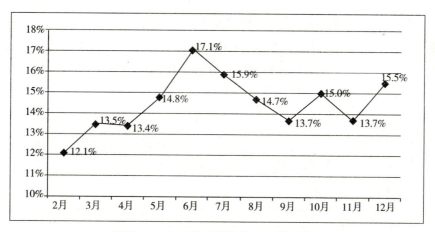

图11-6　2014年中国软件出口增长情况

数据来源：工业和信息化部运行局，2015 年 1 月。

软件出口的低增长使软件出口对产业的贡献率不断下降。图 11—7 显示，2008 年以来，软件出口占软件业务的比重呈逐年下降的趋势，所占比重从 2008 年的 12.8% 下降至 2013 年 9.5%，2014 年进一步下降到 9.2%。

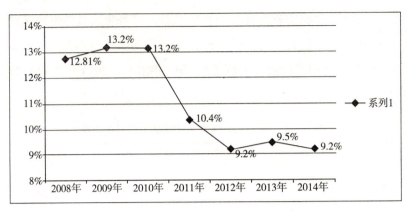

图11-7 2008—2014年软件出口占比情况

数据来源：赛迪智库，2015年2月。

四、产业集聚效应进一步强化，中心城市引领新兴信息技术服务增长

2014年，中国15个副省级城市实现软件业务收入2万亿元，占全国软件业务收入的比重为54%，略低于上年同期水平，同比增长21.1%，低于上年同期6.5个百分点，但快于全国平均水平0.9个百分点。其中，深圳、南京、广州、成都、济南、杭州、大连、沈阳等中心城市软件业务规模超过1000亿元，是我国软件产业发展的主要聚集地。

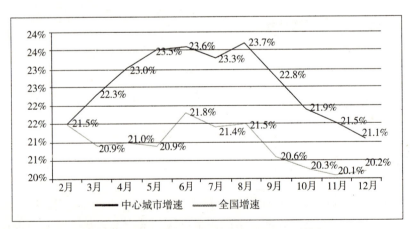

图11-8 2014年中心城市软件业务收入增长情况

数据来源：工业和信息化部运行局，2015年1月。

从 15 个中心城市软件产业收入情况看，新兴信息技术服务增长态势全国领先。2014 年，15 个副省级中心城市数据处理和运营服务收入增速达 25.7%，比全国增速高 3.6 个百分点。

从软件名城产业集聚情况看，根据 2014 年 1—11 月的数据，南京、济南、成都、广州、深圳、上海、北京、杭州等 8 个软件名城共实现软件业务收入 18682.6 亿元，占全国的比重为 50.5%。其中，济南和杭州的软件业务收入增速高于全国平均水平，分别完成软件业务收入 1555.7 亿元和 1780.4 亿元，同比增速分别为 27.5% 和 28.9%。成都和北京分别完成软件业务收入 1585.4 亿元和 4085.5 亿元，增速均为 20.1%。南京、深圳、广州、上海的软件业务收入分别为 2403.7 亿元、3214.6 亿元、1658.2 亿元、2399.1 亿元，增速分别为 15.7%、17.9%、16.7%、15.5%。

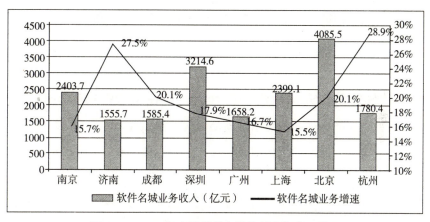

图11-9 2014年中国软件名城软件业务收入情况

数据来源：工业和信息化部运行局，2015 年 1 月。

五、东部地区增长平稳，中西部地区增势突出

近年来，东部地区软件业务收入增速持续放缓，但仍是软件产业发展的主要集聚地。2014 年，东部地区完成软件业务收入 28012 亿元，占全国软件业务收入的比重为 75.7%，同比增长 20.5%，增速低于全国平均增速 0.7 个百分点，其中江苏、广东和北京的软件业务收入规模位居全国前三位，山东、湖北、陕西、安徽等省增速超过 30%，成为软件产业发展的重要省份。中、西部地区增长较快，日益成为新的增长极，分别完成软件业务收入 1713 和 3927 亿元，占全国的比

重分别为 4.6% 和 10.6%，比 2013 年提高 0.2 和 0.3 个百分点，同比增速分别为 26.7% 和 23.5%，高出全国平均增速 6.5 和 3.3 个百分点。东北地区增速出现回落，完成软件业务收入 3583 亿元，同比增长 11.6%，低于全国平均水平 8.6 个百分点，占全国比重为 9.6%。

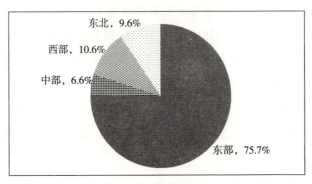

图11-10　2014年中国软件产业区域收入占比情况

数据来源：赛迪智库，2015 年 2 月。

六、软件业从业人员队伍不断壮大，存在结构性短缺问题

中国软件产业的发展壮大吸引越来越多各层次的软件人才加入，使软件从业人员队伍日益庞大。根据工业和信息化部运行局的最新统计，截至 2014 年 11 月，软件行业从业人员人数超过 480 万人，同比增长 9.7%，增速低于上年同期 3.9 个百分点。相比于 2001 年，13 年间从业人员队伍扩大了 14 倍。根据《软件和信息技术服务业"十二五"发展规划》提出的发展目标，到 2015 年，从业人员将超过 600 万人。因此，对照该发展目标，我国当前的软件从业人员规模还不能满足产业发展的需求，存在巨大的缺口。

薪酬是吸引软件人才的重要因素，跨国 IT 巨头纷纷利用高薪抢夺优秀的软件人才。受行业整体下行、经济增长放缓等因素影响，据统计，我国从业人员工资总额在 2014 年前几个月快速增长，之后出现小幅回落，同比增长 17.7%，增速低于上年同期 0.2 个百分点，比 1—10 月平均值下降 0.3 个百分点。

软件人才的结构性短缺成为产业从大变强的重要瓶颈。当前，中国软件人才结构正从橄榄形（缺少高级人才和基础程序员）逐渐向梯形结构过度（缺乏高端人才），尚未形成金字塔形结构。软件人才不仅要求掌握一定的知识，还应具备

组织、沟通、协调、解决问题等多方面的能力。这些能力的培养，需要对软件人才的培养方式与模式进行变革。软件人才结构性短缺最主要的原因在于国内的教育无法跟上软件企业技术更新的速度。为改变软件人才的培养模式，应推动课程设计和教学安排与企业的需求和最新的技术变化结合，鼓励国内软件企业加大对学校的资源投入，并更积极地深入参与各种学生软件开发大赛。

第二节　2014年我国软件产业重点政策解析

一、《关于在打击治理移动互联网恶意程序专项行动中做好应用商店安全检查工作的通知》

随着移动互联网的飞速发展以及苹果、谷歌、诺基亚、微软、三星等应用商店的繁荣，App市场迎来快速增长期。在App创造巨额经济价值的背后是乱象丛生，恶意扣费、耗损流量、操纵排名、远程控制、窃取隐私等问题日益严重，消费者权益受损现象越来越多。针对这些问题，工信部于6月4日发布《关于在打击治理移动互联网恶意程序专项行动中做好应用商店安全检查工作的通知》（以下简称《通知》）。

（一）政策内容

《通知》对做好专项行动期间应用商店安全检查工作进行部署，明确了检查目的、检查依据和主要任务，主要任务包括开展摸底调查、组织宣贯培训、开展现场检查以及开展应用程序安全检测。《通知》还结合工作实践制定并附上《移动互联网应用商店网络安全责任指南》，作为应用商店安全检查工作的参考。主要内容如下：

一是组织开展对应用商店中的应用程序进行安全检测。《通知》明确，各通信管理局要组织技术力量对本地区应用商店中的应用程序进行远程或现场抽检。对发现的具有手机窃听、隐私窃取、恶意扣费、诱骗欺诈等明显侵害用户权益的恶意程序，通知应用商店进行下架处置，对拒不下架的进行公开曝光等。

二是应用商店负有安全管理的责任。《通知》提出，应用商店应要求应用软件提供者如实提供身份信息（包括个人身份信息、营业执照、联系方式等），合作协议中明确应用软件提供者的安全责任，要求应用软件提供者在提交应用软件时声明其获取的使用权限及用途。

三是应用商店对应用软件进行安全监测。《通知》提出，在应用软件上架前，应用商店应自行或委托第三方对其进行安全检测，对含有恶意扣费、信息窃取、远程控制、恶意传播、资费消耗、系统破坏、诱骗欺诈等行为，以及含有法律法规禁止内容的应用软件，不得上架发布，并将其纳入应用软件黑名单。应用商店应定期对已上架的应用软件进行安全复查。

四是应用商店建立举报制度和黑名单管理制度。《通知》指出，应用商店应建立应用软件举报制度，为举报提供便利，便于及时验证、处理。同时，应用商店应建立应用软件黑名单管理制度、黑名单申述机制，并积极推动黑名单信息行业内共享。

（二）政策影响

此次推出的《通知》，有望规范移动互联网行业的规范发展。《通知》明确了通信管理局的监管职责，加强审核和监管，有助于制止恶意程序的增长。如《通知》要求其组织技术力量对本地区应用商店中的应用程序进行远程或现场抽检，并提出了追惩机制，如果应用商店拒不下架恶意程序将被公开曝光等。《通知》还要求应用商店对应用软件进行安全监测，建立举报制度和黑名单管理制度，这有助于发挥平台商作为市场主体的作用，创建诚信的 App 市场环境。

二、《国家地理信息产业发展规划（2014—2020年）》

随着测绘地理信息技术由模拟向数字化、信息化转型以及测绘地理信息市场深入发展，地理信息产业作为一种新型服务业态迅速兴起。经过近些年的快速发展，我国地理信息产业已形成一定市场规模，并呈现良好的发展态势。2011 年，国家发改委向国务院提出《我国地理信息产业发展现状与建议》，李克强总理明确做出批示，要求国家发改委和国家测绘地理信息局会同国务院有关部门开展地理信息产业政策研究、规划工作。国务院办公厅印发关于促进地理信息产业发展的意见也要求编制该规划。为顺应国务院要求和产业发展需求，2014 年 7 月 24 日，国家发改委和国家测绘地理信息局联合印发了《国家地理信息产业发展规划（2014—2020 年）》。

（一）政策内容

一是明确地理信息产业的定义。该规划明确指出，地理信息产业是以地理信息资源开发利用为核心的高技术产业、现代服务业和战略性新兴产业。同时提出，随着发展环境的不断优化、产业基础设施的不断完善、产业规模的迅速扩张、核心竞争力的不断提高，地理信息产业已经进入发展壮大、转型升级的新阶段。

二是制定地理信息产业的发展目标。规划提出，到 2020 年，地理信息产业政策法规体系基本建立，产业发展格局初步形成。科技创新能力显著增强，核心关键技术研发应用取得重大突破，形成一批具有较强国际竞争力的龙头企业和较好成长性的创新型中小企业，拥有一批具有国际影响力的自主知名品牌。产业保持年均 20% 以上的增长速度，2020 年总产值超过 8000 亿元，成为国民经济发展新的增长点。

三是确立地理信息产业的发展重点。规划提出，重点发展以下六大领域：测绘遥感数据服务、测绘地理信息装备制造、发展地理信息软件、地理信息与导航定位融合服务、地理信息应用服务、地图出版与服务。

四是提出促进地理信息产业发展的政策措施。规划从优化政策环境、夯实基础条件、促进自主创新、加强人才培养、强化服务管理、拓展对外合作、开展统计分析等七个方面，提出了保障产业持续、健康、有序发展的政策措施。

（二）政策影响

该规划是国家层面上首个地理信息产业规划，有利于推进我国地理信息蓬勃发展，也将使地理信息产业相关软硬件、地理信息位置服务、遥感技术厂商受益。一是优化地理信息产业发展的政策环境。继《国务院办公厅关于促进地理信息产业发展的意见》之后，国务院又出台了发展规划，形成了一股强大的政策推动力，促进产业要素和资源的集聚，营造良好的政策环境，引发社会资本等的关注，进一步激发市场主体的积极性。二是进一步明确了发展重点和发展方向。当前，我国地理信息产业正处于迅速发展扩张、新应用不断出现的发展初期，亟需对其发展进行引导。在国办意见提出的地理信息产业发展五大重点领域的基础上，产业规划提出六大重点领域。三是有利于推动地理信息产业做大做强。我国地理信息产业正处于蓬勃发展期，其发展有助于提升高技术产业、绿色产业在国民经济中的比重，为调整优化经济结构、促进经济转型发展做出贡献。

三、《国务院关于加快发展生产性服务业促进产业结构调整升级的指导意见》（国发〔2014〕26号）

生产性服务业是国家产业竞争的战略制高点，具有专业性强、创新活跃、产业融合度高、带动作用显著等特点。随着大数据、云计算、移动互联网、物联网等技术研发和产业化取得重大突破，以软件和信息服务业为核心的现代生产性服务业发展水平不断提高。特别是信息网络技术与产业技术融合创新，以前所未有的广度和深度推动了产业发展模式的深刻变化，提升企业核心服务能力，促进市场创新和经营模式创新。生产性服务业的发展得到了国务院的高度重视。2014年5月14日，国务院常务会议召开，会议开始部署加快生产性服务业重点和薄弱环节发展，将"生产性服务业"定位为调结构和稳增长的重大措施。8月7日，国务院颁布《关于加快发展生产性服务业促进产业结构调整升级的指导意见》（本目内简称《意见》），第一次对生产性服务业发展作出全面部署。

（一）政策内容

针对我国目前生产性服务业发展存在的相对滞后、水平不高、结构不合理等问题，《意见》明确现阶段生产性服务业发展的总体要求、发展导向、主要任务和发展措施。主要内容如下：

一是明确生产性服务业的发展导向。《意见》指出，要以产业转型升级需求为导向，引导企业进一步打破"大而全""小而全"的格局，分离和外包非核心业务，向价值链高端延伸，促进我国产业逐步由生产制造型向生产服务型转变；鼓励企业向产业价值链高端发展；推进农业生产和工业制造现代化；加快生产制造与信息技术服务融合。

二是明确生产性服务业的发展重点。《意见》提出，现阶段我国生产性服务业重点发展研发设计、第三方物流、融资租赁、信息技术服务、节能环保服务、检验检测认证、电子商务、商务咨询、服务外包、售后服务、人力资源服务和品牌建设，并提出了发展的主要任务。

三是制定促进生产性服务业发展的政策措施。《意见》要求，要着力从深化改革开放、完善财税政策、强化金融创新、有效供给土地、健全价格机制和加强基础工作等方面，为生产性服务业发展创造良好环境，最大限度地激发企业和市场活力。

（二）政策影响

《意见》的出台顺应了产业发展需要，将吸引要素资源向生产性服务业领域合理集聚，推动生产性服务业加快发展，发挥生产性服务业在工业做大做强中的重要作用，引领产业向价值链高端提升，推动经济转型升级。产业结构调整重点发力 11 个重点领域，细化分工 15 项重点措施，将引导产业高质量发展。《意见》针对我国产业结构升级的关键领域和薄弱环节，一共提出了 11 个重点领域，将成为未来一段时间我国产业结构调整升级重点发展的领域。这 11 个领域的快速发展将促进生产性服务业发展水平的提升。相关企业将明显受益。《意见》对研发设计等 11 个领域重点扶持，在这些领域中有些行业上市公司不多，价值的提升将推动赢得更多资本关注，如第三方物流、金融租赁、检验检测等领域。

四、《关于取消和下放一批行政审批项目的决定》

2014 年 2 月，国务院印发《国务院关于取消和下放一批行政审批项目的决定》，再次取消和下放 64 项行政审批事项和 18 个子项。国务院建议取消和下放 6 项依据有关法律设立的行政审批项目，将依照法定程序提请全国人大常委会修订有关法律，这已经是本届中央政府第五批取消和下放行政审批等事项。

（一）政策内容

经研究论证，该决定宣布取消"计算机信息系统集成企业资质认定""计算机信息系统集成项目经理人员资质评定"和"信息系统工程监理单位资质认证和监理工程师资格认定"的行政审批。

（二）政策影响

关于取消"计算机信息系统集成企业资质认定""计算机信息系统集成项目经理人员资质评定"和"信息系统工程监理单位资质认证和监理工程师资格认定"，企业作为市场主体，其水平、能力和信誉等一系列情况应主要由市场来进行评判。取消后将有利于减轻企业负担，降低准入门槛，增加市场活力。

此外，为进一步做好系统集成企业的服务等相关衔接工作，工业和信息化部在解读中表示将抓紧制定出台相关标准，发挥第三方机构作用，加强事中事后监管。因此，后续无疑将更好地发挥系统集成行业协会等第三方机构的重要作用，将原有的资质认定工作下放到行业协会，在过渡期内，原有的资质资格认定条件、等级标准、业务范围、受理审批时限及证书有效期等暂按原规定执行，软件和信息技术服务业主管部门将侧重于标准的制定以及相关监管工作。

第三节　2014年我国软件产业重点行业发展情况

一、工业软件产业

（一）市场规模

据初步测算，2014年我国工业软件市场规模约为1000亿元，比2013年增长16.9%，增速比上年回落0.6个百分点。2013年初，多家研究机构预测中国工业软件市场将保持约19%的复合增长率直到2015，从2014年数据情况看远不及预期。

（二）市场结构

2014年，我国工业软件市场仍以业务管理和市场营销分析类软件为主体。与上一年相比，生产调度和过程控制软件市场规模明显扩大，同比增长超过50%，增长主要来自轨道交通、能源、电力等重点行业的应用发展。

（三）发展特点

1. 规模特点

2014年，我国工业发展进入转型升级的阵痛期，工业企业平均利润增长同比下滑，拖累企业的总体IT支出增长停滞。但随着国家加大对两化深度融合的推进力度，轨道交通、航空航天、能源电力、装备制造等重点领域加快发展智能制造，对工业软件市场规模的增长形成了有力带动。

2. 结构特点

业务管理和市场分析类SaaS产品市场快速增长，经济形势低迷以及电子商务的兴起催生了企业利用信息技术提升市场营销能力的需求，同时云服务交付灵活、按需付费的优势降低了企业的一次性支付压力。生产调度和过程控制软件市场快速升温，国家做出以智能制造为切入点推进两化深度融合的重要部署，陆续出台了多项措施，促进工业和制造企业在生产过程应用软件和信息技术，改善生产效率，降低能耗。

3. 市场方面

市场规模在重点行业带动下持续快速增长，我国装备机械、钢铁、船舶、汽车、石油石化、能源电力、航空航天等工业支柱行业同时也是目前工业软件的主要消费群。市场营销管理等SaaS云服务快速兴起，除了财务管理、人力资源管理、办公软件和协同等通用服务全面走向云端之外，在垂直行业中通用性较强的云服务也得到了快速发展，比如酒店管理、旅游服务管理、物流系统调度、专用设备监控和管理等。ERP加快向混合云架构迁移，面对私有云的成本压力，ERP系统终将不可避免的走向云端，但是由于现实可操作性的限制，以及用户企业对数据安全等方面的顾虑，基于混合云的ERP应该是现在以至于未来几年内最主流的应用形态。

4. 技术特点

在云计算技术飞速发展的推动之下，越来越多的企业级软件厂商推出在公有云平台上部署的SaaS服务，这些服务逐渐集成，形成面向具体行业的工业云服务平台。物联网的发展催生了一种面向工业领域的新型云服务——泛在传感信息的数据集成和分析，海尔、徐工集团等控工业企业均已在内部资产管理实践中部署了基于工业互联网的新型工业云监控平台。

二、云计算产业

（一）产业规模

2014年，我国公有云市场规模达到68亿元。同时，云计算的发展也带动和促进了上下游电子产品制造业、软件和信息服务业的快速发展，预计到2015年，我国云计算上下游产业规模将超过3500亿元。

（二）产业结构

据工业和信息化部数据，从公有云服务的三个类别来看，我国软件即服务（SaaS）市场规模最大，占比约为70%；基础设施即服务（IaaS）规模占比约为20%，但年增速在100%左右，是目前我国云计算市场中增速最快的细分领域；平台即服务（PaaS）市场规模占比最小，约为10%。

（三）发展特点

1. 市场特点

云服务企业积极开展全国布局，包括阿里、京东等互联网企业，以及移动、联通、电信等电信运营商在内的大型云计算企业通过在全国各地建设数据中心加快布局，意图在云服务大范围普及的时候能够拥有最全面的基础设施，掌握未来云服务发展的主动权。公有云服务市场竞争日趋激烈，随着国内公有云服务开始进入落地阶段，中国已经成为全球竞争最为激烈的云计算市场之一，国内企业新晋参与者层出不穷，国外企业继续通过与国内企业合作等方式，加速进入国内市场。国内企业开始探索进入海外市场，我国大型云服务企业如阿里云、腾讯、百度、东软等正在吹响进军海外市场的号角。

2. 应用特点

政务应用有力推动政府管理模式改革，2014年云计算在电子政务公共服务、民生保障等领域得到广泛应用，有力地促进了政府管理模式创新和社会治理体系建设。行业应用加快推动产业转型升级，云计算相关新技术、新业态、新模式在重要行业领域的应用愈加深化，有效帮助了传统企业提升产品附加值、提高生产效率、创新商业模式。同时，创新创业应用成为亮点，云计算在降低创新创业门槛方面取得众多成绩，为大众创业和万众创新提供了良好条件。云计算已成为我国互联网创新创业的基础平台。

3. 投融资特点

产业整体融资规模庞大，2014年国内云计算市场规模继续保持高速增长，吸引众多投资公司关注，多家云计算厂商获得大额产业投融资。据不完全统计，2014年国内云计算市场投资额已经超过22亿美元。在线教育服务融资进入爆发期，众多创业公司将教育作为首选领域。据不完全统计，2014年国内在线教育领域投融资涉及外语教育、K12教育、早期教育、IT教育、出国留学、职业教育、平台类等七类，合计投融资金额超过44亿元。生态圈建设成为投融资布局重点，投融资成为云计算不同环节的企业互相合作、共同打造产业生态的重要手段。

三、大数据产业

（一）产业规模

2014年，我国大数据仍处于起步发展阶段，各地发展大数据积极性较高，行业应用得到快速推广，市场规模增速明显。易观国际数据显示，2014年，我国大数据市场规模达到75.7亿元，同比增长28.4%。

（二）发展特点

1. 规模特点

规模增速略有提高，与全球增速差距仍较大。数据显示，2014 年我国大数据市场规模同比增长 28.4%，比 2013 年（24.7%）增速回升 3.7 个百分点，但与全球（53.2%）的增速仍有不小的差距。值得关注的是，全球大数据市场规模增速在未来几年呈现持续缓慢下降的趋势，而我国大数据市场规模增长速度却在逐步提升。随着我国大数据快速发展，我国大数据市场规模在全球大数据市场规模中的比重将越来越大，并最终与全球增速保持同步。

区域产业聚集现雏形，合作协同发展成常态。我国大数据产业集聚发展效应开始显现，出现京津冀区域、长三角地区、珠三角地区和中西部四个集聚发展区，各具发展特色。北京依托中关村在信息产业的领先优势，快速集聚和培养了一批大数据企业，继而迅速将集聚势能扩散到津冀地区，形成京津冀大数据走廊格局。长三角地区城市将大数据与当地智慧城市、云计算发展紧密结合，使大数据既有支撑又有的放矢，吸引了大批大数据企业。珠三角地区在产业管理和应用发展等方面率先垂范，对企业扶持力度加大，集聚效应明显。大数据产业链上下游企业合作意愿强烈，各集聚区间的合作步伐加快，产学研协同创新发展初见成效。

互联网企业表现强势，国外企业进入我国市场。2014 年，百度、阿里巴巴、腾讯、京东等互联网企业抓紧布局大数据领域，纷纷推出大数据产品和服务，抢占数据资源。传统 IT 企业开始尝试涉足大数据领域，其产品和服务多是基于原有业务开展，未能撼动互联网公司的领先地位。初创企业受限于数据资源和商业模式，还要面对互联网企业的并购行为，竞争实力尚显不足。

2. 结构特点

初步形成三角形供给结构。2014 年我国大数据市场的供给结构初步形成，并与全球市场相似，呈现三角形结构，即以百度、阿里、腾讯为代表的互联网企业，以华为、联想、浪潮、曙光、用友等为代表的传统 IT 厂商，以亿赞普、拓尔思、海量数据、九次方等为代表的大数据企业。

产业链结构发展不均衡。我国在大数据产业链高端环节缺少成熟的产品和服务。面向海量数据的存储和计算服务较多，而前端环节数据采集和预处理，后端环节数据挖掘分析和可视化，以及大数据整体解决方案等产品和服务匮乏。

四、信息安全产业

（一）产业规模

信息安全产业是保障国家信息安全的战略性核心产业，肩负着为国家信息化基础设施和信息系统安全保障提供信息安全产品及服务的战略任务。自"十二五"以来，在国家的高度重视和大力扶持下，我国信息安全产业规模保持快速增长，2014年，我国信息安全产业业务收入为739.8亿元，是2012年313.8亿元的2.4倍，近三年来，我国信息安全产业规模年均增长率超过了40%。

（二）产业结构

信息安全产业结构趋于完善。2014年，我国信息安全产品门类不断健全，进一步完善了涵盖数据传输安全、网络安全、数据安全、应用安全、计算机安全、安全管理中心（SOC）以及云安全等领域的产品体系。我国信息安全企业市场竞争力进一步增强，防火墙、防病毒、入侵检测、漏洞扫描等传统安全产品具备替代能力，网络与边界安全类、专用安全类等相关产品的功能、性能基本满足国内需求。从安全芯片、网络与边界安全产品、数据安全产品、应用安全产品到安全服务的信息安全产业链不断趋于完善。

（三）发展特点

1. 规模特点

当前我国信息安全产业规模增长快速，总体呈现信息安全产品和服务并驾齐驱、共同增长的发展局面。然而，在信息安全产业发展环境不断优化，信息安全形势日益复杂的形势下，信息安全服务的后发优势明显，未来将迎来持续增长的良好局面。

2. 结构特点

随着信息安全产业发展进程不断加速，在信息安全技术和产品不断取得突破的前提下，信息安全服务也呈现出高速发展的态势。当前我国信息化的快速推进和信息安全形势的日益严峻，用户IT系统环境愈发复杂，被攻击的脆弱点与日俱增，安全产品简单累加起到的防护效果有限，安全服务在构建有效、全面、纵深的安全防护体系方面的地位和作用更加显著。信息安全服务需求量大幅提升，尤其是对信息安全测评、风险评估以及信息安全咨询、集成、运维等方面的服务需求日益增长。

3. 市场特点

随着个人信息消费领域安全问题日趋复杂，以及面向云计算、移动互联网等新兴领域安全需求不断提升和安全应用不断深化，以基于生物识别的身份认证、移动支付等为代表的面向个人信息消费领域的安全产品和服务将不断涌现，并随着应用的深化更加成熟，将成为我国信息安全市场新的增长点。同时，企业级安全市场保持快速增长。金山、瑞星等传统信息安全厂商纷纷布局企业级安全市场；奇虎360、网秦等移动安全企业也先后推出各自的企业级安全产品。据普华永道统计显示，国内多数企业表示将采取积极主动措施，提升 IT 安全投入比例，2014 年企业信息安全平均预算 2666 万元，同比提高了 51%。

4. 技术特点

传统的防火墙、防病毒、入侵检测等信息安全技术将与移动终端安全防护、虚拟化安全防护、大数据安全分析技术等新兴安全技术加速融合，信息安全领域的系统集成商、应用开发商和技术服务商将会加快协同创新发展的步伐，不断提升满足信息化高端需求的安全可靠关键软硬件支撑能力。在移动安全领域，随着用户对移动安全及移动信息化管理的需求不断提高，将会由传统的设备管理（MDM）和移动安全接入（VPN）等单一的产品技术向快速部署、统一管理的融合化移动安全整体解决方案转型。在大数据安全领域，实时大数据安全分析技术将成为发展热点，基于对数据包、网络流量以及元数据的持续处理，将会提升对安全事件的快速侦测能力。

第四节　2014 年我国软件产业区域发展情况

一、环渤海地区软件产业发展状况

（一）产业收入

2014 年 1—11 月，环渤海地区软件业务收入达到 7842 亿元，同比增长 18.2%，保持缓中趋稳的增长态势，占全国软件业务收入的比例为 23.8%。

从各省、市情况看，2014 年 1—11 月，北京市实现软件业务收入为 4085 亿元，同比增长 12.8%；山东省实现软件业务收入 2761 亿元，同比增长 33.6%；天津市实现软件业务收入 833 亿元，同比增长 21.5%。这三个省、市软件业务收入占环渤海地区软件业务收入的 97.9%。河北省实现软件业务收入 118 亿元，同比增长 14.2%；山西省实现软件业务收入 16 亿元，同比降低 24.9%；内蒙古自治区实现软件业务收入 29 亿元，同比增长 25%。在 2014 年 1—11 月全国软件产业前十位省市中，环渤海地区占了两个席位，即北京和山东，分别位居第三和第五。

（二）产业结构

2014 年 1—11 月，环渤海地区新兴信息技术服务增势突出。数据处理和运营服务业务收入为 1726 亿元，占区域收入总额的 22%，同比增长 25.3%，为增速最高的细分领域。IC 设计业务实现收入 195 亿元，占比 2.5%，同比增长 25.2%。软件产品、信息系统集成服务、信息技术咨询服务和嵌入式系统软件业务增长较为平稳，分别实现收入 2492 亿元、1683 亿元、960 亿元和 785 亿元。其中，软件产品、信息系统集成服务、信息技术咨询服务以及数据处理和运营服务均占据全国各分类领域的 25% 以上。

总体来看，信息技术服务业务收入增长快速，信息技术服务（含数据处理和运营服务、信息技术咨询服务和 IC 设计业务）收入占收入总额的 58.2%，与上年相比比重上升超过 10 个百分点。

（三）企业情况

截至 2014 年 11 月，环渤海地区共聚集 6566 家软件企业，占全国软件企业总数的 18%。近几年，环渤海地区软件企业实力逐渐增强，企业单体规模从 2012 年的 10.7 亿元 / 家提高至 2014 年的 1.19 亿元 / 家，比全国 9050 万元的平均水平高出 13.2%。环渤海地区共有 38 家企业入选 2014 年（第十三届）中国软件业务收入前百家企业，较上一届增加了 3 家，居全国首位。38 家企业的软件业务收入合计 1509.2 亿元，占前百家企业软件业务收入总额的 35.8%。其中，北京市 32 家，济南市 2 家，青岛市 2 家，天津市、烟台市各 1 家。海尔集团、北大方正、浪潮集团、海信集团 4 家企业名列前 10 强。环渤海地区仍然是全国计算机信息系统集成资质企业数量最多的地区之一。截至 2014 年 12 月，共有 1600 家企业获得计算机信息系统集成资质，占全国总数的 30.6%，其中一级资质企业 98 家。

（四）重点省市发展情况

1. 北京

作为环渤海地区第一大软件产业主导城市，北京软件产业业务收入规模位居全国第三，北京聚集了丰富的科研机构和高端人才资源，是众多国内外软件企业总部及主要核心研发机构所在地，形成了产业各环节协同发展的全产业链式发展模式。近年来，北京软件和信息技术服务业逐步向产业链高端延伸拓展，呈现增长稳中趋缓的态势。

2014 年 1—11 月，北京市软件业务收入达到 4085 亿元，同比增长 12.8%。数据处理和运营服务收入呈现突出增势，业务收入达到 1240 亿元，同比增长 24%，占全市软件业务比重为 30.4%。IC 设计业务收入达到 26 亿元，同比增长 13%。软件产品和嵌入式系统软件收入分别是 1460 亿元和 80 亿元，同比分别增长 8.6% 和 5%。信息系统集成服务和信息技术咨询服务收入达到 931 亿元和 348 亿元，同比增长 8.2% 和 9.8%。

2. 山东

2014 年，山东省软件业发展继续保持快速增长态势，重点城市、园区和企业支撑带动能力显著，1—11 月完成软件业务收入 2761 亿元，同比增长 33.6%，以全国软件产业收入第五的体量位居全国增速第四位。

2014 年 1—11 月，山东省软件产品完成业务收入 772 亿元，占全省软件业务比重为 28%。嵌入式软件完成业务收入 510 亿元，占比达 18.5%。软件产品和嵌入式软件总共占比 46.5%。系统集成服务、信息技术咨询服务、数据处理和运营服务及 IC 设计分别完成收入 552 亿元、511 亿元、378 亿元和 37 亿元，四者组成信息技术服务业收入占全省软件业务收入的比例达到 53.5%，比上一年提高 1.6 个百分点。其中，数据处理和运营服务、IC 设计保持高于 45% 的突出增势。

二、长江三角洲地区软件产业发展状况

（一）产业收入

2014 年 1—11 月，上海市、江苏省、浙江省软件和信息服务业收入之和达到 1.028 万亿元，同比增长 22%，长三角地区软件业务总收入占全国软件和信息技术服务业收入的 31.2%，与上一年度基本持平。在长三角地区，南京市和上海市软件和信息技术服务业最为发达，引领整个区域产业的不断进步，杭州、苏州、

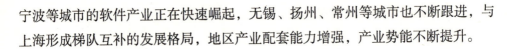

宁波等城市的软件产业正在快速崛起，无锡、扬州、常州等城市也不断跟进，与上海形成梯队互补的发展格局，地区产业配套能力增强，产业势能不断提升。

（二）产业结构

2014年1—11月，上海、江苏、浙江的软件产品收入之和为3010亿元，同比增长22%，占全国软件产品收入总和的29.7%，与上一年度基本持平；信息系统集成业务收入为1725亿元，同比增长20%，占全国信息系统集成业务收入总和的25.6%，与上一年度基本持平；信息技术咨询业务收入为751亿元，同比增长20%，占全国信息技术咨询业务收入总和的21.3%，较上一年度略有回落；数据处理和运营业务收入为1799亿元，同比增长24%，占全国数据处理和运营业务收入总和的30%，与上一年度基本持平；嵌入式软件收入为2523亿元，同比增长19%，占全国嵌入式软件收入总和的44.7%，较上一年度提高了1个百分点；IC设计业务收入474亿元，同比增长21%，占全国IC设计业务收入总和的50%，较上一年度略有回落。

（三）企业情况

2014年1—11月，上海、江苏、浙江三地软件和信息服务业企业数量达到10457家，较上一年度同期的8432家增加了2025家，同比增长24%，占全国软件和信息技术服务业企业总量的28.7%，较上一年度提高了2个百分点。平均单个企业创造的软件与信息技术服务业务收入为9830万元，比全国平均9050万元的水平高出8.6%。

（四）重点省市发展情况

1.上海市

2014年1—11月，上海市软件和信息技术服务业实现收入2399.1亿元，同比增长15.5%，在全国范围内处于较为领先的地位，产业基础雄厚扎实，创新实力较强。其中，软件产品实现收入857.9亿元，同比增长15.6%；信息系统集成服务实现收入510.6亿元，同比增长14.5%；信息技术咨询服务实现收入299.7亿元，同比增长17.1%；数据处理和运营服务实现收入432.9亿元，同比增长16.7%；嵌入式系统软件实现收入100.1亿元，同比增长11.2%；IC设计实现收入198亿元，同比增长15.1%。截至2014年11月，上海市共有软件和信息技术服务业企业2500家。

2. 江苏省

2014 年 1—11 月，江苏省软件和信息技术服务业保持较快增长，实现收入5802.3 亿元，同比增长 21.3%，产业收入总和保持全国第一，比位于第二名的广东省高出 665 亿元。

2014 年 1—11 月，长三角地区软件产品收入稳定增长，软件产业服务化趋势日益突出，软件与信息服务业对"两化融合"的推动作用显著增强。软件产品实现收入 1623.9 亿元，同比增长 22.8%；信息系统集成服务实现收入 968 亿元，同比增长 21.9%；信息技术咨询服务实现收入 406.1 亿元，同比增长 22.1%；数据处理和运营服务实现收入 629.5 亿元，同比增长 21.4%；嵌入式系统软件实现收入 1925.5 亿元，同比增长 19.1%；IC 设计实现收入 249.4 亿元，同比增长 25%。

3. 浙江省

2014 年 1—11 月，浙江省软件和信息技术服务业延续了快速健康发展的良好态势，实现收入 2079 亿元，同比增长 28.4%。其中，软件产品实现收入528.4 亿元，同比增长 27.3%；信息系统集成服务实现收入 245.7 亿元，同比增长 21.2%；信息技术咨询服务实现收入 45.1 亿元，同比增长 39.2%；数据处理和运营服务实现收入 736.2 亿元，同比增长 38.5%；嵌入式系统软件实现收入 497.2亿元，同比增长 20.3%；IC 设计实现收入 26.4 亿元，同比增长 8.7%。截至 2014年 11 月，浙江省共有软件和信息技术服务业企业 2032 家。

三、珠江三角洲地区软件产业发展状况

（一）产业收入

近年来，珠三角地区的软件业务收入一直保持稳定、高速增长的态势，在国内软件产业中所占比重逐年上升。2014 年 1—11 月，广东省软件产业业务收入 5137.7 亿元，占全国软件业务收入的比例为 15.6%。以广州、深圳、珠海为中心辐射区引领珠三角地区软件产业发展，其中仅广州、深圳两市即占全省收入的97%。珠三角地区以云计算、物联网、大数据等新兴领域为突破口，积极抢占软件和信息技术服务业的制高点。2014 年，《广东省云计算发展规划（2014—2020年）》的发布将引导地区云计算产业集聚发展，支持信息服务企业开展云计算专业服务和增值服务。东莞市随后发布《东莞市国家级两化深度融合暨智能制造试

验区三年行动计划（2014—2016）》，计划培育发展 30 家产值超亿元的智能装备辅助产品制造骨干企业和系统集成企业。

（二）产业结构

珠三角区位优势突出，产业发展环境良好，领先的电子政务、智慧城市建设及旺盛的企业客户需求为软件企业提供了广阔的市场空间，行业应用软件和解决方案实力突出，具备良好的软件和信息技术服务业发展后劲，同时，珠三角强大的电子信息制造业基础也为嵌入式软件的迅速发展提供了重要的基础保障。此外，珠三角作为国家级"两化融合"试验区，集成电路设计、嵌入式软件、行业应用软件等领域发展水平均居全国前列，信息技术服务对传统产业深度渗透，推动通信设备、汽车制造、机械装备、家用电器等优势传统制造业的核心竞争力快速提升。通过建设面向行业的产业公共技术开发平台如数字家庭公共服务技术支持中心、Linux 公共服务技术支持中心、嵌入式软件技术支持中心等为软件产业发展提供了优良的创新支撑环境，有效提高了产业自主创新能力。深圳、广州、珠海等软件产业发达城市对整个珠三角地区软件的拉动效应愈发明显。

（三）企业情况

在软件企业方面，2014 年，共有 14 家企业入选中国软件百家企业名单，较上一届减少了 2 家，仅次于北京，居全国第二位。其中，深圳市 8 家，广州市和珠海市各 3 家，其中华为公司连续 12 年名列榜首。

（四）重点城市发展情况

1. 广州

广州市作为中国软件名城，同时又是国家级软件产业基地和国家级软件出口创新基地，软件产业具有良好的发展基础和核心竞争力。据统计，2014 年 1—10 月广州市软件和信息服务产业产值为 2014 亿元，其中软件业务收入 1515 亿元，同比增长 17.89%，全市新增认定软件企业 94 家，全市共有软件企业 781 家。1—10 月份著作权大概数量是 6500 多件，同比增长 15%。

2. 深圳

2014 年，深圳市 1—10 月软件产业保持快速增长，累计实现软件业务收入 3230 亿元，同比增长 17.5%；利润总额 744 亿元，同比增长 19%；税金总额为

394 亿元，同比增长 27.2%；软件业务出口 171 亿美元，同比增长 10.2%。截至 2014 年 10 月底，共受理双软认定九批，其中，累计新认定软件企业 471 家，新登记软件产品 3156 件。

第五节　2014 年我国软件产业重点企业发展情况

一、东软集团

（一）总体发展情况

东软集团 1991 年创立于中国东北大学，主营业务包括软件外包服务、行业信息化解决方案、医疗设备及服务等，是国内最大的 IT 解决方案与服务供应商之一。公司面向日、韩、欧美等国际市场提供软件开发服务及 BPO 服务。公司面向电信、能源、金融、政府、制造业与商贸流通业、医疗卫生、教育、交通等行业提供信息化解决方案。

东软 2014 财年上半年实现营业收入 49.3 亿元，较上年同期增长 1.0%，主要是受医疗系统、国内软件及系统集成收入增长带动；实现净利润 2.14 亿元，较上年同期下降 24.0%。管理费用的提升以及投资收益、公允价值变动损益的大幅减少是其下滑主要原因。

表 11-3　东软 2010—2014 财年利润情况

财务指标 财年	营业收入情况		净利润情况	
	营业收入（亿元）	增长率（%）	净利润（亿元）	增长率（%）
2010	49.4	18.5	5.07	−22.1
2011	57.5	16.5	4.17	−13.9
2012	69.6	21.0	4.56	9.4
2013	74.5	7.1	4.11	−9.9
2014Q3	49.3	1.0	2.14	−24.0

数据来源：东软财报，2015 年 3 月。

（二）发展策略

1. 业务创新

公司在健康管理服务领域、云计算和汽车电子等领域不断布局，并持续加大针对这些领域的研发投入。在健康管理领域，公司相关医疗业务已经拓展至医疗设备、医疗 IT 基础设施、医疗信息化综合解决方案以及健康管理等领域，2014年东软医疗发布 NeuViz 64 恒睿 CT 等新品及解决方案。在云计算方面，公司继续加大对熙康云平台的投入建设，熙康健康云平台能够与熙康自身开发的智能终端产品进行无缝对接，其产品和服务集聚和整合了互联网、物联网和云计算以及医疗专业领域资源。同时，公司正式发布了面向政企客户的云服务"移动云"，该项目的客户方为中国移动。在汽车电子方面，公司正由车载系统外包商向综合解决方案供应商转型。

2. 战略合作

2014 年，东软加大市场开拓力度，积极发展战略合作伙伴，与重点客户的合作更加深入和紧密。公司以"移动云"为契机，继续加深与中国移动的合作，业务拓展至中国移动北方信息港的云计算项目。公司与阿里云正式签署战略合作协议，将在全球范围内就公共事业、企业、IT 运营等领域展开交流与合作。同年，由公司联合曙光、浪潮、天津神舟、武汉达梦、金蝶中间件、阿里云、华为等发起，共同成立的国内首个安全可靠电子政务产业发展战略联盟在东软正式成立。国际方面，公司和英特尔进一步深化战略合作伙伴关系，拟推出国内首款基于英特尔架构的企业级移动终端解决方案。

3. 技术创新

2014 年，东软继续加强云计算及物联网、医疗设备、汽车信息技术、大数据、业务基础平台等领域的研发。公司发布企业互联网应用支撑平台产品——升级版 SaCa 和 UniEAP 产品。汽车电子方面，公司不断加大与国际先进厂商的合作，与飞思卡尔共同推出高级驾驶员辅助系统（ADAS）生态系统。并且，公司正在研发具备通信功能的汽车相关服务，即端到端的汽车电子整体解决方案。

4. 市场拓展

2014 年，东软公司加速在云计算、医疗健康、汽车电子业务领域的创新与转型。2014 年，东软正式改组成立全资子公司东软云科技有限公司，该公司将为 Saas、Paas 服务提供运营支持。同年底，东软以增资扩股的形式为子公司东软医疗和东软熙康引入战略投资者，加速推进互联网医疗战略。公司在医院和医保信息化领域保持领先优势，本次合作有助于公司继续加大在医疗大数据领域的研发投入，将服务于商业保险、社保领域实现医疗成本控制。公司在医疗 IT、设备、服务全产业链协同布局，形成综合医疗健康产业平台式发展趋势。汽车电子方面，截至 2014 年 4 月底，公司已经获得电子车载系统订单 500 万套，总金额达到 50 亿元，订单有望在未来 5—7 年逐渐交付。

二、中软国际

（一）总体发展情况

中软国际作为我国大型综合软件与信息服务企业，成立于 2000 年，于 2003 年在港交所主板上市。主要业务包括专业服务（包括提供 Resource 系列和 OneTopLink/TSA+ 系列等软件平台产品）、外包服务（整个 IT 部门外包和项目外包）和 IT 人才培训业务。公司首批通过全国"软件企业"认证，连续多年被评定为"国家规划布局内重点软件企业"，在国家软件百强企业中排名节节高升。同时，公司是首批获得工信部计算机信息系统集成特一级资质的大型软硬件集成服务企业，拥有计算机信息系统集成一级资质、国家涉密计算机信息系统集成资质（甲级）等齐全完备的资质。公司联合国内基础软硬件产品厂商、科研院所等成立了"安全自主软硬件产业技术创新战略联盟"，推动安全自主软硬件产业的发展。

中软 2014 财年前三季度实现收入 30.4 亿元，同比增长 40.3%；实现净利润 1.5 亿元，同比增长 43.1%。

表 11-4　中软国际 2010—2014 财年利润情况

财务指标 财年	营业收入情况		年度溢利情况	
	营业收入（亿元）	增长率（%）	贡献利润（亿元）	增长率（%）
2010	16.0	45.0	0.3	–
2011	22.4	40.1	1.2	34.9
2012	26.8	14.1	0.6	−55.4
2013	30.7	20.2	2.0	33.2
2014	30.4	40.3	1.5	43.1

数据来源：中软财报，2015 年年 1 月。

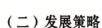

（二）发展策略

1. 战略合作

中软国际凭借其在政府、制造流通、金融、移动应用、电信、公用事业、能源等领域的行业优势，与华为、中移动、阿里、腾讯等互联网巨头持续紧密合作，加快了公司市场拓展和服务水平提升。公司 2014 年前三季度华为业务收入同比大增 87%，达到 9.3 亿元人民币，较 2009 至 2013 年年复合增长 64% 有所加快。2014 年 8 月公司与华为签订战略合作协议，成为其业务金牌代理，在 IT 产品、云计算、网络安全等领域展开深入合作。借势华为，公司力拓包括 ASP 授权服务及 CSP 认证服务等业务，目标市场规模于 2017 年有望至 105 亿元人民币。同时，中软国际是阿里云生态系统下最大的也是迄今唯一的全方位服务提供商，阿里云迄今已经和多个中国省级行政区进行了云业务合作，中软国际亦受惠阿里云的扩展。随着与巨头们的合作不断深入，公司有望获取更多的项目机会和服务延展，从而助力未来经营业绩的不断提升。

2. 创新体系

2014 年，中软国际发布自主研发的解放（JointForce）平台，该 IT 众包平台基于云服务和互联网社交实现整合 IT 解决方案研发、实施和集成。通过这个平台，企业能够快捷搜索到合适的程序员，并以外包形式聘请人员编程，同时任何公司、个人都可将自己的成果上传至平台，当被搜索或匹配成功后，"可复用的既有成果＋对成果的定制服务"可成为该公司或个人获得收入的模式。目前平台内测成效明显，有助于提高雇员人均执行能力、精简人员编制、大幅改善经营情况和提高员工人均收入。

3. 组织架构

2014 年，中软国际执行全新的发展战略，把业务布局调整为专业服务、外包服务、新兴业务的结构，设立中软国际新业务集团（ESG），目前主要提供 IT 培训业务，已经在全国建立了数个培训中心。在发展传统 IT 专业服务和外包服务的同时，公司将加快布局云计算及移动互联等创新和新兴业务。

4. 市场拓展

中软国际以客户需求为导向，借助重大工程抢占行业市场地位，加速公司业务服务化转型。 2014 年，中软国际取得中国移动项目金额 1.04 亿的飞信系统无线产品子项目，以及参与中国移动三新（"新通话""新消息""新联系"）融合通信业务并成为 APP 的核心供货商，有助于公司移动互联网业务迅速发展。公司与阿里云连手，在贵州省政府支持下打造"云上贵州"平台，同时与阿里持续推进浙江省智慧政务云示范试点项目建设，之后将向全国各省智慧政务云平台迈进。

三、神州数码

（一）总体发展情况

神州数码由原联想集团分拆而来，并于 2001 年 6 月 1 日在香港联合交易所有限公司主板独立上市。神州数码控股有限公司业务主要包括 IT 规划、流程外包、应用开发、系统集成、硬件基础设施服务、维保、硬件安装、分销及零售等业务，面向中国市场，为行业客户、企业级客户、中小企业与个人消费者提供全方位的 IT 服务。目前公司凭借对智慧城市的深入理解，着力于将移动技术、大数据分析、社交和云计算相结合，已成为智慧城市综合解决方案的领导企业。

神州数码 2014 年前三季度的营业收入为 495.5 亿港元，同比下降 1.8%，实现净利润为 6.89 亿港元，同比上升 19%。

表 11-5　神州数码 2010—2014 财年营业收入增长情况

财务指标 财年	营业收入情况		年度溢利情况	
	营业收入（亿元）	增长率（%）	贡献利润（亿元）	增长率（%）
2010	16.0	45.0	0.3	–
2011	22.4	40.1	1.2	34.9
2012	26.8	14.1	0.6	−55.4
2013	30.7	20.2	2.0	33.2
2014	30.4	40.3	1.5	43.1

数据来源：神州数码财报，2015 年 1 月。

（二）发展策略

1. 战略合作

2014 年，神州数码加强自主可控技术、云服务及大数据领域合作。公司与阿里巴巴达成战略合作协议，并在阿里巴巴的云基础设施上提供相关解决方案和应用程序。公司将在阿里巴巴的云计算平台提供SaaS和PaaS服务，并且两者将在大数据和新世代数据驱动的应用程序方面展开合作。并且，公司牵头与曙光、神舟通用、中标软件及东方通等国内4家企业成立"安全可靠信息系统应用推广联盟"。

2. 业务创新

神州数码2014年坚持推进业务转型，自主可控技术、云服务及大数据领域成为转型升级的突破口。公司通过"安全可靠信息系统应用推广联盟"布局自主可控，同时对云服务的分销和增值服务展开战略规划。智慧城市业务方面，公司借助本溪市推出市民融合服务平台的契机，发布市民融合服务平台3.0版本。

3. 技术创新

神州数码拥有超过200余项自主知识产权和软件著作权，有超过500个自主研发的解决方案。多次承担国家863重大专项和核高基项目，成功研发业界第一套SOA架构的银行整体应用体系ModelB@nk和国内唯一的金融数据模型，研发形成拥有自主知识产权和专利技术的多功能金融自助设备（ATM）产品线。2014年，神州数码在研发支出方面加大投入，力促战略转型，为公司可持续发展奠定了坚实基础。公司与北京工业大学共同筹建的北京智慧城市研究院于2014年底正式成立。

4. 智慧城市发展战略

智慧城市业务是神州数码的核心业务，公司关注的重点区域包括环渤海、长三角、珠三角和成渝地区。2014年，公司与32个省（市、区）签订智慧城市战略合作协议，智慧城市公共服务平台已在5个省（市、区）落地运营。公司与河北省签署首个省级战略合作框架协议，双方将在河北全省范围内开展智慧城市、智慧农业等领域合作。随着国家对智慧城市建设的大力扶持和新的建设模式的出现，预计未来几年对公司业务发展的推动效果明显。

5. 市场拓展

2014年，神州数码收购中农信达，布局农业信息化。中农信达目前拥有包括农村电子政务、电子商务等55项具有自主知识产权的系列软件著作权，产品种类丰富。本次收购完成后，神州信息将凭借中农信达在农村信息化领域的竞争优势，迅速切入农村信息化市场，进一步拓展自身的业务领域，提升农村信息化解决方案研发及交付能力。公司在土地确权领域率先布局，预计 2014 至 2018 年是土地确权需求高峰期，市场前景广阔。

第六节　2015 年我国软件产业发展环境分析

一、经济环境

国际货币基金组织（IMF）在最新发表的《世界经济展望》中指出，近年来主要发达国家和新兴市场经济体的潜在产出增长将呈下降趋势。2015 年，在发达经济体的经济增长反弹、国际油价下跌等驱动因素的作用下，预计全球经济增长将从 2014 年的 3.4% 提高到 2015 年的 3.5%，2016 年将继续提高到 3.8%。其中，美国国内需求在油价下跌、财政调整放慢、宽松货币政策态势等因素推动下持续扩大，将推动美国经济 2015 年和 2016 年实现较快增长，预计增速超过 3%。欧元区经济受油价下跌、欧元贬值以及利率降低的影响加快复苏步伐，预计 2015 年和 2016 年经济增速将分别达 1.5% 和 1.6%，高于 1 月的预测 0.3 和 0.2 个百分点。日本 2014 年经济增长率为 –0.1%，2015 年，在日元贬值和油价下跌的共同助推下，日本经济有望出现反弹，预计经济增长率为 1.0%，2016 年经济增速将提升到 1.2%。大部分新兴市场和发展中经济体经济增长将出现下降，但在全球经济增长中所占比重仍将超过 70%。

我国经济增长正全面向新常态转换，经济结构、发展方式和体制都面临深刻变革。在此背景下，宏观经济政策不断调整，成为保持经济平稳增长、增强经济活力、优化升级经济结构的重要推动力。2015 年，受全球经济弱势复苏基础、房地产还处于调整期、金融风险仍然较大等因素影响，我国经济仍将面临较大的下行压力，对于中国经济增长，IMF 在报告中预计，由于正在面临着由投资驱动型经济向消费导向型经济的转变，房地产、信贷、投资的进一步紧缩，2015 年中国经济增长将放缓至 6.8%。

二、政策环境

2014 年，国务院、发改委、工信部等部门围绕产业发展规划、产业扶持、应用推广、安全检查等内容出台了一系列政策，为软件产业持续健康规范发展奠定了良好基础。以北京、广东、上海、浙江等为代表的地方政府制定软件产业促进政策实施细则，加快政策落实，发布云计算、大数据、物联网、工业云、智能制造等新兴领域的引导政策，促进新业务发展，这一切都将拓宽软件产业发展空间。

2015年，云计算、信息安全、"互联网+"、智能制造等领域新颁布政策将逐步落地实施，政策红利逐步显现，为相关企业带来实惠。2015年年初，为促进我国云计算创新发展，积极培育信息产业新业态，国务院特制定了《关于促进云计算创新发展培育信息产业新业态的意见》。该意见充分考虑产业特点和环境建设，全面思考建立自主云计算体系，突出政府先锋示范作用，将为云计算的创新发展发挥重要引导作用。各地方政府加快政策落实该文件，如甘肃省出台了《促进云计算创新发展培育信息产业新业态的实施方案》。该新政策的发布，将引导社会创新要素和资源流动，推动云计算从概念进入应用实施阶段，为腾讯、阿里巴巴、浪潮、华为等云计算相关企业带来新的发展机遇。信息安全领域持续升温，随着自主可控要求的不断提升，银行IT采购新规即将出台，将给安全防护、IT基础软硬件和银行IT设备国产厂商带来重要发展机遇。新的规定要求，技术提供商提交私有的源代码以及用于保护敏感数据的加密密钥，使用中国的加密密钥，并进行密集测试。银行业的IT自主可控具有很强的标杆效应，将极大带动国产IT设备向各个核心领域迈进。

随着传统产业与互联网融合持续升温，"互联网+"成为重要的发展战略。互联网不断扩散，从最开始的金融、电商、移动支付等领域向医疗、教育、农业、交通、制造、物流、旅游等多个领域渗透，推动各个传统领域的互联网化。其本质是利用云计算、物联网、大数据等现代信息技术产业促进传统产业的网络化、数据化，从而推动传统产业转型升级。为进一步利用互联网加快传统产业转型升级和提质增效、融合培育新业态和新增长点，国家发改委正牵头制定"互联网+"行动计划，国家也设立了400亿元新兴产业创业投资引导基金。在"互联网+"战略推动下，互联网将加速从生活工具向生产要素转变，以云计算、物联网、大数据为代表的信息技术产业将加速与现代制造业、农业、商贸流通、生产性和民生性服务业等传统行业深度融合，进一步拓展信息技术和互联网服务的跨界应用，催生出新型智能产品、人工智能、工业互联网、互联网金融、跨境电子商务、车联网等新业态和新模式，形成新的经济增长点。恒生电子、卫宁软件、万达信息、用友软件、信雅达、广联达等软件和信息服务企业迎来重要发展机遇。

智能制造是另一重要发展战略，将引领两化深度融合。李克强总理在《政府工作报告》中提出，要实施"中国制造 2025"，坚持创新驱动、智能转型、强化基础、绿色发展，加快从制造大国转向制造强国。大力发展智能制造，推动以互联网、云计算、大数据等为代表的信息技术和制造业融合深度发展，成为建设制造强国的重要举措。

第七节　2015 年我国软件产业发展趋势展望

一、产业增速延续稳中有落

2015 年，软件产业将在 2014 年平稳增长基础上延续缓中趋稳的态势。主要原因有：一是全球经济增长仍缺乏稳定性且较为脆弱，中国经济增长将进入新常态。外部经济不景气将直接削弱工业制造、交通、医疗等领域信息化投资，降低企业对软件和信息技术服务的市场需求，尽管在稳增长压力下政府将加大对基础设施、中小企业等投资，但仍无法对冲外部需求疲弱给软件企业国内外市场开拓带来的压力。

二是软件和信息技术服务业发展经历 10 多年 25% 以上增速高位增长后，随着基数的上升和信息化普及，逐渐进入从高位增长初级阶段进入平稳增长阶段，整个产业面临由大变强、转型升级、提质增效的新挑战。

三是软件服务化深入发展，推动软件技术架构、企业组织结构和商业模式面临重大调整，以微软、IBM、SAP、用友、金蝶等为代表的国内外软件企业纷纷加快云服务转型，影响收入和利润增长。

二、信息技术服务继续引领产业增长

伴随云计算、移动互联网等新兴领域蓬勃发展以及智慧城市建设热潮带动下金融、交通、电信等各行业信息技术服务需求的不断扩大，2014 年，信息技术咨询服务、数据处理和存储类服务等信息技术服务以高于全行业增速增长，占全行业的比重由 2012 年的 49% 不断上升到 52.3%。从企业看，华为、用友、金蝶、百度等国内厂商纷纷加快自身向行业解决方案提供商转型，在集中力量加快支持现有系统架构的技术创新同时，积极利用云端／服务加快业务服务化转型，打造新的竞争优势。

2015 年，在政策、需求和产业资本的共同推动下，信息技术服务将进入新

一轮快速发展期。政策方面，中央和地方层面围绕云计算、大数据等新领域密集出台了一系列政策，这些政策将推动创新要素和创新资源的聚集，有力促进新兴信息技术服务的发展。需求方面，进入实质性建设期的智慧城市建设使交通、医疗、城管等领域信息技术服务需求仍处高增长阶段，企业级和消费级信息消费需求的高速增长推动数字内容、移动互联网服务等需求不断扩大，同时，云计算、大数据等新领域的需求逐渐成熟，行业应用需求不断增长。产业资本方面，移动互联网、云计算、大数据、人工智能等新领域仍将得到大型投资集团的青睐，获得丰富的资金支持。预计 2015 年信息技术服务增速仍将领先全行业，占全行业的比重达 50% 以上。

三、云计算、移动互联网等新兴领域快速发展

以云计算、移动互联网、物联网、大数据等为代表的新兴领域创新活跃，发展迅猛，正成为推动产业变革的重要力量和拉动产业增长的新增长点。以云计算为例，其潜力不断释放，企业级应用不断普及，得到很多大型风险投资机构的青睐。据 Gartner 预测，2015 年，全球云计算服务市场规模达到 1800 亿美元，年增长率达 18%。物联网则被称为是下一个万亿美元级的信息技术产业，Gartner 预测，2015 年市场规模将达到 695 亿美元，2020 年市场规模将突破 2630 亿美元。移动商务、移动广告、应用内购物、应用即服务模式等因素成为移动互联网迅速增长的重要因素，预计 2016 全球移动互联网规模将达 7000 亿。

从国内看，云计算等新兴领域逐步摸索出市场认可的模式进入应用实施阶段。云计算领域在《关于促进云计算创新发展培育信息产业新业态的意见》等利好政策的推动下将进入快速发展期，智慧城市和工业等重点行业应用取得突破，将成为云计算市场的重要切入点。据预计，2015 年国内公有云服务市场规模将超过 90 亿元，增速超过 30%。移动互联网领域，在智能手机日益普及、传统 PC 应用向移动端不断拓展、用户移动化行为习惯逐步养成等因素作用下，移动互联网进入增长高峰期。根据 Analysys 易观智库的数据，2014 年我国移动互联网市场规模达 13437.7 亿元，年增长率达 183.8%。未来几年增势将逐渐平稳，预计 2015 年市场规模将达 23134.3 亿元，增速将达 72.2%。移动营销、移动购物、移动游戏等细分领域增长较快，尤其是移动购物，占移动互联网市场比重在未来几年将不断提升，2016 年比重有望超过 60%。物联网在国家政策的大力支持下呈现良

好发展势头。技术研发进展明显，市场化应用稳步推进。据中国物联网研究发展中心预计，2015年，我国物联网行业市场规模将达7500亿元，年复合增长率将达30%。

四、传统软件在新兴技术推动下加快创新

云计算、大数据、移动互联网等新兴信息技术的快速发展使操作系统、数据库、管理软件等传统软件需求端发生巨大变化，软件的分发方式、功能定位也随之改变，给传统软件产品创新发展提出了新的要求和挑战。

操作系统在支持多平台多设备、运行多种类型应用、交互性、安全性、细节功能、操作界面等方面不断推进，以适应终端和平台多样化、应用丰富化、社交化等新趋势。中间件与虚拟化、大数据等技术加快融合，提供完整的产品集合和技术栈，支撑多变的应用、数据、业务逻辑。信息安全与云计算、移动互联网、大数据、社交等加快融合，增强复杂安全问题的防御能力和快速响应能力，应对新技术的发展给信息安全带来新的挑战。管理软件领域，云计算的快速普及使甲骨文、SAP、金蝶、用友等国内外管理软件厂商通过打造云服务平台加快云计算与传统管理软件产品的融合，将传统软件产品以服务模式提供。工业企业的市场预测、创新研发、生产线分析、供应链优化等需求，使工业互联网迅速发展，推动软硬件、网络等多种信息技术的有机融合和协同发展。2015年，随着云计算、大数据等新兴技术的进一步发展以及各业务间加速融合渗透，新兴技术将不断重新定义和设计传统软件的功能，不断催生新产品、新服务。

五、软件产业与传统领域加速融合渗透

随着软件的应用普及，软件越来越以服务的形式进入传统行业，与金融、零售、交通、医疗、教育等传统领域结合日益紧密。尤其是云计算、移动互联网、大数据等新业务新模式迅速发展，加快向各个传统领域渗透，衍生出很多新业态。

移动互联网与金融、餐饮、打车、家电、娱乐、食品和航空等传统行业深入融合，O2O（Online To Offline，即在线到离线/线上到线下）模式快速发展，倒逼传统行业变革和创新。金融、制造、能源等传统企业纷纷开始建设私有云计算应用。"中国药品电子监管网"入驻阿里云成为全国首例部署在云端的部委级应用系统；小米公司利用应用性能管理运营商云智慧提供端到端APM云服务，实现一体化性能监控和管理，全面提升IT支撑能力与业务服务质量的精细管控。大数据领域，

百度大数据正式推出了疾病预测产品，对全国每一个省份以及大多数地级市和区县的活跃度、趋势图等情况，进行全面的监控。另外，民生银行推出阿拉丁大数据分析平台，南方基金携手新浪网推出了国内首只财经大数据指数。预计2015年，软件产业与传统产业融合的广度和深度将继续加强，云计算、大数据、物联网将在政务领域、公共服务行业和企业级市场实现产业化、规模化发展，价值不断提升。

六、生态圈建设成为IT企业构筑竞争力的核心举措

信息技术产业的竞争正从单一企业竞争演进到以聚合生态圈协同效应的全产业链竞争，由硬件、软件和IT服务等构成的完整生态圈建设的重要性凸显。苹果、谷歌、亚马逊等IT巨头很早就认识到生态圈的重要战略意义，纷纷通过并购、联盟、开放平台等方式建设和完善生态圈。

在国内，从互联网公司到传统厂商，各领域企业纷纷发力开放平台，构建自己的生态圈。云服务领域，阿里云启动"云合计划"，聚集东软、中软等大批知名IT服务商，打造一站式云服务平台；腾讯云将云服务与开放平台结合起来，打造一个涉及用户引入、商业模式、营销渠道的"生态圈"；浪潮通过云智联盟和云海战略构建"云伙伴"生态圈。智能终端领域，小米公司以硬件为基础向软件与服务领域不断延伸，打造"软件＋硬件＋互联网服务"的生态圈；百度、京东等企业积极布局终端、内容等产业链上下游，打造"平台＋内容＋终端＋应用"的完整生态圈，向生态型公司发展。2015年，在软硬件结合更加紧密、云计算等新技术与传统业务领域加速融合背景下，生态圈建设将成为企业塑造核心竞争力的核心举措。

七、软件大企业继续主导重要领域投资并购

在企业间业务体系竞争日益激烈，技术创新加快尤其是云计算、大数据等新一代信息技术快速发展的推动下，软件行业投资并购仍处高峰期。微软、甲骨文、SAP、谷歌、IBM等软件大企业均开展较为频繁的大规模并购，刷新并购记录，并购方向聚集于云计算、大数据、人工智能等新兴领域以及智能制造、游戏等垂直行业应用领域。以百度、腾讯、阿里为代表的互联网企业主导了互联网领域的大规模并购，完善生态圈建设。云计算的爆发式增长引发投资集团的关注，世纪互联、华云数据等均获得大规模投资。2015年，《关于进一步优化企业兼并重组市场环境的意见》《上市公司重大资产重组管理办法》以及《关于修改〈上市公

司收购管理办法〉的决定》等政策将进一步优化并购整合的环境。实力雄厚的软件大企业将在移动互联网、云计算、大数据、物联网等新兴领域以及游戏等行业领域进一步加快步伐并购整合。在跨界融合的背景下，企业将再掀跨界并购热潮，以进入新领域、补足自身短板，并与自身的产品线、业务体系进行整合，增强市场竞争力。

第十二章 安全产业

第一节 2014年我国安全产业发展情况

安全产业是为安全生产、防灾减灾、应急救援等安全保障活动提供专用技术、产品和服务的产业。2014年我国安全产业在产业规模、园区建设上都有了显著提高，特别是2014年底中国安全产业协会的成立，更是建立起一个推动我国安全产业发展的大平台。

一、产业规模不断扩大，市场前景广阔

从2012年，国务院提出将安全产业纳入国家优先支持的战略产业后，安全产业出现良好发展势头。据不完全统计，2012年全国从事安全产业的企业已超过2000家，销售收入超过3000亿元，比2011年增长17.2%；出口额25.2亿美元，比2011年增长9.1%；实现利润179.3亿元，比2011年增长11.1%。按工业规模以上企业增长率9.7%和8.3%计算，2014年安全产品收入已超过3500亿元；按年增长率17%计算，2014年安全产业产值达4000多亿元，2014年安全产业正进入快速发展期。

二、各地政府高度重视，发展环境逐渐优化

一方面，安全产业在全国各地产业发展中逐渐占据重要地位。2014年年初，吉林省率先发布了《吉林省人民政府关于推进安全产业发展的实施意见》，这是我国第一个省级安全产业发展支持政策。并且，全国多地也正在积极策划出台政策支持安全产业发展，《指导意见》将陆续落到实地，安全产业将迎来快速发展

的新局面。另一方面，安全生产专项资金纷纷设立并持续增长。目前，我国安全生产专项资金已经覆盖全部省级单位、约90%的地市级单位和80%的县级单位。据国家安全监管总局统计，2013年，全国31个省级单位共设立安全生产专项资金132649万元，平均每个省级单位用于安全生产的投入达4279万元。其中，专项资金达1亿元及以上的省级单位有6个。多数地区专项资金呈增长态势，如吉林省5年来增长130%。

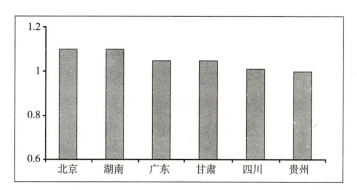

图12-1 我国安全生产专项资金达1亿元以上的省份（单位：亿元）

数据来源：国家统计局，2015年4月。

三、东部增势突出，中西部保持平稳发展

我国安全产业虽具有一定的市场规模，但各地区安全产业发展规模并不均衡。从地域来看，东部沿海地区安全产业规模相对较大，中西部地区相对较小。2014年，东部省、市安全产业继续领先全国发展水平，总销售收入约占全国一半以上。其中，浙江、江苏、上海等省市增势突出。

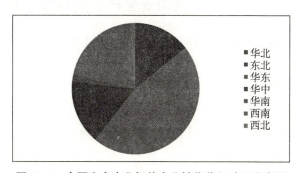

图12-2 全国安全产业相关企业销售收入地区分布图

资料来源：中国安全产业协会，2015年4月。

四、产业集聚效应显著，示范园区加快发展步伐

虽然安全产业在我国刚刚起步，但发展前景广阔，市场空间巨大已被广泛认同。安全产业园区是指由政府或企业为实现安全产业发展目标而创立的特殊区位环境，担负着依托市场聚集安全产业创新资源、培育新兴产业、推动城市化建设等一系列重要使命。继重庆和江苏徐州的安全产业基地建设初具规模后，2014年辽宁营口国家安全产业示范园区规划已通过评审，并被列为安全产业示范园区，成为北方第一个安全产业示范基地。安徽合肥、吉林长春、河北怀安等有条件的地方也根据自身产业基础和科学发展、安全发展的要求，积极推动安全产业集聚发展，打造特色园区，开展新型工业化产业示范基地的创建工作。

五、安全产业协会成立，助推安全产业发展

中国安全产业协会作为极其重要的安全产业创新平台，经国务院领导批准，民政部批复，已于2014年12月在北京成功召开了成立大会。中国安全产业协会是全国性一级社会团体，主要任务是发挥好企业与政府间的桥梁、纽带作用，统筹协调全国安全产业各方力量，共同推进我国安全产业发展。协会将通过运作机制创新、会员服务模式创新、市场开发机制创新等手段，在政策研究、标准制订、产品推广、市场开拓、投资服务、信息交流等方面，为政府和企业提供高效、优质、满意的市场化中介服务，努力打造充分发挥市场决定性作用的新型协会。作为企业与政府间的桥梁以及纽带，协会将统筹协调各方力量，及时倾听企业心声，助力国家财政、金融等一系列政策的落实，推动我国安全产业发展。

第二节　2014年我国安全产业重点政策解析

一、新《中华人民共和国安全生产法》（2014年修订）

（一）政策要点

坚持以人为本，推进安全发展。明确提出"以人为本"的科学发展理念，强化和落实生产经营单位的主体责任，进一步强调并确立了"安全第一、预防为主、综合治理"的安全生产方针。

强化安全监管部门行政执法地位的措施。明确要求国务院和县级以上地方人民政府应当建立安全生产协调机制，强调了监督部门的综合监督管理，安全生产

的执法部门要依法开展安全生产行政执法工作。

建立预防安全生产事故的制度和应急救援预案。新法把事故预防和隐患排查处理放在重要位置，指出"生产经营单位应建立健全生产安全事故隐患排查治理制度"，对存在重大隐患的生产经营单位，安全生产监管部门可做出停止营业、施工等处罚。

加大对违法行为和事故责任的追究力度。对违法和事故责任单位的罚款起步价由原来的 10 万元提高至 20 万元，最高罚款金额则由原来的 500 万元提高至 2000 万元。对重大、特别重大事故负有责任者，终身不得担任本行业生产经营单位的负责人。

强调安全生产教育和培训，推行注册安全工程师制度。新法中关于生产经营单位教育培训的义务做了明确，二十四条中规定，危险物品的生产、储存单位以及矿山、金属冶炼单位应当有注册安全工程师从事安全生产管理工作。

（二）政策解析

新《安全生产法》，提出安全生产应当以人为本，将坚持安全发展写入了总则，把人的生命安全放在更为重要的位置，符合习总书记提出的"发展决不能以牺牲人的生命为代价"，体现了安全生产工作在我国全面深化改革、产业转型关键时期的重要意义。

进一步明确安全生产监管部门的执法地位，同时赋予了安监执法部门更强有力的执法手段，将有效遏制屡禁不止的非法违纪行为，思想认识上高度紧张，制度保证上严密有效，监管措施上强而有力，做到安全生产工作的综合监督管理。

预防安全生产事故制度和应急救援预案是降低安全生产事故、降低事故伤亡人数的有效手段。安全生产事故隐患排查系统是建立预防安全生产事故制度的根本，通过新一代信息技术的应用，解决生产经营单位中隐患排查技术匮乏、滞后、排查手段单一等问题，组织专业人员进行安全隐患的排查，并形成长效机制。

修改后的《安全生产法》通过加大责任、加重处罚、加强监管等途径落实生产经营单位主体责任，督查和警示生产经营单位严格按照新法规定开展安全生产的各项工作，提供了保卫人民生命和财产安全的最强的司法武器。

安全培训不到位具备潜在隐患。对于安全生产的教育和培训，从政府到生产经营单位，从决策层到管理层以及操作层，新安全法都明确了各自的义务和职责。安全生产教育培训工作对提高职工及全社会安全生产意识作用重大，是保障经济发展这盘大棋的关键，功在当代，利在千秋。

二、《国务院安全生产委员会关于加强企业安全生产诚信体系建设的指导意见》（安委〔2014〕8号）

（一）政策要点

出台背景：2014年8月31日，第十二届全国人大常委第十次会议通过《全国人民代表大会关于修改〈安全生产法〉的决定》，自2014年12月1日起施行。（本目内简称《指导意见》）随新《安全生产法》的通过而制定，是推进安全生产依法治理的重要组成部分。

《指导意见》以五项具体措施加强企业安全生产诚信制度建设。生产企业重点对法律法规、标准规范的执行情况、安全生产责任制度的落实情况、职工生命安全和职业健康的保障措施、安全生产标准化建设情况和隐患排查治理制度情况、接受监督检查和执行执法指令等五个方面做出承诺，签订安全生产承诺书并向社会和全体员工公开，接受各方监督。

重点建设诚信激励和失信惩戒机制。为加强行业自律和社会监督，《指导意见》重点建设诚信激励和失信惩戒机制。激励企业安全生产诚实守信。对安全生产诚实守信企业，在行政审批工作中开辟"绿色通道"，给予优先办理。对发生重特大责任事故和违法生产造成事故的企业实施重点监管监察，对安全失信企业或列入安全生产诚信"黑名单"的企业实行联动管制。

《指导意见》明确了企业安全生产诚信体系建设的时间表及具体要求。

表12-1　企业安全生产诚信体系建设时间表

步骤	时间节点	完成任务
1	2014年12月底前	各省（区、市）及新疆生产建设兵团安委会、各有关部门要结合实际制定本地区和本行业领域的企业安全生产诚信体系建设实施方案，报送国务院安委会办公室。
2	2015年底前	地方各级安全监管监察部门和行业主管部门要建立企业安全生产诚信承诺制度、安全生产不良信用记录和"黑名单"制度、安全生产诚信报告和公示制度。
3	2016年底前	依托国家安全生产监管信息化管理平台，实现安全生产不良信用记录和"黑名单"与国家相关部门和单位互联互通。同步推进建立各省级的企业安全生产诚信建设体系及信息化平台，并投入使用。

（续表）

步骤	时间节点	完成任务
4	2017年底前	各重点行业领域企业安全生产诚信体系全面建成。
5	2020年底前	所有行业领域建立健全安全生产诚信体系。

资料来源：国家安全监管总局，2015年4月。

（二）政策解析

《指导意见》是促进企业严格落实安全生产主体责任的重要举措。长期以来，企业的安全生产主体责任弱化，安全生产事故在很大程度上由政府买单，企业应承担其主体责任的社会氛围较弱。但企业作为生产经营主体，是安全生产工作的核心。作为社会中的企业，首先应对全社会生产负有安全主体责任，故应建立起全社会企业的安全生产诚信体系；作为职工的管理单位，企业对个人负有安全管理责任，故应完善企业负责人、各级部门、职工之间的安全生产诚信体系。尤其是企业主要负责人，更要充分认识到安全生产工作的极端重要性，领导企业落实《指导意见》，把人民生命财产安全作为企业对社会的承诺，把人民生命安全放在首位。

以煤矿、非煤矿山、危险化学品、烟花爆竹、特种设备生产企业以及民用爆炸物品生产、销售企业和爆破企业或单位为重点，健全安全生产准入和退出信用审核机制，促进企业落实安全生产主体责任，将安全生产信用作为商务诚信建设最重要的一部分。社会信用体系建设离不开积极活跃的社会文化氛围。诚信文化建设将"安全生产月"列为重要的诚信主题活动。通过诚信主题的宣传，旨在能营造一个企业信守安全承诺、职工遵守安全规范、政府严格安全监管的诚信和谐的社会氛围。

三、《国务院办公厅关于实施公路安全生命防护工程的意见》（国办发〔2014〕55号）

（一）政策要点

该文件制定了分阶段实施目标。

表 12-2 公路安全生命防护工程分阶段工作目标

时间	目标
2015年底前	全面完成公路安全隐患的排查和治理规划工作，健全完善严查车辆超限超载的部门联合协作机制，并率先完成通行客运班线和接送学生车辆集中的农村公路急弯陡坡、临水临崖等重点路段约3万公里的安全隐患治理。
2017年底前	全面完成急弯陡坡、临水临崖等重点路段约6.5万公里农村公路的安全隐患治理。
2020年底前	基本完成乡道及以上行政等级公路安全隐患治理，实现农村公路交通安全基础设施明显改善、安全防护水平显著提高，公路交通安全综合治理能力全面提升。

资料来源：国家安全监管总局，2015 年 4 月。

该文件提出了全面排查治理现有公路安全隐患的五条要求。一是要求全面总结已有经验和研究成果，抓紧制定《公路安全生命防护工程实施技术指南》。二是全面排查公路安全隐患。三是制定治理计划。四是制定切实可行的改造方案。五是加强养护与更新。

该文件提出了严格规范公路工程安全设施建设的四条要求。一是修订完善公路安全设施标准，建立公路工程技术标准的动态发展工作机制，提高技术标准的针对性和实用性。二是严格测算并计列新建、改建、扩建公路的安全设施，加强审核和监管，确保投资同步到位。三是严格落实新建、改建、扩建公路建设项目安全生产"三同时"制度。四是严格公路安全设施建设标准，加强验收管理。

该文件提出了切实加大资金投入保障力度的三条要求。一是经营性收费公路的安全设施完善资金由收费企业承担。二是普通国省干线公路安全设施完善资金通过现有资金渠道予以保障。三是各地区、各有关部门要引导和鼓励汽车制造、公路建设和公路运输、保险等相关行业企业积极参与公路安全设施建设，鼓励社会各界捐赠资金，按照相关规定和市场化原则探索引入保险资金，拓宽公路安全设施建设资金来源渠道。

（二）政策解析

推广公路安全生命防护工程对我国交通安全意义重大。我国交通安全形势严峻，交通安全事故起数和死亡人数较多，交通安全已成为我国安全治理工作的重中之重。在全国范围内推广公路安全生命防护工程，为普通道路危险路段加装防护栏，能够有效避免翻坠事故，减少交通事故的发生。

表 12-3　2009—2013 年全国道路交通事故起数和死亡人数

年份	2009年	2010年	2011年	2012年	2013年
事故起数（起）	238351	219521	210812	204196	198394
死亡人数（人）	67759	65225	62387	59997	58539

资料来源：国家统计局，2015 年 4 月。

推广公路安全生命防护工程经济效益可观。一是挽回事故所产生的隐含经济效益巨大。数据显示，2013 年，我国因道路交通事故造成的直接财产损失达到 103897 万元，间接经济损失更是不可估量。通过实施公路安全生命防护工程，能够大幅减少道路交通安全事故，保障人民群众的财产安全。二是带动相关产业发展。大量的防护栏安装需求将带动防护栏板、立柱、托架等相关安全装备制造行业和防护栏安装、维修、保养等相关行业发展，同时带动上游钢材需求的增长。

表 12-4　2009—2013 年全国道路交通事故直接财产损失

年份	2009年	2010年	2011年	2012年	2013年
直接财产损失（万元）	91437	92634	107873	117490	103897

资料来源：国家统计局，2015 年 4 月。

该意见的出台将加速公路安全生命防护工程的建设。首先，工作目标和保障措施的提出有利于建设公路安全生命防护工程工作的有效落实；其次，全面排查公路隐患有利于公路安全生命防护工程的科学实施；第三，资金是支撑公路安全生命防护工程建设的重要保障。

四、《国务院办公厅关于加快应急产业发展的意见》（国办发〔2014〕63号）

（一）政策要点

《国务院办公厅关于加快应急产业发展的意见》（本目内简称《意见》）提出，应急产业发展要坚持市场主导、政府引导，创新驱动、需求牵引，统筹推进、协同发展，服务社会、服务经济。《意见》部署了六项主要任务。一是加快关键技术和装备研发，国家科技计划（专项、基金等）对应急产业相关科技工作进行支持。二是优化应急产业结构，采用目录、清单等形式明确应急产品和服务发展方向，支持与生产生活密切相关的应急服务机构发展。三是推动产业集聚发展，形成应急物资和生产能力储备基地，建设国家应急产业示范基地。四是支持企业发展，培育大型企业集团，促进应急特色明显的中小微企业发展。五是推广应急产品和应急服务。六是加强国际交流合作，支持企业以高端应急产品、技术和服务走出去，引导外资投向应急产业有关领域。

《意见》提出了五条政策措施。一是完善标准体系，加快制（修）订应急产品和应急服务标准。二是加大财政税收政策支持力度。三是完善投融资政策，鼓励各类资本投向应急产业，支持符合条件的应急产业企业在海内外资本市场直接融资，加大对应急产业重大项目的信贷支持力度。四是加强人才队伍建设，培育核心技术研发人才和科研团队，鼓励海外专业人才回国或来华创业。五是优化发展环境，完善相关法律法规，健全应急产品认证制度，支持应急产业发展重大项目建设用地。

（二）政策解析

《意见》是我国首次对应急产业发展作出全面部署，总体来看，体现出四个方面的特点：

一是明确了应急产业的重点发展方向。根据应急产业的定义，按照满足未来处置自然灾害、事故灾难、公共卫生事件和社会安全事件的需要，选择有利于增强自主创新能力和提高应急保障水平且具有前瞻性、基础性、紧迫性的专用产品和服务进行布局。《意见》介绍了应急产业 4 个重点领域，监测预警领域包括自然灾害、事故灾难、公共卫生事件和社会安全事件四个方面需要的 22 类产品，预防防护领域包括个体防护和设施防护两方面的 7 类产品，救援处置领域包括现场保障、生命救护和抢险救援三方面的 23 类产品，应急服务领域包括事前预防、社会化救援和其他应急服务三个方面的 15 类服务。

二是提出了发展应急服务业的具体目标。应急服务业是应急产业中最具发展潜力的内容。《意见》提出多种加快应急服务业的措施，推行应急救援、综合应急服务等市场化新型应急服务业态，采用政府购买服务等方式，引导社会力量以多种形式提供应急服务，支持与生产生活密切相关的紧急医疗救援、道路救援、航空救援、工程救援、社区救援等应急服务机构发展，加快实现专业化、市场化和规模化。将保险纳入灾害事故防范救助体系，加快推行巨灾保险。

三是明确了要建设应急产业示范基地。产业集聚发展是现代产业发展的重要规律。《意见》提出要加强产业规划布局和指导，国家将根据区域突发事件特点和产业发展情况，合理布局并培育建设一批国家应急产业示范基地，引领国家应急技术装备研发、应急产品生产制造和应急服务发展，目的是希望在较短时间内将其发展成国家处置突发事件的综合性保障平台。基地的建设和发展要充分发挥市场机制作用和政府引导作用，平衡兼顾好经济效益和社会效益。

四是构建了多元化投入机制。《意见》提出，对列入产业结构调整指导目录鼓励类的应急产品和服务，国家将在有关投资、科研等计划中给予支持，为应急产业发展奠定了稳定的支持渠道。探索建立政府引导应急产业发展投入机制，加大应急产业发展基金、公私合作模式（PPP）等引导机制研究，带动金融资本、民间资本及创业与私募股权投资投向应急产业。支持符合条件的企业采取发行股票、债券等多种方式直接融资，鼓励和引导金融机构加大对应急产业重大项目的信贷支持。

第三节　2014年我国安全产业重点行业发展情况

一、道路交通安全产业

2014年，我国交通事故万车死亡率在2.0左右，远高于美国、日本等发达国家，交通事故死亡人数占全国各类安全生产事故死亡总数的八成以上，交通安全形势严峻。发展道路交通安全产业能够提升我国道路交通安全水平，降低交通安全事故发生率。

（一）发展情况

近年来，虽然我国交通安全事故起数和死亡人数逐年下降，但事故起数和死亡人数总量依然较高。严峻的安全生产形势要求道路交通安全产业快速发展。

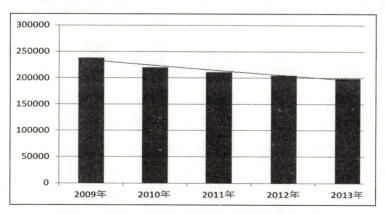

图12-3　2009—2013年我国交通安全事故起数（起）

数据来源：国家统计局，2015年4月。

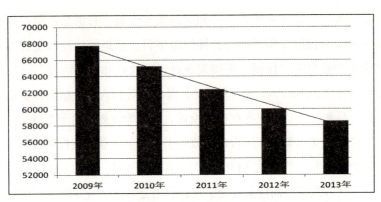

图12-4 2009—2013年我国交通安全事故死亡人数（人）

数据来源：国家统计局，2015 年 4 月。

汽车保有量和公路里程不断增加为交通安全产业市场带来活力。一方面我国汽车保有量高，且增长速度快。数据显示，截至 2014 年底，我国机动车保有量达 2.64 亿辆，其中汽车 1.54 亿辆，比 2013 年新增 1707 万辆，增幅为 12.5%，据预测，2020 年，我国汽车保有量将超过 2 亿辆。另一方面是公路里程不断增加，截至 2013 年末，我国公路总里程达 435.62 万公里，比上年末增加 11.87 万公里。

（二）发展特点

道路交通安全产业市场潜力大。数据显示，2013 年底，全国各类行政等级公路总里程达到 435.62 万公里，其中占总里程 86.9% 的全国县乡村道路危险路段 90% 以上没有安装防护栏、警示标志等安全基础设施，道路交通安全基础设施市场潜力大。另一方面是汽车安全装置蕴含广阔市场。虽然如安全带、安全气囊、ABS 等传统汽车安全装置配备比例已达 90% 以上，然而 ESP（电子稳定系统）等汽车主动安全系统装配比例还比较低，蕴含巨大的市场空间。

儿童安全座椅市场将呈现较大规模增长。一方面，调查显示，公众对儿童乘车安全重视程度较高，有八成以上的受访者认为购买儿童安全座椅是必要的。另一方面，随着《机动车儿童乘员用约束系统》等标准正式实施，《关于机动车儿童乘员用约束系统实施强制性产品认证的公告》的发布，以及上海、合肥等一些地方性法规的公布，也会对儿童安全座椅市场产生积极影响。

智能主动安全装置市场将成为新的增长点。调查显示，31% 的消费者将安全性能视为购车的首要考虑因素，车企顺势也将更多的主动安全装置装配到汽车中。

随着技术的不断成熟和消费者认可度的不断提升，汽车主动安全装置市场可能呈现大幅增长态势。

车联网等智能化交通安全系统市场亟待成熟。据预测，到 2020 年我国车联网市场规模将达到 2000 亿元，并能带动汽车电子、汽车导航等产业的快速发展。在减少交通拥堵、有效降低能耗等方面发挥重要作用。然而由于缺乏有效的盈利模式导致车联网市场不景气，因此亟待探索新的盈利模式以便进一步激发车联网潜在市场。

二、建筑安全产业

（一）发展情况

建筑业自身具备高危险性特点，加之安全防范意识较低，技术装备不足等问题，使我国建筑行业安全状况不容乐观，高处坠落、建筑物结构坍塌、物体打击等事故时有发生。近年来，我国建筑安全产业市场快速发展，规范化程度不断提高，有力促进了建筑行业安全生产形势的持续稳定好转。目前全国有 200 余家安全防护网生产企业，主要集中在福建、山东、安徽 3 省，95% 以上为年产值在 500 万元以下的小规模企业，年产值达 15 亿元；我国安全帽产业初步建立集聚发展模式，形成了品牌企业分割"大市场"、小企业占领"小市场"的局面，生产企业主要集中在江苏、浙江、河北、山东、安徽等地；全国脚手架钢管约有 1000 万吨以上，扣件总量约有 10 亿—12 亿个，国内有专业脚手架生产企业百余家，主要在无锡、广州、青岛等地。

（二）发展特点

信息技术为建筑安全产业注入活力，提升本质安全水平。我国新一代信息技术在建筑产业的应用已初具规模，建筑安全信息管理系统成为建筑施工中安全生产工作的有力抓手，我们应促进建筑业信息化水平不断提升。另外根据大数据建立的施工事故等数据库以及危险隐患反应－运作机制，能够预防和降低建筑施工中事故的发生。

建筑安全产业集中度低，产品质量难以保障。近几年，在多个安全产业园区迅速发展的过程中，规划建设中少有将建筑安全产品和技术的研发制造作为园区的发展目标，产业集中度、技术装备通用化、标准化、系列化的水平不高，高附加值和高技术难度的产品匮乏，生产成本高，质量也难以保障。

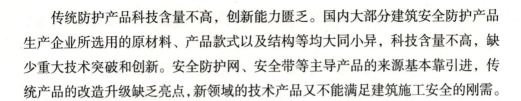

传统防护产品科技含量不高，创新能力匮乏。国内大部分建筑安全防护产品生产企业所选用的原材料、产品款式以及结构等均大同小异，科技含量不高，缺少重大技术突破和创新。安全防护网、安全带等主导产品的来源基本靠引进，传统产品的改造升级缺乏亮点，新领域的技术产品又不能满足建筑施工安全的刚需。

三、消防安全产业

为保障消防活动的正常进行，必须大力发展消防产业。消防产业由消防产品产业和消防工程两大方面构成，同时包括消防科技研发、消防器材、消防装备制造以及消防服务多个方面。

（一）发展情况

消防安全产业的发展，是衡量一个国家和社会现代文明程度的标志之一，对于国家的长治久安和促进社会进步具有重要意义。

近年来，我国消防产品市场销售年增长率达17%—20%，2014年我国消防产品市场销售规模约2300亿元。目前全国范围内登记的生产消防产品的企业超过5000家，产品涵盖9000多个规格的21大类产品，数量超过800多种，可以满足我国防火、灭火的基本需求。

作为消防主战装备的消防车辆，是消防生产的标志性产品。由于消防行业不同客户对消防车车辆及配件的需求差异大，消防车不能够进行大规模流水线式生产。多数国内企业规模较小，竞争较为激烈，产品价格多在50万元以下，企业基本处于微利状态。而中高端消防车以及重型和特种消防车，价格普遍在100万—400万之间，特种消防车甚至达上千万元，国内企业尚不能制造，主要依靠进口。

消防服务最主要的部分是消防安装和维保。近年来，消防服务市场以15%—18%左右的速度快速增长。2014年消防首次安装和维保市场分别达到800多亿元和70多亿元，其中维保市场的增长快于安装市场。

（二）发展特点

消防产业长期不能得到规模化、科学化发展，难以满足经济和社会发展的迫切需要，消防产业亟待进一步发展。

一方面是社会整体配备不足。随着中国经济的发展，特别是现代化城市建设不断扩大规模，起火因素日渐增多，火灾愈发呈现多样性、复杂性。频繁出现的重特大火灾不仅导致群死群伤，而且造成的经济损失越来越大，而我国的公共消防资源严重不足。企业消防、民居消防、园林消防（特别是针对古树的消防保护）、古建筑消防、农村消防等安全需求不能满足。截至近年，全国市政消火栓欠账26.5%，地级以上城市消防站欠账30%，农村公共消防设施差距更大。

另一方面则是研发成果难以迅速投入市场。面对日趋复杂的火灾和特种灾害条件，消防队伍的救援行动种类也更加多样，需要应对诸如特大恶性火灾的扑救、化学灾害事故的处置、恐怖破坏活动现场的救援与处置等多种复杂场景，研究开发机构和企业正在努力开发各种专业化的灭火救援和特种灾害处置装备难以迅速进入市场，科技转化生产力的过程不够顺畅。

四、矿山安全产业

矿山井下地质条件复杂、环境恶劣，一旦发生事故，极易造成群死群伤。当前我国矿山安全生产基础依然较为薄弱，重特大安全生产事故时有发生，人员伤亡和财产损失惨重，亟待发展矿山安全产业，提升矿山安全保障能力。

（一）发展情况

严峻的安全生产形势要求矿山安全产业快速发展。数据显示，2014年我国发生的10人以上死亡的矿山安全生产事故就有十多起，矿山安全生产形势十分严峻，要求矿山安全产业快速发展。虽然近些年我国在煤矿安全治理方面取得了很大成就，煤矿百万吨死亡率持续大幅降低，但与美国、澳大利亚等发达国家0.03和0.05的数值相比，我国0.25的煤矿百万吨死亡率依然较高。

环境复杂、灾害多要求矿山安全产业"保驾护航"。研究显示，我国死亡人数较多的煤炭事故类型主要是瓦斯燃烧、爆炸事故，顶板事故，透水事故，煤与瓦斯突出事故和中毒、窒息事故。其中与瓦斯相关的事故，包括瓦斯爆炸、瓦斯燃烧、煤与瓦斯突出和瓦斯引起的中毒、窒息等事故，致死人数占煤矿事故死亡人数的近一半，瓦斯是煤矿安全的"第一杀手"。

另一方面，我国矿山安全生产基础薄弱，机械化水平普遍偏低，企业安全生产主体责任意识不强、安全生产责任制不完善、安全管理混乱、从业人员安全意识差等问题较多，导致矿山安全隐患较多，事故频发。当前，我国亟待发展矿山安全产业，提升矿山生产机械化、自动化、智能化水平，减少作业场所人员配置，从根本上降低安全生产事故发生的可能性。

（二）发展特点

矿山安全产业市场前景广阔。一方面，在国家相关政策的引导下，我国矿山安全科技研发水平、科技成果转化率得到大幅提升，一大批安全技术示范工程、研发创新中心和科技支撑平台已经或即将建立，矿山安全产业市场得到较快发展。另一方面，矿山安全科技水平相比发达国家还有很大的提升空间，矿山安全技术、产品和服务市场需求量依然较大，矿山安全产业市场前景广阔。

机械化、信息化改造是矿山安全产业的有力增长点。研究显示，90%以上的矿山安全生产事故与人的不安全行为有关，矿山通过机械化、信息化改造后能够大幅降低安全生产事故发生的可能性，大幅减少危险作业场所人员数量，重特大事故将得到有效遏制。

我国对矿山机械化、信息化改造重视程度较高。《煤矿安全生产"十二五"规划》显示，我国对于矿山采掘生产信息化和自动化的扶持力度不断提升，加之我国矿山机械化、自动化总体水平依然较低，未来矿山安全生产机械化、信息化改造依然是矿山安全产业的有力增长点。

矿山安全物联网孕育着巨大的产业市场。矿山安全物联网是物联网应用的一个重要领域，旨在通过各种感知、信息传输与处理技术，实现对真实矿山整体及相关现象的可视化、数字化及智能化，可打造本质安全型矿井。我国物联网产业发展迅猛，安全物联网作为物联网的重要分支领域，不但能够解决矿山安全问题，还能够激发巨大的产业市场，在良好的政策环境下，必然得到快速发展。

五、地下管网安全产业

（一）发展情况

地下管网安全产业被视为中国新时期城镇化背景下保障城市安全发展重要产业之一。国务院2014年发布《关于加强城市地下管线建设管理的指导意见》（本目内简称《指导意见》），地下管网安全产业规模逐步从小到大，展现出巨大的发展潜力。

地下管网事故近年来屡屡发生且呈现上升趋势。2009年至2013年中国地下管线发生典型事故总计75例。2008年至2010年间，全国仅媒体公开报道的地下管线事故平均每天就有5.6起，造成直接经济损失以数十亿元计。地下管线出事故引发的次生灾害，如管线破裂导致火灾、爆炸、地陷等屡见不鲜。2009年至 2013 年，直接因地下管线事故而产生死伤的事故共 27 起，死亡人数达 117 人。

地下管网安全产业市场潜力巨大。根据重庆市"污水管网、化粪池安全监控预警系统"示范工程实际测算，该区城区人口 20 万，全覆盖安装地下管网安全预警系统需 2000 台。如在未来实现全国城区覆盖，产业规模巨大，所带来的经济效益十分显著。

地下管网安全产业发展迅速，产业初具规模。在新型工业化、信息化、城镇化、农业现代化同步发展的时代背景下，利用信息化技术手段打造安全的城市地下管网系统，利用"两化深度融合"的有利契机，城市安全投入必然进一步加大，力度会进一步加强，城市地下管网安全技术和产业的发展壮大，必将推动管网相关产业的技术改造、资源整合，为城市发展提供安全保障。

（二）发展特点

有利于地下管网安全产业发展的政策环境日趋完善。随着技术的不断发展，地下管网安全产业在标准研制、技术研发和产业培育等方面已具备一定基础，尤其是应用示范领域，在国内一些城市率先取得了突破。然而，缺乏支持产业发展的金融政策、配套管理办法等严重制约地下管网安全产业发展的深层次问题仍然存在。

地下管网安全产业仍处于初期发展阶段。虽然 2014 年《指导意见》公布之后地下管网安全日益受到重视，很多城市都公布了地下管网普查计划以查清错综复杂的地下情况，然而当前产业进入门槛不高，导致产业内企业实力参差不齐；另一方面，该行业投资高、回报慢、效益不够显著，投融资渠道尚未有效打通，致使该行业尚未出现爆炸式的发展局面。

智能化、数字化成为产业发展新亮点。随着科技的不断进步和技术手段的逐步多样化，信息化、智能化逐步成为城市地下管网安全监控的有力手段之一。一方面，通过在现有管线系统内部加装信息化、智能化监控系统，无需对现有管道系统进行大规模改造，降低成本。另一方面，高可靠性、准确性的智能监控系统可通过综合判断某采集点的安全危险等级，分析和提出专家决策方案，自动采取合理干预措施，降低了人工的劳动强度，节省了人力成本。

物联网为地下管网安全产业发展带来新机遇。物联网技术融入地下管网安全建设过程，不仅能有效预防地下管网发生安全事故，及时反映灾害发生地周边管线的分布情况，协助管理者快速调用相关资源并完成应急处置，提高政府应对公共安全和突发公共事件的处置能力。逐步实现城市基础设施的智能化和精细化管

理，提升公用基础设施的精准化、协同化、一体化水平。

六、应急救援产业

（一）发展情况

在 2014 年《国务院办公厅关于加快应急产业发展的意见》（国办发〔2014〕63 号）（本目内简称（意见））影响下，应急产业得到了较快发展，并呈现良好的发展势头。

1. 消防行业

据公安部消防局统计，2014 年无论火灾起数、伤亡人数还是财产损失，同比 2013 年都有较大幅度下降，这些成就的取得，与消防产业的快速发展密不可分。有研究机构指出，2014 年我国消防产业总体规模已超过 2000 亿元。然而消防培训方面欠账依然较多，和我国大体量的人口基数相比还存在很大差距。同时，近年来随着建设智慧城市的呼声越来越高，工业机器人开始全面渗透智能化城市产业链中的各个领域，消防行业是作为机器人应用最具体可行、迫在眉睫的重要领域之一，预计国内消防机器人产业发展前景可期，市场可达千亿元。

2. 电梯安全

随着国民经济的持续发展，高层建筑和地下交通的大踏步建设，使我国已成为世界第一大电梯消费市场，年消费电梯超过 50 万台。有研究显示，全国平均每 20 台电梯就有 1 台存在安全隐患。从 2005 年开始，我国平均每年发生电梯事故约 40 起，年均致伤亡人数约 30 人，大量电梯超期服役。2014 年，电梯事故继续呈现高发趋势，故障不断的隐患电梯引起社会各界的高度重视。

3. 应急救援信息化

2014 年，道路交通物联网的建设是交通应急救援的中心工作。据有关资料表明，我国在 1000 例交通事故伤者中，只有 14.3% 乘救护车到达医院。通过道路交通物联网可实现道路事故应急救援的调度指挥和迅速响应，减少时间延误，降低事故伤亡率。未来信息化技术在应急救援产业中也将发挥更重要的角色。

（二）发展特点

我国应急救援产业处于起步阶段。一是适应我国公共安全需要的应急产品体系还未形成，应急产业发展机制不健全，应急救援、综合应急服务等新型应急服务业态市场化程度低，应急产业应对突发事件的综合保障能力不强。二是全民公共安全消费需求不强，和发达国家公民公共安全意识差距仍然很大，安全意识的缺乏阻碍了安全消费需求的增长。三是关键技术装备发展缓慢，产品和技术缺少创新动力和活力，低端化、同质化竞争严重。

应急救援服务具备发展潜力。《意见》提出多种加快应急服务业的措施，其中包括采用政府购买服务，引导社会力量以多种形式提供应急服务，支持与生产生活密切相关的紧急医疗救援、道路救援等应急服务机构发展，从而加快实现应急服务业走向专业化、市场化和规模化。

地区发展不均衡，产业集中度低。我国应急救援产业的集中度和专业化程度仍有待提高。我国应急救援产业企业规模普遍较小，缺少具有核心竞争力的大型龙头企业，企业小、散、弱的问题困扰产业发展。

七、安全服务产业

（一）发展情况

近年来，我国安全服务产业稳步健康发展，总体规模持续扩大，有序化程度不断提高。截至 2013 年 10 月，全国安全生产评价获甲级资质的机构达 203 家，各省级批准的乙级机构超过 600 家，业务范围覆盖煤炭、轻工、冶金等多个领域。根据中国合格评定国家认可委员会统计，全国有职业安全健康管理体系认证机构 55 家，认可领域数量为 71 个，业务范围类型合计 1855 个；截至 2012 年 3 月，我国一至四级安全培训机构达到 3658 家，其中一级安全培训机构共有 33 家，二级安全培训机构 166 家，三级安全培训机构 1733 家，四级安全培训机构 1379 家；全国安全检测检验机构共有 184 家，其中甲级安全检验检测机构 44 家，乙级安全检测检验机构 140 家，2014 年安全评价与检测机构完成各类技术服务 7.6 万项，发现隐患和问题 32.5 万项，提出措施建议 27.9 万条，为排查治理事故隐患、预防事故发生，提供了有效的技术支撑和专业服务。

（二）发展特点

安全服务市场规范化水平有待进一步提高。目前我国安全生产的第三方市场组织数目庞大，门槛不高导致水平参差不齐，服务表面化的组织过多。整体区域发展不平衡，服务领域仅仅局限于安全评价、安全培训和一般性安全生产服务，以检测检验、认证、鉴定、救护救援等为服务内容的安全服务机构占比重较少。

安全服务机构缺乏自主独立性。我国现行的安全评价带有很强的行政色彩，还不是企业的自觉行为，目前很多企业只是为了获得政府的经营许可权，不得不接受被动评价等安全服务。安全生产服务机构缺乏自主独立性，导致安全生产社会中介机构的客观性、公正性受到限制，权威性受到怀疑。

安全服务水平普遍较低，认证缺乏权威性。我国安全服务过程中缺少针对具体问题的系统风险分析和评价，多是按照"模板"结合法规和规范来检查每个被评对象是否符合标准。第三方市场的科技含量和整体素质偏低，只有"框架"，没有灵魂，很难形成对企业安全生产切实有效的服务。

第四节　2014年我国安全产业区域发展情况

一、东北地区

（一）整体发展情况

东北地区包括辽宁、吉林和黑龙江，是我国重要的老工业基地，能源、原材料和装备制造业实力较强。几年来，随着国家东北地区等老工业基地振兴战略的深入实施，东北三省安全产业技术、产品和服务市场需求旺盛，安全产业发展势头强劲，具备较大的发展空间。

1. 产业发展势头强劲

东北地区资源丰富、重工业聚集，安全生产重点企业较多，经过多年粗放式的发展，安全生产基础比较薄弱，较大以上事故时有发生。随着我国对于安全生产重视程度的不断提升，安全产业技术、产品和服务市场需求旺盛。此外，与发达国家8%的比重相比，东北三省安全产业产值占GDP的比重依然较低，如吉林省2012年安全产业总产值为90亿元，仅占GDP的0.75%，安全产业具备较大发展空间。

2. 政策环境不断优化

《国务院关于进一步实施老工业基地振兴战略意见》《东北振兴"十二五"规划》和《国务院关于近期支持东北振兴若干重大政策举措的意见》等相关文件的出台，加速了东北地区工业企业转型升级、兼并重组和安全保障能力的提升。各地针对本地区安全产业发展纷纷出台文件，如吉林省2014年出台的《吉林省人民政府关于推进安全产业发展的实施意见》，对安全产业发展也起到了良好的促进作用。

（二）发展特点

1. 安全产业呈现集聚化发展趋势

在老工业基地振兴、东北振兴"十二五"规划等相关战略和规划的引导下，近几年，东北地区安全产业集聚化发展趋势明显。如安全产业发展较好的吉林省，通过长春高新北区、吉林经开区、辽源经开区、通化二道江区等4个产业示范园区（基地）的建设，企业集聚、集约、合作发展趋势明显，安全产业集聚化程度明显提升。

2. 企业自主创新能力显著提升

近年来，在相关政策的引导下，随着技术创新体系、技术创新公共服务平台、协同创新机制、人才培养和引进机制等的建立，东北地区企业自主创新能力有了很大改善，安全产业企业自主创新能力也得到了较大提升。

（三）典型代表省份

吉林省具备一定的安全产业发展基础，依托其在汽车、化工、装备制造、电子信息、新材料等产业方面的优势，为打造具有吉林特色的安全产业体系奠定了良好的基础。吉林省属于重化工业聚集省份，对安全保障需求强烈，安全产品、技术和服务市场需求日益增长，安全产业发展具有内在动力。

1. 产业发展前景广阔

吉林省的大量重化工企业安全生产基础薄弱，较大以上事故时有发生，安全生产形势严峻。且吉林省安全产业相关企业规模偏小，集中度低，安全技术、产品和服务水平比较落后。当前安全产业规模难以满足严峻的安全生产形势的需求。从吉林省发展目标来看，2018年全省安全产业产值将达到500亿元，年复合增长率达到33%，具备较大的市场发展空间。

2. 产业发展目标明确、重点明晰

吉林省政府明确了本省安全产业的发展目标：到2018年，初步形成具有吉林特色的安全产业体系，全省安全产业产值达到500亿元，占GDP比重超过2.5%；建立3个产业研发平台；重点建设4个产业示范园区（基地）；培育50家具有较强竞争力的安全产品研发、制造和服务企业，打造30个具有较强市场竞争力的

名牌产品，使安全保障能力显著提升。

3. 产业发展政策环境良好

吉林省政府高度重视安全产业发展，2014年出台的《吉林省人民政府关于推进安全产业发展的实施意见》，提出加大安全产业政策支持力度，具体包括"将安全产业纳入本省战略性新兴产业、各类工业发展和科技创新专项支持范畴，给予重点扶持。进一步加大财政支持力度，重点支持示范园区启动与建设、安全生产重大技术装备、自主创新关键技术产业化等项目。"

二、华东地区

（一）整体发展情况

华东地区指上海、江苏、浙江、安徽、福建、江西、山东共六省一市，是我国安全产业发展较好的地区。2014年，徐州、合肥等地的安全产业园区建设已经初具规模。

（二）发展特点

1. 市场敏锐性强，优先发展安全产业

华东地区是我国经济较为发达、市场化程度较高的地区，地理区位条件为安全产业的发展创造了良好的外部环境：华东地区是距离长三角最近的区域，也是长三角向中部地区产业转移和辐射的最接近区域；华东地区经济发达，是信息流、人才流、技术资金流高速汇集之地，为加快安全产业发展以及引进集聚人才创造了良好的环境，也提供了重要的市场需求。

2. 产业集群雏形初现

目前，我国华东地区安全产业的空间集聚效应日益突出，产业园区、基地建设已成为一种发展趋势。例如，江苏省徐州市是装备制造之城，聚集了徐工机械、卡特彼勒等世界著名的工程机械生产企业，以及围绕这些核心企业形成的相互衔接配套的工程机械产业集群；安徽省合肥市安全产业园基本形成了交通安全产业、矿山安全产业、消防安全产业、电力安全产业及安全信息化产业集群。

3. 科技创新能力卓越

华东地区拥有上海市、江苏省等经济发展地区，区域内科研机构林立，人才资源丰富。例如，徐州市作为老煤炭工业基地，多年来一直致力于矿山安全生产

建设，推动以矿山物联网"感知矿山"为前沿的安全生产科技实现了新的突破和发展，并建立了安全科技产业园，深入探索安全生产从科技创新到示范应用、市场推广和产业化发展的路子，取得了成效。位于徐州的中国矿业大学，安全工程专业和采矿专业位列全国学科评估第一名，也为高新区推进安全科技研发提供了扎实基础。

4. 政策环境利好

基于对安全产业发展前景的综合预判和科学考量，华东地区政府高度重视安全产业的发展和超前谋划，出台了一系列政策措施和规划。《安徽省战略性新兴产业"十二五"发展规划》中明确安全产业为安徽省重点发展的战略性新兴产业；2009年合肥市政府印发的《合肥公共安全产业规划（2009—2017）》将安全产业作为重点培育的新兴产业，将建成国家安全产业研发和生产基地。

（三）典型代表省份

江苏省是安全产业发展大省。2010年江苏省政府就出台《关于进一步加强企业安全生产工作的意见》，明确指出要"加快安全生产技术研发和推广"。江苏省安全产业发展主要集中在徐州市。2014年10月，我国首个以促进安全产业创新发展和产、学、研、用为载体的物联网产业联盟——矿山物联网协同创新联盟在徐州市成立，标志着江苏省安全产业发展迈入新的阶段。徐州市的铜山高新区建有我国东部地区首个矿山物联网科技产业园，中国矿业大学基于矿山安全研发出感知矿山物联网，首次实现了矿山人员环境实时感知。近年来，徐州高新区先后获批成为国家火炬安全技术与装备特色产业基地、国家级科技企业孵化器、国家级安全科技协同创新基地。

三、西南地区

（一）整体发展情况

西南地区安全产业发展的第一梯队包括重庆市和四川省，在政府重视下，多元资本进入安全产业市场，发展势头强劲，安全产业发展较好；第二梯队云南省、贵州省和西藏自治区的安全产业发展缺少动力，市场尚未打开，发展状况全国排名靠后。两个梯队安全产业差距大，发展不均衡。

（二）发展特点

1. 重庆模式一枝独秀，带动安全产业发展

重庆市安全产业从创新金融模式入手，以"交通防护栏"和城市地下管网安全智能处置系统打开市场。经过创新的金融模式为"超前投入，分期偿还"，即先垫资为区县政府实施"生命工程"，政府再以购买公共安全服务方式分年支付。2014年，重庆市以超过十亿元价格的订单，分两年时间把"生命工程"交通防护栏推广应用到西藏自治区，将有效解决西藏自治区的道路安全问题。

2. 产业呈现集聚发展，龙头企业初步形成

中国西部安全（应急）产业基地（一期）集中了超过西南地区总数50%的安全产业企业，西南地区安全产业呈现集聚式发展。其中重庆安全产业发展集团有限公司注册资本6亿元，2014年营业收入超过6.4亿元，其经营范围已不限于安全产品，更涉足科技研发、培训实训、安全文化、安全投资、安全担保、安全保险等多个领域，堪称西南地区安全行业龙头。

（三）典型代表省市

1. 发展概况

依靠较为雄厚的经济基础，较强的综合配套能力和政府部门的高度重视，安全产业在重庆市发展早，起步快。同时我国西部安全生产形势严峻，重大灾害多发，为安全产业发展提供了广阔市场。重庆位于该广阔市场的有利核心和龙头位置，具备消纳大量安全产品、技术和服务的能力。2014年，重庆安全产业完成产值200亿元左右，且安全产业在安全生产工作中的作用初见成效，呈现"三个下降、两个较好"的发展态势。

2. 安全产业集聚发展

2008年国家安监总局批准重庆市建设安全保障性示范城市，2009年国家安监总局确定在重庆建设国家级安全（应急）研发基地、科研成果转化基地、培训实训基地、应急救援基地、设备产品生产基地，加快探索创新安全生产管理模式。2011年，作为我国第一个安全（应急）产业基地的中国西部安全（应急）产业基地正式开工，在重庆市打造全国安全保障型城市示范区建设的进程中具有重要的意义。

第五节　2014年我国安全产业重点企业发展情况

一、重庆安全产业发展集团

重庆安全产业发展集团（以下简称"安产集团"）是重庆市政府为安全产业作为新兴支柱产业，于2013年1月，经批准成立的国有独资公司，注册资本6亿元。该大型国有公司以安全产业投资服务为主导，以发展安全产业为主线，集研发、生产、投资、服务为一体。企业立足长远发展，以市场为导向，以人才为根本，以技术为支撑，以资本为纽带，打造一个实力雄厚、核心竞争力强大的国际化企业。

2014年安产集团累计实现营业收入64211.92万元，与2013年相比增加37184.91万元，同比增长137.58%；利润总额4161.28万元，与2013年相比增加1063.28万元，同比增长34.32%。

集团主要功能是安全产业投资服务。主要承担安全产业投融资服务，安全产业基地开发建设，安全科技研发及成果转化，安全教育培训实训，应急救援，安全产品制造、交易、物流、检验检测，安全工程咨询、评价等业务。集团通过安全科技研发、安全产品制造、配送安全产品、投融资、安全教育培训、企业安全费用和政府安全专项资金分年偿还等手段，在不增加企业负担的同时提升企业安全保障能力、政府监管能力和社会安全保障能力。

集团整合安全产业优势资源，立足安全产业科研、制造、投融资、培训实训及经营服务业等领域，打造安全产业"十大专业园区"，力争到2017年进入中国企业500强，成为全球安全产业发展投资服务的领导者。

二、杭州海康威视数字技术股份有限公司

杭州海康威视数字技术股份有限公司（以下简称"海康威视"）成立于2001年11月，公司致力于监控产品研发，通过十几年来对视频处理技术和视频分析技术的深入探索及技术创新，已经成长为中国首屈一指的安防产品供应商龙头。在2010年，海康威视在深圳证券交易所正式挂牌上市。2014年公司营业收入达到172.33亿元，比2013年同比增长60.37%。净利润较上一年同比增长53.76%。

海康威视不仅提供安防产品，而且面向全球行业提供专业的解决方案和高品质的服务，使客户得到价值最大化的体验。无论是金融、电讯、电力、水利、教育行业还是公安、交通、司法、军队等领域都能得到海康威视量身定做的专业产品和系统化解决方案。在全球安防产业和重大活动中都可看到海康威视产品的身影，其DVR/DVS/板卡、摄像机/智能球机、光端机等产品在国内常年保持市场占有率第一的优势，更是凭借其可持续的研发能力将网络存储、视频综合平台和中心管理软件等产品投入安防市场。

经过高速的持续发展，海康威视的营销及服务已经形成了国际化的网络，其产品和方案在世界100多个地区及国家投入使用，在中国内陆35个城市拥有分公司，并且在15个国家及特别行政区设立了全资或控股子公司。在国内重大项目如60年国庆大阅兵、青藏铁路、上海世博会，及国际赛事如北京奥运会、亚运会、大运会中，海康威视都在安防领域成为了活动顺利举办及项目高效竣工的强有力后盾。在2014年财富中文网公布的"中国500强企业"名单中，海康威视稳稳占据第408位。同时，受到行业内外的一致认可，海康威视也居2014年中国十大视频监控设备公司的榜首。

三、北京泰远汽车自动防撞器制造有限公司

北京泰远汽车自动防撞器制造有限公司（以下简称"北京泰远"）开创了人类汽车自动刹车技术的先河。公司于2001年在北京注册成立。董事长刘泰远先生在公司注册以前的1985年就提出汽车自动刹车技术的课题，1987年组织专家小组开始攻关。从1985年至1999年的10月16日，北京泰远历时十五年时间，将人类第一台由声、光、电、机组成的智能型汽车自动防撞器研制成功，2000年12月30日防撞器通过省部级新产品鉴定。2011年刘泰远先生带领专家团队和管理团队进京注册了北京泰远汽车自动防撞器制造有限公司。公司成立后，研发人员在第一代产品技术的基础上，不断攻关，不断创新，创造了一代又一代新技术。北京泰远历经三十年时间，投入三亿元人民币，近两百人的队伍，前赴后继，使公司的产品形成了轿车、客车、危化品车、大货车四大系列。北京泰远引领了全世界汽车安全技术的革命，推动了汽车安全技术由被动的安全带、安全气囊向主动的自动刹车、自动防撞、避免撞车转变。

经过三十年的艰辛历程，北京泰远形成了自己在技术研发、产品制造中的完

善体系。拥有声、光、电、机各领域专家技术人员 100 余人，其中博士生导师、研究员级高级工程师、博士、高级工程师 30 余人；拥有科研基地 6 处，光学科研基地 2 处；拥有年 200 万只汽车防撞雷达和 400 万只倒车雷达的制造基地；并有一支百余人的熟练专业技术的员工队伍和管理队伍；拥有十多家专业化配套企业形成的产业链条。

四、中防电信技术有限公司

中防通用电信技术有限公司（以下简称"中防电信"）是国内专业从事安防、消防、安全生产等领域的远程智能监控系统的运营服务、研发制造的高新技术企业。公司正在形成"大安全"产业布局，是国内唯一一家集系统平台开发、硬件研发、硬件制造、运营服务一体化的"大安全"综合服务企业。

中防电信强大的研发团队以物联网技术为企业创新之本，所研发的产品通过多项国家专利认证及公安部消防局 3C 认证。同时联合产学研，与清华大学、北京邮电大学等机构建立了良好的战略合作关系，着眼于行业尖端技术与标准，与时俱进开发新技术和新产品。

中防电信已经建立北京"安全物联网监控管理平台"研发中心、河北张家口"硬件研发、试验、展示、制造"基地、武汉"硬件（智能通信终端、智能摄像机）"研发中心、西安"光学（紫外、红外、激光）应用"研发中心。在新时代物联网云浪潮的推动下，中防电信凭借高度的集成能力和兼容理念，灵活运用各种物联网和云计算技术，整合各种类型传感设备和应用系统。

目前，公司业务方向包括周界防范、出入口管理、离岗检测、人数统计、会议信息管理、巡更管理、重点区域入侵检测、火灾安全监测、智能配电九个方面。平台系统具有很好的扩展性，随着业务的不断拓展，平台业务也将纳入新的开拓方向，构建安全、高效、统一的综合物联网管理平台。

五、北京奥朗德应急环保装备科技有限公司

北京奥朗德应急环保装备科技有限公司成立于 2009 年（以下简称奥朗德），注册资本为人民币 3880 万元，总部位于北京中关村高新科技园区内，是一家从事应急以及环保装备研发，集制造、销售、租赁、服务于一体的高科技企业。

奥朗德于 2011 年 5 月在重庆成立了分公司，2014 年在分公司的基础上成立了重庆奥朗德应急环保装备科技有限公司。2015 年 2 月经北京市政府批准，由

北京奥朗德应急环保装备科技有限公司及其若干子公司组建了北京奥朗德应急环保装备科技集团。

在 2008 年四川汶川发生地震后，奥朗德主要负责人奉命急赴灾区执行任务，极强烈震撼式地体会到灾难或事故发生后的情势对应急环保装备的急迫需求。缘于长期人力资源和科技资源的积累，奥朗德遂迅速组建研发团队，成功研制了"多功能移动式固废处理系统"系列产品。

迄今为止公司已在北京建立了由 13 家高等院校、科研机构及相关企业共同参与的"多功能移动式固废处理系统科研生产联合体"。

奥朗德计划在未来五年的发展中，在现有技术的基础上继续开发出具有自主知识产权的一系列核心产品，始终保持以最前沿的技术进行全国市场以及海外市场的开拓，将致力于把潜力巨大的市场与优质资本资源相结合，打造世界一流的环保装备制造供应、专业环境服务与装备租赁结合的优质企业作为发展目标。

六、上海华篷防爆科技有限公司

上海华篷防爆科技有限公司（以下简称"上海华篷"）是专门从事阻隔防爆技术和产品研发、设计、生产、销售和施工为一体的安全科技公司。自公司创立以来，依托自主创新，以知识产权起家的上海华篷在阻隔防爆技术和安全防爆产品中一直引领行业的最新发展。截至 2013 年 5 月，在突出显示企业实力的知识产权创造力方面，上海华篷取得了 3 个"百的突破"：即专利申请 180 件，其中获得授权 141 件；国际专利申请指定国达到 102 个，其中已在 78 个国家获得专利权；在 111 个国家和地区申请了商标注册。在国内，上海华篷也已获得 29 件商标注册。

自 2010 年至 2014 年，上海华篷的营业收入呈现稳步增长态势。2014 年公司营业收入达到 6.07 亿元，比 2013 年同比增长 18%。公司净利润连续四年上升，从 2010 年净利润 10404 万元增长至 2014 年的 16785 万元。

为了回报社会，公司在四川汶川和青海玉树地震灾区捐赠了三台撬装加油装置。因地震灾区抢险救灾的需要，中石油、中石化紧急采购了公司十余台 HAN 阻隔防爆撬装式加油装置投入到灾区运营，有力保障了汶川、玉树、云南昭通地震灾区施工基建、抢险救灾及灾后重建所需要的成品油供应，受到了灾区领导和用户的一致好评。在国家重大政治活动中，特别是新中国成立 60 周年大庆、北京奥运会、济南全运会、广州亚运会、上海世博会等活动中，公司提供的 HAN 阻隔防爆加油装置，有效保证了活动的安全、有效进行。

七、重庆市荣冠科技有限公司

重庆市荣冠科技有限公司（以下简称"荣冠科技"）成立于 2005 年，是万基泰国际集团旗下全资高新技术企业，注册资金 2200 万元。企业位于国家科技孵化器——重庆市留学生创业园内，有办公场所 2000 余平方米，生产基地位于重庆市九龙坡区金凤电子信息产业园区内。荣冠科技 2014 年营业收入达到 0.38 亿元，同比上一年增长 124%。2014 年净利润为 400.85 万元，较上一年同比增长 54%。

荣冠科技根据国家对于国家智慧城市的整体设计开始着手于智慧市政方面的课题的研究，于 2012 年 10 月组建了智慧市政项目中心，规划到 2017 年，实现销售收入达到 1 亿元，社会效益达到 2 个亿，建成全球最大国家气体分析技术研究中心。

荣冠科技建有重庆市污水管网气体监测与控制装备企业工程技术中心，是重庆市高新技术企业，有效促进科技成果转化。公司针对气体红外探测技术，主编行业标准 CJ/T 360-2010、国家标准《下水道及化粪池气体监测技术要求》GB/T 28888-2012，填补了国内此类标准的空白。公司承担国家"十二五"科技支撑计划项目，为油气泄漏应急监测及防控技术项目做出了突出贡献。近两年来，公司申请知识产权 32 项，获得授权的知识产权 6 项，开发出具有自主知识产权的高新产品两项。荣冠科技目前建立了重庆市企业工程研究中心，工程研究中心配套了两个实验室及两个气体检定室，专业研究地下管网及密闭空间易燃易爆、有毒有害气体的监测与处置方法。

八、威特龙消防安全集团股份公司

威特龙消防安全集团股份公司（以下简称"威特龙"）的前身四川威特龙消防设备有限公司成立于 2009 年，2014 年 12 月 20 日变更为股份公司。公司现有员工 500 余名，集团公司下设 6 个子公司及 10 个分公司。威特龙是中国领先的消防安全整体解决方案服务商和主动防护本质安全技术引领者，是国家火炬计划重点高新企业和中国十大民族消防企业之一，拥有住建部颁发的消防设施工程设计与施工一级资质，面向全球提供项目规划设计、咨询评估、消防产品、工程技术与实施、检测与维护服务等全方位消防安全整体解决方案。2014年公司营业收入达到25561.63万元，比2013年同比增长45.58%。公司净利润在2014年为4705.49万元，同比上一年增长89.04%。

威特龙作为消防行业主动防护技术的引领者，始终坚持以市场需求为导向、以技术创新为核心、以"主动防护，本质安全"为主要研究方向、以"省级企业技术中心""四川省工业消防技术研究中心""油气消防安全四川省重点实验室"为科研平台，先后承担了"白酒厂防火防爆技术研究""大型石油储罐主动安全防护系统""公共交通车辆消防安全防护系统""西藏文物古建筑灭火及装备研究"等省部级项目的研究，形成了油气防爆抑爆技术、白酒防火防爆技术、煤粉仓惰化灭火技术、细水雾和惰性气体灭火等成套前沿技术。公司获得国家专利百余项，其中发明专利17项；并获得多项社会荣誉，国家科技进步二等奖1项、全军科技进步一等奖1项、中国标准创新贡献二等奖1项、省部级科技进步奖5项；三次获得国家创新基金的无偿资助，参与制修订国家标准、行业标准及地方标准20余部。威特龙的多项研究成果填补了国内消防安全领域的空白，获得市场推广与应用。

九、北京千方科技股份有限公司

北京千方科技股份有限公司（以下简称"千方科技"）初创立于2000年，是植根于中关村的自主创业企业，于2014年成功登陆深圳证券交易所。经过十余载的积淀，千方科技业务已涵盖公路、民航、水运、轨道交通信息化等领域，现有子公司80余家，员工2000余人，成为中国智能交通行业领军企业。2014年公司营业收入达到13.62亿元，比2013年同比增长21.07%。净利润较上一年同比增长35.76%。

千方科技现已在智能交通领域形成完整的产业链并拥有成熟的运营管理、服务经验，同时形成"城市智能交通""高速公路智能交通"与"综合交通信息服务"三大智能交通业务板块，迈向有机结合、齐头并进、稳步上升的发展格局。在此基础上，公司积极开展"大交通"产业战略布局的工作，不断推动公司业务向民航、水运、轨道交通等领域拓展，并已在民航信息化领域取得初步成绩，成为国内唯一一家综合型交通运输信息化企业。

千方科技长期注重高端人才的培养和引进，以及先进技术的集成和创新。公司已与 INRIX、IBM、Intel、华为、中交集团等多家企业签订战略合作协议，共同推动业务和技术的协同创新。千方科技拥有自主知识产权 200 余项，其中专利近 100 项。公司连续承担了多项"十五""十一五""十二五"国家科技支撑计划项目，主持参与了多项国家"863"计划专项。其多项自主研发的系统（产品），已成功应用于全国多个省、市、自治区以及北京奥运会、国庆六十周年庆典、上海世博会、深圳大运会等大型社会活动。公司连年获得了多个国家级、省部级奖项，被评为中关村国家自主创新示范区首批"十百千工程"重点培育企业、交通运输部"智能交通技术和设备"行业研发中心。千方科技是中关村智能交通产业联盟理事长单位，更荣获"2011 中关村高成长企业 TOP100"评委会突出贡献奖、"2012中关村十大新锐品牌"、"2013 国家高新区先锋榜百快企业"、"2014 中国智能交通行业年度领军企业"等荣誉。

十、江苏八达重工机械有限公司

江苏八达重工机械股份有限公司（以下简称"八达重工"）是一家科技研发型企业，始建于 1986 年，改制于 2006 年。企业最早从事物流运输业务，于 1993年转型物流装备制造业，1995 年以自主知识产权与徐工集团合作，研制生产特种工程机械产品。2006 年公司重组，成立了江苏八达重工机械有限公司，2012年完成股份公司改制，注册资本 5573.3333 万元，并于当年 10 月在天津股权交易所挂牌交易。2014 年公司营业收入达到 1.94 亿元，比 2013 年同比增长 2.65%。公司净利润从 2010 年的 1355 万元增长到 2014 年的 1600 万元。

八达重工为国家火炬计划高新技术企业，与十余家高校、科研机构及大型企业集团签订了产、学、研合作协议，并牵头承担了国家"十二五"科技支撑计划——大型系列化救援机器人研制项目。企业建有院士工作站、国家级博士后科研工作站、应急救援装备公安部重点试验室试验基地，以及江苏省机电"双动力"工程机械技术研究中心、省研究生工作站等科研平台。经过多年的积累和沉淀，公司研制的具有自主知识的油电"双动力"物流装卸机械、抢险救援机械等主机产品共有八大系列，近一百个规格型号。公司共有专利发明 57 项，已授权专利 28 件，其中发明专利 12 件。

八达重工近期将着力打造三个国家级高新技术产业化项目，致力于企业创新的同时为安全生产、应急救援做出贡献。在 2015 年，企业的目标分别为年产

2000 台"双动力"抓料机、年产 300 台大型救援机器人和推行高速公路电气化。

第六节　2015年我国安全产业发展环境分析

一、经济环境

国外跨国巨头纷纷进入中国市场，给本土企业带来压力。由于中国安全产业正处于成长期，发展仍然较为缓慢，市场规模和份额较小，产业集中度较低，缺乏集聚效应，整个行业缺乏在国际市场上有引导作用的龙头企业。如发展较好的重庆市，安全产业集中度仅 8%，属竞争型市场结构。国外跨国巨头采取多种形式，纷纷进入中国市场，这些国际化大公司一方面带来了雄厚的产业资本、先进的生产技术和管理经验；另一方面也给本土企业带来了巨大的竞争压力。在国内安全产业市场需求持续增长和国外全球性大公司的激烈竞争下，中国安全产业发展机遇与挑战并存。

国内经济发展进入"新常态"，对安全产业提出了新的要求。2015 年，中国经济进入"新常态"，经济增速从高速增长转为中高速增长，经济结构不断优化升级。工业发展也面临较大下行压力，投资增速持续放缓，产业结构不断调整，新的经济形态和工业发展形势对安全产业提出了新的发展要求。

二、政策环境

2015 年是各项安全产业政策加速落地的重要时期，将为中国安全产业发展营造良好的政策环境。2012 年，工信部和国家安监总局联合发布《关于促进安全产业发展的指导意见》，标志着我国安全产业自 2012 年起进入了新的发展阶段，各地区、各部门围绕指导意见，不断拓宽思路，密集出台了一系列政策措施，促进安全产业发展，安全产业政策环境得到优化。2015 年是《安全生产科技"十二五"规划》的最后一年，按照有关要求，各地安全产业示范园区正在逐步建立和兴起，相关保障措施和配套政策正在发挥积极作用。

安全产业发展政策目标更加明确，思路更加清晰。2014 年 1 月，吉林省政府出台了《吉林省人民政府关于推进安全产业发展的实施意见》，明确要求加快培育发展安全产业，打造新的经济增长点，并提出了明确的发展目标和发展重点，加大了政策扶持力度。2014 年 11 月，国务院办公厅印发了《关于实施公路安全生命防护工程的意见》，文件提出的工作目标和保障措施，有利于建设公路安全生命防护工程工作的有效落实；全面排查公路隐患的要求，有利于公路安全生命防护工程的科学实施；意见提出在现有资金投入渠道的基础上，探索建立汽车制造、公路建设和公路运输、保险等相关行业企业积极参与的市场化投入渠道，是支撑公路安全生命防护工程建设的重要保障。2014 年 12 月，国务院办公厅印发了《关于加快应急产业发展的意见》，提出建立由工业和信息化部、发展改革委、科技部牵头的应急产业发展协调机制；各地区、各部门要加强组织领导，制定具体措施，确保各项政策措施落实到位。

三、安全生产环境

近年来，我国安全生产形势持续保持稳定好转发展态势，事故起数和死亡人数逐年下降，但事故总量依然较大、伤亡总量依然较高，重特大事故时有发生。数据显示，2014 年全国发生各类安全生产事故 29.8 万起、死亡 6.6 万人，发生重特大事故 42 起，安全生产形势依然严峻。从各地安全检查督查、专项治理等工作反馈的数据来看，我国安全生产基础依然较为薄弱，安全隐患依然普遍存在，安全治理任务依然艰巨。2015 年，随着我国安全治理的深入，依靠产业发展推动安全发展将受到更高的重视，将促进安全产业技术、产品和服务市场更快发展。

第七节 2015 年我国安全产业发展趋势展望

一、总体展望

在 2014 年全国安全生产实现了"三个继续下降、两个进一步好转"，继续保持了持续稳定好转的态势，但与党中央、国务院的要求和人民群众的期望相比，仍然存在较大差距。事故总量仍然较大，重特大事故时有发生，非法违法行为仍然突出，安全隐患仍很严重。总体来说，我国安全基础工作还比较薄弱，安全隐患较大、安全保障能力不足。2014 年 42 起重特大安全生产事故表明，统计数据背后是潜在的安全隐患和随时可能发生的安全事故。

2014 年岁末至 2015 年初，初国内先后发生多起火灾、建筑施工、气体燃爆等重大事故，还有上海外滩发生了造成重大人员伤亡的群众踩踏事件，引起社会强烈反响。党中央、国务院领导做出多次批示，要求各地深刻吸取教训，全力抓好当前安全生产重点工作。作为承载提供安全生产、防灾减灾、应急救援等方面所需技术、产品和服务的安全产业，在我国经济社会科学发展、安全发展中将扮演更为重要的角色。

展望 2015 年，做好安全管理工作，在加强安全监管的同时，必须不断提高全社会的本质安全水平。需要通过提升技防和物防的水平，大力发展安全产业来实现；一方面，安全产业将在全国各地产业发展中占据重要位置；另一方面，安全产业示范园区将引领产业发展的步伐。预计到 2015 年末，我国安全产业规模有望突破 5000 亿元。

此外，中国安全产业协会已于 2014 年底召开了成立大会，新的一年，协会将充分发挥企业与政府间的桥梁、纽带作用，统筹协调各方力量，及时倾听企业心声，助力国家财政、金融等一系列政策的落实，推进我国安全产业发展。

二、发展亮点

（一）"互联网+"将贯穿安全产业发展的各重点领域

"互联网+"作为我国经济发展新常态下重要的创新载体，在安全产业发展中可以发挥重要作用。通过信息化和工业化的融合，在安全技术、产品和服务上，新一代信息技术可以发挥重要作用。生产和安全装备信息化水平的提高，可以在安全保障方面增强自动防护功能，减少危险作业场所操作人员数量，消除安全隐患；提高灾害预测预警水平，提升防灾减灾能力；建立应急救援信息平台，提高应急救援装备的信息技术水平，提高应急救援能力，降低事故和灾害造成的损失。在安全产业发展的各个重点领域中，互联网都将扮演重要角色。

（二）重点领域和重点产品将引领产业发展

针对我国安全生产情况和特点，重点研发道路交通、建筑施工、煤炭矿山、市政管网、消防化工、应急救援等重点多发易发领域的安全保障技术，跟踪聚集全球最先进科研成果和装备设备，推出一批重点产品和项目。

在安全服务方面，重点在应急培训实训领域，将基础理论培训、现场装备设备实训、安全技能和应急逃生仿真模拟实训集于一体，提高全民安全意识和应急逃生技能。

（三）以创新为抓手，大力促进产业投融资体制建设

创新安全发展理念，创建全社会安全投入新机制。展望 2015 年，创新将成为大力促进产业投融资体制建设的重要抓手。一方面，通过科技兴安、产业强安、投入保安、培训助安、文化促安，政府监管能力、企事业单位安全保障能力和社区家庭全社会安全保障能力将得到进一步改造提升。另一方面，通过创新商业模式，可先配备装备，主动保障并有效防控事故，政府、企事业单位和社区家庭可分年购买公共服务或支付成本，大大推进了安保设施装配进度，有效解决了安全产业发展的"资金"瓶颈。

（四）依托协会，构建政产学研用金平台

依托中国安全产业协会，为民从善，服务会员，构建政产学研用金平台。根本是实施安全产业创新、产业技术创新、产业商业模式创新；关键是用科技信息改造提升安全装备设备。创新型中国安全产业协会重点是：为政府服务，为会员服务，为行业服务。依托行业抓好示范省市、示范城市、示范基地和示范企业，以点带面推向全国。为民众服务，提供现代智能安全技术、装备设备超前配送和提供培训实训体验。努力推动实现本质安全型企业、智能监管型政府、自我安全型市民、安全保障型社会。

企业篇

第十三章　2014年我国中小企业取得的主要进展

第一节　2014年中小企业整体状况

2014年底的中央经济工作会议明确指出，我国经济已经进入新常态。主要表现在，增长速度从高速转向中高速，传统产业和房地产投资规模增长缓慢，外贸出口需求受国际经济影响增长乏力，工业增速已从两位数降到个位数。从产业结构看，传统产业不断呈现过剩态势，产品价格水平低迷不振，不少企业表示经营困难不断加大，社会总体投资意愿和能力不足。与此同时，新常态下新一代信息技术快速发展，并与传统产业不断融合，出现了新技术、新产品、新业态和新的商业模式，网络化、智能化、绿色化生产日益发达。从发展动力看，企业生产和经营的成本持续上升，在资源环境约束不断强化的大背景下，单纯依靠要素规模获得竞争优势的能力持续减弱，需要更为依靠人力、智力资源实现质量和技术进步，进而提升创新能力来激活消费需求，形成新的经济增长点。

为适应新常态，国家出台了一大批支持实体经济和中小企业发展的重大改革举措，逐渐形成一个更加宽松、公平和鼓励竞争的市场环境，更利于中小企业创新和发展。同时，发达国家经济复苏动力不足也为国内中小企业开拓国际市场、开展国际并购、吸引海外人才提供难得机遇。大宗商品价格走低，则为我们以较低的价格获取能源资源、降低企业成本提供了大好机会。

一、中小企业数量不断增长

（一）中小企业总量不断增加

根据国家工商总局的统计数据，截至2014年12月底，全国有各类市场主体

6932.22 万户，比上年底增长 14.35%，增速同比提高 4.02 个百分点。有各类企业企业 1819.28 万户，比上年底增长 19.08%。其中，私营企业 1546.37 万户，增长 23.33%。全国共有个体工商户 4984.06 万户，比上年底增长 12.35%。

（二）新增中小企业数量较快增长

据统计，2014 年 1—12 月，全国新登记注册市场主体 1292.5 万户，同比增长 14.23%。其中，企业 365.1 万户，同比增长 45.88%。

随着商事制度改革不断深化，新登记注册企业保持快速增长态势。据统计，商事制度改革以来，2014 年 3 月至 2015 年 1 月，全国新登记注册市场主体 1262.29 万户，同比增长 16.60%。其中，企业 358.33 万户，同比增长 47.61%。平均每天新登记注册企业 1.06 万户。

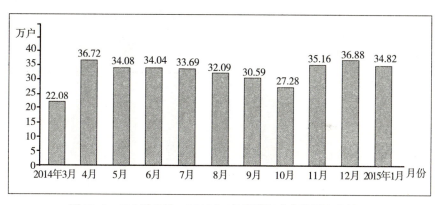

图13-1 2014年3月—2015年1月新登记企业数量变化情况

数据来源：国家工商总局。

如图 13-1 所示，商事制度实施以来，新登记注册企业数量保持着每月增长 30 万家左右的态势，除 10 月增加 27.28 万家外，其他月份新增企业数量均在 30 万家以上。充分表明商事制度改革中实施的降低门槛、"先照后证"等一系列措施对中小企业创业发展的刺激，极大释放了中小企业发展活力。

二、中小企业产业结构持续优化

2014 年 1—12 月，全国新登记注册企业在三次产业数量分别为 16.84 万户、60.83 万户、287.42 万户，同比增速分别为 42.77%、29.72%、50.03%。其中第三产业新增企业数量占 2014 新增企业总量的比重最高，达到 78.72%，表明企业逐

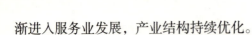

渐进入服务业发展，产业结构持续优化。

与此同时，信息技术等现代服务业快速发展。2014年，全国新登记注册现代服务业企业114.10万户，同比增长61.41%，增速比上年同期增加35.39个百分点。

三、中小企业出口贸易温和回升

出口贸易的统计按照企业类型划分为国有、外资和其他性质企业三类，其中其他性质企业的主体是中小企业。2014年三季度，其他性质企业出口金额较二季度呈现明显增长，7月出口同比增速23.7%，8月同比增速22.3%。相比三季度我国整体出口情况而言，其他性质企业的出口情况明显好转，并呈现温和回升迹象。

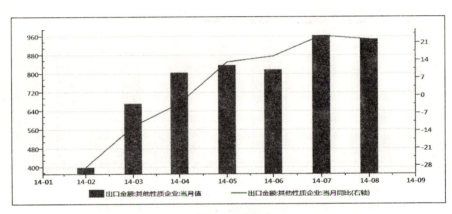

（单位：亿美元）

图13-2　其他性质企业（非国有且非外资）的当月出口情况

数据来源：wind 数据库。

第二节　2014年中小企业政策状况

一、中小企业扶持政策不断强化，落实力度空前加大

近年来，党中央、国务院围绕财税、融资、创业、创新、市场开拓、加强服务等方面出台了一系列扶持和促进中小企业发展的政策措施，各部门积极落实，对中小企业平稳发展发挥了积极有效作用。2014年4月，国务院派出7个督查组，

对 14 个省（区、市）支持小型微型企业健康发展政策措施落实情况进行了专项督查。2014 年 6 月底到 7 月初，国务院又派出 8 个督查组，对 16 个省（区、市）、27 个部门和单位，就《政府工作报告》部署的 2014 年重点工作和国务院出台的稳增长、促改革、调结构、惠民生等各项政策措施落实情况进行了全面督查，进一步推动各项政策的落实，确保政策"抵达终点"，解决政策落实中的问题，让企业和群众得到更多实惠。

二、深化改革步伐加快，中小企业发展环境进一步优化

2014 年，银监会印发了《关于 2014 年小微企业金融服务工作的指导意见》，从拓宽金融服务覆盖面、扩大信贷资金来源、完善融资增信服务和信息服务、拓展直接融资渠道、规范银行服务收费等方面改善小微企业金融服务。2014 年 4 月，李克强总理主持召开国务院常务会议，研究扩大小型微型企业所得税优惠政策适用范围和进一步减轻小微企业税负的措施，提出将小微企业现行的减半征收企业所得税政策的年应纳税所得额上限进一步提高，并将政策适用期限延长至 2016 年年底。2014 年 6 月，国务院常务会议进一步提出，取消和下放"享受小微企业所得税优惠核准"等与创业投资有关的 34 个审批事项，减少中间环节，力求让优惠政策落地，释放市场活力。

2014 年以来，国务院共召开常务会议 20 多次，提及小微企业的就有 10 多次，这些会议从产业指向、融资方式、税收政策、创业政策、就业政策以及简政放权等六个方面提出具体措施，积极促进小微企业发展，政策密集程度高，突显了党中央、国务院对小微企业发展的重视。

三、财税支持力度加大，中小企业税费负担持续减轻

2014 年以来，按照公共财政体制改革的总体要求，财政部会同有关部门，对支持中小企业发展的多项资金进行整合，设立了中小企业专项资金，支持重点从直接支持企业项目转向支持服务体系建设和改善中小企业融资环境。2014 年中小企业专项资金规模达到 115 亿元。

在税收方面，继续扩大"营改增"覆盖范围，对月销售额 2 万—3 万元的小微企业、个体工商户等免征增值税和营业税。2015 年 2 月 25 日，李克强总理主持召开国务院常务会议，确定减税降费措施，支持小微企业发展和创业创新。要加强定向调控，加大财税政策支持力度，用减税降费来鼓励创业创新，带动社会

就业和调节收入分配。继续加大减税降费力度。一是从 2015 年 1 月 1 日至 2017 年 12 月 31 日，扩大享受减半征收企业所得税优惠政策的小微企业范围，年应纳税所得额上限由 10 万元以内（含 10 万元）进一步提高到 20 万元以内（含 20 万元），并按 20% 的税率缴纳企业所得税。二是从 2015 年 4 月 1 日起，将个人以股权、不动产和技术发明成果等非货币性资产用作投资而带来的实际收益，由一次性纳税改为分期纳税的优惠政策推广到全国，激发民间投资活力。三是将失业保险费率由现行的 3% 统一降至 2%，单位和个人缴费的具体比例由各地在考虑提高失业保险待遇、促进失业人员再就业、落实失业保险稳岗补贴政策等基础上确定。这一减费措施每年将减轻企业和员工负担共计 400 多亿元。

在涉企收费方面，国务院明确提出建立和实施企业收费目录清单制度，切实规范行政审批前置服务业项目及收费，进一步减轻中小企业税费负担。

第三节 中小企业资金环境状况

小微企业融资难、融资贵一直是制约企业发展的突出问题。党中央、国务院对此高度重视，密集出台了多个文件，都涉及小微企业投融资政策内容，每个文件都有明确的责任分工，国务院要求定期督促检查，引入第三方评估，确保政策尽快落实，见到实效。

一、金融支持条件不断改善

2014 年 4 月 25 日，央行第一次"定向降准"，县域农村商业银行人民币存款准备金率下调了 2%，县域农村合作银行人民币存款准备金率下调了 0.5%，广大县域中小企业受益。6 月 9 日，中国人民银行宣布决定从 2014 年 6 月 16 日起，对符合审慎经营要求，上年新增小微贷款占全部新增贷款的比例超过 50%，且上年末小微企业贷款余额占全部贷款余额的比例超过 30% 的商业银行，下调人民币存款准备金率 0.5 个百分点。

同时，小金融机构数量稳步提升。根据央行《2014 年小额贷款公司统计数据报告》，截至 2014 年年末，全国共有 8791 家小额贷款公司，贷款余额达到 9420 亿元，2014 年新增人民币贷款 1228 亿元。分地区看，江苏省、浙江省和重庆市的小额贷款公司贷款余额最多，分别为 1146.66 亿元、910.61 亿元和 743.13

亿元。从机构数量看，江苏省、辽宁省和河北省拥有的小贷公司数量最多，分别为 631 家、479 家和 473 家。

此外，中央财政持续安排担保资金支持担保机构为中小企业提供担保服务，所支持担保机构的新增贷款担保业务额达 8000 多亿元，受保中小企业近 20 万户，其中小微企业占 80% 以上。据统计，全国共有各类小微企业担保机构 3700 多家，担保总额接近 2000 亿元，累计为中小企业提供 1.35 万亿元贷款。

二、中小企业资本市场融资环境有所改善

目前，我国小微企业的直接融资门槛仍然很高。2013 年 7 月，国务院办公厅印发《关于金融支持经济结构调整和转型升级的指导意见》，提出要优化主板、中小企业板和创业板市场等的制度安排，将中小企业股份转让系统试点扩大至全国等要求。中小企业资本市场逐渐发展，中小企业直接融资环境有所改善。

我国中小企业资本市场主要由中小企业板、创业板和"新三板"为主。截至 2015 年 1 月，中小企业板共有 735 家上市企业，发行总股本达到 3484.8 亿元，总流通股本 2583.7 亿元。创业板上市公司共有 413 家，总发行股本 1091.3 亿元，总流通股本 711.3 亿元。"新三板"，即全国中小企业股份转让系统于 2013 年 1 月正式运行至今，总市值已接近 6000 亿元。数据显示，截至 2015 年 1 月末，全国股转系统挂牌公司已逾 1800 家，总市值接近 6000 亿元，日均成交 2467 笔。

三、民间金融发展迅速

2014 年以来，国家积极引导民间资本进入银行业，并扩大民间资本参与机构重组的范围，不断推进银行业金融机构混合所有制改革，拓宽民间资本进入银行业的渠道。2014 年年末，中国共有 5 家民营银行获准成立。同时，民间金融快速发展，对缓解中小企业融资难、融资贵直到积极作用。据统计，截至 2014 年年末，全国民间金融市场规模超过 5 万亿元，互联网金融规模突破 10 万亿元。

第四节　中小企业知识产权状况

一、中小企业知识产权发展质量现状

据对 32 试点城市的 632 家中小企业知识产权发展质量问卷调查（以下简称调查）显示，我国中小企业知识产权发展质量整体较好，知识产权投入较大，知

识产出较为丰富，知识产权运用能力较高，知识产权保护较好，享受知识产权优惠政策较为普遍，但是东部与中、西部和东北的差异较大。

2010—2014年，632家中小企业累计研发经费投入户均达到4500万元，其中2013年户均投入约1220万元；中小企业研发经费投入占产品销售收入的比重户均达到13.23%，户均研发人员超过60人，约占受访中小企业平均职工总数的25.55%。

2010—2014年，632家中小企业户均申请专利46.54件，获得专利授权32.21件，专利申请授权率约为69.21%。其中户均获得发明专利授权7.16件。2013年，受访632家中小企业户均申请专利12.68件，获得专利授权9.13件。目前，中小企业户均拥有版权登记6.63件、注册商标11.76件、驰名商标0.18件、研发或技术转移合作机构2.90家，平均单件知识产权投入达到60.83万元，户均知识产权实施率和产品贡献率分别达到75.17%、60.52%。

中小企业平均知识产权存续时间为7.29年，与企业外部发生知识产权纠纷0.67件。建立知识产权管理制度和管理部门的中小企业比例分别为88.45%和84.65%，建立技术保密制度和对研发人员激励制度的中小企业比重分别为93.83%和95.57%，中小企业平均拥有专职知识产权管理人员5.56人。

目前，中小企业享受高新技术企业所得税优惠政策和研发费用所得税加计扣除政策，分别占比56.17%和56.01%；2010—2014年户均获得各级财政支持230.79万元，其中2013年户均获得各级财政支持102.82万元。

二、中小企业知识产权发展质量测评分析

目前，32家试点城市都积极践行中小企业知识产权战略推进工程，高度重视中小企业知识产权发展质量，加大中小企业知识产权投入和扶持力度，不断提升中小企业知识产权产出能力和服务能力，取得了显著成效。

2014年，32家试点城市城均中小企业投入达到2147.7万元，出台中小企业知识产权战略推进工程"配套政策"、设立"专项资金"以及建立中小企业知识产权"市级以上服务平台"和"统计制度"的比重分别高达90.625%、75%、90.625%和78.125%。2012年，宁波、青岛、杭州、成都和武汉等城市专利申请量同比增长分别为54.8%、37.9%、32.1%、30.5%和10.2%；青岛、杭州、成都、大连和武汉等试点城市发明专利申请量分别增长127.2%、23.2%、38.3%、50.3%和26.9%，杭州和武汉等城市发明专利授权量分别增长了22.3%和23.6%。

（一）中小企业知识产权投入测评

中小企业知识产权投入指标包括中小企业研发经费投入指标、研发经费投入占产品销售收入比例指标、研发人员数量指标和研发人员占职工总人数比例指标四个评价指标。从统计结果看，中小企业知识产权投入的整体力度较大，但科技型中小企业与制造类企业差别非常大。

1. 企业研发经费投入及其占销售收入比例

中小企业研发经费整体投入较大，研发经费投入占产品销售收入比例较高，企业之间的差距并不显著。2010—2014年中小企业累计研发经费投入超过284亿元，户均研发经费投入达到4500万元，变异系数为4.41。其中2013年研发经费投入总额接近77.13亿元，户均研发经费投入约1220万元，变异系数为11.19；研发经费投入占产品销售收入比例户均达到13.23%，变异系数为1.62。

从区域分布看，东、中、西部和东北中小企业研发经费投入水平整体较高，区域差距并不明显。2010—2014年，东、中、西部和东北户均研发经费投入分别为6360.29万元、4601.63万元、3182.91万元和1929.13万元；中小企业研发经费投入占产品销售比重分别为8.69%、12.66%、16.49%和19.74%。其中2013年分别为1777.22万元、1252.92万元、774.23万元和556.08万元。东、中、西部和东北之间户均研发经费投入、研发投入占销售收入比重的绝对值上尽管不均衡，但基本反映了各地区经济发达程度，若扣除经济发达程度差异，东部与中、西部和东北中小企业研发经费投入的差别不大（如图13-3所示）。

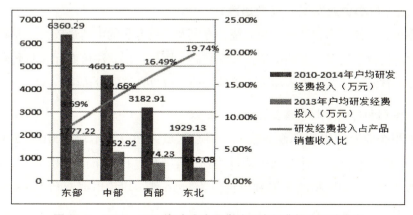

图13-3　2010—2014年中小企业户均研发经费投入区域分布

数据来源：赛迪智库中小企业研究所。

2. 企业研发人员数量及其占职工总人数的比例

中小企业研发人员总量可观，占职工总数的比例较高，但科技型企业与一般制造类企业的差别巨大。632 家受访中小企业的研发人员总计达到 38215 人，户均 60.47 人；其中，东、中、西部和东北中小企业户均研发人员分别为 66.98 人、88.29 人、49.39 人和 38.16 人，变异系数分别为 1.51、2.46、1.80 和 1.11。中小企业的研发人员整体较为充足，区域内企业之间的差距不大，而区域之间的差距主要是由于各区域内试点城市上报的较大型企业拥有较多研发人员所致，如中部武昌船舶重工集团有限公司、九州通医药集团股份有限公司、江汉石油钻头股份有限公司、九芝堂股份有限公司和常熟开关制造有限公司等分别有研发人员 1768 人、982 人、430 人、324 人和 387 人。研发人员占职工总人数的比重户均达到 25.55%，但扣除该项指标较高的科技型企业后，该指标估计不会超过 10%，一般制造类的中小企业则需要进一步加大研发人员占职工总人数的比重。从统计结果看，科技型企业研发人员占职工总数的比重一般都会超过 50%，如沈阳拓荆科技有限公司、吉林省凯帝动画科技有限公司、成都汉康信息产业有限公司、成都地联科技有限公司和贵州广思信息网络有限公司等科技型企业分别高达 84%、78%、83%、82% 和 79.88%，而制造类企业研发人员占职工总数的比重一般在 10% 以下，如贵阳南明春梅酿造有限公司、四川得益绿色食品集团有限公司、四川省汇泉罐头食品有限公司和长春百克生物科技股份公司等分别只有 3.5%、0.02%、2% 和 0.2%。

（二）中小企业知识产权产出测评

中小企业知识产权产出较为富饶，专利及发明专利的申请量较大，专利及发明专利的授权量较多，专利申请授权率较高，版权登记、注册商标和驰名商标以及研发或技术转移合作机构和平均单件知识产权投入等数量适中。

1. 专利和发明专利申请量

中小企业专利申请量普遍较大，但是区域之间分布不均。2010—2014 年，632 家受访中小企业累计专利申请量达到 29414 件，户均申请专利 46.54 件，变异系数为 3.0，其中 2013 年专利申请量为 8016 件，户均申请专利 12.68 件，变异系数为 2.35。从整体看，无论是专利申请总量，还是户均专利申请量，都达到了较大值，但是较大的变异系数也显示了中小企业之间在专利申请量上存在较大的差异。从试点城市看，在专利申请量指标上，东部试点城市整体优于中、西部和东北的试点城市（如图13-4所示）。2010—2014年，30家上报中小企业调查数据的试点城市平均专利申请量达到980.47件，东部13家试点城市平均专利申请量达到1413.77件，西部8家试点城市平均专利申请量为694.125件，中部5家试点城市平均专利申请量为644.6件，东北4家试点城市平均专利申请量为564.75件；其中2013年30家试点城市平均专利申请量达到267.2件，东部13家、西部8家、中部5家、东北4家试点城市平均专利申请量分别为360.85件、203.25件、211件和161件。

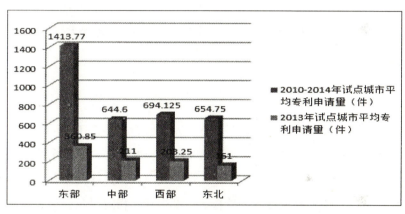

图13-4　2010—2014年试点城市平均专利申请量区域分布

数据来源：赛迪智库中小企业研究所。

从区域分布看，中小企业专利申请量指标呈现东部优于中、西部和东北的显著特征（如图13-5所示）。2010—2014年，632家受访中小企业的平均专利申请量达到46.54件，东部258家受访中小企业平均专利申请量达到71.24件，西部196家受访中小企业平均专利申请量为28.33件，中部89家受访中小专利申请量为36.21件，东北89家受访中小企业平均专利申请量为25.38件，变异系数分别为2.94、1.73、1.36和1.30；其中2013年632家受访中小平均专利申请量达到12.68件，东部258家、西部196家、中部89家、东北89家受访中小企业平均专利申请量分别为18.18件、8.30件、11.85件和7.24件，变异系数分别为2.36、1.74、1.36和1.32。

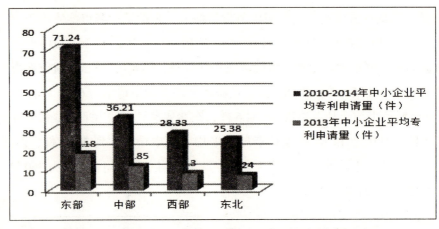

图13-5 2010—2014年中小企业平均专利申请量区域分布

数据来源：赛迪智库中小企业研究所。

2.专利和发明专利授权量

中小企业获得专利授权数量较多，区域差异较大（如图13-6所示）。2010—2014年，632家受访中小企业户均获得专利授权32.21件，变异系数为2.82，其中2013年户均获得专利授权9.13件，变异系数为2.66。从整体看，无论是累计专利授权总量，还是户均获得专利授权数，都得到了稳定增长，但是较大的变异系数也显示了中小企业之间在获得专利授权数量上存在较大的差异。

从区域分布看，在获得专利和发明专利的授权数指标上，东部受访中小企业也显著优于中、西部和东北的中小企业，但东部中小企业间差距大于西、中部和东北。2010—2014年，632家受访中小企业的平均获得专利授权数量达到32.21件，东部258家受访中小企业平均获得专利授权数量达到49.45件，西部196家受访中小企业平均获得专利授权数量为19.49件，中部89家受访中小企业平均获得专利授权数量为24.54件，东北89家受访中小企业平均获得专利授权数量为17.90件，变异系数分别为2.71、2.01、1.43和1.44；其中2013年632家受访中小平均获得专利授权数量达到9.13件，东部258家、西部196家、中部89家、东北89家。受访中小企业平均获得专利授权数量分别为13.11件、5.86件、8.80件和5.17件，变异系数分别为2.67、2.16、1.36和1.41。

2010—2014年，632家受访中小企业平均获得发明专利授权数量为7.16件，东部258家受访中小企业平均获得发明专利授权数量达到10.83件，西部196家受访中小企业平均获得发明专利授权数为 3.79 件，中部 89 家受访中小企业平均获得发明专利授权数量为 7.40 件，东北 89 家受访中小企业平均获得发明专利授权数量为 3.69 件；其中 2013 年 632 家受访中小企业平均获得发明专利授权数量达到 2.0 件，东部 258 家、西部 196 家、中部 89 家、东北 89 家受访中小企业平均获得发明专利授权数量分别为 2.80 件、0.96 件、2.89 件和 1.09 件，变异系数分别为 7.29、35.25、19.45 和 16.14。

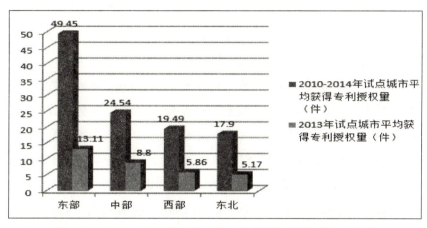

图13-6　2010—2014年中小企业平均发明专利授权量区域分布

数据来源：赛迪智库中小企业研究所。

3. 版权登记、注册商标和驰名商标

目前，中小企业拥有的版权登记、注册商标和驰名商标的数量稳定增长，但企业间差距大。632 家受访中小企业总计实现版权登记 4191 件，拥有注册商标 7430 件、驰名商标 115 件，户均分别达到 6.63 件、11.76 件和 0.18 件，变异系数分别为 4.79、4.07 和 4.06，中小企业之间的差距较大。从区域分布看，东部 258 家受访中小企业实现版权登记 1312 件、注册商标 2554 件和驰名商标 52 件，户均分别达到 5.09 件、9.09 件和 0.20 件，变异系数分别为 4.01、2.63 和 2.0；而西部 196 家、中部 89 家和东北 89 家则分布实现版权登记 1428 件、868 件和 583 件，户均分别达到 7.29 件、9.75 件和 6.55 件，变异系数分别为 4.64、5.77 和 2.69；拥有注册商标分别为 1947 件、2625 件和 304 件，户均分别达到 9.93 件、19.49 件和 3.42 件，变异系数分别为 3.40、3.63 和 2.21；获得驰名商标分别为 42 件、10 件和 11 件，户均分别达到 0.22 件、0.11 件和 0.12 件，变异系数分别为 5.41、2.91

和 2.75。从调查数据的统计结果看，在版权登记数指标上，东部中小企业逊于西部、东北和中部的中小企业，但东北中小企业之间的差距较小，而中、西和东部中小企业之间的差距较大。在注册商标数指标上，中部的中小企业明显优于西部、东部和东北的中小企业，但东北和东部中小企业间的分布较中西部中小企业间更加均衡。在驰名商标数指标上，东、中、西部和东北的中小企业差距不大，但西部中小企业之间分布极不均衡。

4. 单件知识产权投入

目前，中小企业获得单件知识产权的投入适中，但区域差异较大。632 家受访中小企业实现单件知识产权平均投入 60.83 万元，变异系数为 4.15。其中，东部 258 家受访中小企业单件知识产权平均投入 90.30 万元，变异系数为 4.22；西部 196 家受访中小企业单件知识产权平均投入 51.66 万元，变异系数为 1.99；中部 89 家受访中小企业单件知识产权平均投入 20.19 万元，变异系数为 2.10；东北 89 家受访中小企业单件知识产权投入 36.24 万元，变异系数为 1.36。从调查数据的统计结果看，东部受访中小企业获得单件知识产权的平均投入是中部中小企业的 4 倍以上、东部中小企业的近 3 倍、西部中小企业的近 2 倍；变异系数也在中、西部和东北中小企业的 2 倍以上。这说明东部受访中小企业获得单件知识产权的平均投入远远超过中、西部和东北地区中小企业获得单件知识产权平均投入，东部地区中小企业之间获得单件知识产权平均投入差距也较中、西部和东北地区中小企业之间的差距大得多。

5. 研发或技术转移合作机构数

目前，中小企业研发或技术转移合作机构数较少，分布较为均衡。632 家受访中小企业共有研发或技术转移合作机构 1835 家，户均研发或技术转移合作机构达到 2.9 家，变异系数为 1.10，整体分布较为均衡。从区域分布看，东部 258 家中小企业共有研发后技术转移合作机构 795 家，户均研发或技术转移合作机构达到 3.08 家，变异系数为 1.02；西部 196 家中小企业共有研发或技术转移合作机构 567 家，户均研发或技术转移合作机构达到 2.89 家，变异系数为 1.19；中部 89 家中小企业共有研发或技术转移合作机构 245 家，户均研发或技术转移合作机构达到 2.75 家，变异系数为 1.22；东北部 89 家中小企业共有研发或技术转移合作机构 228 家，户均研发或技术转移合作机构达到 2.56 家，变异系数为 1.05。

东、中、西部和东北中小企业的研发或技术转移合作机构数差别不大，区域分布较为均衡。

（三）中小企业知识产权运用测评

632 家受访中小企业知识产权效益较为显著，知识产权实施率较高，知识产权贡献率较大。从整体看，632 家受访中小企业户均知识产权实施率达到 75.17%，户均知识产权产品贡献率超过 60.52%，中小企业知识产权运用能力整体水平较高。

1. 专利实施率普遍较高，但区域差距依然存在

632 家受访中小企业户均知识产权实施率达到 75.17%，整体形势大好，但是东部与中、西部和东北中小企业的专利实施率之间存在明显差距。东部 258 家受访中小企业的平均专利实施率达到 82.26% 的高点，而变异系数只有 0.374，说明东部中小企业之间专利实施率并没有显著的差异，整体较高且分布均匀。西部 196 家受访中小企业的平均专利实施率为 73.26% 的较高水平，变异系数也只有 0.473，说明西部中小企业之间专利实施率的差别不大，整体处于较高水平且分布均匀。东北 89 家受访中小企业的平均专利实施率为 73.28% 的次高点，变异系数也只有 0.479，说明东北中小企业之间专利实施率也没有太大的差别，整体处于较高水平且分布均匀。中部 89 家受访中小企业的平均专利实施率为 60.70% 的较低位，变异系数也只有 0.626，说明中小企业之间专利实施率虽有待进一步提升，但分布的整体差异较小。

2. 中小企业专利产品贡献率较大，但区域分布不均

中小企业专利产品贡献率较大，整体形势较好，东部明显好于中、西部和东北。632 家受访中小企业户均专利产品贡献率达到 60.52%，其中东部 258 家受访中小企业平均专利产品贡献率达到 68.35%，而变异系数只有 0.45，说明东部中小企业专利产品贡献率整体较高，分布均匀。西部 196 家受访中小企业的平均专利产品贡献率为 56.12%，变异系数为 0.63，说明西部中小企业之间专利产品贡献率较东部小，分布也没有显著的差异。东北 89 家受访中小企业的平均专利产品贡献率为 60.88%，变异系数为 0.57，说明东北中小企业之间专利产品贡献率较东部也存在一定的差距，整体仍需进一步提升。中部 89 家受访中小企业的平均专利产品贡献率为 47.17%，变异系数为 0.68，说明中小企业之间专利产品贡

献率整体需要进一步改进。

（四）中小企业知识产权保护测评

中小企业知识产权保护整体较好，但保护意识仍有进一步提升的空间。632家受访中小企业知识产权存续时间平均为7.29年，变异系数为0.694；与企业外部发生知识产权纠纷户均0.67件，变异系数为10.418；88.45%的受访中小企业建立了知识产权管理制度；84.65%的受访中小企业设立了知识产权管理部门，户均专职知识产权管理人员达到5.56人，变异系数为14.392；604家受访中小企业建立了对研发人员的知识产权激励制度，占95.57%；593家受访中小企业建有技术保密制度，占93.83%。

1. 中小企业知识产权存续时间平均较短，与外部发生知识产权纠纷案件较少

中小企业知识产权存续时间平均低于法律规定时限，较少与企业外部发生知识产权纠纷案件。632家受访中小企业知识产权存续时间平均为7.29年，户均与企业外部发生知识产权纠纷0.67件，变异系数分别为0.694和10.418。东北89家中小企业知识产权存续时间平均为7.64年，户均与企业外部发生知识产权纠纷为0.03件，变异系数分别为0.575和10.667；西部196家中小企业知识产权存续时间平均为7.62年，与企业外部发生知识产权纠纷户均为1.06件，变异系数分别为0.715和9.472；中部89家中小企业知识产权存续时间平均为6.54年，与企业外部发生知识产权纠纷户均为0.40件，变异系数分别为0.843和4.35。东部258家中小企业知识产权存续时间平均为7.14年，与企业外部发生知识产权纠纷户均为0.69件，变异系数分别为0.674和9.377。从知识产权存续时间看，东部与中、西部和东北中小企业的差距并不明显，但是企业间的分布存在较大差异。从与企业外部发生知识产权纠纷案件数量看，东、西部与东北和中部中小企业之间存在明显的差距，东部中小企业与企业外部发生知识产权纠纷案件数量仅次于西部，但是显著高于中部和东北地区的中小企业，需要进一步加强知识产权保护意识，努力降低与企业外部发生知识产权纠纷案件的频率。

2. 知识产权管理制度、管理机构建设较为完善，管理人员较为充足

中小企业比较重视知识产权管理制度和管理机构件建设，知识产权管理人员配置到位，中小企业知识产权保护的基础条件坚实。在632家受访中小企业

中，559 家明确建立了企业知识产权管理制度，占 88.45%；535 家企业设立了专门的知识产权管理部门，占 84.65%，户均配置专职知识产权管理人员达到 5.56 人。东部 258 家中小企业中，有 246 家中小企业建立了知识产权管理制度、234 家设立了专门知识产权管理部门，分别占比 95.35% 和 90.70%，户均配置了 2.73 名专职的知识产权管理人员。中部 89 家中小企业中，有 68 家中小企业建立了知识产权管理制度、63 家设立了专门的知识产权管理部门，分别占比 76.40% 和 70.79%，户均配置了 2.58 名专职的知识产权管理人员。西部 196 家中小企业中，有 169 家中小企业建立了知识产权管理制度、161 家设立了专门的知识产权管理部门，分别占比 86.22% 和 82.14%，户均配置了 12.12 名专职的知识产权管理人员。东北 89 家中小企业中，有 76 家中小企业建立了知识产权管理制度、77 家设立了专门的知识产权管理部门，分别占比 85.39% 和 86.52%，户均配置了 2.28 名专职的知识产权管理人员。

3. 高度重视对研发人员的激励以及技术保密工作

中小企业普遍高度重视对研发人员激励制度及技术保密制度的建设。在 632 家受访中小企业中，有 604 家受访中小企业建立了对研发人员的知识产权激励制度；593 家受访中小企业建有技术保密制度，占比分别为 95.57% 和 93.83%。东部 258 家中小企业中，有 253 家建立了对研发人员的激励制度、245 家设立了技术保密制度，分别占比 98.06% 和 94.96%，变异系数为 0.32 和 0.23。中部 89 家中小企业中，有 84 家建立了对研发人员的激励制度、81 家设立了技术保密制度，分别占比 94.44% 和 91.01%，变异系数为 0.24 和 0.32。西部 196 家中小企业中，有 186 家建立了对研发人员的激励制度、185 家设立了技术保密制度，分别占比 94.90% 和 94.39%，变异系数为 0.23 和 0.24。东北 89 家中小企业中，有 81 家建立了对研发人员的激励制度、82 家设立了技术保密制度，分别占比 91.01% 和 92.13%，变异系数为 0.32 和 0.29。从统计结果看，632 家中小企业从整体上都高度重视对科研人员激励制度和技术保密制度的建设，东、中、西和东北没有显著的差异，分布较为均匀。

（五）中小企业享受知识产权优惠政策测评

中小企业知识产权优惠政策享受情况整体较好，东部明显优于中、西部和东北。632 家受访中小企业中，597 家明确表示当地政府对中小企业知识产权发展有扶持政策、355家享受了高新技术企业所得税优惠政策、354家享受了研发费用所得税加计扣除政策，分别占比94.46%、56.17%和56.01%，变异系数分别为0.24、0.89和0.89；2010—2014年累计获得各级财政支持14.54亿元，户均获得各级财政支持230.79万元，其中2013年获得各级财政支持6.48亿元，户均获得各级财政支持102.82万元。从统计结果看，试点城市的政府对中小企业知识产权发展支持情况整体较好，超过半数以上的受访中小企业享受高新技术企业所得税优惠政策和研发费用所得税加计扣除政策，获得各级财政支持额度较大，对推动中小企业知识产权发展具有重要意义。

1. 试点城市普遍有中小企业知识产权发展扶持政策

试点城市在中小企业知识产权发展支持政策方面的认识高度一致，支持中小企业知识产权发展普遍成为各地方政府的重要施政内容。

632家受访中小企业中，597家明确表示当地政府对中小企业知识产权发展有扶持政策，占比94.46%，试点城市中小企业知识产权发展扶持政策建设卓有成效。东部258家受访企业中，248家明确表示当地政府建有中小企业知识产权发展扶持政策，占96.12%，变异系数为0.20。中部89家受访中小企业中，83家认为当地政府建有中小企业知识产权发展扶持政策，占93.26%，变异系数为0.27。西部196家受访中小企业中，184家认为当地政府有中小企业知识产权发展扶持政策，占93.88%，变异系数为0.26。东北89家受访中小企业中，82家认为当地政府建有中小企业知识产权发展扶持政策，占92.13%，变异系数为0.29。

2. 中小企业获得知识产权财政支持的规模较大

集聚区中小企业在知识产权方面获得各级财政支持的规模总体较大，但是企业之间有一定的差距。632家受访中小企业2010—2014年在知识产权方面获得各级财政支持14.54亿元，户均获得230.79万元，变异系数为9.87，其中2013年获得6.4778亿元，户均102.82万元，变异系数为13.05。东部258家中小企业2010—2014年在知识产权方面获得各级财政支持46045万元，户均获得财政支持178.47万元，变异系数为10.56，其中2013年获得34150万元，户均支持132.36万元，变异系数为14.11；中部89家中小企业2010—2014年在知识产权方面获得各级财政支持4284.8万元，户均获得财政支持48.14万元，变异系数为4.55，其中2013年获得1985.7万元，户均支持22.31万元，变异系数为5.29；西部196家中小企业2010—2014年在知识产权方面大约获得各级财政支持3.95亿元，户均获得财政支持 203.55 万元，变异系数为 8.45，其中 2013 年获得 18740 万元，户均支持 96.60 万元，变异系数为 9.49；东北 89 家中小企业 2010—2014 年在知识产权方面获得各级财政支持 5.56 亿元，户均获得财政支持 624.51 万元，变异系数为 7.15，其中 2013 年获得 9902.3 万元，户均支持 111.26 万元，变异系数为 8.09。

3. 中小企业享受高新技术企业所得税优惠和研发费用所得税加计扣除政策的比例有待进一步提高

中小企业享受高新技术企业所得税优惠和研发费用所得税加计扣除政策的比例并不太高，尚有提升的空间，需要进一步加强政策的贯彻落实。632 家受访中小企业中，355 家享受了高新技术企业所得税优惠政策、354 家享受了研发费用所得税加计扣除政策，分别占比 56.17% 和 56.01%，变异系数都为 0.89。东部 258 家受访中小企业中，仅有 144 家享受高新技术企业所得税优惠政策、165 家享受了研发费用所得税扣除政策，分别占比 55.81% 和 63.95%，变异系数分别为 0.89 和 0.75；中部 89 家受访中小企业中，仅有 44 家享受高新技术企业所得税优惠政策、43 家享受了研发费用所得税加计扣除政策，分别占比 49.44% 和 48.31%，变异系数分别为 1.02 和 1.04；西部 196 家受访中小企业中，仅有 108 家享受高新技术企业所得税优惠政策、96 家享受了研发费用所得税加计扣除政策，分别占比 55.10% 和 48.98%，变异系数分别为 0.91 和 1.02；东北 89 家受访中小企业中，仅有 59 家享受高新技术企业所得税优惠政策、50 家享受了研发费用所得税加计扣除政策，分别占比 66.29% 和 56.18%，变异系数分别为 0.73 和 0.89。

第五节　中小企业公共服务平台网络状况

一、平台网络政策环境不断完善

我国政府已把建立和发展中小企业公共服务平台作为国家战略，并视其为重要的战略性资源投入、国家自主创新战略和提高国家竞争力的重要内容。2006 年，在《中长期科学和技术发展规划纲要（2006—2020 年）》中明确提出要加强科技创新服务平台建设。2010 年工业和信息化部等 7 部门联合印发《关于促进中小企业公共服务平台建设的指导意见》，这是国家首次以"专门文件"阐述中小企业公共服务平台建设的重大意义，并界定了其内涵，提出了其建设的原则和目标以及保障措施等内容。

2011年工业和信息化部等五部委联合下发了《关于加快推进中小企业服务体系建设的指导意见》(工信部联企业〔2011〕575号,本目内简称《意见》)。《意见》从指导思想、基本原则及建设目标、加快服务平台建设等六个方面提出了加快推进中小企业服务体系建设的具体意见,进一步完善中小企业公共服务平台建设,促进中小企业服务体系的有效发展。

2012年国家提出支持建立和完善800家中小企业公共服务平台,认定第二批200家国家中小企业公共服务示范平台,将中小企业公共服务平台建设和示范平台认定与产业基地公共服务能力提升工程有机衔接,大力推动中小企业发展壮大。2012年4月,国务院下发《关于进一步支持小型微型企业健康发展的意见》(国发〔2012〕14号)文件提出,要大力推进服务体系建设,支持建立和完善公共服务平台,实施中小企业公共服务平台网络建设。至此,我国中小企业公共服务平台网络相关政策体系已基本完善,具体见下表:

表13-1　国家中小企业公共服务平台相关政策

发布时间	法律法规	发布单位
2004	《中央补助地方中小企业平台式服务体系建设专项资金使用管理办法》(财建〔2004〕317号)	财政部
2006	《国家中长期科学和技术发展规划纲要(2006—2020年)》	国务院
2009	《国务院关于发挥科技支撑作用促进经济平稳较快发展的意见》(国科发高〔2009〕379号)	科技部
2009	《国家技术创新工程总体实施方案》(国科发政〔2009〕269号)	科技部
2010	《关于促进中小企业公共服务平台建设的指导意见》(工信部联企业〔2010〕175号)	工信部
2010	《国家中小企业公共服务示范平台管理暂行办法》(工信部企业〔2010〕240号)	工信部
2011	《"十二五"中小企业成长规划》	工信部
2011	《国家中小企业公共服务示范平台(技术类)进口科技开发用品免征进口税收的暂行规定》(财关税〔2011〕71号)	财政部
2011	《关于加快推进中小企业服务体系建设的指导意见》(工信部联企业〔2011〕575号)	工信部

发布时间	法律法规	发布单位
2011	《首批"国家中小企业公共服务示范平台"名单的通告》（工信部企业〔2011〕127号）	工信部
2011	《关于印发2011年中小企业服务体系发展专项资金项目申报指南的通知》（工信厅联企业〔2011〕82号）	工信部
2011	《关于建立首批中小企业公共服务平台网络建设项目协调制度的通知》（工信厅企业函〔2011〕846号）	工信部
2012	《关于印发2012年中小企业服务体系发展专项资金项目申报指南的通知》（工信厅联企业〔2012〕18号）	工信部
2012	《关于印发《国家中小企业公共服务示范平台认定的管理办法》的通知》（工信部企业〔2012〕197号）	工信部
2012	《工业和信息化部关于印发中小企业服务年活动方案的通知》（工信部企业〔2012〕121号）	工信部
2012	《关于推荐第二批国家中小企业公共服务示范平台的通知》（工信厅企业函〔2012〕427号）	工信部
2012	《关于印发中小企业服务年活动方案的通知》（工信部企业〔2012〕121号）	工信部
2012	《关于建立首批中小企业公共服务平台网络建设项目协调制度的通知》（工信厅〔2012〕846号）	工信部
2012	《国务院关于进一步支持小型微型企业健康发展的意见》（国发〔2012〕14号）	国务院

在国家政策不断完善的背景下，地方政府也不断出台具体的管理条例，中小企业公共服务平台网络相关的政策体系不断获得完善。如辽宁省要求有立法权的地市出条例，没有立法权的出办法；广东省对平台采用统一服务标准、统一运营模式、统一数据库建设的办法进行管理等。

二、平台网络主体要素基本完成

我国目前已建立了具有广泛服务对象的中小企业公共服务平台，涉及国民经济 30 个以上的行业，包括纺织、设备制造、食品加工、金属制品、电气制造、农副产品加工、电子信息制造等。我国中小企业公共服务平台的服务范围日趋多样化，已推广至企业产品检验检测、技术质量培训、新产品（新技术、新工艺）

开发、技术信息等领域。目前，公共服务平台的服务范围已从最初以研发、设计、试验、生产加工、产品检测等技术服务为主逐步转向与信息、咨询、培训、管理提升、市场开拓等综合服务有机结合，为中小企业提供全程服务。

据对 28 个省（区、市）公共服务平台建设情况进行的调查显示，目前已有 21 个省（区、市）出台了推动平台建设的文件，18 个省（区、市）开展平台认定工作，已认定的服务平台 858 家，23 个省（区、市）对平台的建设和运营给予了资金支持。2011 年 2 月、2012 年 11 月、2013 年 10 月、2014 年 11 月工信部分别公示确认了首批 99 家、第二批 208 家、第三批 105 家、第四批 99 家国家中小企业公共服务示范平台名单，这些示范平台代表着我国现有中小企业公共服务平台体系当中"国家队"的水平。

目前各省（区、市）基本都已建立了省级中小企业公共服务总平台和多个窗口平台，平台能够连接大量的服务机构。平台主要以基础和应用两大类为主，通过成立相应的视频、应用、呼叫三大中心，初步完成系统门户架构设计，中小企业公共服务平台网络的主体要素已经基本建设完成。如湖北第一期 10 个窗口有 8 个已建成实体，重庆市已投资完成 60% 的基础设施建设。

三、平台网络资源整合取得一定进展

2011 年以来，工信部会同财政部分三年批复了 30 个省（自治区、直辖市）和 5 个计划单列市（以下简称省市）的平台网络建设方案，计划总投资合计 54.21 亿元，截至 2014 年三季度，35 个省市已完成投资 42 亿元，占总投资的 77.55%，从中央财政已拨付的 12 亿元资金使用情况看，共使用资金 7.36 亿元，占拨付额的 61.33%。[1] 在财政部门的大力支持下，在各级中小企业主管部门的共同努力下，平台网络建设工作取得了积极的进展。从首批开展平台网络建设的 10 个省市来看，在支持建设的 243 个窗口平台中，集聚了 3600 多家服务机构。已有 211 个平台开展了各类服务，服务企业 44 万家，122 万人次。为缓解当前中小企业特别是小型微型企业的生产经营困难、开拓市场、推动企业转型升级发挥了积极作用。

目前各省普遍以省级服务平台为中心，连接现有社会中介服务机构资源、技术中心、专业咨询管理机构，在资源整合上取得了一定进展。如江苏省平台实现

---

[1] 工业和信息化部中小企业司副司长在中小企业公共服务平台网络建设工作座谈会上的讲话，2014年11月20日。

了科技厅孵化器、生产力促进中心、工业园区的创业服务中心、留学生创业园、质检检验中心等服务资源的互联互通。另一方面，各地在平台建设过程中充分与行业协会合作，按行业划分打造行业技术平台，并充分发挥各地高校等研究机构在特定领域的专业优势。如上海市与法官协会合作，聘请退休法官为专家，鼓励开展针对小微企业的志愿者服务，政府为活动提供资金；辽宁省为打造服务平台基础，与省教育厅4所大学建立中小企业技术服务中心，及时公布新的技术进展。

四、平台服务模式和内容不断创新

目前中小企业公共服务平台尚没有统一的运营模式，各省结合本地具体情况正在探索适合本地的运营模式，主要有以下两类：

一是建立一般性的公共服务平台，分为核心层、紧密层、松散层，其中核心层是与省级平台建设密切相关的单位，紧密层是主要的服务机构，松散层是一些相关的社会组织。如吉林省以省级平台加27个单位作为服务平台网络的核心层，以200家服务机构作为平台建设的紧密层，以300家社会组织作为平台连接的松散层，通过有效连接众多中小企业服务机构的服务资源来实现服务平台网络的资源整合。

二是建立专业性的服务平台，主要以提供特色服务为主，平台的重点向地方主导产业优势产业倾斜、向核心企业中心倾斜，如江西省萍乡电子产业服务平台和景德镇陶瓷产业服务平台，黑龙江产业集群平台主要依托科研院所，其建立的焊接平台、仪表平台在国内处于领先地位。

三是服务内容和服务方式不断丰富。公共服务平台的服务内容随着平台建设的不断完善也日益丰富，不仅包括一般性的信息服务，还包括所占比例不断提升的专业技术支撑服务。同时，随着服务平台不断成熟，专业性的服务开始进行适当收费，由最初的纯公益性向弱盈利性发展过渡，并呈现出以市场机制运行的发展趋势。

第六节　中小企业市场环境状况

随着全面深化改革进程的持续推进，中小企业发展的市场环境大大改善，市场活力空前释放。按照全面深化改革工作要求，政府职能逐步转变，简政放权不断推进，推行"权力清单"制度，明确"负面清单"、"责任清单"，强调政府的事中事后监管、维护市场秩序和促进改革创新的职能，真正赋予市场主体公平、公正竞争权利，激发中小企业创业创新热情。尤其是在工商登记制度等改革后，新设企业大幅增加，中小企业创业发展活力得以充分释放，创业发展潜力巨大。

2014年，国务院不断推进简政放权、转变政府职能，取消和下放了600多项行政审批事项，极大地释放了中小企业创业创新发展活力，改革红利凸显。特别是2014年2月，国务院印发《注册资本登记制度改革方案》后，各地积极稳妥推进工商登记制度改革，变注册资本实缴为认缴登记，实行"先照后证"改革，放宽住所登记要求，取消企业年检制度，切实降低了市场准入门槛，激发了中小企业发展活力，拓展了中小企业发展空间。

第七节　中小企业创新能力状况

中小企业不断加大研发投入、加强新技术应用，创新能力显著增强。截止2014年年末，我国年均GDP增速稳定保持在7%以上，人均GDP超过4万元，每万名经济活动人口中大专及以上学历人数达到1942.3万人，年均增长6.8%，国家财政科学技术支出年均增长10%左右，支撑我国创新发展的经济、智力和制度环境进一步优化。[1]

创新投入力度持续加大，带动创新产出能力和经济效益不断提升。根据第三次经济普查数据显示[2]，截至2013年年末，我国R&D人员全时当量为353.3万人，每万人口中R&D人员全时当量为26人年，分别比上年增长8.8%和8.3%。企业R&D经费支出为9075.9亿元，占全社会R&D经费总量的76.6%，比上年提高0.4个百分点。每万人科技论文数为11.3篇，比上年增加0.1篇。每万名R&D人员专利授权数为3477件，发明专利授权数占专利授权数的比重为11.7%。技术市场成交合同金额为7469.1亿元，比上年增长16%；每万名科技活动人员技术市场成交额为8.6亿元，比上年增长8.9%。企业新产品销售收入年均增长14.6%；占主营业务收入之比年均提高0.7%。

---

[1] 国家统计局数据。
[2] 国家统计局：《第三次经济普查公报》。

第八节　中小企业信息化应用状况

中小企业应用信息技术开展研发、管理和生产控制的比重以及利用电子商务开展采购、销售等业务的比例都不断提高，信息化应用程度不断加深。据国家统计局统计，2014年，全国网上零售额27898亿元，同比增长49.7%，增速比社会消费品零售总额快37.7个百分点，相当于社会消费品零售总额的10.6%，年均增长率为40.31%。[1]《中国互联网络发展状况统计报告》显示，2014年我国使用互联网办公的企业比例为78.7%，其中，基本沟通类应用的电子邮件普及率为83%；商务服务类和内部支撑类应用中，网上银行、与政府机构互动和网络招聘普及率均超过50%；在线员工培训和网上应用系统，普及率分别为26.7%和20.5%。截至2014年12月，全国开展在线销售的企业比例为24.7%，开展在线采购的企业比例为22.8%，利用互联网开展营销推广活动的企业比例为24.2%。[2]

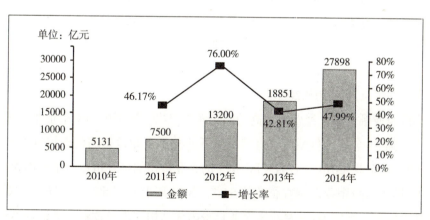

图13-7　2010—2014年全国网上零售额和增长率

数据来源：商务部。

---

[1]　《2012年度中国电子商务市场数据监测报告》，《2014年国民经济和社会发展统计公报》，商务部。
[2]　中国互联网络信息中心（CNNIC）2015年2月3日发布第35次《中国互联网络发展状况统计报告》。

第十四章　2014年我国中小企业重点政策解析

第一节　《关于扶持小型微型企业健康发展的意见》的出台

一、出台背景

中小企业特别是小型微型企业在促就业、促发展中具有不可替代的作用，对我国经济和社会发展具有重要的战略意义。党中央、国务院近年来高度重视中小企业发展，特别是在国际金融危机的背景下，小微企业在我国经济发展中的作用越来越突显。为扶持中小企业健康发展，营造良好的企业发展环境，国务院相继出台了一系列包括《国务院关于进一步促进中小企业发展的若干意见》（国发〔2009〕36号）在内的政策措施，相关部门已制定36个配套文件，各地政府制定相关实施办法及具体措施200多件。[1]

小微企业融资难、经营成本高的问题尤为突出。根据中国中小企业促进发展中心在全国31个省、自治区、直辖市展开的关于企业负担的调查评价工作，调查的4000家企业，2014年各省（区、市）的企业负担的综合指数水平平均为0.84。在2013年成本高企业占调查企业的54%，2014年上升到60%。[2]导致小微企业融资难主要有三个原因：一是小微企业自身内部结构简单导致资金链设置不规范，资金流动率低；二是小微企业信誉度较低，导致其在银行等金融机构难以申请贷款；三是中介机构指定的收费项目和实施标准不利于小微企业申请，导致其在这些机构中的资金申请失败；四是融资渠道狭窄，由于我国多层次的市场环境特点，致使民间融资机构缺少切实有效的民间融资途径。小微企业在增加就业、促进经

---

[1]　《工信部：面向小微企业的政府采购不少于18%》：http://news.xinhua08.com/a/20120427/947927.shtml。
[2]　工商总局解读《国务院关于扶持小型微型企业健康发展的意见》，2014年12月3日。

济发展、推动科技创新以及维护社会和谐稳定等多方面都发挥着重要的作用。近几年来，国务院从财税、金融多方面着力扶持小微企业，出台了一系列有针对性的政策措施，尽管已经取得了很好的成效，但是在经济新常态下小微企业所面临的困难和问题是仍然存在的。2014年7月份，李克强总理到山东考察调研，针对新设立企业面临的融资难、融资贵等问题，强调要保护新设立企业的积极性，要加大对这些新企业的金融和财税支持力度，帮助小微企业尽快成长，在全社会激起新的创业热潮，更好地释放改革的红利。为了贯彻总理的指示精神，国务院就扶持新设立小微企业的健康发展问题进行了专题研究，工信部、国家工商总局、财政部等十几个部门进一步研究加大扶持小微企业的措施。2014年10月31日李克强总理正式签署了《国务院关于扶持小型微型企业健康发展的意见》(国发〔2014〕52号)。

相较于2012年国务院颁布的我国第一部针对小型微型企业的政策文件，即《国务院关于进一步支持小型微型企业健康发展的意见》(国发〔2012〕14号),《关于扶持小型微型企业健康发展的意见》虽只有十条，在篇幅上远不及〔2012〕14号文件的二十九条，但却更加注重文件的侧重点。明确文件的重点为小型微型企业，重点解决其税收、融资、场地、用工、经营管理等方面的具体问题。在政策措施方面，进一步加大了财税支持和金融服务的力度。在财税支持方面，强调积极落实结构性税收优惠政策。对于当前已有的免征关税政策，侧重向小型微型企业倾斜，从公共服务、保险补贴方面根据小微企业的特点进行扶持。在金融服务方面，完善小型微型企业融资担保政策，明确各类银行业金融机构对小型微型企业的服务方向，积极鼓励拓宽企业融资渠道。从政策措施的角度上帮助小微企业特别是初创期的小微企业进行融资，进一步完善小微企业服务体系，帮助小微寻找企业发展机会。

二、具体措施

一是充分发挥现有中小企业专项资金的引导作用，鼓励将小型微型企业纳入地方中小企业扶持资金支持范围。加强对小微企业的融资担保扶持力度，适当调整政府对担保机构的支持幅度，采取多种扶持方式完善小微企业融资体系建设。规定了金融机构对小微企业的扶持措施包括：大银行要充分利用机构和网点的优势加大对小微企业金融服务专营机构的建设力度，加大建设支持专门针对小微企业服务的银行机构；小型银行要调整自身信贷结构，重点支持小微企业。根据小微企业经营特点及需求，设立创新金融产品，保证在不同经营时期的小微企业都能在金融机构找到相应的金融产品。加强对符合条件的民间投资机构的建设和管理，发挥机构在小微企业融资中的作用，提升机构服务水平，增强对小微企业的融资服务。（财政部、发展改革委、工业和信息化部、科技部、商务部、工商总局等部门负责）

二是认真落实已经出台的支持小型微型企业税收优惠政策，根据形势发展的需要研究出台继续支持的政策。小型微型企业从事国家鼓励发展的投资项目，进口项目自用且国内不能生产的先进设备，按照有关规定免征关税。（财政部会同税务总局、工商总局、工业和信息化部、海关总署等部门负责）

三是加大中小企业专项资金对小企业创业基地（微型企业孵化园、科技孵化器、商贸企业集聚区等）建设的支持力度。鼓励大中型企业带动产业链上的小型微型企业，实现产业集聚和抱团发展。（财政部、工业和信息化部、科技部、商务部、工商总局等部门负责）

四是对小型微型企业吸纳就业困难人员就业的，按照规定给予社会保险补贴。自工商登记注册之日起3年内，对安排残疾人就业未达到规定比例、在职职工总数20人以下（含20人）的小型微型企业，免征残疾人就业保障金。（人力资源社会保障部会同财政部、中国残联等部门负责）

五是鼓励各级政府设立的创业投资引导基金积极支持小型微型企业。积极引导创业投资基金、天使基金、种子基金投资小型微型企业。符合条件的小型微型企业可按规定享受小额担保贷款扶持政策。（财政部会同发展改革委、工业和信息化部、证监会、科技部、商务部、人力资源社会保障部等部门负责）

六是进一步完善小型微型企业融资担保政策。大力发展政府支持的担保机构，引导其提高小型微型企业担保业务规模，合理确定担保费用。进一步加大对小型微型企业融资担保的财政支持力度，综合运用业务补助、增量业务奖励、资本投入、代偿补偿、创新奖励等方式，引导担保、金融机构和外贸综合服务企业等为小型微型企业提供融资服务。（银监会会同发展改革委、工业和信息化部、财政部、科技部、商务部、人力资源社会保障部、人民银行、税务总局等部门负责）

七是鼓励大型银行充分利用机构和网点优势，加大小型微型企业金融服务专营机构建设力度。引导中小型银行将改进小型微型企业金融服务和战略转型相结合，科学调整信贷结构，重点支持小型微型企业和区域经济发展。引导银行业金融机构针对小型微型企业的经营特点和融资需求特征，创新产品和服务。各银行业金融机构在商业可持续和有效控制风险的前提下，单列小型微型企业信贷计划。在加强监管前提下，大力推进具备条件的民间资本依法发起设立中小型银行等金融机构。（银监会会同人民银行、发展改革委、财政部、工业和信息化部、科技部、商务部等部门负责）

八是高校毕业生到小型微型企业就业的，其档案可由当地市、县一级的公共就业人才服务机构免费保管。（人力资源社会保障部、工业和信息化部、工商总局等部门负责）

九是建立支持小型微型企业发展的信息互联互通机制。依托工商行政管理部门的企业信用信息公示系统，在企业自愿申报的基础上建立小型微型企业名录，集中公开各类扶持政策及企业享受扶持政策的信息。通过统一的信用信息平台，汇集工商注册登记、行政许可、税收缴纳、社保缴费等信息，推进小型微型企业信用信息共享，促进小型微型企业信用体系建设。通过信息公开和共享，利用大数据、云计算等现代信息技术，推动政府部门和银行、证券、保险等专业机构提供更有效的服务。从小型微型企业中抽取一定比例的样本企业，进行跟踪调查，加强监测分析。（工商总局、发展改革委、税务总局、工业和信息化部、人力资源社会保障部、人民银行、质检总局、统计局等部门负责）

十是大力推进小型微型企业公共服务平台建设，加大政府购买服务力度，为小型微型企业免费提供管理指导、技能培训、市场开拓、标准咨询、检验检测认证等服务。（工业和信息化部会同财政部、科技部、商务部、质检总局等部门负责）

第二节 《关于印发注册资本登记制度改革方案的通知》的出台

一、政策内容

（一）放松市场主体准入管制，切实优化营商环境

1. 实行注册资本认缴登记制。公司股东认缴的出资总额或者发起人认购的股本总额（即公司注册资本）应当在工商行政管理机关登记。公司股东（发起人）应当对其认缴出资额、出资方式、出资期限等自主约定，并记载于公司章程。有限责任公司的股东以其认缴的出资额为限对公司承担责任，股份有限公司的股东以其认购的股份为限对公司承担责任。公司应当将股东认缴出资额或者发起人认

购股份、出资方式、出资期限、缴纳情况通过市场主体信用信息公示系统向社会公示。公司股东（发起人）对缴纳出资情况的真实性、合法性负责。

放宽注册资本登记条件。除法律、行政法规以及国务院决定对特定行业注册资本最低限额另有规定的外，取消有限责任公司最低注册资本3万元、一人有限责任公司最低注册资本10万元、股份有限公司最低注册资本500万元的限制。不再限制公司设立时全体股东（发起人）的首次出资比例，不再限制公司全体股东（发起人）的货币出资金额占注册资本的比例，不再规定公司股东（发起人）缴足出资的期限。

公司实收资本不再作为工商登记事项。公司登记时，无需提交验资报告。

现行法律、行政法规以及国务院决定明确规定实行注册资本实缴登记制的银行业金融机构、证券公司、期货公司、基金管理公司、保险公司、保险专业代理机构和保险经纪人、直销企业、对外劳务合作企业、融资性担保公司、募集设立的股份有限公司，以及劳务派遣企业、典当行、保险资产管理公司、小额贷款公司实行注册资本认缴登记制问题，另行研究决定。在法律、行政法规以及国务院决定未修改前，暂按现行规定执行。

已经实行申报（认缴）出资登记的个人独资企业、合伙企业、农民专业合作社仍按现行规定执行。

鼓励、引导、支持国有企业、集体企业等非公司制企业法人实施规范的公司制改革，实行注册资本认缴登记制。

积极研究探索新型市场主体的工商登记。

2. 改革年度检验验照制度。将企业年度检验制度改为企业年度报告公示制度。企业应当按年度在规定的期限内，通过市场主体信用信息公示系统向工商行政管理机关报送年度报告，并向社会公示，任何单位和个人均可查询。企业年度报告的主要内容应包括公司股东（发起人）缴纳出资情况、资产状况等，企业对年度报告的真实性、合法性负责，工商行政管理机关可以对企业年度报告公示内容进行抽查。经检查发现企业年度报告隐瞒真实情况、弄虚作假的，工商行政管理机关依法予以处罚，并将企业法定代表人、负责人等信息通报公安、财政、海关、税务等有关部门。对未按规定期限公示年度报告的企业，工商行政管理机关在市场主体信用信息公示系统上将其载入经营异常名录，提醒其履行年度报告公示义务。企业在三年内履行年度报告公示义务的，可以向工商行政管理机关申请恢复正常记载状态；超过三年未履行的，工商行政管理机关将其永久载入经营异常名录，不得恢复正常记载状态，并列入严重违法企业名单（"黑名单"）。

改革个体工商户验照制度，建立符合个体工商户特点的年度报告制度。

探索实施农民专业合作社年度报告制度。

3. 简化住所（经营场所）登记手续。申请人提交场所合法使用证明即可予以登记。对市场主体住所（经营场所）的条件，各省、自治区、直辖市人民政府根据法律法规的规定和本地区管理的实际需要，按照既方便市场主体准入，又有效保障经济社会秩序的原则，可以自行或者授权下级人民政府作出具体规定。

4. 推行电子营业执照和全程电子化登记管理。建立适应互联网环境的工商登记数字证书管理系统，积极推行全国统一、标准规范的电子营业执照，为电子政务和电子商务提供身份认证和电子签名服务保障。电子营业执照载有工商登记信息，与纸质营业执照具有同等法律效力。大力推进以电子营业执照为支撑的网上申请、网上受理、网上审核、网上公示、网上发照等全程电子化登记管理方式，提高市场主体登记管理的信息化、便利化、规范化水平。

（二）严格市场主体监督管理，依法维护市场秩序

1. 构建市场主体信用信息公示体系，完善市场主体信用信息公示制度。以企业法人国家信息资源库为基础构建立市场主体信用信息公示系统，支撑社会信用体系建设。在市场主体信用信息公示系统上，工商行政管理机关公示市场主体登记、备案、监管等信息；企业按照规定报送、公示年度报告和获得资质资格的许可信息；个体工商户、农民专业合作社的年度报告和获得资质资格的许可信息可以按照规定在系统上公示。公示内容作为相关部门实施行政许可、监督管理的重要依据。加强公示系统管理，建立服务保障机制，为相关单位和社会公众提供方便快捷服务。

2. 完善信用约束机制。建立经营异常名录制度，将未按规定期限公示年度报告、通过登记的住所（经营场所）无法取得联系等的市场主体载入经营异常名录，并在市场主体信用信息公示系统上向社会公示。进一步推进"黑名单"管理应用，完善以企业法人法定代表人、负责人任职限制为主要内容的失信惩戒机制。建立联动响应机制，对被载入经营异常名录或"黑名单"、有其他违法记录的市场主体及其相关责任人，各有关部门要采取有针对性的信用约束措施，形成"一处违法，处处受限"的局面。建立健全境外追偿保障机制，将违反认缴义务、有

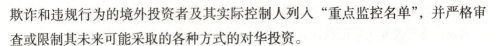

欺诈和违规行为的境外投资者及其实际控制人列入"重点监控名单",并严格审查或限制其未来可能采取的各种方式的对华投资。

3. 强化司法救济和刑事惩治。明确政府对市场主体和市场活动监督管理的行政职责,区分民事争议与行政争议的界限。尊重市场主体民事权利,工商行政管理机关对工商登记环节中的申请材料实行形式审查。股东与公司、股东与股东之间因工商登记争议引发民事纠纷时,当事人依法向人民法院提起民事诉讼,寻求司法救济。支持配合人民法院履行民事审判职能,依法审理股权纠纷、合同纠纷等经济纠纷案件,保护当事人合法权益。当事人或者利害关系人依照人民法院生效裁判文书或者协助执行通知书要求办理工商登记的,工商行政管理机关应当依法办理。充分发挥刑事司法对犯罪行为的惩治、威慑作用,相关部门要主动配合公安机关、检察机关、人民法院履行职责,依法惩处破坏社会主义市场经济秩序的犯罪行为。

4. 发挥社会组织的监督自律作用。扩大行业协会参与度,发挥行业协会的行业管理、监督、约束和职业道德建设等作用,引导市场主体履行出资义务和社会责任。积极发挥会计师事务所、公证机构等专业服务机构的作用,强化对市场主体及其行为的监督。支持行业协会、仲裁机构等组织通过调解、仲裁、裁决等方式解决市场主体之间的争议。积极培育、鼓励发展社会信用评价机构,支持开展信用评级,提供客观、公正的企业资信信息。

5. 强化企业自我管理。实行注册资本认缴登记制,涉及公司基础制度的调整,公司应健全自我管理办法和机制,完善内部治理结构,发挥独立董事、监事的监督作用,强化主体责任。公司股东(发起人)应正确认识注册资本认缴的责任,理性作出认缴承诺,严格按照章程、协议约定的时间、数额等履行实际出资责任。

6. 加强市场主体经营行为监管。要加强对市场主体准入和退出行为的监管,大力推进反不正当竞争与反垄断执法,加强对各类商品交易市场的规范管理,维护公平竞争的市场秩序。要强化商品质量监管,严厉打击侵犯商标专用权和销售假冒伪劣商品的违法行为,严肃查处虚假违法广告,严厉打击传销,严格规范直销,维护经营者和消费者合法权益。各部门要依法履行职能范围内的监管职责,强化部门间协调配合,形成分工明确、沟通顺畅、齐抓共管的工作格局,提升监管效能。

7. 加强市场主体住所(经营场所)管理。工商行政管理机关根据投诉举报,依法处理市场主体登记住所(经营场所)与实际情况不符的问题。对于应当具备特定条件的住所（经营场所），或者利用非法建筑、擅自改变房屋用途等从事经营活动的，由规划、建设、国土、房屋管理、公安、环保、安全监管等部门依法管理；涉及许可审批事项的，由负责许可审批的行政管理部门依法监管。

二、重要意义

国务院印发《注册资本登记制度改革方案》（本目简称《方案》），决定推行注册资本登记制度改革，按照便捷高效、规范统一、宽进严管的原则，创新公司登记制度，降低准入门槛，强化市场主体责任。改革注册资本登记制度，是深入贯彻党的十八大和十八届二中、三中全会精神，对加快政府职能转变、创新政府监管方式、建立公平开放透明的市场规则，保障创业创新，具有重要意义。[1]

一是有利于激发市场主体创业热情。现行注册资本登记制度是在我国建立和完善社会主义市场经济体制过程中逐步形成的，在培育市场主体、保障交易安全、维护市场秩序等方面发挥了积极作用。但制度设计中注重政府管控、准入成本过高的弊端也日益显现。按照公司法修正案和《方案》，推行注册资本登记制度改革，就较好地解决了现行注册资本登记制度在实际操作中遇到的问题。注册资本由实缴登记制改为认缴登记制，并放宽注册资本登记条件。在登记注册环节，改革后，公司实收资本不再作为工商登记事项。在进行公司登记时，也无需提交验资报告。注册资本登记制度上述改革对于创业者而言，意味着注册公司"门槛"和创业成本最大限度地降低。改革后的注册资本登记制度最大限度地为投资主体松绑，释放其投资创业活力，更好地让现代企业制度为发展我国经济服务。

二是有利于进一步优化企业经营环境。改革举措进一步放松了准入条件的管制，企业创立、运营成本大幅度降低，能够激发大众的投资热情，鼓励创业、带动就业，尤其是对小微企业特别是创新型企业的发展有很大的推动作用。在当前我国经济下行压力较大的情况下，这些改革对于巩固经济稳中向好的发展态势是非常有利的，同时也符合新技术、新产业、新业态等新兴生产力发展的要求。从长远看，注册资本登记制度改革将进一步促进市场在资源配置中起决定性作用，充分激发市场的活力，优化企业的营商环境。

三是有利于推动政府职能转变。改革举措突出强调了简政放权，创新监管方式，强化协同监管，落实部门监管责任等。改革要求从对企业微观活动的干预转

---

[1] 参见《工商总局注册资本登记制度改革方案相关解读》，http://www.saic.gov.cn/qyj/djfg/qt/201402/t20140226_142114.html。

向对市场主体行为、市场活动的监管，从传统的"重审批轻监管"转变为"宽准入严监管"，这将推动政府管理方式由事前审批为主向事中、事后监管为主转变，更加有利于形成宽松准入、公平竞争的市场秩序。国务院部署这样一项全局性的改革工作，对各级政府和政府部门提出了"简政放权"的较高要求，市场主体和创业者从中受益。[1]

四是有利于促进信用体系建设。此次注册资本登记制度改革，要求强化信用监管、协同监管和社会共治，更加注重运用信息公示、信息共享、信用约束等手段，形成部门协同监管、行业自律、社会监督和主体自治相结合的市场监管格局。强调企业在享有改革赋予更多便利条件的同时，也要依法承担相应的信息公示等义务和责任。这些措施的实施必将有力地推动政务信息公开，从而促进政务诚信建设，有力地增强市场主体经营活动相关信息的透明度，保障交易安全，从而促进商务诚信建设。

第三节 《关于多措并举着力缓解企业融资成本高问题的指导意见》的出台

一、出台背景

企业是经济活动的基本细胞，当前融资成本高是企业面临的突出问题，从宏观的角度看我国货币信贷的总量并不小，到2014年上半年整个社会融资规模10.57万亿元，比上年同期增加了4000多亿元，2014年7月末M2余额接近120万亿元，同比增长13.5%，所以货币供应和社会融资规模都处在一个合理的增长区间。但是由于我国经济目前正处在增长速度的换档期、结构调整的阵痛期和前期刺激政策消化期，社会资金需求量巨大，所以客观上部分企业特别是小微企业融资成本还比较高。有效缓解企业融资成本，既可以为企业"输氧供血"，促进当前经济增长，又能形成金融和实体经济良性互动，使经济固本培元、行稳致远。国务院对此高度重视，2014年5月30日国务院总理李克强主持召开国务院第49次常务会议，部署落实和加大金融对实体经济的支持，特别提出要降低社会融资成本。2014年7月23日，李克强总理又主持召开了第57次国务院常务会议，

---

[1] 参见《工商总局注册资本登记制度改革方案相关解读》，http://www.saic.gov.cn/qyj/djfg/qt/201402/t20140226_142114.html。

专门研究如何缓解企业融资成本高问题，提出了多方面的要求。当前，经济形势整体向好，但下行的压力还依然比较大，仍然还存在着不稳定的因素，结构调整又处于爬坡时期，所以解决好企业，特别是小微企业融资成本高的问题，对于稳增长、促改革、调结构、惠民生确实意义重大。所以《关于多措并举着力缓解企业融资成本高问题的指导意见》（国办发〔2014〕39号）的出台，充分体现了国务院常务会议的精神，也准确敏锐地把握了当前金融支持实体经济的关键，深入透彻地分析了造成企业融资成本偏高的多种成因，全面系统地提出了缓解企业融资成本的各项措施。总的来说指导意见的出台恰逢其时，意义非常重大。[1]

二、具体措施

（一）保持货币信贷总量合理适度增长

继续实施稳健的货币政策，综合运用多种货币政策工具组合，维持流动性平稳适度，为缓解企业融资成本高创造良好的货币环境。优化基础货币的投向，适度加大支农、支小再贷款和再贴现的力度，着力调整结构，优化信贷投向，为棚户区改造、铁路、服务业、节能环保等重点领域和"三农"、小微企业等薄弱环节提供有力支持。切实执行有保有控的信贷政策，对产能过剩行业中有市场有效益的企业不搞"一刀切"。进一步研究改进宏观审慎管理指标。落实好"定向降准"措施，发挥好结构引导作用。（人民银行负责）

（二）抑制金融机构筹资成本不合理上升

进一步完善金融机构公司治理，通过提高内部资金转移定价能力、优化资金配置等措施，遏制变相高息揽储等非理性竞争行为，规范市场定价竞争秩序。进一步丰富银行业融资渠道，加强银行同业批发性融资管理，提高银行融资多元化程度和资金来源稳定性。大力推进信贷资产证券化，盘活存量，加快资金周转速度。尽快出台规范发展互联网金融的相关指导意见和配套管理办法，促进公平竞争。进一步打击非法集资活动，维护良好的金融市场秩序。（人民银行、银监会、证监会、保监会、工业和信息化部等负责）

---

[1] 参见《全方位解读关于多措并举着力缓解企业融资成本高问题的指导意见》，http://news.bjx.com.cn/html/20140819/537897.shtml，访问日期：2014年8月18日。

（三）缩短企业融资链条

督促商业银行加强贷款管理，严密监测贷款资金流向，防止贷款被违规挪用，确保贷款资金直接流向实体经济。按照国务院部署，加强对影子银行、同业业务、理财业务等方面的管理，清理不必要的资金"通道"和"过桥"环节，各类理财产品的资金来源或运用原则上应当与实体经济直接对接。切实整治层层加价行为，减少监管套利，引导相关业务健康发展。（人民银行、银监会、证监会、保监会、外汇局负责）

（四）清理整顿不合理金融服务收费

贯彻落实《商业银行服务价格管理办法》，督促商业银行坚决取消不合理收费项目，降低过高的收费标准。对于直接与贷款挂钩、没有实质服务内容的收费项目，一律予以取消；对于发放贷款收取利息应尽的工作职责，不得再分解设置收费项目。严禁"以贷转存""存贷挂钩"等变相提高利率、加重企业负担的行为。规范企业融资过程中担保、评估、登记、审计、保险等中介机构和有关部门的收费行为。在商业银行和相关中介机构对收费情况进行全面深入自查的基础上，在全国范围内加强专项检查。对于检查发现的违规问题，依法依规严格处罚。（银监会、发展改革委等负责）

（五）提高贷款审批和发放效率

优化商业银行对小微企业贷款的管理，通过提前进行续贷审批、设立循环贷款、实行年度审核制度等措施减少企业高息"过桥"融资。鼓励商业银行开展基于风险评估的续贷业务，对达到标准的企业直接进行滚动融资，优化审贷程序，缩短审贷时间。对小微企业贷款实施差别化监管。（银监会、人民银行负责）

（六）完善商业银行考核评价指标体系

引导商业银行纠正单纯追逐利润、攀比扩大资产规模的经营理念，优化内部考核机制，适当降低存款、资产规模等总量指标的权重。发挥好有关部门和银行股东的评价考核作用，完善对商业银行经营管理的评价体系，合理设定利润等目标。设立银行业金融机构存款偏离度指标，研究将其纳入银行业金融机构绩效评价体系扣分项，约束银行业金融机构存款"冲时点"行为。（银监会、财政部负责）

（七）加快发展中小金融机构

积极稳妥发展面向小微企业和"三农"的特色中小金融机构，促进市场竞争，增加金融供给。优化金融机构市场准入，在加强监管前提下，加快推动具备条件的民间资本依法发起设立中小型银行等金融机构。积极稳妥培育立足本地经营、特色鲜明的村镇银行，引导金融机构在基层地区合理布局分支机构和营业网点。（银监会负责）

（八）大力发展直接融资

健全多层次资本市场体系，继续优化主板、中小企业板、创业板市场的制度安排。支持中小微企业依托全国中小企业股份转让系统开展融资。进一步促进私募股权和创投基金发展。逐步扩大各类长期资金投资资本市场的范围和规模，按照国家税收法律及有关规定，对各类长期投资资金予以税收优惠。继续扩大中小企业各类非金融企业债务融资工具及集合债、私募债发行规模。降低商业银行发行小微企业金融债和"三农"金融债的门槛，简化审批流程，扩大发行规模。（证监会、人民银行、发展改革委、财政部、银监会、保监会等负责）

（九）积极发挥保险、担保的功能和作用

大力发展相关保险产品，支持小微企业、个体工商户、城乡居民等主体获得短期小额贷款。积极探索农业保险保单质押贷款，开展"保险＋信贷"合作。促进更多保险资金直接投向实体经济。进一步完善小微企业融资担保政策，加大财政支持力度。大力发展政府支持的担保机构，引导其提高小微企业担保业务规模，合理确定担保费用。（保监会、财政部、银监会、工业和信息化部负责）

（十）有序推进利率市场化改革

充分发挥金融机构利率定价自律机制作用，促进金融机构增强财务硬约束，提高自主定价能力。综合考虑我国宏微观经济金融形势，完善市场利率形成和传导机制。（人民银行负责）

从中长期看，解决企业融资成本高的问题要依靠推进改革和结构调整的治本之策，通过转变经济增长方式、形成财务硬约束和发展股本融资来降低杠杆率，消除结构性扭曲。围绕使市场在资源配置中起决定性作用和更好发挥政府作用，继续深化政府职能转变，推进国有企业改革和财税改革，简政放权，打破垄断，硬化融资主体财务约束，提高资金使用效率。落实对小微企业的税收支持政策，切实增强小微企业核心竞争力和盈利能力。引导小微企业健全自身财务制度，提高经营管理水平。各地区、各部门要高度重视降低企业融资成本的相关工作，加

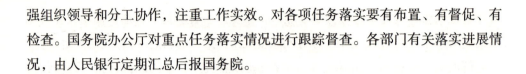

强组织领导和分工协作，注重工作实效。对各项任务落实要有布置、有督促、有检查。国务院办公厅对重点任务落实情况进行跟踪督查。各部门有关落实进展情况，由人民银行定期汇总后报国务院。

第四节 《关于创新重点领域投融资机制鼓励社会投资的指导意见》的出台

一、出台背景

为了推进经济结构战略性调整，加强薄弱环节建设，促进经济持续健康发展，按照国务院的部署和要求，国家发改委会同有关部门，选择生态环保、农业水利、市政、交通、能源、信息、社会事业等领域，重点就吸引社会资本特别是民间资本参与，提出了创新重点领域投融资机制鼓励社会投资的一系列改革措施，研究起草了《关于创新重点领域投融资机制鼓励社会投资的指导意见》（国发〔2014〕60号，本节内简称《指导意见》）。[1]

二、具体措施

《指导意见》的创新体现在5个方面，包括市场准入、投资运营机制、政府投资方式、融资方式和渠道、价格形成机制等。[2]

一是实行统一市场准入，创造平等投资机会。《指导意见》在一些重点领域进一步放开市场准入，向社会资本特别是民间资本敞开大门。比如，《指导意见》提出鼓励社会资本加强能源设施投资，支持社会资本在做好生态环境保护、移民安置和确保工程安全的前提下参与水电建设，积极吸引社会资本投资电网建设，鼓励社会资本参与油气管网、储存设施建设运营等。

二是创新投资运营机制，扩大社会资本投资途径。创新吸引社会资本的方式，鼓励社会资本进入公共服务和基础设施领域，有利于将政府的政策意图与社会资本的管理效率有机结合，推动各类资本相互融合、优势互补。《指导意见》明确提出，在公共服务、资源环境、生态保护、基础设施等领域，推广政府与社会资本合作（PPP）模式，创新投资运营机制，积极扩大社会资本投资途径。

---

[1] 参见发展改革委介绍《国务院关于创新重点领域投融资机制鼓励社会投资的指导意见》等情况，http://www.gov.cn/xinwen/2014-11/27/content_2784159.htm，访问日期：2014年11月26日。

[2] 参见《发改委解读关于创新重点领域投融资机制鼓励社会投资的指导意见》，http://futures.hexun.com/2014-12-08/171212716.html，访问日期：2014年12月8日。

三是优化政府投资使用方向和方式，发挥引导带动作用。优化政府投资使用方向和方式，提高政府投资效益，有利于引导社会资本投资方向，更好地发挥政府投资"四两拨千斤"的带动作用。《指导意见》提出，政府投资主要投向公益性和基础性建设。在同等条件下，优先支持引入社会资本的项目。根据项目情况，通过投资补助、基金注资、担保补贴、贷款贴息等多种方式，支持社会资本参与重点领域建设。

四是创新融资方式，拓宽融资渠道。创新融资方式，为社会资本提供更好的融资服务，是发挥社会资本作用的重要保障。《指导意见》在信贷服务、担保、产业投资基金、股权债权融资等方面，多措并举，丰富社会资本的融资方式和渠道。比如，创新信贷服务，支持开展排污权、收费权、购买服务协议质押等担保贷款业务，探索利用工程供水、供热、发电、污水垃圾处理等预期收益质押贷款。发展股权和创业投资基金，鼓励民间资本发起设立产业投资基金，政府可以通过认购基金份额等方式给予支持等。

五是完善价格形成机制，发挥价格杠杆作用。为了保障项目盈利能力，稳定社会投资预期，为社会资本进入创造条件，需要完善价格形成机制。《指导意见》对水利、市政基础设施、能源、社会事业等领域价格提出了改革措施。比如，营利性民办学校收费实行自主定价，非营利性民办学校收费政策由地方政府按照市场化方向根据当地实际情况确定。又比如，进一步推进天然气价格改革，2015年实现存量气和增量气价格并轨，逐步放开非居民用天然气气源价格。

第十五章　2015年我国中小企业发展面临的形势

第一节　全球经济依旧处于缓慢复苏阶段

　　回顾2014年，全球经济依然处于国际金融危机后的缓慢恢复进程中，虽然总体上延续了2013年以来较为温和的增长态势，但完全消化过去近十年积累的债务泡沫还需较长时间。伴随复苏的结构调整依旧进行、主要经济体发展冷热不均以及各种新挑战的不断出现都在不同程度上影响着世界经济增长。整体来看，世界经济呈现低速稳定增长的局面，但低于年初各方预期水平。2014年4月世界银行预测世界经济增长率为3.6%，但6月份将预测值调低为2.8%。根据国际货币基金组织2014年10月份的最新预测数据，2014年世界经济增速与2013年持平，为3.3%，也低于原来预期。

　　2015年，考虑到制约全球经济增长的长期因素依然存在，我们预计全球经济将依然处于缓慢复苏阶段，世界经济增长难以大幅提升。按照国际货币基金组织（IMF）的预测，2015年世界经济增速为3.7%—3.8%，彭博社对全球明星经济学家的预测性调查结果为3.2%，渣打银行全球经济研究部的预测数据为3.4%。虽然各方预测数据不一，但2015年世界经济继续2014年的缓慢复苏态势已成各方共识。

表 15-1　三大机构对世界 GDP 增长率的预测（%）

	世界		发达国家		发展中国家	
	2014	2015	2014	2015	2014	2015
世行	2.6	3.0	1.8	2.2	4.4	4.8
联合国	2.6	3.1	1.6	2.1	4.3	4.8
经合组织	3.3	3.7	–	–	–	–

数据来源：wind 数据库。

第二节　发达经济体经济增长呈现分化局面

2014 年，虽然发达经济体推动了世界经济的缓慢增长，但发达经济体中，经济发展依然冷热不均。据世界银行的《世界经济展望》预测，2014 年发达经济体的增长率将达 2.25% 左右，高于 2013 年 1 个百分点。其中，美国受制造业回归、页岩气革命等因素推动，经济复苏势头强劲。2015 年 1 月 30 日美国商务部经济分析局（BEA）公布的数据显示，2014 年美国国内生产总值（GDP）增长了 2.4%，创 2011 年以来新高。整体来看，2014 年美国经济呈现显著地"低开高走"特征，GDP（按不变价格）在一季度下滑 2.1% 的形势下，三季度创出 5% 的新高，虽然四季度相较 3 季度有所下滑，但依然达到 2.2%。相比之下，欧元区经济受制于投资和出口不力等因素，表现较为疲弱，2014 前三季度 GDP 环比增速分别为 0.2%、0、0.2%，全年呈整体通货紧缩、经济停滞特征。日本经济也呈现复苏乏力的特征，受内需大幅波动的影响，2014 年前三个季度环比增速分别为 6%、-7.1% 和 -1.6%。

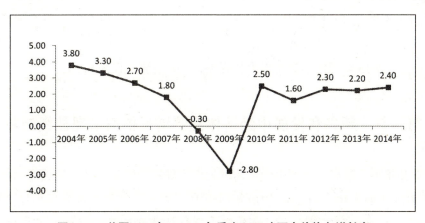

图15-1　美国2004年—2014年季度GDP（不变价格）增长率

数据来源：wind 数据库。

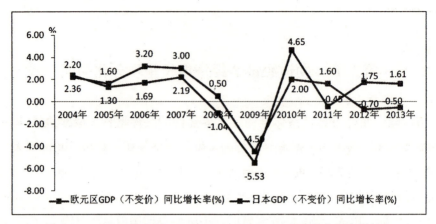

图15-2　日本、欧元区2004年—2013年GDP（不变价）同比增长率

数据来源：wind 数据库。

　　我们判断，2015 年，发达经济体的两极分化现象将依然延续，美国虽不排除量化宽松政策退出后复苏进程反复的可能，但因为新型制造业复苏与科技创新这些长期积极因素的存在，经济延续强劲复苏的态势将成为大概率事件，IMF 预测 2015 年美国经济有望增速达 3.6%。而欧盟主权债务问题等消极因素依然存在，随着龙头德国的经济下滑以及意大利的经济衰退，经济增长依然面临较为复杂的局面，IMF 对欧盟 2014 和 2015 年经济增长预测值为 0.8% 和 1.2%。日本随着"安倍经济学"负面效应的逐渐显现，以往刺激政策的作用不断弱化，2014 年增长近乎停滞，2015 年经济依然难以大幅提振，IMF 预测值仅为 0.6%。

第三节　新兴和发展中经济体经济增长依旧呈现放缓趋势

　　近几年来，新兴和发展中经济体增长率下降较为明显，已经从 2010 的 7.5%降到 2014 年的 4.4%，在 IMF 的最新预测中，将 2015 年新兴和发展中经济体增速下调至 4.3%。全年来看，2014 年新兴经济体或者面临着经济增长速度放缓的困扰，或者陷于通货膨胀的泥沼。新型经济体中，印度的经济增长速度较高，2014 年 1—4 季度 GDP（不变价）增速分别为 6.14%、5.85%、6.04%、7.46%，但印度通货膨胀率依然处于较高水平，wind 的统计数据显示：截至 2015 年 1 月，印度 CPI 同比增速依然高达 7.17%。2015 年，考虑到新执政的莫迪政府对经济发展的高度重视，印度大力进行的结构性改革效果显现，以及各种刺激性政策的推出，印度经济有望继续保持稳定的复苏势头，根据世界银行和IMF的预测，2015年印度经济增速将达6.4%，普华永道的预测值甚至达到了7%。但与此同时，经济刺激政策背景下，通货膨胀率也将继续保持高位，虽然自2014年5月以来推出的结构改革将通胀率从2013年的11%一度降到了2014年11月的4.12%，但随后2个月出现了较大反弹。综合多种因素，预计印度2015年通胀率在6%左右。

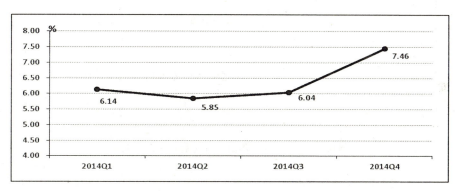

图15-3　2014年印度GDP（不变价）季度同比

数据来源：wind 数据库。

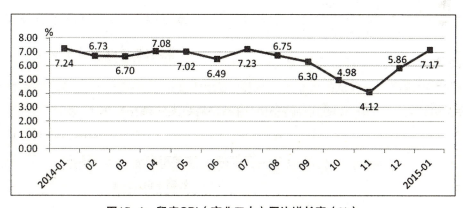

图15-4　印度CPI（产业工人）同比增长率（%）

数据来源：wind 数据库。

新兴经济体中，巴西经济持续低迷，身处滞涨泥沼。作为全球第七大经济体，巴西GDP（不变价）2014年前三个季度，同比增速分别为1.92%、-0.87%和-0.24%，根据巴西央行的预测，全年经济处于近似"零增长"的境地。巴西央行 2015 年初发布的《焦点调查》报告的最新预测显示，2015 年经济增长率仅为 0.03%。经济停滞的同时，巴西通货膨胀率居高不下，央行预测 2015 年通胀率将高达 7.01%。

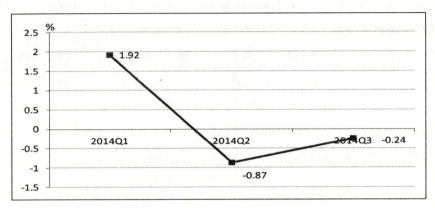

图15-5　2014年巴西GDP（不变价）季度同比

数据来源：wind 数据库。

作为金砖国家的俄罗斯，由于经济对能源的单一依赖较强，受国际能源价格暴跌、地缘政治危机以及西方国家经济制裁等因素制约，经济陷入困境。IMF 预测 2015 年俄罗斯经济将陷入衰退，经济增长率为 –3.0%。

此外，同为金砖国家的南非经济局面也不乐观，IMF 预测 2014 年南非经济增长率为 1.4%，2015 年也仅为 2.1%。相对而言，以东南亚国家为代表的亚洲新兴发展中国家依托较低的要素价格优势，受全球制造业转移因素推动，经济增长状况相对较好，IMF 预测其经济整体增长有望保持在 6%—6.5% 之间。

第四节　各国政策方向不一带来经济增长变数

2014 年，各国经济政策尤其是货币政策走势反差强烈。随着美国经济和就业数据的强劲复苏，2014 年 10 月 30 日，美国宣布结束始于 2012 年 9 月的第三轮量化宽松政策，至此，美国已经完全退出量化宽松。各方预计，美国将于 2015 年进入加息通道。而与此相反，欧元区和日本不断加大宽松政策力度应对通缩局面，欧元区 2015 年延续了 2014 年以来的宽松政策，3 月 5 日，德拉吉宣布欧央行购债计划将于 3 月 9 日开始，每月购买 600 亿欧元，QE 将延续至 2016

年 9 月之后。针对美国 QE 政策的退出，日本央行于 2014 年 10 月 31 日宣布继续保持并进一步放宽货币政策，随后在 12 月 19 日举行的金融政策决策会议上做出继续推行大规模量化宽松政策。加拿大和澳大利亚央行也明确表示 2015 年货币政策保持宽松态势不变。印度进入 2015 年以来，分别在 1 月中旬和 3 月 4 日进行了两次降息，每次 25 个基点。各经济体反差强烈的货币政策一方面反映着当前全球经济格局面临通缩与通胀压力并存的复杂局面，另一方面也为未来全球经济带来了新的变数。汇率方面，济复苏支撑美元持续走强，引发国际资本回流，对中国等发展中国家产生汇率冲击，增加了未来经济的变数。

表 15-2　2014 年降息经济体

经济体	降息次数	累计幅度（基点）	当前利率水平（%）
匈牙利	7	90	2.10
智利	5	125	3.00
罗马尼亚	4	100	3.00
土耳其	3	175	8.25
以色列	3	75	0.25
欧洲央行	2	20	0.05
秘鲁	2	50	3.50
韩国	2	50	2.00
瑞典	2	75	0.00
冰岛	2	75	5.25
中国	1	25	2.75
波兰	1	50	2.00
泰国	1	25	2.00
越南	1	50	6.50
墨西哥	1	50	3.00

数据来源：国家统计局。

表 3-3　2014 年升息经济体

经济体	升息次数	累计幅度（基点）	当前利率水平（%）
俄罗斯	6	1150	17.00
巴西	5	175	11.75
新西兰	4	100	3.50
乌克兰	3	750	14.00
菲律宾	2	50	4.00
南非	2	75	5.75
马来西亚	1	25	3.25
加纳	1	200	21.0
印度尼西亚	1	25	7.75
马拉维	1	250	25.0
印度	1	25	8.00
土耳其（隔夜贷款利息）	1	425	12.00

数据来源：国家统计局。

第五节　新常态下，中国经济增速平稳回落

　　历经30多年高速增长后，当前中国经济正处在由高速增长到中速增长的转换期，GDP增长率2014年已经降为7.4%，在技术创新难以获得根本性突破的情况下，受资本边际贡献率下降和劳动力供应下降、成本上升影响，中国经济中期潜在增长率不断下滑。增速换挡、转型阵痛、前期政策消化"三期叠加"影响下，经济下行压力较大。

　　以往拉动经济高速增长的"三驾马车"中，受制于产能过剩和环境约束，投资增速持续放缓，2014年在前两个季度16.3%的基础上，三四季度呈加速下滑趋势，3季度为13%，4季度为9.7%。

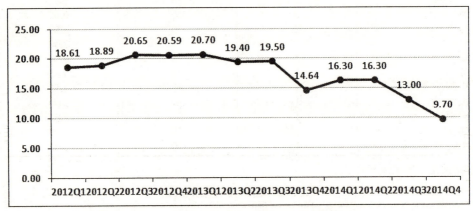

图15-6　固定资产投资完成额：实际当季同比

数据来源：Wind数据库。

　　受全球市场收缩，外贸进出口增速下滑限制。2014年1月进出口增长率（同比）还为10.27%，到2015年1月已经降到负增长10.9%；

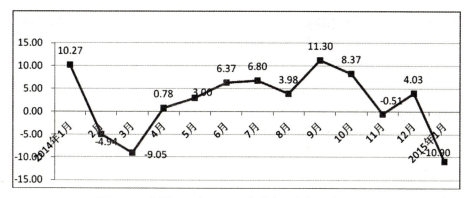

图15-7 我国2014年—2015年进出口金额：当月同比

数据来源：wind 数据库。

由于内需相对不足，消费潜力迟迟未得到释放。社会消费品零售总额进入 2014 年以来持续下降，在 10 月份创出 11.52% 的新低后，虽然 11、12 月有所上升，但仍在触底阶段。

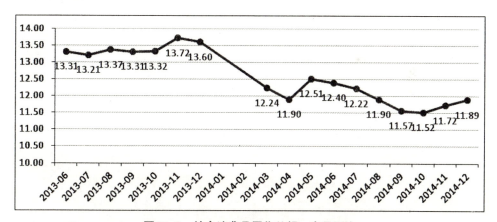

图15-8 社会消费品零售总额：当月同比

数据来源：Wind 数据库。

基于这些原因，中国经济增速从 2010 年至今一直处于单边平稳下滑中。2015 年，由于制约经济高速增长的产期因素依然存在，经济增速会延续稳定放缓的趋势。出于调结构、促转型的大背景考虑，政府对经济增长也不再仅仅关注速度，而是在稳增长的基础上更加关注经济质量的提升，因此主动性降速依然是 2015 年的主旋律。年初，政府将 2015 年经济增长预期调整为 7%，体现了对经济增速下滑的容忍力不断提高。各方对中国经济 2015 年的预测值也大体处于 6.5%—7.5% 之间，例如，IMF 预测值为 6.8%。

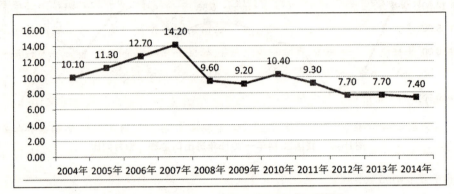

图15-9　我国2004年—2014年GDP年增长率

数据来源：Wind 数据库。

第十六章　2015年我国中小企业发展趋势展望

第一节　对2015年中小企业发展态势的基本判断

一、国际经济缓慢复苏，中小企业出口有望低速增长

全球经济发展冷热不均，但总体有望维持低增长态势。美国复苏势头明显。2014年三季度PMI数据创近年来新高，失业率已稳步下降。预计2015年，受能源成本下降、消费和投资增长企稳、国际资本回流三大因素支撑，美国经济有望继续回暖。欧盟经济受高失业、低通胀和结构问题牵制复苏乏力。但随着欧盟宽松货币政策和欧元贬值政策的实施，2015年欧盟经济有望止跌回稳。2015年新兴市场回升势头依然脆弱。总体来看，美国经济复苏大体可以抵消欧盟及新兴

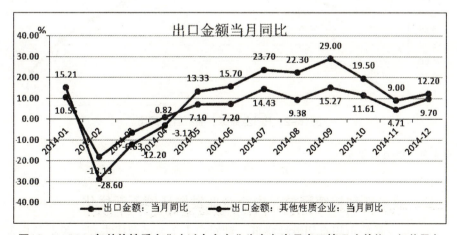

图16-1　2014年其他性质企业（以中小企业为主）当月出口情况（单位：亿美元）

数据来源：Wind数据库。

经济体经济复苏缓慢带来的国际需求下降。受出口退税、快速通关等一系列政策刺激以及人民币阶段性贬值影响，2014年，中小企业出口情况好于整体出口情况，呈现温和回升迹象。随着我国与韩国、澳大利亚等相关国家自贸协定的达成，2015年我国中小企业出口有望保持2014年以来整体的复苏势头，实现温和增长。

二、宏观经济增速下滑，中小企业国内市场空间承压

中国经济增速下滑已经超越阶段性波动范畴，成为未来一段时间的趋势性问题。截至2015年1月，工业品出产价格指数（PPI）延续同比负增长的趋势，已持续35个月当月同比负增长，同时，民间固定资产投资、社会消费品零售总额、工业增加值等一系列数据均呈现明显向下趋势，反映出经济下行压力逐渐加大，国内需求不足，制约中小企业国内市场空间。2015年，随着经济增长和劳动生产率增长减速，住房、汽车带动的消费增长效应逐步减弱，预计最终消费支出和社会消费品零售总额实际增速将延续回调势头。国内消费需求增速回落影响着中小企业市场空间。

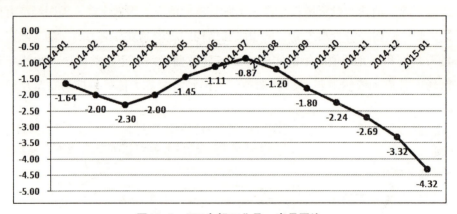

图16-2　PPI全部工业品：当月同比

数据来源：Wind数据库。

三、政策红利持续释放，中小企业发展环境不断优化

中小企业税费负担有望继续降低。针对中小企业经营成本高、税费负担重等问题，国务院2014年9月推出小微企业税收优惠措施，在现行对月销售额不超过2万元的小微企业、个体工商户和其他个人暂免征收增值税、营业税的基础上，

从 10 月 1 日至 2015 年底，将月销售额 2 万—3 万元的也纳入暂免征税范围。另外，近两年来，政府进行了一系列行政审批和税费整顿工作，取消清理了大量不合理收费。2014 年 11 月召开的国务院常务会议，决定实施普遍性降费，进一步为企业特别是小微企业减负添力，会议部署了四项具体减费举措，每年将减轻企业和个人负担约 400 多亿元。根据国家税务总局的数据，2014 年，共有 246 万户小微企业享受了所得税优惠，减免金额 101 亿元，减免增值税政策和营业税优惠政策惠及 2200 万户小微企业，共计减免 511 亿元。2015 年 2 月 26 日，李克强总理主持召开国务院常务会议，会议又推出了两项中小企业减负政策，一是进一步减税降费措施，从 2015 年 1 月 1 日至 2017 年 12 月 31 日，将享受减半征收企业所得税优惠政策的小微企业范围，由年应纳税所得额 10 万元以内（含 10 万元）扩大到 20 万元以内（含 20 万元），并按 20% 的税率缴纳企业所得税。二是企业将失业保险费率由现行条例规定的 3% 统一降至 2%，估计将减负 400 亿元。可以预期，整个 2015 年，这一减税减负政策趋势将得以延续，中小企业税费负担有望进一步降低。

小企业融资环境将得到进一步改善。针对中小企业融资难问题，从中央到地方各级政府非常关注，各项政策不断推出，在原有"两个不低于"的政策持续发力基础上，央行于 2014 年 4 月和 6 月连续两次实施了定向降准[1]，8 月份又出台了《国务院办公厅关于多措并举着力缓解企业融资成本高问题的指导意见》。11 月 22 号，央行实施降息政策，1 年期贷款基准利率下调 0.4 个百分点。2015 年年初，央行再次下调贷款利率，自 3 月 1 日起金融机构 1 年期贷款基准利率下调 0.25 个百分点。考虑到政策的累加效应不断放大、货币政策执行效果的时滞性以及各种新型融资渠道和金融产品的不断创新，预计 2015 年中小企业融资环境将得到较为明显的改善。另外，随着国内外环境的变化和各方面条件的成熟，2015 年基准利率连续下调 2—3 次也成为大概率事件，这也有助于缓解中小企业融资贵难题。

中小企业服务体系建设成效将不断呈现。经过近几年的努力，全国中小企业公共服务示范平台及平台网络建设推进顺利，截至 2014 年 11 月，已经建立 500 家国家级中小企业公共服务示范平台，初步构建起"省级枢纽平台＋各地窗口平

---

[1]　2014 年 4 月份实施的定向降准适用于所有的县域农村商业银行和县域农村合作银行，准备金率分别下调 2 个和 0.5 个百分点，主要是这两类机构对"三农"贷款比例都比较高。6 月份实施的定向降准则适用于符合审慎经营且"三农"或小微企业贷款达到一定比例的其他各类型商业银行，准备金率降幅为 0.5 个百分点。

台"架构的覆盖全国的中小企业服务平台网络，为中小企业提供涵盖创业辅导、管理咨询、融资、技术创新、法律、市场拓展等领域的专业服务。各级财政资金对中小企业服务体系建设支持力度不断加大。可以预见，随着服务体系布局的不断完善、服务内容的不断拓展、服务手段的日益多元以及服务水平的不断提升，2015 年中小企业将能够更加便捷、高效地获得更低成本、更高质量的服务。

表 16-1　近两年来国家支持中小企业的主要相关政策梳理

序号	文件名称	文件号	发文机关	发文时间
1	《关于深化小微企业金融服务的意见》	银监发〔2013〕7号	银监会	2013年3月21日
2	《国务院批转发展改革委关于2013年深化经济体制改革重点工作意见的通知》	国发〔2013〕20号	国务院	2013年5月23日
3	《国务院办公厅关于金融支持经济结构调整和转型升级的指导意见》	国办发〔2013〕67号	国务院办公厅	2013年7月5日
4	《国务院办公厅关于金融支持小微企业发展的实施意见》	国办发〔2013〕87号	国务院办公厅	2013年8月12日
5	《中国银监会关于进一步做好小微企业金融服务工作的指导意见》	银监发（2013）37号	银监会	2013年8月29日
6	《国务院关于全国中小企业股份转让系统有关问题的决定》	国发〔2013〕49号	国务院	2013年12月14日
7	《关于促进劳动密集型中小企业健康发展的指导意见》	工信部联企业〔2013〕542号	工业和信息化部、国家发展和改革委员会、财政部、人力资源和社会保障部、商务部、海关总署、国家税务总局、国家工商行政管理总局、中国银行业监督管理委员会	2013年12月31日
8	《关于全面做好扶贫开发金融服务工作的指导意见》	银发〔2014〕65号	中国人民银行、财政部、银监会、证监会、保监会、扶贫办、共青团中央	2014年3月6日

（续表）

序号	文件名称	文件号	发文机关	发文时间
9	《关于印发〈农村金融机构定向费用补贴资金管理办法〉的通知》	财金〔2014〕12号	财政部	2014年3月11日
10	《中国银监会农村中小金融机构行政许可事项实施办法》	中国银监会令2014年第4号	银监会	2014年3月13日
11	《中国银监会关于2014年小微企业金融服务工作的指导意见》	银监发〔2014〕7号	银监会	2014年3月14日
12	《关于深入推进文化金融合作的意见》	文产发〔2014〕14号	文化部、中国人民银行、财政部	2014年3月17日
13	《中国银监会 中国证监会关于商业银行发行优先股补充一级资本的指导意见》	银监发〔2014〕12号	银监会	2014年4月3日
14	《关于印发〈中小企业发展专项资金管理暂行办法〉的通知》	财企〔2014〕38号	财政部、工业和信息化部、科技部、商务部	2014年4月11日
15	《国务院办公厅关于金融服务"三农"发展的若干意见》	国办发〔2014〕17号	国务院办公厅	2014年4月22日
16	《国务院关于进一步促进资本市场健康发展的若干意见》	国发〔2014〕17号	国务院	2014年5月9日
17	《国务院办公厅关于支持外贸稳定增长的若干意见》	国办发〔2014〕19号	国务院办公厅	2014年5月15日
18	《中国银监会关于调整商业银行存贷比计算口径的通知》	银监发〔2014〕34号	银监会	2014年6月30日
19	《关于大力支持小微文化企业发展的实施意见》	文产发〔2014〕27号	文化部、工业和信息化部、财政部	2014年7月11日

（续表）

序号	文件名称	文件号	发文机关	发文时间
20	《中国银监会关于完善和创新小微企业贷款服务 提高小微企业金融服务水平的通知》	银监发〔2014〕36号	银监会	2014年7月23日
21	《国务院关于加快发展生产性服务业 促进产业结构调整升级的指导意见》	国发〔2014〕26号	国务院	2014年7月28日
22	《国务院办公厅关于多措并举着力缓解企业融资成本高问题的指导意见》	国办发〔2014〕39号	国务院办公厅	2014年8月14日
23	《国务院关于扶持小型微型企业健康发展的意见》	国发〔2014〕52号	国务院	2014年11月20日
24	《中国银监会关于鼓励和引导民间资本参与农村信用社产权改革工作的通知》	银监发〔2014〕45号	银监会	2014年11月24日
25	《中国银监会办公厅关于印发加强农村商业银行三农金融服务机制建设监管指引的通知》	银监办发〔2014〕287号	银监会	2014年12月9日
26	《中国保监会 工业和信息化部 商务部 人民银行 银监会关于大力发展信用保证保险服务和支持小微企业的指导意见》	保监发〔2015〕6号	中国保监会、工业和信息化部、商务部、中国人民银行、银监会	2015年1月8日
27	《关于金融企业涉农贷款和中小企业贷款损失准备金税前扣除有关问题的通知》	财税〔2015〕3号	财政部、国家税务总局	2015年1月15日
28	《国务院关于促进服务外包产业加快发展的意见》	国发〔2014〕67号	国务院	2015年1月16日

四、创业热潮有望延续，中小企业群体有望继续壮大

为了实现中小企业"以创业促就业"，各级政府对中小企业创业的支持力度不断加大。首先，2014 年以来，国务院常务会议上多次提出鼓励支持"大众创业、万众创新"，凸显国家对创业的关注。其次，2014 年 3 月份我国开始实行注册资本登记制度改革，微观市场活力得到激发，注册企业数量及注册资本量都出现了大幅度增长[1]，平均每天新登记企业约 1 万户。再次，各级政府大力推广中小企业创业基地建设，截至目前，全国 31 个省（区、市）区绝大多数已经建立起省级中小企业创业基地的认定和指导办法，对入驻企业提供房租减免、政府财政补贴、规费减免、税收减免、融资支持等优惠政策。全国 19 个省（区、市）530家省级创业基地调研数据显示，每个基地平均入驻企业为 80 家，最多达 1502 家，极大地促进了中小企业创业。另外，国家层面也正在酝酿出台部省共建中小企业创业基地相关政策，加大对创业基地的支持力度。预计 2015 年，随着各方政策的效果显现，创业活力将不断被激发，创业热潮有望得到延续，中小企业群体将不断扩大。

图16-3　2014年3月注册资本登记制度改革以来新登记注册企业户数（单位：万户）

数据来源：国家工商总局。

---

[1]　根据国家工商总局统计，2014年3—9月，全国新登记注册企业224.18万户，增长56.48%，注册资本（金）11.53万亿元，增长85.03%。

第二节　需要关注的几个问题

一、小型企业与大、中型企业发展境况差异显著

近两年来，制造业采购经理人指数 PMI 数据显示，我国工业整体依然处于平稳状态，但小型企业与中型、大型企业发展境况差异显著，小型企业持续处于收缩区间。截至 2014 年 12 月，中国制造业采购经理指数（PMI）大型企业为 51.4%，中型企业 PMI 为 48.7%，小型企业为 45.5%；比上月大幅下降 2.1 个百分点，继续处于收缩区间。虽然 2015 年 1、2 月份有所回升，分别为 46.4% 和 48.1%，但仍旧处于荣枯线以下。预计小型企业的发展境况短期内难以根本性扭转，发展处境较为严峻。中小企业如何以创新求发展、以升级谋发展、以效率促发展，弥补自身市场劣势地位，仍将是 2015 年中小企业自身以及相关主管部门难以回避的问题。

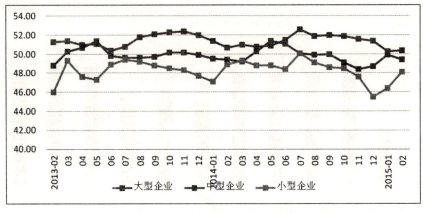

图16-4　2013年2月—2015年2月中国制造业采购经理人指数（PMI）

数据来源：国家统计局。

二、中小企业增长动力不足，转型升级任重道远

作为拉动中小企业经济增长的引擎，当前民间固定资产投资增速呈现放缓迹象。2014 年，民间固定资产投资累计同比增长 18.1%，与 1—6 月份累计同比增长 20.1% 相比处于下降的趋势，与 2013 年 1—12 月 23.1% 的累计增速相比差异

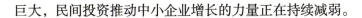

巨大，民间投资推动中小企业增长的力量正在持续减弱。

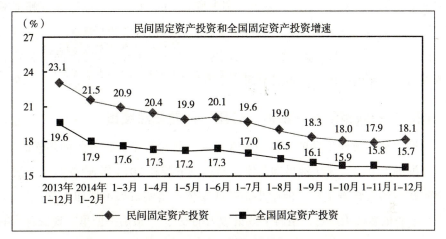

图16-5　民间固定资产投资和全国固定资产投资增速

数据来源：wind 数据库。

同时，中小企业内在融资需求开始下降。根据人民银行《2014 年第 3 季度银行家问卷调查报告》："三季度贷款总体需求指数为 66.6%，较二季度下降 4.9 个百分点。分规模看，大、中、小微型企业贷款需求指数分别为 55.3%、62% 和 70.8%，较二季度分别下降 2.6、2.9 和 2.1 个百分点。"说明中小企业经济活跃度呈现降低趋势，内在融资需求不断下降。这些迹象反映了中小企业自身增长动力不足。另外，中小企业转型升级阵痛期尚未渡过，国家统计局中国经济景气监测中心开展的经济学家信心调查结果显示，3/4 的经济学家认为"三期叠加"对中国经济的影响从现在算起至少还会持续三年以上的时间。由此判断，2015 年中小企业将依然面临增长动力下降、转型升级镇痛的挑战。

三、中小企业贸易摩擦形势严峻，亟需引起重视

当前我国主要贸易伙伴纷纷加大对我国出口产品的贸易救济调查，国际贸易摩擦加剧，导致我国出口优势不断削弱，明显加剧了中小企业扩大外需的难度。来自商务部的数据显示，2014 年，共有 22 个国家和地区对中国出口产品发起贸易救济调查 97 起。其中，反倾销 61 起，反补贴 14 起，保障措施 22 起，涉案金额 104.9 亿美元。仅在 2014 年上半年，对我国发起的贸易救济调查数量同比就增长了 20.4%，涉案金额同比增长达 136%。美国对我国发起的"双反"调查案

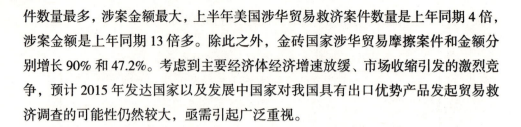

件数量最多，涉案金额最大，上半年美国涉华贸易救济案件数量是上年同期4倍，涉案金额是上年同期13倍多。除此之外，金砖国家涉华贸易摩擦案件和金额分别增长90%和47.2%。考虑到主要经济体经济增速放缓、市场收缩引发的激烈竞争，预计2015年发达国家以及发展中国家对我国具有出口优势产品发起贸易救济调查的可能性仍然较大，亟需引起广泛重视。

四、扶持政策落实"最后一公里"问题依然突出

长期以来，政府出台的支持政策在落实实施过程中面临着各种各样的阻力，甚至是推进不下去，无法被贯彻落实。虽然国务院在2014年6—7月份开展了大规模的政策落实督查工作，但中小企业政策依然落实效果不尽如人意，"最后一公里"障碍依然较为严重，阻碍了政策效力的发挥。"最后一公里"现象背后的形成原因复杂，既有主观认识层面问题，又有客观执行问题，还涉及现有体制机制层面以及政策本身科学性问题。基于问题原因的复杂性以及清除政策落实障碍任务的长期性和艰巨性，预计2015年中小企业各项政策将依然面临这一问题的困扰。

第三节　应采取的对策建议

一、加大政策落实力度，进一步改善中小企业发展环境

为解决政策落实"最后一公里"问题，保证中小企业发展的各类优惠政策能够实时落地，让中小企业真正享受到"政策红利"，一是要继续加强调查研究，切实摸清政策落实问题的症结所在，有针对、有重点地探索解决思路；二是要建立监督机制，加强政策评估和绩效考核，及时调查各项政策的实施效果，确保政策落到实处；三是探索体制改革，尝试将政策评估结果与地方政府业绩考核挂钩，提高政府对中小企业的重视程度，保障政策落地。

二、以创业基地为依托，增加中小企业创业活力

一是以中小企业创业基地为依托，通过创业促进就业，稳定政府政策的斡旋空间，为政府调结构、促进转型升级提供缓冲空间；二是选择一批符合条件的创业基地，探索省部共建机制，集中政策优惠措施加大扶持力度，在短期内强化创业基地的示范效果；三是促进创业基地与现有中小企业公共服务平台网络、中小

企业公共服务平台的有效对接，建立持续稳定的合作机制，整合资源，形成合力，共同推动中小企业创业。

三、加快服务体系建设，助力中小企业健康发展

一是加快中小企业服务体系建设，丰富服务机构的服务内容，建立健全服务机构的绩效评价机制；二是引导服务机构创新服务模式，充分利用微信、移动互联网等信息化手段，提升为中小企业服务的能力；三是以中小企业产业集群为抓手，立足对"专精特新"中小企业加大政策扶持力度，加速中小企业转型升级进程。

四、激发中小企业创新潜力，促进中小企业转型升级

应继续强化财政资金支持、税负减免、融资支持等方面的政策，支持中小企业创新发展，谋求升级。一是政府通过财政补贴、奖励、税收减免等政策鼓励引导中小企业加强新技术、新工艺技术改造，加大研发投入、加强产学研联合提高技术创新能力。二是积极加强大企业与中小企业的协作配套水平，通过建立稳定的业务关系，提供技术、人才、设备、资金的支持，激发小企业的创新潜力，加快中小企业转型升级。三是积极引导中小企业集聚发展，通过集聚发展，优化产业集群发展环境，延长产业链条，加强企业之间的专业化协作水平，以促进中小企业提升技术创新能力，加快转型升级。

五、放开中小企业投资领域，拓展中小企业发展空间

一是进一步积极推进落实"非公经济36条"与"民间投资36条"，打破由于部门利益与地方利益导致的中小企业与大型企业之间不平等的市场地位，打破非公经济与中小企业进入各领域所面临的无形障碍，拓展中小企业发展空间。二是积极发展混合所有制经济。一方面，通过发展混合所有制经济促进非公有制企业与中小企业进入过去无力或无法进入的某些经营领域，扩大企业经营和发展空间。另一方面，通过发展混合所有制经济实现非公有制中小企业的股权多元化和治理结构现代化，建立现代企业制度，提高企业素质。

产　业　篇

第十七章　2014年我国战略性新兴产业取得的主要进展

2014年，我国战略性新兴产业增速较往年有所回落，发展模式逐步调整，结构不断优化。同时，受国民经济深度调整和产业政策密集发布的双重影响，新兴产业发展进入提质增效的新阶段，面临一系列新情况和新特点，仍是引领国内经济增长的重要引擎。

一、整体进入平稳增长、提质增效的发展阶段

新兴产业增速有所回落，由高速增长进入中高速增长区间。2014年1—11月份高技术制造业增加值同比增长12.2%，快于工业整体增速3.9个百分点，高技术制造业增加值占制造业增加值比重比上年同期的12.3%上升到12.6%。装备制造业和电子制造业增加值增速分别达到10.3%和12%，都快于工业整体增速，占全部规模以上工业比重分别达到18.6%和6.6%。新能源汽车累计生产5.67万辆，同比增长5倍。从2014年前三个季度的统计数据来看，全国规模以上高技术制造业同比增长10%左右，高于规模以上工业增加值增速，低于2013年增速，由高速增长进入中高速增长区间。原因有两方面：一是受国民经济整体下滑的影响。2014年一至三季度GDP增长7.4%、三季度是7.3%，相比上年同期均有所回落；二是产业增长的内生动力不足，仍未形成可持续拉动新兴产业高速增长的驱动力。战略性新兴产业进入相对平缓的增长区间，面临结构优化和提质增效的现实要求。

产业发展模式进入深度调整期，逐步由无序状态进入有序发展阶段。部分新兴产业领域频频发生企业破产事件为各级政府敲响了警钟，大干快上的盲目投资、不断突破底线的兜底现象正在逐渐减少，一些行业在政府引导下，开始探索建立健全行业自律机制，逐步规范市场秩序。如，国内光伏产业上下游企事业单位自

愿发起成立中国光伏行业协会,标志着我国光伏行业将逐步走上自律、协调、可持续发展的道路。另外民营企业成为战略性新兴产业发展主体。有数据显示,截至2014年上半年,民营企业在战略性新兴产业上市公司中比重高达63.5%,高于上市公司总体11.6百分点,国有企业在战略性新兴产业上市公司中占比仅为26.8%。

相关改革不断深化,产业发展环境进一步改善。生物、新能源、新一代信息技术等领域的改革取得新进展,增强了产业发展活力。国家食品药品监督管理总局发布《创新医疗器械特别审批程序(试行)》,针对创新医疗器械设置了优先审评审批通道,将有力促进医疗器械新技术的推广和应用。国家能源局印发了《新建电源接入电网监管暂行办法》,为可再生新能源公平接入电网提供了有力保障,并豁免了部分新能源发电项目电力业务许可证,进一步简化流程、减轻企业负担。工业和信息化部公布了第二批获得虚拟运营商牌照企业名单,多家运营商陆续放号,上线各自特色业务,为下一步构建产业良好格局奠定了基础。国家电网公司全面放开分布式电源并网过程与电动汽车充换电设施市场,为民营企业投资发展新能源和新能源汽车产业提供了新的机会。

二、各地创新扶持手段,推动区域差异化发展

转变政府支持方式,积极探索新兴产业发展新途径。面对复杂多变的产业格局和市场环境,各地积极探索新兴产业发展新途径,逐步转变扶持方式。例如,安徽省合肥市出台扶持产业发展的"1+3+5"政策,提出政策调整的"四个转变":"由事后为主向事中事前介入为主转变、由分散使用向集中使用转变、由无偿使用为主向有偿使用为主转变、由直补企业为主向创造外部环境为主转变",实现"拨款变投资、资金变基金",进一步优化财政资金投入结构,提高资金使用效益。2014年以来,四川、上海、广东、重庆等多地新设或增加新兴产业引导基金,鼓励通过市场行为推动产业发展。

地区差异化发展趋势显现,力图形成特色产业基地。一些地方认识到仅依靠企业个体,推动多种新兴产业发展,往往力有不逮。基于对当地产业基础、区位优势、发展环境等认识的不断深化,会倾向于聚焦若干重点领域,出台符合自身产业特色的发展规划和政策措施。比如贵州省凭借丰富的医药资源、民族药品种和一批著名的制药企业,提出打造"贵阳新医药产业圈",并印发了《贵州省新医药产业发展规划(2014—2017年)》和《关于加快推进新医药产业发展的指导

意见》。

三、行业发展情况各异，分化现象愈加明显

新一代信息技术、高端装备制造、新能源汽车、节能环保等产业呈现快速增长态势。据沪、深两市三季报显示，信息通信、节能环保等新兴产业领跑 2014 年前三季度股票市场。1082 家上市公司累计净利润 4386.35 亿元，同比增长 8.26%；而 26 家通信类公司前三季度实现净利润 68.16 亿元，同比增长 63.86%。

生物医药、新材料等产业保持平稳发展，新能源产业复苏逐步迎来转机。生物医药和新材料产业普遍存在投入大、见效慢的特点，因此，推进速度较为缓慢，在 2014 年保持相对平稳的发展速度。对新能源产业来说，在资金与政策的双驱动下，正迎来复苏转机。国内 A 股上市公司 2014 年三季报数据显示，前三季度，20 家新能源概念公司实现净利润合计 30.42 亿元，较上年同期合计亏损 3.43 亿元大有改观，资本市场对新能源板块的态度，经历了由冷转暖的迅速扭转。

四、部分领域技术水平领先，涌现一批优势企业

从总体看，我国战略性新兴产业部分领域先后取得重大技术突破。例如，环保行业中膜技术和膜生物反应器应用、烟气脱硫和除尘技术应用和设备制造已达到或接近国际先进水平。风力机组设计能力、多兆级风电机组研制和多晶硅生、提炼技术取得突破，部分关键风电设备和晶硅太阳电池生产设备基本实现国产化。新材料产业的超大规模集成电路关键配套材料、大截面预拉伸铝合金、钽铌铍合金、高性能纤维等生产技术已达到国际先进水平。医疗器械产业中包括高强度超声聚集、高性能全自动生化分析仪在内的若干重要领域打破了技术壁垒，产出了一批重大成果。转基因种棉、转基因水稻等方面的生物育种技术基本与世界同步。此外，在锂电池产量跻身世界三甲的同时，在动力性铁电池技术研发和产业化领域进入了国际领先行列。

部分领域涌现出一批成长迅速、实力较强的大型企业和中小企业群。比如，新能源产业，一方面涌现出包括金风科技、华锐风电、东方汽轮机等在内的一批风电设备龙头企业，还有河北力诺、保定英立等若干光伏和太阳能热利用大型企业；另一方面，迅速形成了若干从事零部件生产、服务配套的上下游中小企业群。

五、形成若干产业集聚区，拥有一批专业人才队伍

我国战略性新兴产业已呈现集聚发展的态势，初步形成了若干集群和产业集聚区。一是涌现出若干具有国际竞争力和较大发展潜力的产业集群。总体来说，新兴产业分布与经济发达程度基本一致，呈现"东高西低"的格局，基本形成了"一带一轴"的总体分布特征，即以环渤海、长三角、珠三角三大核心区域集聚发展的"沿海发展带"和东起上海的沿长江至四川等中部省份的"沿江发展轴"。主要有北京中关村科技园、湖北武汉东湖国家自主创新示范区，以及上海、深圳、西安、长株潭综合技术产业基地等。二是部分领域开始新一轮产业布局。比如，在高端装备领域，依据新兴产业发展需求，在原有基地布局的基础上，正在进行新一轮的产业园布点和建设。

拥有一批基础性研究和专门性研究机构和人才队伍。我国通过实施"863"、"973"等国家重大科技专项重点科研项目，落实"长江学者奖励计划""新世纪优秀人才支持计划"等人才政策，引进和培养了一大批优秀的相关专家。另外国家层面设立了国家自然科学基金、国家重点基础研究发展基金，投资建成多个重点实验室，为高技术人才提供良好的科研创新环境。到2014年，国家认定的企业技术中心已有1098家，研发人员数量仅次于美国，居世界第二。科技论文不仅在数量上大幅增长，在质量和影响力上也有显著提高。大量高素质、高学历人才涌入战略性新兴产业，大幅度提升了战略性新兴产业的人才水平和质量。

第十八章 2015年我国战略性新兴产业发展需要关注的问题

经过近几年的发展，我国战略性新兴产业发展呈现出良好的发展态势，在带动经济发展和产业结构调整方面发挥了重要作用，已成为我国经济发展新的增长点。但同时，受制于产业发展规律、政策体系配套、市场环境等多方面的原因，我国战略性新兴产业发展中也出现了诸多不可避免的问题，亟待引起高度关注。

一、谨防战略性新兴产业发展"走老路"的倾向

在国家一系列政策规划的强力推动下，各地发展新兴产业的热情高涨，但不少地方对于新兴产业形成的规律认识不足，急于抢占先机，仍然以短期内形成大规模产能为主要目的，基本上延续了走低水平外延式扩张的老路。这种发展路线如不能及时调整，不仅会影响新兴产业自身健康发展，而且会给整个工业发展带来不利影响。

（一）新兴产业发展"走老路"的主要表现

1. 仍将着力点主要放在投资拉动和产能扩张上

目前，不少地方发展新兴产业，仍然热衷于铺摊子、上项目、拉投资，依靠资金、土地等投入迅速扩大产能，较少考虑区位、企业、技术、人才等基础条件。据统计，我国多晶硅产量2005年仅有60吨，2006年也只有287吨，2008年狂飙到4000吨以上，2009年上半年，在各地的推动下，在建、扩建和筹建的多晶硅生产线总建设规模达10万吨，是2005年的1000多倍。

2. 仍然以引进技术、设备和生产线为主要途径，忽视自主创新

不少企业依靠引进成套技术和设备提高加工制造能力，甚至直接购买国外的生产线进行规模化生产，往往忽视了引进技术的消化吸收，更谈不上基础研究和技术积累。比如，在发展 LED 产业中，各地竞相补贴进口设备，导致 MOCVD（金属液相沉积设备）大量进口，生产厂家在全国遍地开花。

3. 仍然以加工组装、出口导向为主要模式，走"两头在外"的发展道路

部分新兴产业主要依靠购买国外的原材料、零部件，利用本土低价劳动力和土地资源，在国内加工组装后将大部分产品和服务销往海外。例如，我国光伏产业多集中在电池原料和组件生产上，2011 年，我国太阳能电池板产量已超过 1200 万千瓦，但太阳能电站的装机容量仅为 220 万千瓦，新增装机容量只占全国太阳能电池产量的 16.95%。

（二）新兴产业"走老路"带来的严峻后果

采用这种大干快上、急功近利的方式来发展新兴产业，正在带来一系列严峻后果。

1. 部分新兴产业领域出现了一哄而上、重复建设、无序发展的局面，为国家层面统一规划和布局增加了难度

在"抢摊子、占位子"等急功近利思想的驱动下，投资驱动、产能扩张的发展方式必然会导致某些领域一哄而上、无序发展的局面。据不完全统计，全国超过 90% 的地区重点发展新能源、新材料、电子信息和生物医药产业；近 80% 的地区选择重点节能环保产业；约 60% 的地区重点发展生物育种产业；另外有 50% 的地区重点发展新能源汽车。这种产业无序发展为国家层面统一布局增加了难度。

2. 部分产业领域陷入了产业价值链低端锁定、关键核心技术受制于人的局面

在缺乏自生技术来源和有效产业配套的情况下，部分领域产业规模的盲目扩张容易形成高端产业低端制造的局面。例如，生产一部苹果手机所需的 179 美元成本中，有 60 美元流向了日本企业，23 美元流向了韩国企业，我国企业仅能得到 6.5 美元的加工费。另一方面，即便是我国投入研发，因某些新兴产业发展方式以出口为导向，所进行的研发只能是针对国外市场的研发，在国外对相关技术标准的垄断下，我国关键核心技术受制于人的局面并未根本改变。

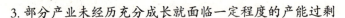

3. 部分产业未经历充分成长就面临一定程度的产能过剩

由于各地抢占发展机遇，纷纷出台产业扶持政策，推进大项目落地。使得我国很多新兴产业尚未发育成熟，就面临过剩的问题。例如，我国多晶硅生产成本是国外的3倍，但产能出现一定的过剩，2008年的多晶硅片实际产量为2222兆瓦，生产能力却达3333兆瓦。也应看到，这是一种结构性过剩，符合新兴产业发展的特点，新兴产业的很多领域仍处于不断探索中，供给大于需求将强化市场竞争，"倒逼"企业寻找合适的技术路线和商业模式。因此，当前的产能过剩是我国所处发展阶段、现行体制机制、产业创新水平下各主体互动的一个必然结果，我们应避免错过发展模式转变的大好时机。

二、我国战略性新兴产业发展模式的再思考

近年来，我国战略性新兴产业发展涌现出了一些新亮点，为促进新兴产业开拓了新的思路和新的模式。同时，随着卡邦、安迪光电等一批知名LED企业的倒闭、无锡尚德破产等负面事件的发生，对我国战略性新兴产业发展带来致命打击。当前，我国战略性新兴产业发展有何特点？部分新兴产业领域发展到底存在什么问题？又该如何促进战略性新兴产业发展模式的转变？这些问题都值得我们认真研究和深入思考。

（一）当前新兴产业发展中的新模式

1. 产业投资基金成为各地支持新兴产业发展新方式

我国自2009年10月设立新兴产业创投计划，以培养和促进战略性新兴产业发展为宗旨，重点投资处于初创期、早中期的创新型企业发展。据《2014新兴产业创业投资发展报告会》披露，截至2013年年底，全国29个省（区、市）共设立新兴产业创业投资基金141只，规模达390亿元，直接和间接带动地方政府、社会资本及其它机构投资、银行贷款约700亿元，在新一代信息技术、生物、节能环保、新材料、新能源、高技术服务业等战略性新兴产业和高技术产业领域累计投资创新型企业538家，实现社会就业16.3万人。预计2014年底，新兴产业创业投资计划支持基金总规模将达到570亿元以上，这些资金按进度完成投资后，将直接和间接带动机构投资、银行贷款等近3000亿元，可扶持3000家左右创新型企业成长。各地围绕这一方面，积极设立产业投资基金用以支持新兴产业发展。如山东省已先后设立新兴产业创投计划参股创业投资基金7只，总规模达到

18.13 亿元，重点支持新能源、新材料、新信息、生物医药、节能环保、海洋等产业。宁夏先进装备制造业基金成功争取国家新兴产业创投计划 5000 万元的参股资金。海南省 10 亿元新兴产业创业投资基金获得国家批复，集中支持生物科技、生物医药、智慧城市、软件与信息服务业等领域。深圳市发布《深圳市机器人、可穿戴设备和智能装备产业发展规划（2014—2020 年）》，设立专项资金 5 亿 / 年扶持三大产业。

2. 产业联盟成为新兴产业发展重要凝聚力

技术创新是战略性新兴产业形成和发展的内在引擎。为促进战略性新兴产业发展，各个地区围绕相关产业积极设立产 – 学 – 研联盟。如，在机器人产业领域，由亚洲制造业协会、沈阳新松机器人自动化股份公司、安徽埃夫特智能装备有限公司、哈尔滨工业大学、北京航空航天大学、北京机械自动化研究所、昆山华恒焊接股份公司、常州铭赛机器人有限公司等 40 多家权威科研单位和机器人企业共同发起成立了"中国机器人产业创新联盟"，将在深化与国际先进机器人企业间的对话合作、推动我国机器人及智能装备产业发展方面发挥重大作用。电子信息产业领域，保定成立了中国电谷第三代半导体产业技术创新战略联盟，这一联盟聚集了第三代半导体材料的所有相关企业、科研院所及高校，将在第三代半导体材料的相关技术与产品的研究、开发、生产、制造、服务等方面形成有效互动。南京市围绕节能环保、现代通信、生物医药、新材料等重点产业领域新建战略性新兴产业创新中心 13 个，市级以上战略性新兴产业创新中心累计已达 40 多个；这些创新中心面向产业链各个环节的创新需求，集成各类创新资源，开展产业关键技术和共性技术的研发与产业化，取得了积极成效。

3. 企业海内外并购如火如荼

近期，我国企业在国内外的并购活动较为频繁。如通信设备制造企业——华为投资 2500 万美元收购了英国蜂窝物联网芯片和解决方案提供商——Neul 公司，该收购案例是华为在英国 13 亿英镑投资计划的一部分，收购完成后，华为将以 Neul 为核心，扩大在物联网市场的发展，为客户提供新的服务和解决方案。电线电缆生产企业——宝胜科技创新股份有限公司 2 亿元收购上海安捷矿物绝缘电缆业务，意在做强做大矿物绝缘电缆业务、进行产业整合、巩固企业在矿物绝缘电缆这一细分市场的占有率。电容器及石英晶体元件生产企业——安徽铜峰电子股份有限公司拟 7000 万元控股中威光电，增强对 LED 封闭支架产品的经营能力。

电机行业上市企业——江西特种电机股份有限公司拟出资3000万元控股上海交鸿，推动企业加快向机器人电机等智能电机转型。混合集成电路上市公司——华天科技拟不超过2.6亿元收购美国Flip Chip公司，以进一步提高华天科技晶圆级集成电路封装及FC集成电路封装的技术水平，改善客户结构，提高在国际市场的竞争能力。

4. 国外市场开拓取得新进展

随着全球产业的发展，全球价值链的不断演变，诸如智慧医疗、新能源汽车、云计算等众多的新兴产业成为未来发展的新动力。不少有预见性的企业，都把目光投向新兴产业。2014年前三季度数据显示，高端装备投资活动产生的现金流量净额合计为271.38亿元，比上年同期增加了61.14亿元；云计算投资活动产生的现金流量净额为204.97亿元，比上年同期对外投资增加了80.49亿元。部分产业领域涌现出一批"走出去"企业。如在轨道交通装备领域，中俄签署"莫斯科－喀山"高铁发展合作备忘录，中国南车向美国加利福尼亚州提交参建该州高铁的投标意向书，中国南车四方股份公司与德国德累斯顿工业大学、德国斯图加特大学签署成立了"中德轨道交通技术联合研发中心"[1]，中国北车获得美国马萨诸塞州284辆地铁车辆采购订单。航空航天领域，中航工业与南非签订100架小鹰500飞机框架收购协议签约仪式暨10架小鹰500出口南非AIFA航校合同，中航工业哈尔滨飞机工业集团有限责任公司与美国维信航空公司签署20架运12系列飞机销售合同。

（二）关于探索新兴产业发展模式的建议

部分新兴产业领域企业破产事件频发为各级政府敲响了警钟，大干快上的盲目投资、不断突破底线的兜底等现象有望逐渐减少。但适合于战略性新兴产业的发展模式仍待在试错中进一步探索，建议重点注重以下几个方面：

1. 加强功能性政策对创新环节的有效引导

创新是新兴产业持续健康发展的重要源泉。当前，我国亟需加大对新兴产业发展中创新环节的功能性政策支持力度。对于政府而言，应着力为企业营造公平有序的发展环境，维护公平竞争，降低社会交易成本，创造有效率的市场环境，使市场功能得到充分发挥。补贴等政策应该是用于基础性的研究与开发、信息服

---

[1] 《中国高铁加速驶向全球市场》，《经济日报》2014年10月27日。

务、人力资本投资等。政府还应更加重视人才培养，加大教育补贴，为企业发展提供人才支撑。

2. 促进新技术新产品的产业化推广

当前，我国战略性新兴产业已经在部分领域取得了显著成绩，形成了一批具有世界影响力的核心技术成果。下一步，突破新兴产业技术和产品的产业化瓶颈，推动战略性新兴产业大规模发展成为重要任务。首先，要加强科技研发与市场需求的紧密结合，选择附加值高、带动性强、在未来能够形成庞大产业规模和应用市场的产业来发展；其次，应以主导产品为核心，加快延伸和拓展产业链条，推动产业向高端化方向发展；第三，要重视保障机制建设，如加强本土品牌的培育，重视知识产权保护，完善配套设施建设等。

3. 加强商业模式创新，激活市场需求

商业模式创新有利于促进新产品新服务的不断涌现、应用领域边沿的逐步扩大，进而带动产生新的业态，推进新兴产业迅速成长和扩张。例如，在节能环保领域需要推行合同能源管理、现代废旧商品的回收利用等新型模式，以发展商业性的增值服务新业态；新能源发电需要储能等相关设施的配套；物联网产业发展需要组织实施智能交通、智慧城市等示范工程，为新兴产业的产业化、商业化搭建平台。[1] 因此，在发展战略性新兴产业过程中，要鼓励企业创造符合产业发展规律的商业模式、盈利模式和组织运营模式，以新的方式满足客户需求以及需求结构的变化，积极撬动国内外市场。

三、我国战略性新兴产业产能过剩了吗

当前，在传统产业产能普遍过剩的同时，战略性新兴产业也出现了重复投资、结构趋同的现象。碳纤维、风电、多晶硅、锂电池、光伏等产业很快形成产能过剩的局面，许多企业陷入了发展困境。一时之间，战略性新兴产业产能过剩的论调甚嚣尘上。实际情况是否真的如此，应该如何客观分析新兴产业的"产能过剩"，又如何理性看待和应对这一现象，对新兴产业的持续健康发展至关重要。

---

[1] 《技术突破 商业融合 体制创新——苗圩谈中国发展战略性新兴产业路径》，中华人民共和国工业和信息化部，2011年3月12日。

（一）对部分新兴产业产能过剩的总体判断

1. 从总量来看，多晶硅、风电装备、碳纤维等部分行业存在产能过剩的现象

据统计，2012年我国多晶硅产能15.8万吨，产量6.5万吨；光伏组件产能37GW，产量22GW。由于供过于求，导致价格不断下跌，企业利润率大幅下降。光伏组件由2012年初的0.85美元/吨降到年底的0.65美元/吨，整个光伏行业的利润率已经从2007年的139%下滑到20%。同样的现象也先后出现在风电装备、平板玻璃、碳纤维、LED、云计算数据中心、工程机械等新兴产业领域。比如，2004年我国从事风电整机生产企业仅有6家，到2008年底已达70多家，有研究估算，现有风电设备产能是目前市场需求的5倍。又如，碳纤维产能的激增，也引发业内担忧。据统计，2010年我国碳纤维产能仅有1000吨左右，2011年8月份的统计就达到5000吨，2012年已建成产能已约有1万吨。大量的重复建设和产能过剩不仅占用能源、原材料、资金等，造成社会资源浪费，还将导致行业陷入价格战等恶性竞争，大量企业利润下降甚至倒闭。

2. 从结构上看，部分行业的产能过剩是一种典型的结构性过剩

结构性过剩是总供给结构和总需求结构不匹配出现的产能过剩。新兴产业的结构性过剩突出表现为低端产能过剩，而高端产能不足。在我国的众多多晶硅生产企业中，能生产出纯度达11个9的多晶硅高端产品的厂家少之又少，一些高附加值品种严重依赖进口。据海关统计，2012年我国累计从美国、德国、韩国等进口多晶硅82760吨，同比增长27.42%。再如LED产业，目前我国大部分LED照明产品的芯片，仍主要依靠进口。造成部分新兴产业低端产能严重过剩、高端产能相对不足的主要原因是多数企业通过技术引进获得非核心生产技术，依靠买图纸进行简单组装。这一方面导致国内大批生产企业因产品纯度不足、技术指标不达标而无法满足市场需求面临亏损倒闭，另一方面，市场对高纯度、高品质产品需求不断增加，国内高端产品进口不断攀升。[1]这种结构性过剩与新兴产业技术研发周期长、组装制造门槛低、前期市场容量小的特点密切相关，符合新兴产业发展特点和成长规律。

---

[1] 蒙丹：《我国新能源产业链的低端产能过剩问题研究》，《经济纵横》2010年第5期。

专栏　我国工业机器人产业结构性过剩情况

习近平总书记曾经在两院院士大会上指出，机器人是"制造业皇冠上的明珠"，其研发、制造和应用已经成为衡量一个国家科技创新和高端制造业水平的标志。近年来，我国工业机器人发展处于快速增长阶段，我国已成为全球第一大工业机器人市场。

从总量来看：2002—2012年，中国工业机器人从2152台发展到超过10万台，每年累计安装量增长速度超过30%。据中国机器人产业联盟（CRIA）统计数据显示，2013年，中国市场共销售工业机器人近37000台，约占全球销量的五分之一，总销量超过日本，成为全球第一大工业机器人市场。

从结构来看：国内市场上销售的工业机器人中，外资机器人普遍以6轴或以上高端工业机器人为主，基本上垄断了汽车制造、焊接等高端行业领域，占比达到96%；国产机器人主要以三轴和四轴为主，主要应用还是以搬运和上下料机器人为主，处于行业的低端领域。

从布局来看：上海、重庆等将近40个城市提出了打造机器人产业基地的构想，相当于平均每个省拥有一家以上的工业机器人产业园，且更多的园区仍在筹备中。

3. 从实质上看，必须看到这些行业和近年来钢铁、建材等行业的过剩不完全一样

改革开放以来，我国工业走出了一条依靠要素驱动和出口导向的快速增长之路，至20世纪90年代中后期，服装加工、纺织、家电、钢铁、水泥、电解铝、汽车、造船等行业相继出现产能过剩。近几年来，多晶硅、风电设备等新一轮过剩开始显现。但不能把新兴产业的过剩同这些传统产业的过剩等量齐观。一方面，新兴产业正处于快速成长期，市场需求还没有释放出来，现阶段的产能过剩主要源于需求的阶段性萎缩，不是绝对需求不足。另一方面，相对过剩带来的充分竞争，成为促使企业提升技术水平、提高效率降低成本的重要原因。比如，行业内的激烈竞争使得我国光伏企业在短短的3—5年内就基本掌握了高纯多晶硅材料的生产技术；2011年，全球太阳能电池组件产量前10大企业中我国占据5席，海外上市企业达16家，太阳能电池组件产能占全球总产能的50%，光伏产业已成为

我国为数不多的可以同步参与国际竞争、并有望达到国际领先水平的行业之一。

（二）部分新兴产业产能过剩的成因

当前，部分新兴产业领域的"产能过剩"，不仅仅是简单的生产能力与实际需求脱节的问题，它与新兴产业成长发展的内在规律、缺乏有效引导布局、国内市场有效需求不足、不完善的制度安排、市场失灵等因素都密切相关。

1. 缺乏统筹规划和有效引导，造成了部分行业的产能过剩

企业的投资冲动和地方政府的政绩冲动，使得部分领域投资行为日趋不理性化，逐渐演变成投资的全面过热，最终导致产能过剩。一方面，在部分新兴产业爆发性增长的诱惑面前，企业往往急于抢占先机、扩大产能，出现了盲目投资、一哄而上的现象，导致部分领域低水平、低档次产品供应过剩。另一方面，不少地方热衷于拿土地和税收优惠等吸引投资，出现了布局重复、规划趋同的现象，使得中短期潜在产能过剩的风险愈发明显。据高工 LED 产业研究所统计，2011年中国 LED 产业全年新增亿元以上投资项目达 132 个，较 2010 年增加 58 个。大多"过剩"产生的原因是地方政府"一哄而起"导致的"规划过剩"，这反映了我国在新兴产业发展初期缺乏冷静思考和有效引导布局。

2. 国内市场启动缓慢导致有效需求不足，加剧了部分行业的产能过剩

加强政策扶持和价格补贴，是发达国家发展新兴产业的有效手段。近年来，我国先后出台了节能惠民、十城万盏、十城千辆、金太阳等重大应用示范工程，但由于成本偏高、国内市场认知度较低、国民消费水平偏弱等原因，新兴产业领域的产品在国内市场的推广应用还存在诸多障碍。由于产能快速扩张极大地增加了供给，在国内需求不足以消化的情况下，只能依赖国际市场，而变幻莫测的国际市场又进一步加剧了国内的过剩。以光伏为例，我国光伏产能约占全球产能的80%，而光伏应用市场约占全球市场的 0.8%。悬殊的比例差距，反映了我国光伏产业供需失衡的现状，只有打开市场应用的大门，才能找到解决产能相对过剩的办法。

3. 政府的过度干预，助长了部分行业的产能过剩

当前，以增长为导向的政绩考核制度和重规模轻消费的税收制度激发了地方政府过度参与经济建设的热情，是造成各地产业结构趋同和部分行业产能过剩的根源。在这种制度安排下，不少地方政府往往热衷于见效快的政绩工程、面子工程，决策的出发点往往是产值、税收、就业等指标，而忽视技术成熟度、市场容量等关键要素。政府的过度干预必然导致市场的失灵，埋下重复建设、无序竞争、发展失控和产能过剩的隐患。

需要指出的是，新兴产业技术发展迅猛，产品更新换代快，可以为消费者提供更高性能、更低成本、更加环保、更多享受的新产品新服务，应该鼓励在技术进步支撑下的有利于消费者利益的产能扩张。但产能过快扩张可能会带来企业利润下滑，关键在于企业能否跟上技术进步的步伐，提升自我发展能力。当前，光伏等部分新兴产业遇到的困难由多方面因素造成，不能简单地归结为产能过剩的原因，更不能因噎废食，错过加快产业升级、转变发展模式的大好时机。

（三）避免新兴产业产能过剩的建议

我国新兴产业还处于发展初期，市场竞争导致的"产能过剩"，反映了产业在发展初期缺乏冷静思考和整体规划。发展新兴产业，企业方面应该注重技术突破和市场培育，而不是产能建设的突飞猛进；政府方面应注重分析新兴产业的分布现状和发展趋势，而不能疏于引导，放任低水平重复。总体来说，应从以下几方面着手：

1. 完善投资项目管理审核体制

要在减少政府对经济活动行政性干预的基础上，探索建立新开工项目管理部门联动机制、项目审批问责制和政府投资项目的风险管理机制，加强对新开工项目特别是政府投资项目的考核和监管，规范地方政府的投资行为。同时，提高投资项目环保准入门槛，严格项目审核、土地审批、环境评估、市场分析以及绩效预测，合理引导企业投资方向。

2. 加快建立战略性新兴产业统计监测体系

建立健全新兴产业统计监测体系是促进新兴产业持续健康发展的一项基础性工作。当前，关键是加快制定出台战略性新兴产业统计监测指标和统计体系，认真做好战略性新兴产业产能、产量和市场需求情况的监测、分析和预警，及时发现产业发展中的倾向性、苗头性问题，加强信息引导，提出针对性的政策措施。

3. 完善行业准入制度，规范行业技术标准

如果没有严格的市场准入制度和行业技术标准的规范和约束，一个行业就容易陷入低水平过度竞争、混乱经营的局面。应围绕新能源、新材料等新兴产业发

展的需要，尽快建立符合我国产业发展和资源环境条件的行业准入制度，规范行业技术标准，推行行业强制性检测和认证制度，阻止低水平、低效率的生产能力进入和扩张。

四、对发展能够培育新经济增长点的新兴产业的思考和建议

新兴产业已经发展成为与传统产业共同支撑社会经济发展的重要力量。越来越多的企业投身新兴产业的各个领域，随着生产规模的扩大，经济效益的显现，新兴产业不再是仅限于引领产业转型升级的"高大上"项目，而是与社会经济各个领域密切相关，其产品不仅涉及国防安全，如卫星通信应用系统、下一代信息网络安全防护产品等，而且关乎社会运转的质量和效率，如资源再生利用、城市轨道车辆制造等，更是融入现代生活，如新一代信息终端设备、医学影像设备、新能源汽车等。因此，在新兴产业发挥调结构的重要作用的同时，有必要充分挖掘并发挥新兴产业平稳增长的积极作用。

（一）部分地区将发展新兴产业作为培养新经济增长点的主要途径

2009年5月，李克强总理在北京出席财政支持新能源与节能环保等新兴产业发展工作座谈会上提出"要瞄准未来产业发展的制高点，选择潜在市场大、带动能力强、吸收就业多、综合效益好的产业作为新兴产业加以培育，开辟新的发展空间，增强经济发展的后劲"。经过几年的探索实践，上海、深圳等地探索出了适合地方特色的成功模式，并且取得了显著的成效。

1. 上海：发展"四新"经济，构建以"高端化、集约化、服务化"为特征的产业体系

上海充分发挥科技、人才、金融、信息、品牌等优势条件，以率先转变工业发展方式为核心，大力发展以"新产业、新技术、新业态、新模式"为核心的"四新"经济，着力构建以高端化、集约化、服务化为特征的产业体系。在装备制造领域，聚焦先进重大技术装备、航空航天装备、高端船舶和海工装备、大型成套设备等。目前，上海百万千瓦级超超临界火电机组国内市场占有率近50%，核电装备国内市场占有率达40%；大型港口起重机械全球市场占有率达70%。[1] 石化领域，在培育化工新材料的同时，大力发展精细化工，加快推动装置大型化、产品高端化、

---

[1] 《上海全力打造中国装备制造业新高地》，中国行业研究网，2012年11月7日。

产业基地化。2011 年，上海自主建造了我国第一座 3000 米深水半潜式钻井平台。钢铁领域，着力发展高档汽车板、硅钢、电工钢、不锈钢等高端产品，延伸发展钢铁贸易、加工配送、电子交易、工程技术等服务。汽车领域，以自主创新、打造品牌为重点，突破自主品牌汽车整车机变速器、汽车电子等先进零部件。如汽车电子领域，集聚了国际排名前 10 位的跨国公司及其技术中心，特别是在车身电子、车载电子等方面形成了较强的竞争优势。

2. 深圳：实施六大发展战略，引导工业从速度优先向质量优先转变

深圳 20 世纪 80 年代以"三来一补"加工业为主要形式"铺摊子、上项目、打基础"，90 年代以培育高新技术产业为主要战略"抓高新、上规模、重效益"，新世纪头十年以延伸产业链为主要手段"重创新、引总部、促集群"。进入"十二五"以来，着力实施"科技引领、高端抢占、服务提升、优势延伸、湾区带动、集群发展"六大发展战略，重点发展通信、数字视听、软件、新型储能材料、生物医药及医药器械、化合物半导体六大战略产业，以"深圳质量"统领发展全局。在新兴产业领域，超前部署、统筹安排，重点突破生物、互联网、新能源、新材料、文化创意、新一代信息技术等产业。2012 年，深圳电子信息制造业增加值2772 亿元，居全国大中城市首位；软件实现软件业务收入 2770 亿元，占全国的11.07%，软件出口 165.5 亿美元，连续多年居全国第一。先进制造领域，加快培育自主品牌和先进技术研发，重点推进通信设备、机械装备制造、计算机等产业发展。培育出了华为、中兴通讯、腾讯、金碟、迈瑞、三九、中广核、比亚迪等一批行业领军企业。

3. 杭州：大力发展块状经济，着力把七大重点产业打造成为经济增长新引擎

据统计，以开发区、工业功能区为平台的块状经济已占杭州工业经济总量的70%，形成了萧山纺织化纤、余杭家纺、富阳造纸、临安装备制造等一批超百亿元的块状经济。近年来，杭州把工业作为带动经济发展和"生活品质之城"建设的重要支柱，积极发展信息软件、电子商务、物联网、新能源、生物医药、先进装备制造、节能环保七大重点产业，促进块状经济向现代产业集群转型升级。信息软件领域，加快推动新一代移动通信和下一代互联网核心设备的研发与产业化，着力发展现代通讯、集成电路、高端软件、云计算、数字电视等领域。电子商务领域，依托"中国电子商务之都"的品牌优势，重点发展电子商务服务体系、网

络化创新服务体系、电子商务支撑体系。目前，B2B 行业电子商务网站数量占比超过全国的 1/6，位居全国第一。物联网领域，构建物联网感知层、网络层和应用层三层网络构架体系，重点发展先进传感器及无线传感器网络、网络传输、数据存储与分析决策、物联网系统集成、物联网应用与服务。生物医药领域，以现代生物技术开发为先导，重点发展生物工程药物、新型化学药物、现代中药等创新药物领域，积极培育生物医学工程、生物制造、生物服务等产业。先进装备制造领域，重点培育发展高端装备制造、汽车暨新能源汽车、基础装备三大领域。目前，杭州装备制造业在浙江省处于领先地位，在全国大中型城市中位列第六位。

4. 宁波：实施企业自主创新提升的"5+5+5 战略"，推动"宁波制造"向"宁波智造"转变

宁波是我国产业创新能力较强的一个地级城市。2012 年，宁波专利授权量超过 2.5 万件，在全国 15 个副省级城市中位居首位；市级企业工程（技术）中心达 500 家，省级企业技术中心 54 家，国家级企业技术中心 7 家；主持和参与国际、国家和行业标准制定超过 500 个；拥有驰名商标 297 个、中国名牌 61 个，在全国同类城市中名列第一，并三次荣获"中国品牌之都"称号。近年来，宁波市提出大力实施企业自主创新提升的"5+5+5 战略"，突出延伸产业链、提升价值链、强化创新链，加快推动从"宁波制造"向"宁波智造"转变。实施五大创新工程：以产学研与政金介有效聚合为重点的创新资源聚合工程，以专利产业化为重点的创新资源聚合工程，以政府首购为支撑的创新资源聚合工程，以长三角区域合作为重点的创新合作推进工程，以创新团队培育和高端人才引进为重点的创新人才集聚工程。构筑五类创新平台：面向新兴产业培育和传统产业升级，构筑高端研发平台、公共技术平台、公共服务平台、技术交易平台和资本支撑平台。培育五大创新产业群：新材料、新能源、新装备等战略性新兴产业群，汽车及零部件、纺织服装等传统优势产业群和节能环保、设计创意等先导型新兴产业群。

（二）发展能够培育新经济增长点的新兴产业的思考

1. 新兴产业培育新经济增长点的瓶颈

一是地方产业"抢位"现象突出，以投资拉动产能扩张，忽视了经济增长的内在规律。为实现地方新兴产业的快速增长，地方政府倾向于采用见效最快的投资拉动方式，通过铺摊子、上项目，依靠资金和土地等要素投入迅速扩大产能，

这种揠苗助长的方式极容易造成产能过剩，如全国 18 个省份提出打造新能源基地，近百个城市把太阳能、风能作为支柱产业，风机企业快速扩张的结果是行业的产能利用率不足 70%。二是产业发展模式以加工组装和出口导向为主，走"两头在外"的发展道路，经济增长的内生性和稳定性不够。部分产业领域依靠购买国外的原材料、零部件，利用本土低价劳动力、自然资源，在国内加工组装后将大部分产品和服务销往海外。以光伏产业为例，上游的晶体硅材料主要为欧美和日本的传统七大厂商所垄断；下游光伏发电市场则主要集中在欧洲；我国仅仅是"电池和组件制造大国"。在外部市场萎缩及国外政府"双反"的打击下，我国过半光伏企业倒闭，产业迅速萎缩。三是企业热衷引进技术、设备和生产线，忽视自主创新，经济增长的动力不足。不少企业主要依靠大量引进成套技术和设备提高发展能力，甚至直接购买国外的生产线进行规模化生产，往往忽视了引进技术的消化吸收和再创新，更谈不上产业基础研究和技术积累。组装加工式生产模式的路径依赖，削弱了我国新兴产业的技术创新能力，限制了新兴产业的健康发展。

2. 新兴产业培育新经济增长点的路径

新兴产业发展的不同阶段，产业扶植方式应有侧重。在产业幼稚期，新技术的经济价值和市场价值具有很强的不确定性，只有少数企业愿意投资新兴产业，而且需要承担较高的初期研发成本和项目建设成本，如果仅依靠市场的力量培育和发展处于幼稚期的新兴产业，可能周期较长，甚至会半途而废。因此，政府有必要对幼稚产业发展进行干预，给予直接的研发资金支持或整合多方资源优势突破重大关键共性技术。比如德国政府投入巨资进行纳米技术研发；美国集合联邦政府、学术界和企业界的资源打造制造业创新网络，致力于创造并推广新的技术。在产业成长期，技术进步快，市场容量和潜力不断凸显，企业数量迅速增加，涌现出大量中小企业，有效的市场需求对成长期的新兴产业而言至关重要。一方面，政府可通过需求侧管理，培育产业和市场的规模。比如美国的航空航天技术、计算机和半导体技术就是主要依赖政府采购的推动而建立和发展起来的。另一方面，由于企业规模较小，市场竞争能力和抗风险能力较弱，需要政府给予保护。比如日本鼓励将大宗政府采购合同按比例分包给中小企业，以促进中小企业发展。在产业成熟期，技术相对成熟，市场较为稳定，企业逐渐形成相互协作的组织网络，有能力维持产业的稳定发展。这个阶段，应充分发挥市场的作用，逐步降低政府对产业的干预程度，侧重发挥监管职能。

（三）发展能够培育新经济增长点的新兴产业的若干建议

1. 加大研发投入，增强经济增长内生动力

一是选定技术路线，制定科技攻关计划。从国家战略高度，选定各个新兴行业的技术发展路线图，突破技术壁垒，在政府强力推动和资金扶持下针对核心共性技术开展有目的的技术攻关。二是加强知识产权保护，吸引民间资本投入。加快金融体制改革，创新金融工具，引入风险投资机制，为民间资本介入新兴产业提供资金渠道。加大知识产权保护，确保民间科技投资获得应有的收益。三是革新科技管理体制，提高研发效率。改革科技资金申请、管理模式，加快传统研发单位产权制度改革，尝试建立政府参股、研发机构自负盈亏的科技研发机制。加大科技成果转化效率，加大产学研用结合。在基础研究领域，建立以科研院所为主导、企业为辅助的研发组织结构；在应用研究领域，建立以企业为主导、科研院所为辅助的研发和成果转化组织结构。

2. 加强推广应用，提高产业扶持针对性

一是利用好政府采购，做好需求端补助。支持新兴产业产品进入政府采购目录，同等条件下，将政府投资工程和项目列入优先采购目录产品，支持新兴产业推广应用。鼓励使用国产新兴产业产品，给予首次使用国产新兴产业产品的企业以税收优惠或资金补贴。二是提高下游行业应用标准，加强新标准使用监管。许多行业为了节约成本，往往采用传统工艺下生产出来的产品。例如在建筑领域，300MP以上的钢筋，如果没有强制规定，很难应用到市场。因此，未来应本着绿色、安全等要求，提高下游企业应用标准，同时加大对新标准执行的监管。三是实施试点示范，提升公众使用信心。试点示范是新兴产业发展中发现问题、解决问题以及提高公众信心的重要过程。例如，厦门市环保局推广应用水煤浆的工艺，提高了燃料利用效率，在社会上产生了积极反响，使许多企业感受到了新工艺的好处。因此，未来应根据产业特征，选择城市、区域、企业等加大示范。

3. 推动行业整合，加强市场监管

一是加强统筹协调，优化区域布局。加强对各地新兴产业进展情况的梳理，厘清节能环保、新一代新兴技术、生物、新能源、新材料等领域的产业链条在全国分布情况，缺失环节最有可能在哪些区域出现突破，并予以政策支持。二是避免政府过度干预，鼓励企业兼并重组。在相对成熟的新兴产业领域，中央政府应

加大对地方政府的监管，杜绝不计成本的支持与恶性竞争。同时要发挥企业重组市场的力量，建立市场分工与企业内部分工相互配合的高效机制，优化行业组织结构，提升新兴产业整体竞争力。三是加大市场监管，保护消费者权益。对于逐渐成熟的新兴产业，如消费电子等，应加大市场监管，杜绝因垄断而产生的霸王条约，保护消费者权益。对于因国外企业垄断而造成的消费者损失，应依照我国反垄断法，对其进行相应的惩罚和规制。

第十九章 2015年中国战略性新兴产业发展趋势展望

2014年，我国战略性新兴产业总体保持平稳发展，增速较往年有所回落，发展模式逐步调整，结构不断优化。展望2015年，全球战略性新兴产业仍蕴藏巨大发展潜力，将继续保持稳中趋缓的增长态势；国内战略性新兴产业受经济深度调整和国家政策的双重影响，将保持平稳增长，进入提质增效的关键阶段，仍将是引领国内经济增长的重要引擎。

一、2015年战略性新兴产业总体形势判断

（一）全球新兴产业有望保持良好增长势头，创新型中小企业将承担越来越重要的角色

国际资本市场有望继续保持对战略性新兴产业的投资热度。资本市场在推动战略性新兴产业发展的过程中，一直发挥着至关重要的作用，美国资本市场在这方面表现的尤为突出。金融危机后，美国之所以能够在计算机、信息技术、先进制造、生物制药等战略性新兴产业获得快速发展，都是通过资本市场发现和推动起来的。美国风险投资协会数据显示，截至2014年上半年，全美主要风险投资都投向了以计算机和生物技术为主的新兴产业，其中，近一半的风险投资额集中在软件领域，12.9%的风险投资额投向了生物技术。新兴产业的高速发展也为风险投资带来了高收益，美国风险投资指数1年期收益率高达30.51%。根据彭博公开数据统计，纳斯达克市场总市值最高的10家公司主要以新兴行业为主，互联网软件与服务行业的总值在所有行业中排名第一，占比达12.76%，科技板块也成为纳斯达克市场2014年以来表现最好的板块，2014年5月以来累计涨幅接近9%。综合分析当前国际资本市场投资收益回报率的表现，以及一级市场和

二级市场资金的主要流向来看，2015 年新兴产业将会继续获得国际资本的青睐，从而获得持续的资金投入，保持良好的增长势头。

创新型中小企业日益成为新兴产业发展的重要力量。扶持中小企业发展是发达国家长期以来的新兴产业发展战略。新兴产业大多处于初创阶段和成长初期的中小企业，由于在研发、商业模式、市场需求等方面存在大量的不确定性，因此，发达国家特别重视对中小企业在创新领域的扶持政策，逐步建立起了比较完备的政策体系，并取得了显著成效。比如，德国出台了中小企业创新计划、数字德国 2015 计划等一系列措施，推动了创新型和研究型中小企业的快速发展，2012 年德国大约有 3.4 万家研究型企业和超过 11 万家创新型企业，到 2020 年研究型企业将增至 4 万家、创新型企业增至 14 万家，中小企业已经成为德国新兴产业发展的主体力量。美国也一直把中小企业作为创新的主要力量，针对科技型中小微企业技术创新市场化支持不足等问题，美国政府推出了一系列政府公共财政专项资金，其中最为著名的是美国小企业创新研究计划（SBA）和小企业技术转移计划（STTR），促进了美国在前沿学科和新兴产业的领先地位。欧盟在"2020 战略"中提出建立"创新型联盟"，促进中小企业创新成果转化。新兴产业的发展规律决定了创新型中小企业在其中发挥的关键性作用，各国不断加大对中小企业创新发展的扶持力度，也将进一步提升中小企业在未来新兴产业发展中的地位和作用。

（二）受国内经济转型升级和产业扶持政策密集出台的双重影响，我国战略性新兴产业进入稳中提质的新阶段

提质增效将成为我国战略性新兴产业发展的首要目标。从 2014 年前三个季度的统计数据来看，规模以上高技术制造业同比增长 10% 左右，高于规模以上工业增速，低于 2013 年增速，由高速增长进入中高速增长区间。一方面原因在于受国民经济整体下滑的影响，国内三期叠加压力不断加大，2014 年一至三季度 GDP 增长 7.4%，比上年同期有所回落；另一方面原因在于产业增长的内生动力不足，仍未形成可持续拉动新兴产业高速增长的驱动力。中国经济已经进入以中高速增长为主要特征的新常态，政府主要通过改革促进经济增长和结构调整，这就决定了短期内不会有较大幅度的改变。因此，在可预见的 2015 年，战略性新兴产业将很难回到过去高速、甚至是超高速增长的发展阶段，而是进入相对平缓的增长区间，提质增效成为新兴产业发展的首要目标。

战略性新兴产业政策体系将进一步健全，政府支持方式发生转变，产业发展模式进入深度调整期。2014 年，国务院及相关部委，在集成电路、新能源汽车、云计算、物联网、新材料等关键领域研究出台了一批重大产业政策，组织实施了战略性新兴产业区域集聚试点工作，扩大新兴产业创投基金规模，推动了相关行业标准体系建设，在资本市场研究设立战略性新兴产业板等，新兴产业宏观发展环境日益完善。2015 年是"十二五"规划的收官之年，也是谋划"十三五"规划的关键之年，国家将会进一步加强总体布局，在智能制造、增材制造、机器人等多个领域进行专项规划，进一步完善产业政策体系。同时，政府在推进新兴产业发展的政策方面，也将会呈现两个比较大的转变趋势：一是从供给端向需求侧转移，重视从市场拓展、需求培育的角度扶持新兴产业；二是从政府直接干预模式向政府规划引导、龙头企业带动、市场配置资源的发展模式转变，注重在研发、应用、推广过程中提供服务支持。

（三）部分领域发展潜力进一步释放，优势产业国际化水平和层次不断提升

新一代信息技术、高端装备制造、节能环保等产业将进入快速增长期。国家加快在集成电路、智能制造、增材制造、机器人、节能与新能源汽车的布局，通过专项规划、产业基金、兼并重组、政策扶持等措施加快推进产业发展。2014 年 10 月，国家集成电路产业投资基金正式设立，市场预计一期规模将超过 1300 亿元，按政策设计目标，国家及各省产业基金规模将达 6000 亿元，未来十年则将拉动 5 万亿资金投入，资本的密集进入必然会带来该产业持续快速发展。同时，国家高度重视在消费领域扶持新兴产业发展，国务院要求重点推进信息消费、绿色消费等六大领域消费。最新数据显示，在"宽带中国"战略推动下，2014 年前三季度，信息消费规模达到 1.9 万亿元，同比增长 18%，2015 年信息消费有望取得新突破。

生物医药、新材料等产业将保持平稳发展，新能源产业复苏或迎来转机。生物医药和新材料产业普遍存在投入大、见效慢的特点，因此，推进速度较为缓慢，在 2015 年将继续保持相对平稳的发展速度。对新能源产业来说，在资金与政策的双驱动下，2015 年或迎来复苏转机。国内 A 股上市公司 2014 年三季报数据显示，前三季度，20 家新能源概念公司实现净利润合计 30.42 亿元，较去上年同期合计亏损 3.43 亿元大有改观，资本市场对新能源板块的态度，经历了由冷转暖的迅速扭转。同时，随着推动环保和治理雾霾等政策陆续推出，控制煤炭等化石能源的使用，光伏发电、风电和核电等新能源将继续填补能源消费缺口。

轨道交通等优势产业将获得更大的发展空间，国际化水平和层次进一步提升。中国高铁"走出去"的步伐越来越快，有望实现技术和服务的整体输出。据不完全统计，2014年以来，中国北车和南车签订的涉外高铁、城轨等各类轨道交通项目总额接近300亿元，包括新加坡、南非、澳大利亚、阿根廷、菲律宾、埃塞俄比亚等诸多国家。轨道交通走向全球市场，表明"中国制造"开始从低端产品迈向高端技术装备。国家主席习近平在北京召开的亚太经合组织（APEC）工商领导人峰会上指出，预计未来10年中国对外投资将达1.25万亿美元，中国将出资400亿美元成立丝路基金，为"一带一路"沿线国家的基础设施、资源开发、产业和金融合作等与互联互通有关项目提供投融资支持。可以预见，2015年轨道交通、信息通信等优势产业将迎来一波较大的国际化发展机遇。

二、节能环保产业发展形势展望

（一）政策红利将逐步释放节能环保产业的市场需求

节能环保产业属于典型的政策推动型产业，中央及地方出台的各类政策法规是节能环保产业市场拓展的重要推动力量。《环保法修订案》（即"新环保法"）将成为节能环保产业最大政策红利。"新环保法"已与2015年1月1日正式实行，对于排污企业采用"按日连续计罚"的方式进行管理，提高了企业的节能环保投入积极性，直接扩展了节能环保产业的市场空间。据预测，万亿级环保市场需求将由此产生，节能环保产业将在更强有力政策、法律保障上获得发展动力。考虑到政策效用发挥滞后性，及市场的调整周期，产业需求将有望在2015年得到进一步释放。水污染防治行动计划（即"水十条"）目前已经基本编制完成，成为市场最为关注的热点。据悉，"水十条"包括全面控制污染物排放，专项整治造纸、印染、化工等重点行业等内容，政策实施后产业整体投资需求将达2万亿元，主要集中在新建污水处理设施、既有污水处理厂提标改造和管网建设等领域。土壤及生态修复产业开始起步，未来市场空间巨大。《全国土壤污染状况调查公报》披露了全国土壤污染状况的调查结果，我国土壤环境状况总体不容乐观，成为节能环保产业未来重点的关注方向之一。随着政策与法规体系的完善，土壤修复产业的市场需求将逐渐显露。据预测，2015年我国土壤修复市场规模将达到400亿元。

（二）系统化集成化服务将成为节能环保企业发展的重要方向

随着环境保护政策愈发严格，环境问题复杂性逐步提高，简单的设备供给或工程服务已经越来越难以满足市场的需求，提供一揽子解决方案成为行业趋势。例如，一家生产企业可能同时需要实现对能耗、化学需氧量、二氧化硫、固体废弃物、土壤、噪声等多方面的控制，单一的产品或设备难以满足需求。需要有企业能针对这一系列问题进行综合考虑，提出一揽子的综合解决方案及整体服务方案，包括系统设计、设施建设、运行管理、配套服务等多方面内容。目前，这种服务或业务的市场需求已经逐步兴起，有望成为2015年行业中重要的增长点之一。这种市场需求的转变，对于装备节能环保企业而言，则面临着经营模式的转变，需要从单一的研发、制造、销售向多元化的经营模式转变。

（三）新业态与新模式将进一步拓展节能环保产业的发展前景

互联网思维下探索新的业务与增值模式成为节能环保产业未来重要的升级途径。其中，移动互联网模式和PPP模式是2015年最受关注的两大发展方向。在移动互联网模式方面，环保产业正在努力探索网络化大规模推广新业态和新服务，"中国环保用剂"手机客户端已经与2014年正式上线，标志着我国环保行业迈入移动电子商务时代，是节能环保企业利用移动互联网开拓市场、提高资源技术共享、探索未来发展道路的重要一步。在PPP模式方面，国内很多地区开始试点示范与推广工作，并将节能环保类项目作为重点纳入其中。例如浙江省提出了《关于推广运用政府和社会资本合作模式的指导意见》，福建发改委推出122个PPP项目，江苏印发《关于发布2014年鼓励社会资本投资项目的通知》，安徽公布了全省第一批42个城市基础设施类PPP项目，均包含了环保、水利、生态等内容，都为PPP模式在2015年的节能环保产业中进一步推广应用提供了保障。不过，目前PPP模式目前无论在程序、规范等方面仍处于起步阶段，仍是由国有企业和政府部门为主进行推动。2015年，如何规范管理和运行模式，提高民营企业参与的积极性，将成为PPP模式在节能环保领域深入发展的重要基础课题之一。

三、新一代信息技术产业发展形势展望

（一）产业关键核心领域将实现突破性发展

我国集成电路市场经过2014年的频繁并购整合，形成了一批实力雄厚的大企业集团，在国内市场需求和良好政策环境推动下，有望在2015年带领行业迈

入全球第一梯队。紫光收购展讯和锐迪科、获得英特尔入股，极大增强了行业影响力；长电科技联合国家集成电路基金、中芯国际子公司共同出资收购全球第四大封测企业——新加坡星科金朋，收购成功后，长电科技将进入全球封装产业前五名。核心技术攻关方面，中芯国际与高通合作成功制造出了 28 纳米的"骁龙410 处理器"，2015 年，中芯国际将可以大规模量产 28 纳米工艺芯片，这预示着中国集成电路制造工艺将进入世界主流水平。

（二）跨界转型使得硬件整机向智能化方向发展

新一代信息技术与医疗、家电、汽车、家居等领域跨融合，加速了硬件整机智能化发展的步伐。可穿戴设备领域，2015 年，苹果公司将正式推出智能手表 Apple Watch，这一产品有可能将成为可穿戴设备产业发展的典范；国内智能手机厂商也积极布局可穿戴设备行业，小米公司已投资 25 家从事智能硬件的公司，这些公司业务涉及监控头、血压计等，有望复用小米公司庞大的用户群资源，进一步提升智能产品的增值服务；联想发布了首款智能手环，并且依托对所收购摩托罗拉的资产，摩托罗拉的可穿戴产品将进一步完善联想的可穿戴产品线；在2015 年美国消费电子展上，中兴、华为也有望推出各自的可穿戴新品。智能家居和智能电视领域，湘鄂情公司已经与安徽广电合作，进入安徽省家庭数字电视云终端领域，海尔电视和阿里巴巴合作发布了海尔阿里智能电视，这些举措都将进一步推动智能家居和智能电视领域开展跨界合作。

（三）软件业将进一步向互联网服务方向转型

国内软件龙头企业顺应互联网，特别是移动互联网普及的趋势，加速推出基于云计算的产品，推出面向互联网的产品和服务。用友公司推出了面向小微企业的云平台和企业管理云服务、工作圈，打造小微企业互联网软件服务应用生态圈；金蝶公司通过发布创新管理平台，成立了企业资源管理云服务事业部，与腾讯合作，共同推出针对中小企业的互联网创新管理应用组合产品，加快向云应用软件服务转型；系统集成企业东华软件通过加大云计算在金融、医疗和智慧城市领域应用项目的投资，加快向互联网平台服务转型。

（四）宽带、泛在的网络基础设施将迈向新阶段

在"宽带中国"战略实施推广的大背景下，我国网络基础设施将进入更高的发展阶段。从宽带网络能力看，在推动新型城镇化建设环境下，国家将大规模实

施网络光纤化改造，预计2015年，光纤到户用户数将有爆发式增长，光纤到户用户数占固定宽带用户的比重将达到40%左右，有望进入世界前五名。从网络性能看，随着网络保障水平的不断提升和新业务应用驱动，宽带速率将大幅提升，预计到2015年底，我国8M以上用户占固定宽带用户比将达到一半。从网络的区域普及看，随着国家加大对中西部和农村地区宽带建设的支持，宽带网络建设将向区域均衡化发展，预计2015年底我国行政村宽带通的比例将提升至95%。

四、生物产业发展形势展望

（一）大数据、互联网等为生物产业的发展模式带来新变革

信息技术改变了生物产业的研发模式，也拓展了产业发展空间。一是生物大数据对生命科学相关疾病的有效分析，对传统医学研究的模式和效率都产生了巨大影响。很多国家纷纷将生物大数据纳入国家战略，谷歌、亚马逊、微软等企业也相继布局生物大数据计划，如谷歌利用自身的大数据优势，成立Calico公司进行人类衰老及其他疾病的研究，亚马逊免费开放其云平台托管的国际前人基因组计划数据库，微软也启动了医学大数据领域的研究项目，我国的阿里巴巴集团也进行了医药大数据的战略投资，发布了阿里健康云平台——数据服务。总体上看，我国生物大数据的研究和开发处于理论研究阶段，国家政策支持力度也在持续加大，如科技部设立"生物大数据开发与利用关键技术研究"项目，重点研究生物大数据在心血管等重大疾病中分应用。二是互联网技术与医疗健康产业相结合产生的数字健康服务业将成为医疗领域的巨大增长点。据估计，到2017年我国移动医疗市场规模将达到125.3亿元。数字健康服务业把信息技术引入医疗健康领域，将对诊断和治疗方式产生变革性影响，如大数据分析、数字医疗设备、移动医疗、个性化用药等。

（二）多学科的研究与技术融合将为生物产业发展提供新契机

生物产业的发展不仅依赖本领域科学和技术的发展，同时也得益于很多相关领域的技术进步，其他学科与生物科学的技术融合对药物开发、疾病监测等有巨大的推动作用。计算机科学技术成为新药研究中模拟药效和药物安全等方面的有效工具，利用计算机模拟与分子图像处理相结合的技术，将更容易设计具有特定功能特性的分子；3D打印技术与生物技术的结合，将生物材料或活细胞定位装配到计算机三位模型中，打印生物医疗器械、植入支架、人体组织器官等，如

3D 打印牙齿矫正模型已在国内规模化生产，已有很多 3D 打印技术置换骨盆、肩胛骨、膝关节、双肘关节等人体组织器官临床应用的成功案例；多个学科技术的使用使得人类基因组计划获得了成功，人类遗传信息的破译，成为生物制药研究的重要依据，对疾病的了解和治疗也有着重大的意义和深远的影响，未来新技术与新方法的使用，能够更快更直接地找到可以鉴定药物作用的靶，找到更多先进的新型先导物化学实体，为新药的发明节省巨大的开支成本，提高开发速度，同时也会创造新的更多机遇。

（三）生物产业将继续保持快速发展的良好势头

我国生物产业已初步形成政府大力扶持、技术进步加速、企业快速成长、产业初具规模的良好局面，有望继续保持两位数的增速。据估计，到 2020 年广义生物医药市场规模将达到 4 万亿。一些生物产业细分领域市场发展潜力巨大，其中干细胞产业正以 50% 的年复合增长率快速发展起来，预计 2015 年产业收入将达到 300 亿元；疫苗市场规模和技术日益壮大，禽流感疫苗达到国际先进水平；抗体药物研制和规模化生产潜力巨大，目前已能生产 10 个抗体药物，预计未来五年全球前十的单抗体药物可在我国实现规模化生产。此外，全球生物产业加速向中国转移，总体来看，发展中国家包揽了跨国生物医药巨头 40%—50% 的研发外包，其中，90% 以上的美国医药公司在中国寻求外包市场，极大地推动了我国生物产业的快速发展。

五、高端装备制造业发展形势展望

（一）智能制造装备将迎来重大发展契机

智能制造装备产业有望获得更多政策支持。近日，工信部提出将智能制造作为推进"两化"深度融合的主攻方向，并将大力发展智能产品和装备。继 2014 年发布《关于加大重大技术装备融资支持力度的若干意见》之后，工信部正进一步酝酿扶持智能装备产业发展的相关政策，并计划在 2015 年组织实施智能制造试点示范专项行动。各地也纷纷出台相关政策，支持智能装备产业发展，比如长沙市人民政府印发《工业机器人产业发展三年行动计划（2015—2017）》、湖北省经信委印发《加快全省智能制造装备产业发展行动方案》等。新政的陆续出台将为智能制造装备产业持续注入新活力，中国装备智能化的进程有望再度提速。

（二）高端装备制造业加快"走出去"步伐

高端制造业全球布局的步伐越来越快。近日召开的国务院常务会议部署加快高铁、核电等中国高端装备"走出去"工作，推进国际产能合作。促进重大装备和优势产能"走出去"，已经成为我国提高对外开放水平，实现经济转型升级的重要举措。2015 年 2 月 6 日，中国与阿根廷签署了《关于在阿根廷合作建设压水堆核电站的协议》，中国自主三代核电技术首次成功"出海"。2014 年数据显示，中国机械与运输装备出口约为 6.5 万亿元人民币，机械领域达 3641 亿美元，成为继核电、高铁之后，高端装备"走出去"的又一主力。从政策面看，国家不仅支持高端装备本身加快"走出去"的步伐，而且重点支持企业利用国内装备在境外建设上下游配套的生产线，实现产品、技术、标准和服务"走出去"，推动高端装备从单一产品出口向全产业链整合迈进。随着"一带一路"等国家重大战略的实施，也必将进一步加快高铁、核电、海工、工程机械等高端装备"走出去"的步伐。

（三）关键零部件对高端装备产业发展的制约进一步凸显

国内高端装备制造产业快速发展的同时，也存在主机配套产业严重滞后，关键零部件还大多主要依赖进口的尴尬局面。数据显示，目前我国高端装备制造业中 80% 左右的发电设备用优质大型铸锻件、几乎全部的高铁轴承等，都依赖国外进口，导致主机和成套设备陷入"空壳化"困境。比如工程机械配套的 30 兆帕以上高压泵、阀和马达几乎全部进口，超过 70% 的利润都被国外企业拿走了；工业机器人中减速机、驱动及伺服电机、控制器等三大核心零部件成本占比达到 80%，基本依赖进口，严重制约了国内机器人产业的健康发展。随着我国不断加大高端装备产业的发展力度，核心关键零部件发展滞后对其制约作用将进一步凸显。

（四）需警惕部分领域潜在的发展风险

部分领域低层次重复建设、产能过剩等问题需引起关注。在一些重点发展领域，由于各类扶持政策密集发布，推动产业极速发展，再加上缺乏统一规划和布局，一些潜在风险正在逐步增加。比如，由于政策利好，不少地方政府和企业盲目进军机器人产业，导致机器人产业盲目发展的势头日益明显，据不完全统计，当前规划和上马建设机器人产业园的城市多达几十个，国内工业机器人企业超过

300家,其中绝大多数为中小企业,基本上还停留在组装、仿制等低层次发展水平。海工装备也面临同样境遇,随着造船业的持续低迷,各地政府出台政策鼓励部分造船产能转向海洋工程装备产业,但是按照当前各地规划的海洋工程装备制造基地的发展势头,国内造船企业的平台生产能力将很快达到120座/年,超过全球海洋工程装备110座的年市场需求量,结构性产能过剩苗头已初步显现。高端产业低端化发展、低层次重复建设、产能过剩等一系列问题进一步显现。

六、新能源产业发展形势展望

(一)新能源产业将在曲折中前行

能源安全和环境保护已成为全球性议题,气候变化将进一步成为国家博弈的重要筹码,发展新能源成为全球共识。我国是当前全球年度二氧化碳排放总量第一大国,既有巨大的能源需求,又面临严峻的能源安全形势,还存在能源结构不合理、能源利用效率不高的问题,治理大气雾霾等污染问题和国际气候变化谈判的压力与日俱增。2014年结束的APEC领导人非正式会晤期间,中美签署有关应对气候变化和清洁能源合作的联合声明,这一方向性举措势必对中国能源结构乃至全球能源供需格局产生深远影响。尽管我国在发展新能源产业过程中面临着技术、经济、政策乃至体制机制等问题,且2015年国际石油价格持续下跌的走势不利于新能源产业的市场化,但我国政府对于加快发展新能源的总体战略方向没有改变,新能源产业总体上将在曲折中保持发展态势。

(二)经济技术上可利用的能源形式将日趋多样

除了当前研究利用较多的太阳能、风能、核能、潮汐能等新能源外,可燃冰、页岩气、核聚变能等新能源的技术研发和产业化也日益受到重视,科学研究与产业化开发正在持续推进。一是可燃冰。目前,美、俄、荷、德、加、日、印等国探测可燃冰的目标和范围已覆盖了世界上几乎所有大洋陆缘的重要潜在远景地区以及高纬度极地永冻土地带和南极大陆陆缘地区,日本已初步掌握海底可燃冰开采和试生产技术。我国海域面积广阔,南海地区已探测到有丰富的可燃冰蕴藏,2015年相关勘探、开采和利用技术研究步伐将进一步加快。二是页岩气。我国的页岩气开采起步并不算晚,截至目前已经在四川省开展了两轮地块开采权招标。尽管面临一些工程手段和资金成本的问题,在经济及技术上也有待于国家更为利好的政策出台,但我国政府对于页岩气一直高度重视,在经历短暂的调整期后,有可能在 2015 年加快开发步伐。三是核聚变能。相对于已经实现商业化、规模化利用的核裂变能，核聚变能是一种更为清洁、高效、安全的核能形式，不会产生大量的放射性核废料，发热效率更高，且维护运营的安全成本更低。包括我国在内的核大国均在大力推进核聚变能利用的技术研究，我国已经建成了第一套核聚变试验装备。预计 2015 年，相关实验将加快推进。

（三）我国新能源利用方式日益多元

我国新能源的利用方式仍将以发电为主，供热为辅，并积极推动交通液体燃料发展。一是新能源发电。2015 年，中央和地方政府将进一步突破体制机制和政策瓶颈，在具有较强经济竞争力和资源保障条件的水电、陆上风电等领域加快实现规模化应用。在近海风电、太阳能光伏发电、光热发电、核能发电等领域也将加快突破技术和成本瓶颈，同步推动政策配套机制改革。二是新能源供热。我国在地热能、太阳能供热等领域已实现广泛应用，具有明显成本优势和社会环境效益。2015 年，在市场应用管理和政策制度方面将继续迎来突破，并在具备条件的地区进一步普及推广。在生物燃气和固体成型燃料、深层地热能利用等方面也将实现技术突破。三是新能源交通液体燃料。交通液体燃料的发展是新能源直接替代化石能源的重要战场，如果能在技术性、经济性方面取得重大突破，就会逐步替代化石能源在交通燃料领域的应用。2015 年将以技术研发成果产业化为导向，推进具有产业化条件的非粮食作物生物液体燃料示范应用。

七、新材料产业发展形势展望

（一）下游产业转型升级将拉动新材料产业快速发展

受下游应用产业升级影响，新材料领域将实现快速增长。如电子元器件产业的快速发展将带动硅材料等电子信息材料的大幅增长。氮化镓和碳化硅作为第三代半导体材料，具有抗电磁波冲击、适合高温工程和高压器件的生产，可以广泛满足现代航空、航天发展的需要；全球战机从三代向四代跃迁的过程中，将加大对隐身材料、高新能纤维材料、合金材料的需求量；高铁建设步伐加快会带动与之相关的高性能减水剂和工程胶黏剂的顺势增长。在纺织服装领域，传统的化学纤维已经无法满足高端需求，诸如差别化纤维、生物质纤维等预计会继续发挥对传统化纤的替代作用，进而实现快速增长。在汽车领域，受市场对节能的要求，轻质铝合金材料大受青睐，预计 2015 年会有更多的纯铝合金零件和挂车等投入到市场，也为铝合金发展带来机遇。在石墨烯领域，下游电容、防腐等领域需求的膨胀等会带动石墨烯产业规模进一步扩大。

（二）金融资本将积极为新材料发展提供助力

部分新材料的技术路线日渐明确，产业化步伐逐渐加快，金融资本正在加紧抢占高增值领域。例如高铁、环保经济、军工、核电等这些未来看好的领域，与其相关的金属结构材料、高分子材料、高性能复合材料等，都受到了券商特别的关注和青睐。由于各地都在加快新能源汽车的应用试点示范，作为行业利好，与其相关的轻质合金材料、稀土材料等也得到了产业投资基金的关注。例如2014年12月28日康得新公司与北京汽车集团产业投资有限公司等多家公司合作，成立了一支面向新能源电动车轻量化、节能化和智能化等相关新材料产业为主要投资方向的产业投资基金，预期募集基金规模为20亿元，拟通过该产业投资基金，将碳纤维、新材料和新能源电动车等加以整合以分享新材料领域的高成长性，预计2015年类似的投资还会进一步增加。除了上述需求放量的产业外，一些投融资机构也高度关注新材料领域的进口替代产品，特别是一些高端材料领域，由于目前国内自给率非常低，因此也意味着有较好的市场前景。预计2015年，在上述领域，随着国家市场改革的深入，金融资本将加快进入新材料产业领域。

（三）产学研结合将进一步深化

受发展阶段影响，我国新材料企业普遍存在规模小、创新资源积累薄弱的通病。面对新材料行业内的加快整合，如何快速提升创新资源集聚能力成为很多新材料企业必须面对和解决的问题。在上述背景下，迫切需要新材料企业加大与高校、科研院所以及科技中介机构之间的合作，形成产学研战略同盟，并提升战略同盟的凝聚力和投入产出效率，一些市场化的产学研载体将蓬勃发展。如2014年12月，中关村丰台园与英国布鲁内尔大学高级石墨烯工程中心建立了国际协作关系，成立了研发中心，将工程中心的研发成果快速转化应用，加快了中关村在石墨烯方面的产业应用速度。与之相类似，2014年任丘鼎兴园区建设发展有限公司、任丘市人民政府与南京玻璃纤维研究设计院展开合作，拟共同打造全国领先的玻璃纤维及复合新材料产业园。2015年，中央和地方政府都会积极关注新材料领域，进一步发挥高等院校、科研院所在新材料领域的技术优势，加大与企业的结合，从而实现重点领域的率先突破，而工作的重点可能会放在产学研合作机制创新上。

八、新能源汽车产业发展形势展望

（一）生产和出口规模将进一步扩大

在减免购置税和各地政府激励政策频出的背景下，2015 年我国的新能源汽车生产将进入快速增长阶段，月产销过万辆将可能成为常态。2015 年是不少车企新能源汽车业务发展规划的最后一年，预期企业将在规模扩大上发力。如东风汽车集团计划到 2015 年纯电动产业化规模达到 5 万辆，混合动力汽车达到 5 万辆；北汽集团在 2015 年前形成 15 万辆整车产能、20 万套整车控制系统产能和 15 万套电驱系统产能；江淮汽车集团规划 2015 年实现年产 10 万辆的产能；浙江众泰计划到 2015 年末实现年产销 9 万辆的产业规模。同时，新能源汽车的出口规模也将有所扩大。如根据江淮汽车与美国合作伙伴签订的协议，2015 年将有多批和悦 iEV 纯电动汽车产品陆续出口美国，总数达到 2000 辆。随着美国市场的打开，国产新能源汽车向欠发达国家、新兴国家和地区以及欧美国家的出口规模将进一步扩大。

（二）技术进步有望取得较大发展

基于各车企在追求技术进步上的持续努力，2015 年我国的新能源汽车技术将会继续取得重大突破。技术平台建设方面，科力远和吉利集团于 2014 年合资成立了国内混合动力系统总成的技术平台，在 2015 年及今后更长时期，将有望为我国汽车企业实现第三、第四、第五阶段平均燃料消耗量目标值提供技术解决方案。中、欧汽车产业界组建的新能源汽车核心零部件产业技术创新战略联盟，将能够整合国内整车企业、零部件企业、投资机构、科研院所等优势资源，推动新能源汽车核心零部件技术的创新。具体技术方面，中兴通讯跨界进入新能源汽车无线充电领域，利用其掌握的世界领先的无线充电技术，在今后与东风汽车的合作中，将有望解决在城市中心地区大量建设充电设施的问题。我国在燃料电池技术方面连获突破，额定容量 15Ah 的锂硫电池在中科院大连化物所研制成功，并形成了小批量制备能力；新型锂离子电池、金属空气电池、超级电容器，以及碳纤维车身、新型高效电机等技术的研发在 2015 年也将有望取得重大进展。另据悉，我国的新能源汽车"十三五"研发计划已经在规划中，这一计划以电机、电池、电控等"三电"为重点，并增加了轻量化、自动化、智能化等新内容，对新能源汽车的总体技术方向作出了规划。

（三）公共领域推广应用预期有较大提高

国家以及各地方政府在 2014 年密集出台了一系列新能源汽车推广应用政策，这些政策的市场效应将在 2015 年集中体现出来。如国务院常务会议决定，对三类新能源汽车免征车辆购置税。《政府机关及公共机构购买新能源汽车实施方案》提出，2014 年至 2016 年中央国家机关、新能源汽车推广应用城市的政府机关和公共机构，购买新能源汽车的数量占当年配备更新总量的比例不低于 30%。国家发改委发布了电动汽车用电价格政策，要求电动汽车充电执行居民用电价格。《关于加快新能源汽车推广应用的实施意见（征求意见稿）》提出，公交都市创建城市新增或更新城市公交车、出租汽车和物流配送车辆中，新能源汽车比例不低于 30%，到 2020 年上述领域新能源汽车总量达到 30 万辆。地方政府方面，至 2014 年底，新能源汽车推广应用城市（群）中，已有 33 个城市（群）70 个城市出台了新能源汽车推广应用配套政策措施。预计 2015 年，政府机关、公共机构等领域的公务用车、城市公交车、出租车等新能源汽车的推广应用将有较大程度的提高。受免征购置税等政策影响，新能源汽车在私人市场的推广应用将有一定提高，但长期看仍将依赖于新能源汽车的技术质量、充电设施、配套服务等的进一步完善。

国际篇

第二十章　世界工业发展综述

第一节　总体现状

2014 年以来，全球经济形势整体有所好转，但是受各种不确定性因素的影响，复苏进程仍然缓慢。世界工业发展进入低速增长的新阶段，主要发达国家工业增长出现了明显分化，而新兴经济体工业生产普遍呈现放缓趋势，全球制造业在缓慢复苏进程中曲折前进。2014 年全球制造业 PMI 指数连续 12 个月高于 50 的景气荣枯分界线，显示全球制造业一直处于扩张态势。但 2014 年 12 月，全球制造业 PMI 指数由 11 月份 51.7 降至 51.6，为近 15 个月增长最疲弱的一期，上涨幅度为近 15 个月新低。据联合国工业发展组织最新发布的《2014 年第三季度全球制造业增长报告》显示，2014 年前三个季度全球制造业产值同比分别增长 4.1%、3.4%、3%，增速逐季放缓。

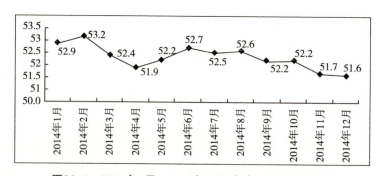

图20-1　2014年1月—2014年12月全球制造业PMI指数

数据来源：摩根大通，2015 年 2 月。

2014年以来,发达国家工业生产持续分化。美国工业复苏保持了回升的势头,制造业经历了经济衰退以来最好的一年。2014年起美国制造业PMI进入了快速上升通道,并在8月升至59.0,为2011年3月以来最高。受到国内消费税率提高的影响,日本工业生产有所波动,上半年工业增长整体出现下降的趋势。其中,2014年4月份,日本制造业采购经理人指数仅为49.4,是2012年12月以来首次出现下滑。受制于财政和货币政策,欧元区经济刚走出衰退就停滞不前,制造业增长呈现疲软态势。2014年10月份,欧元区制造业采购经理人指数为50.6,虽然摆脱了9月份以来创下欧元区14个月以来的最低点,但复苏动力不足,制造业活动仍显疲软。新兴经济体方面,金砖国家经济增长呈现放缓趋势,工业增速下滑明显。2014年中国工业增加值22.8万亿元,同比增长7%,中国工业企业利润同比增速续降至3.3%,较上年下降8.9个百分点。受新政府政策利好和信心提振的影响,2014年印度的制造业表现突出,为近两年来最佳,2014年12月印度制造业PMI指数出现连续3个月反弹升至54.5;巴西制造业持续保持低迷状态,11月制造业PMI指数为48.7,已连续3个月位于50以下。

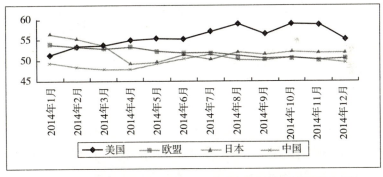

图20-2　2014年1月—2014年12月全球主要经济体制造业PMI值

数据来源:wind数据库,2015年2月。

第二节　主要特征

一、新兴产业发展迅速,绿色化转型趋势加快

金融危机后,世界各国纷纷推出了本国的新兴产业发展战略,美国提出先进制造国家战略计划,德国推出了工业4.0战略,法国出台了振兴工业计划以及中国提出的《中国制造2025》、"互联网+"行动计划。世界主要经济体都把绿色节

能环保、新材料、新能源、生物工程等新兴产业作为本国优先发展产业，特别是加快推动绿色环保产业发展，如美、日、德等国重点支持节能和新能源汽车的发展；韩国和德国重视绿色创新领域和新增长领域投资。新兴经济体在政府的鼓励下，依靠本国的自然资源优势，积极引进外资和技术发展高新技术产业。世界主要经济体都致力于推动新兴产业的发展，并给予政策的支持，全球新兴产业发展速度加快。

二、制造业数字化智能化水平不断提升

随着物联网、大数据、云计算、3D 打印和机器人技术的日臻成熟，制造业的生产模式和产业形态随之发生深刻改变。为适应新的生产方式变革，抢占全球制造业的制高点，各国加快推进制造业的数字化和智能化进程。金融危机后美国政府大力发展先进制造业，开启智能时代的再工业化。日本在柔性制造的基础上，掌握了当今比较成熟的智能化制造技术。中国在劳动力和资源成本不断上升的压力下也加速制造企业向智能化转型。企业从大规模批量生产到大规模定制生产，从全能性生产到网络性生产，从制造业信息化到制造业互联网化，从零售代理到电子商务，从集中性创新到众创、众包以及门店体验中心转变。在此背景下，全球机器人市场发展迅猛，企业应用积极性高涨。据 2015 年 2 月国际机器人联合会一份统计报告显示，全球机器人贸易总额目前已达 95 亿美元，若加上相关软件、外围设备和系统工程已达到 290 亿美元。在 3D 打印领域，Canalys 分析机构发布的市场研究报告显示，2014 年全球共售出 13.3 万台 3D 打印机，同比增长 68%，打印机交易量实现跨越式增长。美国数十家公司推出了工业级的 3D 打印机。随着互联网技术与制造技术的加速融合，工业互联网的发展正在推动，全球制造业数字化智能化水平的不断提升。

三、全球掀起新一轮企业并购浪潮

在世界经济缓慢回暖的大背景下，全球企业信心整体回暖，企业并购活动活跃，新一轮企业并购热潮正在形成。2014 年全球并购交易规模创新高。据汤森路透的数据，2014 年全球并购交易额达 3.27 万亿美元，较上年同期增长 40%。从区域分布来看，北美、亚太、欧洲等地区是掀起本轮全球企业并购浪潮的主要市场。据美国金融杂志《机构投资者》调查显示，美国企业在 2014 年排名前 10 的并购与 IPO 交易中占据的数量最多。亚洲地区也是 2014 年全球并购潮中的一

大亮点，除日本以外的亚洲并购交易总额增速达到48%，创下8022亿美元的新纪录。其中，中国交易总额约为3530亿美元，为2014年表现最活跃的并购市场。此外，欧洲市场也同样发展很快。2014年欧洲大额并购交易策略再次抬头，交易额上升20个百分点至8760万美元。

四、跨国公司加快推进制造业服务化

在新一轮科技革命和产业革命的带动下，制造业生产方式也在发生深刻变革。融合了产品和服务功能的消费者"需求痛点"让企业很难只依靠有形产品自身的功能和质量来维持市场竞争力，制造业服务化已经成为全球产业发展的必然趋势。许多知名跨国企业，如国际商业机器公司（IBM）、通用电气公司（GE）、耐克（NIKE）、罗尔斯—罗伊斯航空发动机公司（ROLLS-ROYCE）、米其林轮胎等传统制造商都已实现向制造服务业的成功转型。曾经的硬件制造商IBM经过10多年的业务整合，现已成功转型为全球最大的硬件、网络和软件服务的提供整体解决方案供应商。耐克、阿迪达斯等运动品牌主要业务集中在产品设计，生产制造全部外包。ROLLS-ROYCE由大型飞机制造企业的供货商转型为发动机维修、发动机租赁和发动机数据分析管理等服务商。全球各大跨国公司通过制造业服务化来提高自身在国际产业分工中的地位，实现从产品制造商到品牌商、供应商的转化。

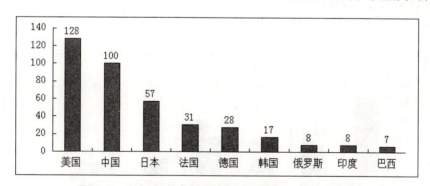

图20-3　2014年全球主要国家入选世界500强企业数量

数据来源：美国《财富》杂志，2015年2月。

五、全球外国直接投资呈现下滑态势

受全球经济增速放缓、政策不确定性和地缘政治风险等影响，2014年全球外国直接投资同比下降8%，降至约1.26万亿美元。据联合国贸发会议2015年1

月29日发布的《全球投资趋势监测报告》显示，受跨国公司回购交易等因素影响，2014年流入发达经济体的外国直接投资同比下降14%，约为5110亿美元。美国在全球外国直接投资流入排名中下滑至第三位，吸引的外国直接投资降至约860亿美元，仅相当于2013年的三分之一。由于全球最大外国直接投资流入地的亚洲发展中国家吸引外资继续保持增长，发展中经济体的外国直接投资流入在2014年保持较强的活力，超过7000亿美元，占全球外国直接投资的56%左右，创下有史以来最高水平。就转型经济体而言，由于地区冲突以及西方对俄罗斯的制裁阻碍了外国投资，2014年这些经济体的外国直接投资流入量降幅高达51%，

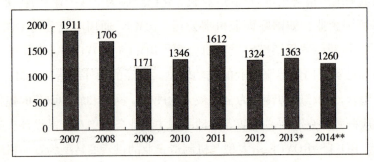

图20-4　估计2007—2014年全球外国直接投资流入量（单位：十亿美元）

数据来源：联合国贸易和发展会议，2015年2月。

注：＊修正，＊＊初步估计。

注：不包括加勒比地区的离岸金融中心。

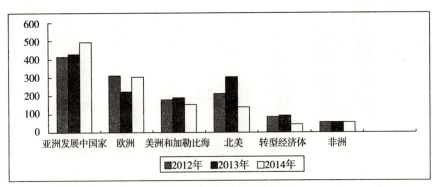

图20-5　估计2012—2014年全球各地区外国直接投资流入量（单位：十亿美元）

数据来源：联合国贸易和发展会议，2015年2月。

注：拉丁美洲和加勒比地区不包括加勒比地区的离岸金融中心。

降至450亿美元；俄罗斯的外国直接投资流入量估计下降约70%，降至190亿

美元左右。虽然全球经济增速放缓，中国在投资环境和竞争力方面仍保持优势，仍是跨国企业看中的最重要的新兴市场。2014 年中国外国直接投资流入量约为 1280 亿美元，同比增长约 3%，为外商直接投资第一大流入国。不过，随着美国经济持续走强、石油价格下跌以及欧元区量化宽松政策都会对外国直接投资产生积极影响。

六、全球贸易增速放缓，新兴国家贸易比重不断上升

受全球金融市场剧烈波动、美欧对俄经济制裁及国际油价暴跌等因素的影响，全球贸易增长速度放缓。2014 年全球贸易增长 3.1%，比上年下降了 0.2 个百分点。波罗的海干散货运指数回落。2014 年波罗的海干散货运指数基本在海运平衡点（2000 点）以下波动回落，从 1 月 2 日的 2113 点降至 12 月 24 日的 782 点，累计下降 62.9%。BDI 指数大幅下滑表明全球货物对航运需求下降，国际贸易活动低迷。汇丰控股于 2014 年 9 月公布的研究报告显示，随着新兴经济体消费者收入的不断增长及生产者产能的不断提升，预计到 2030 年全球货物贸易额将增长 3 倍以上。其中，中国依然保持在全球贸易中的重要地位，预计到 2030 年中国的出口额在全球贸易中的占比有望达到 29%。国际货币基金组织于 2015 年 1 月发布的《世界经济展望》报告指出，2015 年全球货物和服务贸易总量将比 2014 年增长 3.8%，2016 年增速将加快至 5.3%，增幅较 10 月份预测下调 0.2 个百分点。

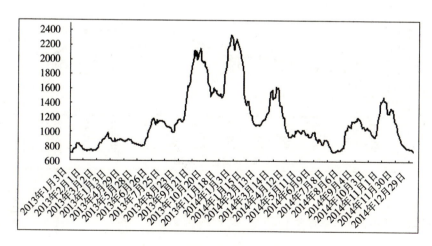

图20-6 波罗的海干散货运指数（%）

数据来源：波罗的海航交所，2015 年 2 月。

第二十一章　主要发达经济体工业发展动态

第一节　美国

一、发展概况

美国是当今世界上规模最大的工业化国家，工业门类齐全，体系完整，其中电子电器、光电、宇航、清洁能源、生物制药等居世界领先水平。2014年，美国工业复苏保持了回升的势头，制造业经历了经济衰退以来最好的一年。美国供应管理协会（ISM）公布的历月制造业采购经理人指数（PMI）数据显示，虽然出现了震荡调整，但美国制造业复苏的大趋势没有发生变化。

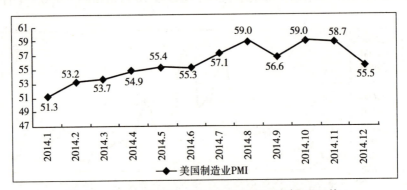

图21-1　2014年1月—2014年12月美国制造业PMI值

数据来源：美国供应管理协会（ISM），2015年2月。

（一）传统工业增长出现分化

2014年美国传统工业部门的增长形势出现较明显的分化。美国钢铁协会

2015 年 2 月发布报告称，2014 年全年，美国钢铁公司实现盈利 1.02 亿美元，是自 2008 年以来的首次扭亏为盈。自 2014 年 6 月以来，石油价格开始进入下滑通道。2014 年 11 月，以沙特为首的石油输出国组织（OPEC）做出放弃减产的决定使得油价大幅下挫，美国的页岩油公司遭遇重大打击。2014 年，由于贷款环境宽松、家庭财务状况改善、汽油价格下降等因素的影响，美国轻型车销量同比增长 6%，至 1653 万辆，这是美国汽车销量连续第五年实现增长。

（二）新兴工业保持稳健增长

2014 年美国新兴工业部门继续保持了稳健的增长势头。彭博社新能源财经和可持续能源商业委员会 2015 年 1 月联合发布报告称，2014 年，美国清洁能源投资同比增长 7%，达到 520 亿美元，排在世界第二。2014 年，美国新建风机数量位居世界第二；新增太阳能装机容量位居世界第三。同时，美国继续保持全球规模最大的电动汽车市场的地位，2014 年的销量达到 119710 辆，较 2013 年增加 22.7%。另外，风险资本支持的美国生物医药公司迎来了丰收大年，2014 年兼并交易预付金额达到近 10 年最高，高达 45 亿美元。

（三）技术创新力度持续加大

2014 年以来，奥巴马多次强调制造业复兴对美国的重要性。2014 年 1 月，奥巴马明确表示美国应牢牢把握科学技术优势，带动制造业形成新一波发展热潮。2014 年 12 月，奥巴马宣布将继续投资支持学徒计划以及新建制造业创新中心。从 2011 年到 2014 年，美国联邦政府的制造业研发投资由 14 亿美元增至 19 亿美元，增长 35%。在此背景下，以高端制造业技术创新和清洁能源技术投资为代表的领域成为推动美国制造业复兴的关键，而以国家制造业创新网络（NNMI）为代表的政府促进的公私合作成为制造业复兴的驱动力。

二、产业布局

美国工业的分布大体上分为东北部、西部以及南部三大地区，呈现出由东向西向南发展的历史趋势。东北部是美国工业发展最早的地区。二战后，西部加利福尼亚州一些与军事有关的新兴工业部门得到巨大发展。南部得克萨斯州的产油区逐步发展成为重要的石油化工中心。20 世纪 70 年代以来，南部和西部工业发展较快。近年来，越来越多的传统制造业开始向成本更低的美国南部地区集聚，美国南部地区制造业呈现快速发展势头。

三、政策动向

（一）政策概述

表21-1 2009—2014年美国重振制造业的重要政策

时间	标题	主要内容	对制造业重要影响
2014年11月	振兴美国制造业和创新法案	在NIST框架下实施制造业创新网络计划，在全国范围内建立制造业创新中心。	加快美国制造业的技术创新及商业应用的步伐。
2014年10月	振兴美国先进制造业2.0版	为美国的先进制造业发展总结了3大支柱：加快创新、保证人才输送渠道及改善商业环境。	保证美国先进制造业良好的发展势头。
2012年3月 2013年1月	美国制造业创新网络计划	计划建设一个包含15个制造创新中心的全国性网络，专注于3D打印和基因图谱等新兴技术。	利用高科技全面提升美国制造业，将美国转变成全球的高科技中心。
2012年2月	美国先进制造业国家战略计划	围绕中小企业、劳动力、伙伴关系、联邦投资以及研发投资等提出五大目标和具体建议。	促进美国先进制造业的发展。
2011年6月	先进制造业伙伴关系计划	创造高品质制造业工作机会以及对新兴技术进行投资。	提高美国制造业全球竞争力。
2009年11月	美国"再工业化"战略	促进制造业增长，让美国回归实体经济。	推动美国制造业回归。

数据来源：赛迪智库整理，2015年2月。

（二）重大政策简析

1. 美国制造业创新网络计划

2012年4月，奥巴马在发表演讲时建议设立全美制造业创新网络，通过加强研究机构与制造企业之间的合作，为美国创造更多的就业机会，从而提振美国经济。研究机构的研究重点将放在大规模制造技术、降低成本和商业化风险上，已经确立的研究领域包括：一是开发碳纤维复合材料等轻质材料，提高下一代汽车、飞机、火车和轮船等的燃料效率、性能以及抗腐蚀性。二是完善3D印刷技术相关标准、材料和设备，以实现利用数字化设计进行低成本小批量的产品生产。三是创造智能制造的框架和方法，允许生产运营者实时掌握来自全数字化工厂的"大数据流"，以提高生产效率、优化供应链，并提高能源、水和材料的使用效率等。截至 2014 年年底，美国已经建成了 8 个制造业创新研究所。

2. 振兴美国先进制造业 2.0 版

2014 年 10 月，美国先进制造业联盟指导委员会发布《振兴美国先进制造业》报告 2.0 版，指出加快创新、保证人才输送渠道、改善商业环境是振兴美国制造业的三大支柱。在促进创新方面，将向报告所建议的复合材料、生物材料等先进材料、制造业所需先进传感器及数字制造业方面加大投资，总额超过 3 亿美元。在确保人才梯队方面，2014 年秋天美国劳工部设立 1 亿美元的"美国学徒奖金竞赛"，以促进新的学徒模式发展，在先进制造业等领域产生规模效应。在改善商业环境方面，政府决定推出新工具及一项 5 年的初始投资。商务部的制造业扩展联盟项目将于未来 5 年降投资 1.3 亿资金，帮助小型制造企业发展新技术，推广新产品。

3. 振兴制造业和创新法案

2014 年 11 月，经由美国众议院修改通过了《振兴美国制造业和创新法案 2014》，将对《国家标准与技术研究院（NIST）法案》进行修改，授权商务部部长在 NIST 框架下实施制造业创新网络计划，在全国范围内建立制造业创新中心。该法案明确了制造业创新中心重点关注纳米技术、先进陶瓷、光子及光学器件、复合材料、生物基和先进材料、混动技术、微电子器件工具开发等领域。

四、发展趋势

（一）制造业将稳健复苏

金融危机以后，制造业的健康发展成为美国经济复苏的重中之重。美国生态学会（ESA）的调查显示，2009—2013 年，美国 75% 的研发经费、52% 的出口额、43% 的外商投资都发生在制造业，表明制造业正在逐渐摆脱金融危机的影响走向复苏。2014 年 12 月，美联储公布的数据显示，美国 11 月工业产出环比增 1.3%，创 2010 年 5 月来最大；11 月制造业产出环比增 1.1%，创九个月新高；11 月工业产能利用率 80.1%，创 2008 年 3 月来新高，表明美国制造业活动全面扩张。奥巴马的 2016 年预算案提议将美国国内的企业税率从 35% 降低到 28%，制造业企业的税率进一步降低至 25%，一旦通过将对美国制造业带来重大利好。此外，美国就业市场在改善、汽油价格下挫、消费者信心增强，都增加了居民消费需求，也会相应地推动工业产出增加，综上，2015年美国制造业将继续稳健复苏。

（二）工业互联网大发展

金融危机以来，美国奥巴马政府提出了"再工业化"的战略，企图抢占新一轮工业革命的制高点。软件和互联网经济发达的美国侧重于借助网络和数据的力量提升整个工业的价值创造能力。2012年2月，通用电气（GE）提出了"工业互联网"（Industrial Internet）的概念，并在医疗和航空等领域迅速推出9个工业互联网项目。2014年3月，思科、IBM、英特尔、AT&T等企业参与进来，同GE一起组建了工业互联网联盟（IIC），形成从政府到产业界的联动格局。与以往工业革命不同的是，这一次的工业革命以智能机器为主要工具，融合了互联网技术、移动互联网技术、大数据、智能分析技术。按照GE的预计，工业互联网能够使美国的生产率每年提高1%—1.5%，未来20年将使美国人的平均收入比当前水平提高25%—40%，为全球GDP增加10万亿—15万亿美元。

（三）汽车业生态大变革

汽车业是美国制造业的重要支柱。金融危机以后，美国汽车业经过业务整合、资产重组，整个行业的效率大有改观。受经济回暖、家庭收入增加、低利率以及油价下跌的影响，预计2015年美国乘用车销量将达到1700万辆，触及2001年的最高值。在电动汽车领域，自奥巴马政府上台后，通过《美国复兴和再投资法案》、《美国清洁能源与安全法案》、新的燃油经济性标准（CAFE）以及调整各类电动汽车的税收优惠等措施，多部门分工协作、共同推进，政府与市场分工明确，鼓励企业深度参与，引导美国汽车工业将重心转向插电式混合动力汽车和纯电动汽车（BEV）。此外，美国早在多年前即已启动无人驾驶汽车研究，从2015年开始，美国10座城市将开始无人驾驶汽车试点项目。到2016年末将有另外12到20座城市加入。到2017年，美国将有最多30座城市试点无人驾驶汽车。

（四）清洁能源面临压力

自金融危机以来，美国非常注重清洁能源的发展。美国认为清洁能源创新将改善低碳能源技术的成本、效率以及可扩展性，是采取行动对抗环境变化的关键。近些年，美国已经在太阳能光伏、风电、高级电池、低能耗照明以及燃料电池等领域实现了长足的技术进步。美国计划2020年将温室气体排放降低17%，同时鼓励更多地使用可再生能源和其他清洁能源。当前，美国的能源成本正在下降，原因是水力压裂法（Hydrofracturing Method）已经释放出庞大的页岩油气库存。对于使用天然气来发电的公用事业公司来说，其能源价格有所下降。不利的消息是，2014 年 6 月开始的油价下跌使得清洁能源的使用成本远高于传统石化燃料的使用成本，人们对于清洁能源的使用不再那么迫切。2015 年美国清洁能源行业将面临一些挑战，但是不会影响美国在降耗减排方面的长期战略计划。

五、企业动态

2014 年，受美国经济复苏的利好影响，美国多个行业的跨国公司实现了良好的经营业绩。2014 年 7 月发布的《财富》世界 500 强显示，美国上榜公司数量较 2013 年减少 4 家，目前为 128 家，仍位居全球第一位。中小企业一直是美国经济发展与创造就业的引擎，对于美国的经济与社会发展发挥着决定性作用。1953 年，美国政府出台了《小企业法》，并依法成立了美国联邦小企业署（SBA）。自奥巴马担任美国总统以来，美国出台多项给小企业减税法案和小企业融资扶助政策。2015 年 1 月，美国独立工商业者联合会（NFIB）发布报告称，2014 年 12 月美国小企业信心指数上升至 8 年多以来的最高水平，工人薪资触及自上一次经济扩张高峰时期以来的最高水平。接受调查的企业中，超过 568 家表示他们仍在进行招聘，计划招聘职位增长了 4 个百分点，预示着美国的小企业在 2015 年将会进入快速发展通道。

第二节　欧盟

一、总体情况

欧洲联盟（简称欧盟）是由欧洲共同体发展而来的，是一个集政治实体和经济实体于一身、在世界上具有重要影响的区域一体化组织。国民生产总值在世界各洲中居首位，工业生产总值比重很大。自从 2008 年经济危机爆发以来，欧洲的工业发展出现明显下降。进入 2013 年以后，欧洲经济逐渐出现改善迹象。2014 年欧盟经济向好趋势明显，前三季度 GDP 环比增幅均保持在 0.1%—0.2% 左右。2014 年下半年以来的油价下跌使得欧盟各国制造业投入资源成本创 5 年半以来最大降幅。德国和英国的良好表现对欧洲经济复苏起到重要贡献。数据显示，德国经济于 2013 年下半年摆脱迟滞，2014 年保持了较高增长。2014 年英国经济增长 2.6%，增速创 7 年来新高，表现好于大多数发达经济体。

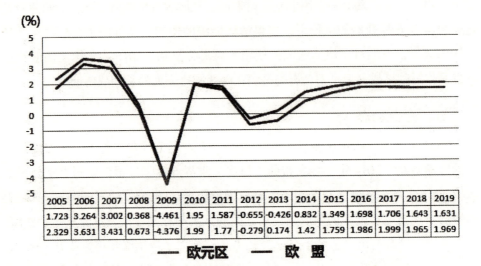

图21-2　欧盟27国、欧元区17国的GDP增长率（2014年以后为预测值）

数据来源：IMF，2015 年 3 月。

图21-3　1998—2015年欧元区制造业PMI指数

数据来源：Markit，2015 年 2 月。

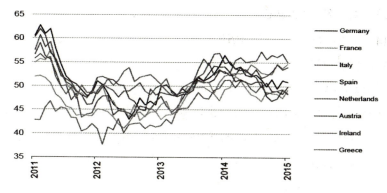

图21-4　2011—2015年欧元区各国制造业PMI指数

数据来源：Markit，2015 年 2 月。

（一）现状特点

1.工业发展很不平衡

欧洲虽然形式上形成了一个统一的经济体，但其各成员国资源禀赋、经济社会发展水平各异，经济政策及发展目标不尽相同，工业发展水平也很不平衡。受乌克兰危机影响，2014 年德国对俄机械设备出口大幅下滑近 40%，但德国制造业仍然保持了增长势头，机械设备年销售额逾 2100 亿欧元，同比增长 2%，创下纪录。2014 年英国经济表现抢眼，增速达 2.6% 并创下 7 年来新高，但其经济增长更加倚重于占 GDP 比重近 80% 的服务业。西班牙制造业终于在 2014 年摆脱了 2011 年来的衰退的局面实现了正增长，法国和意大利的制造业仍继续呈现萎缩的趋势，复兴之路仍很漫长。

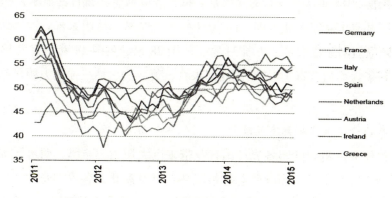

图21-5　2011—2015年欧元区各国制造业PMI指数

数据来源：Markit，2015 年 2 月。

2. 汽车行业实现止跌回升

2014年，欧盟乘用车产量1618万辆，同比增长近10%，全年销量超过1255万辆，同比增长5.7%，七年来首次实现同比增长。据欧洲汽车工业协会最新公布数据，2013年欧洲汽车行业创造了957亿欧元贸易顺差。另外，由于德国大众、法国PSA等汽车产业集团自欧盟东扩以来不断在东欧设厂，东欧国家汽车产量占欧盟总产量的比率已经从2003的7.5%上升到2013年的21.2%。

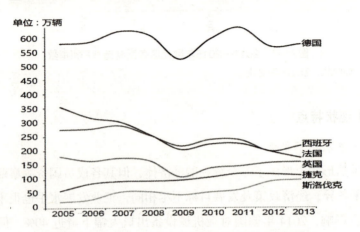

图21-6　2005—2013年欧盟部分国家机动车产量

数据来源：欧洲汽车工业协会，2015年2月。

3. 企业实力持续下滑

笼罩在债务危机的阴影之下，欧盟入围《财富》世界500强的企业数量逐渐减少。根据2014年7月发布的《财富》世界500强企业排行榜显示，2014年欧盟成员国共有120家企业入围，而2011年为137家。从国家来看，上榜企业数量最多的欧盟国家依次是：法国31家、德国28家、英国28家、荷兰13家（其中联合利华为英荷合资）。从欧盟内部来看，英、法、德三强实力明显高于其他各国。

4. 就业情况未能得到有效改善

主权债务危机给欧盟各成员国就业带来巨大压力，希腊、西班牙等国失业率长期处于较高水平。2014年总体情况还在继续恶化，各界期盼的"后危机时代"仍未到来。其中，欧元区的失业率超过了11%，意大利年轻人的失业率接近40%，情况最为严重。西班牙的经济形势虽明显好转，但年内失业率却高达47%

左右。

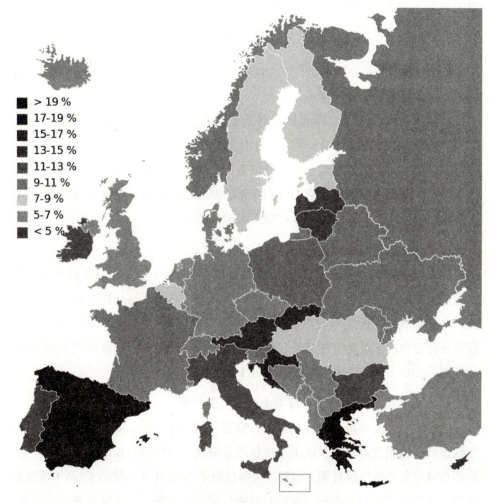

图21-7　欧盟各国失业率情况情况

数据来源：欧盟统计局，2015年2月。

（二）政策动向

　　进入21世纪以来，欧盟制定了两个中长期工业发展战略。2000年发布的"里斯本战略"是2000—2010年引领欧盟经济发展的纲领性文件。2009年"里斯本战略"以更加务实的态度重启，把经济增长和就业确定为优先目标，并加快了统一市场未来发展战略的制定。2010年3月3日，欧盟委员会公布"欧洲2020战略"，提出了欧盟未来十年的发展重点和具体目标。2012年以来公布的主要政策有《欧盟工业复兴战略》《欧盟空间工业政策》《欧盟新电子产业战略》《清洁燃料战略》《创业2020行动计划》《汽车2020行动计划》等。

（三）发展趋势

1. 工业有望扩大增长势头

2014年7月份以来，欧元区的制造业企业受到内需减弱和出口放缓的双重压力影响表现疲弱，而2015年1月份由于受新订单温和增长以及消化既有订单的影响，欧元区制造业实现了6个月以来的最快增速，就业人数实现了连续5个月正增长。欧洲央行的量化宽松计划带来的欧元汇率下跌将增强欧元区各国制造业的出口竞争优势，欧元区工业有望扩大增长势头。

2. 汽车行业将略微增长

随着欧元区经济触底反弹，欧盟汽车市场自2013年7月份开始逐步复苏，在欧盟主要汽车消费国中，德、法、英、西等国汽车销量均环比上升，意、荷等国汽车降幅收窄，标志欧盟汽车市场已渡过最糟糕的时期，进入缓慢复苏阶段。欧洲央行近期推出量化宽松政策，促进欧元贬值以刺激出口，欧洲汽车制造商协会预测，2015年欧洲车市增幅或微增2.1%。

3. 智能制造引领欧元区各国工业未来发展趋势

随着新一代工业革命时代的到来，欧盟各国尤其是德、英、法等工业强国愈发认识到智能制造对本国工业未来成长的重要性，纷纷出台相应政策，以在新一轮的全球竞争中继续保持领先地位。法国政府于2013年9月推出了"新工业法国"战略，计划在环保和新能源、医疗和健康、前沿技术等三大领域开展行动，优先开发大数据、云计算、新一代高速列车、电动飞机及未来工厂等34个支点项目；德国政府已将"工业4.0"上升为国家战略，并于2015年4月14日发布改组后新的产官学"工业4.0平台"，由联邦教育及研究部和联邦经济及科技部共同主导，对新一代革命性技术的研发与创新的支持力度将大大加强。英国政府也启动了对未来制造业进行预测的战略研究，2013年10月，题为《未来制造业：一个新时代给英国带来的机遇与挑战》的研究报告由英国政府科技办公室正式推出，将为未来英国智能制造发展提供战略导向。

二、重点国家

（一）德国

德国是欧洲第一、世界第三经济强国，全球第一大出口国。汽车、机械、电子及化工是其四大支柱产业，也是德国出口的优势所在。2013年三季度以来，受产出和订单水平的提振，德国制造业产出保持长达21个月增长，直至2015年初。从2014年整体情况看，由于受乌克兰危机影响，来自俄罗斯的订单大幅减少，加之亚洲国家经济不景气，2014年四季度以来，德国制造业产出和相关就业增速也随之放缓。2014年德国工业呈现的特点包括工业产品竞争力强，出口规模保持增长，就业人数稳定增长，制造业生产后劲足，关注新工业变革等特点。

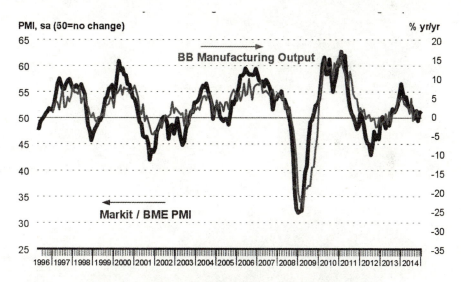

图21-8　1996—2014年德国制造业PMI和产出指数对比

数据来源：Markit/BME/Bundesbank，2015年2月。

由于历史发展和资源禀赋的原因，德国各地区的工业区域布局情况存在一定差异。相对而言，西部和南部等原联邦德国地区发展水平较高，但总体区域分布基本上处于相对均衡的水平，这主要归功于德国在实施产业布局政策方面所采取的财政补贴政策，促进了德国产业布局的合理化发展。

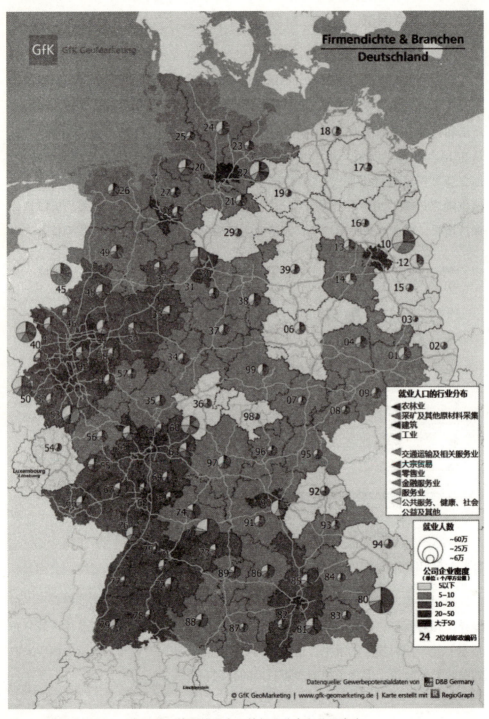

图21-9 德国就业人口的行业分布和公司密度

数据来源：D&BGermany，2015年2月。

德国采取的是社会市场经济模式，也称为政府引导型市场经济。其主要特点是，自由竞争与政府控制并存、经济杠杆与政府引导并用、经济增长与社会福利并重。德国国家宏观调控政策对其工业的成功有着重要影响。下面列出了德国政府近年来出台的比较重要的工业相关政策措施。

表 21-2　近年来德国工业相关政策措施

时间	标题	主要内容
2015年4月	新的德国工业4.0平台发布	在之前三大行业协会组建的工业4.0平台的基础上，将在更为广泛的包括政治及社会领域在内的基础之上建立一个新平台，并且在研究主题和组织结构上都将有新的定位。
2013年4月	德国工业4.0	主要分为两大主题，一是"智能工厂"，重点研究智能化生产系统及过程，以及网络化分布式生产设施的实现；二是"智能生产"，主要涉及整个企业的生产物流管理、人机互动以及3D技术在工业生产过程中的应用等。
2012年7月	生物精炼路线图	加强生物技术研发创新，推进传统化学工业的转型
2011年8月	第六能源研究计划	第六能源研究计划被命名为"环保、可靠和经济的能源供应研究"，重点资助那些对加快德国能源供应结构调整步伐十分重要的战略优先领域，包括可再生能源、能源效率、能源储存系统、电网技术以及可再生能源在能源供应中的整合。
2010年8月	国家可再生能源行动计划	目标涵盖温室气体排放、可再生能源、能源效率等方面，其行动计划和措施要点则包括可再生能源开发、能效提升、核电和化石燃料电力处置、电网设施扩充、建筑物能源方式和效率、运输机车能源挑战、能源技术研发、国际合作总计七方面内容。
2010年7月	德国高技术战略2020	重点关注气候/能源、健康/营养、交通、安全和通信五大需求领域，并着眼于应对各个需求领域的最重要挑战来确定"未来项目"，以开发和引领世界新的未来市场。
2009年8月	电动汽车国家发展计划	这项计划耗资5亿欧元。德国政府计划投入1.15亿欧元在8个地区试验推广电动汽车，1.7亿欧元研发为电动汽车提供动力的电池并优先研制国内产品。
2009年6月	低碳经济战略	包含6个方面的内容：环保政策要名副其实；各行业能源有效利用战略；扩大可再生能源使用范围；可持续利用生物质能；汽车行业的改革创新以及执行环保教育、资格认证等方面的措施。
2007年9月	德国能源与气候一揽子计划（IECP）	该计划包括29项关键事项；另为配合计划推进，2007年12月，德内阁提出14项法规修订建议。

数据来源：赛迪智库整理，2015 年 4 月。

（二）法国

法国是发达的工业国家，钢铁、汽车和建筑等传统工业中占主导，新兴工业有核能、石油化工、海洋开发、军工、航空和宇航等。近年来，随着第三产业的发展，工业在国民经济中的比重逐步下降。金融危机发生以来，法国经济遭受重创。2014年，法国制造业产出除年初一季度呈现微弱增长态势之外，全年均表现疲弱，产出及就业均出现下滑。

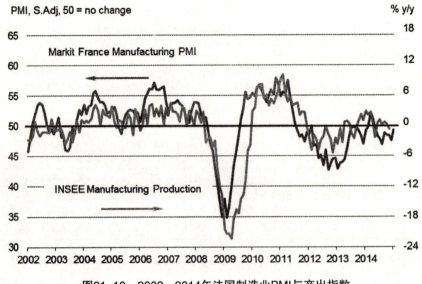

图21-10　2002—2014年法国制造业PMI与产出指数

数据来源：Markit，2015年2月。

法国工业区主要分布在巴黎盆地，洛林铁矿和里尔煤矿间的钢铁工业区，地中海延岸分布着福斯－马赛工业区，布列塔尼、卢瓦尔河流域和罗讷河地区的电力工业区等。工业中心有巴黎（汽车、飞机等），敦刻尔克和福斯（钢铁），马赛（造船、炼铝），图卢兹（航空航天），里昂和南锡（化工）等。法国非常重视工业发展，在国家层面出台了多项综合发展战略，下面列出了近年来比较重要的法国政府出台的工业相关政策措施。

表 21-3 近年来法国工业政策一览表

时间	标题	主要内容
2013年9月	新工业法国	重振计划涵盖了多个重要工业领域，总体可以归为能源转型、医疗健康、数码技术、交通运输四大类。共包括34个具体项目。
2012年10月	电动汽车补贴政策	将购买一辆电动汽车可享受7000欧元（约合9036美元）环保津贴的政策延长至2013年，同时把优惠对象扩大至企业和公共机构用车。
2012年1月	"生态技术目标"行动计划	"生态技术目标"行动计划共提出了87项措施，这些措施旨在增强绿色工业的竞争力，该行动计划将从2012年开始实施。
2010年	光伏系统补贴政策	政策补贴分为两类：普通集成系统和高审美度集成系统，分别给予不同程度的补贴，在某些特定地区，政策补贴额将会大大增加。
2009年	电动汽车和可充电混合动力汽车发展计划	显示了法国政府发展低碳汽车的决心。

数据来源：赛迪智库整理，2015 年 2 月。

（三）英国

英国是世界上第六大、欧盟第三大经济体，欧盟成员国中能源资源最丰富的国家。生物制药、航空和国防是英国工业研发的重点，也是英国最具创新力和竞争力的行业。2014 年英国经济增长 2.6%，增速创下 2007 年以来的新高，失业率降至 6 年来最低。英国工业 2014 年呈现的特点包括工业产出温和扩张、出口严重依赖油气资源、汽车行业成为增长点等。

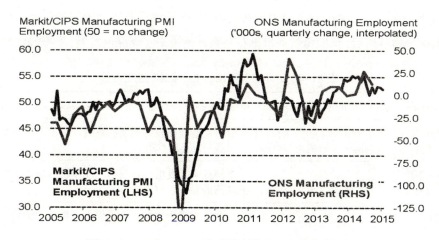

图21-11 2005—2014年英国制造业PMI和产出指数

数据来源：Markit，2015 年 2 月。

图21-12　英国主要工业区分布图

数据来源：赛迪智库整理，2015年2月。

　　英国油气资源丰富，能源工业比重较大。英国政府在2003年首次以政府文件的形式提出低碳经济概念，推出了一系列具有开创性的政策法规和配套措施，将低碳经济视为未来国家竞争力的核心所在，并希望借此重塑国际政治经济地位。尤其在金融危机后，英国希望通过推行一系列政策来实现绿色发展，助推经济复苏。

表21-4　近年来英国推动工业发展的主要政策

时间	标题	主要内容
2013年10月	未来制造业：一个新时代给英国带来的机遇与挑战	分析制造业面临的问题和挑战，提出英国制造业发展与复苏的政策。
2012年11月	2012能源法案	支持低碳式发电，计划到2020年将总发电规模提高两倍。
2011年8月	绿色经济转型计划	以政府投资为主导，大力促进商用技术的研发推广。
2010年10月	国家基础设施规划	加强资金投入，支持低碳经济的科技基础设施建设。

（续表）

时间	标题	主要内容
2010年4月	绿色产业振兴计划	发展和普及电动车，建设更多风力电场。
2009年7月	低碳工业战略	将核能发展作为向低碳能源经济过渡的主要部分。
2009年7月	可再生能源战略	加强对可再生能源电力、热力和交通运输燃料的利用，确保到2020年英国能源供应的15%来自可再生能源。
2009年7月	英国低碳转换计划	这项计划是英国到2020年的行动路线图，它要求所有方面都向低碳化发展。

数据来源：赛迪智库整理，2015年2月。

第三节 日本

一、发展概况

2014年，日本受经济刺激政策不断发酵，刺激作用有所减弱。日本内阁府数据显示，上半年由于消费税等因素影响，日本国内生产总值同比实际增长1.4%，其中二季度同比下降0.1%；经季节调整后，二季度国内生产总值实际环比下降1.7%，折年率下降6.8%。二季度日本名义国内生产总值折年数为4871919亿日元，环比下降0.1%，折年率下降0.4%；实际国内生产总值折年数为5258017亿日元，环比下降1.7%，折年率下降6.8%。日本制造业PMI指数2014年全年处在较高水平，除4、5月位于50的分界线下方以外，其他月份均高于50，受到2013年经济刺激政策影响，最高值出现在2014年1月为56.6，自6月开始呈现稳中有升的趋势，12月为52，2015年1月持续这一水平。日本经济产业省数据显示，2014年11月工业生产较前月下降0.6%，为三个月以来的首次下降，日本经济从衰退中的复苏仍显脆弱。

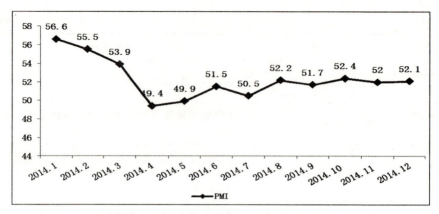

图21-13　2014年1—12月日本制造业PMI指数

数据来源：汇丰银行，2015年2月。

二、产业布局

从地理分布来看，日本的工业主要集中于太平洋带状工业区，包括该地区沿岸的东京湾、骏河湾、伊势湾、大阪湾和濑户内海等海域狭长地带。该地带占日本总面积的20%，集中了日本人口的60%以上以及9个百万人口以上的大城市，占据全国工业产值的70%，其中钢铁工业产值和化学工业产值的80%左右来自该工业带。在战后日本经济起飞过程中，形成了主要的9个中小工业区，即北海道、八户、常磐、鹿岛、东海、关东内陆、北陆、大分和有明海沿岸工业区。沿海地区分布成为日本工业区分布的一个明显特点。在全国大小14个工业区中，除关东地区属于内陆工业区外，其余13个都处沿海地区，在这13个工业区中，有以太平洋沿岸为主，除北海道、北陆和有明海沿岸工业区外，其余10个都在太平洋一侧，形成了太平洋沿海带状工业地带。该工业布局特点与日本地理条件、区位优势、自然禀赋情况以及对外贸易在日本经济中的地位有关。太平洋沿岸工业带曾为日本大大节省了能源资源的物流运输费用，经济效益十分明显。

近年来日本产业调整又出现了由资本密集型向知识密集型的转变，产业结构日益向软件化方向发展、工业布局出现了分散化、产业经营组合化等趋势。这是日本利用新科技对产业进行调整的结果，钢铁、机械等"重厚长大"型产品产量比重下降，而"轻薄短小"的电子相关产品产量增长迅速，在节约资源和能源方面突破重大。日本的工业布局逐渐出现由沿海转向内地、由中心城市转向地方城市的现象，产业经营相互依存度提高，电子产业与通讯、信息产业相结合，形成新的高尖端产业群，新兴尖端产业之间相互渗透、相互依存的趋势正在不断发展。

三、政策动向

2013 年以来，日本陆续从税收制度、政府补贴和货币政策等方面出台了相关政策，试图重振制造业和促进整体经济增长。然而由于日本债务高企、人口老龄化严重、复苏动力不足等问题，目前来看，这些政策尚未实现日本恢复长期增长的目标。

表 21-5　近年来日本主要扶持工业发展的政策措施

时间	标题	主要内容	对制造业重要影响
2014年12月	新版量化宽松政策	进一步扩大正在实施的量化和质化宽松政策。	为制造业复苏提供货币政策刺激。
2014年11月	290亿美元经济刺激计划	刺激计划将于2014年12月27日定案，主要是向地方政府提供资金，将作为家庭购买燃料等其他商品的补贴费用。	重振日本地方经济。
2014年4月	日本上调消费税	从2014年4月1日起将消费税率从目前的5%提高至8%。	影响企业投资积极性。
2013年4月	日本新经济增长战略2013	日本政府提出了新经济增长战略，将医疗和健康产业作为未来日本新经济增长战略的重心。	从医疗产业促进日本经济的发展。
2013年1月	日本央行实施量化宽松政策	发表"关于摆脱通货紧缩、实现经济可持续增长"的共同声明，力争实现物价上涨2%的目标，取代此前1%的通胀率目标，维持基准利率在0—0.1%区间不变。	提供货币政策刺激制造业复苏。
2012年7月	日本再生战略	提出今后将重点投资节能环保、健康医疗和农林渔业三个领域。	提高日本制造业全球竞争力。
2010年6月	新经济增长战略	战略指出要着重拓展有望带来额外增长的六大领域：环境及能源、医疗及护理、旅游、科学技术、促进就业及人才培养。	确定日本保持制造业全球竞争力的领域。
2009年5月	工业复兴与创新战略法案	主要包括生产力提高支持计划和业务重振公共组织两部分，旨在企业重建，承接新企业和提高生产力。	推动日本制造业的重振。
2006年1月	IT新改革战略	推进IT结构的改革里，以真正有效地利用为目标。	在日本IT领域实现突破。

数据来源：赛迪智库整理，2015 年 2 月。

四、发展趋势

（一）工业经济实现快速增长较为艰难

日本目前的经济发展情况显示日本经济复苏基础仍显薄弱，2013年安倍经济学出台的三阶段的策略无法支撑日本维持长期经济增长，同时，在日本经济增长战略中的一些改革要点执行起来仍显困难。日本的经济改革任重道远，长期来看未来经济实现快速增长较为艰难，无法大幅度提振经济增长。

（二）对外贸易逆差逐步下降

由于日本在增税前，大众已经对增税有了一定的预期，因此造成了一定程度上的提前消费；日本大地震后核电站的重启使日本对能源的进口需求有所下降；加上日元贬值得到短期抑制和全球经济复苏等因素的影响，未来日本进出口贸易上的表现可能又会有所变化，贸易逆差会逐步缩小。

（三）依靠工业投资拉动经济空间缩小

作为拉动日本经济的重要手段之一，未来依靠投资拉动经济的空间可能会逐步缩小。公共投资在2008年金融危机爆发之后一直是日本政府提升经济的主要依赖，但日本财政背负着很高的负债，债务规模对公共投资增长造成了阻碍。2014年随着安倍经济学的刺激逐步放缓减弱，第二季度的数据显示公共投资和民间投资规模都有所下降，一定程度上阻碍了经济复苏。

（四）新一代电子信息产业有望增长

厂商间竞争加剧、服务使用成本降低、通讯与分析技术进步、外围环境完备是支撑日本物联网等新一代信息技术市场持续成长的主要因素。以物联网为例，目前导入物联网的行业以制造业和交通业为主，未来可望扩及能源业与零售业。由于智能电表的普及，很多企业都可以轻松使用IOT服务。

（五）外部因素带来的不确定性增加

全球市场带来的外部因素增加了日本经济的不确定性。当前全球大宗商品价格大幅下降，主要石油供给国并未因此减少供给，俄罗斯经济受到重挫，卢布汇率大幅下跌，石油需求国工业能源成本下降。随着全球主要经济体逐步退出量化宽松，日本金融市场可能将面临利率升高。

五、企业动态

在最新的全球 500 强企业中，日本拥有的世界 500 强企业数量有所下降，从 2012 年的 68 家降至 2014 年的 57 家。排名前 50 位的日本工业企业有丰田汽车、日本邮政控股公司和本田汽车三家企业，且排名变化不大。丰田汽车在排行榜中超过大众公司，排名第 9 位。在前 100 名中，日本仅有 7 家企业，除日本邮政控股公司外，通信和制造业企业有 6 家，各家企业的排名均有小幅下滑，下降幅度在 1—24 名之间。目前，日本中小企业在经济生活的多层次、多侧面中对提高大企业的生产效率以及整个社会的效率起到了直接或间接的作用，表现为吸收大量劳动力，社会稳定器；发挥生产的辅助作用，支持重化工业化；有利于生产力的平衡布局，缓和地区发展的不平衡；满足人们多方面消费需求等。可以说，日本中小企业已成为日本经济发展的基础。

第二十二章　主要新兴经济体工业发展动态

第一节　巴西

一、发展概况

巴西位于南美洲东部，幅员辽阔，是拉丁美洲第一大国，世界第五大国。巴西拥有拉丁美洲最为完善的产业体系，经济实力居拉丁美洲首位。受世界经济增速放缓，国内需求减少，贫富不平等增加、通胀率上升等因素影响，2014年巴西经济增长率仅为0.15%，该增速是自2009年以来的最低增速。据巴西地理统计局的数据显示，2014年1—10月巴西工业生产总值同比下滑3%，其中，2014年10月份巴西工业生产总值同比大幅下滑3.6%。

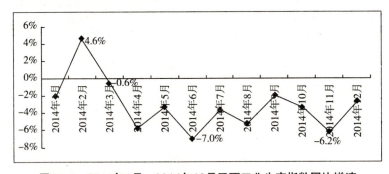

图22-1　2014年1月—2014年12月巴西工业生产指数同比增速

数据来源：巴西国家地理统计局，2015年2月。

（一）工业生产不断萎缩

2014 年，受国内总统大选、融资成本高昂、银行利率过高等因素影响，巴西工业持续萎缩。据巴西工业联合会（CNI）发布的数据显示，2014 年 6 月，巴西工业设施利用率为 80.1%，创 2009 年 6 月以来最低。随着巴西工业生产的不断下滑及生产成本的上升，企业在工业领域的投资信心也受到打击。2014 年 10 月，雇员指数为 47.1 点，低于 50 点的分界线。2014 年 11 月，巴西工业信心指数大幅下跌至 44.8 点，为 1999 年 1 月以来的最低水平。

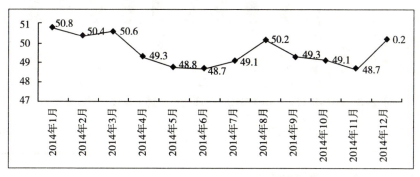

图22-2　2014年1月—2014年12月巴西制造业PMI值

数据来源：汇丰银行，2015 年 2 月。

（二）传统产业不景气

因受到价格调整、信贷紧缩、收入低增长和民众信心不足的影响，2014 年巴西传统产业发展不景气。在汽车行业，受 2014 年 7 月巴西政府将工业产品税（IPI）由 3% 提高至 7% 政策的影响，汽车生产量不断下滑。2014 年 1—11 月，巴西汽车生产量累计 294 万辆，同比减少 15.5%。在纺织服装行业，最近 10 年巴西纺织品进口额增长了 25 倍，出口不断减少，一些纺织服装企业出现了工作岗位不断流失和倒闭的现象。根据巴西工业发展和外贸部的统计数据显示，2014 年 1—9 月份巴西纺织品出口额下降了 6.1%。

（三）出口大幅下滑

中国经济增速放缓、美联储退出量化宽松货币政策、大豆和铁矿砂等大宗商品价格持续下跌等因素，严重打击了以大宗商品出口为主的巴西经济的发展，巴西外贸形势严峻。2014 年，巴西对外贸易 14 年来首次出现贸易逆差。铁矿石是巴西最主要的出口商品之一，由于全球求需不足，铁矿石需求减少，巴西的铁矿石出口量不断减少，出口价格降低。2014年1月—11月，巴西铁矿石出口量仅占全国总出口总量的11.5%，铁矿石均价降到每吨75美元，比上年每吨减少23美元。

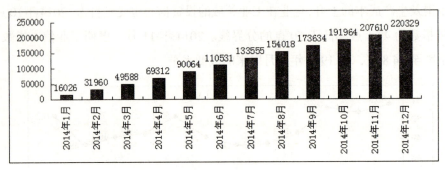

图22-3 2014年1月—2014年12月巴西出口金额（单位：百万美元）

数据来源：巴西统计局，2015年2月。

（四）中小企业经营面临困境

近年来，巴西的通胀水平一直居高不下。巴西国家地理与统计局发布数据显示，2014年通胀率为6.41%，接近巴西政府设定的6.5%的上限。较高的通胀率导致巴西货币贬值，影响投资者对巴西的投资热情。同时，巴西一直居高不下的通货膨胀率也会对需求产生一定的抑制作用，企业订单受到影响，居民所需的各类消费品价格都有所增长，抑制了居民消费水平的增长。由于政策不断收紧，中小企业融资难问题一直难以解决，中小企业获得资金支持的难度将进一步提高，面临的生存和发展环境恶劣。

二、产业布局

巴西工业主要集中在东南沿海地带。里约热内卢和圣保罗位于巴西东南部沿海地区。其中，圣保罗邻近的米纳斯吉纳斯州水资源较为丰富，且拥有铁、锰、镍等资源，农产品主要以咖啡、棉花、甘蔗为主，其优越的资源条件为工业发展提供了有利条件。巴西钢铁业主要集中在东南部，粗钢产量占生产总量的93.5%；在此之外，南部占3.9%，北部占2.6%。钢铁生产主要分布在巴西27个州中的9个州。其中，米那斯吉拉斯州占37.4%，里约热内卢州占21.9%，圣埃斯皮里图州占 16.9%，圣保罗州占 17.3%，南里奥格兰德州占 2.5%，巴西利亚州占 1.7%，巴拉那州占 1.4%，帕拉伊巴州占 0.7%，塞阿拉州占 0.35%。

三、政策动向

面对近年来巴西经济的不佳表现，为有效抑制通胀，实现高就业率，促进工业等各产业的发展，2014 年以来巴西政府出台了一系列政策措施，以确保经济恢复增长。在工业领域，2014 年 5 月，巴西政府公布了一项 80 亿雷亚尔的政府投资计划。2014 年 6 月 18 日，巴西政府公布了工业刺激计划，以减少中央银行制定的汇率对出口商的负面影响。2014 年 8 月 20 日，罗塞芙政府又推出新的一揽子刺激贷款措施，主要包括向银行系统注资、简化贷款发放手续、加强对汽车制造业和房地产业的资金支持等，将为市场新增 250 亿雷亚尔贷款。在贸易领域，巴西政府不断对现有的贸易保护机制进行改革。巴西工业联合会（CNI）扩大对产品出口国出口补贴的认定范围，除产品来源国对出口到巴西产品的生产、出口和运输过程中的补贴之外，任何其他相关的经济行为中的补贴措施都应视为产品来源国的出口补贴。此外，CNI 认为出口国的货币贬值政策同样可视为对出口商的补贴政策。

四、发展趋势

（一）工业竞争力短期难以提升

受国内外经济环境的影响，2014 年巴西国内通货膨胀高企，就业形势严峻，建立在内需基础上的经济增长显得难以为继。同时，巴西工业受国际市场波动影响较大，制造业多以初级加工品为主，不利于本国工业竞争力的提升。再加上巴西央行的不断加息，增加了企业的融资成本，降低了企业的投资意愿。在全球经济复苏乏力、内部缺乏资源的条件下，工业增长前景不容乐观。巴西经济总的来说在 2015 年处于微弱的发展阶段，工业发展十分缓慢，经济放缓现象严重。

（二）外贸形势仍然严峻

在全球经济体经济复苏缓慢、中国经济增速放缓、国际大宗商品价格繁荣景象不在的背景下，全球能源、原材料新增需求放缓。外部需求的减少对巴西出口产生了全方位影响，即便是最具竞争力的出口产品，如铁矿、蔗糖、大豆等，也遭遇了国际市场价格的下跌。以资源出口为主的巴西受到冲击，出口前景难以乐观。随着各大经济体经济增速放缓，全球保护主义势头不断上升，巴西贸易前景十分严峻。

（三）绿色工业发展势头迅猛

为了降低过度开采等给自然带来的灾难，巴西政府也在积极采取措施，发展低碳经济。近年来，巴西在矿业和能源产业的投资逐年增加。目前巴西政府不断加大对新能源技术的研发力度，巴西的27个州已经有23个州建立了开发生物柴油的技术网络。同时，巴西政府推出信贷优惠、设立专项信贷资金等一系列金融支持政策。巴西正利用自身的独特优势，借助新技术减少对传统能源的依赖，在新技术新能源的利用上实现节能减排，积极发展绿色工业。

五、企业动态

巴西潜在的市场消费能力、丰富的自然资源吸引了大量外资。2013年，巴西吸引外资640.46亿美元，占拉美和加勒比地区总引资的32%。进入2014年以来，巴西制造企业发展较快，跨国企业也不断增加在巴西的投资。2014年第一季度，巴西飞机制造公司（Embraer）交货量达34架，比2013年同期增17.2%。其中商务机14架，公务机20架。在能源领域，近年来巴西政府逐步采取比较开放的能源政策，不断加大对能源基础设施的投资力度，这使得巴西能源公司的盈利水平不断增强。2014年入围世界500强的巴西淡水河谷（Vale），2014年铁矿石产量将达3.12亿吨，同比增长4%。另外，随着在巴西举办的2016年奥运会的到来，社会对建筑企业和建筑设备的需求将不断增加，这将为巴西跨国企业提供很多投资机会。

第二节　印度

一、发展概况

印度位于亚洲南部，是南亚次大陆最大的国家，也是近年世界上经济发展最快的国家之一。印度因其拥有充裕的廉价劳动力以及巨大的成本优势。在全球经济形势复杂多变、新兴经济体经济放缓的大背景下，印度却是个明显的例外。2014年，印度经济表现出强劲的复苏势头，制造业发展持续增长，商业运营环境明显改善，经济增速达5.8%。在印度政府大力发展制造业的政策环境下，

2014 年印度制造业获得了较快的发展，月均工业产出在 1.5% 左右。其中，2014 年 11 月印度制造业产量实现 3% 的增长。

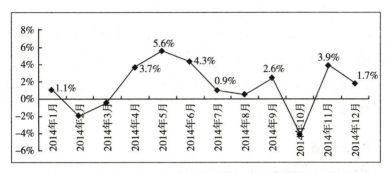

图22-4　2012年1月—2013年9月印度工业生产指数同比增速

数据来源：印度统计局，2015 年 2 月。

（一）工业领域增长较快，先进制造业发展优势明显

2014 年，印度工业领域发展迅速。2014 年 5 月，印度工业生产连续增长两个月，年均增速达到 4.7%，其中，制造业生产年均增速为 4.8%，采矿业生产年均增速为 2.7%。汇丰银行数据显示，2014 年 12 月印度制造业 PMI 值大幅增至两年内新高，从 11 月的 53.3 增长 54.5。随着国内经济的不断增长，通胀减缓，企业采购原材料的成本也有所下降。截至 2014 年 12 月份，印度的新订单已经连续 14 个月呈增长趋势。

（二）传统制造业发展迅速

2014 年印度传统制造业发展迅速。在粗钢领域，由于印度钢铁产能扩张和产能利用率的提高，粗钢产量也出现了大幅增长。据联合钢铁部统计，印度 2013 年粗钢产量为 8100 万吨，预计 2014 年将达到 8600 万吨。在汽车行业，随着印度经济的不断恢复，印度汽车需求明显改善，汽车产、销量增长显著。2014 年 4—9 月，汽车产量同比增 15%，达到 1183 万辆。在纺织领域，印度为世界第二大丝绸生产国，在 2013—2014 年，印度丝绸的生产量达到 26480 顿，同比增长了 11%。

（三）吸引外资能力增强

由于政府放宽了投资限制，再加上利率稳定，2014年印度吸引外资能力增强。据印度商工部发布的统计数据显示，自2000年—2014年11月间，印度累计利用外资3509.63亿美元。其中，2014年1—11月累计利用外资266.23亿美元，较上年同期的209.36亿美元，大幅增长27%。从FDI来源地上看，前三大来源地分别为毛里求斯、新加坡和英国。从FDI投资领域看，前三大领域分别为金融和非金融服务业、建筑业和电信业。

二、产业布局

印度独立之初，工业高度集中在少数沿海大城市，仅孟买、加尔各答和阿默达巴德三个邦的工业产值占全国工业总产值的70%以上。近年来，印度工业过分集中的状况已有改善。目前，印度有五个比较重要的工业区：一是以加尔各答为中心的工业区。该工业区以纺织服装行业和机械制造业为主，也是全国最早形成的工业区，其纺织服装产值占全国纺织服装总产值的40%，机械制造产值占全国机械制造总产值的30%。二是以孟买－浦那为中心的工业区。该工业区主要以棉纺织工业为主，机械、化工、炼油等产业近来也发展较快。该工业区棉纺织工业占印度棉纺织工业总量的30%。三是以阿默达巴德为中心的工业区。该工业区主要以纺织、钢铁、机械制造等传统工业为主，规模相当于加尔各答的一半。四是以马德拉斯－班加罗尔为中心的工业区。该工业区是发展最快的工业区，规模接近加尔各答区。该工业区大力发展电力、飞机制造、造船、炼油等工业，轻工业和重工业并举推进。五是以那格浦尔为中心的工业区。该工业区有印度的"鲁尔区"之称，为20世纪50年代发展起来的重工业区。

三、政策动向

印度总理莫迪自2014年5月26日上台后，推出一系列改革措施，包括推行税制改革、吸引外资、出售国有资产股份、开启私有化进程、大力发展制造业等，在排除政治阻力推进改革方面显示出大刀阔斧的决心。在莫迪的强力推动下，"印度制造"运动的势头不断加大。2014年9月，莫迪启动了一项以"印度制造"为口号的国家形象营销活动，提出未来要将印度打造成新的"全球制造中心"，以吸引全球商业投资和制造业进入印度，促进第二和第三产业的发展，改善印度经济的全球形象。在国防制造业领域，为了促进印度国防生产自力更生、鼓励更多私人制造商进入国防部门、削减进口成本并预防腐败，2014 年 6 月印度政府宣布，除负面清单列明的产品以外，生产国防用途产品以及军用和民用两种用途的产品不再需要工业许可。从 2014 年下半年起，印度政府又大力推广"数字战略"，努力实现以民众为中心和公开透明的政务系统。在对外贸易领域，印度政府延续外商直接投资政策，并放开包括保险、铁路和国防在内的受限领域。2014 年 5 月，印度新政府重审其贸易安排，包括自由贸易条款下的可能损害国内制造业的关税结构。2014 年 8 月，为寻求促进制造业和出口，印度商工部宣布新的五年外贸政策（2014—2019）。2014 年 12 月，印度政府内阁发表声明表示将允许医疗设备领域外国直接投资占比达到 100%，这将鼓励外国投资流入这一领域。

四、发展趋势

（一）工业基础设施建设投资将持续升温

制造业是印度经济发展的短板，尤其是印度基础设施建设滞后，这不仅拖累了工业的发展，也对吸引外资带来不利影响。2014 年 9 月莫迪政府宣布的"在印度制造"系列新政致力于增强在印度投资兴业的吸引力，给计划投资的国内外企业提供一站式服务，并改革劳动法律和税收，简化审批程序，吸引各界在印度投资设厂，扩大当地就业。随着莫迪政府在制造业和外国直接投资领域改革措施的生效，各国企业纷纷前往印度投资基础设施和制造业，未来印度制造业将有很大的增长空间。

（二）纺织产业发展势头强劲

由于印度劳动力资源丰富，使得劳动密集型的印度纺织业具有劳动力成本低廉特征。加之印度纺织原料品种的多样化，传统设计技术先进及庞大的国内市场等优势，纺织产业市场潜力巨大。最近印度政府出台了一系列新纺织政策和发展计划，包括投入巨额资金建设纺织工业园区、打造基础设施中心提高纺机等行业的竞争力等措施，极大地促进了纺织服装业的发展。2014 年财年印纺织品出口额有望达 500 亿美元。政府还将建立 25—30 个纺织品园区和若干产业群，以发展纺织产业。印度纺织品出口在经历了长时间的疲软后目前形势喜人，未来 5 年有望翻番。

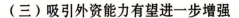

（三）吸引外资能力有望进一步增强

随着需求日益上扬，印度经济进入周期性复苏阶段的阻力正逐步减少。印度总理莫迪近来开展的外交之旅，为印度带来接近 360 亿美元的外国直接投资。联合国发布的"全球投资趋势监测"报告显示，2014 年印度外国直接投资流入同比增长 26%，达到 350 亿美元。其中，电力、燃气、水、信息通讯等服务业吸引外资增长最快。基于对工业发展的迫切需求，莫迪政府希望在基础设施建设等重点领域吸引更多投资。随着印度政府宣布放宽建筑领域的 FDI 政策，其中重点强调印度政府将于 2020 年前建设完成 100 个智能城市的计划，未来印度吸引外资能力将会进一步增强。

五、企业动态

随着印度经济的快速发展及其本身具有的人力资本优势，2014 年印度企业发展活跃，不断扩大产能，开拓国际市场，跨国企业经营绩效不断攀升。2014 年《财富》世界 500 强企业中，印度入选 8 家。其中，印度钢铁巨头塔塔钢铁和塔塔汽车榜上有名。2014 年上半财年中塔塔集团累计营业收入增至 12524.7 亿卢比（202.9 亿美元），同比增幅达到 20.8%。渣打银行对中国、印度、印尼和马来西亚四个国家，年营业额介于 3000 万至 1 亿美元的中型企业首席执行官（CEO）和首席财务官（CFO）展开的调查显示，印度受访企业最为乐观，其中 97% 相信公司将在未来五年实现增长。此外，71% 的印度企业计划拓展新的国际市场。

第三节　俄罗斯

一、发展概况

俄罗斯位于欧洲东部和亚洲大陆的北部，是全球国土面积最大的国家。俄罗斯一向重视工业发展，特别是重工业中的能源与采矿业。受西方经济制裁、国际石油价格大跌的影响，2014 年俄罗斯经济陷入困境。2014 年俄罗斯名义国内生产总值为 70.98 万亿卢布（1 万亿美元），经济增长仅为 0.6%。随着经济的疲弱，俄罗斯工业发展也出现萎缩。2014 年俄罗斯工业生产和需求指数均为负值，其中，工业生产指数同比下降 0.1%，工业需求指数下降 1.7%。

（一）工业生产出现严重萎缩

2014 年，俄罗斯工业领域生产出现严重萎缩。在消费品行业，2014 年俄罗斯伏特加产品产量下降 22.3%，工厂出货量下降 24.8%，这是俄罗斯历史上创纪录的下降。在汽车行业，2014 年俄罗斯轿车市场销量为 230 万台，同比减少 11%。由于卢布大幅贬值，俄罗斯车市容量从 739 亿美元下降到 596 亿美元，降幅达 19%。在能源领域，2014 年俄罗斯天然气产量为 6403.3 亿立方米，比 2013 年减少 4.2%。

（二）工业投资活力快速下跌

由于受投资设备进口迅速减少等因素影响，2014 年俄罗斯投资商品供应减少。2014 年俄罗斯固定资产投资下降了 2.5%，投资商品供应量下降了 4.6%。其中，2014 年第四季度，俄罗斯经济中的投资商品供应量下降 2.6%，2014 年 12 月份的投资商品供应量下降 2.8%。与此同时，自 2014 年 5 月开始下降以来，经济中的投资商品供应量减少了 13.5%。2014 年，机械和设备产量略有下降，其中第四季度下降了 3%。

（三）对外贸易增速大幅回落

受乌克兰危机及卢布汇率大跌等多重挑战，2014 年俄罗斯贸易量下滑严重。根据俄罗斯经济发展部的统计数据显示，2014 年俄罗斯实现外贸总额 7938 亿美元，与 2013 年相比下跌了 5.7%。其中，出口额为 5072 亿美元，同比下降 3.8%；进口额为 2868 亿美元，同比下降 8.9%。

（四）资金外流现象严重

在美欧日等西方国家的经济制裁与国际油价下跌的双重打击下，2014 年俄罗斯经济出现严重的资金外逃现象。根据俄罗斯央行的统计数据显示，2014 年俄罗斯资本净流出额为 1515 亿美元，约为 2013 年的 2.5 倍，超过了 2008 年金融危机时的资本流出规模。其中，2014 年一季度到四季度俄罗斯资本净流出额分别约为 482 亿美元、224 亿美元、77 亿美元、729 亿美元。2014 年第四季度的资本流出规模尤其大，达到近 729 亿美元。

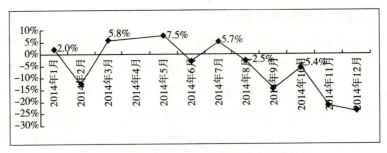

图22-5　2014年1月—12月俄罗斯出口增长率

数据来源：俄罗斯央行，2015年2月。

二、产业布局

俄罗斯工业建立在丰富矿产资源的基础上，工业主要是大型重工业、森林工业、军事工业。主要分布在欧洲部分，有莫斯科和圣彼得堡工业中心。俄罗斯的主要工业区包括西伯利亚工业区、圣彼得堡工业区、莫斯科工业区和乌拉尔工业区。其中，西伯利亚工业区以石油、机械、森林工业和军事工业为主。圣彼得堡工业区以石油化工、造纸造船、航空航天、电子为主。莫斯科工业区以汽车、飞机、火箭、钢铁、电子为主。乌拉尔工业区以石油、钢铁、机械为主。俄罗斯的欧洲部分集聚着俄罗斯重要的工业部门——国防工业。中央联邦区、伏尔加河沿岸联邦区和西北联邦区等三个联邦区是俄罗斯国防工业企业的集聚地，企业数量占整个联邦国防工业企业数量的80%、工业产值占整个联邦国防工业产值的64%、职工人数占整个联邦国防工业职工数量的76%，其中仅中央联邦区就拥有约一半的俄罗斯国防企业。

三、政策动向

为了应对西方国家制裁，扶持本土生产商，保护本国消费者利益，促进工业复苏，2014年俄罗斯政府采取了大规模增加黄金储备、实施食品进口限制及刺激农业机械生产等一系列应对举措，促进国内投资，对遏制危机的蔓延取得了一定的效果。但由于俄罗斯经济结构比较单一，行业垄断现象普遍、外资投资领域限制多、政策法规不健全等因素使得投资政策的效果成效甚微。2014年3月，俄罗斯联邦政府公布刺激农业机械生产措施。农业机械制造商可获得政府补贴的设备清单，增加了专业拖拉机等用于粮食收割后加工的农业设备。2014年5月，俄罗斯经济发展部宣布"提高劳动生产率计划"，该计划将使工业的生产力到

2018 年提高 50%，制造产业增长 77%，机器制造业增长 90%。2014 年 5 月，俄罗斯工业和贸易部计划到 2025 年俄国家预算将拨款约 7000 亿卢布投入航空工业的发展。2014 年 8 月 28 日，俄罗斯联邦政府和俄罗斯工业和贸易部宣布启动汽车报废回收计划，该计划将从 2014 年 9 月至 12 月实施，并涉及载重汽车。2014 年 10 月，俄罗斯工业和贸易部制定了 2020 年前贸易发展战略。

四、发展趋势

（一）工业有望实现微弱复苏

受美欧对俄的一系列制裁措施、国际油价暴跌、俄罗斯经济低迷导致的外需不振、潜在产出量限制等不利因素影响，过度倚重能源经济的俄罗斯在能源市场回暖的情况下，卢布贬值，导致产品价格上涨，竞争力下降。从 2015 年 1 月份开始，卢布兑美元汇率继续走低，到 1 月底美元兑俄罗斯卢布的比值重新跌破 70。目前俄罗斯国内的投资环境和市场氛围并无显著改善，加之预算收入的减少给俄罗斯投资增长和工业发展带来了不利影响。为了促进工业增长，俄政府已制定了包括增加基础设施建设投资、扶持中小企业发展等一系列经济刺激措施，如果上述政策措施能及时到位，俄罗斯工业有望恢复增长。

（二）绿色工业发展前景良好

近年来，为了实现工业的绿色可持续发展，创造新的就业机会，俄罗斯政府开始积极发展应用先进清洁能源技术，优化提升本国传统能源消费结构，通过制定一系列发展绿色经济的国家政策，大力发展绿色低碳经济。2015 年俄罗斯工业和贸易部提出刺激工业的税收优惠新措施，计划总值将达 1590 亿卢布支持企业投资开发，对现有产能进行现代化改造，加快俄罗斯高科技设备的折旧速度，利用技术进步促进节能减排，增强工业生产活动的发展动力。此外，俄罗斯的大型矿产开发企业不断增加对环保研发领域的投入。俄罗斯政府已经批准"2012 年—2020 年国家环境保护计划"，旨在发展绿色经济，减少企业对环境的污染。

（三）汽车产业将有望实现快速增长

汽车产业作为俄罗斯的主要支柱产业，对俄罗斯经济发展一直起着重要的作用。但近两年来，受俄罗斯经济低迷及 2013 年底汽车贷款优惠结束等不利因素影响，俄罗斯汽车市场不景气。2014 年上半年俄罗斯轻型汽车销量较 2012 年同期相比下降 8.9%。针对当前俄罗斯汽车产量下降和进口车需求下降的现状，俄政府表示 2015 年将加大对汽车产业的扶持力度，政府预算将继续支持汽车消费市场，包括提振市场需求、提供以旧换新补贴等。同时，俄政府希望汽车制造企业推出适度保守的价格政策，竭力为消费者创造方便的购车条件。在俄罗斯政府大力支持下，汽车产业有望进入全新发展阶段。

五、企业动态

由于俄罗斯经济的不断萎缩，2014 年俄罗斯企业亏损比较多。据俄罗斯联邦国家统计局的数据显示，2014 年上半年，企业和机构（不包括小企业，银行，保险公司和预算机构）的结余财务结果为 35883 亿卢布。其中，有 3.85 万个企业和机构获利 45149 亿卢布，1.84 万个企业和机构亏损 9266 亿卢布。2014 年 1—6 月份，俄罗斯亏损企业比重与 2013 年同期相比增加 0.1 个百分点，达到 32.4%。与此同时，燃料和能源矿产开采企业的亏损比重从 38.2% 增加到 39.9%。2014 年上半年制造业亏损企业比重为 31.9%。作为俄罗斯的能源巨头企业，2014 年 1—9 月，俄罗斯天然气工业公司总收入为 2.86 万亿卢布（约合 609 亿美元），同比增长 1.5%，净利润为 358 亿卢布（约合 7.6 亿美元），同比下降 92%。

第四节　南非

一、发展概况

南非以矿产资源丰富闻名，是世界五大矿产资源国之一。受全球经济增长放缓及美国退出量化宽松政策等因素的影响，2014 年南非经济持续低迷，增长乏力。2014 年第三季度南非经济增速同比增长 1.4%。同时，失业率居高不下，基础设施建设不足，货币贬值引发高通胀等一系列风险困扰着南非经济的发展。受国内经济增长放缓，电力短缺和需求不旺等因素影响，2014 年南非工业发展缓慢。根据南非统计局公布数据显示，2014 年 8 月，南非制造业产值同比下降 1.2%，矿业因铂族金属产量影响，产值同比下降了 10.1%。

（一）制造业走势不断改善

由于南非 2014 年上半年经历了史上时间最长的铂矿罢工，给南非工业发展带来严重影响。2014 年第一季度，南非国内生产总值环比增速为 –0.6%，采矿业缩减 24.7%，为近 50 年来的最大跌幅。但是随着长达五个月的铂金矿工大罢工告一段落，南非制造业生产开始复苏。根据南非投资机构 Kagiso 的数据，2014年 9 月，南非采购经理人指数（PMI）小幅回升至 50.7，是 2014 年 3 月以来首次呈现生产活动的增长趋势。

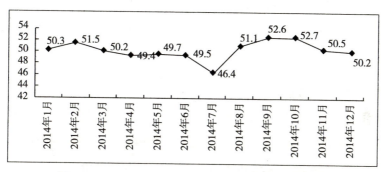

图22-6　2014年1月—2014年12月南非制造业PMI值

数据来源：汇丰银行，2015 年 2 月。

（二）贸易赤字不断扩大

受国外市场需求不足、国内供应体系出现问题、南非矿业罢工事件等国内外因素的共同影响，南非贸易赤字困境加剧。据南非国税局统计，2014 年 1—6 月，南非货物进出口额为 933.4 亿美元，比上年同期增长 3.1%。其中，出口 444.5 亿美元，增长 8.1%；进口 488.9 亿美元，下降 1.1%，贸易逆差 44.4 亿美元，下降 46.7%。2014 年 11 月，南非出口额 839.5 亿兰特，进口额 896.6 亿兰特，贸易逆差 57.1 亿兰特。

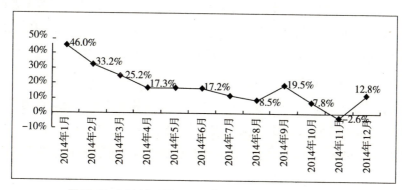

图22-7　2014年1月—2014年12月南非出口同比增速

数据来源：南非纳税服务部，2015 年 2 月。

（三）就业形势严峻

南非是失业率较高的国家，其失业率长期保持在约25%的高位，增加就业一直是南非政府经济政策的核心目标。由于南非经济走势低迷，劳动力增长快于就业岗位增加，致使2014年南非失业率不断上升。据南非统计局统计，南非失业率已连续三个季度攀升。2013年第四季度和2014年第一季度分别为24.1%和25.2%。2014年第二季度升至25.5%，创六年来最高点，失业人数最大将增至520万人，为2008年以来新高。

（四）汽车产业发展迅速

根据南非国家汽车制造商协会（Naamsa）公布的数据显示，2014年8月南非出口新车整车25027辆，同比增长18.5%。2014年9月南非国内汽车销售逆势上扬，共售出60854辆，实现同比增长11.5%。 2014年第二季度南非汽车产能利用率为52.6%，第三季度南非汽车产能利用率上升明显，提高至73.1%。2014年10月，南非新车销售同比增长4.7%，共计59262辆，出口汽车达到32165辆的历史新高，同比增长33%。

二、产业布局

南非产业集中于几个大城市及周边地区，而广大黑人居住地及城镇则没有稍有规模的工业。长期以来，南非工业集中于四个地区，它们是比勒陀利亚地区－维特瓦特斯兰德－弗里尼欣三角地区、德班－派思城地区、伊丽莎白港－尤膝哈格地区和开普半岛。这些地区只占全国面积的3%，却拥有全国73%的工厂，生产全国80%的工业品，有76%的工人。这四个工业区，除威瓦斯兰工业区是因为当地矿业兴起应需要而建立的工业区外，其他三区均为海港，是利用海港运输上的便利，辅以当地较廉价的劳工及市场而兴起的工业区。其中，威瓦斯兰工业区主要以机械工业（以制造矿用机械为主）、服装工业、钻石工业及日用品工业为主。开普敦工业区以纺织工业、服装工业、汽车装配业及炼油工业为主，工业产品约占全国的15.5%。德班工业区是以造船工业、化学工业、炼油工业为主，占全国产品的15%。伊利莎白港工业区主要是轮胎工业、制鞋工业及汽车装配业等。

三、政策动向

在南非经济发展形势不甚乐观的当下，南非政府一直致力于促进产业发展，出台了一系列应对危机和促进产业发展的政策，包括工业行动计划、支持中小企业发展、扩大生产性投资等。2013 年 4 月，南非政府制定了一个为期三年的工业政策行动计划（IPAP），以帮助国内纺织、服装和鞋类部门提高制造能力并创造就业机会。该计划由南非工业贸易部第四次制定更新，旨在应对全球经济和贸易环境变化，执行期限为 2013—2015 年。2014 年 3 月，南非财政部在预算报告中表示，未来三年内将投入 65 亿兰特支持中小企业的发展。为进一步实现新增长计划，推进南非工业的发展，2014 年南非政府颁布了发展南非特别经济工业区（SEZ）政策。在已建立的三个临海工业区基础上，向内陆扩展。2014 年 10 月，南非总统祖马宣布正式启动都比贸易港工业园建设。都比贸易港工业园位于德班港和理查德湾港之间，该工业园是南非第六个工业园，也将是非洲首个货运航空城（Aerotropolis），主要设施有货物码头、农业区和城中城等。从 2009 年到 2014 年南非出台的一系列产业政策可以看出，南非政府不断拓宽产业道路，推进工业生产向内陆转移，鼓励投资和制造业深加工发展，提高就业率和中小企业数量。

四、发展趋势

（一）制造业有望平稳增长

由于南非各经济体的罢工、交通发展瓶颈、劳动力市场问题、疲软的国内市场需求和国际能源资源价格波动较大等，南非经济形势不断恶化。目前国内经济金融风险有所上升，制约经济增长的短期因素和中长期因素复杂交织，经济低速缓慢增长态势已成定局。随着短期内南非劳资纠纷或电力故障问题进一步恶化，基础建设部分放缓，南非制造业发展后劲不足。为促进制造业发展，提升制造业竞争力，南非贸工部推出金额达 57.5 亿兰特的制造业竞争力提升计划。中国是南非最大的贸易伙伴，一批有实力的中资制造企业纷纷落户南非。从全球产业转型的大趋势来看，南非与中国完成产业的转移和承接，将会有助于南非制造业实现平稳增长。

（二）出口将保持在低速增长水平

出口对南非经济具有举足轻重的影响，约占南非 GDP 的 30%。其中，欧盟是南非最大的制成品市场，目前南非对欧洲的出口约占南非总出口的20%。东南非共同市场早在2000年就启动成员国90%的产品互勉关税，现在扩大到东非共同体、南部非洲发展共同体，这对南非来讲，将面临一个扩大两倍的市场。南非政府近年来出台的一系列保增长、促就业的经济调整政策，以及新兴经济体对南非投资和贸易的不断增长，将在一定程度上促进南非贸易的发展，使南非出口保持在低速增长的水平上。

（三）工业绿色转型步伐不断加快

南非的工业发展正由传统模式向绿色工业经济转型，南非政府已经出台一系列鼓励措施，包括对环保和绿色经济企业的政策倾斜和税收优惠，鼓励私营企业投资绿色经济。在南非政府推出的"可再生能源保护价格""可再生能源财政补贴计划""可再生能源市场转化工程""可再生能源凭证交易"以及"南非风能工程"等一系列财政措施支持下，南非绿色工业将得到快速发展。在新能源领域，南非政府大力推动核电的发展，出资1万亿兰特建设核电站项目，未来十年内，南非新核电站将发电960万千瓦，核能将有望成为南非未来能源发展的主要趋势。

五、企业动态

为促进经济增长、扩大就业，南非政府积极吸引外商投资。据联合国贸易和发展会议报告，2013年注入撒哈拉以南非洲的外国直接投资为130亿美元，其中南非吸引外国直接投资80亿美元，较2012年增加35亿美元。同时，南非政府在能源、电信、制造等领域鼓励企业在海外扩张，南非政府推出的应对框架和新增长计划也都为跨国企业的发展提供了新机遇。2014年4月，为顺利进入澳大利亚市场，南非高端零售业巨头沃尔沃斯决定出资214亿兰特购买澳大利亚百货业巨头大卫·琼斯25.4%的股份。这项收购将创立南半球最大的零售业公司，新公司收入额将突破510亿兰特。2014年4月，福特公司将加大在撒哈拉以南非洲的营销和生产。2014年5月南非最大的水泥生产商PPC宣布，到2017年将年产量提升至1400万吨，年均增速达到75%，南非以外的非洲市场销售总额占40%。

第五节　韩国

一、发展概况

韩国位于朝鲜半岛南部,是亚洲第四大经济体。制造业是韩国经济持续增长的重要支柱,作为亚洲新兴的发达国家之一,韩国在钢铁、汽车、造船、电子、石油化工、纺织等主要产业发展中均占有重要地位。2014年年初,在住宅投资和出口的支撑下,韩国经济出现了短暂复苏迹象,但由于4月发生的"岁月号"客轮沉没事故,消费心理陷入冷却,下滑趋势日益明显,2014年韩国GDP同比增速仅为3.3%。受全球经济增速放缓、国内消费需求减少等因素影响,2014年韩国工业增长持续放缓。2014年11月,韩国规模以上工业增加值同比减少0.5%,出现负增长。

(一)制造业呈现持续萎缩态势

受韩元走强、中国经济增长放慢等利空因素影响,韩国制造业呈现萎缩态势。2014年以来,韩国制造业PMI指数一直在50上下波动,制造业增长动力不足,萎缩态势明显。2014年1月制造业PMI值为50.9,之后一路下滑,8月份实现制造业扩张后,很快之后的几个月又处于停滞。2014年12月,汇丰制造业PMI升至49.9,但仍为连续第四个月萎缩。

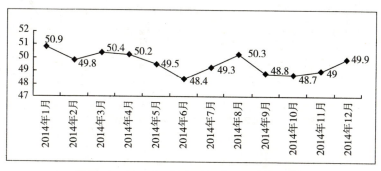

图22-8　2014年1月—12月韩国制造业PMI值

数据来源:汇丰银行,2015年2月。

（二）对外投资不断减少

受全球经济放缓和需求不足等因素影响，2014年韩国对外直接投资持续减少。据韩国企划财政部统计数据显示，2014年韩国对外直接投资为350.7亿美元，同比减少1.5%，连续第三年出现减少。从投资领域来看，制造业对外直接投资最多，为87.4亿美元，同比减少12.9%。金融保险业投资同比增长78.1%，为72.1亿美元，房地产租赁业投资同比增长2.8%，为70.2亿美元。从投资领域看，2014年上半年，制造业对外直接投资50亿美元，同比增长11.0%，工矿业对外直接投资22.5亿美元，同比减少30.5%。

（三）出口增速有所放缓

由于消费心理的恶化，韩国民间消费处于较低水平，同时因中国、欧盟经济恢复迟缓，以及日元加剧贬值等因素对韩出口造成了不利影响，韩国出口增速放缓。根据韩国银行公布的"2014年12月进出口物价指数"显示，受韩币升值和国际油价下降影响，2014年韩国出口物价指数降至88.11，同比下滑6.0%，创下2007年以后7年来的最低值。根据韩国产业通商资源部数据显示，2014年1—9月，韩国累计外贸额为8215.88亿美元，同比增长3.24%。其中，进口3962.15亿美元，同比增长3.6%，出口4253.73亿美元，同比增长2.9%。

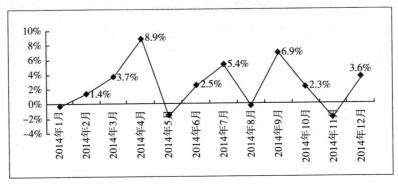

图22-9　2014年1月—2014年12月韩国出口同比增速

数据来源：韩国贸易协会，2015年2月。

（四）生物技术产业发展迅速

韩国产业通商资源部和韩国生物技术协会发布数据显示，2013年韩国国内生物技术产业生产规模达7.5万亿韩元，同比增长5.3%，近5年年均增幅达8.9%。

从领域来看，生物食品和生物医药生产规模占比达 77.1%；生命电子和生命化学等融合产业的生产增长速度最快，分别同比增长为 22.5%、11.8%；2013 年韩国生物产业出口规模为 3.2 万亿韩元，内需规模为 5.9 万亿韩元，同比分别增长 3.9%、6.1%；研发费 1.2 万亿韩元，同比增长 15.6%；从业人员 3.8 万人，同比增长 1.7%。

（五）企业加大研发投入力度

为应对国内市场消费需求不足、国外出口增速放缓的不利形势，韩国企业不断加大研发投入力度，提升产品质量，增加产品市场竞争力。2014 年上半年，韩国 30 家大集团旗下除金融公司之外的 167 家上市公司固定资产、无形资产投资及研发投入共计 56.31 万亿韩元，同比增加 1.7%。其中研发投资 16.2 万亿韩元，同比增加了 7.3%。其中，三星、LG、SK、现代汽车四大集团总投资达 41.9 万亿韩元，占 30 家大集团总投资额的 73%，所占比重同比增加 3.3 个百分点。

二、产业布局

首尔、釜山目前已经成为了韩国经济发展的两大区域，经过 20 世纪 50 年代韩国城市规划中重视基本消费品以恢复经济发展的阶段，这两大经济区域快速发展。20 世纪 60 年代，韩国又再次将轻纺产业作为出口战略导向产业，形成以首尔和釜山两大区域的纺织产业为核心的经济轴。到 1975 年，首尔、大邱、仁川、釜山等大中城市的工业产值占比达到了 66.2%。20 世纪 70 年代开始，从浦项到光阳形成了东西走向的另一条沿海经济轴，该地区主要发展钢铁、石化、造船、机械等一系列重化工业，该地区具备经济基础条件好、工业资源充沛、交通区位条件优越而又避开军事对峙的东南沿海地区等各种优势。韩国的西海岸及东部太白山区明显落后。区域发展的不平衡已成为韩国的主要经济问题。

韩国重化工业是其产业主体。其布局有两大特点。首先是主要位于沿海地区。东南沿海在京仁地区的仁川，东海岸的束草、三陆等地有机械、玻璃、水泥等工业。其次是工业团地模式，是指为一些工业企业提供同一场所和公用设施而开辟的特定工业区。韩国从 20 世纪 70 年代开始采取限制城市发展的政策，形成以中心城市为主体的经济、人口圈。限制措施主要包括在中心城区增加居民人数和固定资产投资，鼓励企业外迁，并给予外迁企业优惠政策。

三、政策动向

受美国退出量化宽松政策、新兴经济体经济增速持续放缓、日元持续疲软等对外风险因素影响，2014年韩国经济持续低迷。为实现经济发展的实质飞跃，韩国政府采取行之有效的措施，实施经济改革三年规划，大力促进中小企业发展，提升制造业竞争力，提高居民生活水平，为经济增长注入活力。

2014年1月，韩国产业通商资源部发布《激活外商投资方案》，积极引进跨国企业区域总部和研发中心（R&D），并为这些跨国企业提供税收优惠等各方面支援。2014年2月25日，韩国政府公布了《经济改革三年规划》，力争用未来三年时间使韩国经济潜在增长率提升至4%，就业率达到70%，国民收入增加至4万美元，不断促进经济结构优化，为开辟"国民幸福经济时代"奠定基础。2014年3月，韩国未来创造科学部制定了《2014年宇航技术产业化战略执行计划》。主要内容包括：成立产业界与研究机构联合出口支援团；制定宇航产品出口路线图；引进太空技术企业指定制度，扶持宇航产品生产企业，支持民间企业主导太空开发项目并进行创业等。2014年8月，韩国政府启动了到2017年将1万家内需中小企业转变为出口企业的扶持政策。2014年9月，为减轻中小企业负担，韩国国税厅发布最新税政支持方案。将着重对受经济停滞影响较大的餐饮、住宿和运输业，及能够引领经济发展的电影、游戏产业等，实施年销售额不足1000亿韩元者免除实施税务调查政策，据估算受益企业将达130万家之多。2014年10月，韩国政府确定了有关刺激国内经济复苏和应对日元疲软的综合方案。

四、发展趋势

（一）工业发展将持续放缓

受乌克兰危机、中东地区局势动荡、韩国家庭负债等问题的影响，韩国国内消费萎靡，经济低迷，就业形势严峻，工业持续低迷。韩国战略与财政部2014年12月22日公布的数据显示，韩国2014及2015年的经济增长预期分别下调至3.4%和3.8%，低于预期的3.7和4%。由于韩国IT、汽车产业等主力产业出口和投资增长趋势也都有减缓的迹象，加之中国经济增速放缓、美国消费低迷以及欧洲财政危机持续等因素的影响，韩国工业增长动力不足，工业发展将持续放缓。

（二）汽车行业前景乐观

自 2005 年起，韩国已经连续 10 年位列全球第五大汽车制造国。2014 年，日元贬值导致韩国汽车出口减少，但在新款车型上市等内需市场扩大的推动下，韩国汽车总产量同比小幅增长。继 2014 年之后，现代汽车推出的多功能运动车（SUV）的销量将继续增长，在所有车型中所占比重预计将提高。高档车价格呈下跌趋势，该领域的销量有望出现增长。随着消费意识的复苏和原油价格下跌构成利好，预计 2015 年韩国汽车销量将继续增长。

（三）出口增速有望实现缓慢回升

近两年，受发达国家经济低迷、中国市场向内需主导转型，韩元对美元持续升值等因素影响，导致以韩元计价出口额连续两年下降，出口竞争力削弱，出口增势放缓。但在 2015 年年初欧洲央行宣布实施量化宽松政策使得欧元进一步贬值、日元持续贬值等利好因素的影响下，韩国企业在欧洲和日本市场的产品竞争力将会不断加强，另外美元走强导致韩币贬值也将在某种程度上减少韩国企业的负担，提高产品出口竞争力。未来韩国出口市场有望回暖，出口增速将出现缓慢回升的迹象。

五、企业动态

作为后起工业化国家的韩国，大企业集团数量众多，韩国大型企业在全球影响力不断提升。2014 年，在全球 500 强企业中，韩国拥有的世界 500 强企业数量为 17 家，比 2012 年的 14 家增加 3 家。其中，三星电子排名第 13 名，比上年上升一个名次，SK 控股公司（第 64 位）和现代汽车（第 100 位）进入了 100 强。随着韩国人力资本的不断上升，全球最大的搜索引擎谷歌将在韩国设立"创业支援中心"（简称"中心"），以传播谷歌的创新理念和新技术，在韩发展"谷歌式创业培育系统"并将韩创业企业推向世界。

第六节　墨西哥

一、发展概况

工业是墨西哥国民经济中最重要的部门之一。2014 年墨西哥制造业增加值年增长率达到 1.45%，占 GDP 的 17.8%。其中，汽车产业发展表现较为突出，

2014 年 1—8 月，墨西哥汽车出口收入 545.11 万美元，前 8 个月累计汽车产业顺差 317.95 亿美元，同期墨国际贸易赤字高达 23.52 亿美元。墨西哥是非欧佩克产油国，石油工业为墨西哥财政做出了重要贡献。目前在石油生产方面墨西哥排名全球第六，日均生产原油约 257.6 万桶，日均生产天然气量为 70.20 亿立方米。

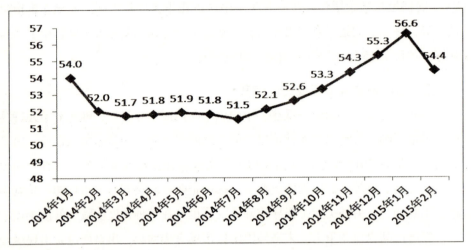

图22-10　2014年1月—2015年2月制造业PMI值

数据来源：汇丰银行，2015 年 3 月。

（一）出口加工制造业在拉美地区制造业分工中遥遥领先

自墨西哥加入北美自由贸易协定以来，墨西哥依靠对美国的贸易出口大大提升了在全球制造业的地位。由于美国与墨西哥在地理上接壤，政治和经济上关系密切，目前美国已经成为墨西哥最大的贸易伙伴和投资来源国，墨西哥出口总额的 83% 左右来自美国。墨西哥在拉美地区总出口中占据 40% 的比重，2014 年墨西哥出口额达 3970 亿美元，相比 2013 年出口额增长 178 亿美元，同比增长 5%，其中对美国市场出口增加了 6%，美国占墨西哥出口市场的 80%。

（二）汽车产业产能快速提升，成为工业发展热点

近年来，墨西哥汽车产业快速发展，成为拉动工业发展的重要动力。2014年 1—8 月，墨西哥汽车出口收入 545.11 万美元，前 8 个月累计汽车产业顺差 317.95 亿美元。2014 年 1—10 月，汽车产量为 272.65 万辆,出口量为 220.99 万辆,占总产量的 83%，产量比上年同期增长 8.5%，内销国内 89.05 万辆，比上年增加 5.6%。墨西哥国内汽车生产企业主要为日系和美系厂商，通用、尼桑和克莱斯勒

为外销前三大汽车生产商，占到汽车出口总量半数；尼桑、通用和大众为内销前三大汽车厂商，约 38.8 万辆，占内销总量近半数。

（三）受国际油价影响墨能源部门亏损严重

墨西哥矿产资源储备丰富，主要的能源矿产资源包括石油、天然气、铀和煤等多种矿产品。据美国地质调查局（USGS）2000 年对全球待发现油气资源所作的评估，墨西哥待发现的石油资源量为 31 亿吨，天然气为 1.39 万亿立方米。墨西哥丰富的自然资源为工业增长提供了重要支撑。2013 年底，为推动本国产业结构调整和升级，墨西哥启动了石油改革法案，允许私人和外国企业进入墨能源市场，将打破垄断，大幅减少发电成本。同时也将推动其他相关服务业和新兴产业的发展，例如，海底铺设管道、深海钻探、造船、化肥生产等。

（四）充裕的廉价劳动力推动劳动密集型制造业快速发展

根据 ALIX PARTNERS 公司统计，2011 年墨西哥制造业成本低于越南，印度、俄罗斯和中国。另外，墨西哥 1.12 亿人口中有一半以上不到 29 岁，因此该国至少一直到 2028 年都将拥有充裕的廉价劳动力，而且他们的教育水平越来越高，这为墨西哥承接全球劳动密集型产业转移创造了重要条件。

二、产业布局

20 世纪 80 年代以来的贸易自由化使得墨西哥产业布局改变，工业开始向靠近美国市场的北部洲转移，北部和西北部的墨 – 美边境地区成为墨西哥新的制造业中心，并以此为中心向周边地区辐射。墨西哥中部和南部地区出现了非工业化和第三产业化的趋势。中部地区服务业增长迅速，也是全国服务业最发达的地区，外国跨国公司拥有的金融服务业、民航和商业机构主要集中在墨西哥城及周围城市。南部地区主要从事农业、农产品的加工以及石油化工行业。近年来随着中部和北部劳动力价格的上涨，北部、中部的一些劳动密集型产业开始向南部地区转移，但目前该地区经济仍然以农业为主。

依行业来看，墨西哥纺织行业主要集中在墨西哥州及周围地区，墨西哥州占 31.5%；墨西哥联邦区占 17.5%；普埃布拉州占 11.7%；依达尔戈州占 7.0%；哈利科州占 4.5%；阿瓜斯卡连特斯州占 3.5%；其他州占 24.3%。瓜达拉哈拉是美国在墨西哥电子产品的生产基地。美国著名的电子产品连锁店"电子城"出售的索尼网络电视顶置盒、3corn 的掌上电脑、惠普新的打印机和强生血糖测试仪，都是美国的费雷克电子公司在墨西哥瓜达拉哈拉的工厂产品。通用、奔驰和尼桑汽车公司在阿瓜斯卡利埃特洲、瓜纳华多洲建有汽车厂。

三、政策动向

2014 年 8 月 29 日，墨西哥总统办公室在《联邦官方日报》颁布了一项制造业方面的法令，规定须采取措施促进生产力、竞争力和打击鞋业部门价值低估行为。由于目前墨西哥国民经济的诸多部门都不同程度地受到由有害贸易行为造成的内部市场冲击，其主要表现在进口商品在报关文件中的完税价格低于其实际应付的价格，有时出现严重的价值低估，甚至低于用于制作商品的原材料价格。产生这一现象的原因是墨西哥税务管理中通过第三方虚开发票、更改或伪造商业文件等方式造成的漏洞。未来墨西哥需要在财税管理中建立预防和打击价值低估行为的措施框架，这项框架的建立需要在不影响一般进口税的税基，不危害财政收入的前提下。否则会影响本国工业发展，无法为失业人口提供新的就业机会，降低投资水平，进而促进非正规经济增长。2014 年 12 月，墨西哥出台了针对本国纺织服装业发展的保护性措施。墨西哥经济部会同 26 个战略性生产部门制定了增强行业生产力和竞争性的相关政策，该政策将会涉及超过 5.4 亿比索的投资。政策包含从产业发展、海关领域和金融领域等多方面支持墨西哥本国的纺织服装业发展。

四、企业动态

在 2014 年世界 500 强排名中，墨西哥有 3 家企业入围。其中，墨西哥国家石油公司位列第 36 位，与去上年排名持平，墨西哥国家石油公司（Petroleos Mexicanos，PEMEX）是墨西哥最大的石油和化工公司、全球第三大原油生产企业和第八大石油和天然气公司，是墨西哥唯一的石油公司。美洲电信公司位列156 位，比上年上升两位。墨西哥国家电力公司（CFE）位列 380 位，2013 年名列 491 位，是墨西哥电力工业中的主导力量，占墨西哥发电容量的 92%，并且拥有全部的输配电系统，此外还拥有所有地热发电和核电容量。CFE 是墨西哥国家电网的所有者，提供发电、输电和配电一体化服务。在对外合作方面，2014 年墨西哥国家电力公司宣布将通过战略伙伴关系与美国等国私营企业合作推动可再生能源的发展。2015 年中国吉林省农业委员会将于墨西哥艾特尔现代农业公司开展在玉米高产栽培领域的合作。

第七节　中国台湾

一、发展概况

近年来，我国台湾地区经济增长乏力，产业转型困难，整体产业表现欠佳。2014 年以来，受全球经济回暖的影响，台湾经济增长有所加快，特别是在台湾当局加快结构调整的推动下，台湾地区工业生产继续保持平稳增长，主要呈现以下特点：

（一）经济形势明显好转，工业生产持续扩张

2014 年台湾地区经济逐步从谷底反弹，主要经济指标逐步好转，呈现温和增长态势。据台湾地区"主计总处"最新数据显示，2014 年台湾地区全年经济成长率概估为 3.51%，创 2011 年以来新高，相较于 2011—2013 年年增长率平均不足 3% 的"闷经济"状况有较大改变，在多年之后首次成为亚洲"四小龙"经济增长速度之首。受半导体高阶制程出货畅旺、资讯产品组装代工产出拉升等因素的影响，台湾地区工业生产持续好转。据台湾地区经济部公布数据显示，2014 年台湾地区工业生产指数 106.56 及制造业生产指数 106.67 均为历年新高，分别较上年增大 6.14% 及 6.41%，皆为 2011 年以来之最大增幅，其中 12 月工业生产指数年增长率为 7.33%，扩张态势有所加快。

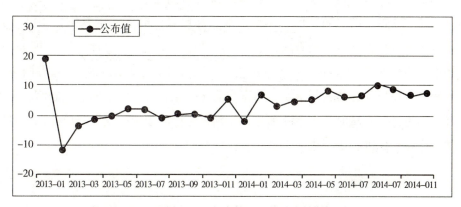

图22-11　2013—2014年台湾工业生产年率增长走势图

数据来源：台湾地区"经济部"，2015 年 1 月。

（二）资讯电子工业快速复苏，产业转型进展缓慢

得益于国际品牌便携装置持续热销、智能科技应用领域扩展，以晶圆代工、光学组件、计算机设备及零件、手机为代表的台湾地区资讯电子工业快速复苏，而化学材料业和汽车工业增速缓慢，甚至出现了负增长。分行业看，电子零组件业、机械设备业与汽车及其零件业分别成长11.8%、10.6%及9.0%，是增长最快的三个行业，化学材料业则减少1.1%。与此同时，受食品安全问题的影响，台湾地区食品工业受到了巨大的冲击。虽然2014岛内工业产值比重自2012年以来持续上升，但是台湾地区当局仍积极推动的六大新兴产业（观光旅游、医疗照护、生物科技、绿色能源、文化创意、精致农业），尚未形成新的明星支柱产业，产业转型升级效果仍然不够明显。

（三）对外贸易平稳增长，吸引外资能力明显下降

受欧美国家订单需求回暖和大陆经济的持续增长的带动作用，据2014年全年台湾地区外销订单总额为4728.1亿美元，创历年新高，比上年增加298.9亿美元，增长率为6.7%。外贸形势好转主要归功于国际大厂手持行动装置新品热销及笔电产品需求回温，带动组装代工及相关产业供应链接单。与外贸稳定增长相对应的是，台湾地区吸引外商直接投资能力持续下滑。据台湾地区"投审会"统计，1—10月，外商对台投资36.9亿美元，年增长0.5%，其中核准大陆企业赴台投资仅为3.2亿美元，台湾吸引境外资本的能力持续下降。

（四）对大陆投资持续增长，两岸产业合作日益深化

历经30多年的经贸交流，两岸产业合作已经具有了一定基础。2014年台湾地区企业外移大陆持续显著增长。据台湾地区"投审会"统计，2014年1—11月核准对大陆投资360件，金额约86.14亿美元，同比增长12.8%。随着两岸一系列经济合作协议的签署和落实，两岸在能源石化装备、电子信息、通信、生物科技、新能源等领域的合作不断加深，特别是在标准领域达成了多项共识，将推动两岸产业合作进一步深化。

二、产业布局

经历了多年的工业化发展，我国台湾地区已经形成了以电子信息产业为核心的工业体系。工业地域分布格局主要分为北、中、南三大地区，各区域根据自身

资源和发展特点重点发展不同产业。台湾北部地区最重要的工业区域，工业发展规模最大且产业门类最齐全，产业囊括了纺织、食品、造纸、机械、电子、化工、金属制品、半导体等。与台湾南部和北部地区相比较，中部地区工业发展尚待加强，目前台湾中部地区企业数量较多的行业主要集中在金属制造业、机械设备制造业和塑胶制品制造业。台湾南部地区过去是重化工业中心，主要产业囊括了石油冶炼、化工、钢铁、制造、纺织等，随着高科技产业不断发展，台湾南部工业整体向着高科技产业方向发展。在科技园区、生物技术园区和出口加工区的元素加入之后，科技产业与传统产业的比重日趋平衡，并且极具发展潜力。

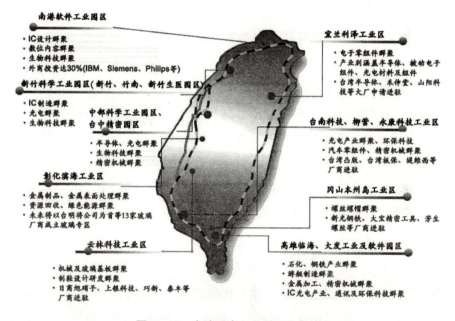

图22-12　台湾重点工业园区分布情况

数据来源：赛迪智库整理，2015年3月。

三、政策动向

近年来，在党派内斗不断的影响下，台湾当局虽然出台了一系列政策措施来推动产业转型升级，但是实施成效都不大。台湾经济增长持续低迷，产业转型升级进展缓慢。2013年5月，台湾当局宣布了13项提振景气措施，这些措施包括扩大消费支出、提振岛内投资、激励创新创业、修正证所税等四大类。2013年6月，两岸两会领导人签署了《海峡两岸服务贸易协议》，但是2014年3月，岛内爆发以反对两岸服务贸易协议为主轴的所谓"太阳花学运",导致年内两岸服务贸易协议未能通过审查及生效。2014年10月,台湾当局"经济部"推出了产业升级转型行动方案,要从"维新传统产业,巩固主力产业,育成新兴产业"三管齐下,推动台湾产业转型升级。为提升台湾外向型经济发展动力,台湾当局大力推动自由经济示范区建设,希望通过在特区内率先采取更加自由开放的经济政策,争取对外签署更多自由贸易协定(FTA)及加入"跨太平洋战略经济伙伴协议"(TPP)创造条件。

四、发展趋势

(一)工业总体将继续保持扩张态势

2015年,国际主要经济体发展与表现不平衡,国际油价与主要国际货币汇率变化,大陆经济步入中速增长的"新常态",均构成制约与影响台湾经济的重要外部因素。台湾内部受众多政经环境影响因素,但预计投资与消费增长相对平稳,将成为支撑经济的重要力量。台湾"行政院主计处"最新预计,2015年经济增长率将达3.50%,与2014年基本持平。在经济形势好转的背景下,台湾工业发展将继续保持扩张态势。据台湾工业研究院预估,2015年,台湾整体制造业产值有望增长2.86%,总产值将达到18.25亿美元。

(二)传统产业转型升级步伐将持续加快

为推动传统产业转型升级,加快发展新兴产业,台湾当局于2014年推出了产业转型升级行动方案,要从"维新传统产业,巩固主力产业,育成新兴产业"三管齐下,推动台湾产业升级转型。根据相关预测,台湾机械产业产值将从2014年的9641亿元(预计)增加到10123亿元,年增长5%,将首度跃升为"兆元"产业;面板产业可望恢复正增长,预计年增长速度1.6%—3.1%,产值将突破1万亿元;台湾电商交易额年增长速度14%,达到10069亿元,到2015年,台湾有3项产业产值将突破1万亿元,成为新的"兆元产业",显示台湾产业结构正在发生新的调整与变化,但仍难从根本上改变高度依赖电子资讯业的现状。

(三)电子资讯业进一步向高端迈进

我国台湾地区的电子资讯产业涵盖消费性电子工业、资讯工业和通讯工业。长期以来,台湾依托IC代工成为全球重要的信息及通信产品主要设计及制造地。

如台积电、台联电迅速成为全球知名的企业。随着全球消费电子的持续增长，台湾完善的电子信息产业链将持续增长。目前，台湾在 IC 领域已经取得了较大的技术成就，未来需要进一步向高端迈进。

（四）外贸出口形势有所好转，两岸经济整合进一步加快

虽然全球经济形势依然复杂，但是在发达国家需求回暖和大陆经济增长趋于稳定的带动下，台湾外贸出口形势将有所好转。目前，大陆是台湾出口第一大市场。随着大陆内需市场的进一步增大，台湾对大陆出口将进一步增加。而随着大陆对台湾投资的增长，两岸经济整合将进一步加快。

五、企业动态

根据最新公布的 2014 年《财富》杂志世界 500 强企业排名，中国台湾地区有 5 家企业上榜，鸿海总收入 1331.6 亿美元，名列第 32，为台湾排名最高的企业。经过多年的快速发展，台湾地区较大的工业企业以电子信息产业为主，涌现出了鸿海集团、明基、华硕、HTC 等一大批具有全球影响力的品牌企业。台湾地区号称"中小企业王国"，中小企业对台湾经济增长发挥着重要的作用。随着两岸经济合作的不断加快，两岸中小企业的政策交流与合作正在成为重要合作领域。

第二十三章　重点行业发展状况

第一节　原材料工业

2014 年全球经济发展明显分化，发达经济体经济分化加剧，发展中经济体增长继续放缓。在此背景下，石化化工行业受石油价格下跌影响成本下降；钢铁行业粗钢产量下降，钢材价格震荡走低；有色行业铜、铝、铅、锌品种出现分化，铅供给过剩，铜、铝、锌供给短缺；建材行业中水泥市场有所好转，平板玻璃产量不断增加；稀土行业供应继续多元化，除中国以外地区加工产能不断增加。

从重点行业发展来看，2013 年 9 月以来全球原油供给持续增长，2014 年 12 月达 93.3 百万桶 / 天。在钢铁行业，2014 年全球粗钢产量略有下降，纳入统计的 65 个国家粗钢产量为 16.4 亿吨，同比下降 0.78%。在有色金属领域，2014 年全球铜矿产能为 2182 万吨，产量为 1834 万吨，较 2013 年均有所增长；2014 年全球原铝供应 4970 万吨，原铝需求量为 5055 万吨，较 2013 年增加 349.3 万吨；2014 年全球精炼铅产量为 1030.7 万吨，较 2013 年下降 2.4%；2014 年全球精炼锌产量为 1351.3 万吨，同比增长 5%。在稀土行业，随着全球稀土供应多元化的发展，2014 年中国以外地区的稀土供应量至少为 3.755 万 t（换算成 REO 氧化物，下同），同比大幅增长 2.2 倍，世界稀土供应量约为 14.755 万 t。

第二节　装备制造业

2014 年，世界装备工业生产指数呈震荡调整态势。其中 4 月份世界主要国家生产指数均有所回落，其中，中国 150.8，较 3 月份回落 1.9 点；德国生产指数 114.0，较 3 月份回落 5.9 点；日本 98.3，较 3 月份回落 20.3 点；美国生产指数 122.7，较 3 月份回落 3.1 点；此外，韩国、南非、印度、英国和法国生产指数分别为 120.0、103.2、89.4、97.9 和 98.4，较 3 月份分别回落 0.7 点、4.5 点、56.8 点、15.4 点和 7.3 点。

从主要国家和地区来看，尽管受俄罗斯危机拖累，德国装备制造业 2014 年仍取得历史最好成绩。据德国机械设备制造业联合会（VDMA）报告，由于对美国、中国及欧盟伙伴国业务增长，2014 年德国装备制造业销售额 2120 亿欧元，产值 1990 亿欧元，均超过此前在 2008 年达到的最高水平前，2014 年前 10 个月产值增长 1%。据 VDMA 预计 2015 年产值将增长 2%。2014 年，日本新车销量同比增长 3.5%，达到 556.29 万辆，连续三年实现同比增长。2014 年 4 月，日本政府将消费税从之前的 5% 上调至 8%。汽车业遭受严重打击，由于微型车价格相对较低，燃油经济性较高而受到追捧，微型车品牌中铃木汽车以年销量 70.91 万辆居第一位。据韩联社报道，2014 年韩国五大车企（现代、起亚、通用韩国、雷诺三星及双龙）在全球范围的销量实现小幅上涨。五大车企 2014 年全球销量总计达到 895 万辆，在 2013 年 861 万辆的基础上提升了 3.9%。其中五大车企在韩国本土售出 145 万辆汽车，同比上涨 5.8%；海外市场销量达到 749 万辆，同比提升了 3.5%。

第三节　消费品工业

受困于消费疲软和消费者信心不足，2014 年全球消费品工业增长亦不乐观。发达经济体消费品工业增速持续下滑，部分行业增长停滞甚至陷入负增长，且形势日益悲观。发展中国家消费品工业增长低于预期，且增速持续下滑。消费品行业增长呈现分化态势。2014 年 3 季度，除烟草、纺织、皮革与鞋帽、木材加工（不含家具）、家具及其他制造业增速高于整体制造业外，增速分别为 7.3%、3.8%、4.2%、3.3% 和 6.1%，食品与饮料、服装、造纸、印刷与出版、橡胶与塑料增速均低于整体制造业，增速分别为 2.8%、1.2%、1.4%、1.6% 和 2.9%。

表 23-1　2014 年前 3 季度全球主要消费品行业产出同比增速

行业	2014Q1	2014Q2	2014Q3
食品与饮料	4.0%	4.0%	2.8%
烟草	18.7%	9.4%	7.3%
纺织	4.9%	5.1%	3.8%
服装	7.2%	3.5%	1.2%
皮革与鞋帽	7.1%	4.1%	4.2%
木材加工（不含家具）	3.0%	4.2%	3.3%
造纸	4.9%	1.4%	1.4%
印刷与出版	1.2%	1.3%	1.6%
橡胶与塑料制品	6.2%	4.7%	2.9%
家具及其他制造业	9.0%	5.5%	6.1%
整个制造业	4.8%	3.4%	3.0%

数据来源：UNIDO，2015 年 1 月。

从区域角度及其原因来看，发达经济体消费品工业增长的贡献主要来源于美国消费品工业的复苏。由于消费需求疲软、通缩加剧、地缘政治紧张等因素，欧盟消费品工业增长接近停滞。出于走出通缩困境和减少债务目的，日本于 2014年 4 月 1 日起将消费税从 5% 提升到 8%，但该项政策不仅没有达到预期目标，反而抑制了居民消费，导致消费品工业增长亦不乐观。EIE 及其他发展中国家制造业增速下滑，消费品工业增长低于预期。

第四节　电子信息制造业

电子信息制造产业是当今世界上最具竞争力的战略性产业。随着全球经济温和增长，延续 2013 年世界电子信息制造产业的缓慢回升态势，2014 年世界大多数国家和地区电子产品产销恢复增长或降幅缩小。在工业互联网、工业 4.0 等相关政策的推动下，以美国、欧洲为代表的发达国家电子信息制造产业规模呈现回温态势，主要发达国家对于世界电子信息制造产业的带动力有所增强，但增长幅度依旧有限。巴西、印度、墨西哥等新兴国家电子信息制造产业规模增长势头强劲，成为领导全球电子信息制造产业发展的重要力量。

表 23-2　2013 年世界电子产品产值排名前十的国家和地区　（单位：百万美元）

国家和地区	2011年		2012年		2013年	
	产值	增长率	产值	增长率	产值	增长率
中国	553040	10.4	587435	6.2	611989	4.2
美国	245851	-0.7	237662	-3.3	238523	0.4
日本	200443	-5.3	169875	-10.5	167182	-1.6
韩国	107405	1.2	107794	-0.9	113044	4.9
中国台湾	60807	10.2	66675	-0.5	71184	6.8
德国	65887	8.3	62116	-13.0	62031	-0.1
马来西亚	59406	3.8	58817	-4.6	60489	2.8
新加坡	60987	-0.3	58353	-4.3	59248	1.5
墨西哥	52385	-0.5	51966	-0.8	52969	1.9
巴西	42328	13.8	37424	-11.6	41454	10.8

数据来源：The Yearbook of world Electronics Data 2013，赛迪智库整理，2015 年 3 月。

表 23-3　2013 年世界电子产品市场规模排名前十的国家和地区　（单位：百万美元）

国家和地区	2011年		2012年		2013年	
	产值	增长率	产值	增长率	产值	增长率
美国	407098	3.52	407458	0.09	410166	0.66
中国	352163	9.35	373287	6.00	393191	5.33
日本	178529	-0.90	168283	-4.31	168298	0.01
德国	90042	3.71	77396	-14.04	78201	1.04
巴西	58803	13.92	53914	-8.31	57792	7.19
韩国	51578	1.01	51576	0.00	53012	2.78
英国	46605	5.98	44029	-5.53	44266	0.54
墨西哥	39846	4.00	40552	1.77	42267	4.23
印度	38284	12.77	37339	-2.47	40614	8.77
法国	44779	3.81	38905	-13.12	39146	0.62

数据来源：The Yearbook of world Electronics Data 2013，赛迪智库整理 ，2015 年 3 月。

　　从主要国家和地区电子信息制造产业发展情况来看，美国的电子信息制造产业发展实力仍在全球市场中占据优势。在信息通信技术、能源技术革命、制造业高端技术的研发和利用方面，美国均具有突出的比较优势，且能够引领全球技术和商业模式创新。2014年日本电子工业国内生产总额同比增长3%，成为继2011年东日本大地震后持续下跌以来的首次正增长。中国电子信息制造产业规模在2014年稳步扩大，全年完成销售收入达14万亿元，同比增长13%。中国台湾地区的电子信息制造产业同样在全球占据重要地位。2014年中国台湾地区对美国出口年增7.1%，对欧洲出口年增3.5%，对亚洲出口年增长2.6%，其中，对中国大陆及香港、东盟六国与日本的出口值都创历年新高。

第五节　软件产业

2014年，全球软件产业保持平稳增长，产业规模达15003亿美元，同比增长5%，高于2013年和2012年增速。但受全球经济复苏缓慢、新兴经济体市场需求释放不足、IT深化转型等因素影响，全球软件产业还未恢复到2011年两位数增长的水平。

分国家来看，2014年在经济强劲复苏的推动下，美国软件产业保持较快增长态势，占全球软件产业的市场份额仍在30%以上。2014年1—12月，日本信息服务业销售额为106149亿日元，同上年比增长102.8%。2014年印度软件与信息技术服务业（IT-BPM：信息技术及业务过程管理）保持高速发展态势。根据印度软件和服务业企业协会（NASSCOM）的统计数据，2014年印度软件与信息技术服务业总产值达到1300亿美元，同比增长8.8%。

分行业来看，在基础软件方面，截至2014年8月，Android操作系统占据了54.87%的市场份额，呈现上升趋势；在工业软件方面，2014年全球企业级软件市场规模为3175亿美元，同比增长5.5%，基本维持了自2012年以来的高速增长态势，但从增长速度看远不及预期。在信息技术服务方面，2014年信息技术服务业保持稳中有增的态势，2014业务营收达到9560亿美元，相较2013年市场营收增长3.2%。在云计算方面，2014年全球云计算服务市场规模达到1528亿美元，同比增长17%。在大数据方面，2014年全球大数据市场规模达到285亿美元，同比增长53.2%。大数据成为全球IT支出新的增长点。

第二十四章 世界工业发展趋势展望

第一节 世界工业保持低速增长，全球制造业扩张步伐放缓

2014 年，全球制造业在就业、需求和产出方面均存在扩张，但扩张步伐放缓。制造业产出和新订单的扩张速度减缓，就业从年初的高位有所回落，投入成本连续扩张，全球制造业欠缺活力。全球制造业采购经理人指数 10 月份为 52.2，与 9 月份持平，虽连续 23 个月高于 50 的经济景气荣枯分界线，但这也处于 2014 年以来的低位，表明全球制造业后续动力不足。由于亚洲制造业疲软，欧洲制造业低迷，导致全球制造业扩张呈现减缓的趋势。目前，美国制造业对全球制造业复苏的贡献较大，新兴经济体制造持续低迷，世界工业发展仍将面临着诸多挑战。预计 2015 年世界工业经济发展仍将保持常态化的低速增长，全球制造业 PMI 指数将保持 50 以上，但是制造业扩张动能略显不足。

第二节 发达国家分化明显，新兴国家工业持续深度调整

2014 年以来，美国工业生产呈现较强的增长态势，制造业产值指数上升至 64.8，创下 2014 年 5 月份以来新高。随着美国积极打造高端技术装备和开发清洁绿色能源，较低的低能源成本让美国制造业在全球的吸引力越来越大，预计 2015 年，美国工业继续保持良好增长态势，制造业扩张动能较强。受到日本政府实施消费税的影响，日本工业生产有所波动，整体上，工业增长出现下降的趋势。制造业产出在 2012 年 12 月以来首次出现下滑，新订单数量受到出口的影响

587

继续萎缩。日本政府实施的消费税政策的负面效应仍然持续，生产投入成本增加，企业为减少生产成本，严格控制劳动力的雇佣，使日本就业率无明显的增加，从而导致国内需求不足，制造业发展严重依赖对外出口。预计2015年日本工业生产将维持现状，工业发展呈现平稳态势。欧盟主要国家的内需不足和外需的疲软对欧元区制造业和整体经济形势构成了巨大压力。欧元区经济复苏缓慢的局面仍在持续，欧元区经济缺乏良好的发展环境。随着乌克兰政治危机的不断发酵，美国、欧盟等对俄罗斯进行了制裁，给欧元区的出口带来了巨大的冲击，严重拖累了欧盟的经济增长，未来欧盟制造业增长的动力不足，预计2015年欧盟制造业将持续疲软态势，扩张动能明显不足。

2014年以来，新兴经济体工业增速普遍放缓，为提升产业整体竞争力，新兴经济体持续加强对工业结构进行深度调整。目前，中国工业已进入中高速增长的新常态；工业转型升级的步伐正在不断加快。2014年10月巴西制造业采购经理人指数为49.1，是2014年以来第六个月处于制造业收缩区间，政府为提高制造业就业率压缩了生产成本，不断提升工业品的竞争力。俄罗斯受到地缘政治的影响，订单和出口快速削减，消费品市场出现了衰退。卢布的贬值虽在一定程度上促进了国家出口，但也引发了国内市场的通货膨胀；印度国内和国外市场对工业产出有强劲拉动作用，新订单数量有所增多，制造业保持了平稳的扩张趋势；南非私人部门需求不稳定，另外由于气候条件较差和工人罢工导致工业生产和外贸订单有很大的起伏。预计2015年，受到工业结构调整的影响，新兴经济体工业增长将有所放缓。

第三节　绿色化、智能化和服务化转型趋势不断加快

金融危机后，世界各国纷纷推出了本国的新兴产业发展战略，美国提出先进制造国家战略计划，德国推出工业4.0战略，法国出台了振兴工业计划。世界主要经济体都把绿色节能环保、智能制造业、新材料、新能源、生物工程等新兴产业作为本国优先发展产业，特别是绿色化、智能化和服务化的转型步伐不断加快。机器人、自动化生产线等智能装备在生产中得到广泛应用，"机器换人"已经成为企业提高生产效率、降低人力成本的重要手段。随着欧美的"绿色供应链"、"低碳革命"、日本的"零排放"等新的产品设计理念不断兴起，"绿色制造"等清洁

生产过程日益普及，节能环保产业、再制造产业等产业链不断完善。与此同时，制造业的生产将从提供传统产品制造向提供产品与服务整体解决方案转变，生产、制造与研发、设计、售后的边界已经越来越模糊，制造业服务化的趋势日益明显。

第四节　全球直接投资略有增长，跨国公司本土化进程加快

据联合国贸发组织《2014世界投资报告》显示，随着全球经济增长势头的回升，全球外商直接投资在2015年有望提升至1.75亿元，仍保持增长的态势。由于发达经济体经济温和复苏，投资活动在2014上半年进一步提升，发达经济体GDP、对外贸易和固定资本投资都有所增长。发展中经济体的全球外国直接投资持续了2013年的良好表现，且亚洲发展中经济体仍是全球最大的外国直接投资流入地。据统计，位居全球前100位的跨国公司数据显示，发达国家的跨国公司缩小海外的就业岗位，公司规模在本土扩张的速度快于海外运营的扩张，跨国公司回归本土化明显。随着全球经济复苏，预计2015年全球外国直接投资仍保持小幅度增长，跨国公司本土化进程日益加快。

第五节　全球贸易保持增长态势，新兴经济体贸易联系增强

以美国为主导的发达经济体经济温和复苏，工业生产好转，有效地刺激了进出口需求，带动了发达经济体贸易回归增长。发展中国家经济体致力于经济结构调整也初见成效，经济在平稳中推进，这将对发展中经济体的对外贸易起到重要的支撑。当前，新兴经济体内部贸易联系不断加强，新兴经济体内部贸易额占对外贸易总额的比重不断攀升。2014年第三季度，中国对外出口保持增长，对新兴经济体出口增长形成有力的支撑。新兴经济体对外贸条件明显好转，结构调整已见成效，预计2015年，全球贸易将有所回暖，继续保持低速增长态势，新兴经济体之间的贸易联系将明显增强。

第六节　跨国企业加速战略调整，企业兼并重组步伐将加快

随着欧美发达国家经济的持续复苏，跨国企业不断加快战略调整步伐，纷纷开展新的投资并购活动。Dealogic 市场调查公司的数据表明，进入 2014 年以来，全球公司已宣布价值 5690 亿美元的并购计划，是自金融危机以来的最高水平。随着新兴经济体竞争实力的增强，企业对外投资规模也不断提升，新兴经济体之间的投资合作不断加快。在企业投资意愿增强的背景下，预计 2015 年全球投资并购规模将持续提升。与此同时，一些企业将继续加强对新兴产业的投资力度，通过培育新的增长点来实现跨界融合发展。

后 记

当前，我国已经进入经济发展新常态，许多趋势性的变化已经呈现，在工业领域的体现尤其明显，工业发展已经走到了由大国向强国迈进的重要关口，提质增效转型升级的任务更加迫切而艰巨。由中国电子信息产业发展研究院赛迪智库编撰完成的《2014—2015年中国工业发展蓝皮书》，旨在较为全面展现2014年我国工业发展的基本情况，并对2015年工业经济发展和转型趋势作出展望。

本书由罗文担任主编，宋显珠、王鹏担任副主编。全书共计60余万字，分为前言、综合篇、行业篇、企业篇、产业篇和国际篇六个部分，各篇章供稿人和部门分工如下：前言（罗文）；综合篇第一章（工经所）、第二章（工经所）、第三章（产业政策所）、第四章（工业科技所）、第五章（信息化中心）、第六章（节能所）；行业篇第一章（装备工业所）、第二章（原材料所）、第三章（消费品所）、第四章（电子所）、第五章（软件所）、第六章（安全所）；企业篇（中小企业所）；产业篇（规划所）；国际篇（世界工业所）。

本书在研究和编写过程中得到了工业和信息化部各级领导和专家的大力支持与指导，在此致以诚挚的感谢！在本书编著过程中，参考和引用了大量统计数据、背景资料等，在此向相关行业协会、企业一并致谢。

赛迪智库
面向政府　服务决策

研究，还是研究
才使我们见微知著

信息化研究中心	工业化研究中心	规划研究所
电子信息产业研究所	工业经济研究所	产业政策研究所
软件与信息服务业研究所	工业科技研究所	财经研究所
信息安全研究所	装备工业研究所	中小企业研究所
无线电管理研究所	消费品工业研究所	政策法规研究所
互联网研究所	原材料工业研究所	世界工业研究所
军民结合研究所	工业节能与环保研究所	工业安全生产研究所

编 辑 部：赛迪工业和信息化研究院
通讯地址：北京市海淀区万寿路27号电子大厦4层
邮政编码：100846
联 系 人：刘颖　董凯
联系电话：010-68200552 13701304215
　　　　　010-68207922 18701325686
传　　真：010-68200534
网　　址：www.ccidthinktank.com
电子邮件：liuying@ccidthinktank.com

思想，还是思想
才使我们与众不同